Jetzt lerne ich

Access 2016

Jetzt lerne ich

Access 2016

HANS-JÜRGEN SCHWARZ, INGO NAHLIG

Markt+Technik

ISBN 978-3-95982-007-3

Produktmanagement Christian Braun, Burkhardt Lühr
Herstellung Jutta Brunemann
Korrektorat Petra Heubach-Erdmann
Covergestaltung David Haberkamp
Coverfoto © Sentavio – Fotolia.com
Satz Gerhard Alfes, mediaService, Siegen (www.mediaservice.tv)
Druck Media-Print Informationstechnologie GmbH, Paderborn
Printed in Germany

Inhaltsverzeichnis

1 Wie und warum Access lernen?

1.1 Access, das Datenbank-Managementsystem für den PC

Wir kennen Access seit der Version 2.0. Damals war dieses Programm noch nicht sehr ausgereift. Oft verglich man es mit dBase, einem Programm, das viele Jahre gute Dienste leistete und das man sich dann manchmal zurückwünschte. Und diese Eindrücke prägten für lange Zeit die Einschätzung von Access für viele Benutzer von Desktopdatenbanken!

Leider hat sich für lange Zeit ein Vorurteil gegenüber Access gehalten, nämlich, dass dieses Programm nicht sehr ausgereift sei, dass es keine ordentliche Datenbank sei, ja, es ist fast als Spielzeug eingeschätzt worden und ein Datenbank-Managementsystem sei es gleich gar nicht.

Noch heute können Sie solche Vorurteile gegen Access hören, wenn Sie sich mit »gestandenen Programmierern und EDV-Gurus« unterhalten. Glauben Sie ihnen nicht. Fragen Sie lieber mal, welche konkreten Erfahrungen diese Menschen mit Access haben. Sie werden sehr schnell merken, dass da oft heiße Luft geredet wird. Access ist ein Spitzenprodukt! (Und wir werden nicht von Microsoft bezahlt, leider.)

Als Spielzeug kann man es spätestens seit der Version 2000 nicht mehr betrachten, begonnen bei der ausgereiften Tabellenstruktur über die Abfragesprache bis hin zu der professionellen Programmiersprache Visual Basic. Außerdem helfen die vielen kleinen Assistenten bei Access mehr, als sie stören. Sie werden es im ersten Teil des Buches merken, wie leicht und schnell Sie sich in die doch manchmal eigentlich sehr schwierige Thematik einer Datenbank einarbeiten.

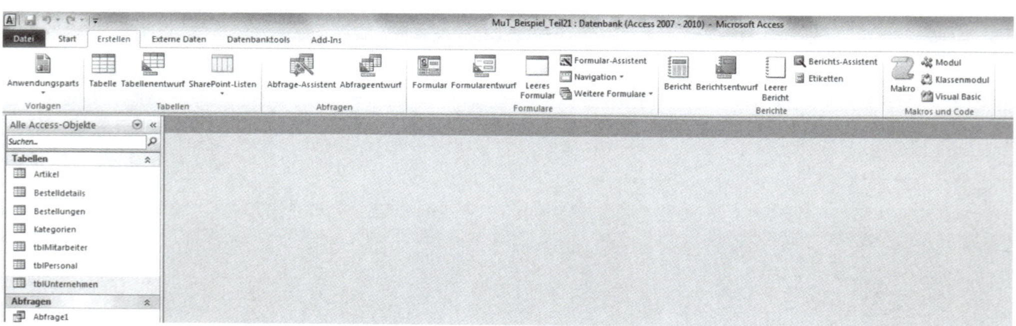

Eine geladene Datenbank in Access 2010.

Access wurde so im Lauf der Zeit zu einem der am meisten eingesetzten Systeme auf dem PC, vor allem, seitdem es möglich ist, dass Access als Frontend auch für größere Datenbanken (SQL-Server, MySQL) dienen kann.

Access ist unterdessen vor allem im mittelständischen Bereich millionenfach vertreten, dient dort meist als Mehrplatzsystem für alle möglichen Aufgabenbereiche, von der Maschinensteuerung bis hin zur ganz normalen Verwaltung im Bürobereich. Es ist manchmal auch mit

Großrechnersystemen von SAP verbunden und hat somit oft die große Kalkulationssoftware Excel abgelöst.

Trotzdem überrascht uns Microsoft mit jeder Version. Obwohl Microsoft seit vielen Jahren ankündigt, dass die Makros aus Access verschwinden werden, dass in dieser Version, die gerade aktuell ist, das allerletzte Mal Makros zu finden sein werden, hat nun Microsoft genau diese Makros sehr aufgewertet: Es gibt jetzt sogar eine neue Art von Makros. Im Übrigen sind die Makros das alleinige Automatisierungsmittel für Access im Web.

Deshalb haben wir beschlossen, auch in diesem eigentlich für Anfänger gedachten Buch das Thema Makros mit aufzunehmen und in allen Facetten zu beleuchten. Das bedeutet, dass wir die Tabellen schon mit Makros belegen werden, Makros als Makros erstellen und auch in Formularen und Berichten mit diesen arbeiten werden. (Die Fachbegriffe ersparen wir Ihnen an dieser Stelle.)

Ein anderes Thema wäre VBA – also **V**isual **B**asic for **A**pplications. Es ist eine relativ mächtige, gut ausgereifte und in vielen Datenbanken eingesetzte Automatisierung. Ja, vieles, was man in der fortgeschrittenen Datenbankbearbeitung braucht, wäre ohne VBA nicht realisierbar.

VBA wird im gesamten Office-Bereich von Microsoft, aber auch in vielen anderen Programmen anderer Hersteller z. B. in geografischen Informationssystemen mit »ähnlichen Dialekten« eingesetzt. Es würde sich also lohnen, sich mit VBA auseinanderzusetzen. Wir allerdings sind der Meinung, dass dieses Thema so ausufernd ist, dass sich für die Auseinandersetzung mit dieser Thematik die Anschaffung eines eigenen Buches lohnen würde.

Deshalb finden Sie in diesem Band nur wenig über VBA. Wir haben uns entschlossen, dieses Thema fast völlig auszuklammern, weil wir, die wir täglich auch mit VBA programmieren, wissen, dass hier halbe Sachen mehr schaden als nützen. Wir empfehlen Ihnen deshalb, sich mit den Grundlagen zuerst vertraut zu machen, dann in einem weiteren Schritt erste Automatisierungen mit Makros vorzunehmen und erst, wenn Sie damit umgehen können, den Schritt hin zu VBA zu machen.

Wenn Microsoft die Taktik, Makros abzuschaffen, weiterverfolgt hätte, dann wäre dieser Rat freilich anders ausgefallen. Wir hätten mit ziemlicher Sicherheit statt des Kapitels über Makros eine Einführung in VBA mit reingenommen. Wir selbst haben bei der Beschäftigung mit Makros – die wir wie die meisten Programmierer nur mit einem Lächeln bedacht hatten – bemerkt, welch ein sicheres und vor allem schnelles Werkzeug die Automatisierung mit Makros ist. Seit wir dieses Kapitel verfasst haben, setzen auch wir Makros in unserer Arbeit ein und wundern uns, warum wir das nicht schon früher so gemacht haben!

In diesem Buch schreiben wir darüber, dass Access nicht intuitiv wie Excel oder Word erlernbar ist, sondern der User bestimmte Anstrengungen unternehmen muss, um das Prinzip einer Datenbank zu verstehen. An dieser Stelle erklären wir auch, wie das leicht zu bewältigen ist, haben uns aber gleichwohl entschlossen, erst einmal so zu tun, als ob dieser ganze theoretische Ballast überflüssig sei. Das heißt, wir beginnen damit, Sie in ein Beispiel mitzunehmen, Ihnen zu zeigen, wie Sie die einzelnen Funktionen erleben können und wie Access damit funktioniert.

Sie werden im Laufe dieses Durchgangs durch das gesamte Datenbank-Managementsystem sehen, wie man Tabellen aufbaut, wie man Abfragen erstellt, wie man Formulare einfügt, wie man Berichte erstellt. Außerdem zeigen wir Ihnen, wie Sie mit den Assistenten zurechtkommen, welche Vielfalt oft hinter einer rechten Maustaste steckt und was es sonst noch zu entdecken gibt.

Im zweiten Teil des Buches ab Kapitel 5 bekommen Sie dann einen Einblick in den theoretischen Hintergrund einer Datenbank. Sie werden mit dem Index vertraut, Sie werden mit verschiedenen Beziehungen zwischen den Tabellen arbeiten, die dann auch bei den Abfragen wieder eine Rolle spielen, Sie werden mit den Schlüsselfeldern Bekanntschaft schließen.

In beiden Teilen des Buches spielt neben der Erklärung vor allem Ihr eigenes Engagement eine große Rolle. Sie müssen, wenn Sie aus diesem Buch den optimalen Nutzen ziehen wollen, mitarbeiten. Daher haben wir eine Menge von Übungen für Sie entworfen und die Lösungen bereitgestellt.

Das bedeutet natürlich auch, dass Sie selbst eine bestimmte Zeit einplanen müssen. Leider ist es so, dass man Access nicht innerhalb eines Tages lernen kann. Wir schätzen, dass Sie ein bis zwei Monate Zeit investieren müssen, um bei einem Datenbank-Managementsystem, wie es Access darstellt, erfolgreich sein zu können.

Wir selbst arbeiten schon mehr als 20 Jahre mit Access, manchmal täglich mindestens acht Stunden nur mit diesem Programm. Wir tüftelten so manche Lösung aus, die zuerst als nicht – schon gar nicht mit Access – machbar schien. Und wir lernten dabei vieles über dieses Programm. Übrigens, wir lernen auch heute noch (siehe oben, bei den Makros)! Nebenbei bemerkt: Dieses Phänomen haben Sie auch bei den anderen Office-Produkten. Es gibt kaum jemanden auf der Welt, der von sich behaupten könnte, dass er Excel vollständig, in allen Facetten beherrschen würde.

Sie lassen sich beim Erlernen von Access auf ein Abenteuer ein, das Sie (hoffentlich) viele Jahre begleiten wird und das Ihnen (hoffentlich) immer viel Spaß bereiten wird. (Auch wenn Sie manchmal den Rechner am liebsten durchs Fenster entsorgen würden, weil mal wieder nichts so passiert, wie Sie es eigentlich geplant hatten.)

Dabei wünschen wir Ihnen viel Glück und Ausdauer. Wir hoffen selbstverständlich, dass Ihnen das Buch und die Beispiele sehr gut gefallen, Sie damit zurechtkommen und zusätzlich eine Menge Spaß beim Erarbeiten haben.

Noch ein kleiner Hinweis in eigener Sache: Wir beide haben schon viele Kurse im Bereich EDV abgehalten. Die Klientel, die wir dabei bedienten, war recht unterschiedlich. Unterschiedlich von den Vorkenntnissen und auch von den Zielen. Diese Erfahrungen, die wir gemacht haben, prägen natürlich Stil und Inhalt dieses Buches. Wir haben allerdings auch Erfahrungen in den praktischen Anwendungen, wie sie in der Industrie, im Bürobereich und in der Verwaltung anfallen. Wir haben deshalb, und das geschah nach reiflicher Überlegung, auch Dinge aufgenommen, die auf den ersten Blick nicht in das Buch passen. Manches davon finden Sie in fortgeschrittenen Bänden oder auch gar nicht. Wir glauben aber, dass gerade diese Dinge einem das Arbeiten mit Access doch sehr erleichtern.

Fehler passieren immer wieder. Auch wir sind Menschen, haben zwar mit viel Mühe versucht, unsere Aufgabe möglichst gut zu erledigen und dabei Fehler zu vermeiden, sind aber sicher, dass so das eine oder andere durchgerutscht ist und es keiner von uns gesehen hat. Sie als aufmerksamer Leser entdecken diese Fehler natürlich sofort und mailen sie uns. Wir hoffen, dass es nur sehr wenige Mails sein werden, die wir deswegen bekommen. Viel schöner wäre es, wenn Sie uns mailen würden, dass Ihnen dieses Buch sehr gut gefällt und vor allem hilft, die Tücken von Access zu umschiffen und die Highlights zu entdecken.

1.2 Software

In diesem Buch können Sie Access anhand vieler Beispiele und Problemstellungen erlernen. Die Beispiele wurden mit Access 2016 erstellt und getestet. Wenn Sie die im Buch beschriebenen Beispiele selbst nachvollziehen wollen, müssen Sie eine vollständige Version der Software besitzen. Es spielt dabei keine Rolle, ob Sie Access 2013 oder Access 2016 verwenden, da die Unterschiede zwischen den beiden Versionen für Sie kaum spürbar sind.

Wir haben nicht getestet, ob alle Beispiele in Access 2010 lauffähig sind. Wir sind aber sicher, dass ein Großteil der Beispiele mit voller Funktionalität auf dieser Version zum Laufen zu bringen ist.

Hinweis

Microsoft bietet eine kostenlose Runtime – ab Version Access 2016. Diese Software funktioniert nur bedingt! Mit der Runtime-Version können Sie nur Daten verwalten, jedoch keine eigene Datenbank entwickeln. Daher benötigen Sie Access 2010, Access 2013 oder Access 2016!

Die Beispiele werden nicht mit der Access-Version 2003 und nur sehr bedingt mit Version 2007 laufen.

1.3 Betriebssystem

Entwickelt wurden die Beispiele mit Access 2016 unter Windows 7 und Windows 10. Wir haben bei der Entwicklung der Datenbank mit verschiedenen Rechnern mit unterschiedlichen Betriebssystemen gearbeitet. Die Ausstattung der Rechner war von mittelmäßig bis High End, was jedoch bei Access und den wenigen Datensätzen, die wir verwenden, keine große Rolle spielt.

1.4 Aufgaben und Übungen

In diesem Buch lernen Sie schrittweise Access kennen. Sie werden in vielen Aufgaben und Übungen mithilfe verschiedener Methoden Lösungen erarbeiten und auch feststellen, dass unterschiedliche Vorgehensweisen zu gleichen Ergebnissen führen können. Zugleich werden Sie auch feststellen, dass Sie im Laufe des Buches immer wieder auf schon bekannte Verfahren zurückgreifen können.

Für jedes Kapitel steht Ihnen eine Übungsdatenbank zur Verfügung. Diese Übungsdatenbanken stehen Ihnen auf der Webseite zum Buch *www.mut.de/2007* zum Download zur Verfügung. So können Sie die Aufgaben in Kapitel 2 »Arbeiten mit Access 2016« in der Datenbank *2 – Lieferantenverwaltung – Anwendung* lösen. Am Anfang jedes Kapitels werden Sie gebeten, die jeweilige Datenbank zu öffnen.

Für viele Aufgaben und Übungen gibt es eine Lösung, mit der Sie Ihre Ergebnisse vergleichen können. Diese sind immer mit **L** gekennzeichnet.

Vor allem im zweiten Teil des Buches arbeiten wir mit unterschiedlichen Datenbanken, die oft auch aufgabenbezogen gewechselt werden, um den jeweiligen Schwerpunkt zu betonen.

Bei komplexeren Aufgaben werden zusätzlich Zwischenergebnisse angegeben. Hier ist es Ihnen überlassen, ob Sie mit dieser Hilfe oder mit Ihrer eigenen Lösung die nächste Teilaufgabe bearbeiten wollen.

Nun wünschen wir Ihnen viel Spaß beim Entdecken von Access!

Hinweis

Ein besonderer Dank gilt Catherine Clautour und Jutta Semmler sowie den im Hintergrund arbeitenden Mitarbeitern für ihre Unterstützung bei diesem Buch.

2 Arbeiten mit Access 2016

Im ersten Teil dieses Buches beschäftigen wir uns mit der Arbeitsoberfläche von Access, so wie der Nutzer Access wahrnimmt und mit der Datenbank arbeitet. Arbeiten mit einer Datenbank bedeutet Verwalten von Daten, das heißt Eingeben, Verändern und Löschen von Daten. Ebenso bietet Access Funktionen an, mit denen Sie Daten suchen oder herausfiltern können. Mit Berichten und Abfragen können Sie Daten ausdrucken oder in andere Programme, wie z. B. Excel oder Word, exportieren. Zu diesen verschiedenen Bereichen werden Sie im Laufe des Buches gelangen. Doch es soll zuerst mit der einfachen Nutzung der Datenbankoberfläche begonnen werden.

2.1 Öffnen von Access

Es gibt zwei Möglichkeiten, die Datenbank zu öffnen: Öffnen Sie den Windows-Explorer durch Klicken auf das Symbol oder durch Drücken von [Win]+[E]. Durch Anklicken der gewünschten Access-Datei im Verzeichnis wird Access geöffnet und Sie gelangen direkt auf die Arbeitsoberfläche.

Hinweis

Eine Access-Datei, die aufgerufen werden kann, hat die Dateiendung *.accdb*, falls diese im Windows-Explorer angezeigt wird.

Öffnen Sie das Programm über das Startmenüfenster.

Gehen Sie dazu in Windows 10 im Startmenü in die Liste der Apps. Access 2016 befindet sich meist unter dem Sammelbuchstaben **A**, so wie Sie es hier in der Abbildung sehen können, oder unter dem Sammelbuchstaben **M** für Microsoft Office.

Sie gelangen somit auf die Startseite von Access 2016 und können nun die gewünschte Datei öffnen oder eine neue Datenbank erzeugen.

2.2 Startseite

Die Startseite ist in zwei Bereiche gegliedert:

- Links im schmalen, rot unterlegten Bereich werden die zuletzt verwendeten Access-Datenbanken aufgelistet.
- Rechts im breiten Bereich bietet Access einige Beispieldatenbanken an, die zum einen lokal bei der Installation auf der Festplatte gespeichert wurden und zum anderen online aufgerufen werden können.

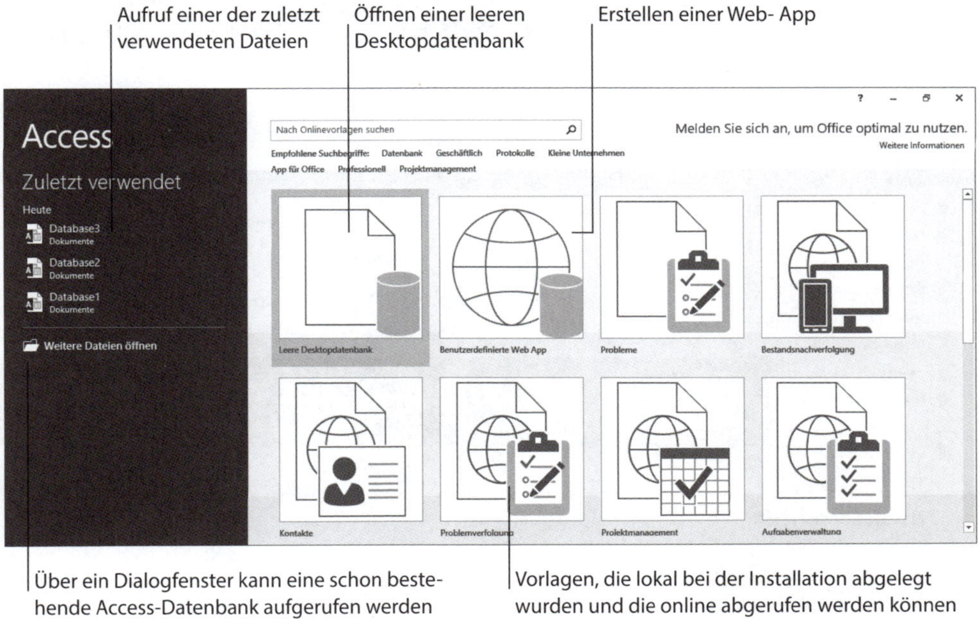

> **Hinweis**
>
> Durch Klicken auf *Leere Desktopdatenbank* können Sie eine neue Datenbank erzeugen. Diese Funktion wird in Kapitel 3 »Entwickeln einer eigenen einfachen Datenbank« näher erläutert.

Welche Funktionalität sich hinter einer Benutzerdefinierten Web App versteckt, wird im Anhang erklärt.

2.3 Wie ist Access aufgebaut?

Öffnen Sie die Datei *Lieferantenverwaltung-Anwendung.accdb*. Sie gelangen auf die folgende Oberfläche.

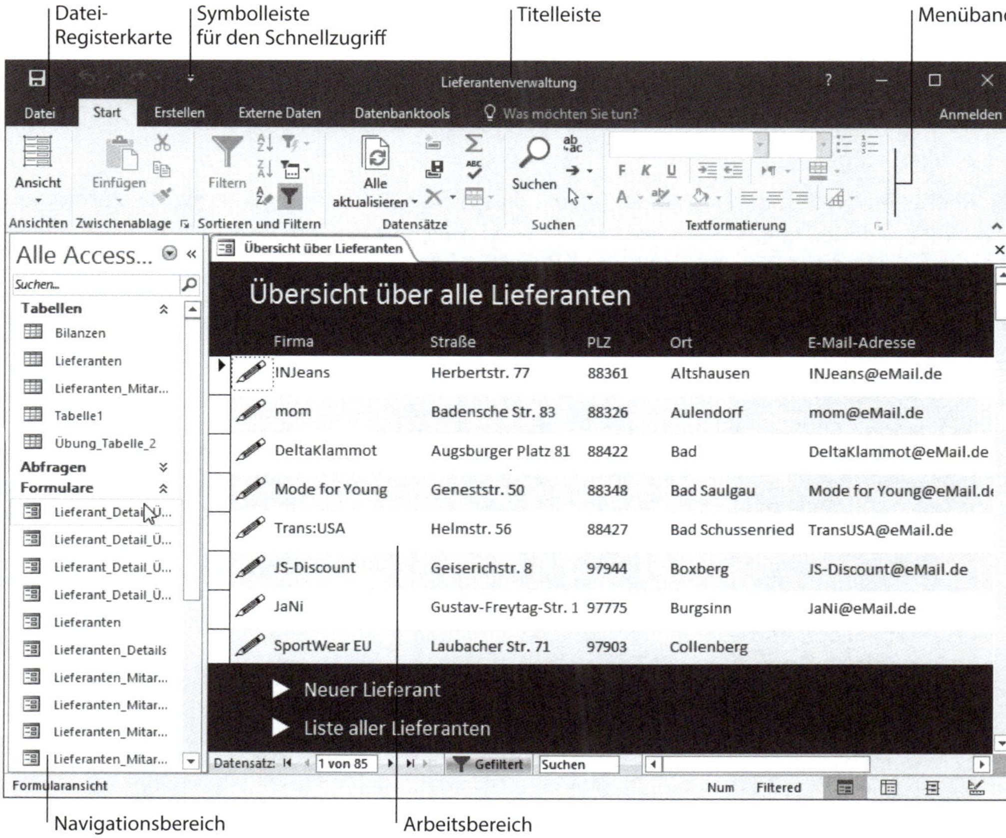

Zentrale Begriffe der Access-Oberfläche.

Hinweis

Meist wird beim ersten Aufrufen der Datei eine Sicherheitswarnung angezeigt.

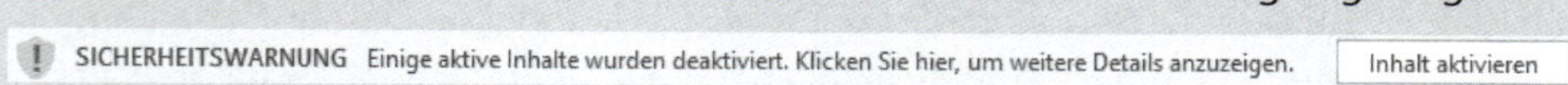

Eine Access-Datenbank kann schädliche Programmbefehle haben, die Schaden auf Ihrem Rechner verursachen können. Daher sperrt Access zunächst den Zugriff auf diese Programmbefehle – ohne zu überprüfen, ob es sich für diese Anwendung um wichtige oder zerstörerische Befehle handelt. Somit sind auch Programmfunktionen, die Sie für die Anwendung benötigen, zunächst deaktiviert.

1. Falls Sie der Datenbank und dem Entwickler vertrauen, klicken Sie auf *Inhalt aktivieren*. Den Datenbanken in diesem Buch können Sie vertrauen. Doch überlegen Sie sich genau, wie Sie sich bei Datenbanken verhalten, wenn Sie diese aus dem Internet herunterladen.

Es öffnet sich möglicherweise – abhängig von der Access-Version – das Dialogfenster *Sicherheitswarnung* . Hier werden Sie nochmals gefragt, ob Sie diese Datei zu einem vertrauenswürdigen Dokument erklären wollen.

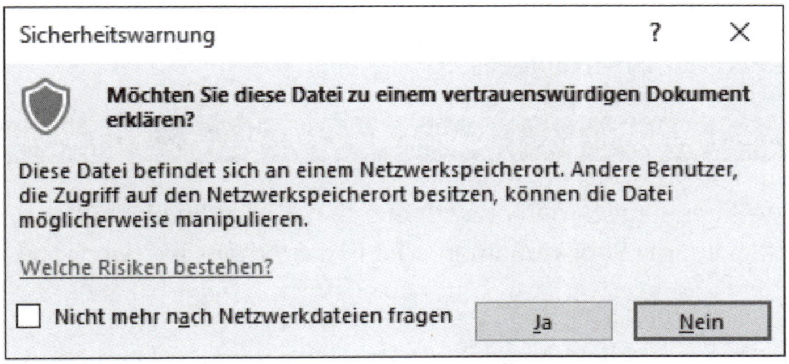

2. Klicken Sie auf *Ja*. Somit verschwindet für diese Datei die Sicherheitsabfrage. Sollten Sie auf *Nein* klicken, wird beim erneuten Aufrufen der Datei wiederum eine Sicherheitsmeldung erscheinen.

Nach diesem ersten technischen Schritt können Sie sich nun auf Access konzentrieren und Access kennenlernen.

Die Arbeitsoberfläche besteht aus drei Bereichen: Menüband, Navigationsbereich, Arbeitsbereich.

Das Menüband

Alle Funktionen, die für das Arbeiten mit Access notwendig sind, werden in Form von Symbolen und Schaltflächen angezeigt. Dabei sind die Funktionen sortiert nach Kategorien in mehrere Menübänder aufgeteilt.

In der nächsten Zeit ist vor allem das Menüband *Start* ausreichend, in dem sich unter anderem die Funktionen für das Sortieren und Suchen von Datensätzen befinden. Dieses Menüband wird im Normalfall beim Öffnen einer Access-Datei angezeigt.

Die Elemente des Menübands werden in Abhängigkeit der Breite des Programmfensters angeordnet. So kann es auf Ihrem Bildschirm zu einer abweichenden Anordnung der Elemente führen.

Hinter dem Register *Datei* befindet sich die sogenannte Backstage-Ansicht. Hier sind alle Befehle zum Arbeiten und Verwalten von Dateien, z. B. Öffnen, Speichern, Drucken, Schließen, untergebracht.

1. Durch Klicken auf den kleinen Pfeil nach oben ganz rechts (in der Abbildung umrandet) kann das Menüband ausgeblendet werden. Somit gewinnt man an Höhe im Arbeitsbereich.

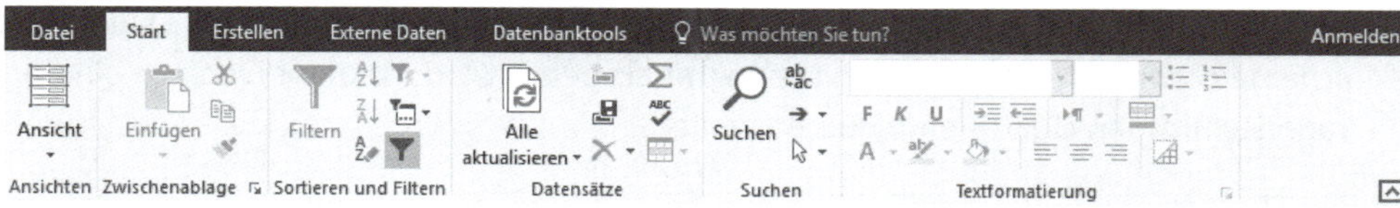

2. Es werden nur noch die Registernamen aufgelistet.

3. Durch Anklicken des jeweiligen Registernamens öffnet sich das jeweilige Menüband, das durch nochmaliges Klicken auf die Registernamen oder in das Arbeitsfeld wieder ausgeblendet wird.

4. Durch Klicken auf das kleine markierte Pinnnadel-Symbol rechts wird das Menüband wiederum fixiert.

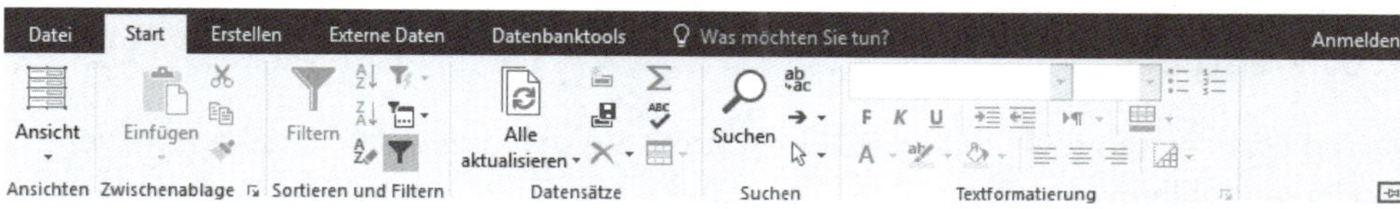

Hinweis

Das Menüband kann individuell für eine Datenbank eingerichtet werden. So können Sie zusätzliche Registerkarten einfügen oder auch bestehende ausblenden.

Der Navigationsbereich

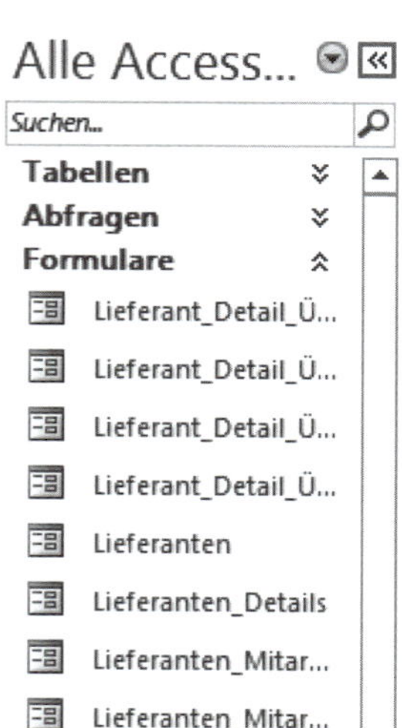

Alle Komponenten einer Datenbank, die sogenannten Objekte, werden in diesem Bereich aufgelistet. Dabei werden die Objekte je nach Art in Kategorien gruppiert. Auf die einzelnen Kategorien wird in Kapitel 3 genauer eingegangen. Nur so viel an dieser Stelle: Die Darstellung des Arbeitsbereichs wird in den *Formularen* definiert.

Hinweis

Der Navigationsbereich ist bei einer gut entwickelten Datenbank für den Nutzer uninteressant.

Durch Klicken auf den Doppelpfeil nach links kann der Navigationsbereich ausgeblendet werden. Somit gewinnt man einen breiteren Arbeitsbereich. Gerade bei kleineren Bildschirmen sollte man diese Möglichkeit nutzen, da durch den Navigationsbereich wertvoller Platz verbraucht wird.

Durch Klicken auf den Doppelpfeil nach rechts kann der Navigationsbereich wiederum eingeblendet werden.

Möchte der Entwickler jedoch nicht, dass Sie im Navigationsbereich ein Formular öffnen, kann er diesen Bereich auch ganz ausblenden (siehe auch im Anhang den Abschnitt 13.1 »Vollständiges Ausblenden des Navigationsbereichs und der Registerkarten«.

Im Buch

In unseren Aufgaben werden Sie Formulare im Navigationsbereich aufrufen und bearbeiten dürfen. Im Laufe der Entwicklung einer Datenbank erhöht sich stetig die Anzahl der Objekte im Navigationsbereich. Um schneller das gewünschte Objekt zu finden, kann nach dem Objektnamen gesucht werden. Oberhalb der aufgelisteten Objekte befindet sich ein Suchfeld, in dem Sie den gewünschten Objektnamen oder einen Teil des Objektnamens eingeben können. Schon während der Eingabe filtert Access die Objekte heraus, die den Eingabewert als Teil des Namens besitzen.

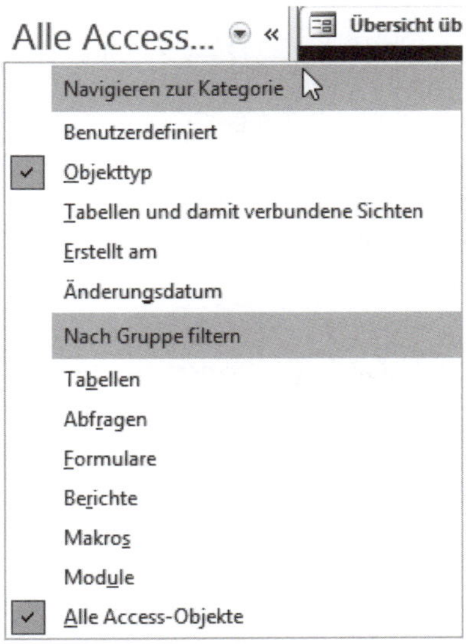

Durch Klicken auf den kleinen Pfeil nach unten öffnet sich ein Auswahlfenster, in dem Sie angeben können, welche Objekte angezeigt und in welcher Reihenfolge sie aufgelistet werden sollen.

Der Arbeitsbereich

Dies ist die Arbeitsfläche für den Anwender. Hier werden Daten gepflegt, Daten hinzugefügt oder auch Berichte aufgerufen, die ausgedruckt werden können. Meist wird eine Startseite vorgeschaltet, auf der Sie entscheiden können, welche Aktion Sie durchführen wollen.

Hinweis

Der Entwickler kann definieren, welches Formular beim Aufrufen der Access-Datei direkt angezeigt wird. In unserem Fall wird automatisch das Formular *Lieferanten_Uebersicht* mit der Übersicht aller Lieferanten geöffnet.

2.4 Öffnen eines Formulars

Eine Datenbankanwendung besteht aus einer Vielzahl von Formularen, Dialogfenstern, aber auch Formularen, die wiederum in Formulare eingebunden sind.

Formulare können auf verschiedene Weisen geöffnet werden:

1. Durch Klicken auf das gewünschte Formular im *Navigationsbereich.*

2. Öffnen Sie das Formular *Start.*

   Ein wichtiger Hinweis sei schon hier angebracht. Der Name des Formulars sollte die Funktion des Formulars widerspiegeln. Dies werden Sie in den nächsten Kapiteln feststellen, denn man neigt sehr schnell zu kurzen und nichtssagenden Namen, da auch Access als Formularname *Formular* mit einer durchlaufenden Nummer anbietet. Nach einer gewissen Zeit und vielen erzeugten Formularen wissen Sie nicht mehr, was sich hinter jedem einzelnen Formular verbirgt. Aber auch dazu werden wir später noch kommen.

   Das Formular bietet **Schaltflächen** an.

3. Klicken Sie auf die Schaltfläche *Lieferantenübersicht* im geöffneten Formular *Start.*

   Es wird nun das Formular *Lieferanten_Uebersicht* geöffnet.

Die Formulare werden standardmäßig als Registerkarten dargestellt, wobei die Dokumentenregisterkarte des sichtbaren Formulars fett dargestellt wird. Durch Klicken auf die gewünschte Registerkarte können Sie zwischen den geöffneten Formularen springen.

2.5 Schließen eines Formulars

Schließen Sie die beiden Formulare. Access bietet zwei Möglichkeiten an:

- Klicken Sie auf das *x*, das sich rechts von den Registerkarten befindet.
- Klicken Sie mit der rechten Maustaste auf die Registerkarte und wählen Sie in dem eben geöffneten Kontextmenü den Befehl *Schließen* aus.

Ein Formular kann auch Schaltflächen beinhalten, mit denen das Formular geschlossen werden kann – soweit der Entwickler diese Schaltfläche im Formular eingebaut hat.

Hinweis

In größeren Datenbankanwendungen möchte man häufig das selbstständige Wechseln der Formulare aus verschiedenen Gründen verhindern. Daher besteht auch die Möglichkeit, die Registerkarten auszublenden. Lesen Sie dazu im Anhang den Abschnitt 13.1 »Vollständiges Ausblenden des Navigationsbereichs und der Registerkarten«.

2.6 Arbeiten mit Formularen

2.6.1 Daten in Felder eingeben

1. Öffnen Sie die Accessdatenbank *Lieferantenverwaltung - Anwendung*, soweit dies noch nicht geschehen ist.

2. Öffnen Sie das Formular *Lieferanten_Uebersicht* im Navigationsbereich. Im Formular *Übersicht über Lieferanten* klicken Sie auf die Schaltfläche *Neuer Lieferant*. Es öffnet sich das Dialogfenster *Lieferanten_Details*, in dem alle Felder leer sind und darauf warten, gefüllt zu werden.

Um die Daten einzugeben, gibt es zwei Möglichkeiten:

- Man positioniert den Cursor jeweils in dem Feld, in dem die Daten eingegeben werden sollen, und trägt die Werte ein.
- Man positioniert den Cursor in einem der Felder (am besten immer in das Feld links oben). Durch Drücken auf die Taste [↵] oder [⇆] springt man von Feld zu Feld und gibt jeweils die Daten ein.

Fügen Sie einen fiktiven Lieferanten ein und füllen Sie alle Felder. Schließen Sie das Formular durch Klicken auf das *Schließen*-Symbol *x*.

Sie werden merken, dass das Arbeiten mit einer Datenbank durch das richtige Verwenden der Tastatur leichter vonstattengeht als durch das Verwenden der Maus. Die Maus kann natürlich jederzeit genutzt werden, jedoch ist damit ein gewisser Arbeitsaufwand verbunden, da Sie permanent zwischen Maus und Tastatur wechseln müssen.

Es gibt bei der Nutzung der Tastatur zwei Modi zu unterscheiden, den Bearbeitungs- und den Navigationsmodus:

- Im **Navigationsmodus** bewegen Sie sich zwischen den Feldern.
- Im **Bearbeitungsmodus** können Sie Daten eingeben, korrigieren oder löschen.

Navigationsmodus

Zur Navigation zwischen den **Feldern in einem Datensatz** können Sie entweder das gewünschte Feld anklicken oder Sie benutzen die vordefinierten Tastenkombinationen. Im Navigationsmodus bewegen Sie sich mit den folgenden Tasten **zwischen den Feldern**. Man erkennt diesen Modus durch den schwarz hinterlegten Feldinhalt:

Tastenkombination	Aktion
[Tab], [↵]	Zum nächsten Feld. Ist man im letzten Datenfeld eines Datensatzes, springt man in das erste Datenfeld des nächsten Datensatzes oder in das erste Feld desselben Datensatzes. Dies hängt von den Einstellungen ab, die der Entwickler gesetzt hat.
[⇧]+[Tab]	Zum vorherigen Feld
[Ende]	Zum letzten Feld des aktuellen Datensatzes
[Pos 1]	Zum ersten Feld des aktuellen Datensatzes

Bearbeitungsmodus

Erzeugen Sie nochmals einen neuen Datensatz durch Klicken auf die Schaltfläche *Neuer Lieferant* im Formular *Übersicht über Lieferanten*. Positionieren Sie den Cursor in das Feld *Firma* und geben Sie den Namen der Firma ein: *Modee Haus*. Füllen Sie die weiteren Felder mit fiktiven Werten aus.

Nachdem Sie alle Felder beschrieben haben, bemerken Sie, dass der Lieferant *Mode Haus* lautet und Sie sich verschrieben haben. Sie können den Fehler auf zweierlei Arten beheben:

- Positionieren Sie den Cursor mithilfe der Maus genau hinter dem Wort *Modee* und löschen Sie den letzten Buchstaben durch Drücken von [⇐]. Jedoch müssten Sie dabei die Maus verwenden.

- Durch [⇧]+[⇆] springen Sie die Felder zurück, bis Sie in das Feld *Firma* gelangen. Sie erkennen, dass das Feld schwarz hinterlegt ist. Geben Sie eine Änderung ein, wird der ursprüngliche Inhalt komplett gelöscht und durch den neuen Eintrag ersetzt.

Daher muss vom Navigationsmodus in den Bearbeitungsmodus gewechselt werden.

Eingabefeld ist leer	Der Bearbeitungsmodus ist von selbst aktiviert und Sie können sofort die Daten eingeben.
Eingabefeld ist beschrieben	Drücken Sie [F2], um vom Navigationsmodus in den Bearbeitungsmodus zu wechseln. Der Cursor wird hinter den letzten Wert in diesem Feld gesetzt. Nun können Sie den Cursor mit der Tastatur verschieben durch: [←] Ein Zeichen nach links [→] Ein Zeichen nach rechts [Strg]+[←] Ein Wort nach links [Strg]+[→] Ein Wort nach rechts [Pos 1] An den Feldanfang [Ende] An das Feldende [Entf] Löschen des Zeichens rechts vom Cursor [⇦] Löschen des Zeichens links vom Cursor [⇆], [↵] Beenden des Bearbeitungsmodus und Springen in das nächste Datenfeld

Hinweis

Möchten Sie die Eingabe oder die Änderung von Daten in einem Feld rückgängig machen, drücken Sie die Taste [Esc]. Dabei wird nur das Feld in den Anfangszustand zurückversetzt, in dem Sie sich befinden. Zugleich wird der Navigationsmodus aktiviert.

Tipp

Ändern Sie nur mithilfe der Tastatur die Inhalte der Felder und verzichten Sie dabei so weit wie möglich auf die Maus. Müssen Sie als Anwender viele Daten einpflegen, werden Sie die Bearbeitung mit der Tastatur zu schätzen lernen, da der Griff zur Maus entfällt.

2.6.2 Aufgaben

Aufgabe 1

Öffnen Sie das Formular *Eingabe_Ü01*. Es öffnet sich das Dialogfenster *Mitarbeiter*.

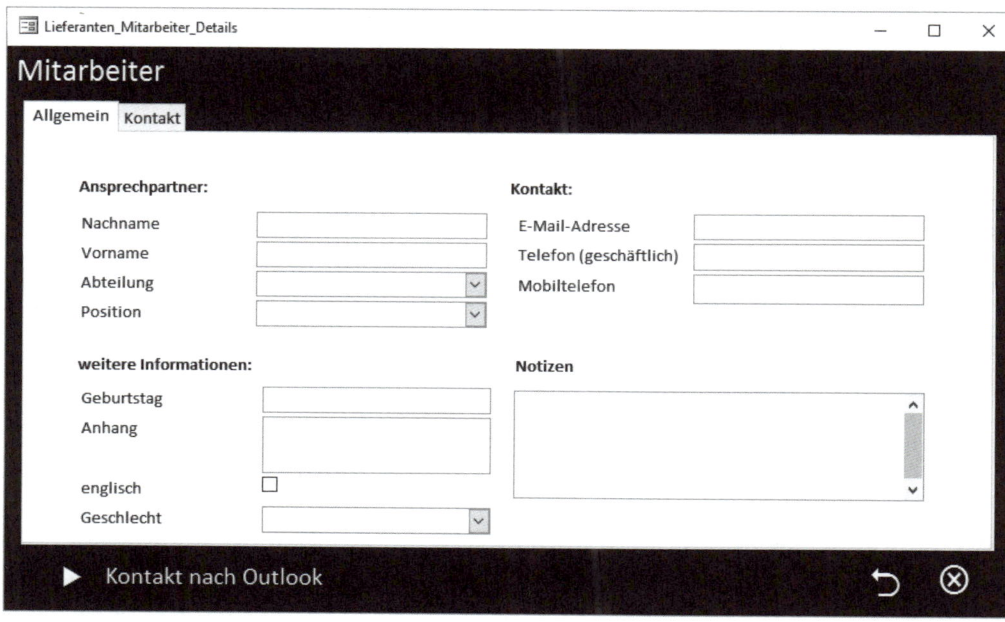

Ein typisches Formular zur Eingabe von Daten.

Zusätzlich zu den Feldern, die im vorherigen Beispiel beschrieben wurden, gibt es hier noch zusätzliche Feldarten:

1. In **Kombinationsfeldern** können vordefinierte Eingaben ausgewählt werden.

   Sie haben zwei Auswahlmöglichkeiten:

   - Sie können mit Maus das Kombinationsfeld aufklappen, um den Eintrag auszuwählen.
   - Der Mitarbeiter arbeitet in der Marketingabteilung. Schreiben Sie in das Feld *Abteilung* ein *M*. Access bietet Ihnen sofort *Marketing* an. Beginnen mehrere Wörter mit dem-

selben Buchstaben, geben Sie so lange weitere Buchstaben ein, bis das richtige Wort angegeben wird.

2. Bei *Geburtstag* gibt es eine Besonderheit. Befindet sich der Cursor in diesem Feld, erscheint hinter diesem Feld ein Kalendersymbol. Durch Anklicken erscheint ein Minikalender, in dem Sie ein Datum auswählen können. Natürlich können Sie aber auch ein Datum im Format *TT.MM.JJJJ* über die Tastatur eingeben.

Hinweis

Falls Sie nur den Tag und den Monat eingeben, fügt Access *automatisch* das aktuelle Jahr hinzu. Falls Sie Tag, Monat und eine *zweistellige Jahreszahl* eingeben, interpretiert Access die Jahreszahlen von 00 bis 29 als Jahreszahlen von 2000 bis 2029. Geben Sie 30 bis 99 ein, interpretiert Access diese als Jahreszahlen zwischen 1930 und 1999. Sie können anstelle von **.** auch **,** eingeben.

Beispiele:

Eingabe	**Ausgabe**
16.6	16.06.2016
16,6	16.06.2016
16.6.75	16.06.1975
16,6,75	16.06.1975

3. Über *Anhang* kann eine beliebige Anzahl von Dateien an den Datensatz angefügt werden. Dies kann man nutzen, wenn man z. B. PDF-Dateien, die einen Bezug zu dem Mitarbeiter haben, direkt bei dem Mitarbeiter abspeichern und sammeln möchte.

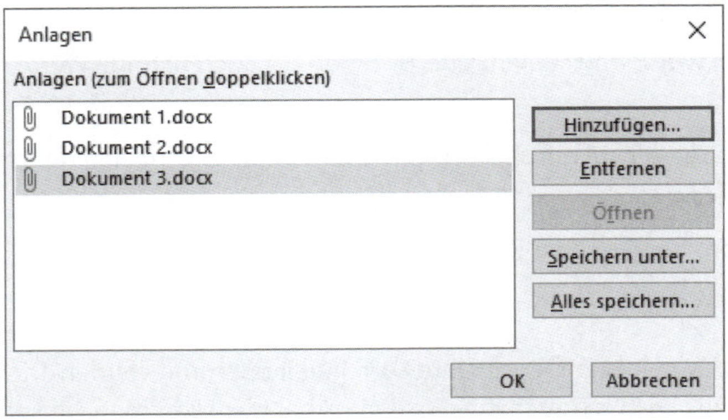

Befinden sich Dokumente im Anhang, wird dies mit einem Symbol gekennzeichnet. Leider werden jedoch nicht die Dokumentnamen direkt angezeigt. Möchten Sie ein Dokument einfügen, ansehen oder entfernen, doppelklicken Sie entweder auf das Feld oder drücken Sie nach der Markierung des Feldes auf die Leertaste, um das Dialogfenster *Anlagen* aufzurufen. Möchten Sie das Dokument lesen, klicken Sie auf die entsprechende Datei.

4. **Kontrollkästchen** bzw. **Optionsfelder** können Sie entweder durch Klicken oder durch Drücken der Leertaste aktivieren bzw. deaktivieren.

Geben Sie die Daten eines fiktiven Mitarbeiters ein, ohne dass Sie die Maus verwenden. Sie haben einige neue Methoden kennengelernt. Testen Sie diese im Beispiel. Führen Sie auch nachträgliche Veränderungen durch.

Aufgabe 2

1. Öffnen Sie das Formular *Eingabe_Ü02* im Navigationsbereich.

2. Positionieren Sie den Cursor im Feld *Nachnamen* und springen Sie mithilfe der (Tab)-Taste in die weiteren Felder. Was können Sie erkennen?

Lösung:

Dieses Formular ist arbeitstechnisch absolut schlecht aufgebaut, da Sie jeweils das aktive Feld suchen müssen und keine systematische Eingabe möglich ist. Haben Sie das Privileg, den Entwickler der Formulare zu kennen, sprechen Sie ihn darauf an und bitten Sie ihn um Verbesserungen.

Aufgabe 3

In den bisherigen Formularen wurde meist nicht überprüft, ob Sie auch richtige Werte eingeben.

- So konnten Sie bei der PLZ eine Zahl mit sechs Ziffern eingeben, obwohl eine deutsche PLZ aus fünf Ziffern besteht.
- Im Feld *Telefonnummer* könnten Sie sogar Buchstaben eingeben.
- Überprüft wurde jedoch das Geburtsdatum.

Daher ist es empfehlenswert, dass die Eingaben auf ihre Korrektheit überprüft werden. Dies ist die Aufgabe des Entwicklers, also in Kürze auch Ihre Aufgabe. Aber dazu kommen wir später.

1. Öffnen Sie das Formular *Eingabe_Ü03* im Navigationsbereich und klicken Sie gegebenenfalls auf *Neuer Lieferant*, sodass Sie einen leeren Datensatz zur Verfügung haben.
2. In diesem Formular werden folgende Felder überprüft.
   - Die **Firma** besteht nur aus Buchstaben.
   - Die **Postleitzahl** hat immer genau fünf Ziffern.
   - Eine **Telefonnummer** besteht aus einer Vorwahl mit bis zu fünf Ziffern und einer Rufnummer mit bis zu sieben Ziffern (wir haben uns für dieses Formular auf sieben Stellen beschränkt, auch wenn es Großstädte und Firmen mit längeren Nummern gibt), wobei immer drei Ziffern angegeben werden müssen und zwischen Vorwahl und Rufnummer ein Leerzeichen gesetzt werden muss, z. B.: 0911 462333
   - Eine **E-Mail-Adresse** ist folgendermaßen aufgebaut: *Name@Name_der_Domain.Topleveldomain*.
3. Geben Sie Daten ein und wählen Sie dabei auch bewusst falsche Werte! Sie können erkennen, dass bei der Eingabe von Ziffern ein Eingabeformat angezeigt wird. Die Felder werden nach Verlassen des jeweiligen Feldes überprüft.

Hinweis

Durch Drücken von Esc wird der Inhalt des Feldes gelöscht.

2.6.3 Zwischen Datensätzen wechseln

Am bequemsten geht dies über die Navigationsschaltflächen am unteren Rand des Formularfensters.

Um dem Nutzer das Verwenden der Maus zu ersparen, gibt es auch hier Tastenkombinationen:

Schaltfläche	Tastenkombination	Wirkung
|<	Strg+Pos 1	Zum ersten Datensatz
<	Strg+Bild ↑	Zum vorherigen Datensatz
>	Strg+Bild ↓	Zum nächsten Datensatz
>|	Strg+Ende	Zum letzten Datensatz
*	Strg++	Neuer Datensatz

Hinweis

Sie haben sicherlich schon bemerkt, dass Sie niemals Ihre Daten abspeichern müssen. Ihre Eingaben werden automatisch gespeichert. Dies geschieht in dem Moment, in dem man in den nächsten oder vorherigen Datensatz springt. Solange man sich in einem Datensatz befindet, werden die Daten nur zwischengespeichert.

Wichtig

Eingaben und Änderungen von Daten können durch Drücken der Taste Esc rückgängig gemacht werden.

Das Wechseln der Datensätze **kann** vom Entwickler untersagt werden, sodass Sie nur in dem aufgerufenen Datensatz arbeiten dürfen. Ebenso kann unterbunden werden, dass Sie einen neuen Datensatz anfügen dürfen.

Aufgabe

1. Öffnen Sie das Formular *Eingabe_Ü04* im Navigationsbereich.
2. Navigieren Sie mithilfe der Tastatur zwischen den Datensätzen und ändern Sie auch dabei Datensätze oder fügen Sie direkt in diesem Formular neue Datensätze hinzu.

2.7 Filtern und Sortieren

Die Anzahl der Datensätze vergrößert sich beim täglichen Arbeiten, sodass man den Überblick über Transaktionen, Kunden oder Warenbestände verliert. Daher müssen für die jeweiligen Fragestellungen die Daten so eingeschränkt werden, dass die Antwort leicht ablesbar ist. Dazu stehen Sortier- und Filterfunktionen zur Verfügung.

2.7.1 Einfaches Sortieren von Daten

Die Einträge in der Übersicht können nach allen Feldern sortiert werden, um somit schnell die Tabelle in eine beliebige Ordnung zu bringen. Sortieren kann man standardmäßig nach Texteinträgen, Zahlenwerten und Datums-/Uhrzeitangaben.

1. Öffnen Sie das Formular *Sortieren_und_Filtern_Ü01* im Navigationsbereich.
2. Gehen Sie dazu in ein beliebiges Feld der Spalte, nach der sortiert werden soll.
3. Sortieren Sie die Spalte mit einer der beiden Methoden:

Klicken Sie auf das Register *Start* -> Gruppe *Sortieren und Filtern* -> *Aufsteigend bzw. Absteigend*.

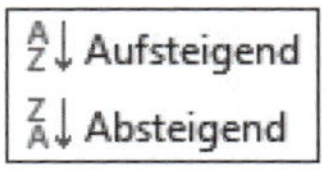

Klicken Sie mit der rechten Maustaste in das Feld. Es öffnet sich ein **Kontextfenster**, in dem Sie *Von A bis Z* bzw. *Von Z bis A* sortieren können.

Hinweis

Die gesamte Liste wird nun dementsprechend sortiert. Sie verändern mit dieser Funktion nur die Ansicht, jedoch **nicht** die Tabelle, in der die Daten abgespeichert sind. Das Formular **kann** sich diese Sortierung beim Schließen des Formulars merken. Ob die Sortierung gespeichert wird, hängt von den Einstellungen ab, die vom Entwickler gesetzt wurden.

Entfernen der Sortierung

Klicken Sie auf das Register *Start* -> Gruppe *Sortieren und Filtern* -> *Sortierung entfernen*. Der Ausgangszustand wird wiederhergestellt.

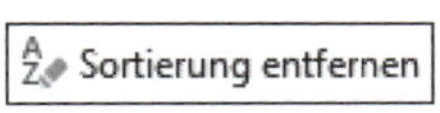

Hinweis

Durch das Sortieren einer anderen Spalte wird die davorliegende Sortierung wieder aufgehoben. Das Sortieren nach mehreren Kriterien, z. B. nach Ort und anschließend nach PLZ ist nicht direkt möglich, kann jedoch mit Spezialfiltersortierung erreicht werden (siehe auch Abschnitt 2.7.3 »Komplexes Filtern«). Lesen Sie zusätzlich im Anhang im Abschnitt 13.2 »Warum sortiert Access so merkwürdig«, warum es passieren kann, dass Access nicht nachvollziehbar sortiert.

2.7.2 Filtern

Durch das Filtern können Sie die für Sie im Augenblick wichtigen Datensätze in der Liste anzeigen lassen. Dabei sind nur die Datensätze sichtbar, die den Kriterien des Filters entsprechen, alle anderen Datensätze werden währenddessen ausgeblendet.

Achtung: Es werden keine Daten gelöscht!

Schnelles Filtern von Daten

Access bietet verschiedene Filtermethoden an. Betrachten wir zunächst die schnellste Methode, die jedoch nur bei einfachen Filteranfragen genutzt werden kann. In diesem Beispiel sollen alle Orte herausgefiltert werden, die im Postleitzahlenbereich 9 liegen.

1. Öffnen Sie das Formular *Sortieren_und_Filtern_Ü02* im Navigationsbereich.
2. Gehen Sie dazu in ein beliebiges Feld der Spalte, nach der sortiert werden soll. In diesem Fall in ein Feld der Spalte *PLZ*.
3. Sortieren Sie die Spalte mit einer der beiden Methoden.

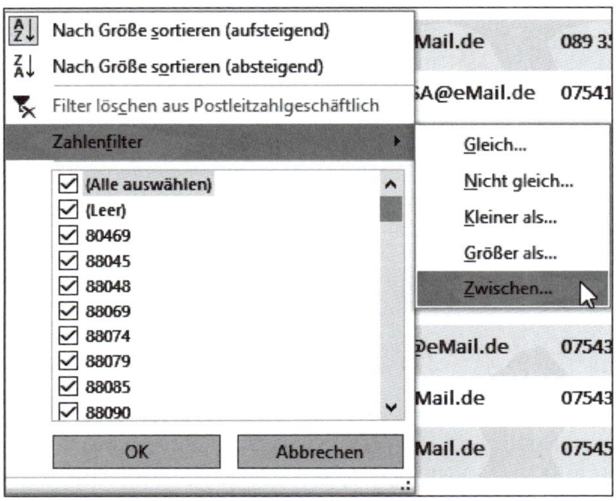

4. Klicken Sie auf das Register *Start* -> Gruppe *Sortieren und Filtern* -> *Filtern*.

   Es öffnet sich ein Kontextfenster, in dem Sie auf *Zahlenfilter* gehen. Wählen Sie die Option *Zwischen*.

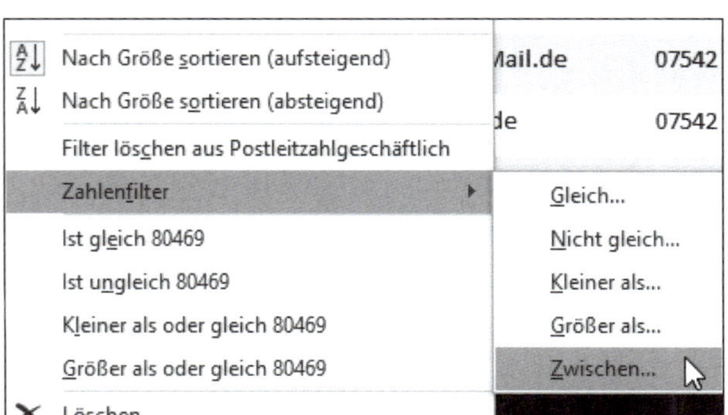

5. Klicken Sie in dem Feld mit der rechten Maustaste. Es öffnet sich ein Kontextfenster, in dem Sie auf *Zahlenfilter* gehen. Wählen Sie die Option *Zwischen*.

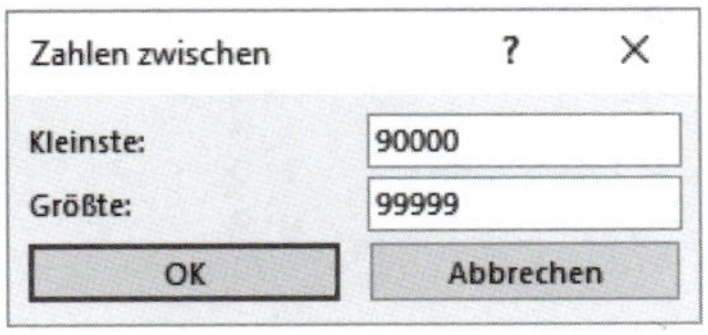

6. Es öffnet sich jeweils das Dialogfenster *Zahlen zwischen*. In diesem Fall müssen Zahlenwerte herausgefiltert werden, die zwischen *90000* und *99999* liegen. Klicken Sie auf *OK*.

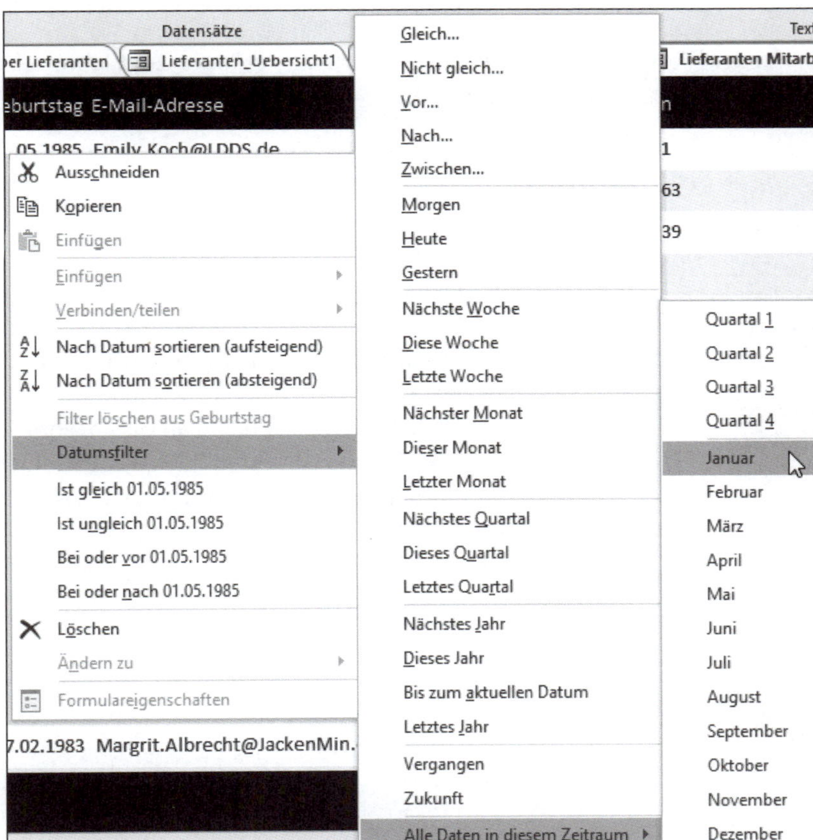

Sortieren und Filtern.

7. Klicken Sie auf das Register *Start* -> Gruppe *Sortieren und Filtern* -> *Filter ein/aus.*

Somit kann der Filter abgeschaltet werden.

Hinweis

Es gibt unterschiedliche Filterarten, von denen einige nur auf bestimmte Datentypen angewendet werden können. So können bei Datums- und Uhrzeitanzeigen sehr schnell gewünschte Filter gesetzt werden.

8. Öffnen Sie das Formular *Sortieren_und_Filtern_Ü03* im Navigationsbereich.
9. Filtern Sie alle Mitarbeiter heraus, die im Januar Geburtstag haben.

Sie können individuelle Zeiträume durch die Optionen *Vor*, *Nach*, *Zwischen*, ... definieren.

Interessant dabei ist der Filter *Alle Daten in diesem Zeitraum*, da der Tages- und Jahresteil des Datums ignoriert und nur der Monat betrachtet wird.

Hinweis

Klicken Sie auf das Register *Start* -> Gruppe *Sortieren und Filtern*-> *Filtern.*

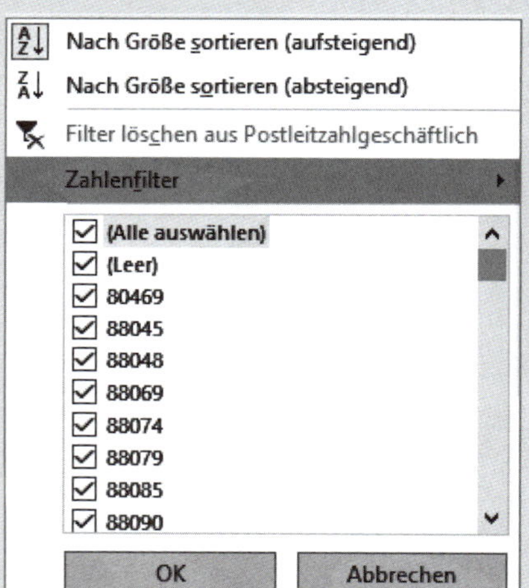

Man erhält – im Gegensatz zu dem Kontextfenster durch Klicken der rechten Maustaste – einen Bereich, in dem alle Werte aufgelistet werden, die in dieser Spalte in allen Datensätzen vorkommen. Durch Setzen bzw. Wegnehmen der Häkchen vor der PLZ kann entschieden werden, welche PLZ ausgewählt werden sollen.

Tipp

Deaktivieren Sie das Kontrollkästchen *(Alle auswählen)* und wählen Sie die gewünschten Werte aus, um so genau einen Wert oder wenige Werte zu filtern. Dies ist dann vorteilhaft, wenn eine lange Liste von Werten angegeben ist. Deaktivieren Sie das Kontrollkästchen *(Alle auswählen)* und wählen Sie *(Leer)*, um Felder herauszufiltern, in denen sich keine Daten befinden. In unserem Fall können so die Mitarbeiter der Lieferfirmen anzeigt werden, bei denen die Abteilung nicht angegeben wurde.

Nach mehreren Kriterien filtern

Häufig reicht das Filtern nach einem Kriterium nicht aus, daher muss man aufeinanderfolgend Filterkriterien setzen. Es sollen alle Lieferanten aufgelistet werden, die aus dem Postleitzahlenbereich 7 oder 8 stammen und von denen keine E-Mail-Adresse angegeben wurde.

1. Öffnen Sie das Formular *Sortieren_und_Filtern_Ü04* im Navigationsbereich.
2. Filtern Sie alle Lieferanten heraus, die aus dem Postleitzahlenbereich 7 oder 8 stammen.
3. In diesem Fall müssen Zahlenwerte herausgefiltert werden, die zwischen *70000* und *89999* liegen. Öffnen Sie dazu das Dialogfenster *Zahlen zwischen*. Die Schaltfläche *Filter ein/aus* ist nun grau unterlegt.
4. Filtern Sie darauf aufbauend die Datensätze heraus, für die keine E-Mail-Adresse angegeben wurde.

Vorgehensweise:

1. Klicken Sie in ein Feld der Spalte *E-Mail-Adresse.*
2. Klicken Sie auf das Register *Start* -> Gruppe *Sortieren und Filtern* -> *Filtern.*

   Es öffnet sich das Kontextfenster mit der Auflistung aller E-Mail-Adressen.
3. Deaktivieren Sie *(Alle auswählen)* und wählen Sie *(Leer).*

Filter rückgängig machen

Natürlich können auch einzelne Filter wieder rückgängig gemacht werden. Zum Beispiel soll der Filter von *PLZ* entfernt werden:

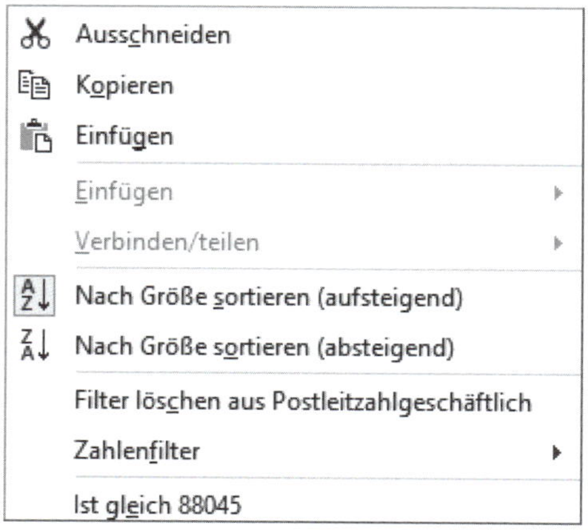

1. Markieren Sie das Feld in der Spalte *PLZ* und klicken Sie mit der rechten Maustaste, sodass das obige Kontextfenster geöffnet wird.
2. Klicken Sie auf *Filter löschen aus Postleitzahlgeschäftlich*. Somit wird nur dieser Filter zurückgenommen, alle anderen Filter bleiben erhalten.

Hinweis

Man kann mehrmals hintereinander den Filter setzen. Dies ist eine Variante, um sehr schnell Filter zu setzen, jedoch kann man auch leicht den Überblick darüber verlieren, welche Filter man schon gesetzt hat bzw. noch setzen muss. Jedoch bietet Access zusätzlich für komplexere Filteraufträge zwei weitere, sehr mächtige Filtermethoden an.

2.7.3 Komplexes Filtern

Möchten Sie komplexe Filtereinstellungen durchführen, bieten sich die beiden folgenden Filter an. Während bisher die Filter im laufenden Betrieb angewendet wurden, werden Sie hier feststellen, dass Sie in neue Masken gelangen und dort Ihre Filter eintragen.

Formularbasierte Filter

1. Öffnen Sie das Formular *Sortieren_und_Filtern_Ü05*.

   Durch das Setzen eines Filters werden alle Lieferanten aufgelistet, die aus dem Postleitzahlenbereich 9 stammen und von denen keine E-Mail-Adresse angegeben wurde.
2. Klicken Sie auf das Register *Start* -> Gruppe *Sortieren und Filtern* -> *Erweitert* -> *Formularbasierter Filter*.

Access ersetzt das Formular durch das leere Formular *Formularbasierter Filter*, in dem Filterkriterien aufgelistet, verändert bzw. hinzugefügt/gelöscht werden können.

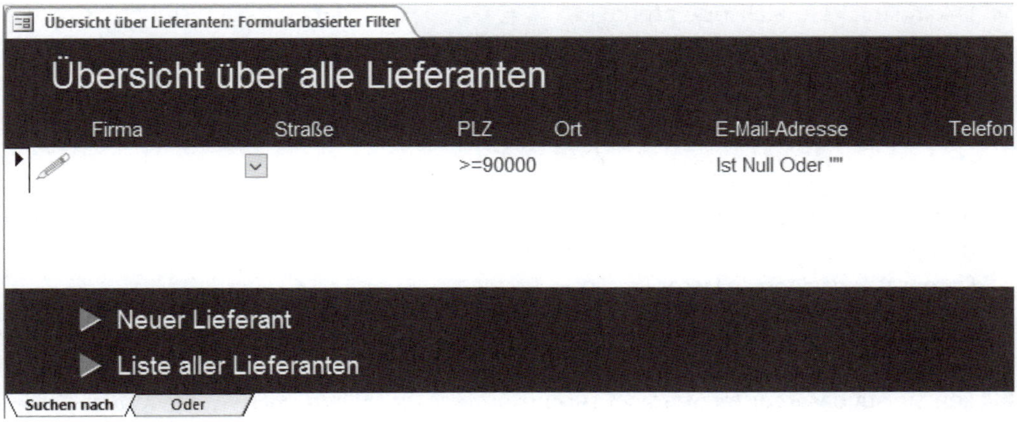

1. Setzen der Filter: Alle Bedingungen, die hier angegeben sind, **müssen** für den Filter und die zugrunde liegende Datentabelle gelten.
2. Durch Klicken auf *Oder* können weitere Filter gesetzt werden, wobei entweder die Filterbedingungen des ersten Filters oder die Filterbedingungen des zweiten Filters gelten **können**.

Wie man die Filter setzt, soll im Folgenden genauer betrachtet werden.

Betrachten wir nun den Filter, der gesetzt wurde:

Der Lieferant stammt aus dem Postleitzahlenbereich 9, daher werden alle Postleitzahlen ausgefiltert, die zwischen 90000 und 99999 liegen – oder in diesem Fall, die größer als 90000 sind.

>=90000
Zwischen 90000 Und 100000
>=90000 und <=10000

Die E-Mail-Adresse soll leer sein, das heißt, man filtert Nullwerte heraus. Daher lautet der Filter:

Ist Null Oder ""

Allgemeine Beschreibung des formularbasierten Filters:

- Er umfasst alle Spaltenüberschriften, die in der Liste aufgeführt sind.
- Er hat mindestens unter einer Spaltenüberschrift ein Kriterium, nach dem gefiltert werden soll.

- Er kann mit **Vergleichsoperatoren** (>, <, >=, <=, <>) und **Platzhaltern** (* steht für ein oder mehrere beliebige Zeichen) bestückt werden.
- Er verknüpft innerhalb einer Zeile mit **UND**. Werden mehrere Bedingungen in die Zeile geschrieben, müssen alle Bedingungen zugleich gelten.
- Er verknüpft durch **ODER** zwei oder mehrere Bedingungen. Durch Klicken auf *Oder* erscheint wiederum eine Eingabemaske, die gefüllt werden kann. Werden zwei Bedingungen mit *ODER* verknüpft, muss nur eine der beiden Bedingungen wahr sein, um den Datensatz anzeigen zu lassen.

Filter anwenden:

Klicken Sie auf das Register *Start* -> Gruppe *Sortieren und Filtern* -> *Erweitert* -> *Filter/Sortierung anwenden.*

Für den Filter können für *Texte* folgende Parameter gesetzt werden:

*	Platzhalter für ein oder mehrere Zeichen
?	Platzhalter für ein Zeichen
Wie "A*"	Das Wort beginnt mit A.
Nicht Wie "A*"	Das Wort beginnt nicht mit A.
Wie "*a*"	Das Wort enthält das Zeichen a.
Nicht Wie "*a*"	Das Wort enthält nicht das Zeichen a.
Wie "?a*"	Das Wort enthält an zweiter Position den Buchstaben a.
Wie "*a"	Das Wort endet mit dem Zeichen a.
Und	Sowohl ... als auch ...
Oder	Entweder ... oder ...

Aufgabe

Filtern Sie im Formular *Sortieren_und_Filtern_Ü06* all die Firmen heraus, die mit dem Buchstaben *A* beginnen und als zweiten Buchstaben nicht *i* haben.

Lösung:

1. Öffnen Sie das Formular *Sortieren_und_Filtern_Ü06.*
2. Öffnen Sie den *Formularbasierten Filter.*
3. Klicken Sie in das Feld der Spalte *Firma* und geben Sie Folgendes ein:

   Wie "A" UND Nicht Wie "?i*"*

4. Um den Filter zu aktivieren, klicken Sie auf das Register *Start* -> Gruppe *Sortieren und Filtern* -> *Erweitert* -> *Filter/Sortierung anwenden.*

Mögliches Problem:

Leider steht beim Eintragen nur die vorhandene Spaltenbreite zur Verfügung, sodass man den Filterbefehl schlecht lesen bzw. bearbeiten kann.

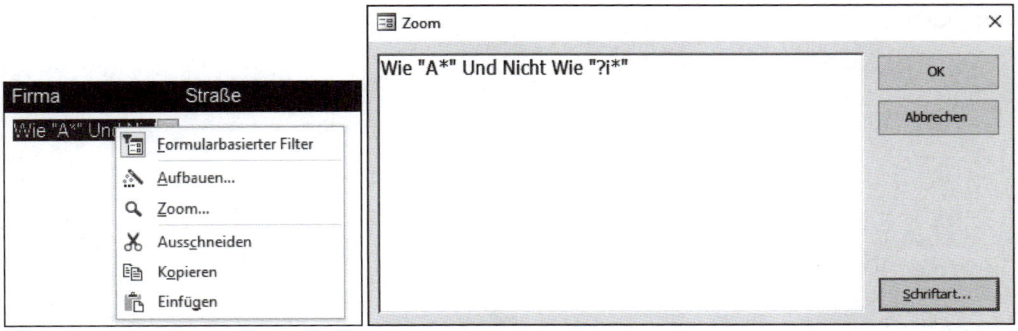

1. Öffnen Sie nochmals den *Formularbasierten Filter.*
2. Klicken Sie in das Feld der Spalte *Firma.*
3. Klicken Sie in diesem Feld mit der rechten Maustaste. Es öffnet sich ein Kontextfenster. Wählen Sie *Aufbauen* oder *Zoom.*

In dem Dialogfenster kann der Filter eingetragen werden.

Aufgaben

Öffnen Sie die folgenden Formulare und erzeugen Sie jeweils einen Filter:

a) *Sortieren_und_Filtern_Ü07*	Geben Sie die Firmen an, die mit A beginnen **und** mit t enden.
b) *Sortieren_und_Filtern_Ü08*	Geben Sie die Firmen an, die mit A **oder** mit B beginnen.
c) *Sortieren_und_Filtern_Ü09*	Geben Sie alle Datensätze an, bei denen in der E-Mail-Adresse das @ fehlt und der Lieferant zusätzlich noch aus Nürnberg kommt.

Lösungen:

a) Geben Sie die Firmen an, die mit A beginnen und mit t enden: Im Feld *Firma* muss eingetragen werden: *Wie "A*" Und Wie "*t"*

b) Geben Sie die Firmen an, die mit A oder mit B beginnen: Im Feld *Firma* muss eingetragen werden: *Wie "A*" Oder Wie "B*"*

c) Geben Sie alle Datensätze an, bei denen in der E-Mail-Adresse das @ fehlt und der Lieferant zusätzlich noch aus Nürnberg kommt. Im Feld *Ort* muss eingetragen werden: *Wie "Nürnberg"*. Im Feld *Email* muss eingetragen werden: *Nicht Wie "*@*"*

Ebenso können Zahlen gefiltert werden: Sie können die gleichen Filterbefehle wie bei Textfiltern nutzen, zusätzlich können Vergleichsoperatoren verwendet werden:

=100	Es wird genau die Zahl 100 herausgefiltert.
>=100	Die Zahl ist größer oder gleich 100.
=<100	Die Zahl ist kleiner oder gleich 100.
<>100	Die Zahl ist nicht 100.
Zwischen 100 Und 200	Die Zahl liegt zwischen 100 und 200.

Beispiele:

Geben Sie die Firmen an, die im Postleitzahlenbereich 8 liegen. Im Feld *PLZ* muss eingetragen werden:

Zwischen 80000 Und 90000
>=80000 Und <=90000
Wie "8"*

Aufgaben

Öffnen Sie die folgenden Formulare und erzeugen Sie jeweils einen Filter:

a) *Sortieren_und_Filtern_Ü10*	Geben Sie die Personen an, deren Mobiltelefonnummer mit **0177** oder **0151** beginnen, und sortieren Sie die Mobiltelefonnummern aufsteigend.
b) *Sortieren_und_Filtern_Ü11*	Geben Sie die Personen an, die eine **zweistellige Durchwahlnummer** haben.
c) *Sortieren_und_Filtern_Ü12*	Suchen Sie alle Datensätze heraus, die im Feld *ID_Lieferant* die Werte zwischen 25 und 31 enthalten **und** der Wert im Feld *ID* mit 8 endet.

Lösungen:

a) Geben Sie die Personen an, deren Mobiltelefonnummer mit 0177 oder 0151 beginnen, und sortieren Sie die Mobiltelefonnummern aufsteigend.

1. Im Feld Mobiltelefon muss eingetragen werden: *Wie "0177*"*

2. Klicken Sie auf *Oder,* um ein zweites Kriterium anzugeben.

3. Im Feld *Mobiltelefon* muss eingetragen werden: *Wie "0151*"*

   Oder als ein Ausdruck im Feld *Mobilfunk*: *Wie "0177*" oder Wie "0151*"*

b) Geben Sie die Personen an, die eine zweistellige Durchwahlnummer haben.

Die Telefonnummern haben entweder eine oder zwei Ziffern als Durchwahl. Möchte man nur die zweistelligen Durchwahlnummern erhalten, filtert man die einstelligen heraus. Dies kann man dadurch erreichen, dass alle Datensätze nicht gezeigt werden sollen, die an der vorletzten Stelle der Nummer ein - haben.

1. Im Feld *Telefon* muss eingetragen werden: *Nicht Wie "*-?"*

c) Suchen Sie alle Datensätze heraus, die im Feld *ID_Lieferant* die Werte zwischen 25 und 31 enthalten **und** der Wert im Feld *ID* mit 8 endet.

1. Im Feld *ID_Lieferant* muss eingetragen werden: *Zwischen 25 Und 31*

2. Im Feld *ID* muss eingetragen werden: *Wie "*8"*

Spezialfilter/-sortierung

Beim Filtern und Sortieren sind Ihnen bisher jedoch Grenzen gesetzt. Mit dem bisherigen Verfahren können wir nur nach einem Kriterium sortieren, in diesem Fall entweder nach den Nachnamen oder den Vornamen. Dennoch ist es wünschenswert, nach dem Nachnamen zu sortieren und darauf aufbauend nach dem Vornamen.

1. Öffnen Sie das Formular *Sortieren_und_Filtern_Ü13.*

   Access bietet dazu einen Spezialfilter an, der alle Wünsche erfüllt.

2. Klicken Sie auf das Register *Start* -> Gruppe *Sortieren und Filtern* -> *Erweitert* -> *Spezialfilter/ -sortierung.*

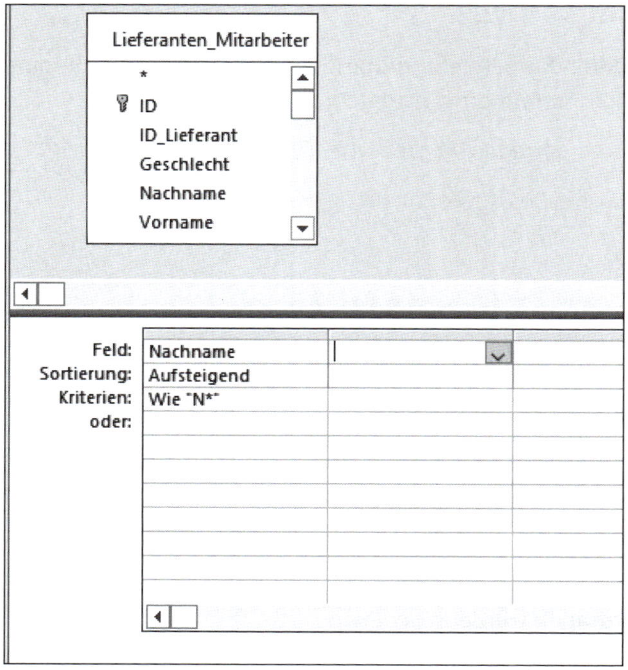

Sie gelangen in den Filterentwurf, der aus zwei Bereichen besteht:

- Auflistung aller Felder, nach denen sortiert bzw. gefiltert werden kann.
- Eingabebereich der Filtereinstellungen.

Sie erkennen, dass die Datensätze aufsteigend sortiert werden. Zugleich werden nur die Mitarbeiter angegeben, deren Nachnamen mit *N* beginnen.

1. Klicken Sie in der Auflistung doppelt auf *Vorname*. Dieses Feld wird zum Filter hinzugefügt.
2. Geben Sie im Eingabebereich für das Feld *Vorname* die Sortierung *Absteigend* an.
3. Um den Filter zu aktivieren, klicken Sie auf das Register *Start* -> Gruppe *Sortieren und Filtern* -> *Erweitert* -> *Filter/Sortierung anwenden*.

Hinweis

Beim Spezialfilter können Sie dieselben Filterbefehle benutzen, die im Abschnitt »Formularbasierte Filter« beschrieben wurden.

Beispiele:

Geben Sie alphabetisch die Mitarbeiter der Lieferanten an, deren Nachnamen mit *B* beginnen, in deren E-Mail-Adresse das Teilwort *mode* enthalten ist, und sortieren Sie die Vornamen zusätzlich alphabetisch.

Lösung:

Die Kriterien müssen wie folgt angegeben werden:

Feld:	Nachname	Vorname	EMailAdresse	
Sortierung:	Aufsteigend	Aufsteigend		
Kriterien:	Wie "B*"		Wie "*mode*"	
oder:				

- Kriterien, die **nebeneinander stehen**, werden mit **UND** verknüpft.
- Kriterien, die **untereinander stehen**, werden mit **ODER** verknüpft.

Hinweis

Wie Sie vielleicht schon bemerkt haben, können Sie einfache Filter- und Sortieroperationen direkt in der Tabelle durchführen. Dies sollten Sie auch tun, solange es möglich ist, und erst im letzten Moment den formularbasierten Filter bzw. den Spezialfilter verwenden, da Sie in der Tabelle nicht auf die korrekte Notation achten müssen.

Wichtig

Im obigen Bild sieht man, dass nach dem Nachnamen und dem Vornamen sortiert wird. Je weiter links die Sortierung angegeben ist, desto höher ist die Priorität. In diesem Fall werden die Datensätze nach dem Nachnamen sortiert. Existieren mehrere Personen, die den gleichen Nachnamen haben, werden diese nochmals nach den Vornamen sortiert.

Filter laden und speichern

Sie werden beim regelmäßigen Arbeiten mit einer Datenbank in einem Unternehmen in die Verlegenheit kommen, gefilterte Listen auszudrucken, manche davon monatlich, manche sogar nur einmal im Jahr. Es wäre sinnfrei, bei jeder Auswertung den Filter neu zu entwickeln. Daher können Sie die Filtereinstellungen speichern.

Speichern:

1. Öffnen Sie das Formular *Sortieren_und_Filtern_Ü14*.

2. Gehen Sie in den *Formularbasierten Filter* bzw. in den *Spezialfilter.*

3. Klicken Sie auf das Register *Start* -> Gruppe *Sortieren und Filtern* -> *Erweitert* -> *Als Abfrage speichern*.

4. Geben Sie in dem Dialogfenster einen *Namen* für diesen Filter ein. Bedenken Sie, dass Sie im Laufe der Zeit möglicherweise viele Filtereinstellungen abspeichern. Daher sollte der Name des Filters eindeutig sein. Klicken Sie auf *OK.*

Laden eines Filters:

1. Klicken Sie auf das Register *Start* -> Gruppe *Sortieren und Filtern* -> *Erweitert* -> *Alle Filter löschen*. Somit werden alle Filter, die möglicherweise im Vorfeld in der Tabelle angewendet wurden, gelöscht.

Um einen Filter laden zu können, müssen Sie entweder den formularbasierten Filter oder den Spezialfilter aktivieren.

1. *Klicken* Sie dazu entweder auf das Register *Start* -> Gruppe *Sortieren und Filtern* -> *Erweitert* > *Spezialfilter/-sortierung*

   oder

   auf das Register *Start* -> Gruppe *Sortieren und Filtern* -> *Erweitert* -> *Formularbasierter Filter.*

2. Klicken Sie auf das Register *Start* -> Gruppe *Sortieren und Filtern* -> *Erweitert* -> *Aus Abfrage laden*. Es erscheint das Dialogfenster *Von Abfrage laden*, in dem die Filter aufgelistet werden, die in diesem Formular entwickelt und abgespeichert wurden. Wählen Sie einen Filter aus und klicken Sie auf *OK.*

3. Aktivieren Sie den Filter.

4. Verlassen Sie das Formular, ohne zu speichern.

Aufgaben

Öffnen Sie die folgenden Formulare und erzeugen Sie jeweils einen Filter:

a) *Sortieren_und_Filtern_Ü15*	Das Unternehmen hat beschlossen, dass man allen Mitarbeitern der Lieferfirmen, mit denen man sehr eng zusammenarbeitet und die somit auch in diese Datenbank aufgenommen wurden, zum 50. Geburtstag eine Glückwunschkarte schickt. Filtern Sie alle Mitarbeiter heraus, die in diesem Jahr ihren 50. Geburtstag feiern.

b) *Sortieren_und_Filtern_Ü16*	Die Abteilungsleiterinnen aller Abteilungen der Lieferfirmen (Ausnahme Abteilung EDV) sollen über die Neustrukturierung des Unternehmens informiert werden. Erzeugen Sie den dazugehörigen Filter.
c) *Sortieren_und_Filtern_Ü17*	Geben Sie die Mitarbeiter an, mit denen auf Englisch gesprochen wird und bei denen entweder die Abteilung oder die Position nicht angegeben wurde. Auch Datensätze, bei denen sowohl Abteilung als auch Position nicht angegeben wurden, dürfen angezeigt werden. Die gefilterten Daten sollen nach der Position und darauf aufbauend nach der Abteilung sortiert werden.

Lösungen:

a) Angenommen, es ist das Jahr 2016. Somit werden alle Mitarbeiter gesucht, die zwischen dem 01.01.1966 und 31.12.1966 geboren wurden.

1. Klicken Sie mit der rechten Maustaste in ein Feld der Spalte *Geburtstag*. Es öffnet sich ein Auswahlfenster, in dem Sie auf *Datumsfilter/Zwischen* klicken.
2. Es öffnet sich das Dialogfenster *Datumswerte zwischen*. Geben Sie in das Feld *Ältestes Element* das Anfangsdatum *01.01.1966* ein. Geben Sie in das Feld *Neustes Element* das Anfangsdatum *31.12.1966* ein. Klicken Sie auf *OK*.

Hinweis

Im *Spezialfilter/-sortierung* lautet das Auswahlkriterium: *Zwischen #01.01.1966# Und #31.12.1966#*.

Durch Setzen von # kann ein Datumswert ausgewählt werden, z. B. *#01.01.2016#*. Es können dieselben Filterbefehle wie bei Zahlen verwendet werden.

Tipp

Möchte man nicht immer das Jahr eingeben, kann das Auswahlkriterium auch so gesetzt werden, dass vom aktuellen Jahr immer 50 Jahre abgezogen werden. Man kann dazu auch eine Abfrage erzeugen (siehe auch den Abschnitt 8.12.3 »50. Geburtstag«).

b) Die Abteilungsleiterinnen aller Abteilungen der Lieferfirmen (Ausnahme Abteilung EDV) sollen über die Neustrukturierung des Unternehmens informiert werden. Erzeugen Sie den dazugehörigen Filter.

1. Im Feld *Geschlecht* muss eingetragen werden: =*w*
2. Im Feld *Position* muss eingetragen werden: =*"Abteilungsleiter(in)"*
3. Im Feld *Abteilung* muss eingetragen werden: <>*"EDV"*

c) Geben Sie die Mitarbeiter an, mit denen Englisch gesprochen wird und bei denen entweder die Abteilung oder die Position nicht angegeben wurde. Auch Datensätze, bei denen sowohl Abteilung und Position nicht angegeben wurden, dürfen angezeigt werden. Die gefilterten Daten sollen nach der Position und darauf aufbauend nach der Abteilung sortiert werden.

	engl.	Vorname	Nachname	Abteilung	Position	E-Mail-Adresse
✎	☑	Jonas	Jäger			Jonas.Jäger@JeansAndMore.de
✎	☑	Siegrid	Klein			Siegrid.Klein@ALLA.de
✎	☑	Ilsemarie	Hahn	Marketing		Ilsemarie.Hahn@KLAKLAmod.de
✎	☑			Marketing		
✎	☑	Elfriede	Kraus		Mitarbeiter(in)	Elfriede.Kraus@Flocke.de

1. Es handelt sich um ein *Oder*-Kriterium. Entweder ist das Feld *Position* oder das Feld *Abteilung* oder es sind beide Felder leer. Daher müssen die Kriterien in zwei unterschiedliche Zeilen geschrieben werden.
2. Das Feld *englisch* ist immer angeklickt und es muss das Kriterium *Wahr* in beiden Zeilen angegeben werden.
3. Das Feld *Position* muss im Filter links neben dem Feld *Abteilung* liegen, da zuerst nach der Position und anschließend nach der Abteilung sortiert wird.

Feld:	Position	Abteilung	englisch
Sortierung:	Aufsteigend	Aufsteigend	
Kriterien:		Ist Null Oder ""	Wahr
oder:	Ist Null Oder ""		Wahr

2.7.4 Löschen und Kopieren von Datensätzen

Im Laufe der Zeit sammeln sich in einer Datenbank viele Datensätze an, die nicht mehr auf den neuesten Stand gebracht wurden oder schlichtweg veraltet und in Vergessenheit geraten sind. So können Mitarbeiter der Lieferfirmen das Unternehmen längst verlassen haben, dennoch werden diese Mitarbeiter unnötigerweise in der Datenbank mitgenommen. Es ist ein Ballast, der sich auf die Geschwindigkeit und somit auch auf die Benutzerfreundlichkeit auswirken kann. Umgekehrt bedeutet das Löschen veralteter Datensätze eine mögliche Geschwindigkeitserhöhung.

Access bietet verschiedene Vorgehensweisen an, die nachfolgend beschrieben werden.

Löschen einzelner Datensätze

Benötigen Sie einen bestimmten Datensatz nicht mehr, können Sie ihn auch löschen. Beachten Sie dabei, dass die Daten nicht nur im Formular, sondern auch in der zugrunde liegenden Tabelle gelöscht werden!

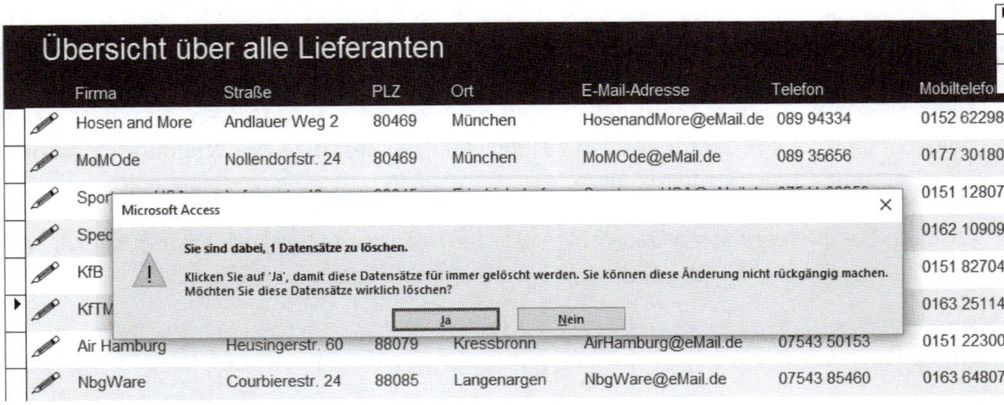

So warnt Access beim Löschen.

1. Öffnen Sie das Formular *Löschen_und_Duplizieren_Ü01* im Navigationsbereich.
2. Löschen Sie einen Datensatz. Es gibt zwei verschiedene Vorgehensweisen:

   Positionieren Sie den Cursor in ein Feld der Zeile, die gelöscht werden soll. Klicken Sie auf das Register *Start* -> Gruppe *Datensätze* -> *Löschen* -> *Datensatz löschen*

   Markieren Sie den Datensatz durch Anklicken des Datensatzmarkierers des gewünschten Datensatzes. Löschen Sie den Datensatz durch Drücken der Taste [Entf].

Hinweis

Da der Datensatzmarkierer auch ausgeblendet sein kann, kann man den Datensatz markieren durch das Register *Start* -> Gruppe *Suchen* -> *Markieren* -> *Markieren*.

Löschen Sie einen Datensatz mit Bedacht. Ein Datensatz, der gelöscht wurde, kann nicht wieder zurückgeholt werden und ist definitiv verloren!

Warnung

Über das Register *Start* -> Gruppe *Suchen* -> *Markieren* -> *Alles markieren* und anschließendes Löschen durch Drücken von [Entf] werden **alle** Datensätze gelöscht!

Gleichzeitiges Löschen mehrerer Datensätze

Neben der Löschung einzelner Datensätze ist es möglich, mehrere aufeinanderfolgende Datensätze zu löschen.

1. Öffnen Sie das Formular *Löschen_und_Duplizieren_Ü01* im Navigationsbereich.
2. Markieren Sie den obersten Datensatz, der gelöscht werden soll.
3. Halten Sie die [⇧]-Taste gedrückt und markieren Sie den untersten Datensatz, der gelöscht werden soll. Somit werden zusätzlich alle Datensätze zwischen diesen beiden angegebenen Datensätzen markiert.
4. Löschen Sie die markierten Datensätze durch Drücken von [Entf] oder durch Klicken auf das Register *Start* -> Gruppe *Datensätze* -> *Löschen* -> *Datensatz löschen*.

Hinweise

Es können nur zusammenhängende Datensätze markiert werden. Es ist leider nicht möglich, einzelne Zeilen auszulassen.

Sollten Sie Datensätze löschen wollen, die gleiche Eigenschaften haben, können Sie vor der eigentlichen Löschung diese Datensätze herausfiltern.

Der Entwickler kann das eigenständige Löschen von Datensätzen untersagen.

Duplizieren eines Datensatzes

Immer wieder ist es vorteilhaft, einen Datensatz zu duplizieren, zu vervielfältigen. Dies ist dann der Fall, wenn ein zweiter Datensatz benötigt ist, der dem ersten von den Werten her ähnelt und nur an wenigen Stellen geändert werden muss. Möchte man z. B. den Ehepartner eines schon vorhandenen Kontaktes in die Datenbank aufnehmen, geht dies schneller, indem man den Kontakt dupliziert und nur die Felder ändert, die einen anderen Inhalt haben. In diesem Fall müsste nur der Vorname geändert werden.

1. Öffnen Sie das Formular *Löschen_und_Duplizieren Ü01* im Navigationsbereich.
2. Markieren Sie wie oben beschrieben einen beliebigen Datensatz, der dupliziert werden soll.

   Für das Kopieren eines Datensatzes benötigen Sie zwei Schritte: Zuerst muss der Datensatz in die Zwischenablage gelegt werden, sodass er danach am Ende der Datentabelle eingefügt werden kann.

3. Klicken Sie auf das Register *Start* -> Gruppe *Zwischenablage* -> *Kopieren* oder drücken Sie Strg+C, um den Datensatz in die Zwischenablage zu legen.

4. Klicken Sie auf das Register *Start* -> Gruppe *Zwischenablage* -> *Einfügen* - > *Am Ende einfügen* oder drücken Sie Strg+V, um den Datensatz am Ende der Liste einzufügen.

Aufgabe

Öffnen Sie das Formular *Löschen_und_Duplizieren_Ü02* im Navigationsbereich. Löschen Sie die Datensätze, in denen kein Nachname und kein Vorname angegeben wurden. Versuchen Sie, mit so wenig Aufwand wie möglich diese Aufgabe zu lösen.

Hinweis

Bei der Frage, ob Sie die Datensätze wirklich löschen wollen, klicken Sie bitte auf *Nein*.

Lösungsvorschlag:

1. Positionieren Sie den Cursor in ein Feld der Spalte *Nachname* und klicken Sie auf das Register *Start* -> Gruppe *Sortieren und Filtern* -> *Filtern*. Wählen Sie in dem Kontextfenster, das sich geöffnet hat, **nur** das Feld *(Leer)*.
2. Dieselben Schritte führen Sie in der Spalte *Vorname* durch. Sie erhalten nur noch die gewünschten Datensätze, die Sie markieren und löschen können.

2.8 Suchen und Ersetzen

Drei Lieferanten haben ihren Sitz in Gefrees, einer kleinen Stadt in Oberfranken. Jedoch hat die Mitarbeiterin fälschlicherweise immer Gefres eingegeben. Dieser Fehler soll nun behoben werden.

1. Öffnen Sie das Formular *Suchen_und_Ersetzen_Ü01* im Navigationsbereich.
2. Positionieren Sie den Cursor in der Spalte, in der das Wort gesucht wird. In diesem Fall in einem Feld der Spalte *Ort*.
3. Klicken Sie auf das Register *Start* –> Gruppe *Suchen* -> *Suchen*. Es öffnet sich das Dialogfenster *Suchen und Ersetzen*. Wählen Sie den Reiter *Ersetzen*.

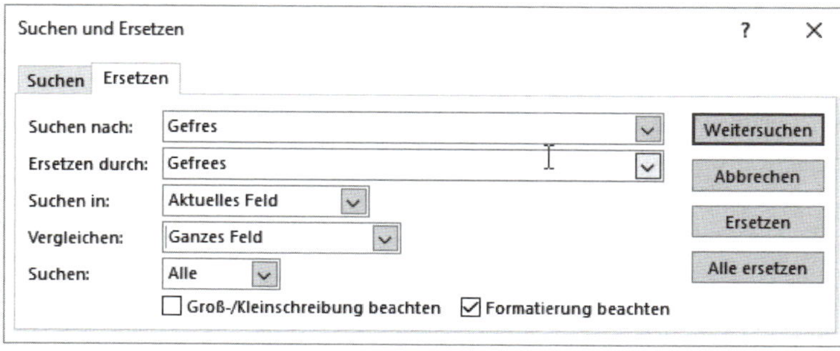

4. Im Feld *Suchen nach* muss eingetragen werden: *Gefres*. Im Feld *Ersetzen durch* muss eingetragen werden: *Gefrees*.
5. Wählen Sie im Listenfeld *Vergleichen* die Option *Ganzes Feld* aus. Dadurch stellen Sie sicher, dass die Feldinhalte vollständig überprüft werden.
6. Bestätigen Sie den Sicherheitshinweis. Der Feldinhalt wird verändert.

Hinweis

Wählen Sie im Listenfeld *Vergleichen* die Option *Teil des Feldinhaltes*, können auch Teilwörter geändert werden, z. B. können alle *i* in den Feldern durch *o* ersetzt werden. Der Sinn dieser Aktion sei mal dahingestellt. Durch Klicken von *Alle ersetzen* wird der Austausch der Feldinhalte in der gesamten Tabelle vorgenommen.

2.9 Weitere Formulararten

2.9.1 Datenblatt

Daten können in einer Übersicht auch tabellarisch angeordnet sein. Die sogenannte **Datenblattansicht** hat einen großen Vorteil, da diese Ansicht sehr flexibel ist. Formatierungen und Anordnungen können nicht nur vom Entwickler, sondern auch vom Nutzer verändert werden. Sie haben in dieser Ansicht jedoch weder Schaltflächen noch weitere Gestaltungselemente.

1. Öffnen Sie das Formular *Lieferanten_Uebersicht_Ü01*.

Zur Navigation zwischen den *Feldern im Datenblatt* können Sie entweder das gewünschte Feld anklicken oder Sie benutzen die vordefinierten Tastenkombinationen. Im Navigationsmodus bewegen Sie sich mit den folgenden Tasten zwischen den Feldern. Man erkennt diesen Modus durch den schwarz hinterlegten Feldinhalt:

Tastenkombination	Aktion
↹	Zum nächsten Feld. Ist der Cursor im letzten Datenfeld eines Datensatzes, springt man in das erste Datenfeld des nächsten Datensatzes.
←, ↑, ↓, →	Zum vorherigen, darüberliegenden, darunterliegenden oder nächsten Feld.
Ende	Zum letzten Feld des aktuellen Datensatzes.
Pos 1	Zum ersten Feld des aktuellen Datensatzes.

Durch Drücken von F2 gelangt man in den Bearbeitungsmodus.

Formatierungen

Im Register *Start* -> Gruppe *Textformatierung* befinden sich alle wichtigen Funktionen zur Gestaltung des Datenblattes. Auf einige Funktionen soll im Folgenden eingegangen werden.

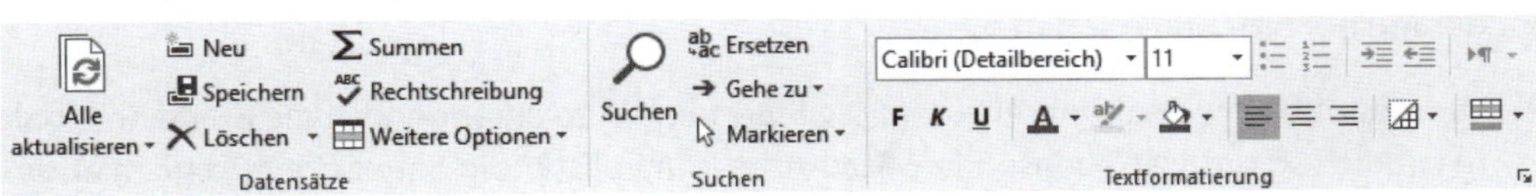

Ändern der Schriftgröße

1. Ändern Sie die *Schriftgröße* des Datenblattes auf *16 pt*. Klicken Sie dazu in ein Feld und verändern Sie die Größe. Durch das Ändern eines Feldes werden alle Felder entsprechend formatiert. Egal, welche Formatierung Sie in einem Feld durchführen, das Gesamtbild des Datenblattes passt sich dieser Formatierung an. Zusätzlich kann man die alternative Hintergrundfarbe einstellen.

Durch die Änderung der Schriftgröße passt sich zugleich die Zellenhöhe der Situation an. Sie können aber auch selbst die Zeilenhöhe ändern.

Ändern der Zeilenhöhe

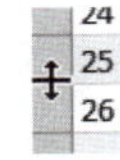

1. Verändern Sie die *Zeilenhöhe*. Fahren Sie mit der Maus auf eine horizontale Linie im Bereich des Datensatzmarkierers. Der Mauszeiger ändert sich in einen Nord-Süd-Doppelpfeil mit einem Querstrich. Verschieben Sie nun mit gedrückter linker Maustaste die Maus nach unten oder oben. Sie stellen somit immer gleichzeitig die Höhe aller Zeilen ein, nicht für einzelne Datensätze.

Hinweis

Haben Sie die Zellenhöhe manuell eingestellt, ändert sich die Höhe der Zelle bei der Änderung der Schriftgröße nicht mehr automatisch!

Änderung der Spaltenbreite

Man kann erkennen, dass die Spaltenbreiten nicht optimal zum Lesen der Inhalte geeignet sind. Das Feld *ID* verbraucht zu viel Platz und die Feldbreite des Feldes *EMailAdresse* ist zu klein. Zu lange Inhalte werden abgeschnitten.

1. Verändern Sie die Spaltenbreite von *ID*. Fahren Sie mit der Maus auf die vertikale Linie zwischen *ID* und *Firma* im Bereich der Feldüberschriften. Der Mauszeiger ändert sich in einen Ost-West-Doppelpfeil mit einem Querstrich. Verschieben Sie nun mit gedrückter linker Maustaste die Maus nach links oder rechts. Verringern Sie die Breite so, dass die ID gerade noch zu erkennen ist.

2. Verändern Sie die Spaltenbreite der *EMailAdresse*. Um zu erkennen, ob die Breite der Spalte wirklich so groß ist, sodass alle E-Mail-Adressen vollständig angezeigt und nicht abgeschnitten werden, müsste man die gesamten Datensätze überprüfen.

Die optimale Spaltenbreite erhält man jedoch leichter: Klicken Sie doppelt auf die vertikale Linie zwischen *EMailAdresse* und *Telefongeschäftlich*. Automatisch wird die Spaltenbreite für die E-Mail-Adressen eingerichtet.

Ein- und Ausblenden von Feldern

Das Feld *ID* soll ausgeblendet werden. Dies kann man durch verschiedene Methoden erreichen.

1. Verringern Sie die Breite des Feldes *ID* auf null.
2. Klicken Sie in ein Feld der Spalte *ID*, die ausgeblendet werden soll, und anschließend auf das Register *Start* -> Gruppe *Datensätze* -> *Weitere Optionen* -> *Felder ausblenden*.
3. Das Feld *ID* kann auch wieder eingeblendet werden. Klicken Sie auf das Register *Start* -> Gruppe *Datensätze* -> *Weitere Optionen* -> *Felder wieder einblenden*.

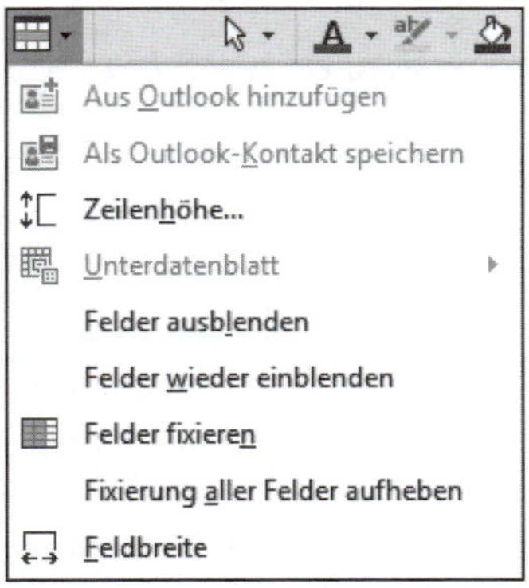

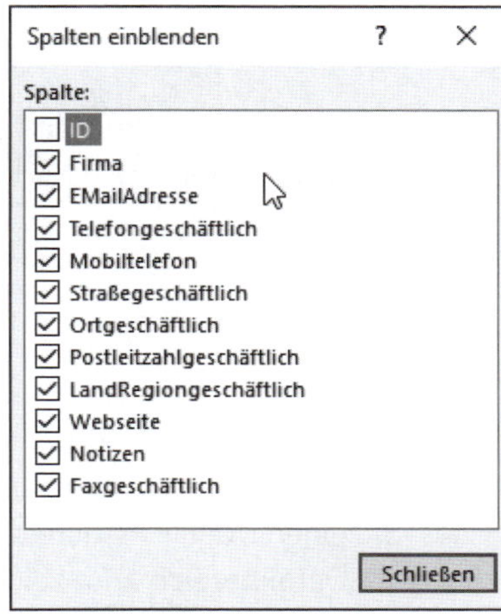

4. Es erscheint das Dialogfenster *Spalte einblenden*, in dem vor allen ausgeblendeten Spalten kein Häkchen gesetzt ist. Klicken Sie in das Kontrollkästchen vor *ID*, um diese Spalte wieder einzublenden.

Sortierung und Filterung

Alle Funktionen, die Sie in den vorherigen Kapiteln kennengelernt haben, können Sie auch in der Datenblattansicht verwenden.

Veränderung der Anordnung der Spalten

1. Markieren Sie die Spalte, die verschoben werden soll, durch Anklicken der Spaltenüberschrift.

2. Mit gedrückter linker Maustaste positionieren Sie die Maus an der Stelle, an die die Spalte verschoben werden soll.

Die zukünftige Position wird durch einen schwarzen senkrechten Strich markiert.

> **Allgemeiner Hinweis**
>
> Änderungen der Formatierung und der Spaltengröße/-reihenfolge werden beim Verlassen des Formulars ohne Nachfrage abgespeichert und beim nächsten Öffnen wiederhergestellt.

2.9.2 Geteiltes Formular

Ein geteiltes Formular ist die Kombination aus Datenblattansicht und Einzelblattansicht. Das Verhalten der beiden Ansichten konnten Sie schon in den letzten Abschnitten kennenlernen. Der Vorteil besteht darin, dass Sie einen Übersichtsbereich haben, in dem Sie einen Datensatz anklicken können, und dieser im Detailbereich angezeigt wird. Somit können Sie Informationen schnell auslesen. Diese Aufteilung kennen Sie ja zum Beispiel bei E-Mail-Programmen, bei denen in der linken Leiste eine Übersicht über die vorhandenen E-Mails und im rechten Bereich die E-Mail angezeigt wird.

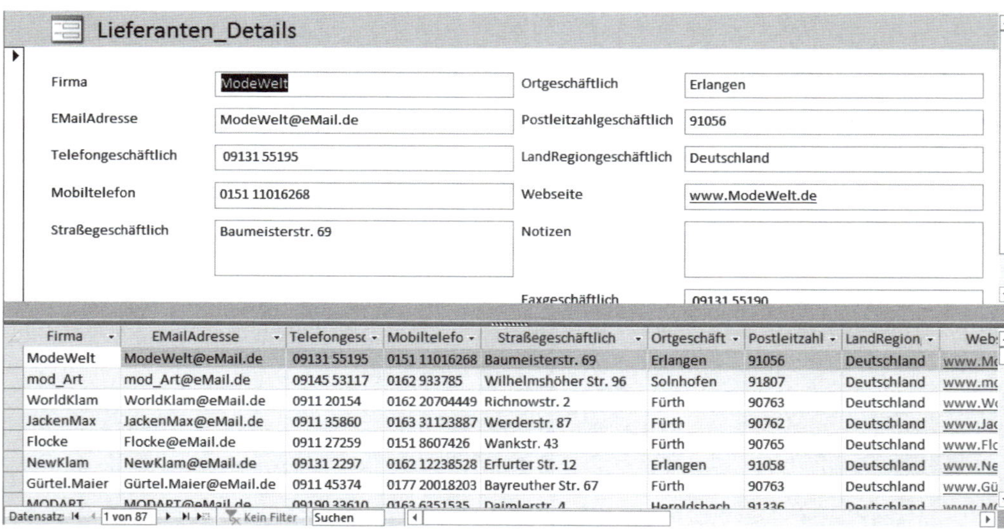

Geteiltes Formular, kein UFO.

Die beiden Ansichten sind mit derselben Datenquelle verbunden und werden ständig miteinander synchronisiert. Sie können Daten in beiden Teilen hinzufügen, bearbeiten oder löschen.

3 Entwickeln einer eigenen einfachen Datenbank

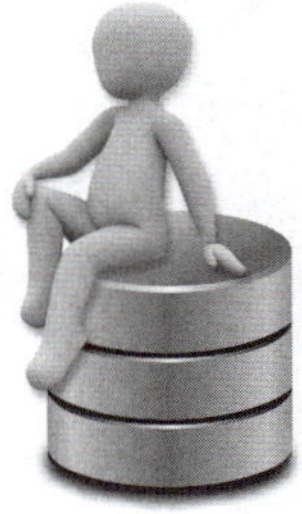

3.1 Einführung

Nachdem Sie sich im vorherigen Kapitel einen Überblick verschaffen konnten, wie man mit Access Daten verwalten kann, sollen Sie in diesem Kapitel einen Teil der Datenbank selbst entwickeln. Es soll dabei die **Lieferantenverwaltung** getrennt von der **Artikelverwaltung** und **Kundenverwaltung** betrachtet werden. Die Entwicklung wird Schritt für Schritt erklärt, wobei Sie selbst auch praktisch die Datenbank mit all den Tabellen, Abfragen, Formularen, Berichten und Makros erstellen und testen können.

Gerade eben wurden schon die wesentlichen Bestandteile einer Access-Datenbank genannt. Selbst eine kleine Datenbankanwendung besteht schon aus vielen Einzelobjekten aus den folgenden Bereichen:

- **Tabellen:** Speicherung aller Daten.
- **Abfragen:** Sammeln, Auswerten und Bereitstellen von Daten.
- **Formulare:** Eigentliche Oberfläche für den Nutzer der Datenbank. Hier werden Daten eingegeben, bearbeitet und angesehen.
- **Berichte:** Daten werden für den Druck aufbereitet.
- **Makros:** Automatisierung von Arbeitsschritten ohne Programmierung.

Formulare und Abfragen haben Sie schon im letzten Kapitel näher kennengelernt.

Öffnen Sie Access. Sie gelangen auf die Startseite, auf der die zuletzt bearbeiteten Dateien sowie verfügbare Vorlagen aufgelistet werden.

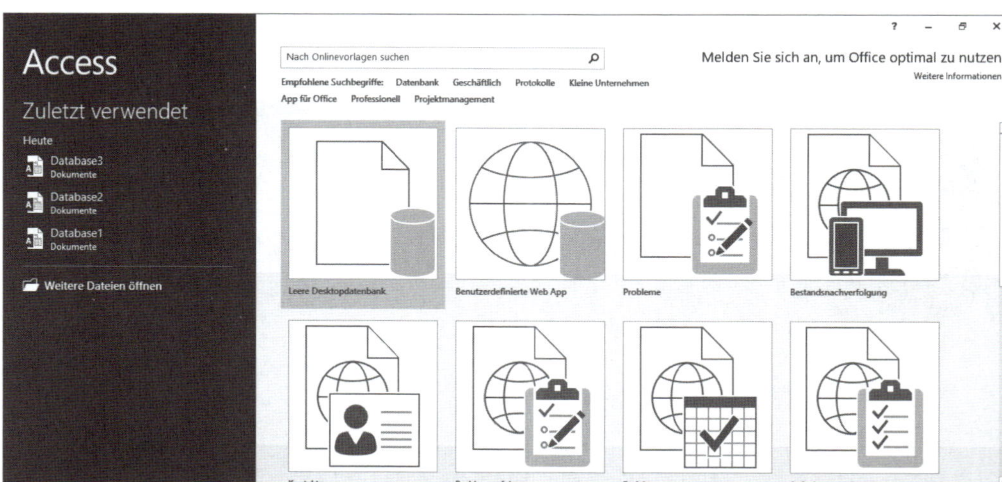

Mit den kostenlosen Vorlagen können Sie sich viel Arbeit sparen, da Ihnen so eine fertige Datenbankanwendung zur Verfügung gestellt wird, mit der Sie sofort arbeiten können. Die Vorlagen können auch verändert und so an Ihre eigenen Wünsche angepasst werden.

Bei der Installation von Access werden einige Vorlagen auf die Festplatte kopiert, die Sie in der Vorlagenansicht auswählen können.

1. Zusätzlich bietet Microsoft online weitere Vorlagen an. Geben Sie dazu im Suchfeld *Nach Onlinevorlagen suchen* das gewünschte Stichwort ein.

2. Klicken Sie auf *Leere Desktopdatenbank*. Diese ist absolut leer und kann von Ihnen selbst gefüllt werden.

Hinweis

Seit Access 2013 können auch Access-Web-Apps erzeugt werden. Dabei handelt es sich um einen Datenbanktyp, den Sie in Access erstellen und anschließend als Webanwendung in einem Webbrowser verwenden und für andere freigeben können. Jedoch brauchen Sie im Gegensatz zur Desktopdatenbank weitere technische Voraussetzungen. Da diese Vorarbeiten uns weit von unserem eigentlichen Thema »Wie lerne ich Access« – abbringen würden, wird dieser Bereich erst mal ausgeklammert.

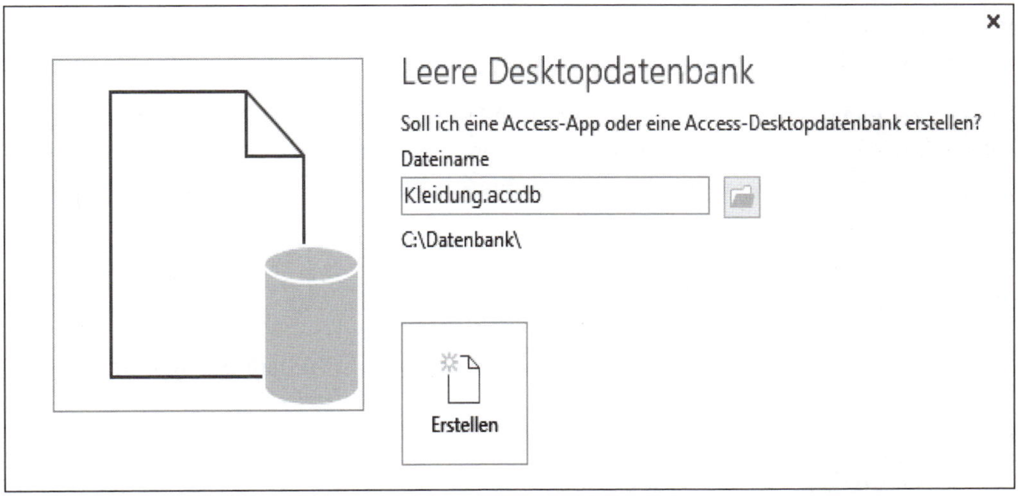

3. Erstellen Sie eine leere Desktopdatenbank durch die nachfolgende Vorgehensweise.

Hinweis

Access bietet Ihnen als Speicherort in der Voreinstellung den **persönlichen Dokumentenordner** an. Access erzeugt als Dateiname den Dateinamen »Database« mit einer fortlaufenden Nummer.

4. Geben Sie als Dateinamen *Kleidung.accdb* an.
5. Bestimmen Sie als Verzeichnis zum Beispiel *C:\Datenbank*.
6. Klicken Sie auf *Erstellen*.

Hinweis

Der Standardspeicherort für Datenbanken kann geändert werden. Dazu werden wir in Kapitel 13.1 noch kommen.

3.2 Wie erzeugt man eine Tabelle?

Da Access als Datengrundlage eine Datentabelle benötigt, erzeugt es automatisch die Tabelle *Tabelle1*. Beim Schließen der Tabelle werden Sie jedoch gefragt, unter welchem Namen Sie die Tabelle abspeichern wollen.

In einer Tabelle werden die Daten in Form von Datensätzen aufgelistet. Jede Zeile in einer Tabelle ist ein Datensatz. Sie besteht aus einer Reihe von Feldern, in denen Daten unterschiedlichster Art gespeichert werden. Gleichartige Felder werden in Form von Spalten angezeigt.

ID	Firma	EMailAdresse	Telefongesc	Mobiltelefo	Straßegeschäftlich
14		ModeWelt@eMail.de	09131 55195	0151 11016268	Baumeisterstr. 69
15	mod_Art	mod_Art@eMail.de	09145 53117	0162 933785	Wilhelmshöher Str. 96
16	WorldKlam	WorldKlam@eMail.de	0911 20154	0162 20704449	Richnowstr. 2
17	JackenMax	JackenMax@eMail.de	0911 35860	0163 31123887	Werderstr. 87
18	Flocke	Flocke@eMail.de	0911 27259	0151 8607426	Wankstr. 43
19	NewKlam	NewKlam@eMail.de	09131 2297	0162 12238528	Erfurter Str. 12
20	Gürtel.Maier	Gürtel.Maier@eMail.de	0911 45374	0177 20018203	Bayreuther Str. 67
21	MODART	MODART@eMail.de	09190 33610	0163 6351535	Daimlerstr. 4
22	ModeMaxx	ModeMaxx@eMail.de	09149 90215	0162 45480623	Hochkirchstr. 97
23	modeD	modeD@eMail.de	09131 12485	0163 4278149	Ringelnatzstr. 44
24	SportWear	SportWear@eMail.de	09131 25129	0177 5482764	Königsteinstr. 32
25	LDDS	LDDS@eMail.de	09172 89511	0177 19693042	Teilestr. 19
26	Hosen Max	Hosen Max@eMail.de	09131 10657	0178 9441202	Tankredstr. 74

In dieser Tabelle werden die Lieferanten von fiktiven Modeunternehmen aufgelistet. Jedes Unternehmen wird in einem Datensatz, somit in einer Zeile aufgeführt. Ein Datensatz besteht aus Feldern, in denen z. B. Firma, PLZ, E-Mail-Adresse, Telefonnummern usw. eingetragen werden können.

In einer Tabelle können bis zu 255 Felder definiert werden. Eine Datenbank kann aus vielen Tabellen bestehen. Wie man eine komplexe Datenbank aufbaut und an welche Regeln man sich dabei halten soll, wird in Kapitel 5 genau beschrieben. Im Augenblick begnügen wir uns mit einer einfachen Datenbank mit zwei Tabellen.

In diese eben geöffnete Tabelle können nun die benötigten Felder hinzugefügt bzw. Daten eingetragen werden.

Hinweis

Da diese Tabelle das aktive Objekt ist, fügt Access die kontextabhängige Registerkarte *Tabellentools* zum Menüband hinzu. In diesem Kapitel brauchen wir nur das Registerblatt *Tabellentools/Felder*. Bei der Entwicklung komplexerer Datenbanken wird auch das Registerblatt *Tabellentools/Tabelle* benötigt.

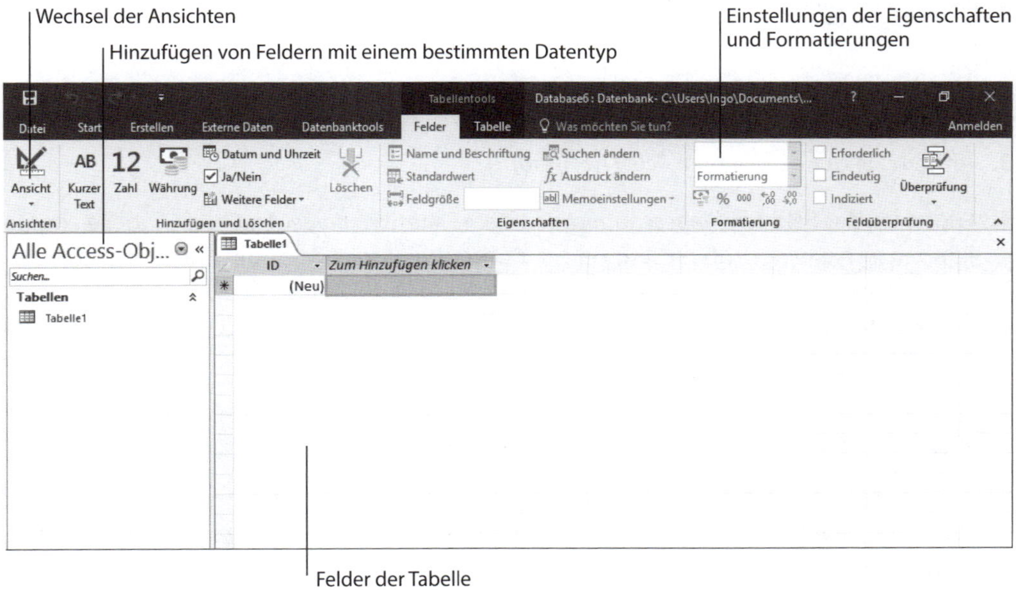

In diesem Kapitel werden Sie erfahren, wie eine Tabelle definiert und welche Datentypen und Feldeigenschaften gewählt werden können.

3.2.1 Felder einfügen

1. Fügen Sie die Felder *Firma*, *Telefongeschäftlich* und *Postleitzahlgeschäftlich* hinzu.

2. Fügen Sie zuerst das Feld *Firma* in die Tabelle ein. Da es sich um eine Texteingabe handelt, wählen Sie den Datentyp *Kurzer Text*. Es gibt zwei Möglichkeiten, die Felder einzufügen.

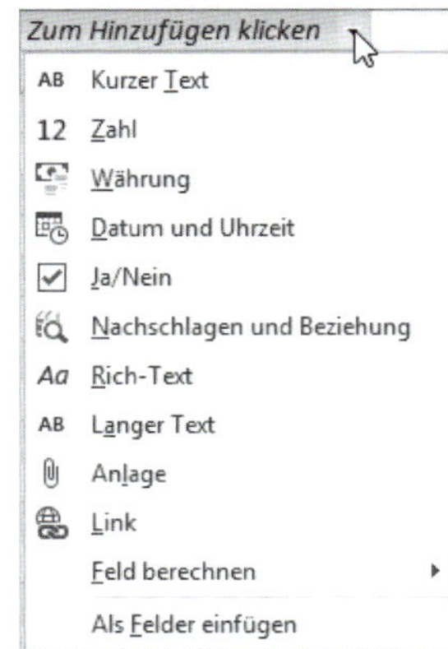

   - Sie können auf dem Register *Start* -> Gruppe *Hinzufügen und Löschen* auf den Datentyp klicken. Das Feld wird der Tabelle hinzugefügt.
   - Sie können in der Tabelle auf *Zum Hinzufügen klicken* klicken. Es öffnet sich ein Kontextfenster, in dem Sie den *Datentyp* des Feldes auswählen können.

   Access vergibt eigene Feldnamen, die geändert werden sollten. Nach dem Erzeugen des Feldes befinden Sie sich im Tabellenkopf im Änderungsmodus.

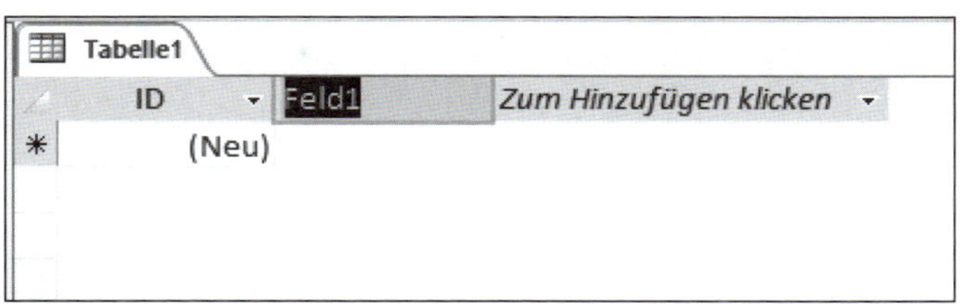

3. Ändern Sie den Feldnamen *Feld1* in *Firma*.

4. Fügen Sie das Feld *Telefongeschäftlich* mit dem Datentyp *Kurzer Text* in die Tabelle ein. Sie können entscheiden, ob diesem Feld der Datentyp *Kurzer Text* oder *Zahl* unterlegt werden soll. Bei Datentyp *Zahl* können Sie nur *Ziffern*, jedoch keine weiteren Zeichen oder Leerzeichen einfügen, die Sie möglicherweise nutzen wollen, z. B. 0178/3200125 oder 0178 3200125.

Hinweise

Prinzipiell müssen Zahlen, mit denen man *rechnen* möchte, den Datentyp *Zahl* besitzen. Zahlen, die den Datentyp *Text* als Grundlage haben, werden als Wörter angesehen und können nicht für Berechnungen genutzt werden.

Zahlen und *Wörter* verhalten sich bei der *Sortierung unterschiedlich*. Beachten Sie dazu Kapitel 13.3.

5. Fügen Sie das Feld *Postleitzahlgeschäftlich* in die Tabelle ein. Wählen Sie dazu den Datentyp *Zahl*.

Hinweise

Sie müssen sich beim Erzeugen einer Tabelle überlegen, welche Datentypen die Felder haben sollen. Solange in der Tabelle keine Inhalte gespeichert sind, können Sie jederzeit den Datentyp ändern. Im laufenden Betrieb jedoch ist die Änderung eines Datentyps nur bedingt möglich. Die Änderung eines Datentyps kann zu Datenverlusten führen!

Bei der Eingabe der Telefonnummer wird keine Kontrolle durchgeführt, ob Sie tatsächlich eine Nummer eingeben. Sie könnten auch Buchstaben eingeben, ohne dass Access dies moniert.

Bei der Eingabe der Postleitzahl überprüft Access zumindest, ob es sich bei der Angabe nur um Ziffern handelt. Ist dies nicht der Fall, wird Access eine Fehlermeldung bringen.

Access hat beim Erstellen der Tabelle selbst ein Feld eingefügt: *ID*. Dabei handelt es sich um ein Feld des Datentyps *AutoWert*. Jeder Datensatz bekommt in diesem Feld eine Zahl zugeordnet, wobei standardmäßig mit der Zahl 1 begonnen wird und sich der Wert bei einem neuen Datensatz um 1 erhöht. Jedem Datensatz wird eine unterschiedliche Zahl zugeordnet und macht ihn einzigartig. Die Bedeutung der ID werden Sie im Laufe des Buches immer wieder erkennen und auch schätzen lernen.

Um Sie beim Erlernen von Access zu unterstützen und Ihnen am Ende einer Aufgabe wiederum Lösungen anbieten zu können, bitte ich Sie nun, die gerade neu erzeugte Datenbank zu schließen.

Öffnen Sie die Access-Datenbank *Lieferantenverwaltung - Tabelle.accdb*.

Aufgabe

1. Öffnen Sie die Tabelle *Erstellen_von_Tabellen_Ü01*.

2. Erzeugen Sie in der Tabelle weitere Felder mit den dazugehörigen Datentypen, sodass die Felder wie folgt angezeigt werden:

Feld	Datentyp
ID	AutoWert
Firma	Kurzer Text
EMailAdresse	Kurzer Text
Mobiltelefon	Kurzer Text

Feld	Datentyp
Straßegeschäftlich	Langer Text
Ortgeschäftlich	Kurzer Text
LandRegiongeschäftlich	Kurzer Text
Webseite	Link
Notizen	Langer Text
Faxgeschäftlich	Kurzer Text

Hinweis

Geben Sie den Feldnamen aussagekräftige Namen. Ein Feldname kann bis zu 64 Zeichen haben, jedoch sollte er etwa 10 bis 20 Zeichen besitzen. Ein Feldname kann aus Zahlen und Buchstaben bestehen. Vielleicht fragen Sie sich, weshalb man einem Feld den unhandlichen Feldnamen *LandRegiongeschäftlich* gibt. Man könnte dem Feld auch den Feldnamen *Land* geben. Das liegt daran, dass man Daten von Outlook nach Access bzw. von Access nach Outlook übergeben kann und man dazu diesen eindeutigen Feldnamen für die Zuordnung benötigt.

3. Speichern Sie die Tabelle *Erstellen_von_Tabellen_Ü01*.

Layout: Ähnlich wie bei dem Formulartyp *Datenblatt* können in der Tabelle Werte eingetragen werden und Sie können das Layout Ihren Wünschen entsprechend verändern (siehe auch Abschnitt 2.9.1 »Datenblatt«). Jedoch arbeitet man in den seltensten Fällen direkt in der Tabelle. Die Daten *sollten nur* in Formularen eingegeben, verifiziert und in der Tabelle abgespeichert werden. Eine Funktion kann man verwenden, und zwar diese: *Veränderung der Anordnung der Spalten*.

1. Öffnen Sie die Tabelle *Erstellen_von_Tabellen_Ü02*.
2. Markieren Sie die Spalte, die verschoben werden soll, durch Anklicken der Spaltenüberschrift. Mit gedrückter linker Maustaste positionieren Sie die Maus an der Stelle, an die die Spalte verschoben werden soll.

   Die zukünftige Position wird durch einen schwarzen senkrechten Strich markiert.
3. Verändern Sie die Reihenfolge der Felder, sodass die Felder wie folgt angeordnet sind, und fügen Sie fehlende Felder ein:

   ID – Firma – EMailAdresse – Telefongeschäftlich – Mobiltelefon – Ortgeschäftlich – Postleitzahlgeschäftlich – LandRegiongeschäftlich – Faxgeschäftlich – Webseit– Notizen
4. Speichern Sie die Tabelle *Erstellen_von_Tabellen_Ü02* ab.

3.2.2 Eigenschaften ändern

255 Zeichen können in ein Feld des Datentyps *Kurzer Text* eingetragen werden. Diese Zeichenanzahl hält Access für jedes Feld frei – egal, ob der Platz genutzt wird oder nicht. Möchte man zum Beispiel in einem Feld das Geschlecht (m/w) angeben, benötigt man nur ein Zeichen. Um die Verarbeitungsgeschwindigkeit zu vergrößern, sollte in diesem Fall die Feldgröße auf ein Zeichen verringert werden.

Es besteht daher die Möglichkeit, die Eigenschaften der Datentypen für die jeweilige Situation anzupassen. Die Eigenschaften können Sie ändern unter dem Register *Tabellentools/Felder* -> Gruppe *Eigenschaften/Formatierung*.

Beachten Sie dabei, dass in Abhängigkeit des Datentyps verschiedene Funktionen aktiviert bzw. deaktiviert werden.

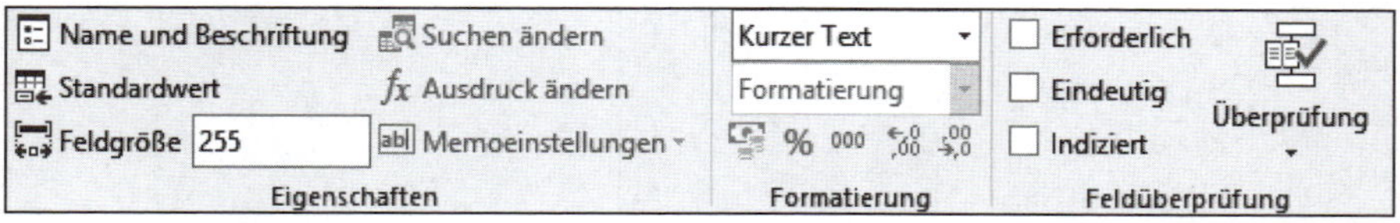

Hinweis

Die Eigenschaft *Feldgröße* kann nur bei dem Datentyp *Kurzer Text*, jedoch nicht bei dem Datentyp *Zahl* verwendet werden. Möchte man erzwingen, dass nur maximal fünf Ziffern eingetragen werden dürfen, muss man eine Gültigkeitsregel verwenden, die noch näher betrachtet wird.

3.2.3 Allgemeines Wissen

Datentypen

Unter dem Register *Start* -> Gruppe *Hinzufügen und Löschen* werden Ihnen verschiedene Datentypen angeboten.

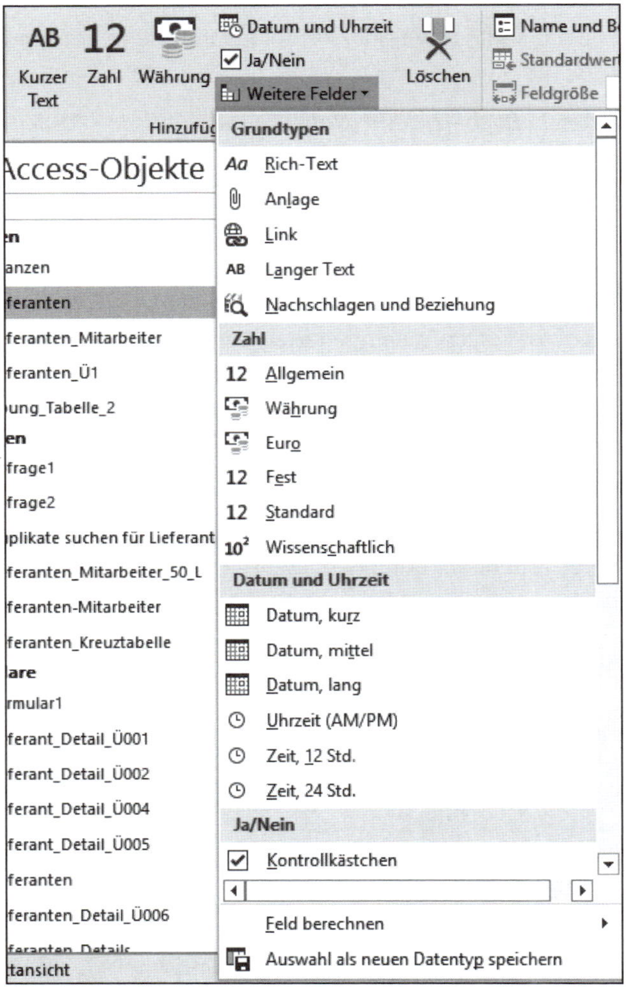

Sie ergeben sich jedoch aus der Kombination eines Grunddatentyps und der Einstellung der Eigenschaften.

Insgesamt stehen Ihnen elf Grunddatentypen zur Auswahl, die im Folgenden kurz beschrieben werden.

<table>
<tr><th>Felddatentyp</th><th>Beschreibung</th></tr>
<tr><td>Kurzer Text</td><td>Es können bis zu 255 Zeichen eingegeben werden. Es können Zahlen und Buchstaben eingegeben werden, wobei mit den eingegebenen Zahlen nicht gerechnet werden kann.

Hinweis: Die Standardfeldgröße beträgt immer 255 Zeichen. Diese Einstellung kann in den Optionen verändert werden: Gehen Sie dazu auf das Register Datei/Optionen.

Im erscheinenden Dialogfenster Access Optionen wählen Sie den Menüpunkt Objekt/Designer. Es erscheint auf der rechten Seite der Änderungspunkt Entwurfsansicht für Tabellen, in der die Standardtextfeldgröße verändert werden kann.</td></tr>
<tr><td>Langer Text</td><td>Bis zu 65535 Zeichen können eingegeben werden. Dieser Typ dient zur Eingabe von längeren Texten. In einem solchen Feld können Sie auch Formatierungen durchführen.

Hinweis: Datensätze können nicht nach Feldern mit dem Datentyp Langer Text sortiert werden.</td></tr>
<tr><td>Zahl</td><td>Erlaubt die Eingabe von numerischen Werten, mit denen auch gerechnet werden können. Dabei bietet Access fünf Feldgrößen an:
<table>
<tr><th>Feldgröße</th><th>Zahlenbereich</th></tr>
<tr><td>Byte</td><td>0 bis 255</td></tr>
<tr><td>Integer</td><td>-32768 bis 32767</td></tr>
<tr><td>Long Integer</td><td>-2 147 483 648 bis 2 147 483 647</td></tr>
<tr><td>Single</td><td>-3,402823E38 bis -1,401298E-45 für negative Werte;
1,401298E-45 bis 3,402823E38 für positive Werte.</td></tr>
<tr><td>Double</td><td>-1,79769313486232E308 bis -4,94065645841247E-324 für negative Werte;
4,94065645841247E-324 bis 1,79769313486232E308 für positive Werte</td></tr>
</table>
Hinweis: Je größer der Zahlenbereich ist, desto mehr Speicherplatz benötigt ein Feld. Daher sollte man sich im Vorfeld überlegen, in welchem Zahlenbereich sich die eingegebenen Werte bewegen.</td></tr>
<tr><td>Datum/Zeit</td><td>Eingabe von Datum und Zeit</td></tr>
<tr><td>Währung</td><td>Eingabe einer Zahl mit Währungszeichen</td></tr>
<tr><td>AutoWert</td><td>Access vergibt die Zahl automatisch, sie wird eindeutig vergeben, wenn ein neuer Datensatz der Tabelle hinzugefügt wird. Standardmäßig beginnt die Zahl bei 1 und erhöht sich um eine Einheit.</td></tr>
<tr><td>Ja/Nein</td><td>Gibt es nur zwei mögliche Werte, z. B. ja/nein, Wahr/Falsch, eignet sich dieser Datentyp für anklickbare Kontrollkästchen.</td></tr>
<tr><td>OLE-Objekte</td><td>Wird genutzt, um Objekte, die in anderen Programmen erstellt wurden, in Access einzubinden. Dazu gehören Grafiken, Bilder, Töne, aber auch Word-Dokumente oder Excel-Tabellen.</td></tr>
</table>

Felddatentyp	Beschreibung
Hyperlink	Die Eingabe erscheint als Hyperlink, der anklickbar ist. Es können externe Dokumente aufgerufen werden.
Anlage	Man kann Bilder, Grafiken, aber auch Dokumente speichern und aufrufen.
Nachschlage-Assistent	Es wird ein Feld erstellt, in das man mithilfe eines Auswahlfelds Werte aus einer anderen Tabelle wählen kann.
Berechnet	In diesem Feld können Berechnungen unter Zuhilfenahme der restlichen Felder durchgeführt werden.

Entwurfsansicht

Access bietet eine weitere Ansicht an, in der die Felder definiert werden können. In dieser Ansicht können Sie noch weitere Eigenschaften der Felder einstellen, die mit der Datensatzansicht nicht möglich sind.

Für das Erstellen der Felder einer Tabelle können Sie zunächst beide Ansichten verwenden, jedoch soll die Entwurfsansicht hier näher betrachtet werden.

1. Öffnen Sie die Tabelle *Erstellen_von_Tabellen_Ü03* im Navigationsbereich.

2. Klicken Sie auf das Register *Tabellentools/Entwurf* -> Gruppe *Ansichten* -> *Ansicht*. Es öffnet sich folgende Oberfläche, die in zwei Teile aufgeteilt ist:

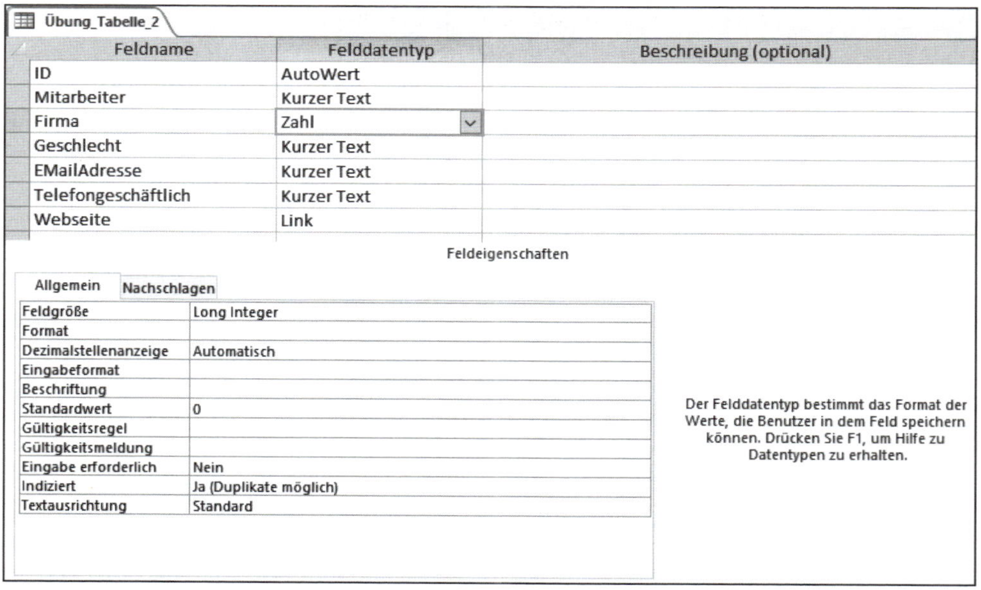

Im oberen Bereich werden in einer Übersicht die Felder der Tabelle angezeigt. Dabei werden die Felder untereinander aufgelistet!

Durch Anklicken eines Feldes werden die dazugehörigen Feldeigenschaften angezeigt.

3. Ändern Sie den Feldnamen *Mitarbeiter* in *Vorname* um.

4. Klicken Sie in der Übersicht auf den Feldnamen *Mitarbeiter*. Sie sind direkt im Bearbeitungsmodus und können den Namen in *Vorname* umändern.

5. Fügen Sie unterhalb des Feldes *Vorname* den Feldnamen *Nachname* mit dem Typ *Kurzer Text* ein. Die Inhalte dürfen maximal eine Größe von 100 Zeichen haben.

Übung_Tabelle_2

Feldname	Felddatentyp
ID	AutoWert
Mitarbeiter	Kurzer Text
Vorname	Kurzer Text
Nachname	Kurzer Text
Geschlecht	Kurzer Text
EMailAdresse	Kurzer Text
Telefongeschäftlich	Kurzer Text

6. Klicken Sie auf das Feld *Geschlecht*.

7. Klicken Sie auf das Register *Tabellentools/Entwurf -> Tools -> Zeilen einfügen*. Das neue Feld wird immer *oberhalb* des markierten Feldes eingefügt.

8. Geben Sie im Feldnamen *Nachname* ein.

9. Wählen Sie den Feldnamen und den Felddatentyp durch Öffnen des Listenfelds aus, in diesem Fall: Datentyp *Kurzer Text*.

10. Nun muss die Feldgröße verändert werden. Klicken Sie im Bereich *Feldeigenschaften* in das Eingabefeld *Feldgröße* und ändern Sie den Wert auf *100*.

Allgemein | Nachschlagen

Feldgröße	255
Format	
Eingabeformat	
Beschriftung	
Standardwert	
Gültigkeitsregel	
Gültigkeitsmeldung	
Eingabe erforderlich	Nein
Leere Zeichenfolge	Ja
Indiziert	Nein
Unicode-Kompression	Ja
IME-Modus	Keine Kontrolle
IME-Satzmodus	Keine
Textausrichtung	Standard

Hinweis

Sie hätten jedoch auch am Ende der Feldliste das Feld *Nachname* erzeugen können und anschließend an die gewünschte Position verschieben können.

11. Fügen Sie unterhalb der *Abteilung* das Feld *Position* ein. Dabei soll es sich um ein Textfeld mit *Auswahlmöglichkeit* (Abteilungsleiter/in; Mitarbeiter/in) handeln, wobei kein neues Element hinzugefügt werden darf.
12. Gehen Sie unterhalb der angelegten Felder in das leere Feld der Spalte *Feldname* und geben Sie als Feldname *Position* ein.
13. Wählen Sie den Feldnamentyp *Nachschlage-Assistent*. Es öffnet sich das Dialogfenster *Nachschlage-Assistent*, der Sie schrittweise unterstützt.

1. SCHRITT: Auswahl der Werte. Die Daten können aus einer Tabelle ausgelesen oder selbst eingetragen werden. In diesem Fall soll die zweite Option ausgewählt werden: *Ich möchte selbst Werte in die Liste eingeben.*

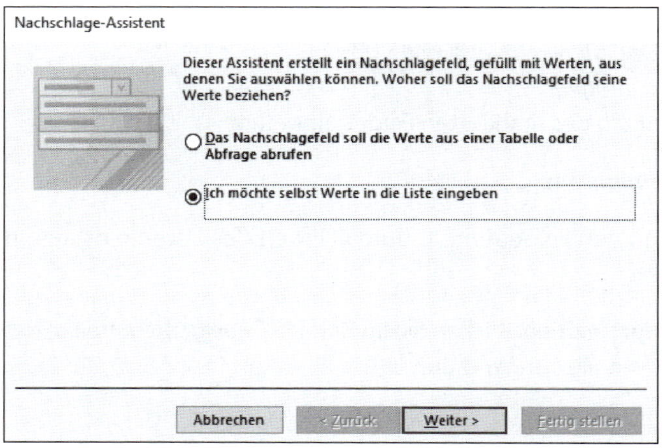

2. SCHRITT: Eintragen der Werte. Sie können nun die Werte eintragen, die in der Auswahlliste erscheinen sollen. Zusätzlich kann man weitere Spalten einfügen, die zwar ebenso in der Auswahlliste erscheinen, jedoch nur als Information angezeigt werden. Ändern Sie dafür die Anzahl von Spalten auf *2* und füllen Sie wie folgt die Felder aus:

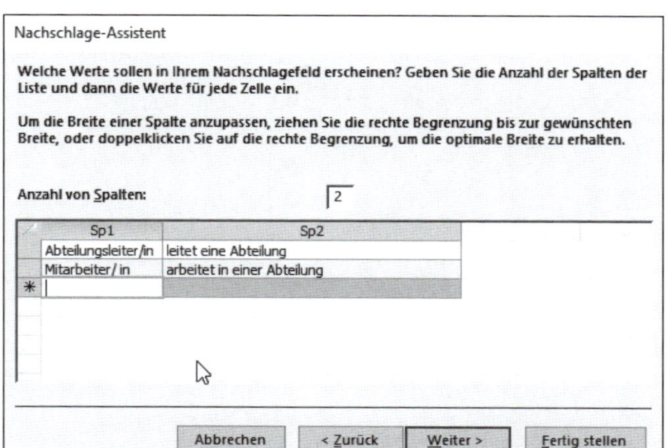

3. SCHRITT: Auswahl der Spalte. Sie können hier auswählen, aus welcher Spalte die Werte in der Datentabelle abgespeichert werden. In unserem Fall ist dies die erste Spalte mit dem Spaltennamen *Col1*.

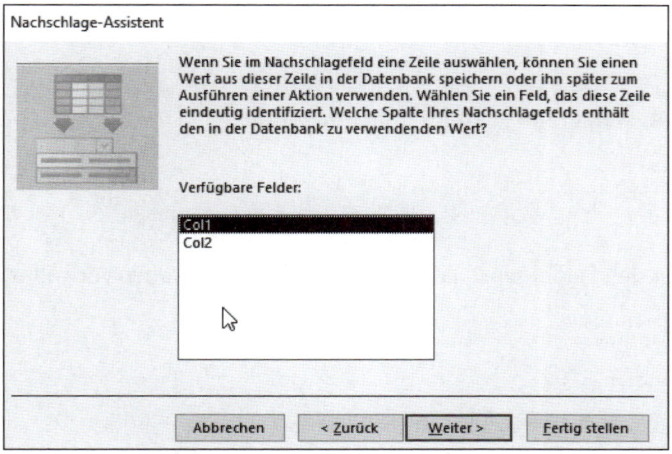

4. SCHRITT: Letzte Einstellungen. Hier können noch einige abschließende Einstellungen durchgeführt werden.

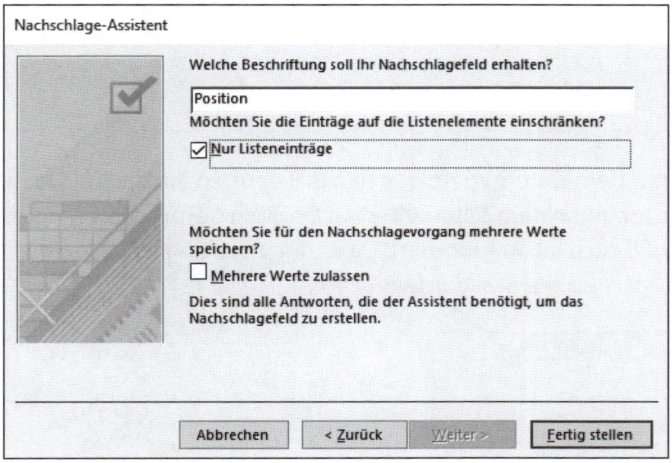

- Falls der Feldname des Feldes in der Tabelle noch nicht eingetragen wurde, müssen Sie einen Namen selbst auswählen. In unserem Fall wurde der Feldname *Position* schon eingegeben und wird somit angegeben.
- Hier können Sie angeben, ob der Anwender selbst weitere Listenelemente hinzufügen darf oder nicht. In unserem Fall darf der Anwender nur zwischen den angegebenen Elementen *Abteilungsleiter/in* und *Mitarbeiter/in* wählen.

- Durch Markieren des Feldes *Mehrere Werte zulassen* können mehrere Werte ausgewählt werden. Dies wäre in diesem Fall ohne Sinn.

14. Klicken Sie auf *Fertig stellen.*

Hinweis

Sie erhalten nun das Feld *Position* mit dem Felddatentyp *Kurzer Text.*

Position	Kurzer Text

Die Listenwerte werden unter den Feldeigenschaften im Bereich *Nachschlagen* verwaltet.

Allgemein | Nachschlagen

Steuerelement anzeigen	Kombinationsfeld
Herkunftstyp	Wertliste
Datensatzherkunft	"Abteilungsleiter/in";"leitet eine Abteilung";"Mitarbeiter/in";"arbeitet i
Gebundene Spalte	1
Spaltenanzahl	2
Spaltenüberschriften	Nein
Spaltenbreiten	2,54cm;4,948cm
Zeilenanzahl	16
Listenbreite	7,487cm
Nur Listeneinträge	Ja
Mehrere Werte zulassen	Nein
Wertlistenbearbeitung zu	Ja
Bearbeitungsformular fü	
Nur Datensatzherkunftsw	Nein

15. Fügen Sie das Feld *Anhang* mit dem Datentyp *Anlage* hinzu. Erzeugen Sie das Feld *englisch*, in dem angegeben wird, ob mit einem Mitarbeiter auf Englisch gesprochen werden muss. Standardmäßig wird auf Deutsch kommuniziert. Da es nur zwei Möglichkeiten gibt, eignet sich der Datentyp *Ja/Nein* und der Standardwert *Nein.*

Feldname	Felddatentyp
Webseite	Link
Notizen	Langer Text
Anlagen	Anlage
Geburtstag	Datum/Uhrzeit
Jahrestag	Datum/Uhrzeit
Abteilung	Kurzer Text
Position	Kurzer Text
Anhang	Anlage
englisch	Ja/Nein

16. Speichern und schließen Sie die Tabelle *Erstellen_von_Tabellen Ü03.*

Datenintegrität

»Never trust the user« (auf Deutsch: Traue niemals dem Benutzer). In den vorherigen Aufgaben wurden die Felder erzeugt, die für die Eingabe von Daten benötigt werden. Jedoch werden die Inhalte nicht auf Korrektheit überprüft. Es wird zwar kontrolliert, ob in einem Zahlenfeld auch eine Zahl eingegeben wurde, sollte dies nicht sein, wird eine Fehlermeldung angezeigt.

In dieser Aufgabe werden einige Beispiele genannt, wie die Eingaben direkt in der Tabelle überprüft werden. Möchten Sie mehr Informationen über dieses Thema haben, gehen Sie dazu in den Anhang. Hier werden die Datentypen sehr detailliert erläutert.

Postleitzahl

1. Öffnen Sie die Tabelle *Datenintegrität_Ü01* und gehen Sie in die *Entwurfsansicht*.

   Die Postleitzahl hat immer genau fünf Ziffern, das heißt, der Nutzer darf nur fünf Ziffern eingeben.

2. Klicken Sie auf das Feld *Postleitzahlgeschäftlich*. Es erscheinen im unteren Bereich die Feldeigenschaften dieses Feldes.

Allgemein | Nachschlagen

Feldgröße	Long Integer
Format	
Dezimalstellenanzeige	Automatisch
Eingabeformat	00000
Beschriftung	
Standardwert	
Gültigkeitsregel	
Gültigkeitsmeldung	
Eingabe erforderlich	Nein
Indiziert	Ja (Duplikate möglich)
Textausrichtung	Standard

3. Klicken Sie in die Eigenschaft *Eingabeformat* und geben Sie *00000* ein. Dabei bedeutet 0, dass eine Ziffer eingegeben werden muss. Da die Postleitzahl fünf Ziffern beinhaltet, müssen fünf Ziffern eingegeben werden, daher fünfmal das Zeichen 0.

Eingabeformat	*0* Ziffern (0 bis 9) müssen eingegeben werden. *9* Ziffern oder Leerzeichen können eingegeben werden. *" "* Texte in doppelten Anführungszeichen werden literal angezeigt.

4. Testen Sie diese Änderungen, indem Sie in der Datenansicht verschiedene Werte für die Postleitzahl eingeben. Versuchen Sie auch, bewusst falsche Werte einzugeben.

Telefonnummer

Die Telefonnummer *Telefongeschäftlich* besitzt den Felddatentyp *Kurzer Text*. Es handelt sich zwar bei der Telefonnummer um Ziffern, jedoch schreibt die DIN-Norm 5008 für Telefonnummern vor, dass die Vorwahl- und die Rufnummer durch ein Leerzeichen voneinander getrennt werden. Da es sich bei der Telefonnummer nun nicht mehr um eine reine Zahlenfolge handelt, kann der Felddatentyp *Zahl* nicht genutzt werden.

Die Gefahr besteht nun, dass neben Zahlen auch Buchstaben eingegeben werden können!

1. Klicken Sie auf das Feld *Telefongeschäftlich* und anschließend im Bereich *Feldeigenschaften* in die Eigenschaft *Eingabeformat*.
2. Eine Telefonnummer besteht aus einer Vorwahl mit bis zu fünf Ziffern und einer Rufnummer mit bis zu sieben Ziffern, wobei immer drei Ziffern angegeben werden müssen.

   Somit muss in das Feld eingetragen werden: *00099" "0009999*

00099	Die ersten drei Ziffern müssen angegeben werden, die restlichen beiden Ziffern können angegeben werden.
" "	Zwischen Vorwahl und Rufnummer erscheint ein Leerzeichen.
0009999	Drei Ziffern müssen angegeben werden, die restlichen vier Ziffern können angegeben werden.

3. Klicken Sie auf das Feld *Telefonprivat* und anschließend im Bereich *Feldeigenschaften* in die Eigenschaft *Eingabeformat*. Geben Sie in das Feld Folgendes ein: *00099" "0009999;0;-*
4. Gehen Sie in die Datenbankansicht und geben Sie folgende Nummer in *Telefongeschäftlich* und *Telefonprivat* ein: *089 331*

Eingabeformat	**Feld**	**Anzeige**
00099" "0009999	*Telefongeschäftlich*	08933 1
00099" "0009999;0;-	*Telefonprivat*	089 331

Der zweite und dritte Abschnitt in der Eingabemaske sind optional

;0	Wird *;0* weggelassen, speichert Access *nur* die eingegebenen Zeichen. Wird *;0* hinzugefügt, werden sowohl die eingegebenen Zeichen als auch Leerzeichen gespeichert.
;-	Sie können angeben, welches Zeichen als Platzhalter verwendet werden soll.

E-Mail-Adresse

Der Vollständigkeit halber soll auch kurz auf die Korrektheit der Syntax der E-Mail-Adressen eingegangen werden.

Bei einer E-Mail-Adresse kann man nicht mithilfe des Eingabeformats bestimmen, ob die Eingabe wahr ist, da E-Mail-Adressen unterschiedliche Länge haben können. Eine E-Mail-Adresse ist folgendermaßen aufgebaut: *Name@Name_der_Domain.Topleveldomain*, z. B. *nahlig@email.de*.

Jeder Teil der E-Mail muss mindestens zwei Zeichen beinhalten: Dies kann nach Eingabe mithilfe der Gültigkeitsregel überprüft werden, ob die Eingaben wahr sind. In diesem Fall müsste im Feld *Gültigkeitsregel* Folgendes eingegeben werden: *Wie "*??@??*.??*"*

Wie kann die Eingabe eines Feldes mithilfe des Vergleichsoperators analysiert werden? Es gibt folgende Regeln. Dabei muss die Regel in Anführungszeichen gesetzt werden:

Zeichen	**Bedeutung**	**Beispiel**
?	*Ein* beliebiges Zeichen	*Wie "????"* Die Eingabe muss vier Zeichen haben. *Wie "M??? "* Die Eingabe muss vier Zeichen haben und mit *M* beginnen. *Wie "?u? "* Die Eingabe muss drei Zeichen haben und in der Mitte ein *u* haben.
#	*Eine* beliebige Ziffer	*Wie "####"* Die Eingabe muss vier Ziffern haben. *Wie "1### "* Die Eingabe muss vier Zeichen haben und mit *1* beginnen.
*	*Beliebige* Anzahl von Zeichen	*Wie "*#"* Der letzte Eingabewert muss eine Ziffer sein. *Wie "N*"* Die Eingabe muss mit *N* beginnen. *Wie "[AB]*"* Die Eingabe muss mit *A* oder *B* beginnen. *Wie "[A-B]*"* Die Eingabe muss mit *A*, *B* oder *C* beginnen. *Wie "[!A]*"* Die Eingabe darf nicht mit *A* beginnen.

In unserem Fall: *Wie "*??@??*.??*"*

*??	Der Name muss mindestens aus zwei Zeichen bestehen.
@	@
??*	Der Name der Domain muss mindestens aus zwei Zeichen bestehen.
.	.
??*	Der Top-Level-Domain muss mindestens aus zwei Zeichen bestehen.

Zusatz

E-Mail-Adressen dürfen nur Zeichen *a ... z, A ... Z* und *0 ... 9* und die Sonderzeichen . _ - @ enthalten. Dies berücksichtigt man durch die Bedingung *Nicht Wie "*[!0-9A-Z_@.-]*"*. Durch *!* und *Nicht* liegt eine doppelte Verneinung vor. Dies ist notwendig, weil wir die nicht-richtigen Zeichen suchen, die nicht in der Eingabe vorhanden sein dürfen. Alles klar? Wenn nicht, macht das gar nichts – im Anhang werden verschiedene Situationen durchgespielt.

Aufgabe

Öffnen Sie die Tabelle *Datenintegrität_Ü01* und gehen Sie in die *Entwurfsansicht*. Geben Sie für *Postleitzahlprivat* eine Gültigkeitsregel an.

Lösung:

Postleitzahlprivat	Wie *"#####"*	Die Eingabe muss fünf Ziffern haben.

Hinweis

Bei den Telefonnummern und Postleitzahlen können Sie sowohl mit dem Eingabeformat als auch mit der Gültigkeitsregel arbeiten. Wie Sie oben sehen konnten, kann mithilfe der Gültigkeitsregel eine komplexere Analyse durchgeführt werden. Zugleich haben Sie durch die Gültigkeitsmeldung die Möglichkeit, eine individuelle Fehlermeldung zu erzeugen, in der Sie genau beschreiben können, in welcher Art das Feld beschrieben werden muss. Der Vorteil des Eingabeformats liegt darin, dass eine Eingabemaske die Eingabe unterstützt.

Möchten Sie sich vertieft mit der Thematik vertraut machen, können Sie weitere Details im Anhang im Abschnitt 13.3 »Datentypen« kennenlernen.

3.3 Wie erzeugt man ein Formular – Teil 1

Nachdem die Tabellen erstellt wurden, kann die Oberfläche entwickelt werden, mit der der Nutzer mit Access interagieren darf. Zugang zu den Tabellen sollten nur die Entwickler der Datenbank haben. Für den User müssen daher Formulare entwickelt werden, in denen Abfragen durchgeführt und Daten gelöscht, hinzugefügt oder geändert werden können. Die Formulare sind somit die Benutzerschnittstelle zwischen dem User und der Datenbank, die die Eingaben des Users überprüfen und gegebenenfalls Aktionen abbrechen.

Es empfiehlt sich, eine Übersichtsseite mit allen Kontakten zu gestalten, die in unserem Fall folgende Funktionen haben soll:

- Erzeugen eines neuen Kontaktes durch Öffnen einer Detailseite.
- Löschen eines vorhandenen Kontaktes.
- Auslesen/Hinzufügen von Kontakten aus/in Outlook.

Firma	Straße	PLZ	Ort	E-Mail-Adresse	Telefon	Mobiltelefon
INJeans	Herbertstr. 77	88361	Altshausen	INJeans@eMail.de	07584 44536	0152 40870894
mom	Badensche Str. 83	88326	Aulendorf	mom@eMail.de	07525 55399	0177 34606638
DeltaKlammot	Augsburger Platz 81	88422	Bad	DeltaKlammot@eMail.de	07582 16842	0152 72789335
Mode for Young	Geneststr. 50	88348	Bad Saulgau	Mode for Young@eMail.de	07581 82765	0163 46420715
Trans:USA	Helmstr. 56	88427	Bad Schussenried	TransUSA@eMail.de	07583 64184	0178 39934034
JS-Discount	Geiserichstr. 8	97944	Boxberg	JS-Discount@eMail.de	07930 80874	0163 2152814
JaNi	Gustav-Freytag-Str. 1	97775	Burgsinn	JaNi@eMail.de	09356 91032	0151 60233543
SportWear EU	Laubacher Str. 71	97903	Collenberg		09376 42566	0178 39856362
Neue Mode	Rohrbeckstr. 90	88693	Deggenhausertal	Neue Mode@eMail.de	07555 75557	0163 2543329
Trans:Asia	Udetzeile 77	89584	Ehingen	Trans:Asia@eMail.de	07395 32961	0162 38269390
HemdAll	Sperenberger Str. 49	88097	Eriskirch	HemdAll@eMail.de	07541 55401	0177 91396981
SportWear	Königsteinstr. 32	91052	Erlangen	SportWear@eMail.de	09131 25129	0177 5482764
modeD	Ringelnatzstr. 44	91054	Erlangen	modeD@eMail.de	09131 12485	0163 4278149

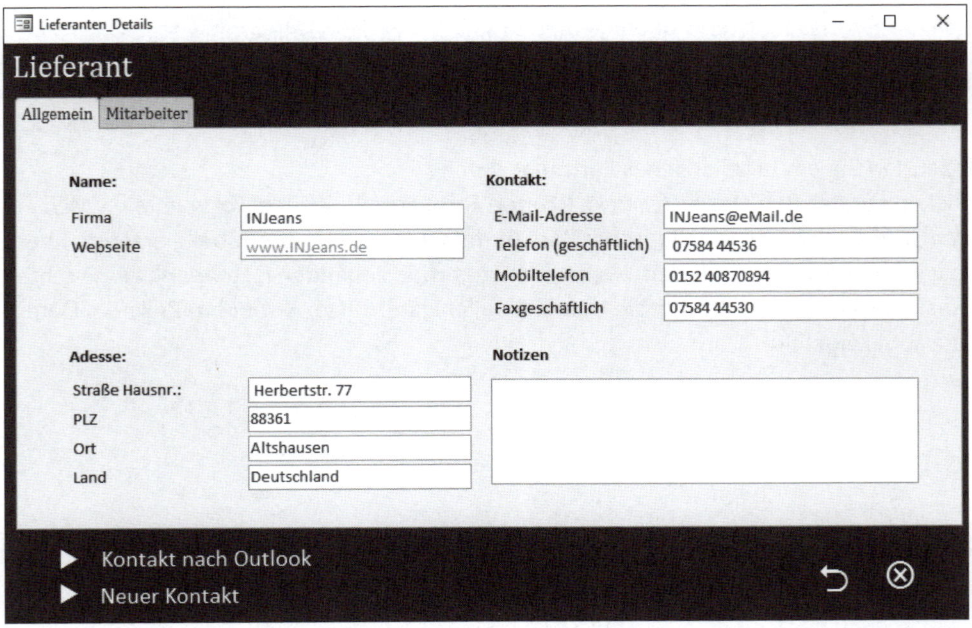

> **Hinweise zu Beginn**
>
> Ein Formular soll vom Benutzer intuitiv genutzt werden können. Somit sollten Pflichtfelder in Abhängigkeit der Leserichtung des Nutzers angeordnet werden, d. h. von links nach rechts und von oben nach unten. Achten Sie somit auf eine logische Reihenfolge der Felder.
>
> Eingabefelder sollten bündig untereinander angeordnet werden. Zahlen sollten linksbündig ausgerichtet werden.
>
> Soll dieses Formular ein Formular in Papierform widerspiegeln, sollten die Datenfelder wie auf dem Papierformular angeordnet werden.
>
> In einem Formular sollen so wenige Informationen wie möglich, aber zugleich so viele wie nötig dargestellt werden.

3.3.1 Übersichtsseite erzeugen

Im folgenden Beispiel soll die Übersichtsseite über die Lieferanten erzeugt werden. Access bietet Ihnen für die Erzeugung von Formularen verschiedene Vorgehensweisen an.

Die Tools zum Erzeugen eines Formulars befinden sich im Register *Erstellen* -> Gruppe *Formulare.*

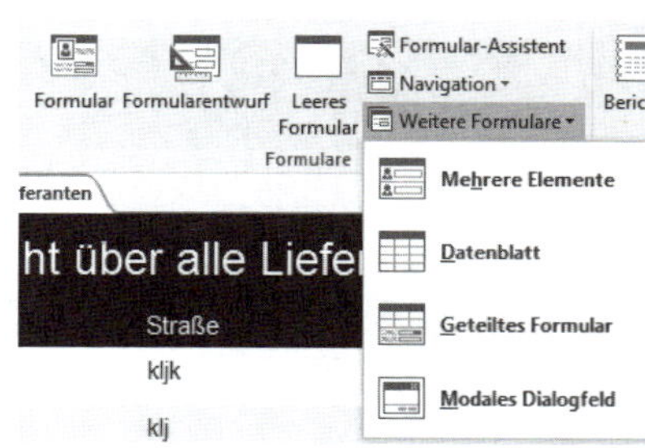

1. Markieren Sie im Navigationsbereich die Tabelle *Lieferanten*, die als Datengrundlage dienen soll.

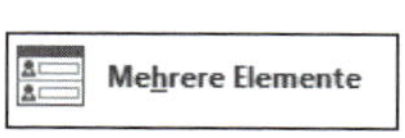

2. Erzeugen Sie ein tabellarisches Formular durch Klicken auf das Register *Erstellen* -> Gruppe *Formulare* -> *Weitere Formulare* - > *Mehrere Elemente*. Es wird ein tabellarischer Bericht mit allen Feldern der Tabelle erzeugt. Ebenso wird eine Kopfzeile mit dem Namen der zugrunde liegenden Datenbank eingerichtet. Diese Ansicht eignet sich für die Übersicht aller Datensätze, wobei pro Zeile ein Datensatz angezeigt wird.

Lieferanten

ID	Firma	EMailAdresse	Telefongeschäftlich	Mobiltelefon	Straßegeschäftlic
14	ModeWelt	ModeWelt@eMail.de	09131 55195	0151 11016268	Baumeisterstr. 6…
15	mod_Art	mod_Art@eMail.de	09145 53117	0162 933785	Wilhelmshöher S 96
16	WorldKlam	WorldKlam@eMail.de	0911 20154	0162 20704449	Richnowstr. 2
17	JackenMax	JackenMax@eMail.de	0911 35860	0163 31123887	Werderstr. 87
18	Flocke	Flocke@eMail.de	0911 27259	0151 8607426	Wankstr. 43
19	NewKlam	NewKlam@eMail.de	09131 2297	0162 12238528	Erfurter Str. 12
20	Gürtel.Maier	Gürtel.Maier@eMail.de	0911 45374	0177 20018203	Bayreuther Str. 6
21	MODART	MODART@eMail.de	09190 33610	0163 6351535	Daimlerstr. 4

3. Speichern Sie dieses Formular unter *Lieferant_Ü01* ab.

Hinweis

Soll ein *einfaches Formular* erzeugt werden, das *einen Datensatz* detailliert anzeigen soll, klicken Sie auf das Register *Erstellen* -> Gruppe *Formulare* -> *Formular*.

Das Formular wird in der *Layoutansicht* angezeigt. Die Layoutansicht erlaubt Ihnen das Anpassen des Layouts und des Inhalts des Formulars.

3.3.2 Ansichten

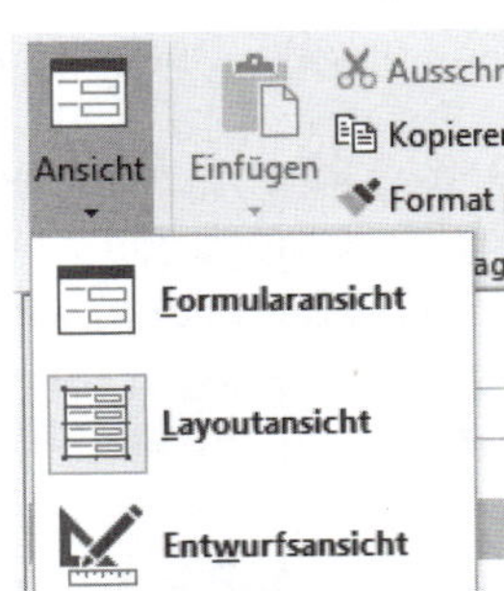

Access bietet verschiedene Ansichten an, zwischen denen Sie schnell wechseln können.

Klicken Sie dazu auf das Register *Start* -> Gruppe *Ansichten* -> *Ansicht*.

Formularansicht: In dieser Ansicht werden die Daten gepflegt. Wenn Sie auf ein Formular im Navigationsbereich doppelklicken, öffnet sich das Formular immer in dieser Ansicht.

Layoutansicht: In dieser Ansicht können Sie Formularänderungen durchführen, während Sie die darunterliegenden Daten sehen. Der Vorteil besteht darin, dass Sie bei Änderungen des Formulars sofort die Auswirkungen auf das Layout erkennen können. Jedoch sind die Änderungsmöglichkeiten beschränkt.

Entwurfsansicht: Diese Ansicht bietet zusätzliche Änderungsmöglichkeiten durch eine detailliertere Ansicht der Struktur des Formulars, unter anderem die Aufgliederung in Kopfzeilen-, Detail- und Fußzeilenbereich. Jedoch können Sie keine zugrunde liegenden Daten sehen. Der Vorteil besteht darin, dass Sie das Formular noch besser auf die Bedürfnisse des Benutzers einrichten können.

3.3.3 Layoutansicht

Öffnen Sie das Formular *Lieferant_Ü02* und wechseln Sie in die *Layoutansicht.*

Betrachtet man das erzeugte Formular, erkennt man,

- dass zum Teil die Felder zu breit und zu hoch sind und somit Platz wegnehmen. Das Feld *ID* wird nicht benötigt und kann gelöscht werden.
- dass der Titel ansprechender benannt werden muss.
- dass Schaltflächen eingerichtet werden müssen.

Allgemeines

Durch die Änderung eines Elements einer Spalte ändern Sie gleichzeitig alle Elemente der Spalte. Klicken Sie ein Element an, bekommen alle Elemente der Spalte eine dicke gelbe Umrandung. Möchten Sie, dass der Feldname, der oberhalb der Felder steht, ebenso mit eingebunden wird, drücken Sie [Strg] und klicken auf den Feldnamen.

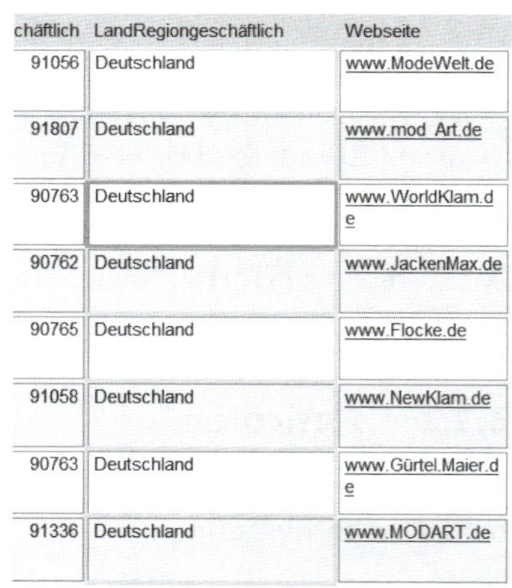

chäftlich	LandRegiongeschäftlich	Webseite
91056	Deutschland	www.ModeWelt.de
91807	Deutschland	www.mod Art.de
90763	Deutschland	www.WorldKlam.de
90762	Deutschland	www.JackenMax.de
90765	Deutschland	www.Flocke.de
91058	Deutschland	www.NewKlam.de
90763	Deutschland	www.Gürtel.Maier.de
91336	Deutschland	www.MODART.de

Möchten Sie mehrere Spalten gleichzeitig formatieren, halten Sie [Strg] gedrückt und wählen ein beliebiges Feld in den gewünschten Spalten aus. Wenden Sie dann die erforderlichen Formate an.

Durch Klicken auf das Register *Formularlayouttools/Entwurf* -> Gruppe *Tools* -> *Eigenschaftsblatt* erscheint auf der rechten Seite der Bereich *Eigenschaftsblatt*, in dem wiederum alle Eigenschaften des markierten Objekts angezeigt und verändert werden können. Auf diesen Bereich werden wir immer wieder, vor allem in der Entwurfsansicht eingehen.

Manuelle Änderung der Beschriftung

Standardmäßig werden in den Spaltenüberschriften die Feldnamen der jeweiligen Felder eingetragen. Bei der Erzeugung der Tabelle *Lieferanten* war es ja wichtig, dass Daten mit Outlook synchronisiert werden können; daher mussten Feldnamen Namen wie zum Beispiel *Telefongeschäftlich* oder *Postleitzahlgeschäftlich* bekommen.

Telefongeschäftlich	Mobiltelefon	Straßegeschäftlich	Ortgeschäftlich
09131 55195	0151 11016268	Baumeisterstr. 69	Erlangen
09145 53117	0162 933785	Wilhelmshöher Str. 96	Solnhofen

Hat man jedoch nur eine Postleitzahl, mit der man arbeiten muss, kann man auch die Spaltenüberschrift in *PLZ* ändern.

1. Klicken Sie doppelt auf das Bezeichnungsfeld *Postleitzahlgeschäftlich* oder klicken Sie auf das Bezeichnungsfeld und drücken Sie anschließend [F2].
2. Sie gelangen in diesem Feld in den Bearbeitungsmodus.
3. Ändern Sie den Text *Postleitzahlgeschäftlich* um in *PLZ*.
4. Ändern Sie:
   - *EMailAdresse* in *E-Mail-Adresse*
   - *Telefongeschäftlich* in *Telefon*
   - *Straßegeschäftlich* in *Straße*
   - *Ortgeschäftlich* in *Ort*
5. Speichern Sie das Formular *Lieferant_Ü02* ab.

Erinnerung: Bei der Festlegung der Felder in einer Tabelle konnte neben dem Feldnamen auch die Beschriftung eingegeben werden.

Würde in der Tabelle *Lieferanten* im Feld *Postleitzahlgeschäftlich* in der Feldeigenschaft *Beschriftung* »*PLZ*« stehen, hätte Access bei der Erzeugung des Formulars in den Spaltenüberschriften nicht den Feldnamen, sondern die Beschriftung *PLZ* verwendet! Lesen Sie dazu den Abschnitt 3.2.2 »Eigenschaften ändern«.

Felder entfernen und hinzufügen

Öffnen Sie das Formular *Lieferant_Ü03* und wechseln Sie in die *Layoutansicht*.

Entfernen von Spalten

Standardmäßig werden, wie oben schon beschrieben, alle Felder einer Tabelle angezeigt. In unserem Fall sollen jedoch nur die Firma, Straße, PLZ, E-Mail-Adresse, Telefonnummer und Mobiltelefonnummer angegeben werden. Somit können die restlichen Spalten gelöscht werden.

1. Markieren Sie ein Feld der Spalte *ID*.
2. Um die Spalte löschen zu können, müssen sowohl die Felder der Spalte als auch die Feldüberschrift ausgewählt werden.

3. Klicken Sie auf das Register *Formularlayouttools/Anordnen* -> Gruppe *Zeilen und Spalten* -> *Spalte auswählen*.

oder

4. Markieren Sie durch Drücken von [Strg] zusätzlich den Feldnamen *ID*.
5. Drücken Sie auf [Entf].
6. Führen Sie Schritt 2 und 3 für alle weiteren Spalten durch, die entfernt werden sollen: *LandRegiongeschäftlich*, *Webseite*, *Notizen*, *Faxgeschäftlich*.

Man erkennt, dass die Spalte gelöscht wurde und die Felder rechts davon nach links verschoben wurden.

Hinweis

Falls Sie Schritt 2 auslassen und nach dem Anklicken eines Feldes sofort auf [Entf] drücken, wird nur das Feld gelöscht. Die Zellenüberschrift und der Platz bleiben erhalten.

Sollte dies passieren, was sehr schnell möglich ist, führen Sie die oberen Schritte nochmals durch. Klicken Sie dazu auf eines der leeren Felder und mit gedrückter [Strg]-Taste auf den Feldnamen und entfernen Sie durch Drücken auf [Entf] die Spalte.

Hinzufügen von Spalten

Sie können gelöschte Felder wiederum in das Formular einfügen.

1. Klicken Sie auf das Register *Formularlayouttools/Entwurf* -> Gruppe *Tools* -> *Vorhandene Felder hinzufügen*. Es erscheint auf der rechten Seite die Feldliste mit allen Feldern der Tabelle.
2. Klicken Sie auf das Feld *Ortgeschäftlich* und ziehen Sie es mit gedrückter linker Maustaste rechts neben das Feld *PLZ*. Leider muss man wiederum die Beschriftung ändern zu *Ort*.

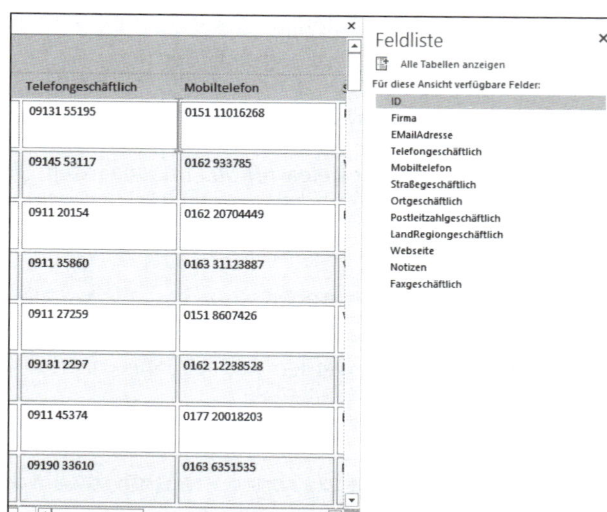

Access zeigt Ihnen mithilfe eines Positionierers an, wo das Feld abgelegt werden kann. In diesem Fall zwischen *Telefongeschäftlich* und *Mobiltelefon*.

Hinweis

Sie können die Spalte vor oder hinter einer bestehenden Spalte einfügen. Es ist jedoch auch möglich, dass die Felder jeweils oberhalb bzw. unterhalb der bestehenden Spalte gesetzt werden.

Verschieben von Spalten

Sind die Spalten nicht an der richtigen Stelle, müssen sie dementsprechend verschoben werden:

1. Markieren Sie die Spalte *Straße* zusammen mit der Spaltenüberschrift.
2. Gehen Sie mit der Maus wiederum in die Spalte. Sie erkennen, dass der Mauszeiger sich dabei in eine Windrose verändert. Klicken Sie nun auf die linke Maustaste und halten Sie diese gedrückt. Verschieben Sie die Spalte durch Positionieren des gelben Cursors rechts neben der Spalte *Firma*.
3. Führen Sie diesen Vorgang so lange durch, bis die Spalten wie folgt von links nach rechts angeordnet sind:

   Firma, Straße, PLZ, Ort, E-Mail-Adresse, Telefonnummer und *Mobiltelefonnummer*
4. Speichern Sie das Formular *Lieferant_Ü03* ab.

Änderung der Größe der Felder

Das Feld für Postleitzahlen ist viel zu breit. Daher muss die Breite dieser Spalte verringert werden.

1. Öffnen Sie das Formular *Lieferant_Ü04* und wechseln Sie in die *Layoutansicht*.
2. Es gibt zwei Möglichkeiten, um die Größe eines Feldes zu ändern:
   - 1. Möglichkeit

   Wählen Sie ein Feld der Spalte *PLZ* oder den Feldnamen *PLZ* aus. Die Felder der Spalte werden jeweils gelb markiert.

   Positionieren Sie den Mauszeiger an den linken oder rechten Rand des Feldes. Der Mauszeiger ändert sich in einen waagerechten Doppelpfeil. Halten Sie die linke Maustaste gedrückt und verschieben Sie die Maus. Zugleich vergrößern bzw. verkleinern Sie die

Breite des Feldes. In diesem Fall sollte das Feld so weit verkleinert werden, dass die fünfstellige Postleitzahl noch zu lesen ist.

- 2. Möglichkeit

Während Sie in der obigen Vorgehensweise intuitiv die Breite eingerichtet haben, gibt es auch die Möglichkeit, die Breite exakt nach Maßen einzurichten. Die Spalte *Telefon* soll eine Breite von *2,5 cm* erhalten.

Wählen Sie ein Feld der Spalte *Telefongeschäftlich* oder den Feldnamen *Telefon* aus. Die Felder der Spalte werden jeweils gelb markiert.

Klicken Sie auf das Register *Formularlayouttools/Entwurf* -> Gruppe *Tools* -> *Eigenschaftenblatt.*

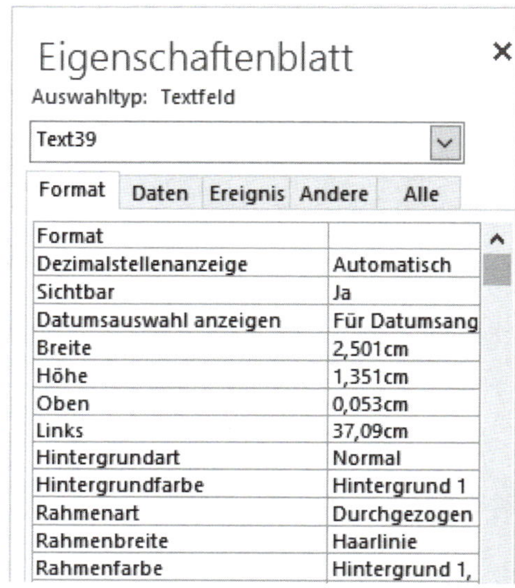

Es erscheint auf der rechten Seite eine Liste mit Einstellungen für das Feld *Telefongeschäftlich.*

Geben Sie im *Eigenschaftenblatt* im Register *Format* für den Parameter *Breite* den Wert *2,5* ein.

Hinweis

In Abhängigkeit der Pixelbreite wird eine tatsächliche Breite von 2,501 cm angegeben, was jedoch zu vernachlässigen ist.

3. Richten Sie die Breite der einzelnen Spalten wie folgt ein:

Feld	**Breite**
Firma	3,5 cm
PLZ	2 cm
Mobiltelefon	3 cm

Hinweis

Sie können die Breite mehrerer Spalten zugleich ändern, indem Sie mehrere Spalten markieren.

Die Höhe der Felder können Sie auf ähnliche Weise einrichten.

1. Klicken Sie auf ein beliebiges Feld. Die Felder der Spalte werden jeweils gelb markiert.
2. Wiederum gibt es zwei Vorgehensweisen:
   - Positionieren Sie den Mauszeiger am unteren Rand des Feldes. Der Mauszeiger ändert sich in einen senkrechten Doppelpfeil. Halten Sie die linke Maustaste gedrückt und verschieben die Maus nach oben bzw. unten. Zugleich vergrößern bzw. verkleinern Sie die Höhe dieses Feldes und aller Felder.
   - Klicken Sie auf ein beliebiges Feld. Die Felder der Spalte werden jeweils gelb markiert.
3. Klicken Sie im Eigenschaftenblatt in das Register *Format* und verändern Sie die *Feldhöhe* auf 0,635 cm. Die Einstellung der Höhe eines Feldes wirkt sich auf alle Felder aus.
4. Speichern Sie das Formular *Lieferant_Ü04* ab.

Abschließende Bemerkung zur Anordnung von Feldern: Felder können in einem Datensatz nicht nur nebeneinander, sondern auch untereinander angeordnet werden. Welche Möglichkeiten es noch gibt, erfahren Sie im Laufe des Buches. Möchten Sie schon jetzt mehr erfahren, springen Sie in den Abschnitt 4.3 »Änderungen in der Layoutansicht«. Dort werden zwar Berichte und keine Formulare behandelt, aber das Verhalten der Felder ist identisch.

Ändern der Schriftart, -farbe oder Textausrichtung

Um mit wenig Aufwand ein einheitliches Design für alle Formulare zu erhalten, bietet Access Designs an, in denen zentrale Formatierungsmerkmale vorgegeben sind:

- Zwei Schriftarten für Überschrift und Text-/Bezeichnungsfelder.
- Zehn Farben für die Schrift und den Hintergrund.

Der Vorteil besteht auch darin, dass bei der Änderung eines Designs auch existierende Formulare diese Einstellungen übernehmen.

Farben

1. Öffnen Sie das Formular *Lieferant_Ü05* und wechseln Sie in die *Layoutansicht.*
2. Klicken Sie auf das Register *Formularlayouttools/Entwurf* -> Gruppe *Designs* -> *Farben.*

Es öffnet sich eine Galerie mit unterschiedlicher Farbgebung. Insgesamt werden jeweils zehn Farben angegeben.

Wichtiger Hinweis

Durch Klicken auf eine Farbpalette wird diese sowohl für das aktuelle Formular als auch für alle Formulare und Berichte in der aktuell geöffneten Datenbank übernommen. Soll dieses Design nur für dieses Formular angewendet werden, klicken Sie mit der rechten Maustaste auf das Design. Es öffnet sich ein Auswahlfenster, in dem Sie *Design nur auf dieses Objekt* anklicken.

3. Wählen Sie nur für dieses Formular die Farbpalette *Warmes Blau* aus.

Design-Schriftarten

1. Klicken Sie auf das Register *Formularlayouttools/Entwurf* -> Gruppe *Designs* -> *Schriftarten.*
2. Es öffnet sich eine Galerie mit einer Anzahl von Designschriften. Durch Überstreichen der Designschriften werden diesen Schriften im Formular als Vorschau angezeigt.

Eine Designschriftart besteht aus zwei Schriften:

- Schriftart für Überschriften
- Schriftart für Textkörper, das heißt für Text- und Bezeichnungsfelder

3. Fahren Sie mit der Maus über die Schriftdesigns. Sie können die Veränderungen im Formular zugleich sehen.
4. Wählen Sie die Designschriftart *Office* aus.

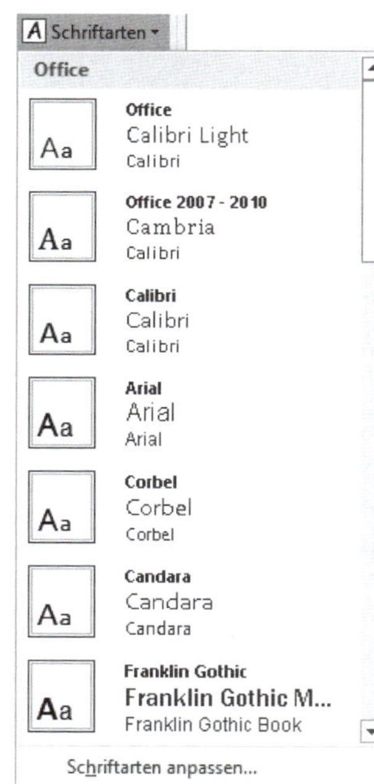

Hinweis

Beachten Sie bei der Auswahl, ob diese Schriftart nur für das aktuelle Formular oder für alle Formulare gelten soll. Dazu klicken Sie mit der rechten Maustaste auf die Schriftart und wählen die gewünschte Option aus.

Sie möchten gern eine Design-Schriftart mit Schriftarten verwenden, die jedoch nicht aufgelistet sind?

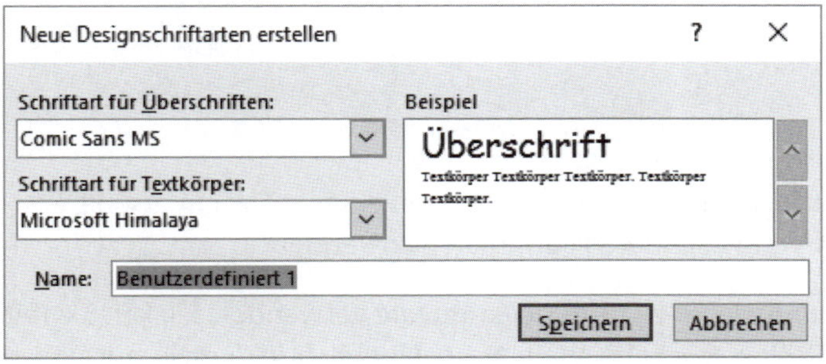

1. Klicken Sie auf das Register *Formularlayouttools/Entwurf* -> Gruppe *Designs* -> *Schriftarten* -> *Schriftarten anpassen*. Es öffnet sich das Dialogfenster *Neue Designschriftarten erstellen*.
2. Legen Sie die zwei Schriftarten für Überschriften und Textkörper fest.
3. Geben Sie möglichst einen eindeutigen Namen für die Designschriftart ein und klicken Sie auf *Speichern*.

Vordefinierte Designs

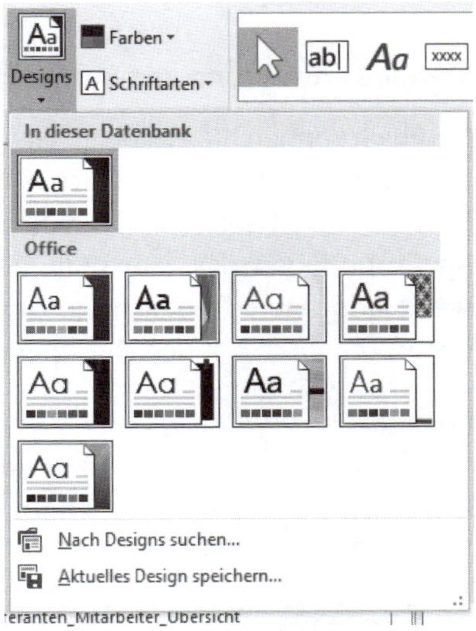

Ein Design beinhaltet allgemein eine Kombination aus Farben und Schriftarten. In einem Formular betrifft dies das Aussehen von Farbe und Text in der Titelleiste und von Text- und Bezeichnungsfeldern.

Klicken Sie auf das Register *Formularlayouttools/Entwurf* -> Gruppe *Designs* ->*Designs*.

Es öffnet sich eine Auswahlgalerie, die in zwei Bereiche gegliedert ist:

- *In dieser Datenbank:* Es werden alle in der aktuell geöffneten Datenbank genutzten Designs angezeigt.
- *Office:* Access bietet Ihnen einige Designs an.

Das in dem Formular genutzte Design wird farbig hinterlegt.

Hinweis

Während die Galerie geöffnet ist, können Sie mit der Maus über die einzelnen Designs fahren. Dabei wird temporär das Aussehen des Formulars dem Design entsprechend geändert.

Haben Sie durch die Wahl einer Designfarbe und -schriftart ein eigenes Design erstellt, können Sie dieses auch abspeichern und in anderen Formularen anwenden.

Möchten Sie ein Design als Grundlage für zukünftige Formulare verwenden, klicken Sie mit der rechten Maustaste auf das Design. Es erscheint ein Auswahlbereich, in dem Sie auf *Design soll Datenbankstandarddesign sein* klicken.

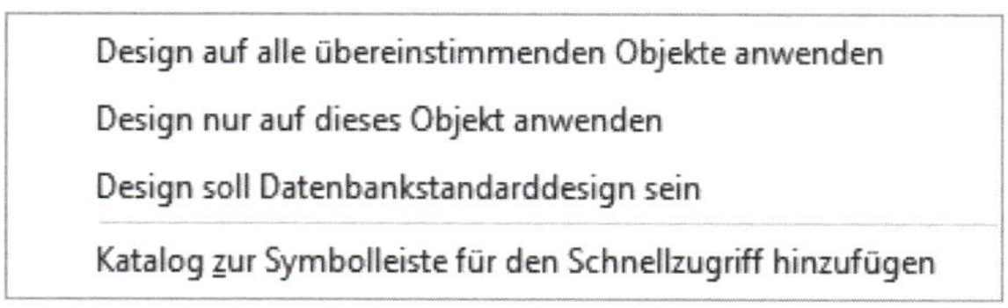

Ebenso haben Sie, wie schon bei den Farben und Schriftarten gesehen, die Möglichkeit, dass dieses Design nur im aktuellen Formular angewendet wird.

Manuelle Änderung von Beschriftungen, Farben usw.

Natürlich können die einzelnen Elemente – die Kopfzeile, die Spaltenbezeichnungen, die Spalten usw. – jederzeit nachträglich formatiert werden. Jedoch verliert Access dabei die Kontrolle über diese Elemente, die somit bei einer Designänderung nicht mehr berücksichtigt werden. Man kann sagen, dass eine manuelle Formatierung über einer automatischen Formatierung steht. Jedoch ist es möglich, die manuelle Formatierung zurückzunehmen, sodass Access wieder automatisch mit den Designeinstellungen das Feld formatiert.

Im Register *Formularlayouttools/Format* befinden sich die Formatierungsmöglichkeiten für die einzelnen Elemente des Formulars. In Abhängigkeit ihres Typs lassen sich unterschiedliche Formatierungen durchführen. Die Befehlssymbole in der Befehlsleiste werden dementsprechend aktiviert bzw. deaktiviert.

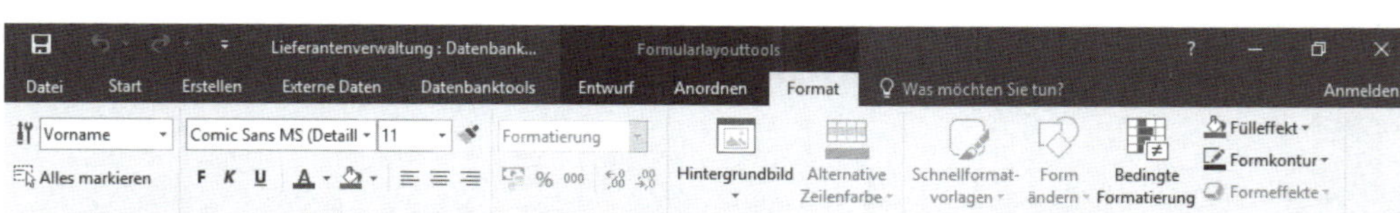

Die wichtigsten Formatierungen sollen hier betrachtet werden. Im Laufe des Buches werden Sie auch die weiteren Formatierungsmöglichkeiten kennenlernen.

Öffnen Sie das Formular *Lieferant_Ü06* und gehen Sie in die *Layoutansicht.*

Ändern der Hintergrundfarbe – Titelleiste (Formularkopf)

1. Wählen Sie im Eigenschaftenblatt das Objekt *Formularkopf* aus.
2. Wählen Sie im Register *Formularlayouttools/Entwurf* -> Gruppe *Steuerelementformatierung* -> *Fülleffekt* die Farbe *Dunkelblau* aus.

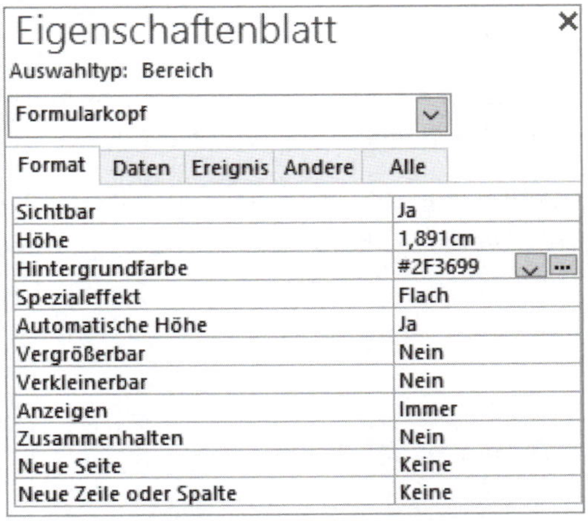

Ändern der Feldrahmenfarbe

1. Markieren Sie ein Feld der Spalte, in der die Rahmenfarben geändert werden sollen.
2. Wählen Sie im Register *Formularlayouttools/Format* -> Gruppe *Steuerelementformatierung* -> *Formkonturen* die Farbe *Transparent* aus.
3. Führen Sie diese Änderung für alle Felder durch.

Ändern der Hintergrundfarbe – Detailliste (Detailbereich)

1. Klicken Sie in die Detailliste – achten Sie darauf, dass Sie dabei auf kein Bezeichnungselement klicken. Dies gelingt, indem Sie den Detailbereich hinter den Feldern anklicken.
2. Wählen Sie im Register *Formularlayouttools/Format* -> Gruppe *Steuerelementformatierung* -> *Fülleffekt* die Farbe *Weiß* aus.

Ändern der alternativen Zeilenfarbe

Untereinanderliegende Datensätze werden standardmäßig durch Farbwechsel optisch voneinander getrennt. Die alternative Zeilenfarbe können Sie natürlich ebenso einstellen.

Wählen Sie im Register *Formularlayouttools/Entwurf* -> Gruppe *Hintergrund* -> *Alternative Zeilenfarbe* die alternative Hintergrundfarbe *Weiß, Hintergrund 1, Dunkler 5%* aus.

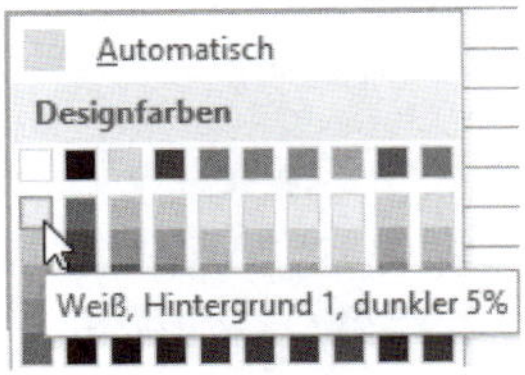

Sie können die Einstellungen ebenso mit dem Eigenschaftenblatt eingeben:

1. Wählen Sie im Eigenschaftenblatt das Objekt *Detailbereich* aus.
2. Wählen Sie als Hintergrundfarbe die Farbe Weiß aus.
3. Wählen Sie als alternative Hintergrundfarbe *Weiß, Hintergrund 1, Dunkler 5%* aus.

Wundern Sie sich nicht, dass anstelle der Farbe Weiß die Farbe Hintergrund 1 angezeigt wird.

Allgemeiner Hinweis

Jedes Objekt im Formular hat einen einzigartigen Objektnamen. Die Namen erzeugt Access selbstständig. So erhalten zum Beispiel die Bezeichnungsfelder das Wort »Bezeichnung« und eine durchlaufende Nummer. Man bekommt schnell das Problem, dass man die Übersicht darüber verliert, welcher Objektname zu welchem Objekt gehört. In einer späteren Stelle wird Ihnen auch gezeigt, wie man den Objektnamen ändern kann.

Objektnamen, wie Detailbereich, Formularfuß/-kopf usw. werden immer gleichermaßen festgelegt.

Kopfzeile – weitere Einstellungen

Das Formular trägt standardmäßig den *Namen* der ihm zugrunde liegenden Tabelle, der jedoch nicht ansprechend ist und die Funktion des Formulars nicht wiedergibt. Daher sollte er dementsprechend geändert werden.

1. Klicken Sie doppelt im Formularkopf auf den *Titel* oder klicken Sie auf das Register *Formularlayouttools/Entwurf* -> Gruppe *Kopf- und Fußzeile* -> *Titel*.
2. Die Titelzeile wird jeweils markiert und kann im Bearbeitungsmodus verändert werden. Ersetzen Sie den Titel durch *Übersicht über alle Lieferanten* und ändern Sie die Schriftfarbe auf *Weiß, fett*.
3. Ändern Sie die Farbe der Spaltenüberschriften auf *Weiß*.

Vor dem Titel wird standardmäßig ein Logo gesetzt, das Sie durch ein eigenes Logo ersetzen oder ganz entfernen können. In unserem Fall soll das Logo gelöscht werden.

1. Klicken Sie doppelt im Formularkopf auf das *Logo* oder klicken Sie auf das Register *Formularlayouttools/Entwurf* -> Gruppe *Kopf- und Fußzeile* -> *Auto_Logo0.*
2. Drücken Sie auf [Entf]. Das Logo wird gelöscht.

> **Hinweise**
>
> Möchten Sie ein anderes Logo auswählen, klicken Sie auf das Register *Formularlayouttools/Entwurf* -> Gruppe *Kopf- und Fußzeile* -> *Logo*. Es öffnet sich das Dialogfenster *Grafik einfügen,* in dem Sie Ihr Logo auswählen können.
>
> Möchten Sie, dass auf den Formularen das aktuelle Datum und/oder Uhrzeit erscheint, klicken Sie auf das Register *Formularlayouttools/Entwurf* -> Gruppe *Kopf- und Fußzeile* -> *Datum und Uhrzeit.*
>
> Die Felder werden automatisch in die Kopfzeile gesetzt. Jedoch werden die Werte für Datum und Uhrzeit beim Öffnen des Formulars ausgelesen und aktualisieren sich *nicht automatisch*, während das Formular geöffnet ist.

Breite – Höhe – Oben – Links

Die Position jedes Objekts kann durch *Oben* und *Links* genau definiert werden – durch diese beiden Parameter beschreibt man die linke obere Ecke des rechteckigen Objekts. Durch *Breite* und *Höhe* wird zusätzlich die rechte untere Ecke des Objekts bestimmt.

Der Titel soll im Folgenden an eine neue Position verschoben werden:

1. Klicken Sie doppelt im Formularkopf auf den Titel oder klicken Sie auf das Register *Formularlayouttools/Entwurf* -> Gruppe *Kopf- und Fußzeile* -> *Titel.*
2. Öffnen Sie das Eigenschaftsblatt durch Klicken auf das Register *Formularlayouttools/Entwurf* -> Gruppe *Tools* -> *Eigenschaftenblatt.* Es öffnet sich auf der rechten Seite der Auswahlbereich mit allen Eigenschaften. Im Register *Format* werden die Eigenschaften für die Position des Feldes angegeben.

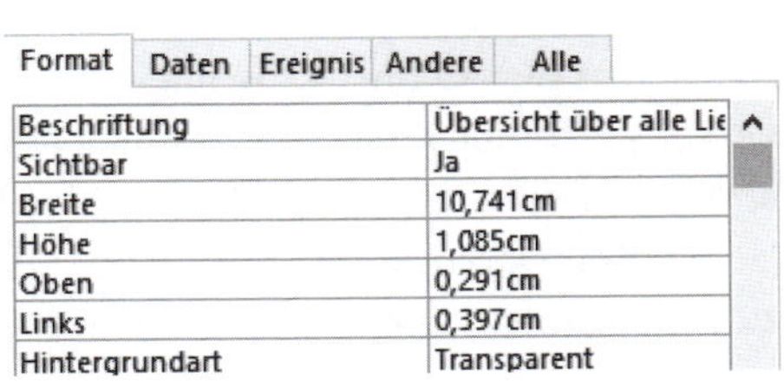

3. Ändern Sie die Werte so, wie sie in dem Bild angegeben werden.

Bei dem Formularkopf und -fuß können Sie nur die Höhe verändern.

Kopfzeile

1. Wählen Sie im Register *Formularlayouttools/Entwurf* -> Gruppe *Auswahl* im Auswahlmenü das Objekt *Formularkopf* aus.

2. Ändern Sie im Eigenschaftenblatt die Eigenschaft *Automatische Höhe* auf *Nein*. Die Änderung ist absolut wichtig, da sich ansonsten die Höhe nicht eigenständig verändern lässt.

3. Ändern Sie die *Höhe* auf *2,182 cm*.

Fußzeile

Standardmäßig wird die Fußzeile nicht angezeigt, das heißt, die Fußzeile hat eine Höhe von 0 cm.

1. Wählen Sie im Register *Formularlayouttools/Entwurf* -> Gruppe *Auswahl* im Auswahlmenü das Objekt *Formularfuß* aus.

2. Ändern Sie im Eigenschaftenblatt gegebenenfalls die *Höhe* auf *2,052 cm*. Die Hintergrundfarbe soll ebenso *Dunkelblau* sein. Auch hier muss wiederum die Eigenschaft *Automatische Höhe* auf *Nein* gesetzt werden.

> **Hinweis**
>
> Noch ist die Fußzeile leer, doch im Laufe des Buches werden in die Fußzeile Schaltflächen eingefügt.

3. Speichern Sie das Formular *Lieferant_Ü06* ab.

Herzlichen Glückwunsch. Sie haben nun Ihr erstes Formular erzeugt. Vergleichen Sie Ihr entwickeltes Formular mit dem Formular *Lieferanten_Uebersicht_L*. Die beiden Formulare sollten ähnlich aussehen. Im Augenblick fehlen jedoch im Formular Schaltflächen, um einen neuen Lieferanten-Datensatz anzulegen oder um Änderungen in bestehenden Datensätzen durchzuführen. Aber das wird sich in Kürze ändern.

Aufgabe

Erzeugen Sie das Formular *Lieferanten_Mitarbeiter_Ü01*, das Sie im folgenden Bild sehen können.

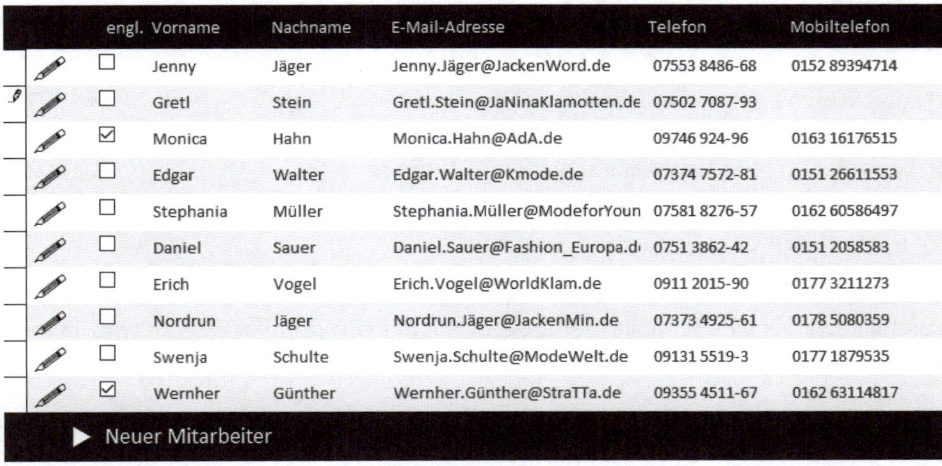

engl.	Vorname	Nachname	E-Mail-Adresse	Telefon	Mobiltelefon
☐	Jenny	Jäger	Jenny.Jäger@JackenWord.de	07553 8486-68	0152 89394714
☐	Gretl	Stein	Gretl.Stein@JaNinaKlamotten.de	07502 7087-93	
☑	Monica	Hahn	Monica.Hahn@AdA.de	09746 924-96	0163 16176515
☐	Edgar	Walter	Edgar.Walter@Kmode.de	07374 7572-81	0151 26611553
☐	Stephania	Müller	Stephania.Müller@ModeforYoun	07581 8276-57	0162 60586497
☐	Daniel	Sauer	Daniel.Sauer@Fashion_Europa.d	0751 3862-42	0151 2058583
☐	Erich	Vogel	Erich.Vogel@WorldKlam.de	0911 2015-90	0177 3211273
☐	Nordrun	Jäger	Nordrun.Jäger@JackenMin.de	07373 4925-61	0178 5080359
☐	Swenja	Schulte	Swenja.Schulte@ModeWelt.de	09131 5519-3	0177 1879535
☑	Wernher	Günther	Wernher.Günther@StraTTa.de	09355 4511-67	0162 63114817

▶ Neuer Mitarbeiter

Die Tabelle *Lieferanten_Mitarbeiter* ist die Datengrundlage.

Folgende Maße benötigen Sie:

Höhe der Kopfzeile	0,998 cm
Höhe der Fußzeile	1,099 cm
Höhe der Felder im Detailbereich	0,503 cm
Breite des Feldes *englisch*	1,005 cm
Breite des Feldes *Vorname*	2,5 cm
Breite des Feldes *Nachname*	2,5 cm
Breite des Feldes *E-Mail-Adresse*	5,5 cm
Breite des Feldes *Telefongeschäftlich*	2,98 cm
Breite des Feldes *Mobiltelefon*	2,98 cm

Der *Stift* und das Textfeld *Neuer Mitarbeiter* müssen nicht eingefügt werden. Die Hintergrundfarbe der Kopf- und Fußzeile ist Schwarz.

3.4 Wie erzeugt man ein Formular – Teil 2

Bisher wurden die Übersichtsseiten für die Lieferanten und die Mitarbeiter der Lieferanten erzeugt. Auf den Übersichtsseiten werden nur die wichtigsten Daten angezeigt. Daher benötigt man für die Lieferanten und Mitarbeiter auch Detailformulare, in denen weitere Angaben eingegeben und gespeichert werden.

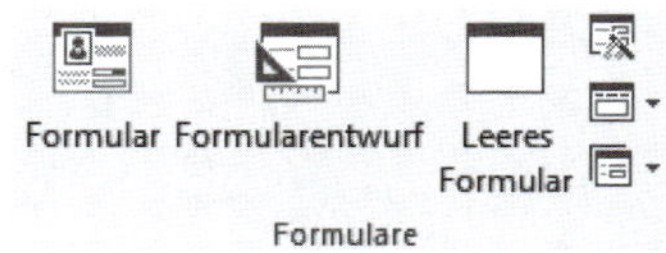

Access bietet verschiedene Möglichkeiten an, wie ein Formular erzeugt werden kann. Im Abschnitt 3.3 »Wie erzeugt man ein Formular – Teil 1« haben Sie schon eine Methode kennengelernt.

3.4.1 Formular

Access bietet auch hier eine schnelle Methode an, mit der ein Formular erzeugt wird, in dem ein Datensatz angezeigt wird:

1. Markieren Sie im Navigationsbereich die Tabelle *Lieferant*, die die Grundlage des zu erzeugenden Formulars ist.
2. Klicken Sie auf das Register *Erstellen* -> Gruppe *Formulare* -> *Formular*.

Access erzeugt nun ein Formular, in dem **alle Felder der Tabelle** eines Datensatzes aufgelistet werden.

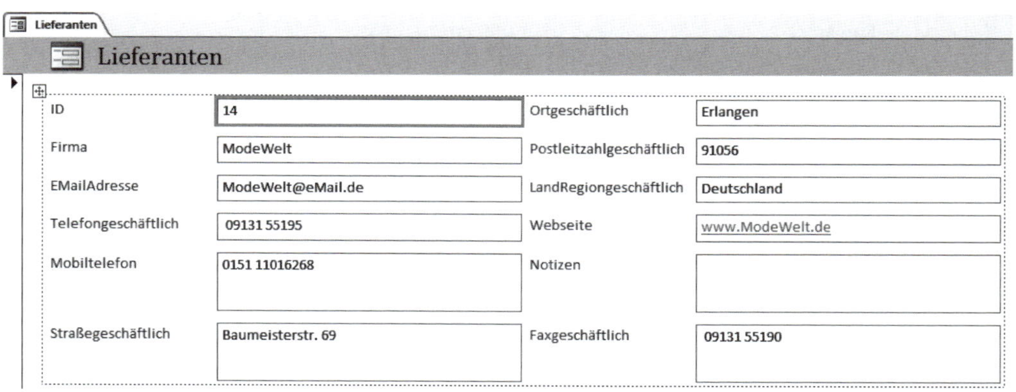

Nun können Sie ähnlich wie im Abschnitt zuvor das Formular formatieren und die Felder positionieren bzw. löschen.

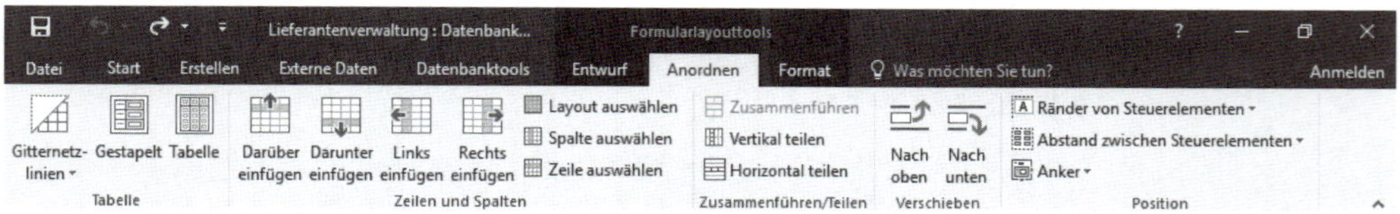

Im Register *Formularlayouttools/Anordnen* befinden sich die Befehle für das Anordnen der Felder. Beachten Sie beim Verschieben von Feldern, dass sowohl das Feld als auch der Bezeichnungstext markiert sind.

3. Formatieren Sie das Formular und sortieren Sie die Felder nach eigenen Wünschen. Wenden Sie Ihre bisher erworbenen Kenntnisse an.

3.5 Formularentwurf/Leeres Formular

Beim Klicken auf eine der beiden Funktionen öffnet sich ein leeres Formular, das von Grund auf selbst entwickelt werden muss. Es müssen händisch die Datengrundlagen und die Felder, die im Formular dargestellt werden sollen, angegeben werden. Diese Vorgehensweise klingt anfangs mühsam, aber Sie werden zu einem späteren Zeitpunkt erkennen, dass damit auch viele Vorteile verbunden sind.

1. Klicken Sie auf das Register *Erstellen* -> Gruppe *Formular* -> *Formularentwurf.*

Sie gelangen in den Entwurfsmodus von Formularen.

Hinweis

Formulare können Sie in der schon bekannten *Layoutansicht* oder in der *Entwurfsansicht* nachbearbeiten.

In der *Layoutansicht* können Sie während der Änderungen die darunterliegenden Daten sehen. Jedoch sind die Änderungsmöglichkeiten beschränkt.

Maximale Kontrolle über das Layout des Formulars und über die Datenfelder erhalten Sie in der *Entwurfsansicht.*

In welcher Ansicht Sie die Felder formatieren, ist Ihnen selbst überlassen. Sie können auch jederzeit zwischen den Ansichten wechseln. Bei komplexeren Anordnungen von Feldern zum Beispiel in Registerkarten oder bei Benutzung von Schaltflächen sollte die Entwurfsansicht als Arbeitsoberfläche gewählt werden.

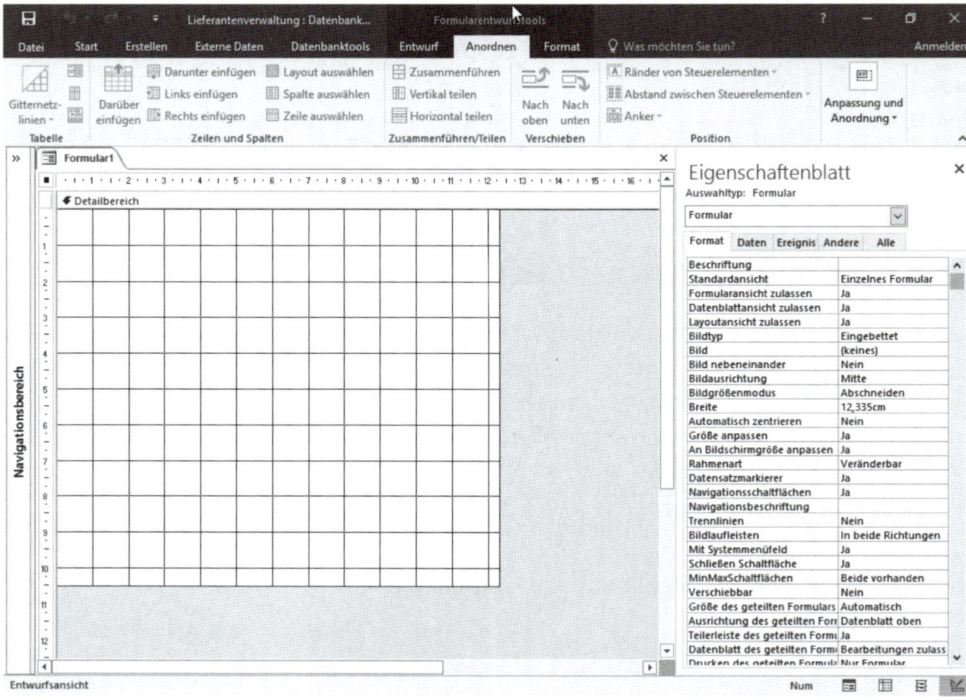

Entwurfsansicht eines Formulars.

2. Speichern Sie das Formular unter *Lieferant_Detail_Ü01* ab.

3.5.1 Datensatzquelle

1. Öffnen Sie das Formular *Lieferant_Detail_Ü02*.

   Bevor Felder in das Formular eingefügt werden können, muss eine Verknüpfung zu der dazugehörigen Datengrundlage, in unserem Fall zu der Tabelle *Lieferant*, erzeugt werden.

2. Gehen Sie in das *Eigenschaftenblatt* und wählen Sie in der Auswahlliste den Eintrag *Formular* an. Es erscheinen alle zum Formular gehörenden Eigenschaften.

3. Gehen Sie im Register *Daten* zu der Eigenschaft *Datensatzquelle*.

4. Durch Klicken auf [▼] öffnet sich ein Auswahlfenster, in dem Sie die Tabelle *Lieferanten* auswählen.

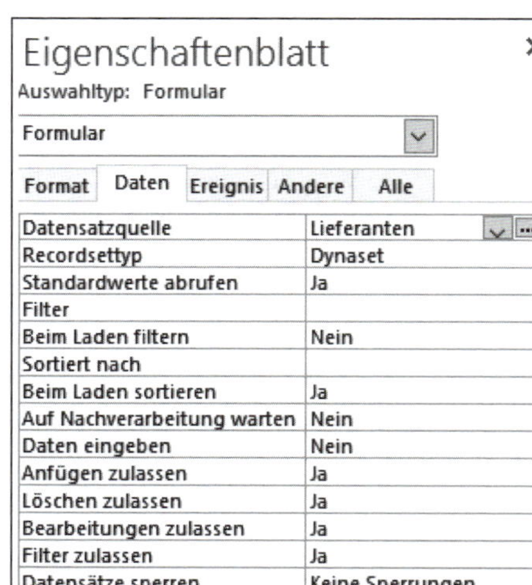

5. Speichern Sie das Formular *Lieferant Details Ü02* ab.

Hinweis

Im Register *Daten* können Sie zusätzlich einstellen, ob Daten verändert, gelöscht oder hinzugefügt werden sollen. Dazu stehen folgende Eigenschaften zur Verfügung:

Anfügen zulassen:	Ja/Nein
Löschen zulassen:	Ja/Nein
Bearbeiten zulassen:	Ja/Nein

Die Eigenschaft *Daten eingeben* ist sehr irreführend. Diese Eigenschaft legt fest, ob vorhandene Datensätze angezeigt werden:

Ja: Beim Öffnen wird im Formular nur ein leerer Datensatz angezeigt.

Nein: Beim Öffnen werden vorhandene Datensätze im Formular angezeigt (Standard).

Diese Eigenschaft legt somit nicht fest, ob Daten bearbeitet werden können oder nicht!

3.5.2 Gebundene Steuerelemente

In Access werden alle Elemente in einem Formular als Steuerelemente bezeichnet. Dabei unterscheidet man zwischen zwei Arten von Steuerelementen:

- Gebundene Steuerelemente (Felder):
  Sie beinhalten die Daten aus der zugrunde liegenden Tabelle.
- Ungebundene Steuerelemente:
  Beschriftungen, Bilder, aber auch Textfelder, die keine Bindung zu der zugrunde liegenden Tabelle besitzen.

1. Öffnen Sie das Formular *Lieferant_Details_Ü03* und wechseln Sie in die *Entwurfsansicht*.
2. Fügen Sie ein Feld folgendermaßen in das Formular ein.

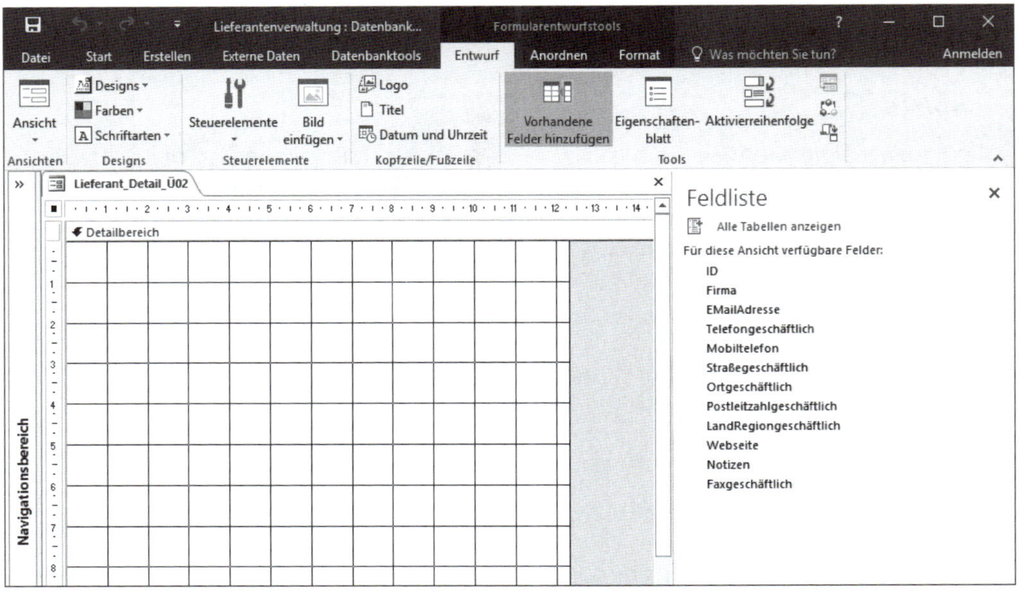

3. Klicken Sie auf das Register *Formularentwurfstools* -> Gruppe *Entwurf* -> *Vorhandene Felder hinzufügen*, um die Feldliste aufzurufen. In der Feldliste werden alle Felder der zugrunde liegenden Tabelle angezeigt.

4. Markieren Sie das gewünschte Feld, in unserem Fall das Feld *Firma*. Schieben Sie nun dieses Feld mit gedrückter linker Maustaste in den Detailbereich an die gewünschte Stelle.

Beachten Sie, dass links neben dem neu erzeugten Steuerelement automatisch ein Bezeichnungsfeld mit eingefügt wird, das natürlich jederzeit gelöscht oder formatiert werden kann.

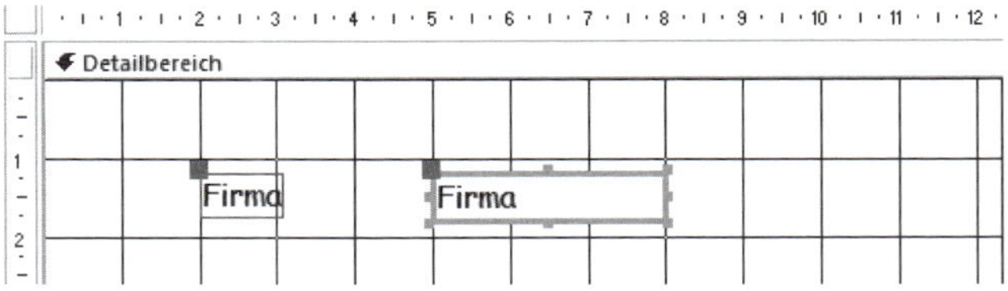

Beim Markieren und Verschieben eines Steuerelementes wird das Bezeichnungsfeld automatisch mitverschoben.

Hinweis

Würde in der Tabelle *Lieferanten* im Feld *Firma* in der Feldeigenschaft *Beschriftung* »*Unternehmen*« stehen, hätte Access im Bezeichnungsfeld nicht den Feldnamen, sondern die Beschriftung *Unternehmen* verwendet! Lesen Sie dazu den Abschnitt 3.2.2 »Eigenschaften ändern«.

5. Fügen Sie die Felder *Straßegeschäftlich*, *Postleitzahlgeschäftlich*, *Ortgeschäftlich* und *Land-Regiongeschäftlich* in das Formular ein, sodass das Formular in etwa wie folgt aussieht.

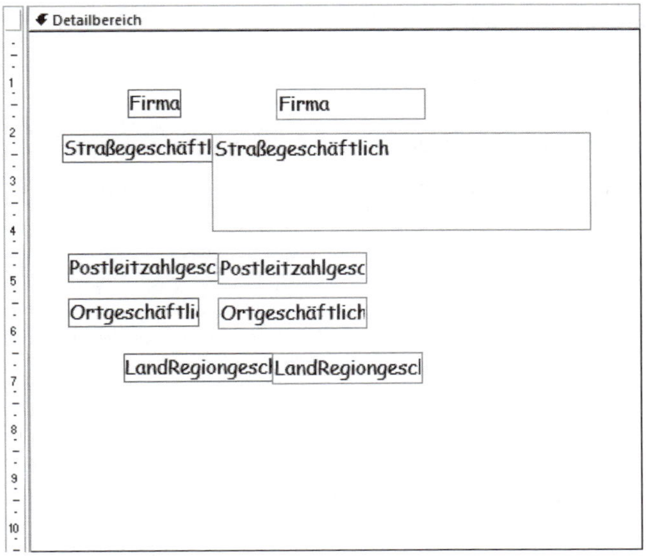

6. Speichern Sie das Formular *Lieferant_Details_Ü03* ab.

Noch ein Hinweis: Um die Übersichtlichkeit zu erhöhen, wurde das Raster ausgeblendet.

Klicken Sie mit der rechten Maustaste in den Detailbereich des Formulars. Es öffnet sich ein Auswahlfenster, in dem Sie auf *Raster* klicken, um das Raster ein- bzw. auszublenden.

3.5.3 Elemente anordnen

Sie erkennen, dass zum einen die Felder nicht geordnet untereinander stehen, und zum Zweiten, dass die Beschriftungen teils nicht vollständig angezeigt werden.

Bei der Gestaltung eines Formulars sollten Sie auch immer auf die optische Komponente achten, denn der Nutzer soll intuitiv mit einem Formular arbeiten und nicht abgeschreckt werden.

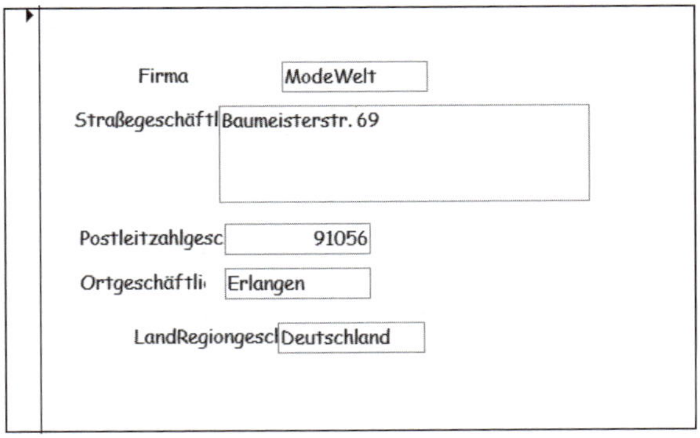

Verkleinern, Vergrößern und Verschieben von Datenfeldern

1. Öffnen Sie das Formular *Lieferant_Detail_Ü04* und wechseln Sie in die *Entwurfsansicht.*
2. Klicken Sie das Feld *Firma* an. Das Feld ist markiert.

Die Größe und die Position des Feldes kann man durch zwei Methoden verändern:

- Sie können die Größe durch die orangefarbenen Ziehpunkte an den Rändern des Steuerelements verändern.

- Mithilfe des grauen Ziehpunkts links oben oder durch Setzen der Maus auf den Rand kann die Position verändert werden.

Beim Verschieben des Feldes wird zugleich das Bezeichnungsfeld mit verschoben!

3. Gehen Sie in das *Eigenschaftenblatt* und wählen Sie das Register *Format.*

Das Feld kann durch Ändern des Wertes von *Sichtbar* auf *Nein* unsichtbar gemacht werden.

Durch *Breite, Höhe, Oben* und *Links* kann die Position des linken oberen Punktes und die Größe des Feldes definiert werden.

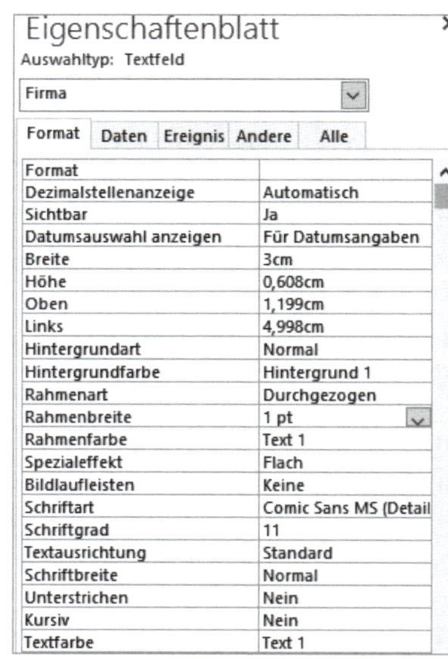

Hinweis

Möchten Sie mehrere Felder *gleichzeitig* ändern, halten Sie Strg gedrückt und markieren die gewünschten Felder. Im *Eigenschaftenblatt* im Register *Format* können noch viele weitere Formateinstellungen definiert werden, z. B. Schriftart/-größe/-farbe, Rahmenart/-farbe, Hintergrundfarbe.

Verkleinern, Vergrößern und Verschieben von Bezeichnungsfeldern

Möchten Sie die Position bzw. Größe des Bezeichnungsfelds ändern, klicken Sie das Bezeichnungsfeld an. Sie können nun ähnlich wie bei einem Feld die Änderungen durchführen.

Sie können die Größe durch die orangefarbenen Ziehpunkte an den Rändern des Steuerelements verändern. Mithilfe des grauen Ziehpunkts links oben kann die Position verändert werden.

Sie können die Lage des Bezeichnungsfelds im Eigenschaftenblatt einstellen.

Wichtig

Beim Verschieben des Bezeichnungsfelds bleibt das Feld in Ruhe!

Machen Sie sich mit den Eigenschaften im Register vertraut. Es ist Kreativität gefragt. Jedoch sollen folgende Bedingungen erfüllt werden:

- Die Felder sollen jeweils unterschiedliche Größe, Rahmen und Hintergrundfarben haben.
- Das jeweilige Bezeichnungsfeld soll jeweils hinter dem Feld stehen. Der Textanhang *geschäftlich* soll entfernt werden und die Schriftart soll geändert werden.

4. Speichern Sie das Formular *Lieferant_Detail_Ü04* ab.

Anordnen von Elementen

Die obige Aufgabe war eine schöne Spielerei, jedoch muss ein Formular klar und mit wenigen unterschiedlichen Elementen strukturiert sein – Sie wollen den Nutzer dazu bringen, dass er gern mit dem Formular arbeitet.

Die Felder müssen zum einen untereinander angeordnet werden und sollten zum anderen gleichen Abstand zueinander haben. Das Feld *Straßegeschäftlich* ist von der Höhe zu groß und muss an die Höhe der anderen Felder angepasst werden.

Man kann mit viel Mühe diese Schönheitsfehler durch Verschieben von Feldern aufheben, jedoch kostet es Zeit und ein Erfolg ist nicht garantiert. Daher bietet Access verschiedene Funktionen an, mit denen die perfekte Anordnung der Felder sehr schnell durchgeführt werden kann.

1. Öffnen Sie das Formular *Lieferant_Detail_Ü05* und wechseln Sie in die *Entwurfsansicht*.
2. Markieren Sie durch Halten von Strg die Felder *Straßegeschäftlich*, *Postleitzahlgeschäftlich*, *Ortgeschäftlich* und *LandRegiongeschäftlich*.

Access bietet verschiedene Möglichkeiten, um *Größe/Abstand* und *Ausrichtung* mehrerer Felder schnell und einfach zu verändern. Die dazugehörigen Befehle befinden sich unter *Formularentwurfstools/Anordnen* -> Gruppe *Anpassen und Anordnen*.

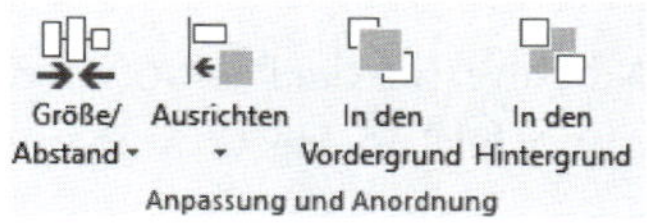

Ausrichten der Felder

Klicken Sie auf das Register *Formularentwurfstools/Anordnen* -> Gruppe *Anpassen und Anordnen* -> *Ausrichten* -> *Linksbündig*. Alle markierten Felder haben nun den gleichen Abstand von der linken Seite des Formulars. Dabei werden die Positionen der Bezeichnungsfelder vor den Feldern nicht verändert. Die Bezeichnungsfelder müssen anschließend mit demselben Verfahren angeordnet werden.

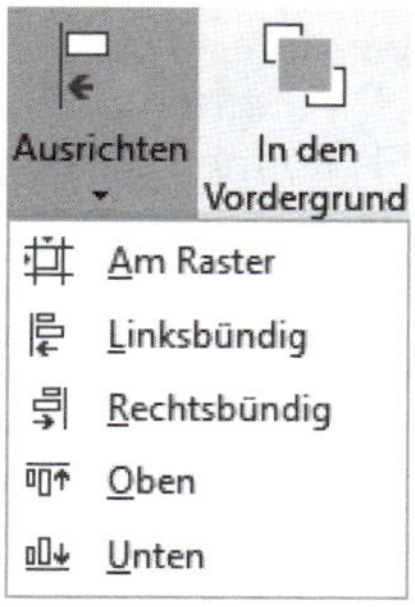

Hinweis

Hat man mehrere Felder nebeneinander stehen, empfiehlt es sich, die Ausrichtung *Unten* zu nutzen, damit alle Felder auf einer Ebene liegen.

Anpassen der Höhe/Breite

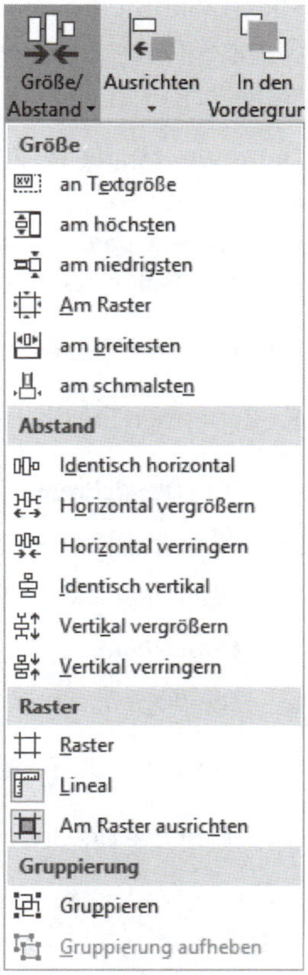

1. Klicken Sie auf das Register *Formularentwurfstools/Anordnen ->* Gruppe *Anpassen und Anordnen -> Größe/Abstand -> am niedrigsten*. Alle markierten Felder haben nun die gleiche Feldhöhe.

2. Klicken Sie auf das Register *Formularentwurfstools/Anordnen ->* Gruppe *Anpassen und Anordnen -> Größe/Abstand -> am breitesten*. Alle markierten Felder haben nun zusätzlich die gleiche Feldbreite.

3. Ändern Sie die Breite der markierten Felder auf 5,106 cm.

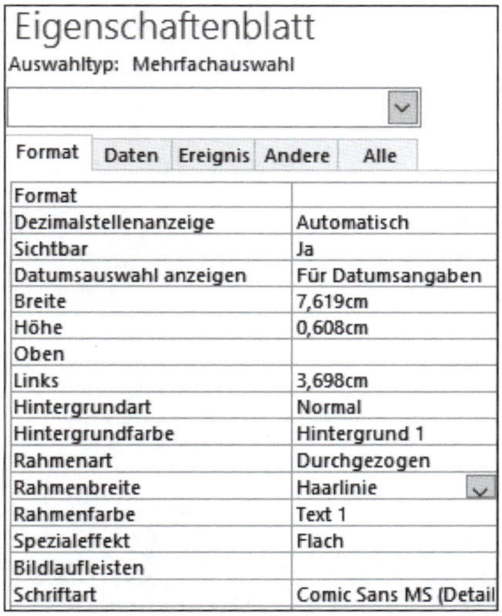

Format	
Dezimalstellenanzeige	Automatisch
Sichtbar	Ja
Datumsauswahl anzeigen	Für Datumsangaben
Breite	7,619cm
Höhe	0,608cm
Oben	
Links	3,698cm
Hintergrundart	Normal
Hintergrundfarbe	Hintergrund 1
Rahmenart	Durchgezogen
Rahmenbreite	Haarlinie
Rahmenfarbe	Text 1
Spezialeffekt	Flach
Bildlaufleisten	
Schriftart	Comic Sans MS (Detail

4. Gehen Sie dazu im *Eigenschaftenblatt* im Register *Format* auf die Eigenschaft *Breite*. Ändern Sie den angegebenen Wert auf 5,106 cm.

> **Hinweis**
>
> In der Eigenschaft *Oben* wird kein Wert angegeben. Das ist verständlich, da die Felder unterschiedlich weit von der oberen Kante des Formulars entfernt sind. Dagegen sind für alle markierten Felder die Breite, Höhe und die Entfernung von der linken Seite gleich, sodass ein gemeinsamer Wert angegeben wird.

Anpassen der vertikalen Abstände

Klicken Sie auf das Register *Formularentwurfstools/Anordnen ->* Gruppe *Anpassen und Anordnen -> Größe/Abstand -> Identisch vertikal.*

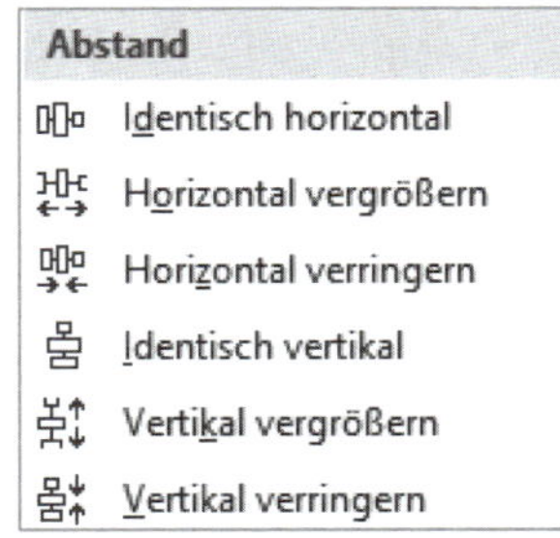

Dabei werden die Positionen der Bezeichnungsfelder auch verändert. Jedoch können die Abstände noch zu groß sein. Durch *Vertikal verringern* können die Abstände verringert werden. In unserem Fall muss diese Aktion vier Mal durchgeführt werden.

Anpassen der Bezeichnungsfelder

1. Benennen Sie die Bezeichnungsfelder um:

Alte Bezeichnung	Neue Bezeichnung
Straßegeschäftlich	*Straße Hausnr*
Postleitzahlgeschäftlich	*PLZ*
Ortgeschäftlich	*Ort*
LandRegiongeschäftlich	*Land*

2. Richten Sie die Bezeichnungsfelder linksbündig aus.
3. Stellen Sie die Breite der Bezeichnungsfelder auf 4,201 cm.

Hinweis

Sie können erkennen, dass die Feldrahmen der Bezeichnungsfelder und der Felder überlappen, das heißt, man sollte die Felder nach rechts verschieben. Markieren Sie dazu die Felder.

4. Speichern Sie das Formular *Lieferant_Detail_Ü05* ab.

Anwenden von Layouts

Es gibt eine zweite Methode, um die Felder zu positionieren. Sie können ein Layout verwenden. Man kann sich ein Layout als eine Tabelle vorstellen, in der die Tabellenzellen entweder Steuerelemente enthalten oder leer sind. Vorteil eines Layouts ist, dass die Felder passend angeordnet werden und dass der Aufwand gering ist, ein weiteres Feld einzufügen oder ein Feld zu löschen. Access bietet zwei Layouts an:

- *Tabelle:* Die Steuerelemente werden wie in einem Tabellenblatt in Zeilen und Spalten angeordnet, wobei das Bezeichnungsfeld als Spaltenüberschrift eingefügt wird.

- *Gestapelt:* Die Steuerelemente werden vertikal angeordnet, wobei das Bezeichnungsfeld links vom Steuerelement angegeben wird.

1. Öffnen Sie das Formular *Lieferant_Detail_Ü06* und wechseln Sie in die *Entwurfsansicht*.

2. Markieren Sie durch Halten von [Strg] die Felder *Straßegeschäftlich*, *Postleitzahlgeschäftlich* und *Ortgeschäftlich*.

3. Sie müssen nur eine *Vorarbeit* leisten. Passen Sie die *Höhe* des Feldes *Straßegeschäftlich* der Höhe der anderen Felder an. Klicken Sie dazu auf das Register *Formularentwurfstools/Anordnen* -> Gruppe *Anpassen und Anordnen* -> *Größe/Abstand* -> *am niedrigsten*.

4. Klicken Sie auf das Register *Formularentwurfstools/Anordnen* -> Gruppe *Tabelle* -> *Gestapelt*. Man erhält folgendes Ergebnis:

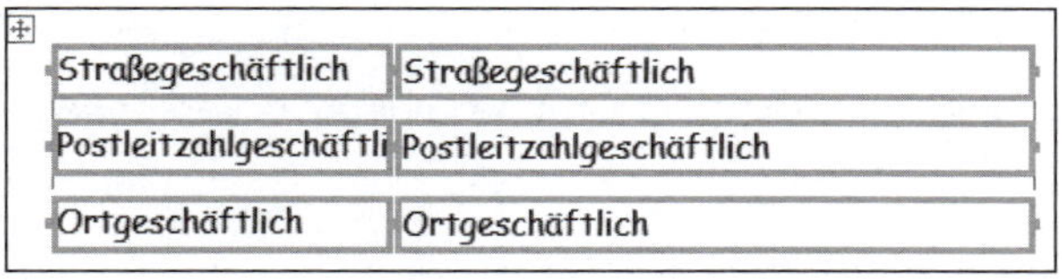

Nun können die Breiten des Beschriftungsfelds und des Eingabefelds verändert werden. Dabei gilt: Verändern Sie ein Feld in der Spalte, ändern Sie alle Felder der Spalte.

5. Markieren Sie ein Eingabefeld in der rechten Spalte.

Falls alle Felder markiert sind, können Sie nicht durch Klicken mit der Maus ein Feld auswählen. Es gibt zwei Möglichkeiten, das Feld auszuwählen:

- Klicken Sie zuerst ein Element außerhalb des Layouts und dann das gewünschte Element an.
- Klicken Sie auf [↹] und wählen Sie das gewünschte Element.

6. Verändern Sie die Größe des Feldes. Auch das können Sie auf zwei Arten machen:
   - durch die orangefarbenen Ziehpunkte am linken und rechten Rand des Steuerelements oder
   - durch Eingabe eines Wertes in das Feld *Breite* im *Eigenschaftenblatt* im Register *Format*.

Die Breite der Eingabefelder soll 5,106 cm betragen.

7. Markieren Sie nun ein *Beschriftungsfeld* in der linken Spalte. Die Breite des Beschriftungsfelds soll 4,201 cm betragen.

8. Fügen Sie das Feld *LandRegiongeschäftlich* dem Layout hinzu:

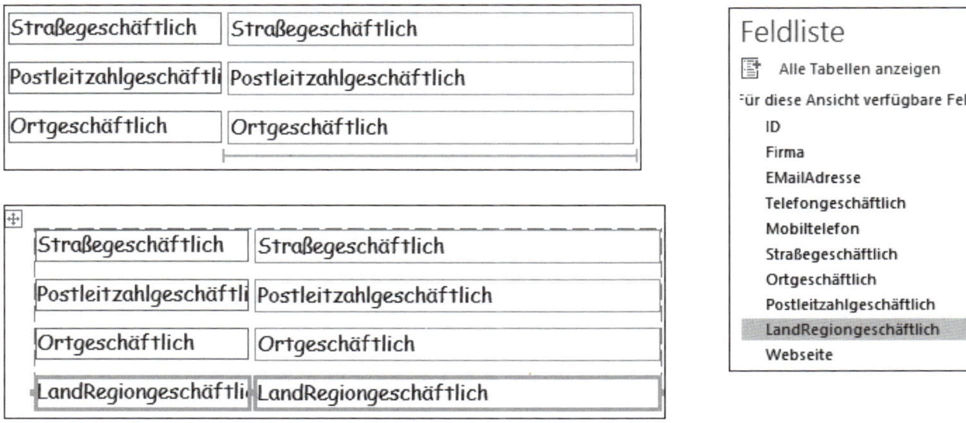

9. Klicken Sie auf das Register *Formularentwurfstools* -> Gruppe *Entwurf* -> *Vorhandene Felder hinzufügen*, um die Feldliste aufzurufen.

10. Ziehen Sie das ausgewählte Feld mit gedrückter linker Maustaste in das Layout. Der horizontale Balken gibt Ihnen an, wo das Feld platziert wird. Der Vorteil ist, dass automatisch das neue Feld positioniert wird und Sie somit keine Arbeit mehr haben.

Positionieren eines Layouts

Erste Möglichkeit:

1. Markieren Sie ein Element des Layouts. Es erscheint ein grauer Marker links oben.

2. Klicken Sie diesen an und verschieben Sie das Layout mit gedrückter linker Maustaste an die gewünschte Position.

Zweite Möglichkeit:

Es gibt leider nicht die Möglichkeit, ein Layout direkt durch Eingabe von *Oben* und *Links* im Eigenschaftenblatt zu positionieren. Daher muss man einen kleinen Trick anwenden:

1. Klicken Sie das obere linke Feld, in unserem Fall das Bezeichnungsfeld *Straße Hausnr.:* an. Positionieren Sie dieses Feld durch Ändern der Parameter *Oben* auf *6 cm* und *Links* auf *1 cm*.

Automatisch werden auch alle weiteren Felder des Layouts dementsprechend positioniert.

2. Speichern Sie das Formular *Lieferant_Detail_Ü06* ab.

Aufgabe

1. Öffnen Sie das Formular *Lieferant_Detail_Ü07* in der Entwurfsansicht.

2. Erzeugen Sie ein Layout mit den Feldern *Firma* und *Webseite*. Die Breite der Beschriftungsfelder soll 4,201 cm betragen. Die Breite der Eingabefelder soll 5,106 cm betragen.

3. Verschieben Sie das Layout so, dass die linke obere Ecke *2 cm* vom oberen Rand und *1 cm* vom rechten Rand entfernt ist.

4. Speichern Sie das Formular *Lieferant_Detail_Ü07* ab.

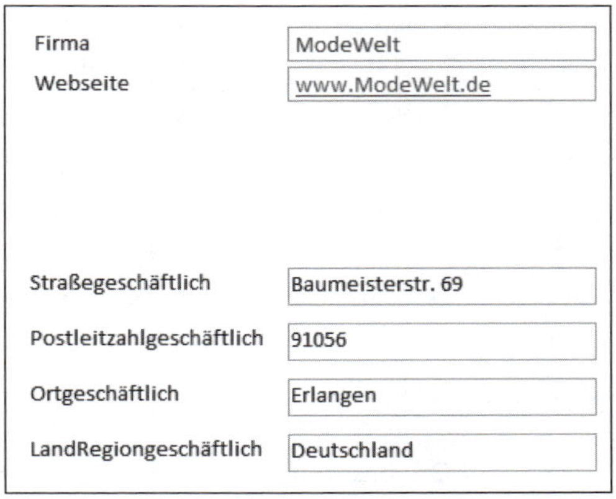

3.5.4 Ungebundene Steuerelemente

Bei ungebundenen Steuerelementen handelt es sich um Steuerelemente, die nicht mit einer Datenquelle verbunden sind, dabei handelt es sich z. B. um Bilder, Informationstexte, Registerkarten usw.

Im Register *Formularentwurfstools/Entwurf* -> Gruppe *Steuerelemente* befindet sich die Sammlung aller ungebundenen Steuerelemente.

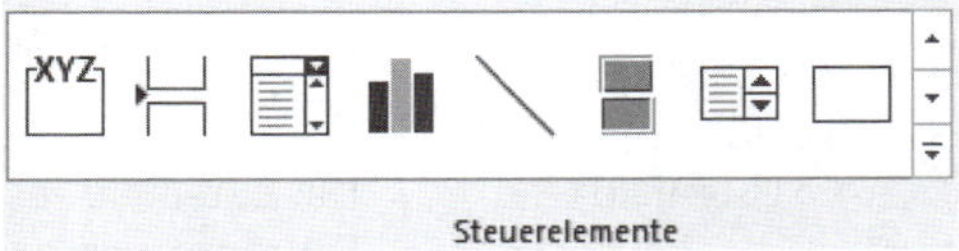

Da die genaue Beschreibung aller Steuerelemente den Inhalt des Buches sprengen würde, sollen hier nur die wesentlichen Steuerelemente näher betrachtet werden.

Symbol	Beschreibung	Funktion	Abschnitt
ab|	Textfeld	Eingabefeld	Steuerelement: Textfeld
Aa	Bezeichnung	Wird für Überschriften und Informationstexte genutzt.	Steuerelement: Bezeichnung

Symbol	Beschreibung	Funktion	Abschnitt
	Schaltfläche	Wird für das Starten von Aktionen benötigt.	Steuerelement: Schaltflächen
	Register	Wird für die übersichtliche Anordnung von Feldern benötigt.	Steuerelement: Registersteuerelement
	Hyperlink	Direkter Link zu einer Webseite, E-Mail-Adresse oder einem Dokument	
	Webbrowser	Webinhalte können in das Formular integriert werden.	
	Navigation		
XYZ	Optionsgruppe	Mehrere Optionen werden angeboten, es kann jedoch nur eine Option innerhalb dieser Gruppe gewählt werden.	
	Seitenwechsel	Beim Druck werden die Inhalte ab der entsprechenden Position auf eine neue Seite gedruckt.	
	Kombinationsfeld	Es handelt sich um ein Textfeld, bei dem eine Auswahlliste angezeigt werden kann, falls man sich in diesem Feld befindet. Man kann einen Eintrag aus der Liste auswählen oder selbst einen Text in das Textfeld eingeben.	Steuerelement: Kombinationsfeld
	Diagramme	Es können Diagramme erzeugt werden.	
	Linie	Kann für die optische Gestaltung des Formulars verwendet werden.	
	Umschaltfläche	Man kann die zwei Möglichkeiten *Ja/Nein* darstellen. Meist wird jedoch das Kontrollkästchen verwendet.	*
	Listenfeld	Das Listenfeld zeigt eine Liste von Einträgen, von denen der Anwender einen oder mehrere auswählen kann.	*
	Rechteck	Kann für die optische Gestaltung des Formulars verwendet werden.	
	Kontrollkästchen	Man kann die zwei Möglichkeiten *Ja/Nein* darstellen.	*
	Objektfeld	OLE-Objekte (z. B. Word- oder PDF-Dokument) können dargestellt werden.	

Symbol	Beschreibung	Funktion	Abschnitt
	Anhang	Ermöglicht, einen Anhang in das Formular zu integrieren.	*
	Optionsfeld	Man kann die zwei Möglichkeiten *Ja/Nein* darstellen. Haben dieselbe Funktionsweise wie Kontrollkästchen, sollten jedoch nur in Optionsfeldern verwendet werden.	*
	Unterformular	In ein Formular kann ein Unterformular eingefügt werden, das durch eine Datenverknüpfung mit dem Formular verbunden ist.	Steuerelement: Unterformular
	Gebundenes Objektfeld	OLE-Objekte, die in einem Datenfeld der Tabelle gespeichert sind, werden angezeigt.	
	Bild	Kann für die optische Gestaltung des Formulars verwendet werden.	

** Diese Elemente wurden im Abschnitt 3.2 »Wie erzeugt man eine Tabelle?« genauer betrachtet. Sie können diese Elemente ähnlich wie Textfelder erzeugen und mit dem jeweiligen Feld der Tabelle verknüpfen – dazu mehr auf den nächsten Seiten.*

Öffnen Sie das Formular *Lieferant_Detail_Ü08* und wechseln Sie in die *Entwurfsansicht*.

Nun soll das Formular so bearbeitet werden, dass es wie das Formular *Lieferant_Details_L* aussieht.

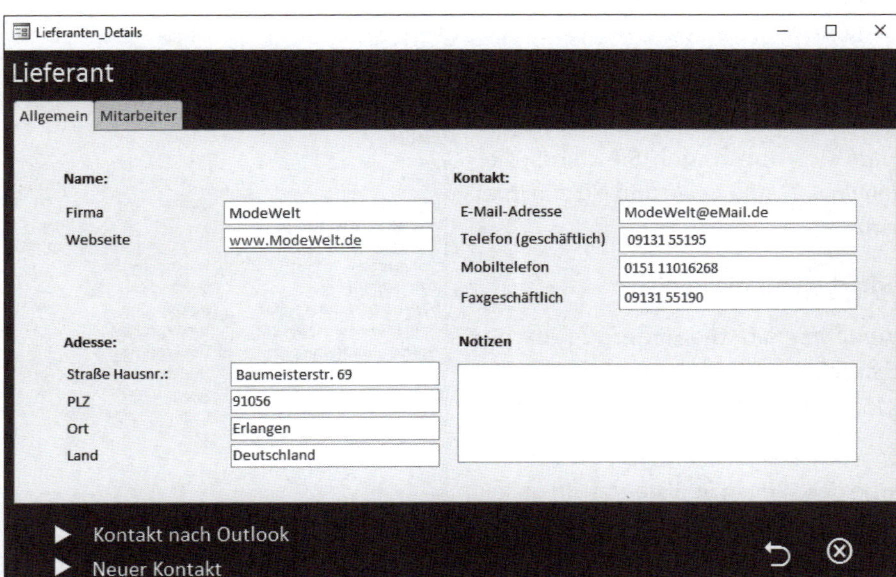

Steuerelement: Registersteuerelement

Die Informationen über einen Lieferanten werden im Register *Allgemein* angezeigt. Im Register *Mitarbeiter* werden die Mitarbeiter des Lieferanten aufgelistet. Daher sollte man bei der Entwicklung eines Formulars als Erstes das Register erzeugen. In unserem Fall sind jedoch schon die ersten Felder in den vorherigen Aufgaben erzeugt worden, die auch nachträglich in ein Register eingefügt werden können. In der Aufgabenstellung sieht man, dass sie weit unten positioniert wurden, damit Sie genügend Platz haben, das Registersteuerelement zu erzeugen.

> **Hinweis**
>
> Wird ein Register über vorhandene Steuerelemente gelegt, sind diese für den Nutzer unsichtbar und auch nicht zu benutzen.

1. Wählen Sie im Register *Formularentwurfstools/Entwurf* -> Gruppe *Steuerelemente* das Steuerelement *Registersteuerelement* aus.

2. Klicken Sie in den Detailbereich des Formulars und ziehen Sie das Registersteuerelement mit gedrückter linker Maustaste auf. Sie erhalten ein Register mit zwei Registerblättern.

Allgemeine Einstellungen – Größe, Format

1. Klicken Sie dazu einmal auf die aktuelle Registerüberschrift. Das gesamte Element wird somit markiert.

2. Richten Sie die Lage und die Größe des Steuerelements im Eigenschaftenblatt im Register *Format* ein. Übertragen Sie dabei die Werte von *Breite, Höhe, Oben* und *Links* in Ihre Datenbank.

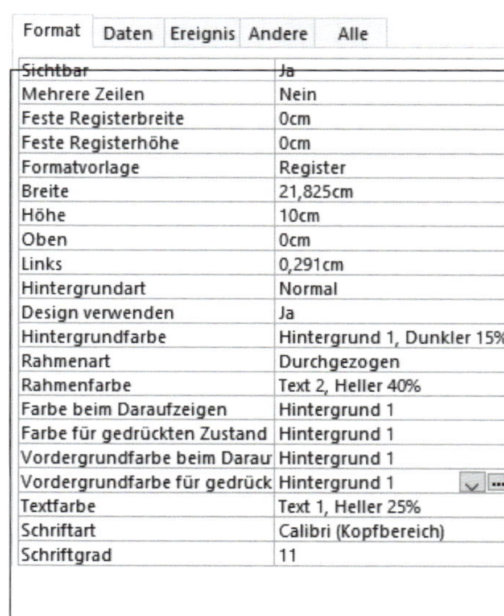

Format | Daten | Ereignis | Andere | Alle

Sichtbar	Ja
Mehrere Zeilen	Nein
Feste Registerbreite	0cm
Feste Registerhöhe	0cm
Formatvorlage	Register
Breite	21,825cm
Höhe	10cm
Oben	0cm
Links	0,291cm
Hintergrundart	Normal
Design verwenden	Ja
Hintergrundfarbe	Hintergrund 1, Dunkler 15%
Rahmenart	Durchgezogen
Rahmenfarbe	Text 2, Heller 40%
Farbe beim Daraufzeigen	Hintergrund 1
Farbe für gedrückten Zustand	Hintergrund 1
Vordergrundfarbe beim Darau	Hintergrund 1
Vordergrundfarbe für gedrück	Hintergrund 1
Textfarbe	Text 1, Heller 25%
Schriftart	Calibri (Kopfbereich)
Schriftgrad	11

Hintergrundfarben für die Register

- *Hintergrundfarbe* gibt die Hintergrundfarbe der Registerblätter an: In unserem Fall: *Weiß, Dunkler 15%* bzw. *Hintergrund 1, Dunkler 15%*.

- *Farbe für gedrückten Zustand* gibt die Hintergrundfarbe des aktiven Registers an. In unserem Fall: *Weiß* bzw. *Hintergrund1*.

- *Farbe beim Daraufzeigen* gibt die Hintergrundfarbe der nicht aktiven Registermarker an, die sich beim Überstreichen mit der Maus ändert. In unserem Fall: *Weiß* bzw. *Hintergrund1*.

Einstellungen der einzelnen Registerblätter

Nun müssen die Registernamen geändert werden.

Format | Daten | Ereignis | Andere | Alle

Name	Allgemein
SteuerelementTip-Text	
Statusleistentext	
Kontextmenüleiste	
Hilfekontext-ID	0
Marke	

1. Klicken Sie dazu nochmals auf die Registerüberschrift des aktiven Registers. Nun wandert die Markierung in das Innere des Registerblatts.
2. Geben Sie den Registernamen *Allgemein* im *Eigenschaftenblatt* im Register *Andere* im Feld *Name* ein.
3. Klicken Sie auf die Registerüberschrift des inaktiven Registers. Geben Sie den Registernamen *Mitarbeiter* im Feld *Name* ein.

Möchten Sie ein neues Registerblatt einfügen, gehen Sie folgendermaßen vor:

1. Markieren Sie das Registersteuerelement.
2. Wählen Sie im Register *Formularentwurfstools/Entwurf* -> Gruppe *Steuerelemente* das Steuerelement *Seite einfügen* aus.

Es wird am Ende ein weiteres Registerblatt eingefügt.

Möchten Sie die Position eines Registerblatts ändern, gehen Sie im *Eigenschaftenblatt* im Register *Format* in das Feld *Seitenindex*.

Format | Daten | Ereignis | Andere | Alle

Beschriftung	
Seitenindex	2
Sichtbar	Ja
Bildtyp	Eingebettet
Bild	(keines)
Breite	21,455cm
Höhe	8,81cm
Oben	1,058cm
Links	0,423cm

Die erste, also ganz linke Registerkarte hat Seitenindex 0. Bei den weiteren Registerblättern erhöht sich der Index um jeweils 1.

Soll das neue Registerblatt an die zweite Position gebracht werden, müssen Sie im Feld *Seitenindex* den Wert *1* eingeben. Automatisch bekommen die rechts davon liegenden Registerblätter neue Indizes zugeordnet.

Möchten Sie ein Registerblatt löschen, gehen Sie folgendermaßen vor:

1. Markieren Sie das Registersteuerelement.
2. Drücken Sie [Entf].

Einfügen von gebundenen Eingabefeldern in das Register

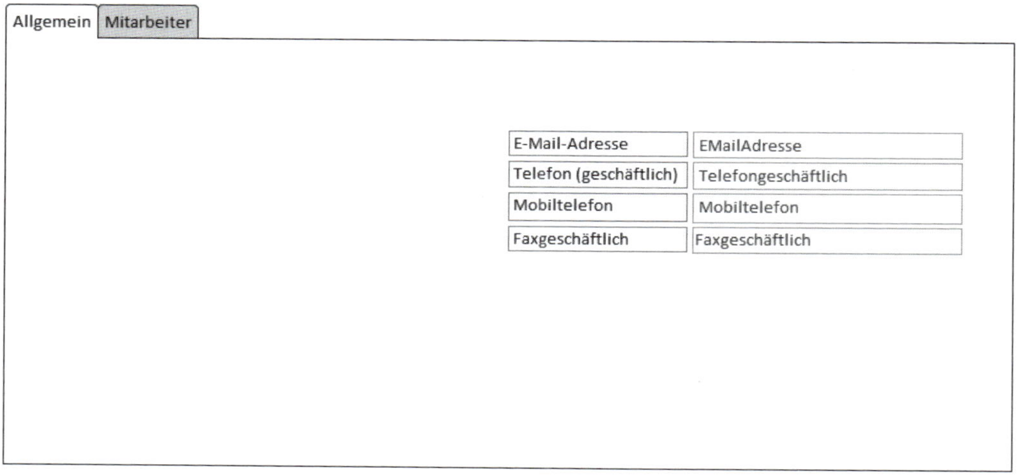

1. Vorbereitung: Aktivieren Sie das Registerblatt *Allgemein* in Ihrem Formular.
2. Klicken Sie auf das Register *Formularentwurfstools* -> Gruppe *Entwurf* -> *Vorhandene Felder hinzufügen*, um die Feldliste aufzurufen.
3. Markieren Sie das gewünschte Feld, in unserem Fall das Feld *EMailAdresse*. Schieben Sie nun dieses Feld mit gedrückter linker Maustaste in das Registerblatt *Allgemein*. Führen Sie diese Operation für die Felder *EMailAdresse*, *Telefongeschäftlich*, *Mobiltelefon* und *Faxgeschäftlich* durch. Fassen Sie die Felder so wie die Adressfelder zu einem gestapelten Layout zusammen.
4. Positionieren Sie dieses Layout so, dass die linke obere Kante *Oben* bei *2,672 cm* und *Links* bei *11,2 cm* liegt.

Einfügen gebundener Eingabefelder oder ganzer Layouts von außerhalb des Registers in das Register

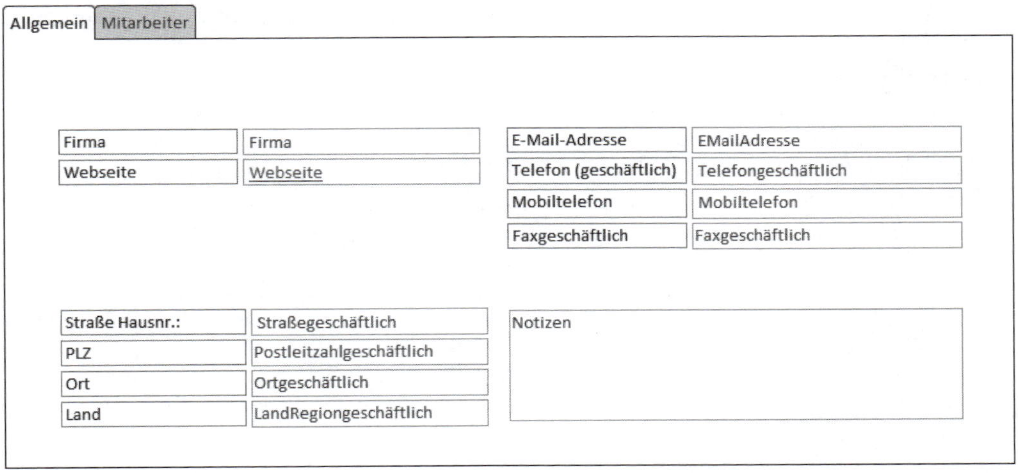

1. Markieren Sie ein Element des unter dem Register befindlichen Layouts mit den Elementen Straße, PLZ, Ort und Land.
2. Klicken Sie auf das Register *Formularentwurfstools/Anordnen* -> Gruppe *Zeilen und Spalten* -> *Layout auswählen*, um das gesamte Layout zu markieren.
3. Schneiden Sie das Layout aus durch:

   Drücken von [Strg]+[X] oder

   Klicken auf das Register *Start* -> Gruppe *Zwischenablage* -> *Ausschneiden*.
4. Klicken Sie zweifach auf das Registerblatt, in das das Layout eingefügt werden soll.
5. Fügen Sie das Layout ein durch:

   Drücken von [Strg]+[V] oder

   Klicken auf das Register *Start* -> Gruppe *Zwischenablage* -> *Einfügen*.
6. Positionieren Sie dieses Layout so, dass die linke obere Kante *Oben* bei *6,587 cm* und *Links* bei *1,481 cm* liegt.
7. Verschieben Sie die unter dem Register befindlichen Layouts mit den Elementen *Firma* und *Webseite* in das Registerblatt *Allgemein*, wobei die linke obere Kante *Oben* bei *2,672 cm* und *Links* bei *1,481 cm* liegt.

Steuerelement: Bezeichnung

Möchten Sie Texte für Beschriftungen oder Erläuterungen einfügen, müssen Sie das Steuerelement *Bezeichnung* verwenden. Im Folgenden sollen Überschriften eingefügt werden.

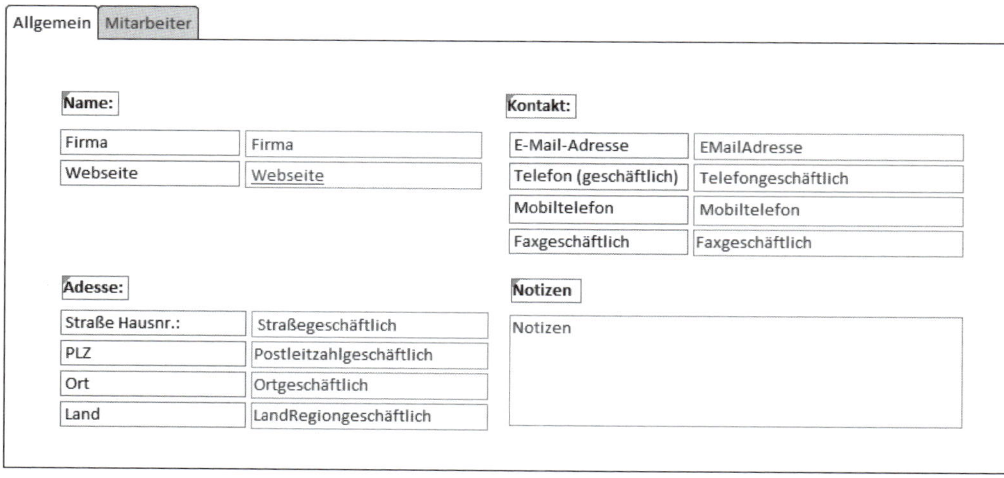

1. Vorbereitung: Aktivieren Sie das Registerblatt *Allgemein* in Ihrem Formular.

2. Wählen Sie im Register *Formularentwurfstools/Entwurf* -> Gruppe *Steuerelemente* das Steuerelement *Bezeichnung* aus. Aa

3. Klicken Sie in das Registerblatt, das sich schwarz verfärbt hat. Es erscheint ein leeres schmales Eingabefeld, in dem Sie *Name:* eingeben. Beenden Sie die Eingabe durch Drücken von [↵].

4. Positionieren Sie das Bezeichnungsfeld mit den Eigenschaften *Links 1,481 cm* und *Oben 1,871 cm*.

Zugleich können Sie auch die Schriftart/-größe, Rahmenart/-farbe und Hintergrundart/-farbe einstellen.

5. Ändern Sie die *Rahmenart* auf *Transparent*.

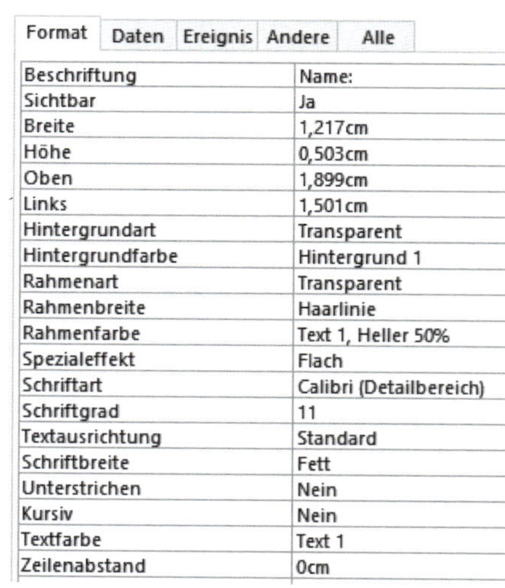

Beschriftung	Name:
Sichtbar	Ja
Breite	1,217cm
Höhe	0,503cm
Oben	1,899cm
Links	1,501cm
Hintergrundart	Transparent
Hintergrundfarbe	Hintergrund 1
Rahmenart	Transparent
Rahmenbreite	Haarlinie
Rahmenfarbe	Text 1, Heller 50%
Spezialeffekt	Flach
Schriftart	Calibri (Detailbereich)
Schriftgrad	11
Textausrichtung	Standard
Schriftbreite	Fett
Unterstrichen	Nein
Kursiv	Nein
Textfarbe	Text 1
Zeilenabstand	0cm

Hinweis

Um den Inhalt einer Beschriftung nachträglich zu ändern, klicken Sie zweimal in das Feld und führen Ihre Änderungen durch.

6. Fügen Sie folgende Bezeichnungen mit *fetter Schrift* an die jeweiligen Positionen ein:

Adresse:	*Oben: 5,857 cm* *Links: 1,481 cm*
Kontakt:	*Links: 12,01 cm* *Oben: 1,871 cm*
Notizen:	*Links: 12,01 cm* *Oben: 5,857 cm*

7. Verändern Sie im letzten Schritt das Formular wie folgt:
   - Der Formularkopf hat eine Höhe von 1,044 cm und die Hintergrundfarbe #2F3699. Fügen Sie ein Bezeichnungsfeld ein mit der Beschriftung *Lieferant* in Schriftgröße 20, Schriftart Calibri und Schriftfarbe Weiß. Die Position lautet *Oben 0,106 cm* und *Links 0,212 cm*.
   - Der Detailbereich hat eine Höhe von 10,198 cm, eine Breite von 22,196 cm und die Hintergrundfarbe #2F3699. Fügen Sie das Feld *Notizen* in das Registerblatt ein.

Der Datensatzmarkierer ist deaktiviert und es werden keine Navigationsschaltflächen angezeigt. Es werden keine Bildlaufleisten angezeigt.

Der Formularfuß hat eine Höhe von 2,099 cm und die Hintergrundfarbe #2F3699.

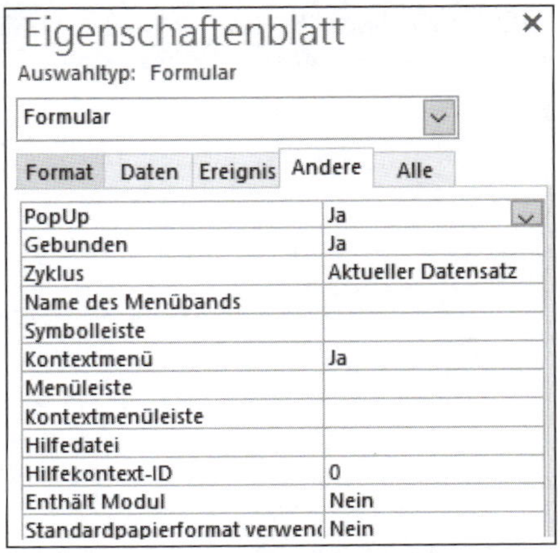

8. Das Formular soll als Dialogfenster verwendet werden. Gehen Sie im Eigenschaftenblatt unter dem *Auswahltyp Formular* ins Register *Andere*.

9. Ändern Sie die Eigenschaft *PopUp* auf *Ja*.

10. Ändern Sie die Eigenschaft *Gebunden* auf *Ja*.

11. Um ein Springen zwischen Datensätzen zu unterbinden, ändern Sie die Eigenschaft *Zyklus* auf *Aktueller Datensatz*.

Sie sollten nun ein Formular erzeugt haben, wie Sie wie folgt erkennen können:

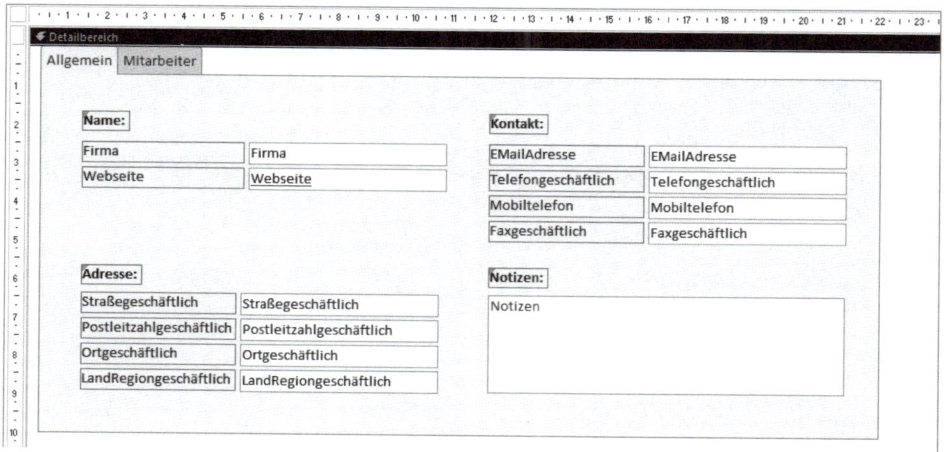

12. Speichern Sie das Formular *Lieferant_Detail_Ü08* ab.

Steuerelement: Schaltflächen

Steuerelemente verwenden Sie immer dann, wenn eine Aktion durchgeführt werden soll. Für die Bewältigung der Aktionen stehen Ihnen verschiedene Werkzeuge zur Verfügung. In diesem Abschnitt betrachten wir nur die Schaltflächen an sich und eine ganz einfache Aktion. In Kapitel 11 »Makros« werden wir näher auf die Aktionen eingehen.

Im folgenden Abschnitt sollen drei Schaltflächen erzeugt werden:

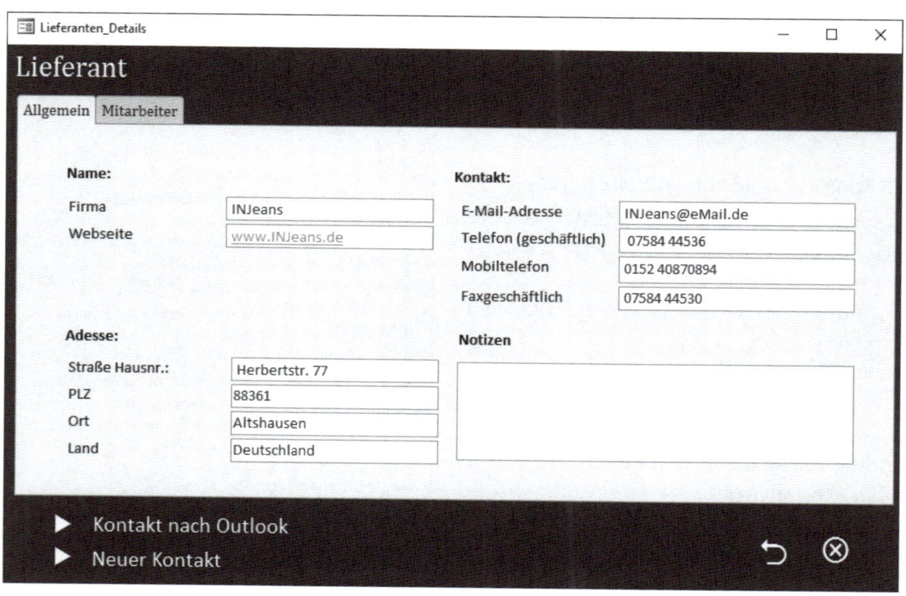

Übersicht über alle Lieferanten

Firma	Straße	PLZ	Ort	E-Mail-Adresse	Telefon	Mobiltelefon
INJeans	Herbertstr. 77	88361	Altshausen	INJeans@eMail.de	07584 44536	0152 40870894
mom	Badensche Str. 83	88326	Aulendorf	mom@eMail.de	07525 55399	0177 34606638
DeltaKlammot	Augsburger Platz 81	88422	Bad	DeltaKlammot@eMail.de	07582 16842	0152 72789335
Mode for Young	Geneststr. 50	88348	Bad Saulgau	Mode for Young@eMail.de	07581 82765	0163 46420715
Trans:USA	Helmstr. 56	88427	Bad Schussenried	TransUSA@eMail.de	07583 64184	0178 39934034
JS-Discount	Geiserichstr. 8	97944	Boxberg	JS-Discount@eMail.de	07930 80874	0163 2152814
JaNi	Gustav-Freytag-Str. 1	97775	Burgsinn	JaNi@eMail.de	09356 91032	0151 60233543
SportWear EU	Laubacher Str. 71	97903	Collenberg		09376 42566	0178 39856362
Neue Mode	Rohrbeckstr. 90	88693	Deggenhausertal	Neue Mode@eMail.de	07555 75557	0163 2543329
Trans:Asia	Udetzeile 77	89584	Ehingen	Trans:Asia@eMail.de	07395 32961	0162 38269390
HemdAll	Sperenberger Str. 49	88097	Eriskirch	HemdAll@eMail.de	07541 55401	0177 91396981
SportWear	Königsteinstr. 32	91052	Erlangen	SportWear@eMail.de	09131 25129	0177 5482764
modeD	Ringelnatzstr. 44	91054	Erlangen	modeD@eMail.de	09131 12485	0163 4278149

▶ Neuer Lieferant
▶ Liste aller Lieferanten

1. Durch Klicken auf den Stift erscheint das Dialogfenster *Lieferanten_Details* – das Formular, das Sie eben schon teils entwickeln konnten – mit den Detailinformationen eines Lieferanten.
2. Durch Klicken auf *Neuer Lieferant* erscheint wiederum das Dialogfenster *Lieferanten_Details*, jedoch sind die Felder leer und können nun gefüllt werden.
3. Durch Klicken auf ⊗ wird das Dialogfenster geschlossen.

Beginnen wir zuerst mit dem dritten Punkt: Erzeugen einer Schaltfläche, mit der ein Formular geschlossen werden kann.

1. Öffnen Sie direkt im Navigationsbereich das Formular *Lieferant_Detail_Ü09* in der *Entwurfsansicht*.
2. Wählen Sie im Register *Formularentwurfstools/Entwurf* -> Gruppe *Steuerelemente* das Steuerelement *Schaltfläche* aus. XXXX
3. Klicken Sie in den Formularfuß und ziehen Sie das Registersteuerelement mit gedrückter linker Maustaste auf.

Hinweis

Achten Sie darauf, dass die Funktion *Steuerelement-Assistenten verwenden* aktiviert ist. Somit werden Sie bei manchen Steuerelementen durch ein Menü geführt, in dem genau beschrieben wird, was Sie zu tun haben.

1. Schritt

Es öffnet sich nun der *Befehlsschaltflächen-Assistent*. Hier bietet Access einige Aktionen an, die man immer wieder in der Entwicklung einer Datenbank benötigt.

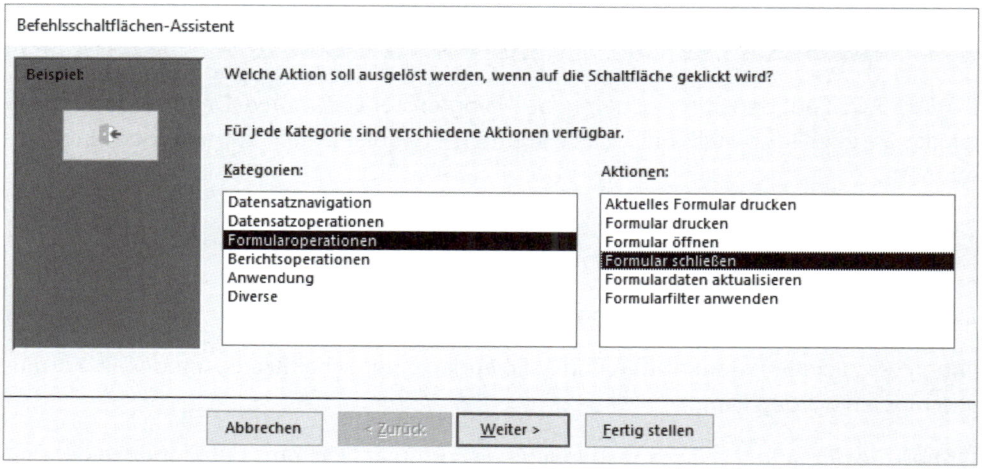

Die Aktion, die wir hier betrachten möchten, ist, dass durch Klicken auf die Schaltfläche das Formular geschlossen wird.

1. Wählen Sie in *Kategorien* die Kategorie *Formularoperationen* aus.
2. Anschließend wählen Sie unter *Aktionen* die Aktion *Formular schließen* aus.
3. Klicken Sie auf *Weiter*.

2. Schritt

Hier wählen Sie aus, ob auf der Schaltfläche ein Bild oder ein Text angezeigt werden soll.

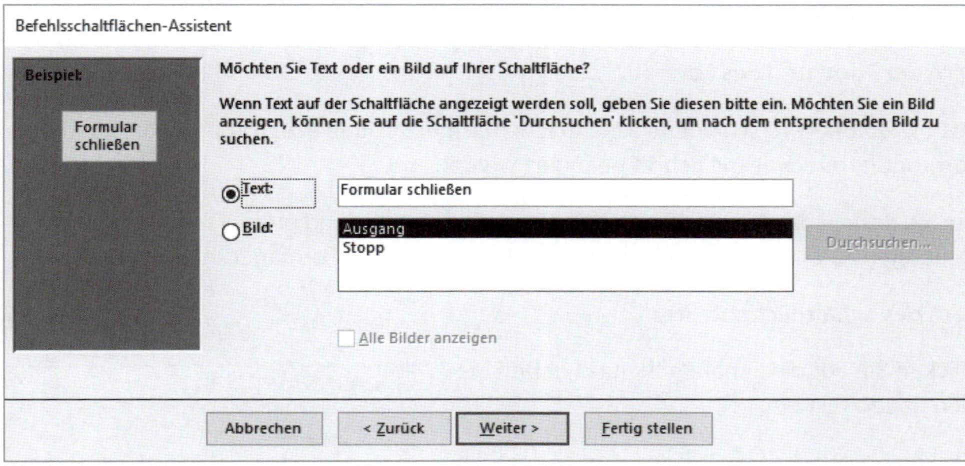

1. Wählen Sie die Option *Text:* mit dem Textinhalt *Formular schließen* aus.
2. Klicken Sie auf *Weiter*.

> **Hinweis**
>
> Sie können auch nachträglich den Anzeigetext ändern bzw. diesen in ein Bild umwandeln. Dazu kommen wir gleich.

3. Abschließend kann die Schaltfläche einen Namen erhalten.

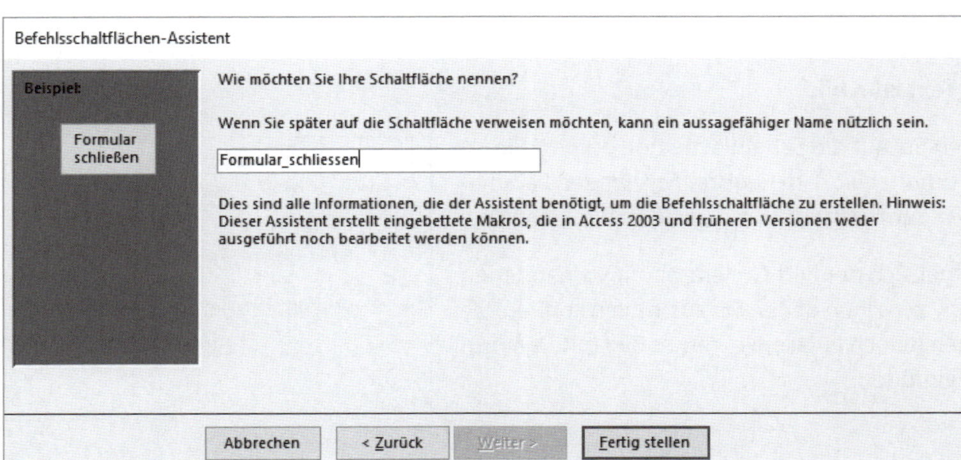

4. Geben Sie als Namen *Formular_schliessen* ein.

5. Klicken Sie auf *Fertig stellen*.

Sie erhalten die erste Schaltfläche: 

Ändern der Form und des Formats

Access bietet Ihnen verschiedene Schaltflächenformen an, außerdem können die Rand- und Hintergrundfarbe sowie die Schrift geändert werden.

Gehen Sie dazu in das Register *Formularentwurfstools/Format* und probieren Sie verschiedene Einstellungen aus. Unter *Schnellformatvorlagen* bietet Access Formatierungsvorschläge an.

Ändern des Schaltflächentextes

1. Klicken Sie auf die Schaltfläche und geben Sie den neuen Text ein.

2. Klicken Sie auf die Schaltfläche und ändern Sie die *Beschriftung* im *Eigenschaftenblatt* im Register *Format*.

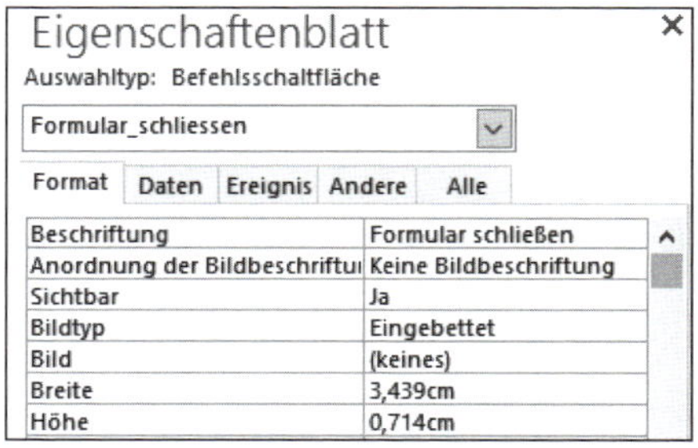

Exkurs

Text oder Bild – das ist hier die Frage. Schaltflächen können entweder einen Text oder ein Bild enthalten. Es besteht jederzeit die Möglichkeit, die Art der Darstellung zu ändern. Sie können selbst ein wenig herumspielen, jedoch machen Sie bitte alle Änderungen wiederum rückgängig.

Vom Text zum Bild

Klicken Sie auf die Schaltfläche und ändern Sie im *Eigenschaftenblatt* im Register *Format* den Parameter *Bild* durch Klicken auf ... (die drei Pünktchen).

Es öffnet sich der Bild-Generator mit vorhandenen Bildern, zwischen denen Sie auswählen können. Sie können jedoch auch ein externes Bild mit *Durchsuchen* einfügen.

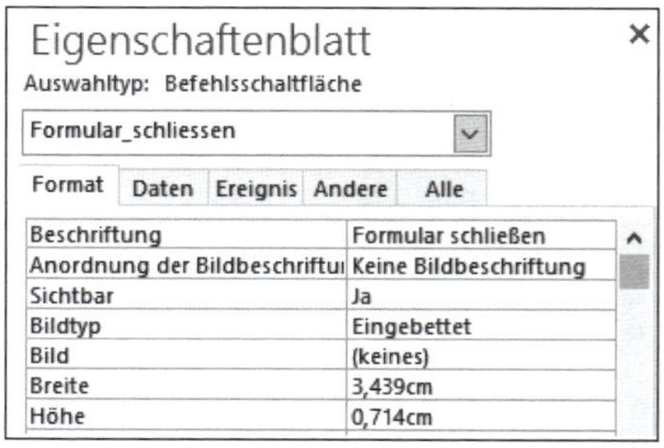

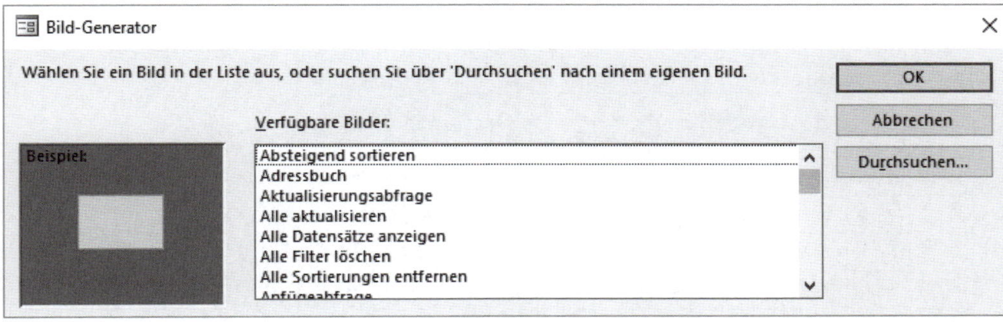

Vom Bild zum Text

1. Klicken Sie auf die Schaltfläche und löschen Sie den Eintrag des Parameters *Bild* im *Eigenschaftenblatt* im Register *Format*.
2. Access wird Sie fragen, ob Sie das Bild aus dem Steuerelement entfernen wollen. Klicken Sie auf *Ja*. Es erscheint der *Beschriftungstext*.

Hinweis

Sie können im *Eigenschaftenblatt* im Register *Format* unter dem Parameter *Anordnung der Bildbeschriftung* festlegen, ob und wie Bild und Text zugleich auf einer Schaltfläche angeordnet werden sollen.

Zurück zu unserer Aufgabe:
In diesem Fall soll die Schaltfläche transparent mit dem Symbol ⊗ als Schaltflächentext angegeben werden.

3. Klicken Sie auf die Schaltfläche.
4. Wählen Sie im *Eigenschaftenblatt* im Register *Format* beim Parameter *Hintergrundart* die Option *Transparent* aus. Die Schaltfläche wird unsichtbar, nur der Schaltflächentext bleibt erhalten.

Windows bietet eine Vielzahl an Symbolen an. Diese befinden sich vorwiegend in den Schriftarten *Webdings*, *Wingdings*, *Wingdings 2* und *Wingdings 3*. Doch wie weiß man, welche Symbole vorhanden sind? Dazu können Sie die Zeichentabelle unter Windows verwenden. Öffnen Sie die Zeichentabelle über das *Startmenü* von Windows und gehen Sie auf *Windows-Zubehör/Zeichentabelle*.

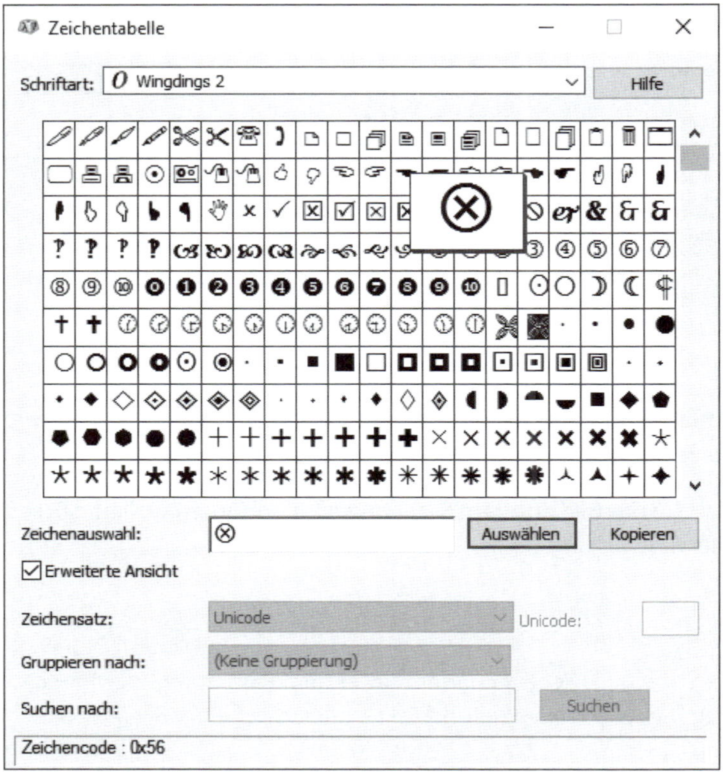

5. Wählen Sie die Schriftart *Wingdings 2* aus.

6. Wählen Sie das Zeichen ⊗ aus.

7. Klicken Sie auf *Auswählen*. Das Zeichen erscheint im davorliegenden Feld.

8. Markieren Sie das Symbol und kopieren Sie es durch die Taste Strg+C. Klicken Sie doppelt in die Schaltfläche in Access und fügen Sie das Symbol durch Strg+V ein. Geben Sie für das Symbol die *Schriftgröße 25* und die *Schriftfarbe Weiß* ein.

Die Schaltfläche hat eine *Höhe* von *0,91 cm* und eine *Breite* von *1,492 cm*. Die Position der linken oberen Ecke beträgt *Oben 0,608 cm* und *Links 19,873 cm*.

9. XXXX____Speichern Sie das Formular *Lieferant_Detail_Ü09* ab.

Es gibt jedoch ein gravierendes Problem. Sie ändern die Daten eines Mitarbeiters und schließen das Dialogfenster. Sie werden feststellen, dass in der Auflistung der Mitarbeiter des Lieferanten im Fenster *Lieferanten_Details* die Änderung nicht aktualisiert wurde! Klicken Sie auf F5 oder Register *Start* -> Gruppe *Datensätze* -> *Alle aktualisieren*, um die Änderungen sichtbar zu machen. Dies ist jedoch ein Zustand, der unbedingt geändert werden muss. Mithilfe von Makros wird Ihnen eine optimale Lösung angeboten (Abschnitt 11.8.4 »Schließen und aktualisieren«).

Aufgabe

Das Dialogfenster *Lieferanten_Details* wird geöffnet, wenn der jeweilige Lieferant in der Übersicht angeklickt wird. Dazu muss eine Schaltfläche vor jedem Datensatz eingefügt werden – in diesem Fall ein Stift.

	SportWear EU	Laubacher Str. 71	97903	Collenberg
	Neue Mode	Rohrbeckstr. 90	88693	Deggenhausertal
	Trans:Asia	Udetzeile 77	89584	Ehingen
	HemdAll	Sperenberger Str. 49	88097	Eriskirch
	SportWear	Königsteinstr. 32	91052	Erlangen

1. Öffnen Sie das Formular *Lieferant_Ü07* und wechseln Sie in die Entwurfsansicht.

2. Fügen Sie im Detailbereich vor dem Feld *Firma* eine Schaltfläche ein.

1. Schritt

Es öffnet sich nun der *Befehlsschaltflächen-Assistent*.

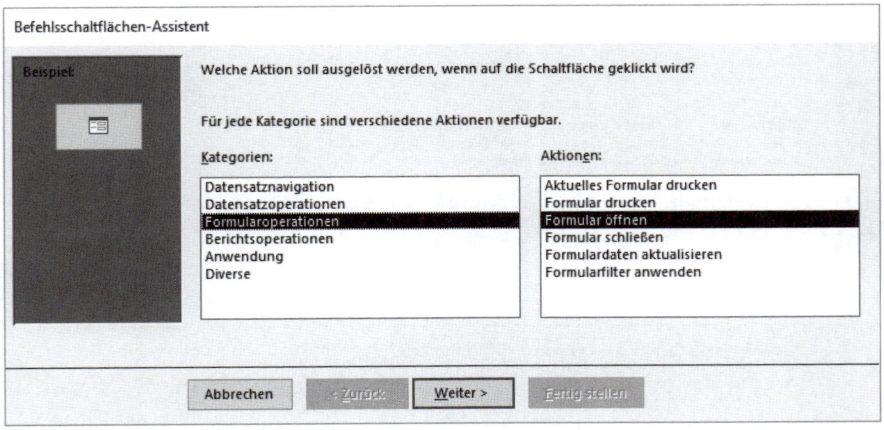

3. Wählen Sie in *Kategorien* die Kategorie *Formularoperationen* aus.

4. Anschließend wählen Sie unter *Aktionen* die Aktion *Formular öffnen* aus.

5. Klicken Sie auf *Weiter*.

2. Schritt

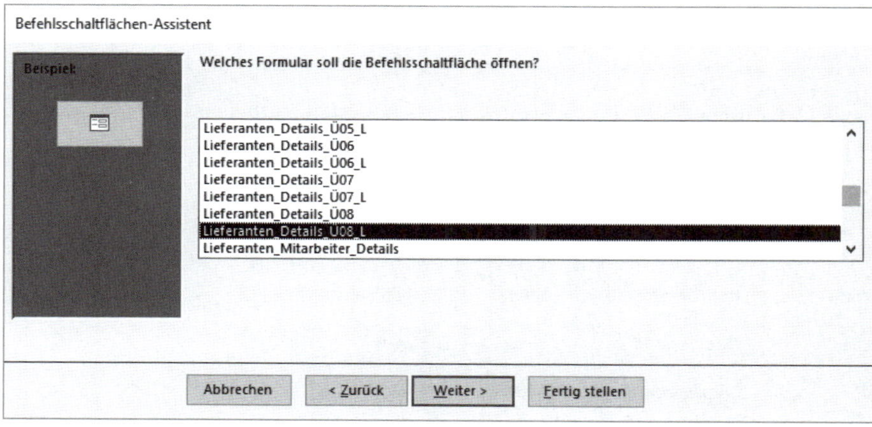

1. Wählen Sie das Formular aus, das geöffnet werden soll: *Lieferanten_Details_Ü09 L.*
2. Klicken Sie auf *Weiter.*

3. Schritt

Sie können nun entscheiden, welche Datensätze angezeigt werden sollen.

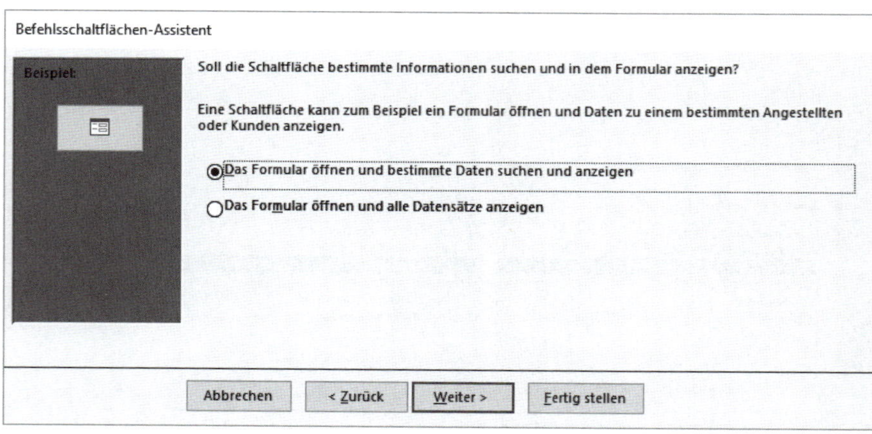

1. Da in diesem Fall nur der gewünschte Datensatz angezeigt werden soll, müssen Sie die Option *Das Formular öffnen und bestimmte Daten suchen und anzeigen* wählen.
2. Klicken Sie auf *Weiter.*

4. Schritt

Hier können Sie angeben, nach welchem Kriterium der gewünschte Datensatz ausgewählt wird.

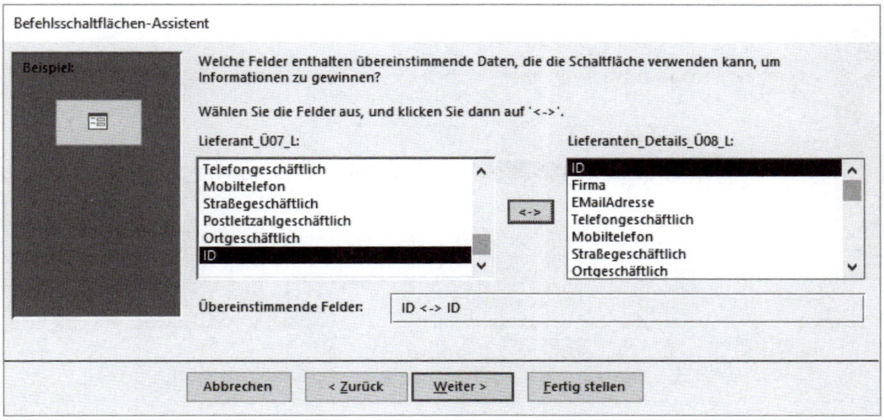

Sie möchten Details eines bestimmten Lieferanten angezeigt bekommen. Daher muss es sich um ein eindeutiges Kriterium handeln, nach dem gefiltert werden muss. So eignet sich z. B. nicht der Ort, denn in einem Ort kann es auch mehrere Lieferanten geben.

Bei der Erstellung der Tabelle wurde ein eindeutiges Feld eingerichtet – die *ID*. Dabei handelt es sich um ein *AutoWert*-Feld, das heißt, jedem Datensatz wird automatisch ein einmaliger Zahlenwert zugeordnet. Somit kann die ID als eindeutiges Kriterium verwendet werden.

1. Wählen Sie im Auswahlfenster der Übersichtsseite *Lieferant_Ü07* und im Auswahlfenster des zu öffnenden Detailformulars *Lieferanten_Details_Ü08_L* das Feld *ID*.

> **Hinweis**
>
> Das gewünschte Feld muss sich in dem Formular befinden, ansonsten wird es nicht angezeigt.

2. Klicken Sie auf <->. Somit wird die Beziehung hergestellt.
3. Klicken Sie auf *Weiter*.

5. Schritt

Hier wählen Sie aus, ob auf der Schaltfläche ein Bild oder ein Text angezeigt werden soll.

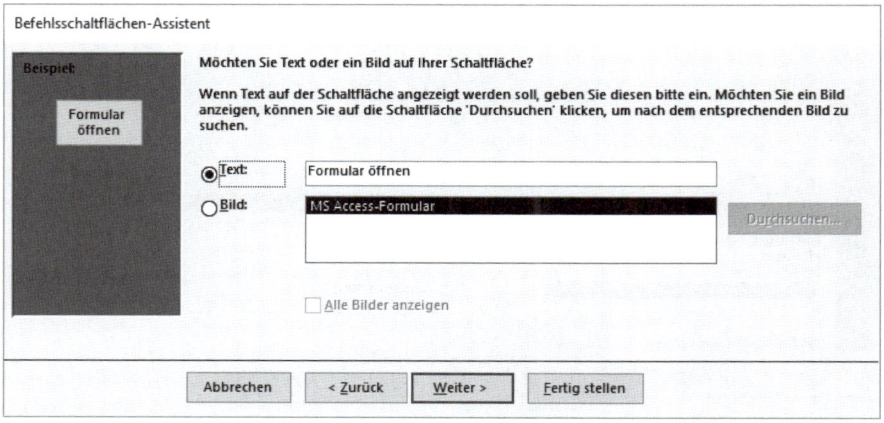

1. Wählen Sie die Option *Text:* mit dem Textinhalt *Formular schließen* aus.
2. Klicken Sie auf *Weiter*

6. Schritt

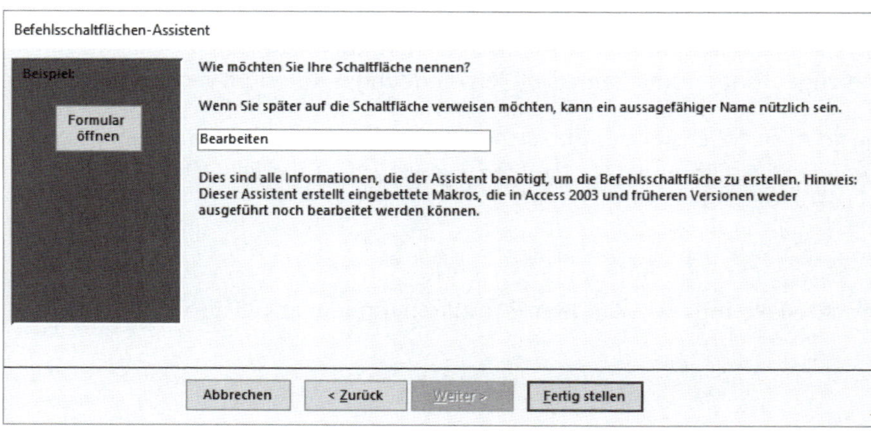

1. Geben Sie als Namen *Bearbeiten* ein.
2. Klicken Sie auf *Fertig stellen*.
3. Bearbeiten Sie die Schaltfläche: 

Breite	1 cm
Höhe	0,82 cm

Oben	0 cm
Links	0 cm
Hintergrundart	Transparent
Rahmenart	Transparent

Symbol:

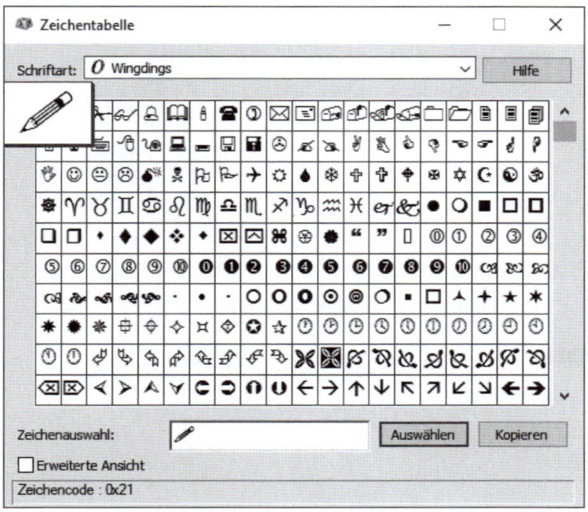

Schriftart	*Wingdings*
Schriftgrad	*20*
Schriftfarbe	*Schwarz*

4. Speichern Sie das Formular *Lieferant_Ü07* ab.

Schaltfläche: Einfügen eines vorhandenen Makros

Mithilfe von Makros können auch komplexe Arbeitsschritte automatisiert werden. Wie ein Makro erzeugt werden kann, wird in Kapitel 11 »Makros« genau beschrieben. In diesem Abschnitt werden Sie erfahren, wie man schon entwickelte Makros mithilfe von Schaltflächen in ein Formular einbinden kann.

Auf der Übersichtsseite aller Lieferanten *Lieferanten_Uebersicht* konnte man bisher nur bei bestehenden Lieferanten Änderungen durchführen. Jedoch bestand bisher noch nicht die Möglichkeit, einen neuen Lieferanten anzulegen. Dieses Problem soll nun behoben werden. Im Navigationsbereich befindet sich dazu im Bereich *Makro* das fertige Makro *Neuer Lieferant*. Die Aufgabe dieses Makros besteht darin, einen neuen Datensatz in der Tabelle *Lieferanten* zu erzeugen und ihn zugleich im Dialogfenster *Lieferanten_Details* anzuzeigen. Somit muss in der Fußzeile des Formulars eine Schaltfläche *Neuer Lieferant* eingefügt werden.

1. Öffnen Sie direkt im Navigationsbereich das Formular *Lieferant Ü08* in der *Entwurfsansicht*.
2. Wählen Sie im Register *Formularentwurfstools/Entwurf* -> Gruppe *Steuerelemente* das Steuerelement *Schaltfläche* aus und ziehen Sie im Formularfuß das Registersteuerelement mit gedrückter linker Maustaste auf. XXXX

1. Schritt: Auswahl der Aktion

Es öffnet sich nun der *Befehlsschaltflächen-Assistent*.

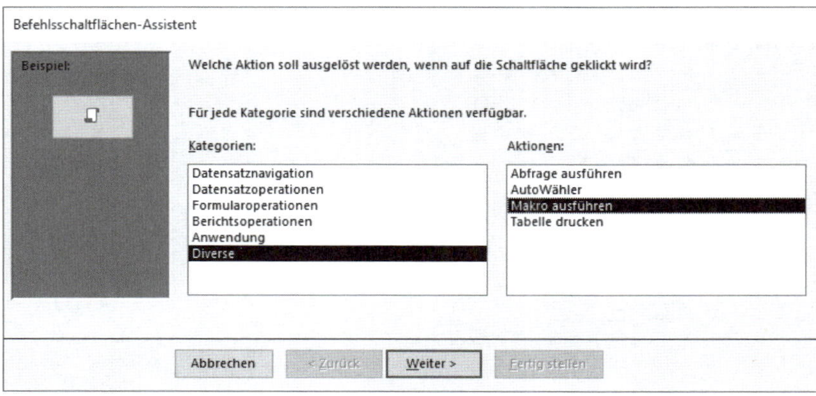

1. Wählen Sie in *Kategorien* die Kategorie *Diverse* aus.
2. Anschließend wählen Sie unter *Aktionen* die Aktion *Makro ausführen* aus.
3. Klicken Sie auf *Weiter*.

2. Schritt: Auswahl, welches Makro die Schaltfläche ausführen soll

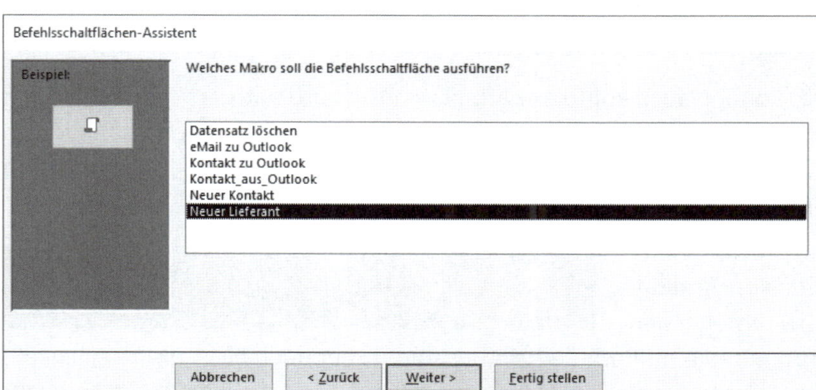

1. Wählen Sie *Neuer Lieferant*.

3. Schritt: Auswahl, ob Text oder Bild auf der Schaltfläche erscheinen soll

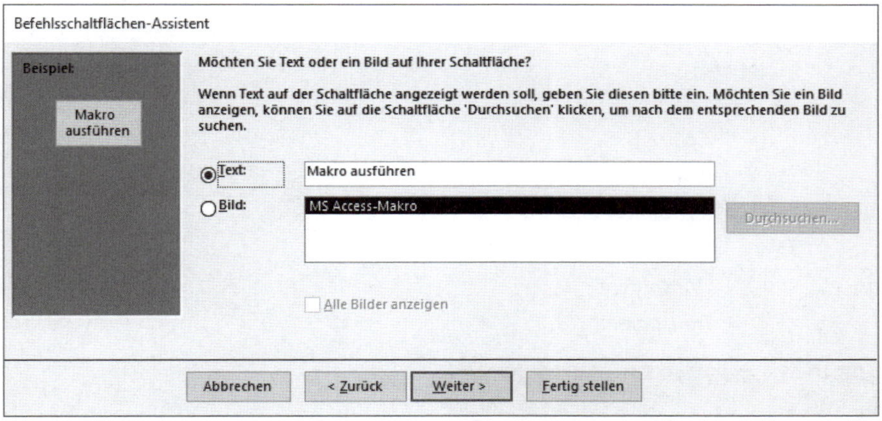

1. Wählen Sie die Option *Text*.
2. Klicken Sie auf *Fertig stellen*, um die Schaltfläche zu erzeugen.
3. Ändern Sie nun die Schaltfläche wie folgt:

Breite	1,011 cm
Höhe	0,815 cm
Oben	0,212 cm
Links	0,688 cm
Hintergrundart	Transparent
Rahmenart	Transparent

Symbol:

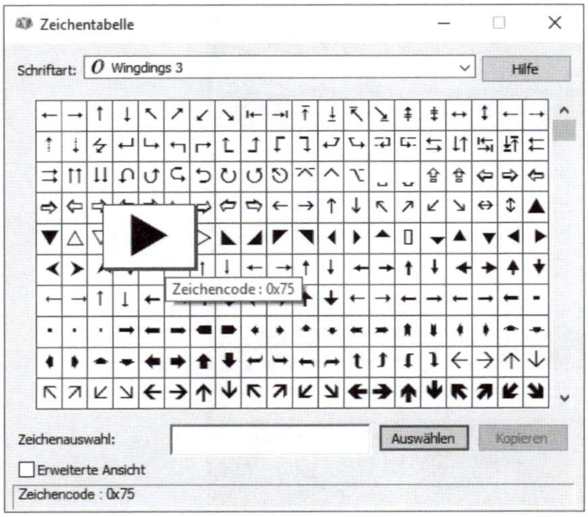

Schriftart	*Wingdings 3*
Schriftgrad	*20*
Schriftfarbe	*Weiß*

Textfeld:

Breite	*4,600 cm*
Höhe	*0,688 cm*
Oben	*0,291 cm*
Links	*1,693 cm*
Hintergrundart	*Transparent*
Rahmenart	*Transparent*

Textinhalt	*Neuer Lieferant*
Schriftart	*Wingdings 3*
Schriftgrad	*20*
Schriftfarbe	*Weiß*

Aufgabe

Erzeugen Sie eine weitere Schaltfläche, mit der ein Bericht mit einer Auflistung aller Lieferanten aufgerufen wird. Der zugrunde liegende Bericht lautet *Lieferanten*.

Steuerelement: Unterformular

Im Register *Mitarbeiter* werden alle Mitarbeiter aufgelistet, die für den Lieferanten arbeiten. Dies geschieht durch das Verwenden eines Endlosformulars im Formular *Lieferanten_Details*. Die Daten stammen aus der Tabelle *Lieferanten_Mitarbeiter*. Beim Erzeugen eines neuen Mitarbeiters wird die *ID* des Lieferanten im Feld *ID_Lieferant* gespeichert, sodass nur die Mitarbeiter mit der eindeutigen Lieferanten-ID herausgefiltert werden können.

1. Öffnen Sie das Formular *Lieferant_Detail_Ü10*, wechseln Sie in die *Entwurfsansicht* und gehen Sie in das Register *Mitarbeiter.*
2. Wählen Sie im Register *Formularentwurfstools/Entwurf* -> Gruppe *Steuerelemente* das Steuerelement *Unterformular/Bericht* aus. Achten Sie darauf, dass die Funktion *Steuerelement-Assistenten verwenden* aktiviert ist. 
3. Klicken Sie in das Register *Mitarbeiter* und ziehen Sie das Unterformularsteuerelement mit gedrückter linker Maustaste auf.

1. Schritt

Es öffnet sich nun der *Unterformular-Assistent*. Sie können ein fertiges Formular als Unterformular verwenden oder eine Tabelle bzw. Abfrage nutzen, um ein Unterformular zu erzeugen.

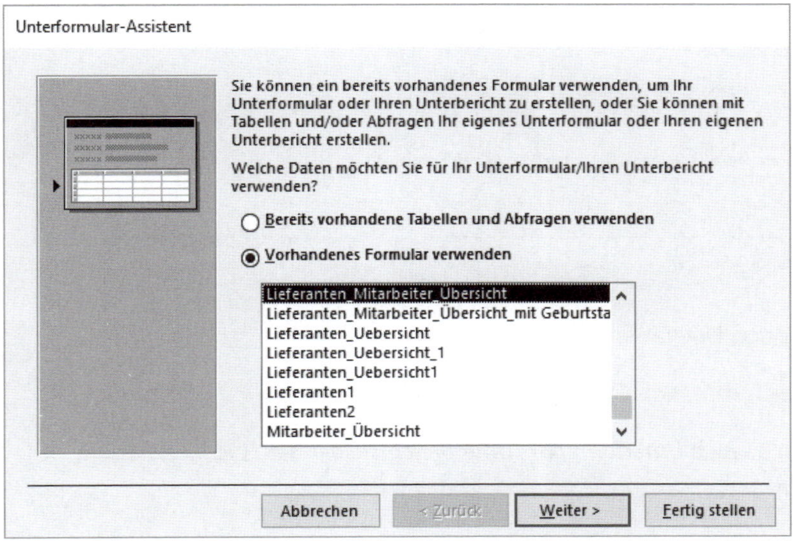

1. Wählen Sie die Option *Vorhandenes Formular verwenden.*
2. Markieren Sie das Formular *Lieferanten_Mitarbeiter_Übersicht.*

2. Schritt

Woher weiß Access, welche Datensätze im Unterformular angezeigt werden müssen? Es muss eine Verknüpfung zwischen dem Hauptformular und dem Unterformular erzeugt werden. Beim Erstellen eines neuen Datensatzes im Unterformular wird der Wert des verknüpften Feldes des Formulars automatisch in das verknüpfte Feld des Unterformulars geschrieben.

Betrachten wir die Situation wie oben schon beschrieben in unserem Fall. Jeder Lieferant hat eine eindeutige *ID*-Nummer. Diese ID wird nun im Unterformular beim Erzeugen eines neuen Mitarbeiters in das eigens dafür angelegte Feld *ID_Lieferant* im Unterformular eingefügt. Somit können alle Mitarbeiter eines Lieferanten aufgrund dieses Feldes einem Lieferanten zugeordnet werden.

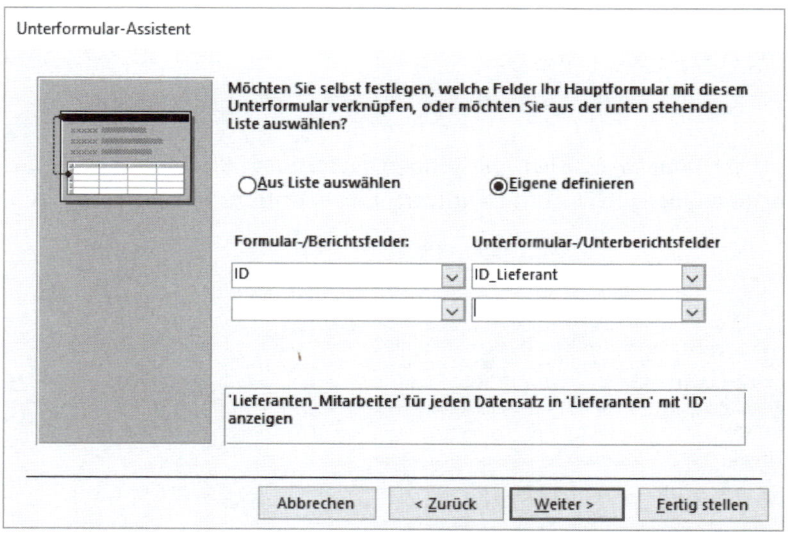

1. Wählen Sie die Option *Eigene definieren.*
2. Legen Sie im Bereich *Formular-/Berichtsfelder* das Feld *ID* fest.
3. Bestimmen Sie im Bereich *Unterformular-/Unterberichtsfelder* das Feld *ID-Lieferant.*

3. Schritt

Abschließend kann ein Name für das Unterformular eingegeben werden.

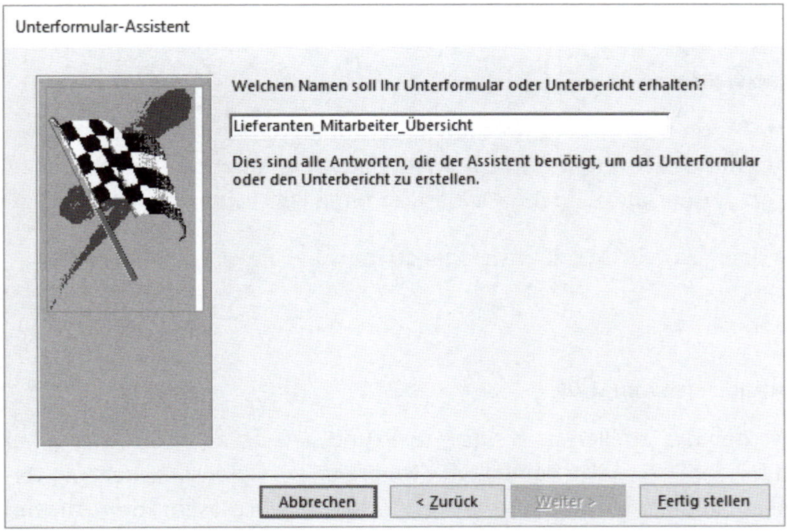

1. Klicken Sie auf *Fertig stellen*. Das Unterformular wurde somit erstellt.
2. Nachdem das Unterformular erzeugt wurde, muss die Position und die Größe des Unterformulars eingestellt werden: Breite: *21 cm*, Höhe: *7,3 cm*, Oben: *1,6 cm*, Links: *0,8 cm*.

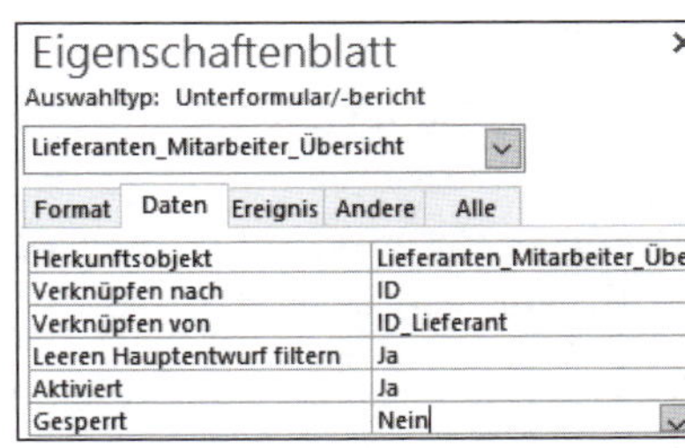

Hinweis

Im *Eigenschaftenblatt* im Register *Daten* werden in den Feldern *Verknüpfen nach* und *Verknüpfen von* die Verknüpfungen geregelt. Dabei gibt *Verknüpfen nach* das Feld im *Formular* und *Verknüpfen von* das Feld im *Unterformular* an.

Es empfiehlt sich, ein Unterformular mithilfe eines Assistenten zu erzeugen, sodass die Verknüpfungen automatisch festgelegt werden.

Es können auch jeweils mehrere, aber immer gleich viele Bedingungen für die Verknüpfung eingegeben werden. Komplexere Verknüpfungen werden später im Buch behandelt.

3. Speichern Sie das Formular *Lieferant_Detail_Ü10* ab.

Hinweis für den Entwickler

Das Feld *ID_Lieferant* kann beschrieben werden. Löscht man den Inhalt bzw. verändert man den Inhalt, wird dieser Datensatz nicht mehr dem Lieferanten zugeordnet, im schlimmsten Fall wird dieser Datensatz sogar einem anderen Lieferanten zugeordnet.

Daher empfiehlt es sich, das Feld immer unsichtbar zu machen, um es vor Eingaben zu schützen.

4. Öffnen Sie das Formular *Lieferant_Ü09*.

Als Datengrundlage werden die Tabellen *Lieferanten_temp* und *Lieferanten_Mitarbeiter_temp* genutzt, die nur einen Teil der Datensätze beinhalten. Sie können die Datensätze beliebig verändern, da diese Tabellen nur für diese Aufgabe verwendet werden. In diesem Formular wird im Unterformular das Feld *ID_Lieferant* angezeigt.

5. Geben Sie neue Mitarbeiter im Unterformular ein und beobachten Sie das Feld *ID_Lieferant*.
6. Ändern Sie die Werte im Feld *ID_Lieferant*. Geben Sie dabei eine der IDs an (14 – 19). Klicken Sie gegebenenfalls auf das Register *Start* -> Gruppe *Datensätze* -> *Alle aktualisieren*, um die Datensätze zu aktualisieren. Finden Sie heraus, für welchen Lieferanten der Mitarbeiter nun arbeitet.

Bisher wurden nur die Steuerelemente näher betrachtet, die für die Erzeugung des Formulars nötig waren. Betrachten wir nun weitere wichtige Steuerelemente. Sie werden ohne Beispiele erläutert, jedoch dürfen Sie in der abschließenden Aufgabe mit einigen dieser Steuerelemente arbeiten.

Steuerelement: Textfeld

Ein ungebundenes Textfeld ist nicht mit einem Feld in einer Tabelle oder Abfrage gebunden. Genutzt werden kann es als Ergebnisfeld einer Berechnung oder als Suchfeld. Jedoch kann man ein ungebundenes Textfeld auch mit einem Feld einer Tabelle verknüpfen.

1. Öffnen Sie das Formular *Steuerelement_ Ü01* und wechseln Sie in die *Layoutansicht*.
2. In der Tabelle befinden sich die Nettobeträge. Im Formular sollen rechts davon die Bruttowerte angegeben werden. Wählen Sie im Register *Formularentwurfstools/Entwurf* -> Gruppe *Steuerelemente* das Steuerelement *Textfeld* aus. ab|

3. Ziehen Sie das Textfeld mit gedrückter linker Maustaste in den Detailbereich des Formulars. Verschieben Sie anschließend das Feld in das vorhandene Layout. Ein gelber Markierer zeigt Ihnen die Position an, an der das Textfeld gesetzt wird. Wählen Sie die Position so, dass das Feld genau rechts vom Feld *Netto* platziert wird.

4. Geben Sie im *Eigenschaftenblatt* im Register *Daten* im Eigenschaftsfeld *Steuerelementinhalt* Folgendes ein: *=[Netto]*1,19.*

In der Formel wird der Wert aus dem Feld *Netto* ausgelesen und mit 1,19 multipliziert. Der Feldname wird dabei in eckigen Klammern angegeben.

Man kann auch komplexe Berechnungen durchführen. Weitere Beispiele werden in einem nachfolgenden Kapitel betrachtet werden.

5. Speichern Sie das Formular *Steuerelement_Ü01* ab.

Von ungebundenen zum gebundenen Textfeld

1. Öffnen Sie das Formular *Steuerelement_Ü02.* Die bekannte Oberfläche wurde wie in der Aufgabe darüber mit Textfeldern erzeugt. Jedoch fehlt zum einen die Verknüpfung zu der Datentabelle und zum anderen die Verknüpfung der Textfelder zu den einzelnen Datenfeldern der Tabelle.

2. Wechseln Sie in die Entwurfsansicht.

Im ersten Schritt muss die Datensatzquelle ausgewählt werden.

3. Wählen Sie im Eigenschaftenblatt den Auswahltyp *Formular* aus.

4. Wählen Sie bei *Datensatzquelle* die Tabelle *Lieferanten* aus.

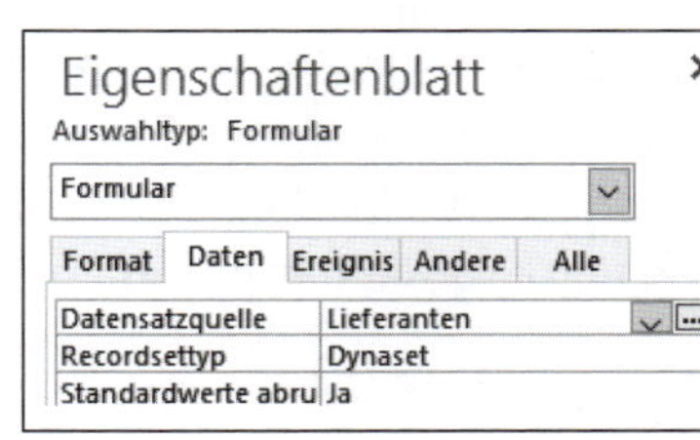

Nun müssen die einzelnen Textfelder mit den Datenfeldern der Tabelle verknüpft werden.

5. Klicken Sie auf das ungebundene Feld hinter der Bezeichnung *Firma.* Im Eigenschaftenblatt wird als Ausgabetyp Textfeld *Text01* angegeben.

6. Wählen Sie bei *Steuerelementinhalt* das gewünschte Datenfeld aus, in diesem Fall: *Firma.*

7. Führen Sie diesen Schritt für alle Textfelder durch.

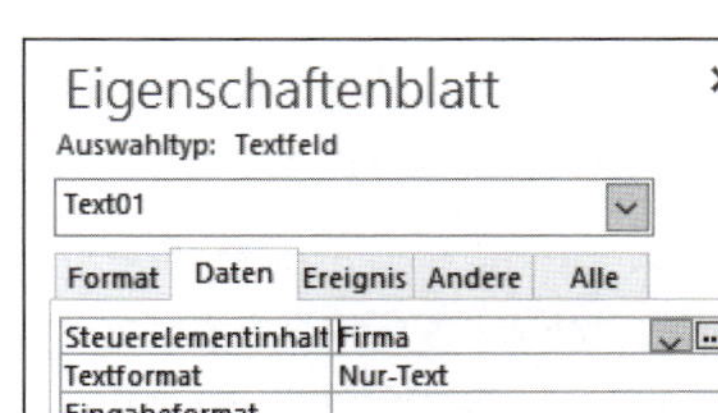

Steuerelement: Kombinationsfeld

Ein Kombinationsfeld besteht aus einem Textfeld und einer Auswahlliste, die durch Klicken auf den Drop-down-Pfeil eingeblendet wird. Der Anwender hat die Möglichkeit, ein Element aus der Auswahlliste auszuwählen oder selbst einen Wert in das Textfeld einzugeben.

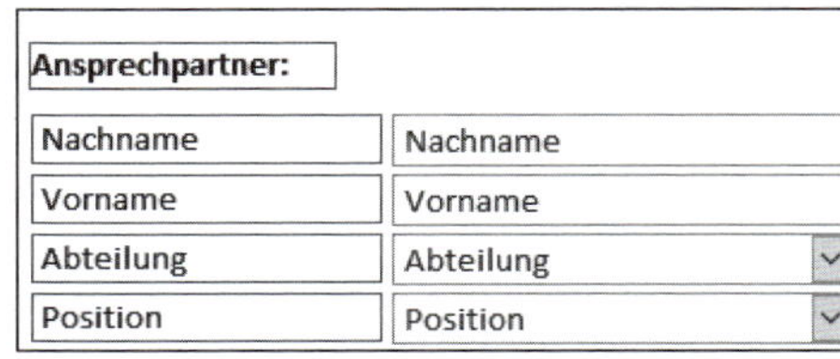

1. Öffnen Sie das Formular *Steuerelement_Ü03* und wechseln Sie in die *Layoutansicht*.
2. Fügen Sie mithilfe der Feldliste die vorhandenen Felder *Abteilung* und *Position* in das Layout ein, in dem schon die Felder *Nachname* und *Vorname* angegeben sind. Sie können erkennen, dass diese Felder schon Auswahlfelder sind. Falls Sie sich noch daran erinnern: In der Tabelle *Lieferanten_Mitarbeiter* haben Sie die Listen mithilfe des Nachschlage-Assistenten erzeugt. In diesem Abschnitt ist die Tabelle *Lieferanten_Mitarbeiter_temp2* die Datengrundlage, sodass Sie die verschiedenen Methoden ausprobieren können.

Für die Abteilungen haben Sie folgende Auswahlmöglichkeiten: EDV, Einkauf, Marketing, Verkauf und Verwaltung. Doch was passiert, wenn eine neue Abteilung hinzukommt? Die neue Abteilung soll *Forschung* lauten.

Es gibt drei Möglichkeiten, um den Listenpunkt hinzuzufügen:

1. Möglichkeit: Globale Vorgehensweise

Die Auswahlkriterien befinden sich in der Tabelle *Lieferanten_Mitarbeiter_temp2*. Schließen Sie alle Formulare und öffnen Sie die Tabelle *Lieferanten_Mitarbeiter_temp2* im *Entwurfsmodus*. Gehen Sie in die *Feldeigenschaften* des Feldes *Abteilung* und wechseln Sie in das Register *Nachschlagen*. Im Feld *Datensatzherkunft* können Sie nun die Abteilung *»Forschung«* eingeben. Achten Sie darauf, dass die Listenpunkte mit *;* getrennt werden. Diese Änderung gilt nun für die gesamte Datenbank.

2. Möglichkeit: Lokale Vorgehensweise in der Entwurfsansicht des Formulars *Steuerelement_Ü03*

1. Klicken Sie auf das Feld *Abteilung*.

Im Eigenschaftenblatt gehen Sie folgendermaßen vor:

2. In der Datenherkunft werden alle Abteilungen aufgelistet. Fügen Sie nun die Abteilung *"Forschung"* hinzu.
3. Wenn die Eigenschaft *Wertliste erben* auf *Ja* eingestellt ist, werden sowohl Änderungen an der Wertliste des Nachschlagefelds im Formular an die zugrunde liegende Tabelle weitergegeben als auch umgekehrt.

Wenn die Eigenschaft den Wert *Nein* aufweist, dann erfährt die Tabelle nichts von neuen Listenwerten im Formular und umgekehrt.

3. Möglichkeit: Eigenständiges Hinzufügen durch den Nutzer in der Formularansicht

Sie können entscheiden, ob der Nutzer selbst Werte in das Feld einfügen darf bzw. die Wertetabelle ergänzen und verändern darf.

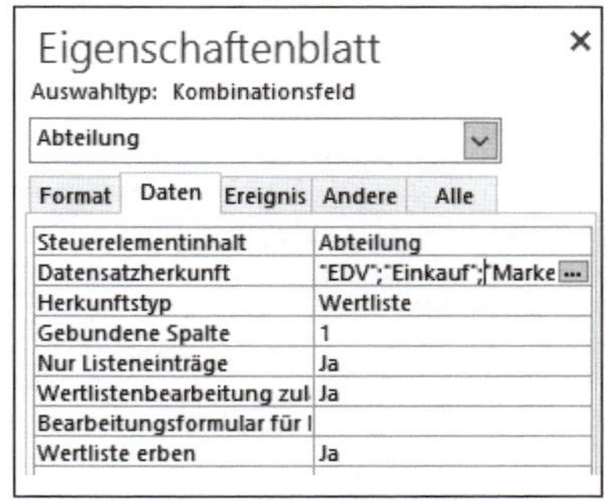

Es ist empfehlenswert, die Option des Parameters *Nur Listeneinträge* auf *Ja* zu stellen. Somit wird nach dem Eintragen eines Wertes und Verlassen des Feldes überprüft, ob dieser Wert in der Liste vorhanden ist. Somit können Rechtschreibfehler erkannt werden.

Der Nutzer kann selbst die Abteilung *Forschung* hinzufügen, falls die Option von *Wertlistenbearbeitung zulassen* auf *Ja* eingestellt ist.

In der Formularansicht erscheint am Ende des Auswahlbereichs ein kleines Symbol. Durch Klicken gelangen Sie in das Dialogfenster *Listenelemente bearbeiten*.

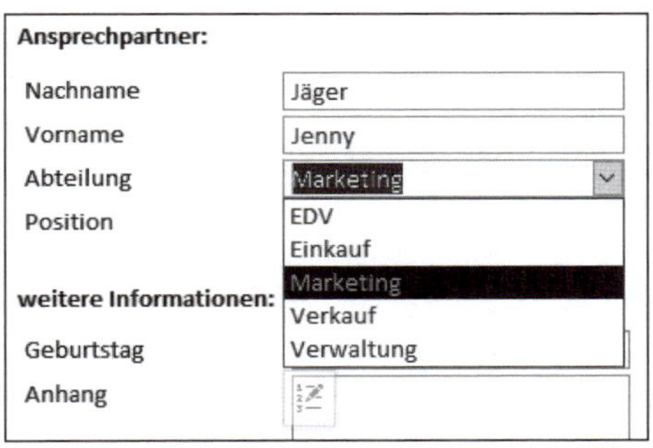

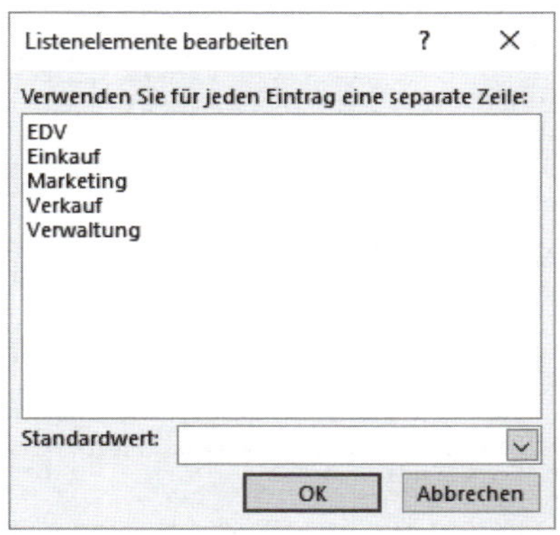

Die Abteilung *Forschung* kann eingetragen werden.

Betrachten wir nun das Geschlecht, das männlich oder weiblich sein kann. Diese Auswahl wurde in der Tabelle nicht definiert. Daher würde beim Einfügen des Feldes in das Formular nur ein einfaches Textfeld erscheinen, jedoch kein Auswahlfeld, was erwünscht ist. Somit muss ein ungebundenes Kombinationsfeld eingefügt werden und anschließend mit dem Feld *Geschlecht* verknüpft werden.

1. Wählen Sie im Register *Formularentwurfstools/Entwurf* -> Gruppe *Steuerelemente* das Steuerelement *Kombinationsfeld* aus. 
2. Ziehen Sie das Steuerelement mit gedrückter linker Maustaste in den Detailbereich des Formulars auf.

1. Schritt

Es öffnet sich nun der *Kombinationsfeld-Assistent*. Sie können angeben, mit welchen Werten das Kombinationsfeld gefüllt wird. Wählen Sie die Option *Ich möchte selbst Werte in die Liste eingeben*.

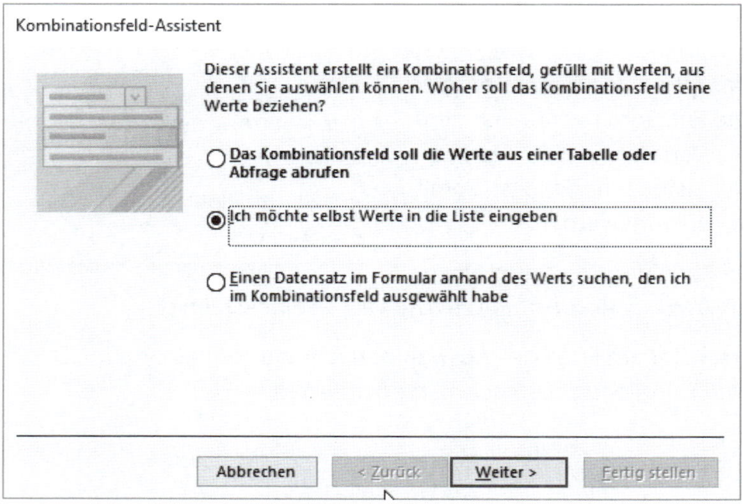

2. Schritt

Hier können alle Werte eingegeben werden, die im Kombinationsfeld angezeigt werden sollen. Geben Sie in die Spalten *m* und *w* ein.

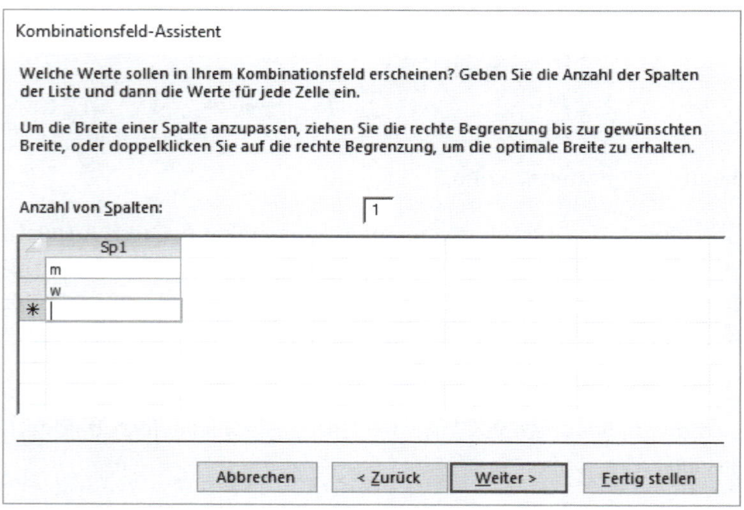

3. Schritt

Hier können Sie angeben, in welchem Feld der Wert, der ausgewählt wurde, abgespeichert werden soll. Wählen Sie unter der Option *Wert speichern in Feld* das Feld *Geschlecht.*

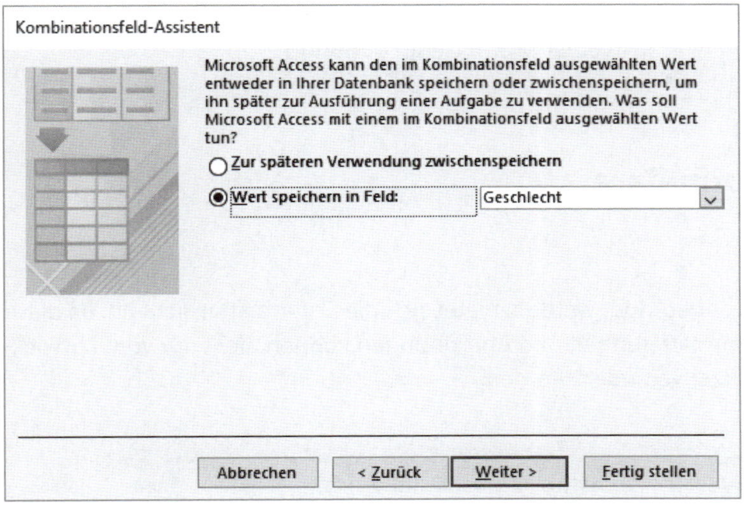

4. Schritt

Im letzten Schritt kann die Beschriftung festgelegt werden.

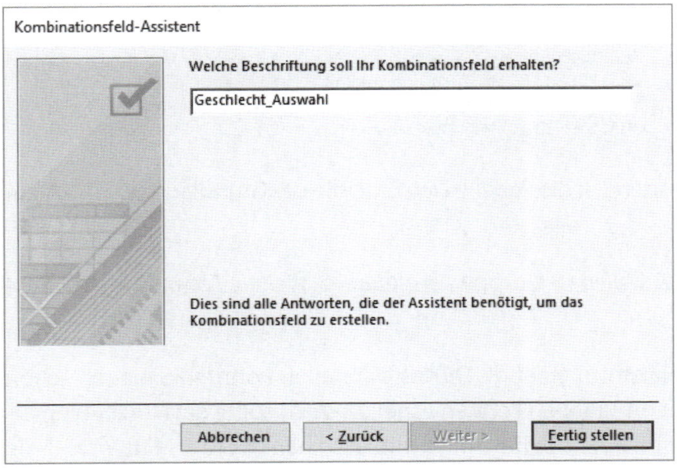

1. Geben Sie in das Feld *Geschlecht_Auswahl* ein.
2. Schließen Sie das Formular *Steuerelement_Ü03*.

Hinweis

Sie konnten einige Steuerelemente kennenlernen. Es sind – unserer Meinung nach – die wichtigsten Steuerelemente, die Sie auch sehr häufig benötigen. Es würde das Buch sprengen, wenn alle Steuerelemente genau beschrieben werden würden. Bisher habe ich zum Beispiel in keinem Projekt einen Webbrowser benötigt.

3.6 Weitere Formulare

3.6.1 Datenblatt

Sollen Daten tabellarisch angeordnet werden, bietet sich die Datenblattansicht an, da diese Ansicht sehr flexibel ist. Formatierungen und Anordnungen können nicht nur vom Entwickler, sondern auch vom Nutzer verändert werden.

Lieferanten

ID	Firma	EMailAdresse	Telefonge:	Mobiltelef	Straßegeschäftlich	Ortgeschä	Postleitzal	LandR
14	ModeWelt	ModeWelt@eMail.de	09131 55195	0151 1101626	Baumeisterstr. 69	Erlangen	91056	Deuts
15	mod_Art	mod_Art@eMail.de	09145 53117	0162 933785	Wilhelmshöher Str. 96	Solnhofen	91807	Deuts
16	WorldKlam	WorldKlam@eMail.de	0911 20154	0162 207044	Richnowstr. 2	Fürth	90763	Deuts
17	JackenMax	JackenMax@eMail.de	0911 35860	0163 311238	Werderstr. 87	Fürth	90762	Deuts
18	Flocke	Flocke@eMail.de	0911 27259	0151 860742	Wankstr. 43	Fürth	90765	Deuts
19	NewKlam	NewKlam@eMail.de	09131 2297	0162 122385	Erfurter Str. 12	Erlangen	91058	Deuts
20	Gürtel.Maier	Gürtel.Maier@eMail.de	0911 45374	0177 200182	Bayreuther Str. 67	Fürth	90763	Deuts
21	MODART	MODART@eMail.de	09190 33610	0163 635153	Daimlerstr. 4	Heroldsbach	91336	Deuts
22	ModeMaxx	ModeMaxx@eMail.de	09149 90215	0162 454806	Hochkirchstr. 97	Weißenburg	91781	Deuts
23	modeD	modeD@eMail.de	09131 12485	0163 427814	Ringelnatzstr. 44	Erlangen	91054	Deuts
24	SportWear	SportWear@eMail.de	09131 25129	0177 548276	Königsteinstr. 32	Erlangen	91052	Deuts
25	LDDS	LDDS@eMail.de	09172 89511	0177 196930	Teilestr. 19	Georgensgmü	91166	Deuts
26	Hosen Max	Hosen Max@eMail.de	09131 10657	0178 944120	Tankredstr. 74	Erlangen	91058	Deuts

1. Markieren Sie im Navigationsbereich die Tabelle *Lieferant*, die die Grundlage des zu erzeugenden Formulars ist.

2. Klicken Sie auf das Register *Erstellen* -> Gruppe *Formulare* -> *Weitere Formulare* -> *Datenblatt*.

Es wird ein Formular in Datenblattform erzeugt. Dieses Darstellen konnten Sie auch schon beim Erzeugen und Bearbeiten von Tabellen kennenlernen. Jedoch sollte ein Nutzer niemals in Tabellen, sondern **nur** in Formularen arbeiten. In Formularen haben Sie als Entwickler die Möglichkeit, gewisse Einschränkungen einzubauen. So kann zum Beispiel das Löschen oder Hinzufügen von Daten untersagt werden. Einen noch größeren Schaden kann der Nutzer in einer Tabelle anrichten, wenn er versucht, die Datentypen der einzelnen Felder zu ändern. Dies kann zu irreparablen Schäden führen und das Reparieren kann viel Zeit in Anspruch nehmen – wertvolle Zeit geht verloren.

3.6.2 Geteilte Ansicht

Im geteilten Formular können die Daten gleichzeitig in zwei Ansichten angezeigt werden: in der Formularansicht und in der Datenblattansicht.

Neues Formular: Man kann sehr einfach ein neues Formular erzeugen, in dem automatisch die beiden Ansichten integriert sind.

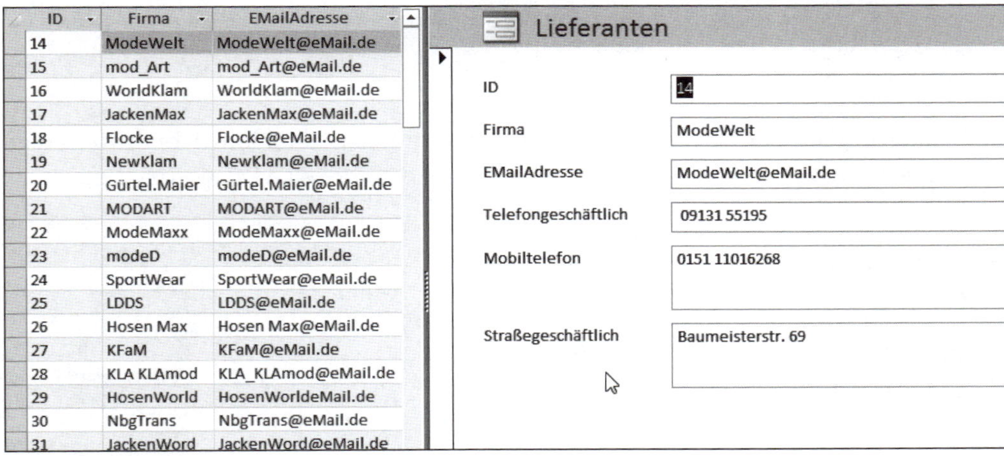

1. Markieren Sie die Tabelle *Lieferanten* im Navigationsbereich und klicken Sie auf das Register *Erstellen* -> Gruppe *Formulare* -> *Weitere Formulare* -> *Geteiltes Formular*.

Das Formular wird erstellt und in der Layoutansicht angezeigt. Nun können Sie das Layout in den beiden Bereichen verändern.

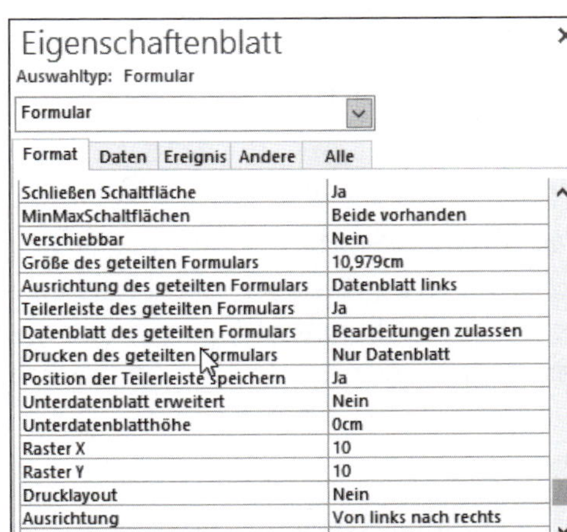

Jetzt soll die Anordnung so geändert werden, dass das Datenblatt links vom Formular angezeigt wird.

2. Gehen Sie in die *Entwurfsansicht*. Wählen Sie in der Auswahlliste oben im *Eigenschaftenblatt* die Option *Formular* aus.

3. Ändern Sie im Register *Format* den Parameter *Ausrichtung des geteilten Formulars* in *Datenblatt links*.

4. Ändern Sie im Register *Format* den Parameter *Größe des geteilten Formulars* auf *15 cm*. Mit diesem Parameter können Sie die Breite des Formulars festlegen.

> **Hinweis**
>
> Durch den Parameter *Teilerleiste des geteilten Formulars* können Sie definieren, ob Sie die Größe des Datenblattes und des Formulars durch Verschieben der Teilerleiste verändern können.
>
> *Ja:* Teilerleiste wird angezeigt.
>
> *Nein:* Teilerleiste wird nicht angezeigt.

Die Position der Teilerleiste wird beim Verlassen des Formulars automatisch ohne Nachfrage gespeichert und beim erneuten Aufrufen des Formulars an dieselbe Position gesetzt.

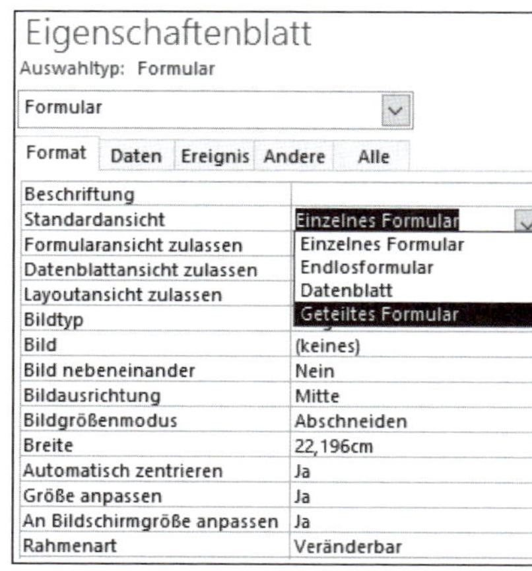

Bestehendes Formular: Natürlich kann auch nachträglich eine geteilte Ansicht in ein fertiges Formular eingefügt werden.

1. Öffnen Sie das gewünschte Formular, z. B. das Formular *Lieferant_Detail_Ü11* in der Entwurfsansicht.
2. Gehen Sie in das *Eigenschaftenblatt* und wählen Sie in der Auswahlliste den Eintrag *Formular*.
3. Wählen Sie in der Eigenschaft *Standardansicht* die Option *Geteiltes Formular*.

Nun können Sie die weiteren Parameter so einstellen, wie es oben beschrieben wurde.

4. Speichern Sie das Formular *Lieferant_Detail_Ü11* ab.

3.6.3 Formular-Assistent

Der Formular-Assistent unterstützt Sie beim Anlegen eines Formulars und führt Sie schrittweise durch den Erstellungsprozess. Sie haben die Möglichkeit – im Gegensatz zu bisher –, schon im Vorfeld zu entscheiden, welche Felder in dem Formular aufgenommen werden sollen. Der Formular-Assistent kann als Zwischenstufe zwischen der Funktion *Formular* und *Formularentwurf* betrachtet werden.

1. Markieren Sie die Tabelle *Lieferanten* im Navigationsbereich und klicken Sie auf das Register *Erstellen* -> Gruppe *Formulare* -> *Formular-Assistent*.

Es öffnet sich nun der *Formular-Assistent*. Sie können die Tabelle oder Abfrage als Datengrundlage und die gewünschten Felder auswählen.

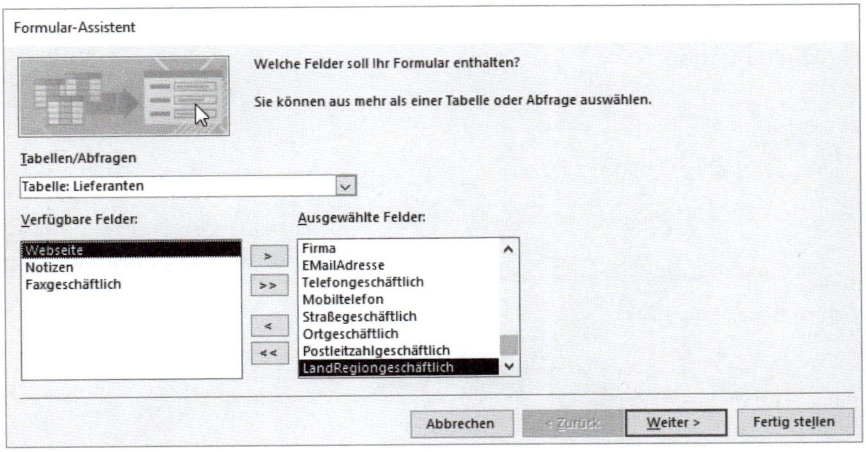

Der Assistent versucht, zu helfen ...

1. Wählen Sie die gewünschte Tabelle bzw. Abfrage aus. In diesem Fall muss die Tabelle *Lieferanten* ausgewählt werden. Da schon im Vorfeld diese Tabelle im Navigationsbereich markiert wurde, steht sie schon in dem Feld.
2. Legen Sie fest, welche Felder in den Bericht übernommen werden sollen. Die Felder erscheinen im Bericht in der Reihenfolge, wie sie auch in der Liste *Ausgewählte Felder* zu sehen sind. Wählen Sie die Felder außer *Webseite, Notizen, Faxgeschäftlich* aus.
3. Klicken Sie auf *Weiter*.

1. Schritt: Layout

Der Assistent fragt Sie, welches Layout der Bericht haben soll.

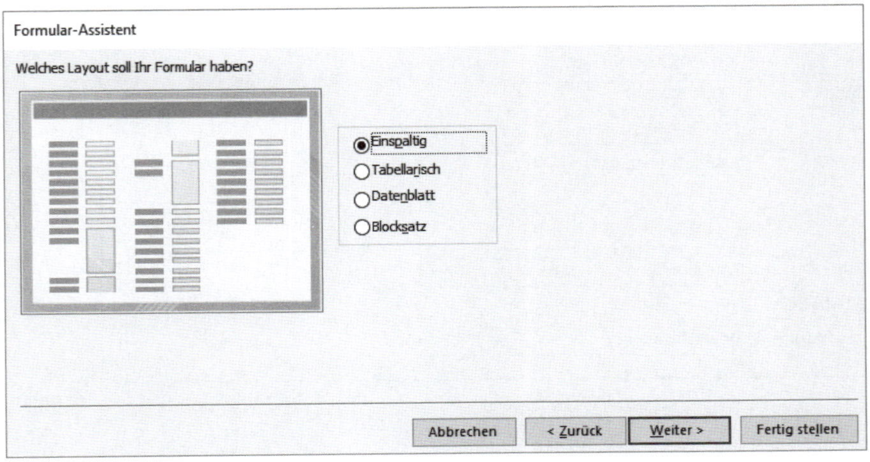

1. Wählen Sie das Layout *Einspaltig*. Die Layouts *Tabellarisch* und *Datenblatt* verwendet man allgemein für Übersichtsseiten und Listen. Die Layouts *Einspaltig* und *Blocksatz* benutzt man vorwiegend für Detailseiten.

2. Schritt: Letzte Einstellungen

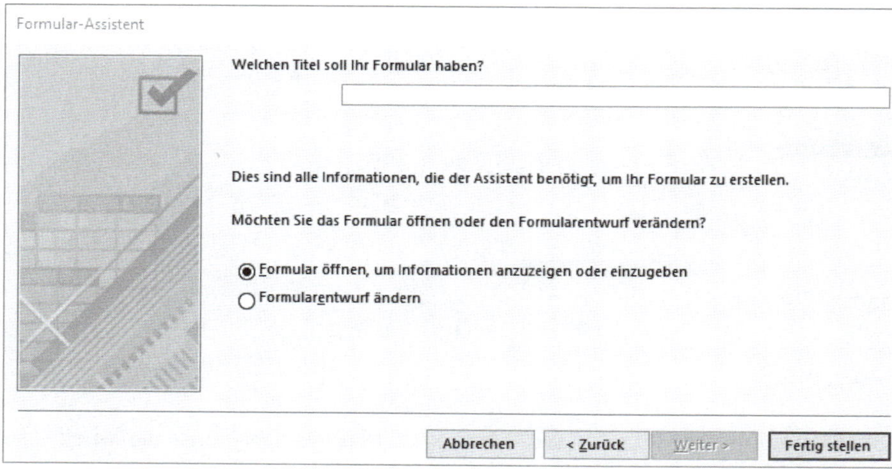

1. Wählen Sie einen eindeutigen Formularnamen aus: *Lieferanten_Ü10*.

2. Klicken Sie auf *Fertig stellen*.

Man erhält das Formular.

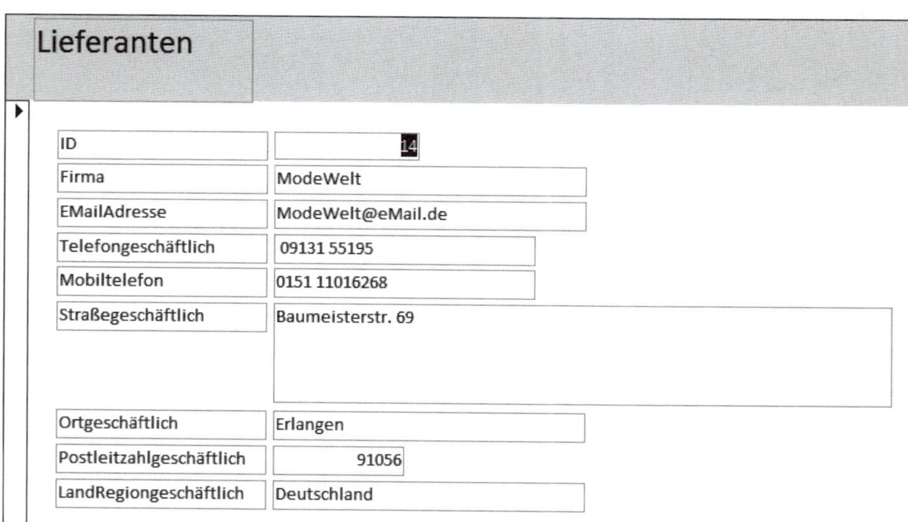

3. Nun können Sie das Layout Ihren Vorstellungen entsprechend anpassen. Gehen Sie dazu in die *Entwurfsansicht*.

Sie erkennen, dass die Felder nicht zu Layouts zusammengefasst sind, sondern einzeln im Formular eingefügt sind (siehe Abschnitt 3.5.3 »Elemente anordnen«).

3.6.4 Aktivierungsreihenfolge

1. Öffnen Sie das Formular *Lieferanten_Mitarbeiter_Details_schlecht_Ü01* im Navigationsbereich.

2. Positionieren Sie den Cursor im Feld *Nachnamen* und springen Sie mithilfe der ⭾-Taste in die weiteren Felder. Möglicherweise erinnern Sie sich an diese Aufgabe. Was können Sie erkennen?

Sie waren damals Anwender und ich habe Ihnen empfohlen, dass Sie den Entwickler der Datenbank ansprechen sollen, damit er die Reihenfolge der angesteuerten Felder bzw. Steuerelemente ändert. Nun sind Sie der Entwickler, sodass Sie diese Aufgabe übernehmen müssen.

3. Öffnen Sie das Formular *Lieferanten_Mitarbeiter_Details_schlecht_Ü01* in der Entwurfsansicht. Da es sich bei diesem Formular um ein Dialogfenster handelt, muss es direkt im Navigationsbereich durch Klicken auf die rechte Maustaste in diesem Modus geöffnet werden.

4. Positionieren Sie den Cursor in einen der Felder und klicken Sie auf das Register *Formularentwurfstools/Entwurf* -> Gruppe *Tools* -> *Aktivierungsreihenfolge*.

Es öffnet sich das Dialogfenster *Reihenfolge*. Darin befindet sich die aktuelle definierte Reihenfolge.

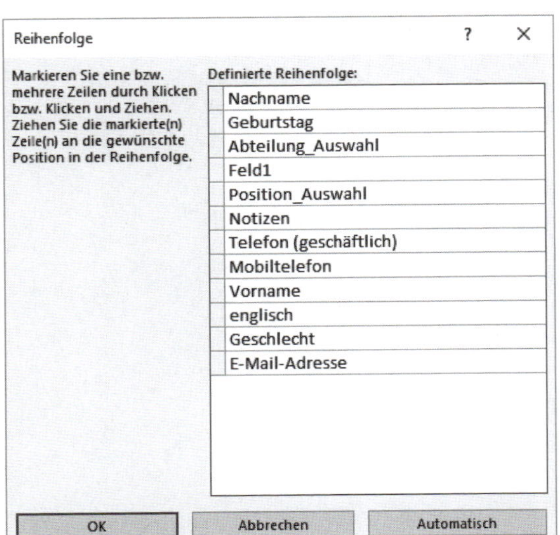

5. Klicken Sie auf den Markierer vor dem gewünschten Feldnamen und verschieben Sie ihn mit gedrückter linker Maustaste nach oben bzw. nach unten.
6. Durch Klicken auf *Automatisch* versucht Access selbstständig, die Felder zu sortieren – von links oben nach rechts unten. Daher ist es empfehlenswert, zuerst die Reihenfolge automatisch sortieren zu lassen und anschließend gegebenenfalls Änderungen durchzuführen.
7. Sortieren Sie die Felder so, wie im Bild rechts zu erkennen ist. Schließen Sie das Dialogfenster durch Klick auf *OK*.

Hinweis

Sie können unabhängig voneinander für den Formularkopf, Detailbereich und Formularfuß jeweils die definierte Reihenfolge ändern.

Problem: Klicken Sie ein Objekt in der Fußzeile an und öffnen Sie das Dialogfenster *Reihenfolge*. In der Fußzeile befinden sich verschiedene Schaltflächen. Beim Erzeugen von Schaltflächen bekommen diese automatisch einen Namen zugeordnet. Man wird zwar gefragt, wie man das Steuerelement benennen möchte, dennoch akzeptiert man meistens diesen Namen. Jedoch bekommt man ein Problem, wenn man die Reihenfolge ändern möchte. Man erhält im Dialogfenster *Reihenfolge* folgende Liste. Doch welcher Name steht für welches Objekt?

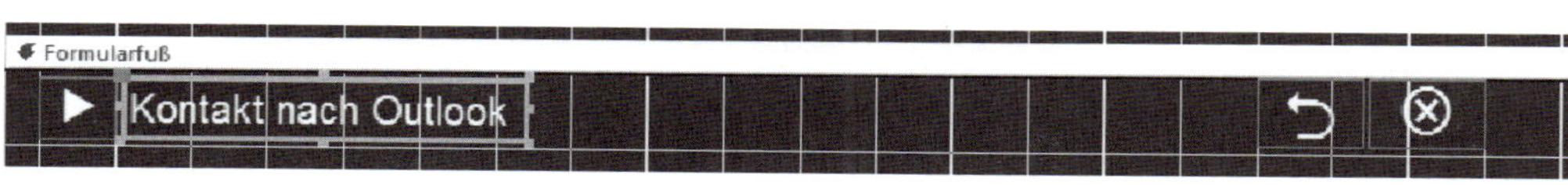

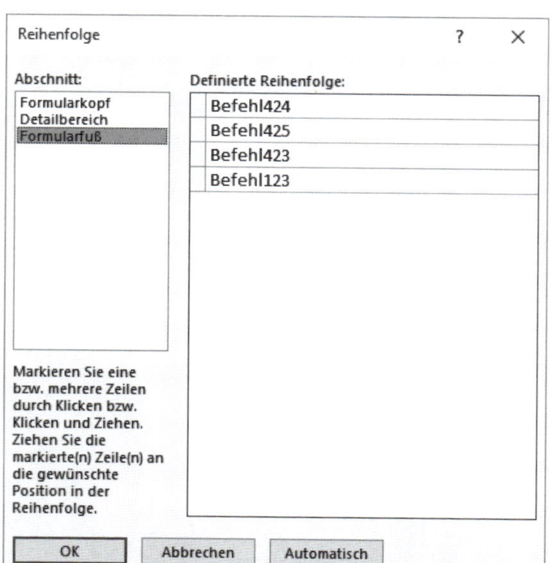

Wie kann man dieses Problem lösen?

1. Möglichkeit: Sie können im ersten Schritt die Feldnamen so ändern, dass die Felder eindeutig definiert sind und anschließend die Reihenfolge mit dem oben beschriebenen Dialogfenster bearbeiten.

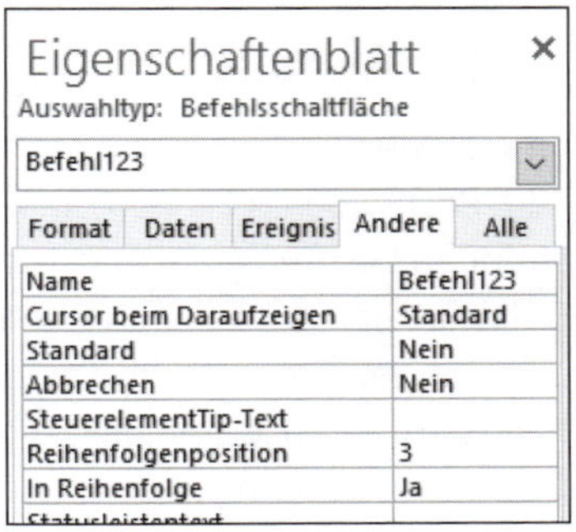

1. Öffnen Sie das Formular *Lieferanten_Mitarbeiter_Details_schlecht_Ü01* im Entwurfsmodus. Klicken Sie auf den kleinen Pfeil vor *Kontakt nach Outlook*. Der Name dieser Schaltfläche ist *Befehl123*.
2. Zum Ändern des Objektnamens gehen Sie im Eigenschaftenblatt in der Registerkarte *Andere* auf das Feld *Name* und geben einen geeigneten Namen ein: *Export_nach_Outlook*.
3. Ändern Sie analog die Namen aller weiteren Schaltflächen.
4. Klicken Sie auf das Register *Formularentwurfstools/Entwurf* -> Gruppe *Tools* -> *Aktivierungsreihenfolge* und ändern Sie die Reihenfolge.

2. Möglichkeit: Sie können direkt die Reihenfolge mithilfe des Eigenschaftenblatts ändern.

1. Öffnen Sie das Formular *Lieferanten Mitarbeiter_Details_schlecht_Ü02* im Entwurfsmodus.
2. Klicken Sie auf den kleinen Pfeil vor *Kontakt nach Outlook*. Der Name dieser Schaltfläche ist *Befehl123*. 

3. Gehen Sie im Eigenschaftenblatt in der Registerkarte *Andere* auf das Feld *Reihenfolgeposition* und geben Sie die Positionsnummer direkt an. Man beginnt mit der Position 0.
4. Ändern Sie die Positionsnummern der Reihe nach für die weiteren Schaltflächen mit Eingabe einer Zahl, die sich jeweils um 1 erhöht.

Möchten Sie nachträglich die Reihenfolgeposition eines Feldes ändern, können Sie den gewünschten Positionswert eintragen. Zugleich werden die Positionswerte der darauf folgenden Felder um 1 erhöht.

Sie möchten, dass ein Feld von der definierten Reihenfolge ausgeschlossen wird?

1. Klicken Sie auf das gewünschte Feld.
2. Gehen Sie im Eigenschaftenblatt in der Registerkarte *Andere* auf das Feld *In Reihenfolge* und wählen Sie *Nein* aus.

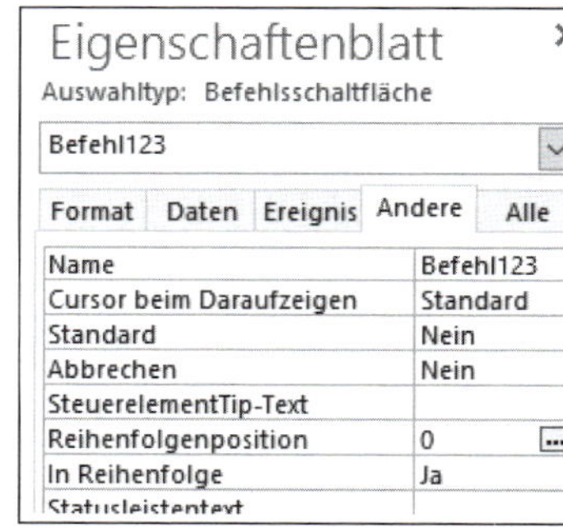

Öffnen Sie das Formular *Lieferanten_Mitarbeiter_Details_Ü01*. Positionieren Sie den Cursor im Feld *Nachnamen* und springen Sie mithilfe der [Tab]-Taste in die weiteren Felder. Befindet sich der Cursor im letzten Feld der vordefinierten Reihenfolge, springt der Cursor in das erste Feld des nächsten Datensatzes oder in das erste Feld eines neuen Datensatzes, wenn Sie sich im letzten Datensatz der Tabelle befunden haben.

Man möchte jedoch häufig dieses Springen in den neuen Datensatz verhindern. Bei der Detailansicht eines Mitarbeiters soll ja nur der eine Mitarbeiter aufgerufen werden.

1. Wählen Sie als *Auswahltyp* die Option *Formular* aus.
2. Gehen Sie im Eigenschaftenblatt in der Registerkarte *Andere* auf das Feld *Zyklus* und ändern Sie die Eingabe auf *Aktuellen Datensatz*.

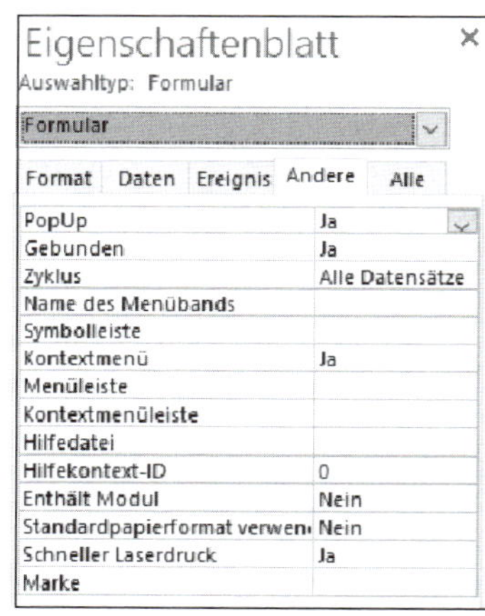

3.7 Abschlussaufgabe

1. Erzeugen Sie das folgende Dialogfenster *Mitarbeiter*. Die zugrunde liegenden Daten befinden sich in der Tabelle *Lieferanten_Mitarbeiter*. Das Formular besteht wieder aus zwei Registerblättern.

2. Das Dialogfenster öffnet sich durch das Klicken des Stiftes in der Auflistung aller Mitarbeiter eines Lieferanten im Dialogfenster *Lieferanten_Details*.

3. Für die Abteilung kann einer der folgenden Werte ausgewählt werden: *EDV, Einkauf, Forschung, Marketing, Verkauf, Verwaltung, Zentrale*.

4. Für die Position kann einer der folgenden Werte ausgewählt werden, es darf aber auch selbst eine Position eingegeben werden: *Abteilungsleiter(in), Mitarbeiter(in)*.

5. Für das Geschlecht kann nur einer der folgenden Werte ausgewählt werden: *m, w*.

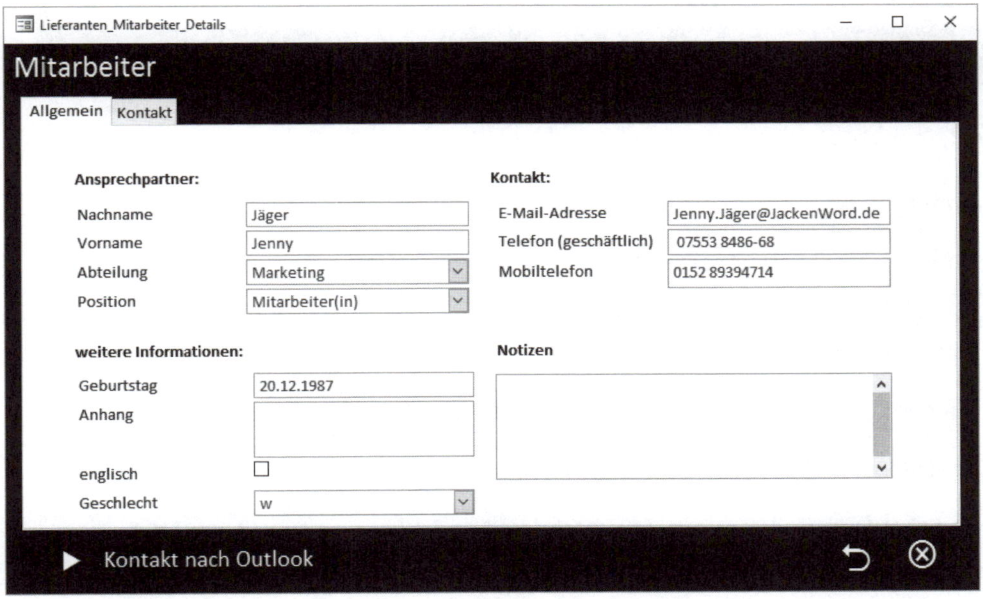

6. Zusätzlich gibt es ein Kontrollkästchen, das anzeigt, ob mit den Mitarbeitern auf Englisch oder Deutsch gesprochen wird.

7. Im Register *Kontakt* befindet sich ein Unterformular, in dem man die Kontakte mit dem jeweiligen Mitarbeiter protokollieren kann. Erzeugen Sie anhand des Bildes die zugrunde liegende Tabelle und das Formular. Zusätzlich soll gelten:

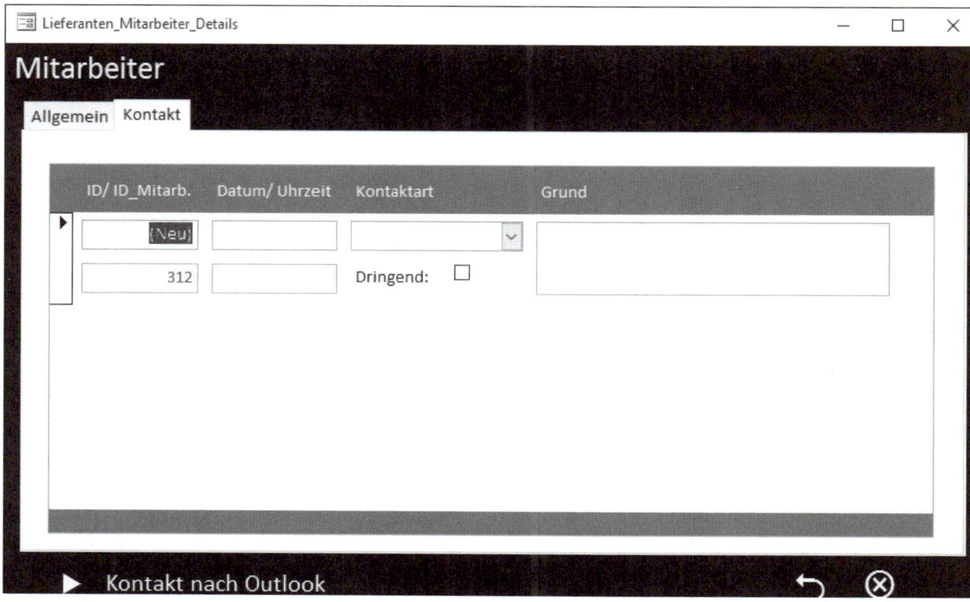

8. Die ID und die Mitarbeiter-ID sollen angezeigt werden, wobei sie gesperrt und nicht aktiv anklickbar sind.

9. Im Feld *Datum* darf nur ein Datum eingegeben werden.

10. Im Feld *Uhrzeit* darf nur eine Uhrzeit eingegeben werden.

11. Im Feld *Kontaktart* können Sie einen Vorgang auswählen, z. B. Telefon oder E-Mail. Die Auswahlliste kann vom Nutzer erweitert werden.

12. Für den Grund dürfen Sie mehr als 256 Zeichen eingeben.

13. Speichern Sie die Tabelle unter dem Namen *Lieferanten_Mitarbeiter_Kontakt* ab.

14. Speichern Sie das Unterformular unter dem Namen *Lieferanten_Mitarbeiter_Kontakt* ab.

15. Bisher können nur die Datensätze von schon eingepflegten Mitarbeitern eines Lieferanten geändert werden. Jedoch besteht bisher noch nicht die Möglichkeit, einen neuen Mitarbeiter einzufügen. Benutzen Sie für diese Aufgabe das Makro *Neuer Kontakt*.

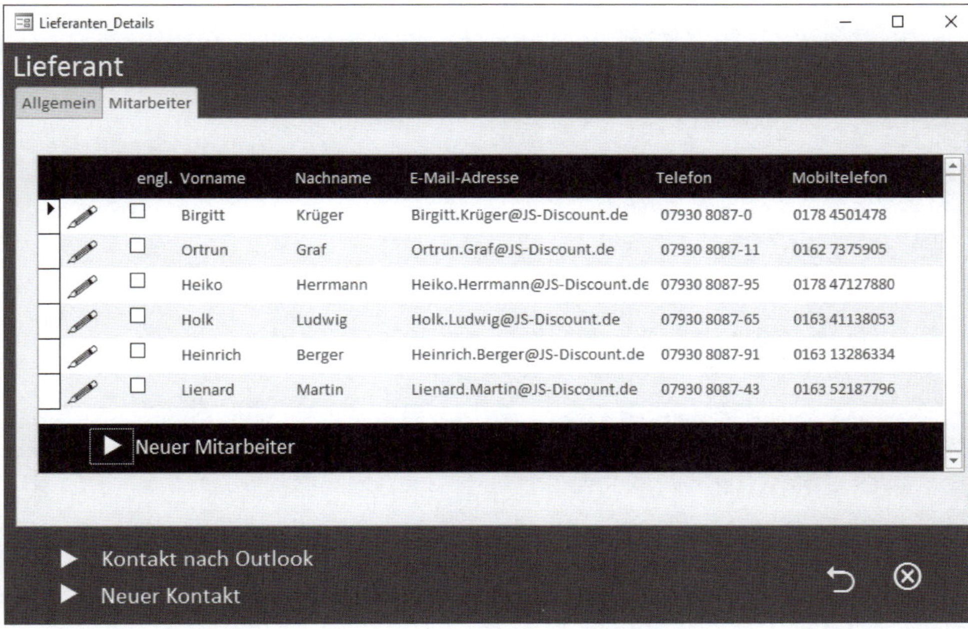

Hinweis

Das Makro *Neuer Mitarbeiter* wird in einer Übungsaufgabe genau beschrieben (siehe Seite 377).

4 Berichte

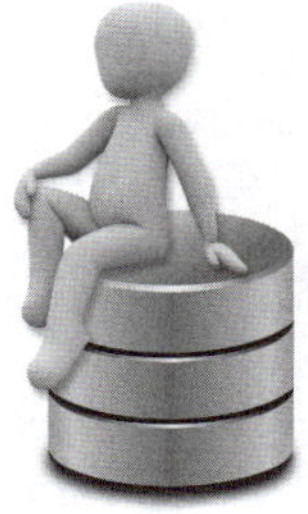

4.1 Allgemein

Bisher haben Sie kennengelernt, wie Sie mit Access Daten pflegen und auswerten können. Es wurden Formulare entwickelt, die zur Eingabe und Auswertung von Daten benötigt werden. Jedoch müssen diese Daten, die bisher nur am Bildschirm zu betrachten sind, auch in andere Formate gebracht werden. Die Daten müssen zum einen nach Word und Excel exportiert werden können, aber auch in Papierform formschön dargestellt werden.

Dazu bietet Access die Möglichkeit an, Berichte zu erzeugen. In diesem Kapitel sollen grundlegende Funktionen bei der Erstellung von Berichten genauer betrachtet werden.

Vom Grundsatz her sind Berichte mit Formularen vergleichbar. In Berichten lassen sich Inhalte jedoch nicht ändern – Berichte präsentieren nur Ergebnisse. Sie können dabei die Daten nach unterschiedlichen – auch komplexen – Kriterien gruppieren und sortieren. Hinzu kommen statistische Funktionen – von Summenberechnung bis hin zur Berechnung von Standardabweichungen und Varianzen.

Mitarbeiter unsortiert

	Nachname	Vorname	EMailAdresse	Mobiltelefon
J	Jäger	Jenny	Jenny.Jäger@JackenWord.de	0152 89394714
S	Stein	Gretl	Gretl.Stein@JaNinaKlamotten.de	0177 17970005
H	Hahn	Monica	Monica.Hahn@AdA.de	0163 16176515
W	Walter	Edgar	Edgar.Walter@Kmode.de	0151 26611553
M	Müller	Stephania	Stephania.Müller@ModeforYoung.de	0162 60586497
S	Sauer	Daniel	Daniel.Sauer@Fashion_Europa.de	0151 2058583
V	Vogel	Erich	Erich.Vogel@WorldKlam.de	0177 3211273
J	Jäger	Nordrun	Nordrun.Jäger@JackenMin.de	0178 5080359

Öffnen Sie für die Bearbeitung der Aufgaben die Datenbank *Lieferantenverwaltung - Berichte.accdb.*

4.2 So erzeugt man einen einfachen Bericht

Access bietet Ihnen für die Erzeugung von Berichten verschiedene Vorgehensweisen an. Die Tools befinden sich im Register *Erstellen* in der Gruppe *Berichte*.

1. Markieren Sie im Navigationsbereich die Tabelle, die als Datengrundlage dienen soll. In dieser Aufgabe wählen Sie die Tabelle *Lieferanten*.

2. Erzeugen Sie einen tabellarischen Bericht durch Klicken auf das Register *Erstellen* -> Gruppe *Berichte* -> *Bericht*. Es wird ein tabellarischer Bericht mit allen Feldern der Tabelle erzeugt. Ebenso wird eine Kopf- und Fußzeile mit aktuellem Datum und Uhrzeit eingerichtet.

> **Hinweis**
>
> Beim Öffnen des Berichts werden Datum und Uhrzeit immer aktualisiert!

ID	Firma	EMailAdresse	Telefongeschäftlich	Mobiltelefon	Stra
14	ModeWelt	ModeWelt@eMail.de	09131 55195	0151 11016268	Bau
15	mod_Art	mod_Art@eMail.de	09145 53117	0162 933785	Wil
16	WorldKlam	WorldKlam@eMail.de	0911 20154	0162 20704449	Rich
17	JackenMax	JackenMax@eMail.de	0911 35860	0163 31123887	Wer
18	Flocke	Flocke@eMail.de	0911 27259	0151 8607426	War
19	NewKlam	NewKlam@eMail.de	09131 2297	0162 12238528	Erfu
20	Gürtel.Maier	Gürtel.Maier@eMail.de	0911 45374	0177 20018203	Bay
21	MODART	MODART@eMail.de	09190 33610	0163 6351535	Dair
22	ModeMaxx	ModeMaxx@eMail.de	09149 90215	0162 45480623	Hoc

Ähnlich wie bei den Formularen befinden Sie sich nun in der Layoutansicht, in der Sie das Aussehen des Berichts ändern können, während die Daten angezeigt werden.

Die gestrichelte Linie zeigt an, welche Informationen von der Breite her auf eine Seite passen.

3. Speichern Sie den Bericht unter dem Namen *Lieferanten_Ü01* ab.

Aufgabe

1. Öffnen Sie den Bericht *Lieferanten_Ü02* oder nutzen Sie den eben erzeugten Bericht *Lieferanten_Ü01*.

2. Ändern Sie den Bericht mit möglichst wenigen Aktionen so, dass man am Ende das folgende Erscheinungsbild erhält:

Lieferanten

Dienstag, 23. Februar 2016
17:42:42

Firma	EMail Adresse	Telefon/ Handy	Adresse
ModeWelt	ModeWelt@eMail.de	09131 55195	Baumeisterstr. 69
		0151 11016268	91056 Erlangen
mod_Art	mod_Art@eMail.de	09145 53117	Wilhelmshöher Str. 96
		0162 933785	91807 Solnhofen
WorldKlam	WorldKlam@eMail.de	0911 20154	Richnowstr. 2
		0162 20704449	90763 Fürth
JackenMax	JackenMax@eMail.de	0911 35860	Werderstr. 87
		0163 31123887	90762 Fürth
Flocke	Flocke@eMail.de	0911 27259	Wankstr. 43
		0151 8607426	90765 Fürth
NewKlam	NewKlam@eMail.de	09131 2297	Erfurter Str. 12
		0162 12238528	91058 Erlangen
Gürtel.Maier	Gürtel.Maier@eMail.de	0911 45374	Bayreuther Str. 67

Ein Bericht kann ähnlich wie ein Formular in der Layoutansicht bearbeitet werden. Falls Sie sich unsicher fühlen, können Sie im Abschnitt 3.3.3 »Layoutansicht« die Vorgehensweise nochmals nachlesen.

Hinweis

Im folgenden Abschnitt wird nochmals auf wichtige Vorgehensweisen eingegangen.

4.3 Änderungen in der Layoutansicht

Öffnen Sie den Bericht *Lieferanten_Ü03*. In dieser Übung werden detailliert die einzelnen Schritte beschrieben.

Löschen von Feldern

Im Bericht werden nur die Felder *Firma*, *EMailAdresse*, *Telefongeschäflich*, *Mobiltelefon*, *Straßegeschäftlich*, *Ortgeschäftlich* und *Postleitzahlgeschäftlich* benötigt. Die weiteren Felder, die bisher angezeigt werden, können somit entfernt werden.

Vorgehensweise:

1. Markieren Sie ein Feld der Spalte, das gelöscht werden soll. Um die *gesamte* Spalte löschen zu können, *müssen* sowohl die Felder der Spalte als auch die Feldüberschrift ausgewählt werden. Es gibt zwei Möglichkeiten:
   - Klicken Sie auf das Register *Formularlayouttools/Anordnen* -> Gruppe *Zeilen und Spalten* -> *Spalte auswählen.*
   - Markieren Sie durch Drücken von [Strg] zusätzlich den Feldnamen *ID.*
2. Drücken Sie auf [Entf].

Verschieben von Feldern

1. Markieren Sie die Spalte des gewünschten Feldes.
2. Gehen Sie mit der Maus in ein Feld der Spalte. Verschieben Sie durch Gedrückthalten der linken Maustaste die Spalte durch Positionieren des gelben Cursors an die gewünschte Stelle.

   In diesem Fall soll das Feld *Mobiltelefon* unter das Feld *Telefongeschäftlich* gesetzt werden.

3. Der Feldname und eine leere Spalte bleiben übrig, die nun gelöscht werden müssen. Die Beschreibung dazu finden Sie im darüber liegenden Abschnitt.

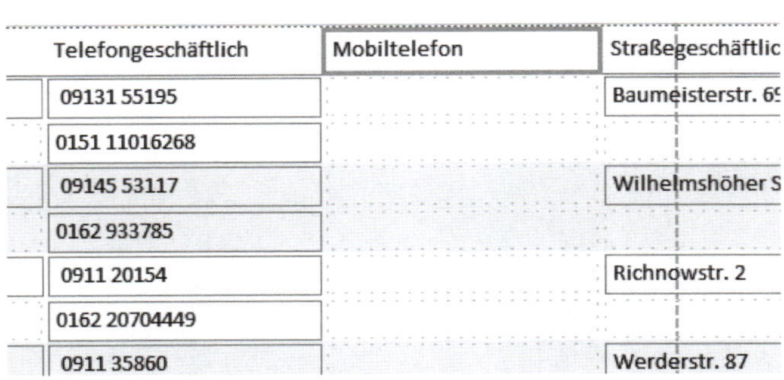

> **Hinweis**
>
> Markieren Sie Spalte und Feldname gleichzeitig, können Sie das Feld nur nach links und rechts verschieben.

Teilen von Feldern

In der Aufgabenstellung erkennt man, dass unter dem Feld *Straßegeschäftlich* die Felder *Postleitzahlgeschäftlich* und *Ortgeschäftlich* eingefügt werden sollen.

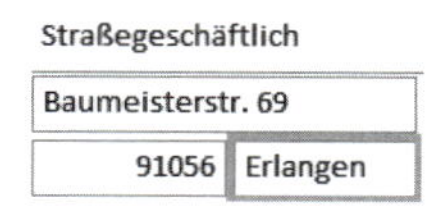

Jedoch steht nur ein Feld zur Verfügung.

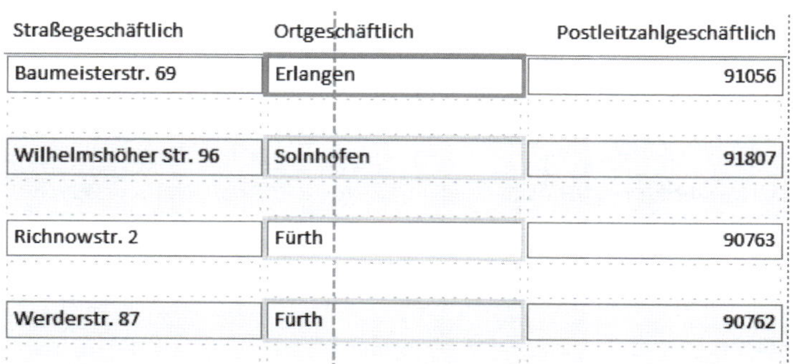

Daher muss das Feld geteilt und somit in zwei Felder aufgeteilt werden.

1. Markieren Sie das Feld unterhalb der Straße.
2. Klicken Sie auf das Register *Berichtslayout/Anordnen* -> Gruppe *Zusammenführen/Teilen-> Horizontal teilen*. Das Feld wird nun in zwei Felder geteilt.
3. Verschieben Sie nun die Felder *Postleitzahlgeschäftlich* und *Ortgeschäftlich* an die gewünschten Positionen.

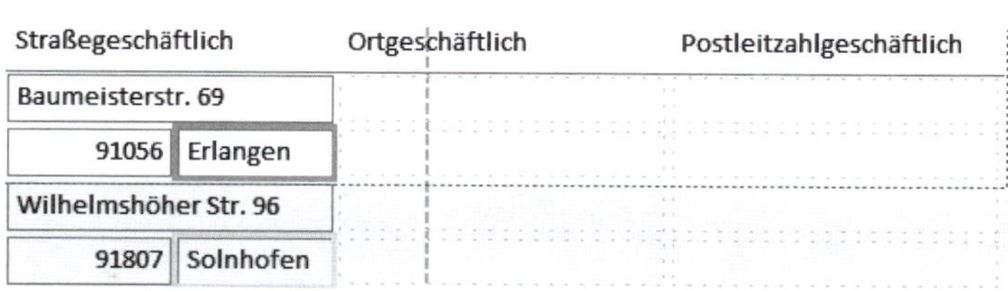

4. Die überflüssigen Spalten können wiederum gelöscht werden.

Umbenennen der Feldnamen

Die Überschriften der Spalten müssen angepasst werden, da sich teils in den Spalten mehrere Informationen befinden.

Es gibt zwei Möglichkeiten, in den Bearbeitungsmodus zu gelangen:

- Klicken Sie doppelt in das Bezeichnungsfeld *Telefongeschäftlich*.
- Klicken Sie in das Bezeichnungsfeld *Telefongeschäftlich* und anschließend auf [F2].

Ändern Sie den Text um in *Telefon/Handy*.

Analog dazu kann der Feldname *Straßegeschäftlich* in *Adresse* umbenannt werden.

Änderung der Spaltengröße

Sie können anhand der gestrichelten senkrechten Linie erkennen, ob alle Felder von der Breite her auf einer Seite dargestellt werden. Jedoch reicht der Platz für E-Mail-Adressen und Orte teils nicht aus. Daher müssen die Spaltenbreiten so geändert werden, dass alle Felder auf einer Seite dargestellt werden, jedoch dabei so breit sind, dass die Inhalte vollständig angezeigt werden.

1. Klicken Sie das jeweilige Feld, z. B. *Firma* an.
2. Klicken Sie auf das Register *Berichtslayouttools/Entwurf* -> Gruppe *Tools* -> *Eigenschaftenblatt*. Es erscheint auf der rechten Seite das Eigenschaftenblatt.
3. Geben Sie im Register *Format* für den Parameter *Breite* den Wert ein.

In diesem Fall sollen die Felder folgende Breite erhalten:

Firma	4,0 cm
EMailAdresse	6,0 cm
Telefon bzw. Handy	3,5 cm
Adresse	4,5 cm
PLZ	1,3 cm (linksbündig)

Ändern Sie nun die Breiten der oben genannten Felder. Achten Sie darauf, dass sich zugleich die Breite des Adressfelds bei der Änderung der Breite des PLZ-Feldes ändert! Daher ist es ratsam, zuerst die Breite des PLZ-Feldes und anschließend die Breite der Adresse einzurichten!

Die einzelnen Felder liegen sehr eng beieinander. Man hat auch die Möglichkeit, den Abstand der Felder zu verändern.

1. Klicken Sie auf das Register *Berichtslayouttools/Anordnen* -> Gruppe *Position* -> *Abstand zwischen Steuerelementen*. Hier können Sie zwischen vier vordefinierten Optionen wählen.

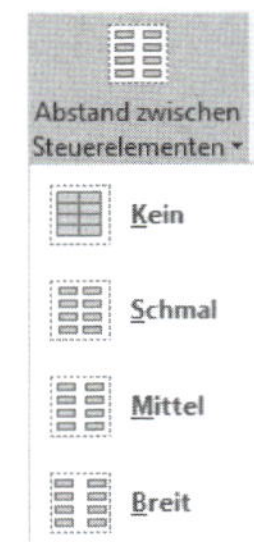

Nun sind Sie fertig und erhalten folgenden Bericht:

2. Speichern Sie das Formular *Lieferanten_Ü03* ab.

Änderung der Rahmen- und Hintergrundfarben

Zum einen sind die Rahmen um die einzelnen Felder störend, zum anderen sollte man auf die Druckkosten und die Umwelt achten. Die grau hinterlegten Zellen kosten unnötigerweise Druckermaterial und sollten durch weiße Farbe ersetzt werden.

Öffnen Sie den Bericht *Lieferanten_Ü04* in der Layoutansicht oder nutzen Sie weiterhin den eben erzeugten Bericht.

Alle Änderungen, die die Formatierung betreffen, befinden sich im Register *Berichtslayouttools/Format*.

Änderung der Rahmenfarbe

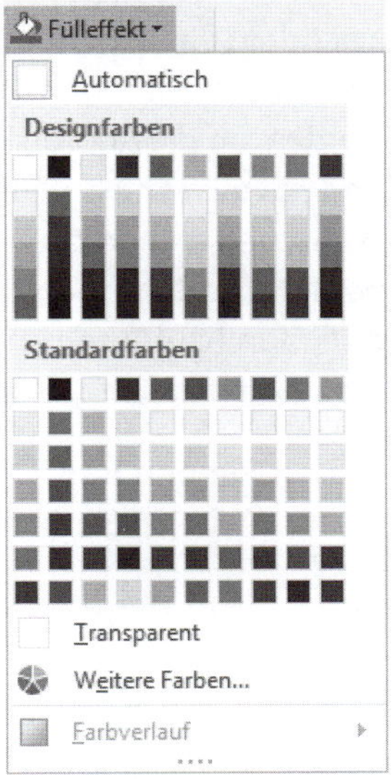

1. Markieren Sie alle Felder eines Datensatzes durch Anklicken und gleichzeitiges Halten von Strg. Gleichzeitig werden auch die jeweiligen Felder der anderen Datensätze markiert.
2. Klicken Sie auf das Register *Berichtslayout/Format* -> Gruppe *Steuerelementformatierung* -> *Fülleffekt*. Wählen Sie im Auswahlbereich entweder die Farbe Weiß oder *Transparent* aus.

Es empfiehlt sich, *Transparent* zu wählen, da so der Rahmen unabhängig von der Hintergrundfarbe nicht angezeigt wird.

Änderung der alternativen Zeilenfarbe

1. Klicken Sie außerhalb der Tabelle mit den Feldern in einen beliebigen grau hinterlegten Datensatz oder wählen Sie unter dem Register *Berichtslayout/Format* -> Gruppe *Auswahl* das Objekt *Detailbereich*.
2. Klicken Sie auf das Register *Berichtslayout/Format* -> Gruppe *Hintergrund* -> *Alternative Zeilenfarbe*. Wählen Sie im Auswahlbereich entweder die Farbe *Weiß* oder *Keine Farbe* aus.

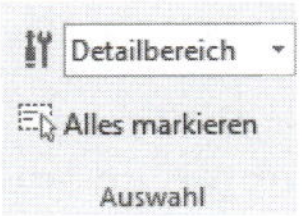

Änderung der Hintergrundfarbe des Berichtskopfes

1. Markieren Sie den Berichtskopf oder wählen Sie unter dem Register *Berichtslayout/Format* -> Gruppe *Auswahl* das Objekt *Berichtskopf*.
2. Klicken Sie auf das Register *Berichtslayout/Format* -> Gruppe *Steuerelementformatierung* -> *Fülleffekt*. Wählen Sie im Auswahlbereich die Farbe *Weiß*. Geschafft, der erste Bericht kann ausgedruckt werden.
3. Speichern Sie den Bericht *Lieferanten_Ü04*.

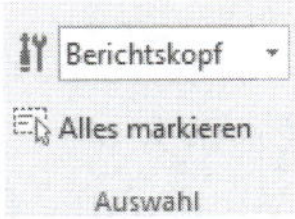

Hinweis

In der obigen Aufgabe sollten Sie alle relevanten Daten aller Lieferantenfirmen in einem Bericht auflisten. Dazu haben Sie pro Datensatz zwei Zeilen benötigt. Möchten Sie jedoch weitere Felder einfügen und brauchen dabei mehr Platz von der Breite her, empfiehlt es sich, das Papier im Querformat zu verwenden.

4.4 Vorschau und Druck von Berichten

Nachdem ein Bericht erzeugt wurde, kann in der Seitenansicht überprüft werden, ob die Anordnung der Felder und das gesamte Layout den eigenen Wünschen entsprechen und gegebenenfalls Änderungen des Seitenlayouts durchzuführen sind. In diesem Modus kann auch gedruckt werden.

Öffnen Sie den Bericht *Lieferanten_Ü05* und wählen Sie *Seitenansicht* aus.

Es erscheint der erstellte Bericht in der Vorschau. Er zeigt den Bericht so an, wie er auch ausgedruckt wird. Daher sollten Sie die Vorschau genau überprüfen und gegebenenfalls noch Änderungen an dem Bericht durchführen. Auf dem Seitennavigator unten im Fenster können Sie die Seiten des Berichts aufrufen.

Befinden Sie sich in der Seitenansicht, erscheint nur die Registerkarte *Seitenansicht* auf dem Menüband. Durch Klicken auf *Seitenansicht schließen* beenden Sie die Seitenansicht und gelangen somit in die bekannten Ansichten.

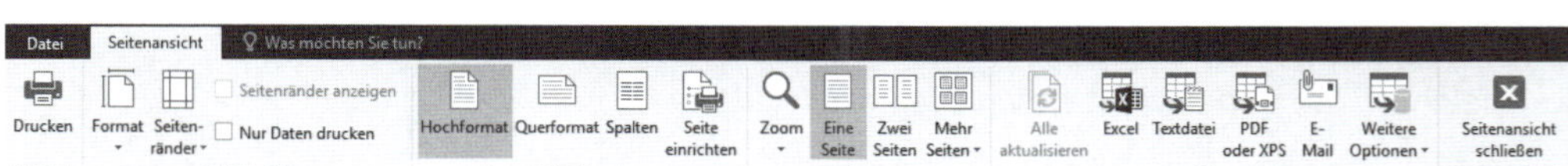

In der Registerkarte können Sie:

- verschiedene Einstellungen des Seitenlayouts durchführen, z. B. das Papierformat ändern oder Hoch-/Querformat einstellen,
- außerdem entscheiden, in welches Format der Bericht exportiert werden soll, z. B. als PDF-Datei.

In den folgenden Aufgaben werden Sie immer wieder auf Funktionen der Seitenansicht zurückgreifen müssen. Daher wird auf Übungsaufgaben in diesem Kapitel verzichtet.

4.5 Bericht mit dem Berichts-Assistenten

Mit dem Berichts-Assistenten hat man die Möglichkeit, mithilfe von Fragestellungen auf einfachem Weg einen komplexeren Bericht zu erstellen. Zugleich kann man auch direkt – im Gegensatz zum einfachen Bericht – auswählen, welche Felder benötigt werden. Daneben ist es auch leicht möglich zu definieren, nach welchen Feldern sortiert werden soll.

In einer früheren Aufgabe sollten Sie herausfiltern, welche Mitarbeiter der Lieferfirmen, mit denen Sie zusammenarbeiten, in diesem Jahr ihren 50. Geburtstag feiern. Dieser Filter wurde abgespeichert unter der Kategorie *Abfragen Lieferanten_Mitarbeiter_50_L*.

Nun soll mithilfe des Filters ein Bericht mit allen Jubilaren erzeugt werden.

1. Für die Datengrundlage klicken Sie im Navigationsbereich in der Kategorie *Abfragen* auf *Lieferanten_Mitarbeiter_50_L*.
2. Klicken Sie auf das Register *Erstellen* -> Gruppe *Berichte* -> *Berichts-Assistent*. 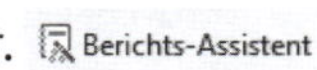

1. Schritt: Datenauswahl

Es öffnet sich nun der *Berichts-Assistent*. Sie können die Tabelle oder Abfrage als Datengrundlage und die gewünschten Felder auswählen.

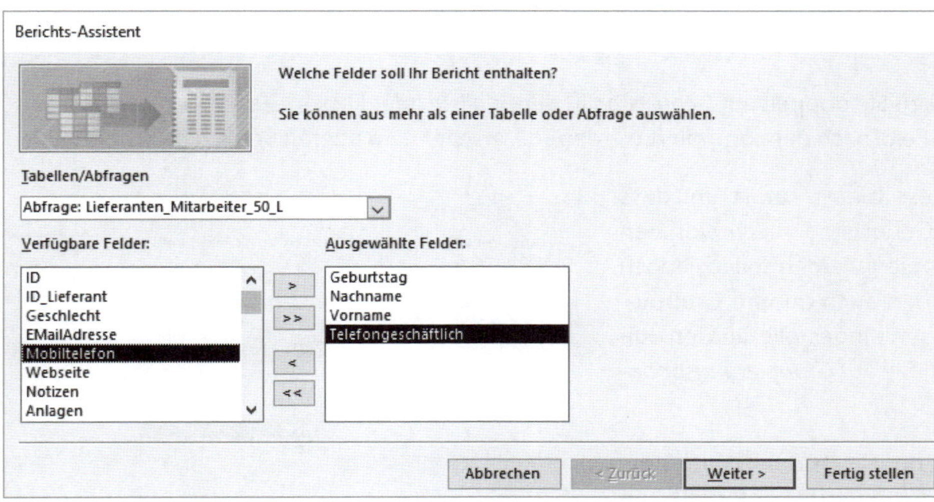

1. Wählen Sie die gewünschte Tabelle bzw. Abfrage aus. In diesem Fall muss die Abfrage *Lieferanten_Mitarbeiter_50_L* ausgewählt werden. Da schon im Vorfeld diese Abfrage im Navigationsbereich markiert wurde, steht sie schon in dem Feld.
2. Legen Sie fest, welche Felder in den Bericht übernommen werden sollen. Die Felder erscheinen im Bericht in der Reihenfolge, wie sie auch in der Liste *Ausgewählte Felder* zu sehen sind. Wählen Sie die Felder *Geburtstag*, *Nachname*, *Vorname* und *Telefongeschäftlich* aus.
3. Klicken Sie auf *Weiter*.

2. Schritt: Gruppierung

In diesem Schritt können Sie definieren, nach welchen Kriterien Daten zusammengefasst werden sollen. Es kann eine, aber auch mehrere Gruppierungsebenen definiert werden. In diesem Beispiel belassen wir es bei einer Gruppierungsebene. In einer späteren Aufgabe wird die Anzahl der Ebenen erhöht.

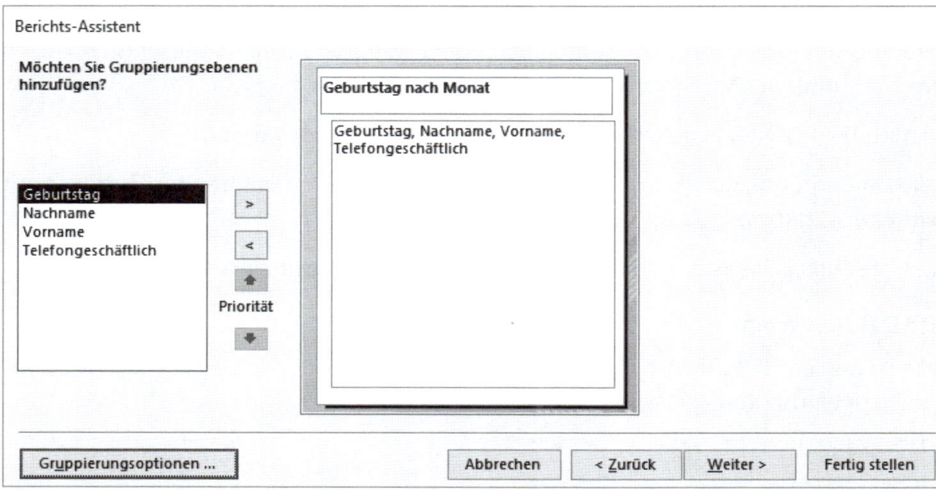

1. Klicken Sie doppelt auf *Geburtstag* in der *Feldliste* oder klicken Sie auf *Geburtstag* und >. Das Feld, nach dem gruppiert werden soll, erscheint im oberen Bereich der Vorschau.

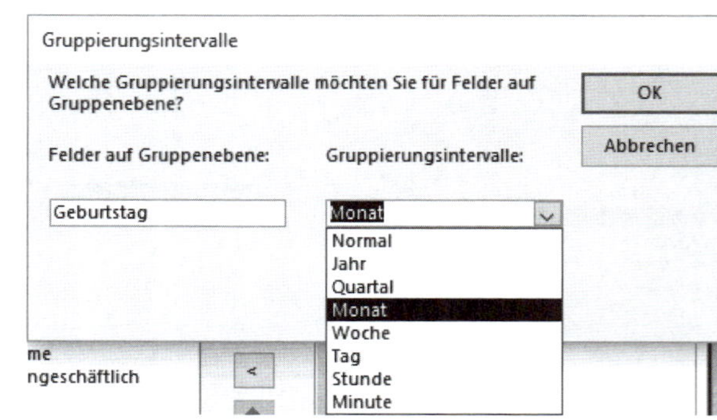

2. Access bietet sofort an, dass die Geburtstage nach Monaten gruppiert werden sollen, jedoch können auch andere Gruppierungen eingestellt werden. Klicken Sie auf *Gruppierungsoptionen*.
3. Es öffnet sich das Dialogfenster *Gruppierungsintervalle*. In Abhängigkeit vom Feldtyp bietet Access verschiedene Gruppierungsintervalle an. Klicken Sie auf *OK*. In diesem Fall soll das Gruppierungsintervall nicht geändert werden.
4. Klicken Sie auf *Weiter*.

3. Schritt: Sortierung

Der Assistent fragt Sie, nach welchen Kriterien die Datensätze innerhalb der Gruppierungen sortiert werden sollen.

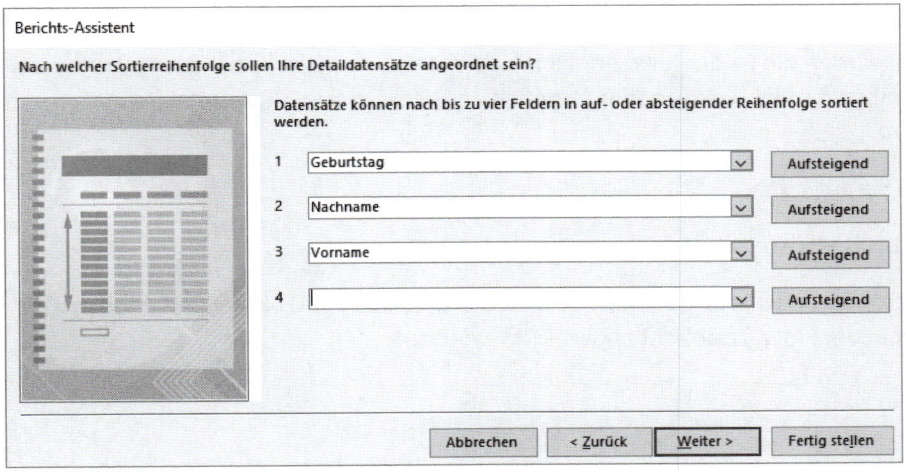

1. In unserem Fall empfiehlt es sich, die Datensätze nach dem Geburtstag zu sortieren. Sollten zwei Personen am selben Tag Geburtstag haben, sollen die Namen alphabetisch aufgeführt werden. Sollten rein zufälligerweise an einem Tag zwei oder mehr Personen Geburtstag haben, die auch denselben Nachnamen haben, wird als drittes Kriterium noch nach dem Vornamen sortiert.
2. Klicken Sie auf *Weiter*.

4. Schritt: Layout

Der Assistent fragt Sie, welches Layout der Bericht haben soll.

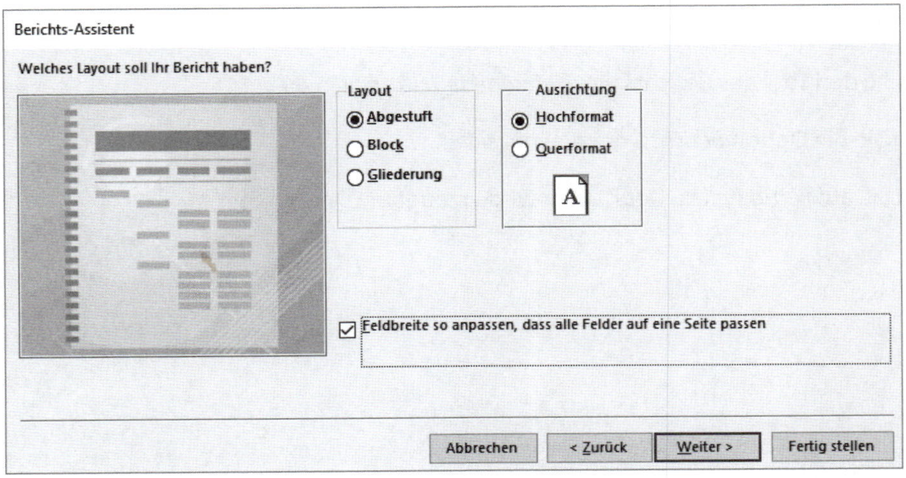

1. Durch Klicken der Optionen im Bereich *Layout* können Sie das ausgewählte Layout in der Vorschau betrachten. Testen Sie die Layouts und betrachten Sie dabei die Auswirkungen in der Vorschau. Wählen Sie *Layout Abgestuft*.

2. Durch Aktivieren von *Feldbreite so anpassen, dass alle Felder auf eine Seite passen* wird versucht, alle Felder so anzupassen, dass alle Daten von der Breite her auf eine Seite passen. Jedoch werden die Felder teils sehr klein und man muss meist selbst das Layout verändern. Sollten Sie viele Felder haben, empfiehlt es sich, die Ausrichtung *Querformat* zu verwenden.

3. Klicken Sie auf *Weiter*.

5. Schritt: Letzte Einstellungen

Der Assistent fragt nach, wie der Titel des Berichts lauten soll und ob der Bericht in der Vorschau oder in der Entwurfsansicht angezeigt werden soll.

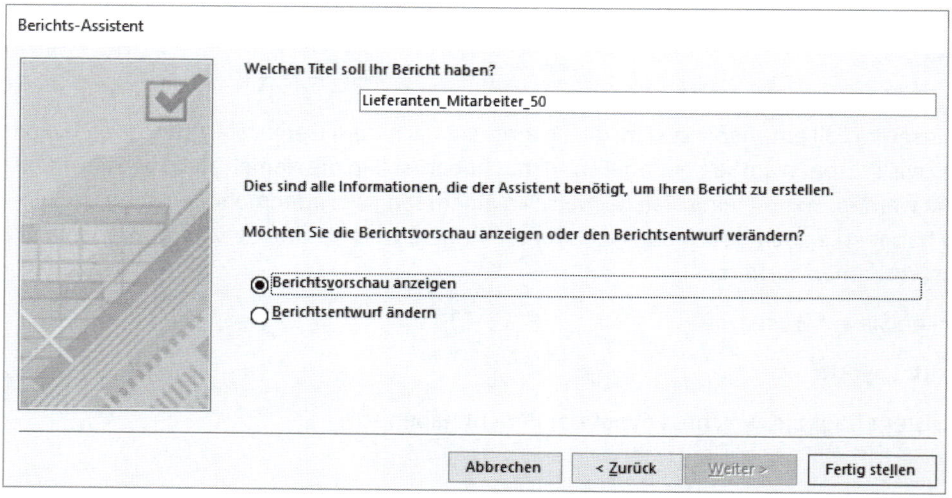

1. Geben Sie den Titel des Berichts ein: *Lieferanten_Mitarbeiter_50*.

2. Wählen Sie die Option *Berichtsvorschau anzeigen*.

3. Klicken Sie auf *Fertig stellen*. Der Bericht wird erzeugt und angezeigt.

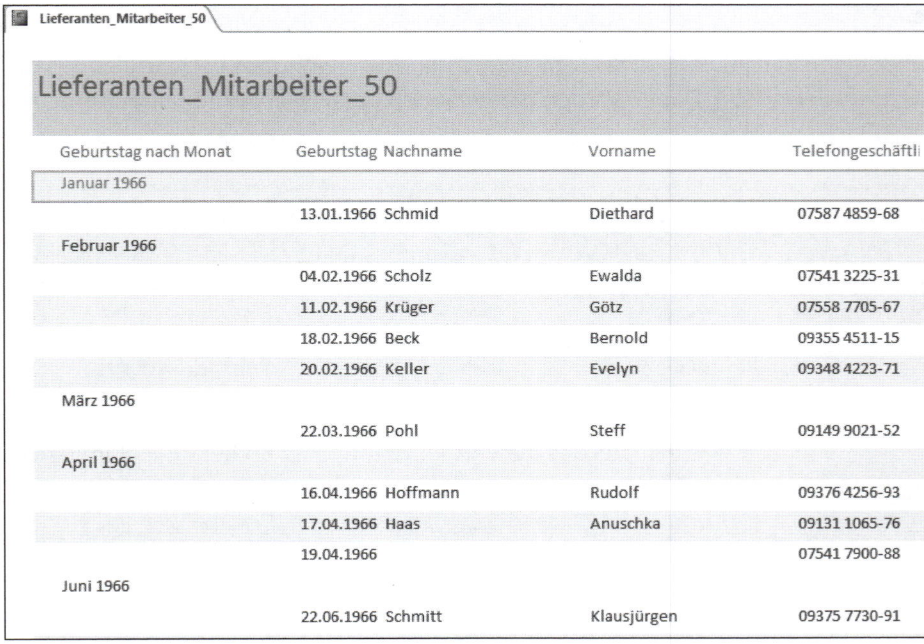

Lieferanten_Mitarbeiter_50

Lieferanten_Mitarbeiter_50

Geburtstag nach Monat	Geburtstag	Nachname	Vorname	Telefongeschäftl
Januar 1966				
	13.01.1966	Schmid	Diethard	07587 4859-68
Februar 1966				
	04.02.1966	Scholz	Ewalda	07541 3225-31
	11.02.1966	Krüger	Götz	07558 7705-67
	18.02.1966	Beck	Bernold	09355 4511-15
	20.02.1966	Keller	Evelyn	09348 4223-71
März 1966				
	22.03.1966	Pohl	Steff	09149 9021-52
April 1966				
	16.04.1966	Hoffmann	Rudolf	09376 4256-93
	17.04.1966	Haas	Anuschka	09131 1065-76
	19.04.1966			07541 7900-88
Juni 1966				
	22.06.1966	Schmitt	Klausjürgen	09375 7730-91

Formatierungsübung: Im Navigationsbereich erscheint unter der Kategorie *Bericht* der neu erzeugte Bericht *Lieferanten_Mitarbeiter_50*. Formatieren Sie den Bericht in der Layoutansicht so, dass er wie folgt aussieht:

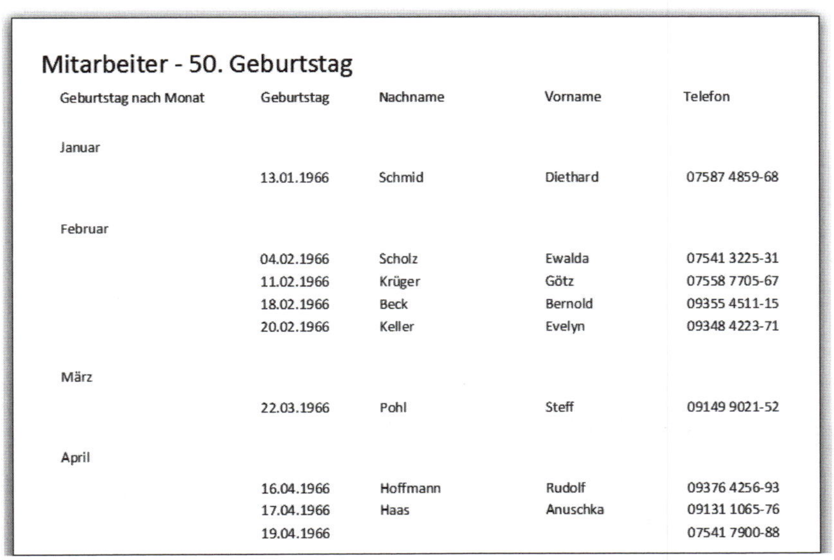

Mitarbeiter - 50. Geburtstag

Geburtstag nach Monat	Geburtstag	Nachname	Vorname	Telefon
Januar				
	13.01.1966	Schmid	Diethard	07587 4859-68
Februar				
	04.02.1966	Scholz	Ewalda	07541 3225-31
	11.02.1966	Krüger	Götz	07558 7705-67
	18.02.1966	Beck	Bernold	09355 4511-15
	20.02.1966	Keller	Evelyn	09348 4223-71
März				
	22.03.1966	Pohl	Steff	09149 9021-52
April				
	16.04.1966	Hoffmann	Rudolf	09376 4256-93
	17.04.1966	Haas	Anuschka	09131 1065-76
	19.04.1966			07541 7900-88

4. Schließen Sie den Bericht *Lieferanten_Mitarbeiter_50*. Die Lösung befindet sich im *Bericht Lieferanten_Mitarbeiter_50_L01*.

Aufgabe

Erzeugen Sie einen Bericht, in dem die Jubilare aus der obigen Aufgabe in Quartalen zusammengefasst werden sollen. Dabei werden die Personen nach Nachnamen und Vornamen sortiert.

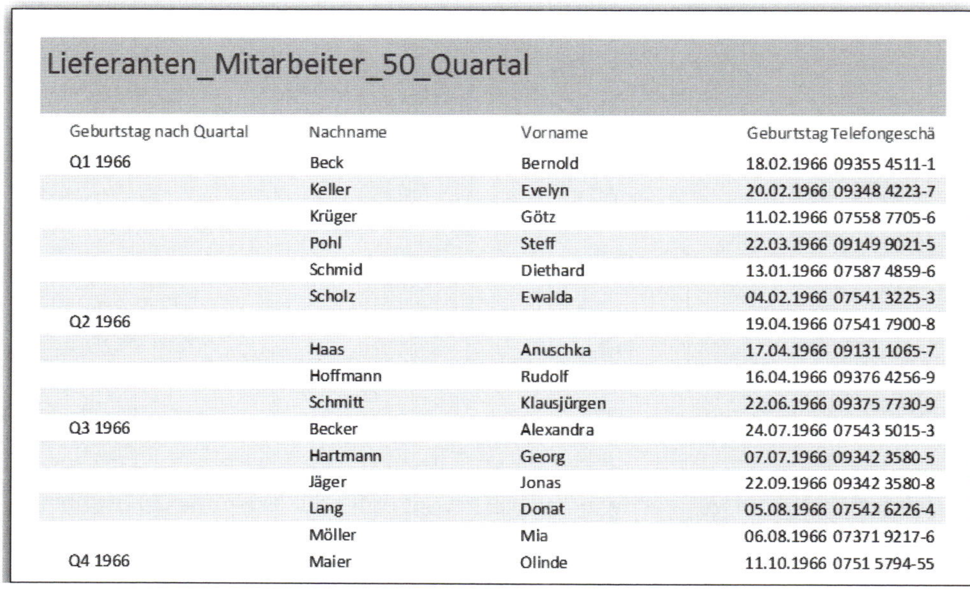

Lieferanten_Mitarbeiter_50_Quartal

Geburtstag nach Quartal	Nachname	Vorname	Geburtstag	Telefongeschä
Q1 1966	Beck	Bernold	18.02.1966	09355 4511-1
	Keller	Evelyn	20.02.1966	09348 4223-7
	Krüger	Götz	11.02.1966	07558 7705-6
	Pohl	Steff	22.03.1966	09149 9021-5
	Schmid	Diethard	13.01.1966	07587 4859-6
	Scholz	Ewalda	04.02.1966	07541 3225-3
Q2 1966			19.04.1966	07541 7900-8
	Haas	Anuschka	17.04.1966	09131 1065-7
	Hoffmann	Rudolf	16.04.1966	09376 4256-9
	Schmitt	Klausjürgen	22.06.1966	09375 7730-9
Q3 1966	Becker	Alexandra	24.07.1966	07543 5015-3
	Hartmann	Georg	07.07.1966	09342 3580-5
	Jäger	Jonas	22.09.1966	09342 3580-8
	Lang	Donat	05.08.1966	07542 6226-4
	Möller	Mia	06.08.1966	07371 9217-6
Q4 1966	Maier	Olinde	11.10.1966	0751 5794-55

LÖSUNG:

1. Schritt: Datenauswahl

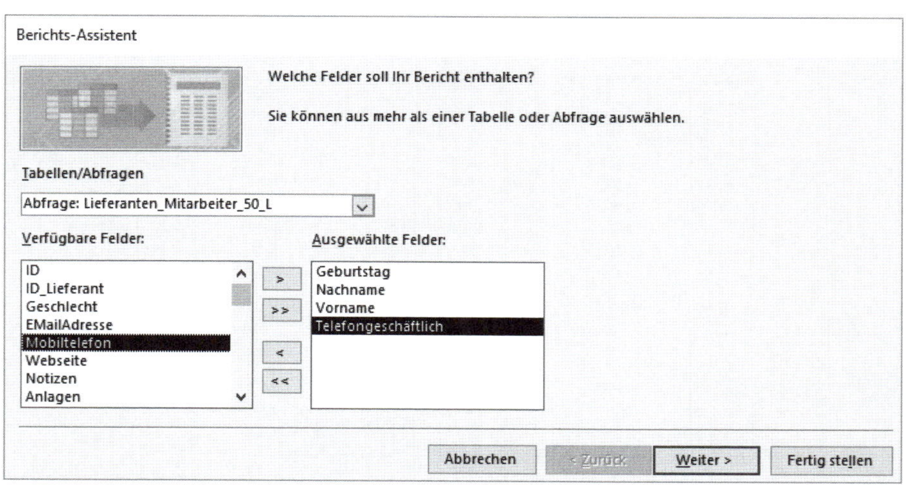

1. Wählen Sie die Abfrage *Lieferanten_Mitarbeiter_50_L* aus.

2. Wählen Sie die Felder *Geburtstag*, *Nachname*, *Vorname* und *Telefongeschäftlich* aus.

2. Schritt: Gruppierung

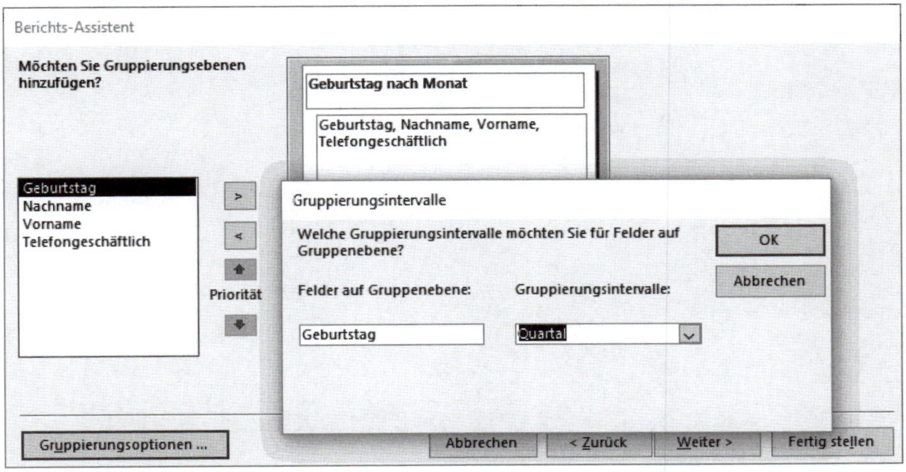

1. Legen Sie *Geburtstag* als Gruppierungsebene fest.
2. Durch *Gruppierungsoptionen* gelangen Sie in das Dialogfenster *Gruppierungsintervalle*.
3. Bestimmen Sie das Gruppierungsintervall *Quartal*.

3. Schritt: Sortierung

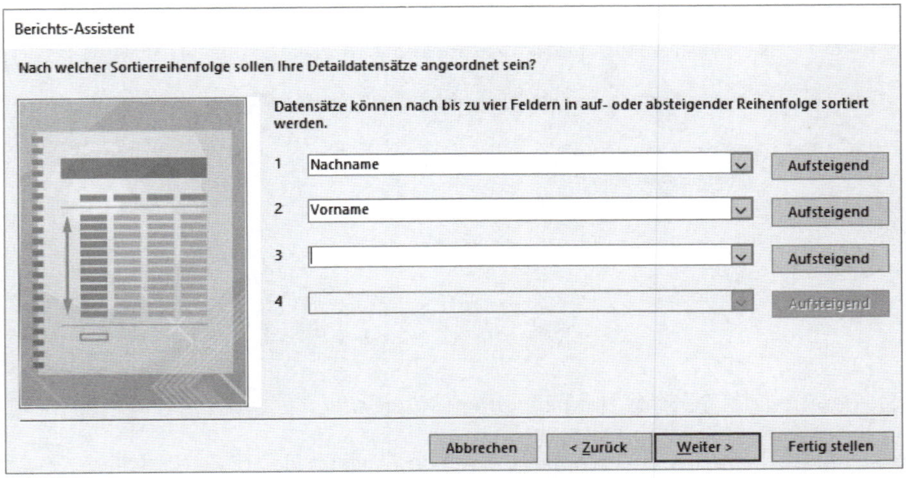

Legen Sie *Nachname* und *Vorname* als Sortierkriterien fest.

4. Schritt: Layout

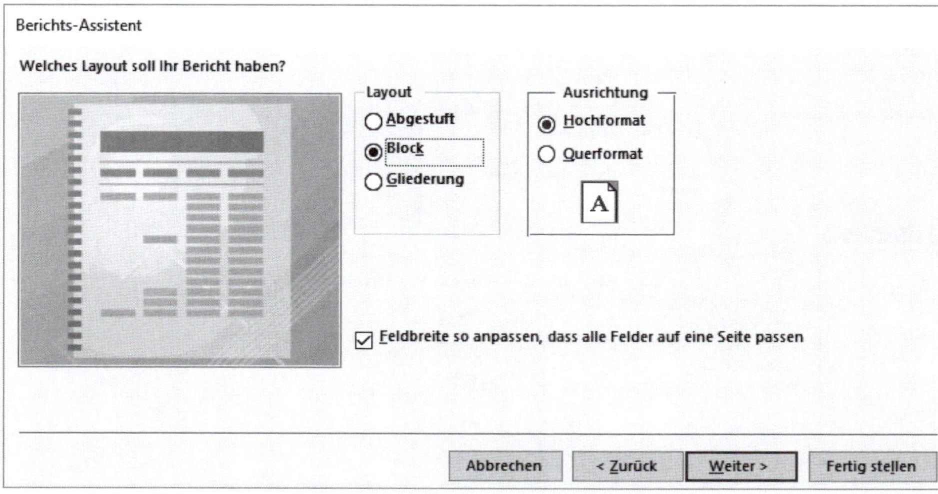

Wählen Sie das Layout *Block*.

5. Schritt: Letzte Einstellungen

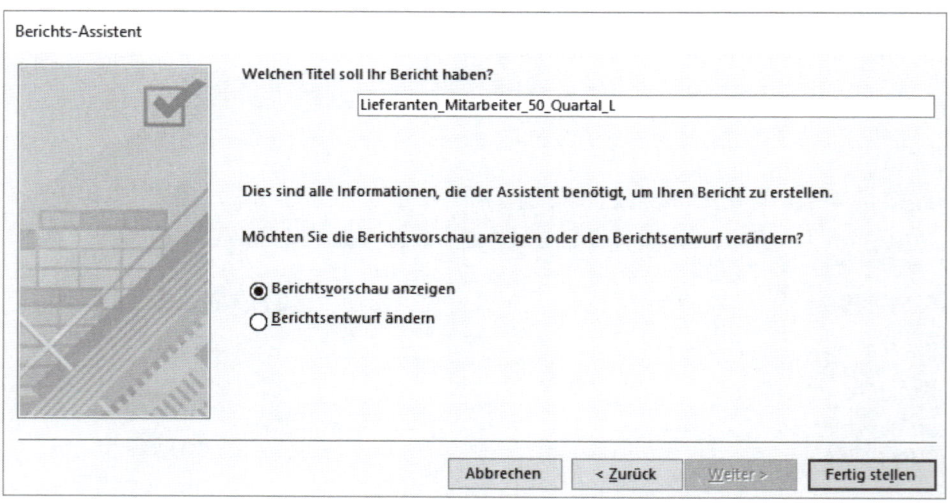

1. Geben Sie den Titel des Berichts ein: *Lieferanten_Mitarbeiter_50_Quartal_L*.
2. Wählen Sie die Option *Berichtsvorschau anzeigen* und klicken Sie auf *Fertig stellen*.

Sie erhalten den Bericht:

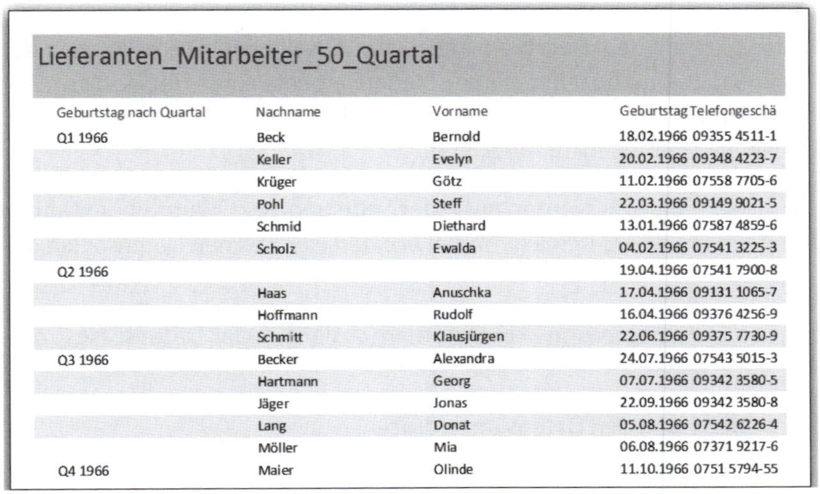

Lieferanten_Mitarbeiter_50_Quartal

Geburtstag nach Quartal	Nachname	Vorname	Geburtstag Telefongeschä
Q1 1966	Beck	Bernold	18.02.1966 09355 4511-1
	Keller	Evelyn	20.02.1966 09348 4223-7
	Krüger	Götz	11.02.1966 07558 7705-6
	Pohl	Steff	22.03.1966 09149 9021-5
	Schmid	Diethard	13.01.1966 07587 4859-6
	Scholz	Ewalda	04.02.1966 07541 3225-3
Q2 1966			19.04.1966 07541 7900-8
	Haas	Anuschka	17.04.1966 09131 1065-7
	Hoffmann	Rudolf	16.04.1966 09376 4256-9
	Schmitt	Klausjürgen	22.06.1966 09375 7730-9
Q3 1966	Becker	Alexandra	24.07.1966 07543 5015-3
	Hartmann	Georg	07.07.1966 09342 3580-5
	Jäger	Jonas	22.09.1966 09342 3580-8
	Lang	Donat	05.08.1966 07542 6226-4
	Möller	Mia	06.08.1966 07371 9217-6
Q4 1966	Maier	Olinde	11.10.1966 0751 5794-55

Man kann sehr gut erkennen, dass Geburtstag und *Telefongeschäftlich* sehr eng am rechten Seitenrand mit geringer Breite platziert wurden. Daher müssen Sie nachträglich das Layout ändern. Dies dürfen Sie nach der nächsten Übung machen!

4.6 Aufbau eines Berichts

Sie konnten bei der Erzeugung eines Berichts mithilfe des Assistenten erkennen, dass viele Kriterien, wie z. B. die Gruppierung und Sortierung, abgefragt wurden. Doch wie kann man eine Gruppierung/Sortierung ändern?

Öffnen Sie den Bericht *Lieferanten_Mitarbeiter_50_Ü1* und wechseln Sie in die Entwurfsansicht.

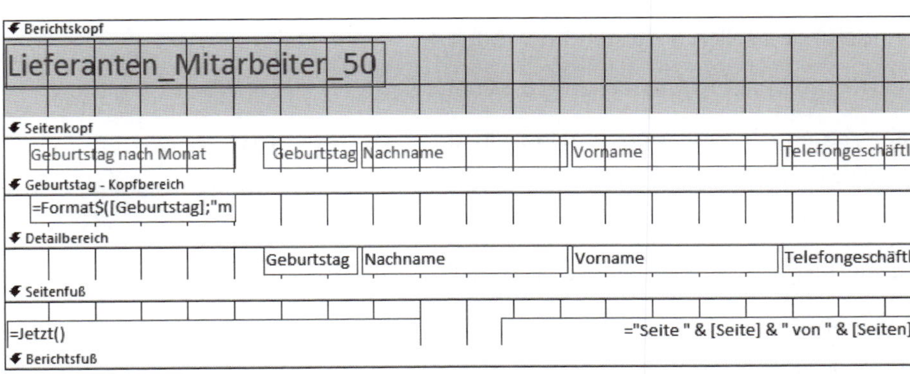

Sie können sehen, dass ein Bericht ähnlich einem Formular in mehrere Bereiche untergliedert ist. Jedoch gibt es zusätzliche Bereiche, die nur in Berichten vorhanden sind.

Berichtskopf: Wird einmal am *Anfang des Berichts* gedruckt. Im Berichtskopf stehen all die Informationen, die normalerweise auf dem Deckblatt stehen. Daher sollten in diesem Bereich nur ungebundene, z. B. Titel und Datum oder berechnete Steuerelemente eingefügt werden. Wird ein berechnetes Steuerelement eingefügt, das zum Beispiel die Funktion *Summe* verwendet, wird die Summe für den gesamten Bericht berechnet.

Seitenkopf: Inhalte in diesem Bereich werden auf jeder Seite gedruckt. Wurden die Datensätze gruppiert, stehen Inhalte dieses Bereichs immer vor den eigentlichen Datensätzen der Gruppierung.

Kopfbereich: Wird bei einer Gruppierung von Daten am Anfang jeder Datensatzgruppe gedruckt.

Detailbereich: Inhalte werden für jeden Datensatz gedruckt.

Gruppenfuß: Wird am Ende jeder Datensatzgruppe gedruckt. Verwenden Sie einen Gruppenfuß, um zusammenfassende Informationen für eine Gruppe zu drucken. Meist hat der Gruppenfuß die Höhe 0 cm und ist somit auf dem Bild nicht sichtbar.

Seitenfuß: Inhalte dieses Bereichs werden am Ende jeder Seite gedruckt. Hier können Seitenzahlen oder Datum angezeigt werden. Wird z. B. ein berechnetes Steuerelement eingefügt, das die Funktion *Summe* verwendet, wird die Summe die jeweilige Seite des Berichts berechnet.

Berichtsfuß: Inhalte dieses Bereichs werden einmal am Ende des Berichts gedruckt.

Aufgabe 1

Ähnlich wie bei Formularen können Sie Änderungen am Layout auch in der Entwurfsansicht durchführen. Öffnen Sie dazu den Bericht *Lieferanten_Mitarbeiter_50_Ü01* im Entwurfsmodus.

Folgende Änderungen sollen durchgeführt werden:

- Der Titel wird geändert in *Mitarbeiter – 50. Geburtstag.*
- Der graue Hintergrund soll wiederum in Weiß umgewandelt werden.
- Oberhalb des jeweiligen Monats soll ein größerer Abstand zu den darüber liegenden Daten erzeugt werden.
- Das Datum soll geändert werden in das Format *Jahr 2-stellig – Monat – Tag*, z. B. 15 – 12 – 31.

Versuchen Sie so weit wie möglich die Änderungen ohne Hilfe zu lösen. Sollten Sie Probleme haben, können Sie auf den folgenden Seiten die einzelnen Schritte durchgehen.

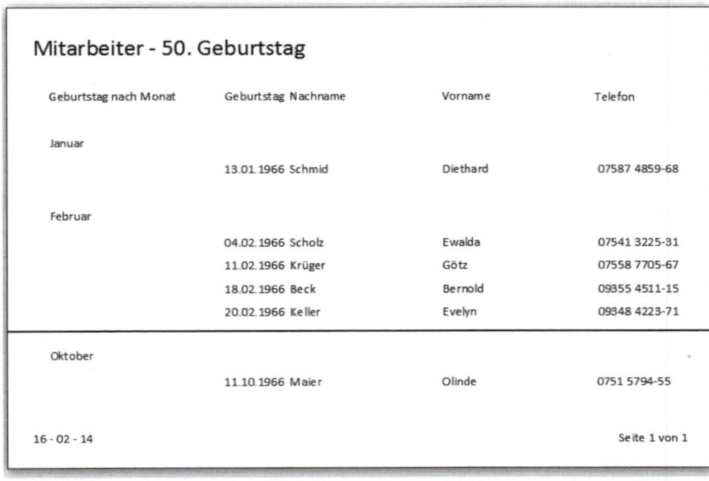

Lösung:

Es gibt für die Bearbeitung der Aufgaben unterschiedliche Vorgehensweisen. Die meisten Änderungen können mithilfe der Funktionen im Menüband durchgeführt werden. Jedoch können Sie auch alle Einstellungen direkt im Eigenschaftenblatt ändern. In dieser Übung sollen Sie beide Vorgehensweisen näher kennenlernen. Sie können selbst entscheiden, welchen Weg Sie nehmen – welcher Weg für Sie ansprechender ist.

Änderungen des grauen Hintergrunds des Berichtskopfes

1. Markieren Sie den *Berichtskopf* oder wählen Sie unter dem Register *Berichtslayout/Format* -> Gruppe *Auswahl* das Objekt *Detailbereich*.

2. Für das Ändern der Hintergrundfarbe gibt es zwei Möglichkeiten:

- Klicken Sie auf das Register *Berichtslayout/Format* -> Gruppe *Steuerelementformatierung* -> *Fülleffekt*. Wählen Sie im Auswahlbereich die Farbe Weiß.
- Wählen Sie im Eigenschaftsblatt im Register *Format* unter der Eigenschaft *Hintergrundfarbe* die Farbe *Weiß* aus.

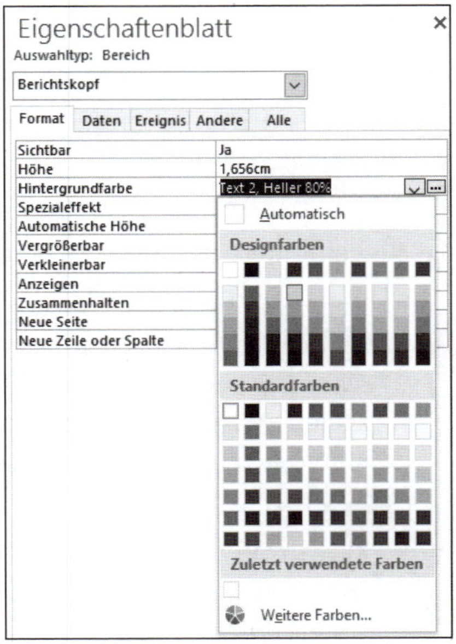

Änderungen der alternativen Zeilenfarbe

1. Klicken Sie in den *Detailbereich*.

2. Für das Ändern der Hintergrundfarbe gibt es zwei Möglichkeiten:

   - Klicken Sie auf das Register *Berichtslayout/Format* -> Gruppe *Hintergrund* -> *Alternative Zeilenfarbe*. Wählen Sie im Auswahlbereich entweder die Farbe Weiß oder *Keine Farbe* aus.

   - Öffnen Sie das Eigenschaftsblatt und wählen Sie im Reiter *Format* bei der Eigenschaft *Alternative Hintergrundfarbe* die Farbe *Weiß* aus.

3. Den gleichen Vorgang müssen Sie auch im Kopfbereich *Geburtstag – Kopfbereich* durchführen.

Vergrößern der Höhe von Bereichen

Damit der Abstand des Monats von den darüber liegenden Geburtsdaten (die im Detailbereich angegeben sind) größer wird, muss die Höhe des Kopfbereichs *Geburtstag – Kopfbereich* vergrößert werden, und das Textfeld, in dem der Monat angegeben wird, weiter nach unten verschoben werden.

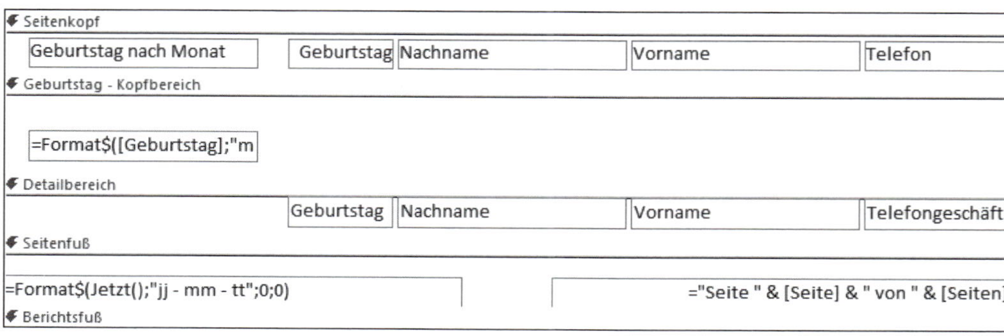

1. Für das Ändern der Höhe des Bereichs gibt es zwei Möglichkeiten:

   - Gehen Sie mit dem Cursor auf die obere Kante des Überschriftfelds *Dateibereich*. Der Mauszeiger ändert sich in einen Nord-Süd-Doppelpfeil mit einem Querstrich. Verschieben Sie nun mit gedrückter linker Maustaste die Maus nach unten. Dabei vergrößert sich die Fläche des Kopfbereichs.

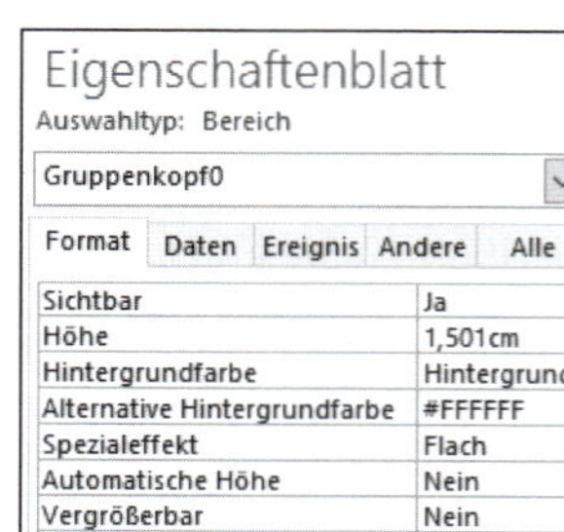

   - Klicken Sie auf das Überschriftfeld *Geburtstag – Kopfbereich*. Gehen Sie in das Eigenschaftsblatt und tragen im Reiter *Format* bei der Eigenschaft *Höhe* den Wert 1,5 cm ein.

2. Verschieben Sie nun das Feld *Geburtstag nach Monaten* nach unten oder ändern Sie im *Eigenschaftsblatt* im Register *Format* die Eigenschaft *Oben* auf *0,7 cm*.

Hinweis

Die Daten werden monatsweise gruppiert. Der Gruppierungstext befindet sich in einem ungebundenen Textfeld im Kopfbereich *Geburtstag – Kopfbereich*, in dem der jeweilige Monat angegeben wird.

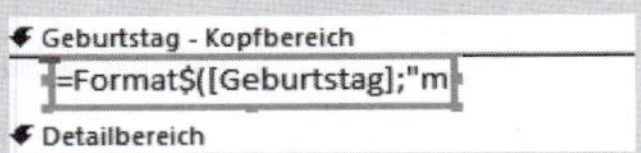

Im *Eigenschaftenblatt* im Register *Daten* befindet sich in der Eigenschaft *Steuerelementinhalt* die Formel für den Gruppierungstext:

=Format$([Geburtstag];"mmmm jjjj";0;0)

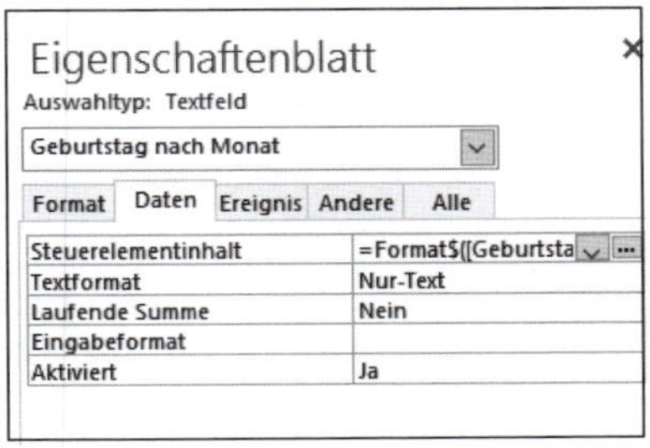

Mit der *Format$*-Funktion wird ein Ausdruck erzeugt, der Elemente aus dem Datum ausliest und anzeigt. In diesem Fall wird das Feld *Geburtstag* ausgelesen.

Alle Felder in dieser Gruppierung haben gemeinsam, dass sie den gleichen Monat und das gleiche Jahr haben, z. B. Januar 1966.

=Format$(Ausdruck , Format, firstdayofweek, firstweekofyear)

Dabei gilt Folgendes für die einzelnen Parameter:

Ausdruck	Erforderlich. Hier wird angegeben, woher die Daten stammen. In unserem Fall: *[Geburtstag]*. Felder werden immer in eckigen Klammern angegeben.
Format	Hier können Sie angeben, wie der Ausdruck dargestellt wird. Dazu gibt es folgende Formate: *t* Gibt den Tag des Monats als Zahl an (1, 2, 3, ...). *tt* Gibt den Tag des Monats als Zahl mit führender Null an (01, 02, 03, ...). *ttt* Gibt die ersten drei Buchstaben des Wochentags an (*Mon* bis *Son*). *tttt* Gibt den Wochentag an (*Montag* bis *Sonntag*).

Format	*w* Gibt den Wochentag an (*1* bis *7*). *ww* Gibt die Woche im Jahr an (*1* bis *53*). *m* Gibt den Monat als Zahl an (*1* bis *12*). *mm* Gibt den Monat als Zahl mit führender Null an (*01* bis *12*). *mmm* Gibt die ersten drei Buchstaben des Monats an (*Jan* bis *Dez*). *mmmm* Gibt den Monat an (*Januar* bis *Dezember*). *q* Gibt das Quartal an (*1* bis *4*). *j* Gibt den Tag im Jahr als Zahl an (*1* bis *366*). *jj* Gibt die Jahreszahl 2-stellig an (z. B. 16). *jjjj* Gibt die Jahreszahl 4-stellig an (z. B. 2016). In unserem Fall: *"mmmm jjjj"*, das heißt, es werden der Monatsname und das Jahr 4-stellig angezeigt. Das Format wird in " " gesetzt.
Firstdayofweek	Hier können Sie angeben, mit welchem Tag die Woche beginnt: *0* Es werden die Eingaben der Systemsteuerung von Windows genutzt. *1* Sonntag. *2 ... 7* Montag ... Samstag. In unserem Fall: *0* Wir nutzen die Einstellungen der Systemsteuerung, die für uns vollkommen ausreichend sind.

Firstweekofyear	Hier können Sie angeben, mit welcher Woche ein Jahr beginnt: *0* Es werden die Eingaben der Systemsteuerung von Windows genutzt. *1* Beginnt mit der Woche, in die der 1. Januar fällt. *2* Beginnt mit der ersten Woche, die mindestens über 4 Tage im Jahr verfügt. *3* Beginnt mit der ersten vollen Woche des Jahres. In unserem Fall: *0* Wir nutzen die Einstellungen der Systemsteuerung, die für uns wiederum vollkommen ausreichend sind.

3. Im Kopfbereich *Geburtstag – Kopfbereich* soll nur der Monatsname stehen. Gehen Sie in das Textfeld und löschen Sie *JJJJ*, sodass im Textfeld Folgendes steht: *=Format$([Geburtstag];"mmmm";0;0)*

Inhalte in den Seitenkopf/-fuß eingeben

Auf jeder Seite sollten zumindest die Seitenzahl und das aktuelle Datum stehen. Meist werden diese Informationen im Seitenfuß angegeben. Da diese Informationen auf jeder Seite erscheinen sollen, müssen diese Felder im Seitenkopf oder -fuß angegeben werden.

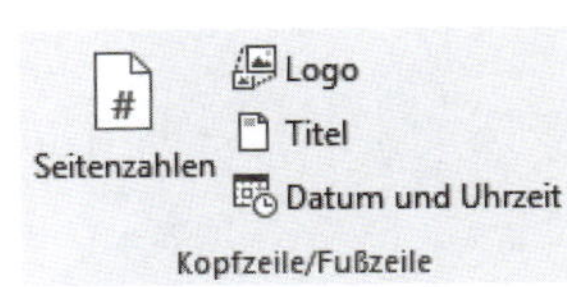

Verwendet man das tabellarische Layout, werden automatisch die Beschreibungen der Felder in den Seitenkopf gelegt, sodass auf jeder Seite die Beschreibungen angezeigt werden.

Klicken Sie auf das Register *Berichtsentwurfstools/Entwurf* -> Gruppe *Kopfzeile/Fußzeile*. Access bietet einige fertige Funktionen an.

Seitenzahl und Datum

Bei der Erzeugung eines Berichts mit dem Berichts-Assistenten wird automatisch in der Fußzeile jeweils ein Feld mit dem aktuellen Datum und der Seitenzahl eingefügt. In der Entwurfsansicht erkennt man, dass zwei ungebundene Textfelder mit jeweiligen Ausdrücken eingefügt wurden.

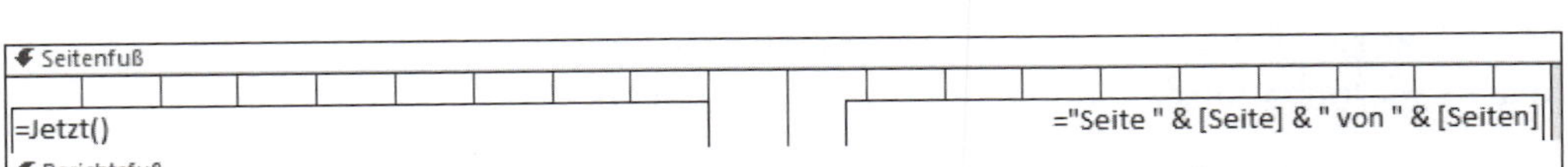

Sollten Sie die Position oder das Format der Seitenzahl oder des Datums ändern wollen, können Sie dies wiederum mithilfe der Menüleiste oder des Eigenschaftenblatts durchführen.

Seitenzahl

Für die Seitenzahl bietet Access ein Dialogfenster an, in dem eingestellt werden kann, in welchem Format und an welcher Position die Seitenzahl angegeben werden soll. Klicken Sie dazu auf das Register *Berichtslayout/Entwurf* -> Gruppe *Kopfzeile/Fußzeile* -> *Seitenzahlen*.

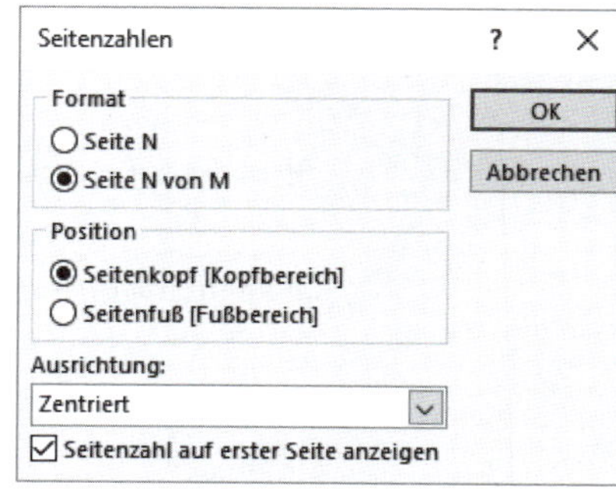

Da die Seitenzahl auf jeder Seite erscheinen soll, können Sie als Vorgaben nur die Position *Seitenkopf (Kopfbereich)* oder *Seitenfuß (Fußbereich)* auswählen.

Datum und Uhrzeit

Mithilfe dieses Dialogfensters wird ein Feld mit dem Datum bzw. der Uhrzeit angelegt.

Verwenden Sie den Berichts-Assistenten beim Erstellen eines Berichts, wird automatisch im Seitenfuß das Textfeld, in dem das Datum angegeben wird, erzeugt.

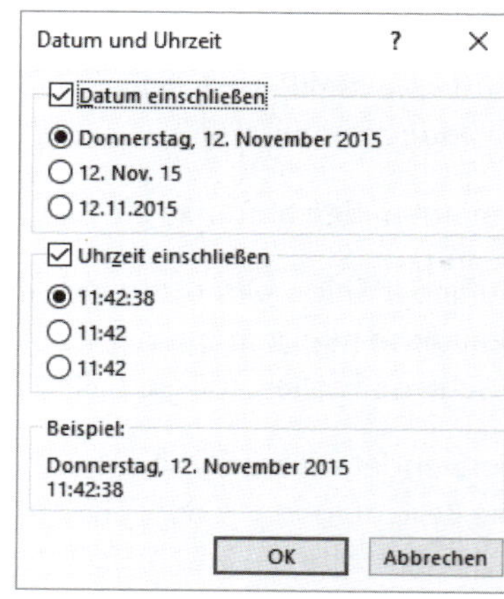

Hinweis

Im erzeugten Textfeld steht die Funktion *=Jetzt()*. Die Funktion *Jetzt()* gibt als Datengrundlage das aktuelle Datum in Langform an, z. B. Donnerstag, 31. Dezember 2015.

Beim Öffnen des Berichts wird das aktuelle Datum bzw. die aktuelle Urzeit angegeben.

Möchten Sie für das Datum kein vorgefertigtes Format verwenden, müssen Sie ein ungebundenes Textfeld in den Seitenkopf bzw. -fuß einfügen und das Ausgabeformat ändern. In der folgenden Übung soll das Format des schon vorhandenen Datumsfelds geändert werden.

1. Im Seitenfuß befindet sich das ungebundene Feld. Ändern Sie sein Format so, dass im Feld das aktuelle Datum mit folgendem Format steht: *15 - 12 – 31*.

LÖSUNG: Nach der obigen Beschreibung muss die Funktion im Textfeld folgendermaßen lauten:

=Format$(Jetzt();"jj - mm - tt";0;0)

Ausdruck	In unserem Fall: *Jetzt()*
Format	In unserem Fall: *"jj - mm - tt"* *jj* Jahreszahl 2-stellig *mm* Monat als Zahl mit führender Null *tt* Tag als Zahl mit führender Null
Firstdayofweek	In unserem Fall: *0*
Firstweekofyear	In unserem Fall: *0*

2. Speichern Sie den Bericht *Lieferanten_Mitarbeiter_50_Ü01* ab.

Aufgabe 2

Öffnen Sie den Bericht *Lieferanten_Mitarbeiter_50_Quartal_Ü01*. Ändern Sie in der Entwurfsansicht nach eigenem Belieben die Gestaltung des Berichts.

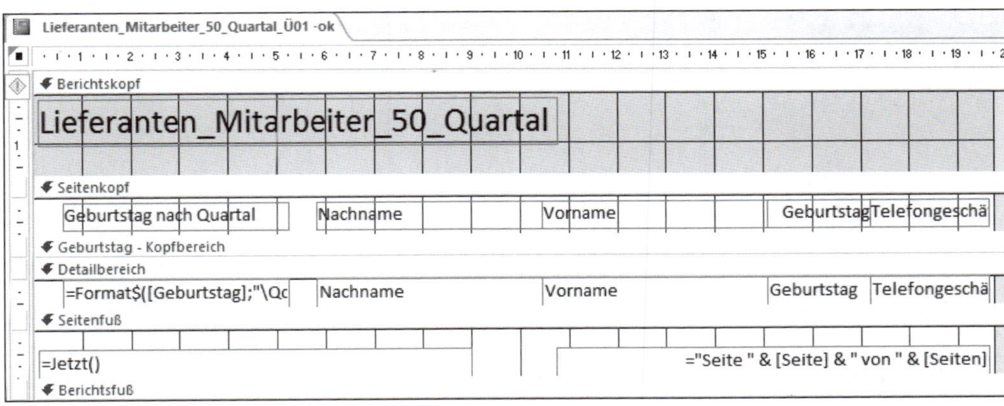

4.7 Sortierung und Gruppierung

4.7.1 Grundlegendes zu Beginn

Beim Erzeugen des Berichts musste man die Gruppierung und Sortierung angeben. Natürlich kann man sie auch nachträglich in den Bericht einbauen bzw. sie ändern.

1. Öffnen Sie den Bericht *Lieferanten_Mitarbeiter_50_Ü02* und wechseln Sie in die Entwurfsansicht.
2. Klicken Sie auf das Register *Berichtslayout/Entwurf* -> Gruppe *Gruppierung und Summen* -> *Gruppieren und Sortieren*.

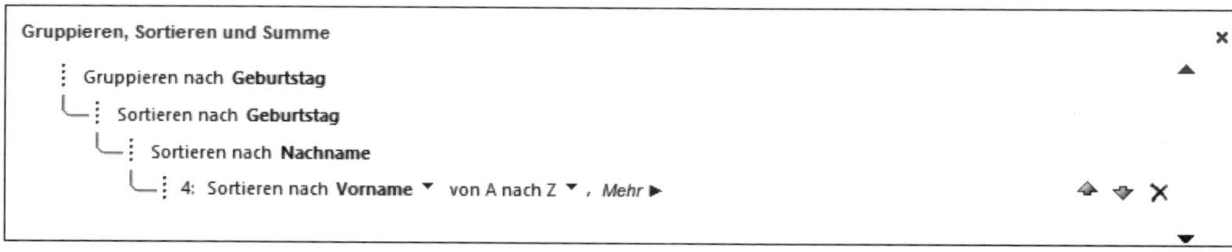

Ganz unten auf der Berichtsseite öffnet sich der Bereich *Gruppieren, Sortieren und Summe*. Hier findet man die Kriterien, die beim Erstellen des Berichts ausgewählt wurden.

Zur Erinnerung: Bei der Erzeugung des Berichts mit dem Berichts-Assistenten wurden Sie als Erstes gefragt, nach welchem Kriterium die Daten gruppiert werden sollen. Sie sollten die Daten nach den Geburtstagen der Jubilare, die in diesem Jahr 50 wurden, gruppieren.

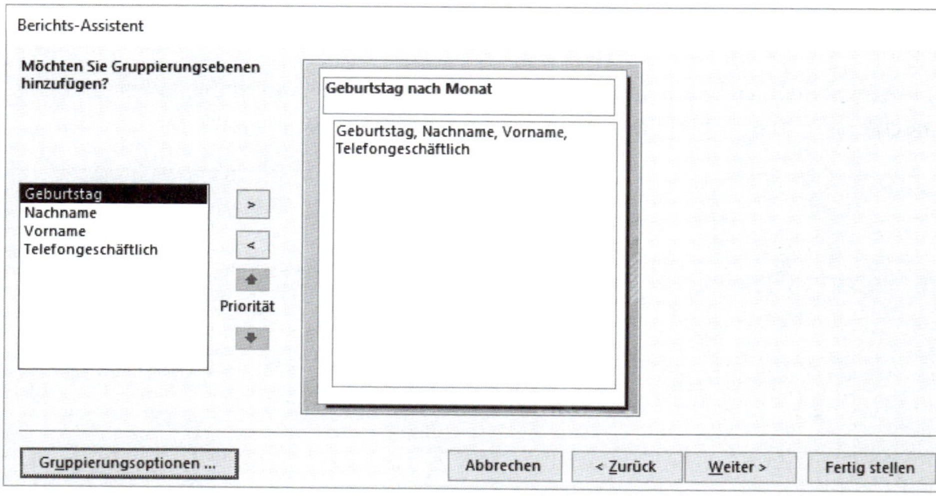

Diese Gruppierung steht an erster Stelle und somit im Bereich *Gruppieren, Sortieren und Summe* an der obersten Stelle.

Im Assistenten konnten Sie über die *Gruppierungsoptionen* definieren, nach welchen Kriterien Sie die Geburtstage gruppieren wollten. In diesem Fall sollten die Geburtstage nach den Monaten zusammengefasst werden.

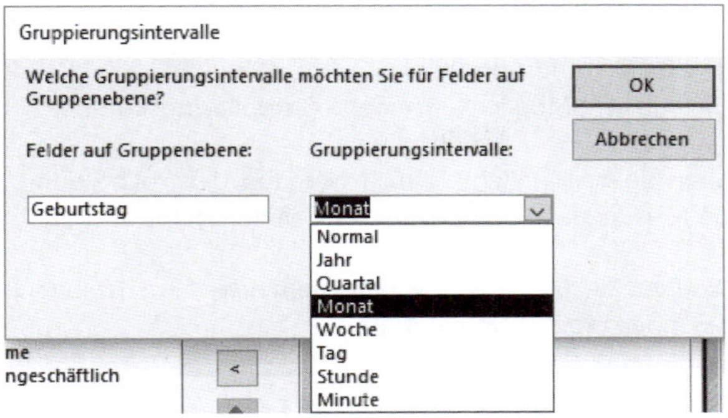

Diese Einstellungen finden Sie im Bereich *Gruppieren, Sortieren und Summe.*

1. Klicken Sie dazu auf die Leiste *Gruppieren nach Geburtstag.*

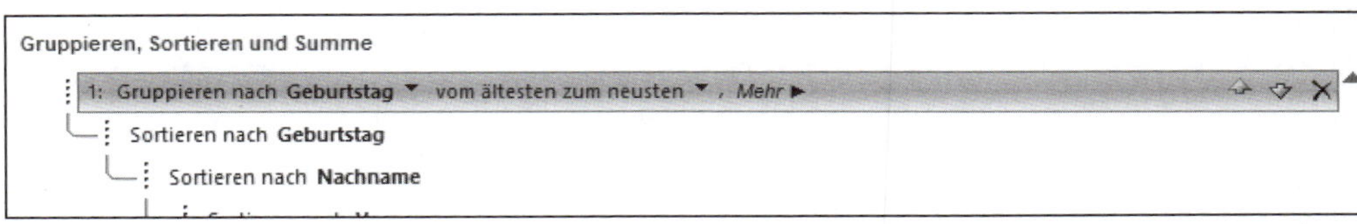

2. Und anschließend auf *Mehr*

Es werden zusätzliche Optionen angezeigt. Der Berichts-Assistent bietet Ihnen Methoden zum Erzeugen von einfachen Berichten an. Benötigen Sie jedoch komplexere Gruppier- und Sortiermethoden, müssen Sie im Bereich *Gruppieren, Sortieren und Summe* die Einstellungen durchführen.

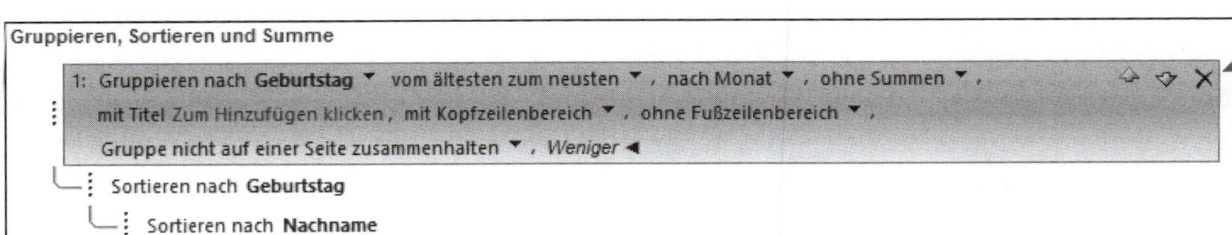

Es gibt sechs Kriterien, die eingestellt werden können:

Sortierreihenfolge	Hier können Sie über die Drop-down-Liste auswählen, wie die Gruppierungen sortiert werden sollen. Hier – da nach den Monaten gruppiert wird – *vom ältesten zum neusten* auswählen.

Gruppierungsintervalle	In Abhängigkeit des Feldes, nach dem gruppiert wird, bietet Access unterschiedliche Gruppierungsvorschläge an. Jedoch haben Sie auch die Möglichkeit, eigene Gruppierungskriterien zu erzeugen. Beim Datum haben Sie die Möglichkeit, nach dem Tag, der Woche, dem Monat, dem Quartal oder nach einem benutzerdefinierten Intervall zu gruppieren. Bei einem Text können Sie die Felder z. B. nach dem ersten Buchstaben gruppieren. Dazu gibt es später eine Aufgabe. Hier: *nach Monat*.
Summen	Sie können Werte berechnen lassen. Zum Beispiel können bei Geldbeträgen Zwischensummen in den einzelnen Gruppierungsintervallen angegeben werden. Ebenso haben Sie die Möglichkeit, die Anzahl der Elemente in einem Gruppierungsintervall anzeigen zu lassen. Hier: *ohne Summe*.
Titel	Hier können Sie den Titel des zusammenzufassenden Feldes ändern. Sie können diese Option für Spaltenüberschriften und zum Beschriften des Titels des zusammenfassenden Feldes nutzen.
Mit/ohne Kopfzeilenbereich	Sie können entscheiden, ob oberhalb der einzelnen Gruppierungsintervalle eine Kopfzeile eingefügt werden soll. Hier: *ohne Kopfzeilenbereich*.
Mit/ohne Fußzeilenbereich	Sie können entscheiden, ob unterhalb der einzelnen Gruppierungsintervalle eine Fußzeile eingefügt werden soll. Hier: *ohne Fußzeilenbereich*.
Gruppe zusammenhalten	Sie können entscheiden, wie Gruppen beim Drucken angeordnet werden. Es werden Daten einer Gruppe zusammengehalten, was jedoch bedeuten kann, dass man mehr Blätter für den Ausdruck benötigt. Hier: *Gruppe nicht auf einer Seite zusammenhalten*.

Beim Erzeugen des Berichts wurden Sie – nachdem Sie die Gruppierungsmethode eingegeben haben – gefragt, nach welchen Kriterien die Daten innerhalb einer Gruppe sortiert werden sollen. Die Anforderung lautete, dass die Datensätze nach dem Geburtstag zu sortieren seien.

Sollten zwei Personen am selben Tag Geburtstag haben, sollen die Namen alphabetisch aufgeführt werden. Sollten rein zufällig an einem Tag zwei oder mehr Personen Geburtstag haben, die zugleich denselben Nachnamen haben, wird als drittes Kriterium noch nach dem Vornamen sortiert.

Im Berichts-Assistenten sah die Anforderung so aus:

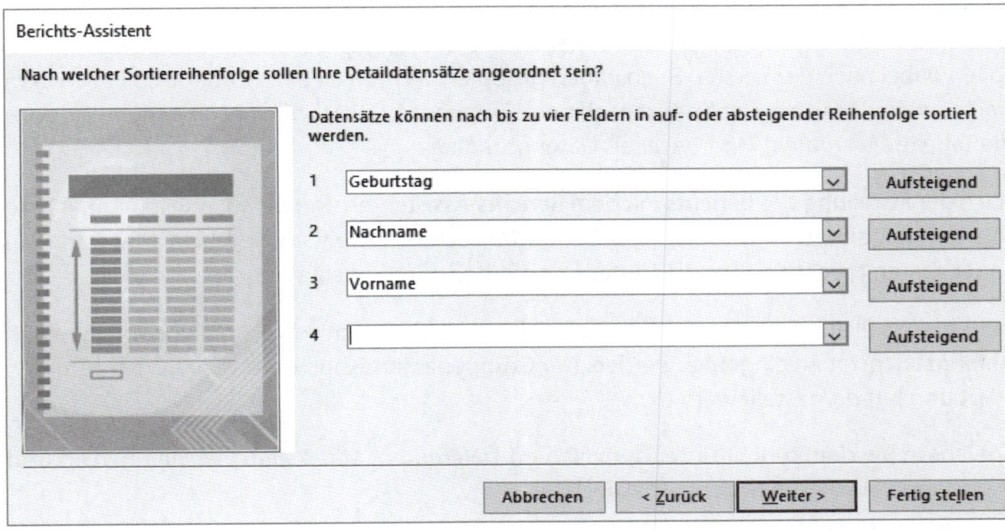

Im Bereich *Gruppieren, Sortieren und Summe* sieht diese Anforderung folgendermaßen aus. Je höher ein Kriterium angeben ist, desto höher ist auch die Priorität:

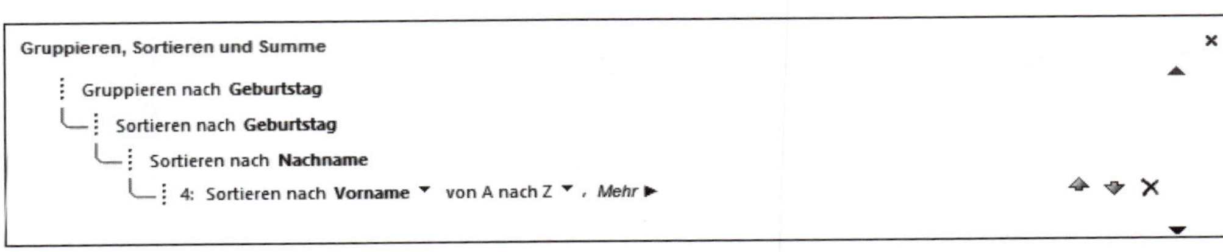

Sie möchten, dass in einer Gruppierung zuerst nach dem Nachnamen sortiert werden soll und anschließend nach dem Geburtstag?

Dazu muss die Leiste, die man von der Priorität verändern möchte, angeklickt werden, z. B. die Leiste *Sortieren nach Nachname*. Auf der rechten Seite erscheinen drei Symbole, mit denen Sie die Priorität vergrößern bzw. verkleinern oder das Kriterium löschen können. 

In unserem Fall müsste das Kriterium *Sortieren nach Nachname* eine Prioritätsstufe nach oben gesetzt werden, sodass zugleich das Kriterium Geburtstag um eine Stufe herabgesetzt wird.

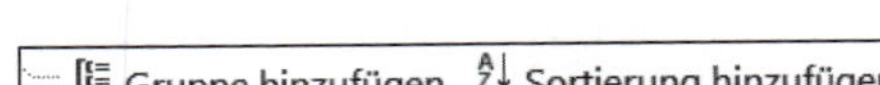

Sie können jederzeit am Ende ein neues Gruppierungs- oder Sortierungskriterium erzeugen, das Sie anschließend an die richtige Position verschieben können.

Aufgabe – Bericht nach Anfangsbuchstaben

Erzeugen Sie einen Bericht im Layout *Blocksatz*, in dem die Namen, Vornamen, E-Mail-Adresse und Mobiltelefonnummer der Mitarbeiter der Lieferanten aufgelistet sind. Die Nachnamen sollen dabei nach dem ersten Buchstaben gruppiert werden. In einer Gruppe soll nach dem Nachnamen und in zweiter Instanz nach dem Vornamen sortiert werden. Verwenden Sie dazu die Tabelle *Lieferanten_Mitarbeiter* als Datengrundlage.

Nach der Erstellung des Berichts mit dem Berichts-Assistenten und der manuellen Anpassung soll man folgenden Bericht erhalten. Da der Text schwarz/weiß ausgedruckt wird und man Toner sparen möchte, sollen die Hintergrundfarben immer Weiß sein.

Außerdem soll aus Gründen der Übersichtlichkeit ein Freiraum von 1,5 cm vor einem neuen Anfangsbuchstaben eingefügt werden. Der Gruppenanfangsbuchstabe soll mit Schriftgröße 20 pt und fett dargestellt werden.

Speichern Sie den Bericht unter dem Namen *Lieferanten_Mitarbeiter_Nachnamen* ab und exportieren Sie diesen Bericht als PDF-Datei.

Versuchen Sie selbst, diese Aufgabe zu lösen. Auf den nächsten Seiten wird die Lösung genau beschrieben.

Mitarbeiter nach Nachnamen sortiert

	Nachname	Vorname	EMailAdresse	Mobiltelefon
A	Albrecht	Desiderius	Desiderius.Albrecht@JaNinaKl	0151 889776
	Albrecht	Karl	Karl.Albrecht@LDDS.de	0163 19031038
	Albrecht	Liebhardt	Liebhardt.Albrecht@ModeMic.	0178 63365877
	Albrecht	Lilli	Lilli.Albrecht@AirFrankfurt.de	0163 23833417
	Albrecht	Margrit	Margrit.Albrecht@JackenMin.	0178 198105
	Albrecht	Veronica	Veronica.Albrecht@KLAKLAmo	0151 23563796
	Albrecht	Zenta	Zenta.Albrecht@Trans:Russia.	0178 66861448
	Arnold	Balthasar	Balthasar.Arnold@SpedAlfa.de	0163 8324535
	Arnold	Nikodemus	Nikodemus.Arnold@AirFrankf	0177 34033457

Lösung:

Erzeugen Sie den Bericht mit dem *Berichts-Assistenten* durch Klicken auf das Register *Erstellen -> Gruppe Berichte -> Berichts-Assistent.*

1. Schritt: Datenauswahl

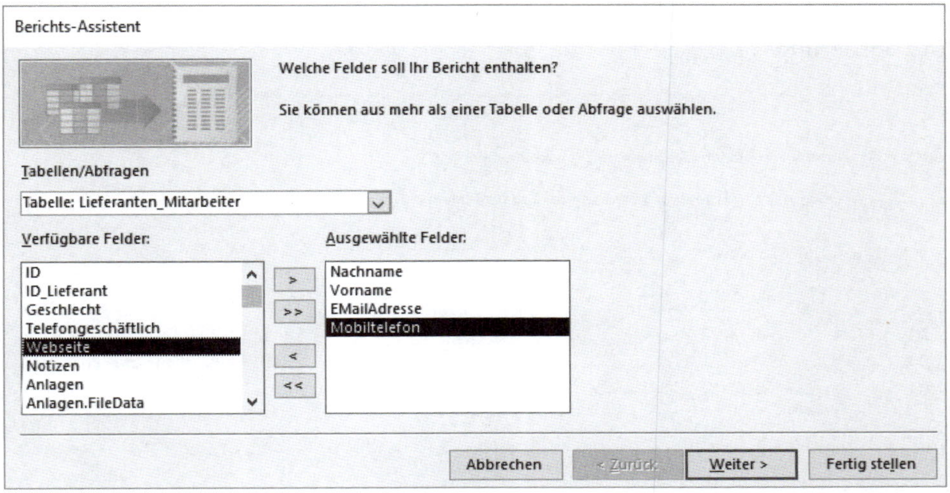

1. Wählen Sie als *Tabellen/Abfragen Tabelle:Lieferanten_Mitarbeiter*.
2. Wählen Sie aus den verfügbaren Feldern *Nachname*, *Vorname*, *EMailAdresse* und *Mobiltelefon* aus.

2. Schritt: Gruppierung

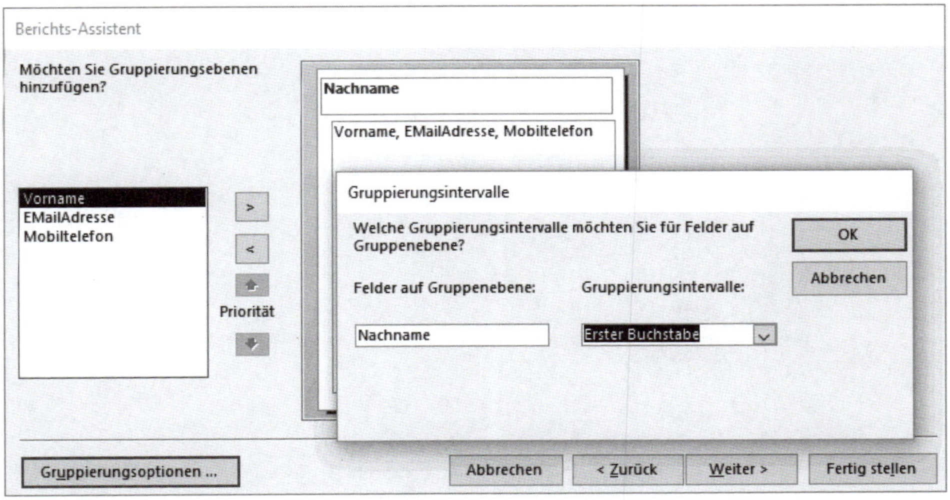

1. Wählen Sie das Feld *Nachname* als erste Gruppierungsebene.
2. Klicken Sie auf *Gruppierungsoptionen*.

3. Es öffnet sich das Dialogfenster *Gruppierungsintervalle*. Bestimmen Sie als Gruppierungsintervall *Erster Buchstabe*.

3. Schritt: Sortierung

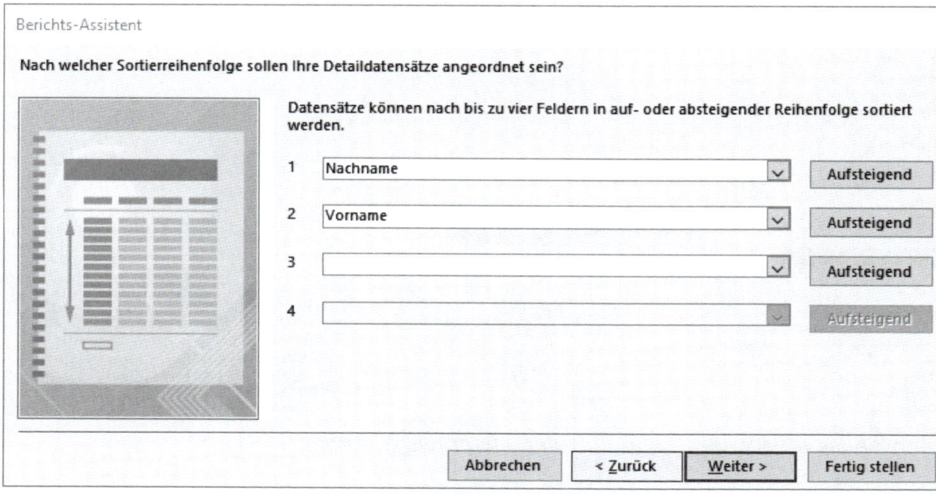

Geben Sie an erster Position das Feld *Nachname* und an zweiter Position das Feld *Vorname* ein.

4. Schritt: Layout

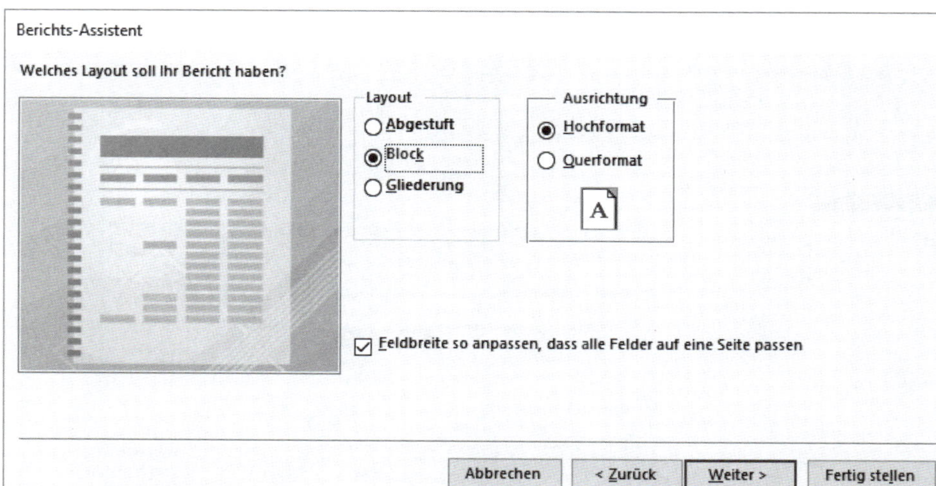

Legen Sie das Layout *Block* fest.

5. Schritt: Letzte Einstellungen

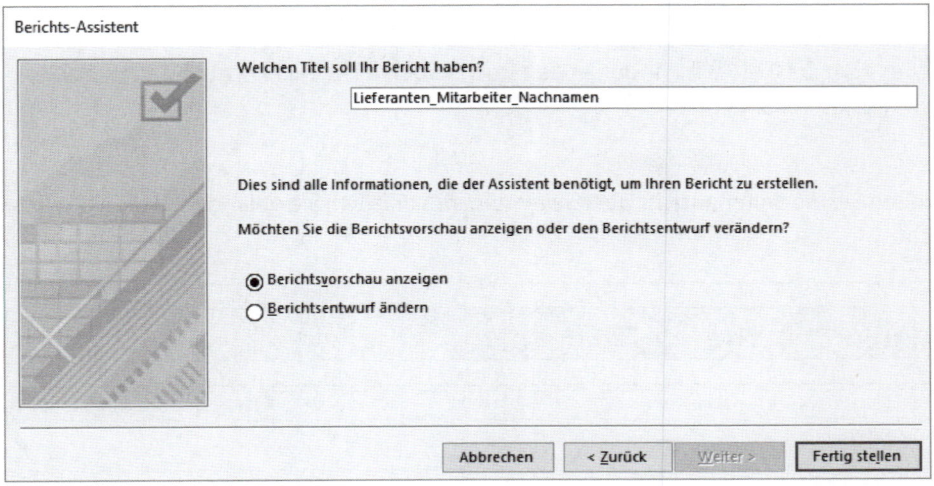

1. Geben Sie den Titel *Lieferanten_Mitarbeiter_Nachnamen* ein.
2. Klicken Sie auf *Fertig stellen*, um das Formular zu erstellen.

Der neue Bericht wird erstellt und Sie sollten folgendes Ergebnis erhalten:

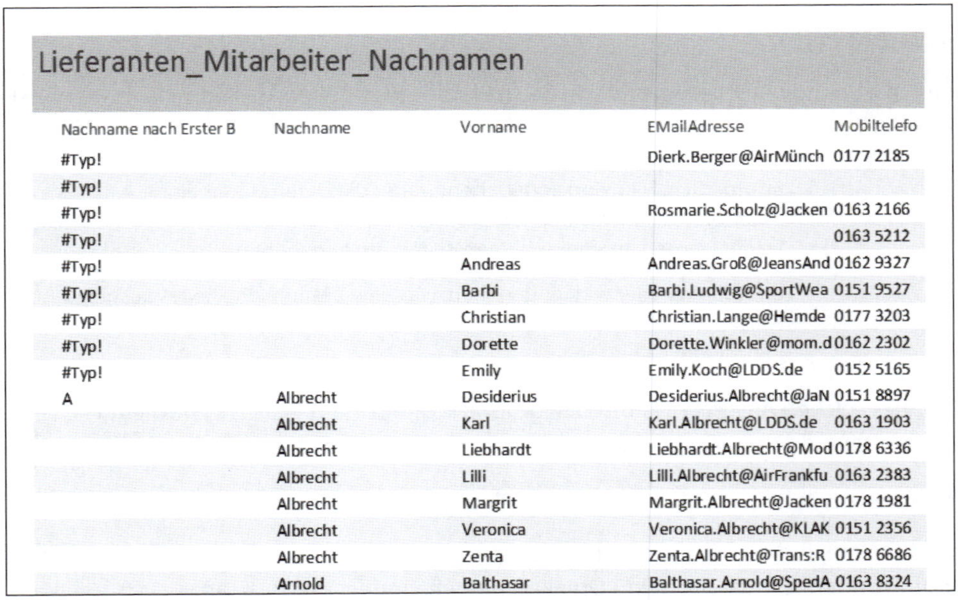

Lieferanten_Mitarbeiter_Nachnamen

Nachname nach Erster B	Nachname	Vorname	EMailAdresse	Mobiltelefo
#Typ!			Dierk.Berger@AirMünch	0177 2185
#Typ!				
#Typ!			Rosmarie.Scholz@Jacken	0163 2166
#Typ!				0163 5212
#Typ!		Andreas	Andreas.Groß@JeansAnd	0162 9327
#Typ!		Barbi	Barbi.Ludwig@SportWea	0151 9527
#Typ!		Christian	Christian.Lange@Hemde	0177 3203
#Typ!		Dorette	Dorette.Winkler@mom.d	0162 2302
#Typ!		Emily	Emily.Koch@LDDS.de	0152 5165
A	Albrecht	Desiderius	Desiderius.Albrecht@JaN	0151 8897
	Albrecht	Karl	Karl.Albrecht@LDDS.de	0163 1903
	Albrecht	Liebhardt	Liebhardt.Albrecht@Mod	0178 6336
	Albrecht	Lilli	Lilli.Albrecht@AirFrankfu	0163 2383
	Albrecht	Margrit	Margrit.Albrecht@Jacken	0178 1981
	Albrecht	Veronica	Veronica.Albrecht@KLAK	0151 2356
	Albrecht	Zenta	Zenta.Albrecht@Trans:R	0178 6686
	Arnold	Balthasar	Balthasar.Arnold@SpedA	0163 8324

Man kann erkennen, dass der Bericht nachbearbeitet werden muss. Während für die Kategorie, also den Anfangsbuchstaben sehr viel Platz zur Verfügung steht, wird für die E-Mail-Adresse und die Mobiltelefonnummer nur wenig Platz gewährt.

> **Hinweis**
>
> Für die ersten neun Datensätze gibt es keinen Nachnamen, und somit kommt die Fehlermeldung *#Typ*, da Access nicht den ersten Buchstaben eines nicht vorhandenen Nachnamens auslesen kann.

3. Schließen Sie die Seitenansicht über *Seitenansicht schließen*. Sie gelangen in die Entwurfsansicht.

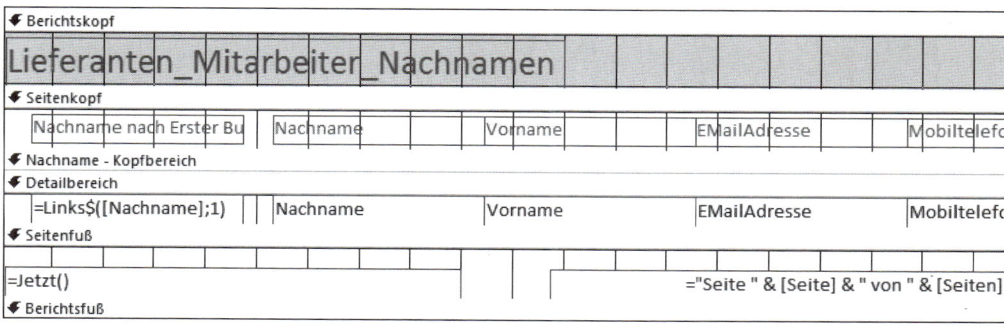

Im Bericht wird auf der linken Seite der Anfangsbuchstabe der jeweiligen Gruppe angezeigt. Betrachten Sie dazu den Inhalt des linken Textfeldes:

Links$([Nachname];1)

Links gibt in Abhängigkeit der Anzahl von Zeichen, die Sie angeben, das oder die erste(n) Zeichen in einer Textzeichenfolge zurück: *=Links$(Text; Anzahl_Zeichen)*

Text	Erforderlich. Hier wird angegeben, woher die Daten stammen. In unserem Fall: *[Nachname]*. Felder werden immer in eckigen Klammern angegeben.
Anzahl_Zeichen	Erforderlich. Hier wird angegeben, wie viele Zeichen des Textes ausgelesen werden wollen. In unserem Fall: *1*

Mithilfe eines solchen Ausdrucks kann auch gruppiert und sortiert werden. Wie dies geschieht, wird in einer der nächsten Aufgaben näher betrachtet.

Verschieben von Feldern und Verändern der Feldgrößen

1. Damit Sie das gewünschte Feld und den dazugehörigen Feldnamen in einem Schritt ändern können, klicken Sie beide Objekte mit gehaltener Strg-Taste an.
2. Verändern Sie die Breite des Feldes mit dem Anfangsbuchstaben auf 1 cm und löschen Sie die Feldbeschreibung *Nachname Nach Erster Buchstabe*. Der Text soll in Schriftgröße 20 pt und fett dargestellt werden. Vergrößern Sie dementsprechend die Höhe des Feldes.

3. Verschieben Sie das Feld und die Feldbeschreibung *Nachname* so, dass beide Objekte 2 cm vom linken Rand entfernt beginnen.
4. Verschieben Sie das Feld und die Feldbeschreibung *Vorname* so, dass beide Objekte 6,5 cm vom linken Rand entfernt beginnen und eine Breite von 4 cm besitzen.
5. Verschieben Sie das Feld und die Feldbeschreibung *EMailAdressen* so, dass beide Objekte 11 cm vom linken Rand entfernt beginnen und eine Breite von 5 cm besitzen.
6. Verschieben Sie das Feld und die Feldbeschreibung *Mobiltelefon* so, dass beide Objekte 16,5 cm vom linken Rand entfernt beginnen und eine Breite von 3 cm besitzen.

Freiraum oberhalb der Auflistung der Datensätze gruppiert nach dem jeweiligen Anfangsbuchstaben des Nachnamens

Die Eingaben im Kopfbereich bilden die Überschriften für die jeweilige Gruppierung. In unserem Fall soll jedoch nur ein Freiraum geschaffen werden.

1. Klicken Sie auf *Nachname – Kopfbereich.*
2. Ändern Sie im *Eigenschaftenblatt* die *Höhe* auf *1,5 cm*.

Weitere Änderungen

Alle Felder und Feldnamen sollen die Schriftfarbe Schwarz erhalten, außerdem sollen alle Hintergrundfarben die Farbe Weiß besitzen. Die Überschrift soll in *Mitarbeiter nach Nachnamen sortiert* geändert werden. Gehen Sie bei Problemen nochmals im Abschnitt 4.6. »Aufbau eines Berichts«.

Sie erhalten folgendes Layout in der Entwurfsansicht.

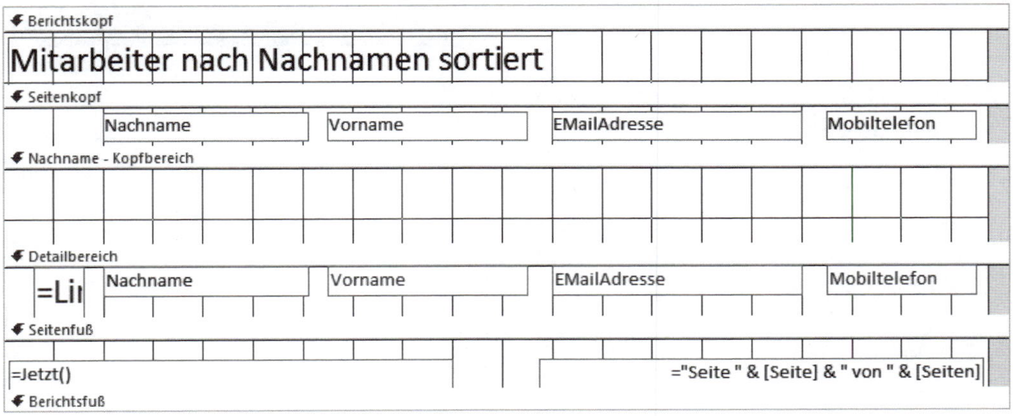

Die Einstellungen für Gruppierung und Sortierung lauten:

In den Kriterien steht das gesetzte Gruppierungskriterium *nach dem ersten Zeichen*. Außerdem wird angegeben, dass der Kopfbereich im Bericht angezeigt wird.

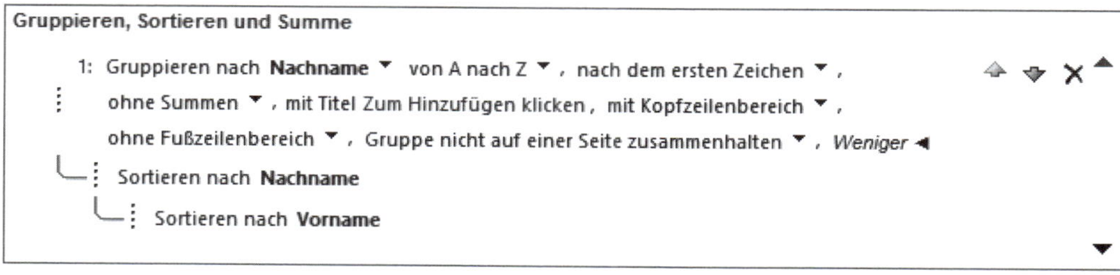

Wiederholungsaufgabe

In der obigen Aufgabe wurden Datensätze aufgelistet, bei denen kein Nachname angegeben ist. Solche Datensätze stören in einem Bericht und sollten herausgefiltert werden. Verwenden Sie den Bericht *Lieferanten_Mitarbeiter_Nachnamen_Ü01* für diese Aufgabe.

Öffnen Sie zusätzlich das Formular *Lieferanten_Mitarbeiter_Nachnamen*, das vom Aufbau ähnlich dem des Berichts ist. Setzen Sie einen geeigneten Filter, den Sie unter dem Namen *Lieferanten_Mitarbeiter_bearbeitet* abspeichern und in diesem Bericht als Datengrundlage ersetzen.

Versuchen Sie selbst, diese Aufgabe zu lösen. Falls Sie Probleme mit dem Setzen des Filters haben, blättern Sie zurück zum Abschnitt 2.7 »Filtern und Sortieren«. Auf den nächsten Seiten wird die Lösung genau beschrieben.

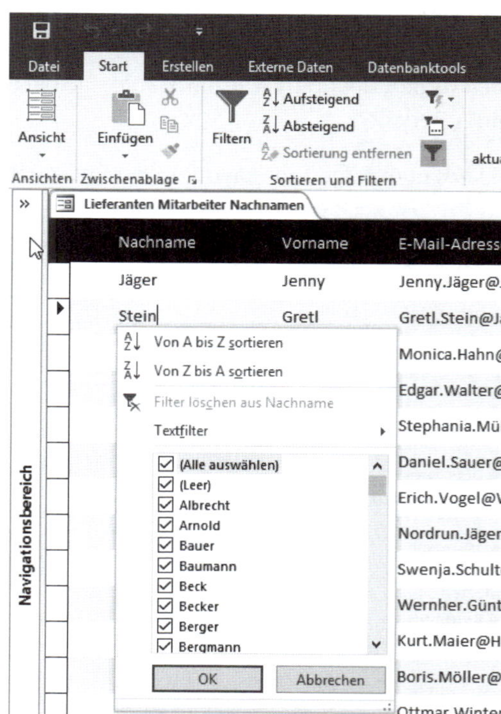

LÖSUNG:

1. Öffnen Sie das Formular *Lieferanten_Mitarbeiter_Nachnamen*.
2. Im Feld *Nachname* muss ein Wert angegeben sein. Daher müssen alle Datensätze ausgefiltert werden, bei denen das Feld *Nachname* leer ist.
3. Klicken Sie in ein Feld der Spalte *Nachname*.

4. Klicken Sie auf das Register *Start* -> Gruppe *Sortieren und Filtern* -> *Filtern*. Es öffnet sich ein Auswahlfenster mit unterschiedlichen Optionen.

5. Deaktivieren Sie das Kontrollkästchen *(Leer)* und klicken Sie anschließend auf OK.

Der Filter kann nun abgespeichert werden und als Datengrundlage für den Bericht benutzt werden. Leider kann der Filter nicht direkt abgespeichert werden. Das Speichern kann nur im *Formularbasierten Filter* oder *Spezialfilter* durchgeführt werden.

6. Klicken Sie auf das Register *Start* -> Gruppe *Sortieren und Filtern* -> *Erweitert* -> *Formularbasierter Filter*.

7. Klicken Sie auf das Register *Start* -> Gruppe *Sortieren und Filtern* -> *Erweitert* -> *Als Abfrage speichern*.

8. Geben Sie als Name des Filters *Lieferanten_Mitarbeiter_bearbeitet* ein.

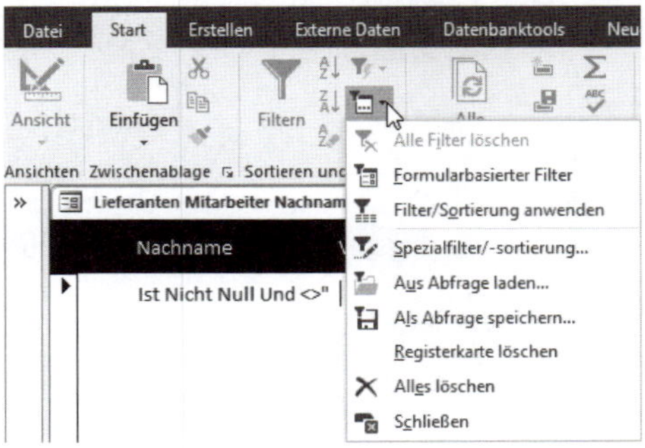

Nun muss der Filter in den Bericht eingefügt werden, das heißt, die zugrunde liegende Datensatzquelle muss geändert werden. Bisher werden die Daten direkt aus der Tabelle *Lieferanten_Mitarbeiter* aufgerufen, nun jedoch sollen die Daten über den eben erzeugten Filter, genauer, über die Abfrage *Lieferanten_Mitarbeiter_bearbeitet* ausgelesen werden.

9. Wechseln Sie zurück in den Bericht *Lieferanten_Mitarbeiter_Nachnamen_Ü01* und gehen Sie in die Entwurfsansicht.

10. Wählen Sie den Auswahltyp *Bericht*.

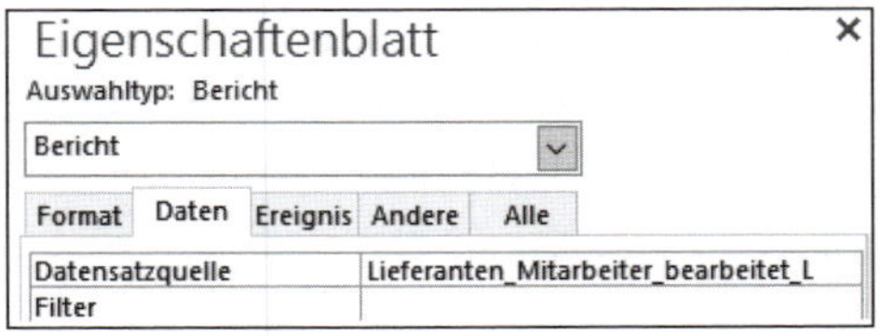

11. Ändern Sie die Datensatzquelle auf *Lieferanten_Mitarbeiter_bearbeitet* oder *Lieferanten_Mitarbeiter_bearbeitet_L*.

12. Speichern Sie den Bericht *Lieferanten_Mitarbeiter_Nachnamen_Ü01* ab.

Sie erhalten somit den verbesserten Bericht:

Mitarbeiter nach Nachnamen sortiert

	Nachname	Vorname	EMailAdresse	Mobiltelefon
A	Albrecht	Desiderius	Desiderius.Albrecht@JaNinaKl	0151 889776
	Albrecht	Karl	Karl.Albrecht@LDDS.de	0163 19031038
	Albrecht	Liebhardt	Liebhardt.Albrecht@ModeMic.	0178 63365877
	Albrecht	Lilli	Lilli.Albrecht@AirFrankfurt.de	0163 23833417
	Albrecht	Margrit	Margrit.Albrecht@JackenMin.	0178 198105
	Albrecht	Veronica	Veronica.Albrecht@KLAKLAmo	0151 23563796
	Albrecht	Zenta	Zenta.Albrecht@Trans:Russia.	0178 66861448
	Arnold	Balthasar	Balthasar.Arnold@SpedAlfa.de	0163 8324535
	Arnold	Nikodemus	Nikodemus.Arnold@AirFrankf	0177 34033457

4.7.2 Gruppieren und Sortieren – selbst gemacht

Bei der Erzeugung eines Berichts werden Sie meist den Berichts-Assistenten verwenden, da dieser Ihnen viel Arbeit abnimmt. Jedoch werden Sie immer wieder in die Situation kommen, dass Sie einen Bericht layoutet haben und feststellen, dass die Sortierung oder Gruppierung nicht den tatsächlichen Wünschen entspricht. Immer wieder werden Sie auch bei komplexeren Berichten erkennen, dass der Assistent nicht all Ihre Wünsche berücksichtigt.

Mitarbeiter unsortiert

	Nachname	Vorname	EMailAdresse	Mobiltelefon
J	Jäger	Jenny	Jenny.Jäger@JackenWord.de	0152 89394714
S	Stein	Gretl	Gretl.Stein@JaNinaKlamotten.de	0177 17970005
H	Hahn	Monica	Monica.Hahn@AdA.de	0163 16176515
W	Walter	Edgar	Edgar.Walter@Kmode.de	0151 26611553
M	Müller	Stephania	Stephania.Müller@ModeforYoung.de	0162 60586497
S	Sauer	Daniel	Daniel.Sauer@Fashion_Europa.de	0151 2058583
V	Vogel	Erich	Erich.Vogel@WorldKlam.de	0177 3211273
J	Jäger	Nordrun	Nordrun.Jäger@JackenMin.de	0178 5080359

Daher müssen Sie auch nachträglich in der Lage sein, die Gruppierungen und Sortierungen selbstständig einzurichten bzw. zu verändern. In diesem Abschnitt sollen Sie grundlegende Vorgehensweisen kennenlernen.

Im Bericht *Lieferanten_Mitarbeiter_unsortiert* werden alle Mitarbeiter unsortiert aufgelistet. Jedoch sollen die Nachnamen der Mitarbeiter – so wie in der Aufgabe zuvor – nach dem ersten Buchstaben gruppiert werden. Anschließend soll nach dem Nachnamen und in zweiter Instanz nach dem Vornamen sortiert werden.

Die Mitarbeiter der Lieferanten werden der Reihe nach unsortiert aufgelistet. Nun sollen die Mitarbeiter nach dem ersten Buchstaben des Nachnamens gruppiert werden.

1. Öffnen Sie den Bericht *Gruppieren_und_Sortieren_Ü01* in der Entwurfsansicht.

2. Klicken Sie auf das Register *Berichtslayout/Entwurf* -> Gruppe *Gruppierung und Summen* -> *Gruppieren und Sortieren*. Es öffnet sich im unteren Bereich des Detailbereichs der Bereich *Gruppieren, Sortieren und Summe*.

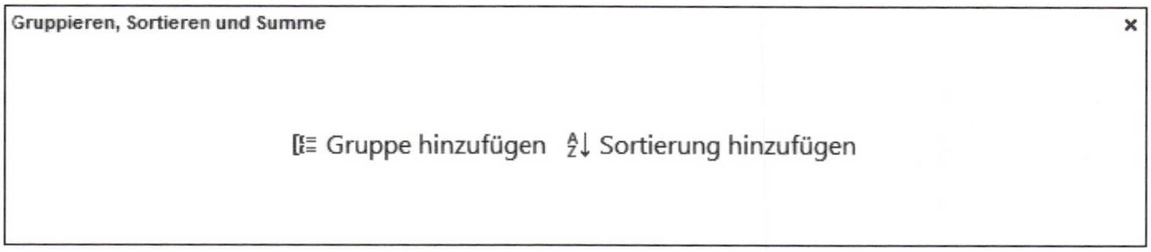

3. Als erster Schritt muss die Gruppierung nach dem ersten Buchstaben des Nachnamens durchgeführt werden. Klicken Sie auf *Gruppe hinzufügen*, um das Gruppierungskriterium hinzuzufügen.

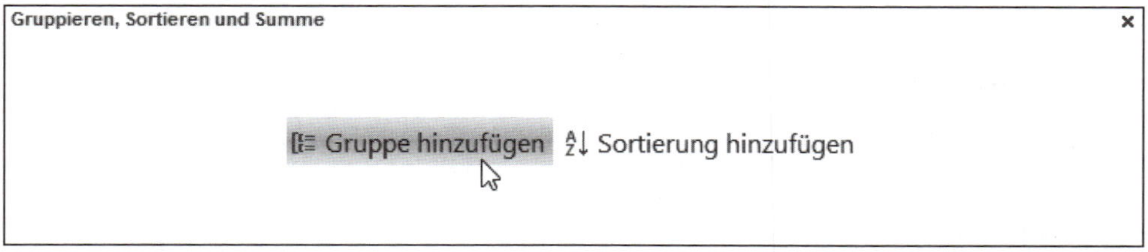

Es wird eine neue Zeile eingefügt.

4. Klicken Sie auf *Feld auswählen*. Es erscheint eine Liste mit allen verfügbaren Feldern. Zusätzlich besteht die Möglichkeit, durch die Verwendung eines Ausdrucks ein eigenes Kriterium zu definieren – dazu aber später.

5. Da der Bericht nach dem ersten Buchstaben des Nachnamens gruppiert werden soll, wählen Sie das Feld *Nachname* aus.

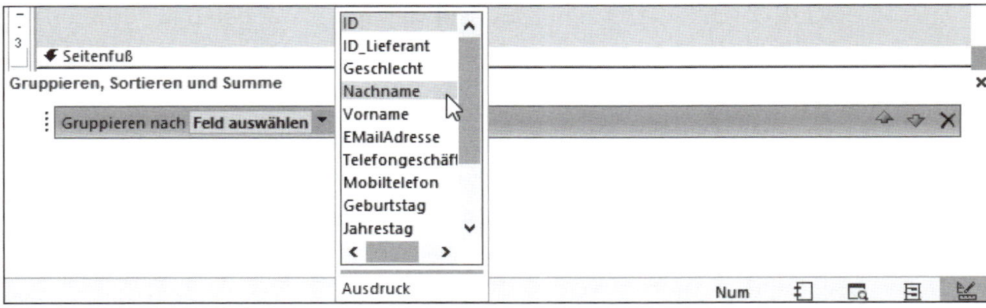

6. Klicken Sie auf *Mehr*, um das Gruppierungskriterium genauer definieren zu können.

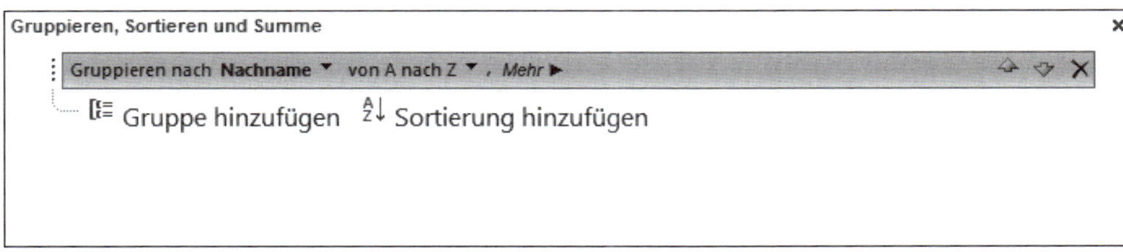

7. Klicken Sie auf *nach Gesamtwert*.

8. Wählen Sie *nach dem ersten Zeichen*. Somit wird der Nachname nach dem ersten Buchstaben gruppiert.

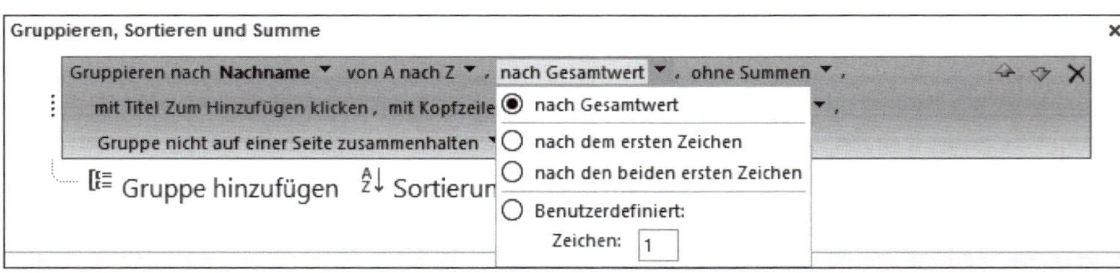

Man erhält somit:

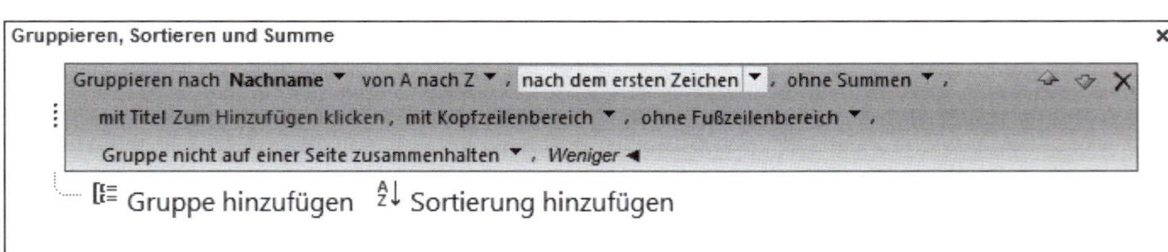

> **Hinweis**
>
> Je nach Datentyp des zu gruppierenden Feldes werden unterschiedliche Gruppierungsmöglichkeiten angeboten.

Es können die Anzahl der Datensätze im Kopf- oder Fußbereich einer Gruppierung angezeigt werden. Diese Einstellungen können Sie durchführen, indem Sie auf *ohne Summen* klicken und dort die Parameter dementsprechend verändern. Dies dürfen Sie in der nächsten Aufgabe kennenlernen.

9. Im zweiten Schritt müssen die Sortierungen nach Nachname und Vorname eingerichtet werden. Wählen Sie *Sortierung hinzufügen*.

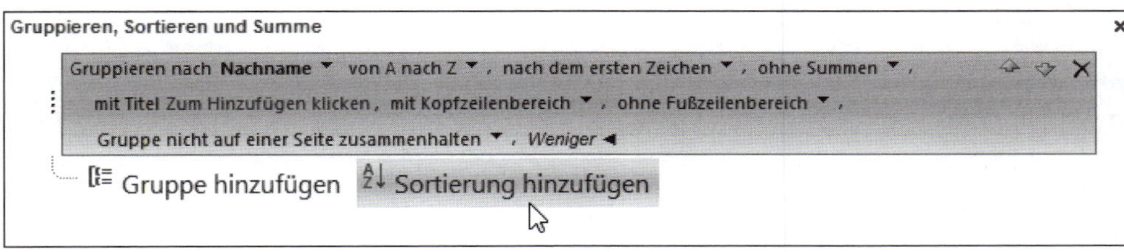

10. Klicken Sie auf *Feld auswählen* und wählen Sie das Feld *Nachname*.

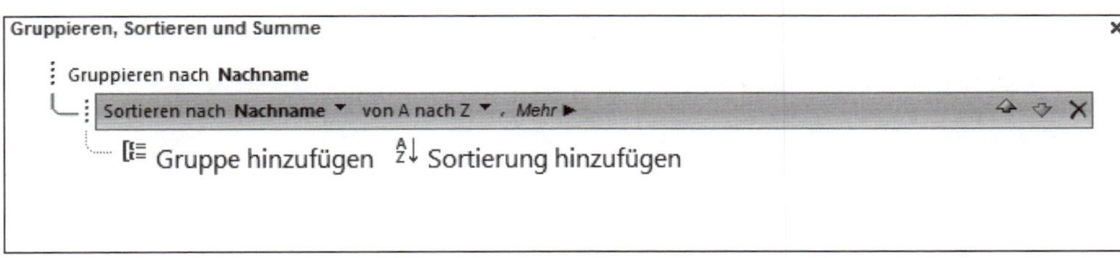

11. Im letzten Schritt muss nach dem Nachnamen sortiert werden. Klicken Sie wiederum auf *Sortierung hinzufügen*. Wählen Sie als Sortierfeld *Vorname* aus. Fertig!

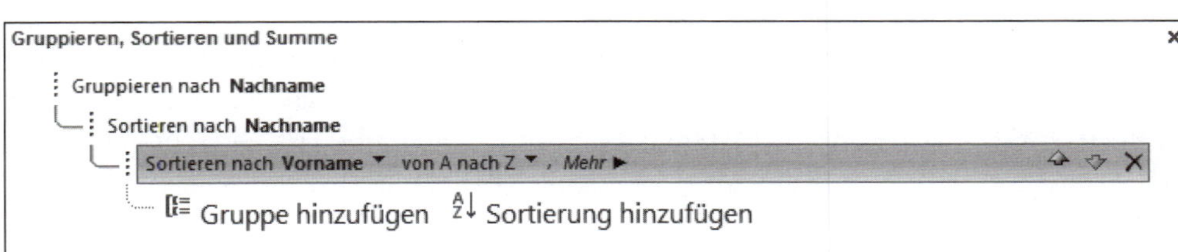

12. Speichern Sie den Bericht *Gruppieren_und_Sortieren_Ü01* ab.

Aufgabe

1. Öffnen Sie den Bericht *Gruppieren_und_Sortieren_Ü02*.

2. Erzeugen Sie einen Bericht, wobei alle Datensätze, die die gleiche Mobilvorwahl haben, gruppiert werden sollen. Innerhalb einer Gruppe sollen die Datensätze nach dem Geburtstag sortiert werden, wobei der jüngste Mitarbeiter jeweils an der ersten Position angegeben wird.

In das leere Feld vor dem Nachnamen soll die Vorwahl der Handynummer und im Kopfbereich der Gruppierung soll die Anzahl der Mitarbeiter, die ein Mobiltelefon mit der Vorwahl besitzen, angegeben werden.

Mitarbeiter

	Nachname	Vorname	EMailAdresse	Mobiltelefon	Geburtstag
Anzahl der Mitarbeiter mit dieser Mobilfunkvorwahl: 4					
#Typ!					05.07.2014
#Typ!	Stein	Gretl	Gretl.Stein@JaNinaKlamotten		12.01.1969
#Typ!	Maier	Bonifaz			
#Typ!	Otto	Marilene			
Anzahl der Mitarbeiter mit dieser Mobilfunkvorwahl: 73					
0151	Huber	Kerstin	Kerstin.Huber@AdA.de	0151 58777467	09.12.1995
	Krüger	Thekla	Thekla.Krüger@ShirtADE.de	0151 82328817	06.08.1995
	Weber	Hansjörn	Hansjörn.Weber@INWorld.de	0151 2164798	30.12.1994
	Haas	Andree	Andree.Haas@KfSF.de	0151 20474199	23.11.1994
	Wolff	Sylvia	Sylvia.Wolff@Trans:Asia.de	0151 49966779	24.10.1994

Zusatz-Aufgabe

Bei vier Mitarbeitern ist keine Mobiltelefonnummer angegeben. Daher wird eine Fehlermeldung beim Auslesen der Nummer ausgegeben: *#Typ!* Ändern Sie die Datengrundlage so, dass nur Datensätze, in denen eine Mobiltelefonnummer angegeben ist, verwendet werden.

LÖSUNG:

1. Öffnen Sie den Bericht *Gruppieren_und_Sortieren_Ü02* in der Entwurfsansicht.

2. Zunächst muss die Gruppierung nach der Vorwahl der Mobiltelefonnummer durchgeführt werden. Die Vorwahl besteht (nur für unser Beispiel) immer aus vier Ziffern. Daher muss die Mobiltelefonnummer nach den ersten vier Ziffern gruppiert werden.

3. Klicken Sie auf *Gruppe hinzufügen*, um das Gruppierungskriterium hinzuzufügen.

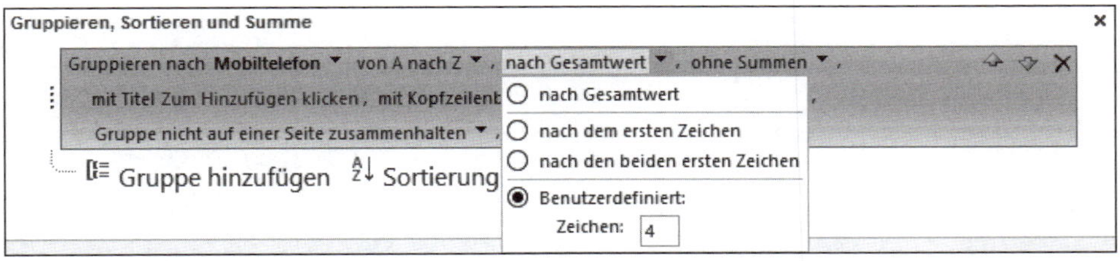

4. Klicken Sie auf *Feld auswählen* und wählen Sie das Feld *Mobiltelefon* aus.

5. Klicken Sie auf *nach Gesamtwert*, wählen Sie im Auswahlfenster *Benutzerdefiniert* aus und tragen Sie in das Feld *Zeichen* die Zahl *4* ein. Nun werden die ersten vier Ziffern für die Gruppierung herangezogen.

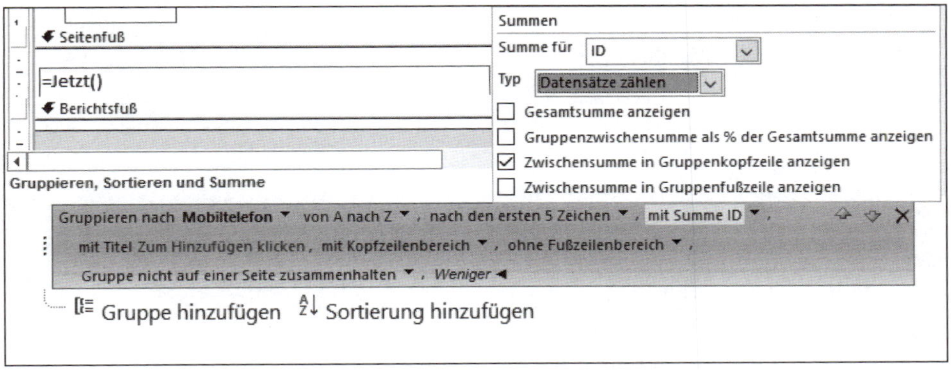

6. In der Aufgabenstellung wird gefordert, dass im Kopfbereich der Gruppierung die Anzahl der Mitarbeiter, die ein Mobiltelefon mit der Vorwahl besitzen, angegeben werden. Dies kann unter der Option *ohne Summe* eingerichtet werden. Klicken Sie auf *ohne Summen*. Sie können unter anderem die Summen oder den Mittelwert von Feldinhalten berechnen oder die Anzahl von Feldern einer Gruppierung angeben lassen. Mithilfe der Kontrollkästchen können Sie entscheiden, wo diese Informationen angezeigt werden sollen. In diesem Fall wählen Sie daher als Typ *Datensätze zählen*. Welches Feld dabei genutzt werden soll, ist nicht wichtig. Markieren Sie zusätzlich *Zwischensumme in Gruppenkopfzeile anzeigen*.

Access hat den Kopfbereich der Gruppierung *Mobiltelefon* erzeugt, in dem ein Feld eingefügt wurde. Darin wird die jeweilige Anzahl von Datensätzen innerhalb einer Gruppe angezeigt. Dies geschieht mit dem Ausdruck *=Anzahl(*)*.

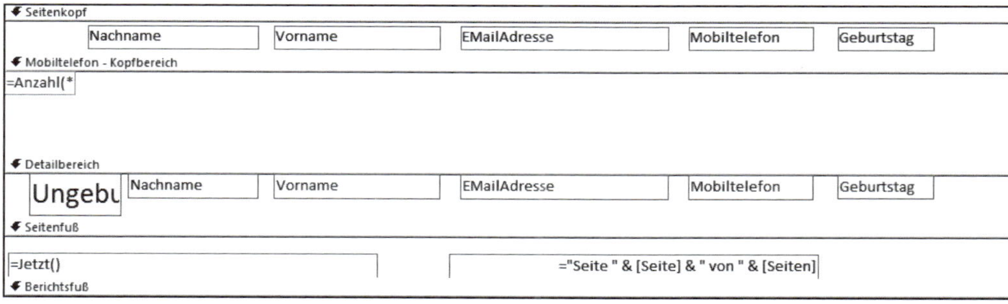

Innerhalb einer Gruppe sollen die Datensätze nach dem Geburtstag sortiert werden, wobei der jüngste Mitarbeiter jeweils an der ersten Position angegeben wird. Daher müssen Sie eine Sortierung hinzufügen und nach dem Geburtstag sortieren.

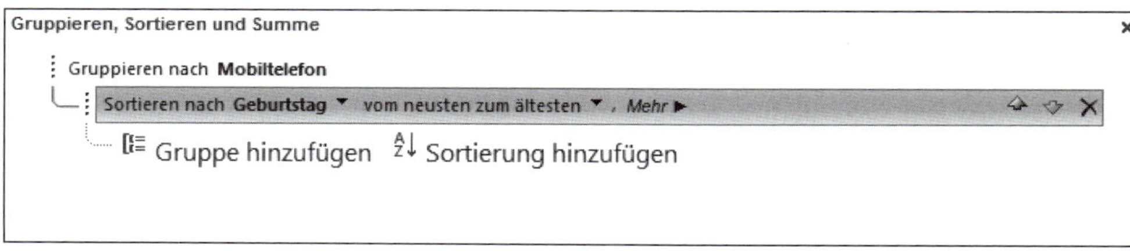

1. Wählen Sie die Option *vom neusten zum ältesten.*

In das leere, ungebundene Feld vor dem Nachnamen soll die Vorwahl der Handynummer angegeben werden. Dies geschieht, indem man die ersten vier Ziffern der Mobiltelefonnummer ausliest.

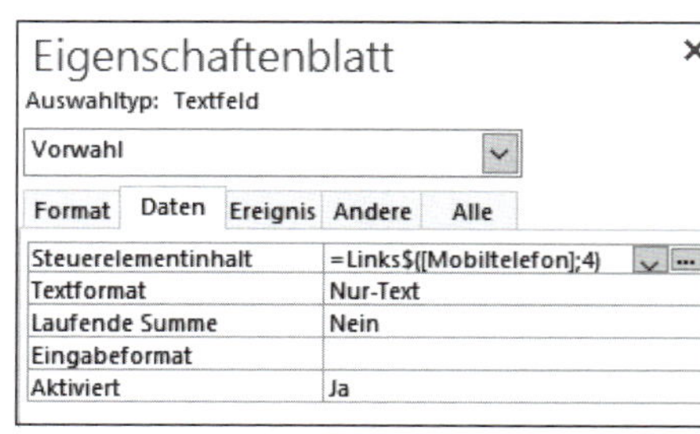

2. Klicken Sie auf das ungebundene Feld *Vorwahl* vor dem Nachnamen.
3. Fügen Sie im *Eigenschaftenblatt* im Register *Daten* im Feld *Steuerelementinhalt* den Ausdruck *=Links$([Mobiltelefon];4)* ein.

Man erhält nach weiteren kleinen Änderungen den folgenden Bericht in der Entwurfsansicht:

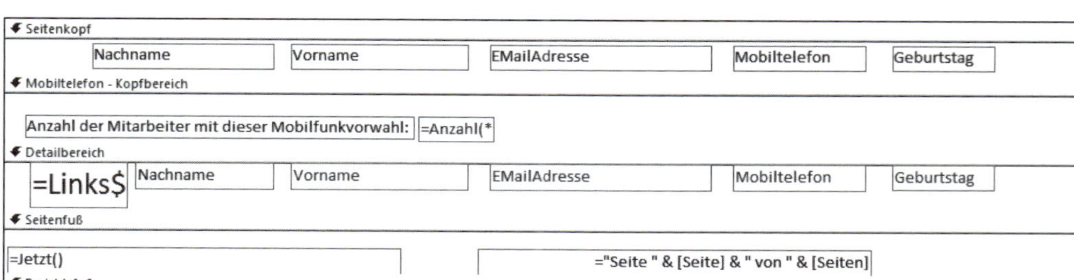

4. Speichern Sie den Bericht *Gruppieren_und_Sortieren_Ü02* ab.

Exkurs

Sie werden immer wieder in die Situation gelangen, dass Sie die Daten nach Kriterien gruppieren sollen, die nicht mit bisherigen Mitteln gelöst werden können. Dazu folgende Aufgabe:

Erzeugen Sie einen Bericht, wobei alle Datensätze nach der Länge der E-Mail-Adressen gruppiert werden sollen. Ob man jemals in die Verlegenheit kommt, nach der Länge der E-Mail-Adresse zu gruppieren, sei mal dahingestellt, jedoch kann mit dieser Aufgabe die Vorgehensweise gut beschrieben werden.

1. Öffnen Sie den Bericht *Gruppieren_und_Sortieren_Ü03.*

Als Gruppierungskriterium muss die Länge der E-Mail-Adresse ausgelesen werden.

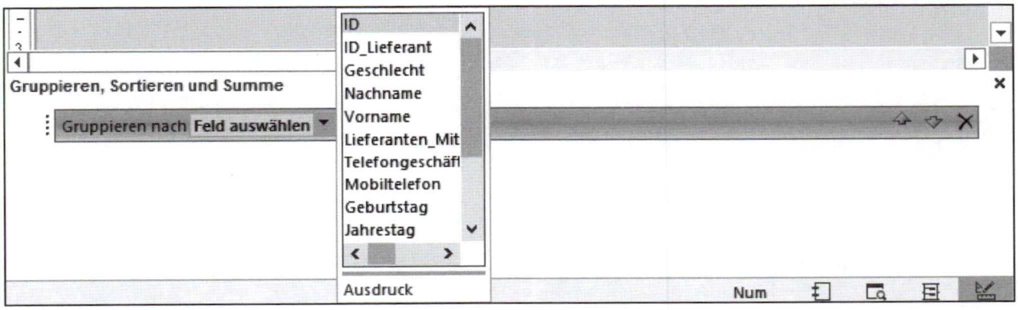

2. Klicken Sie auf *Feld auswählen*. Da es sich bei dieser Gruppierungsbedingung nicht um einen Feldnamen, sondern nur um eine Berechnung handelt, klicken Sie auf *Ausdruck.*

Es öffnet sich das Dialogfenster *Ausdrucks-Generator*, in dem der gesuchte Ausdruck erzeugt werden kann.

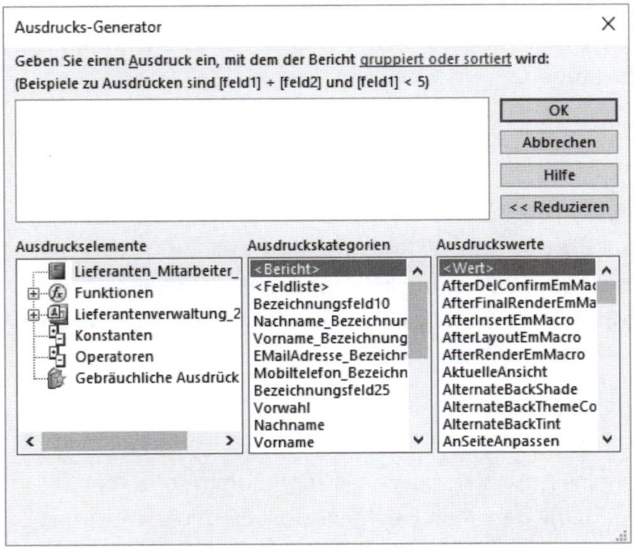

3. Geben Sie als Ausdruck *=Länge([Mobiltelefon])* in den Eingabebereich ein.

Tipp

Während Sie die Eingabe tätigen, bietet Ihnen Access Vorschläge an. Möchten Sie einen Vorschlag annehmen, markieren Sie mithilfe der Cursor-Tasten den gewünschten Vorschlag und drücken die [Tab]-Taste. Der Vorschlag wird übernommen und erscheint im Eingabebereich.

Ein Ausdruck beginnt immer mit =.

Während der Eingabe eines Bezeichners oder eines Funktionsnamens wird eine Drop-down-Liste mit möglichen Werten angezeigt.

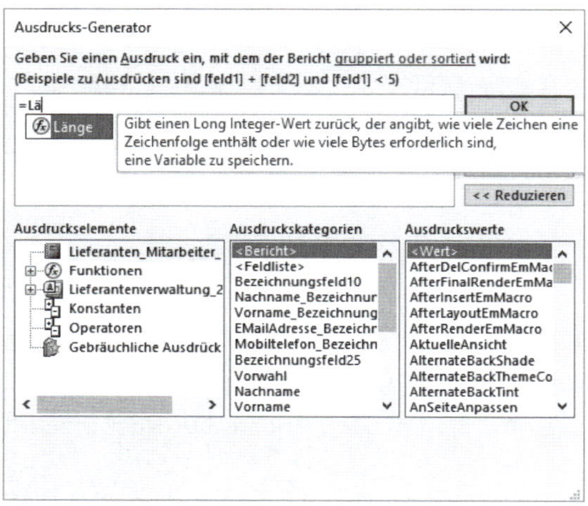

Sie können mit der Eingabe fortfahren, oder Sie können in der Liste auf den richtigen Wert klicken, um ihn zum Ausdruck hinzuzufügen.

Tipp

Ohne die Maus zu verwenden, können Sie durch die Tasten [↑] und [↓] den gewünschten Wert auswählen. Zugleich wird Ihnen eine kurze Beschreibung angeboten. Drücken Sie die Taste [Tab] oder [Enter], um den Wert zum Ausdruck hinzuzufügen. IntelliSense zeigt mögliche Funktionen und andere Bezeichner an, während Sie einen Ausdruck eingeben.

Hinweis

IntelliSense bietet dem Entwickler eine Auswahlmöglichkeit zur automatischen Vervollständigung an. Der Vorteil besteht darin, dass man weniger selbst eingeben muss und sich somit die Wahrscheinlichkeit einer Falscheingabe verringert.

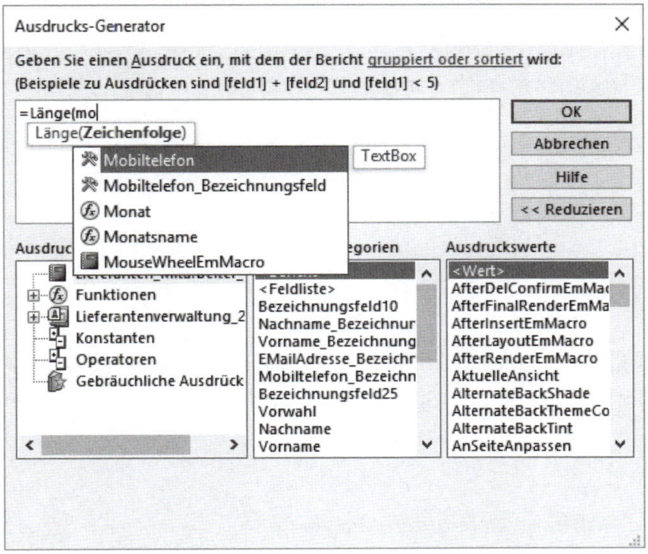

Bitte achten Sie darauf, dass Sie alle geöffneten Klammern auch schließen.

Die Einstellung für die Gruppierung lautet:

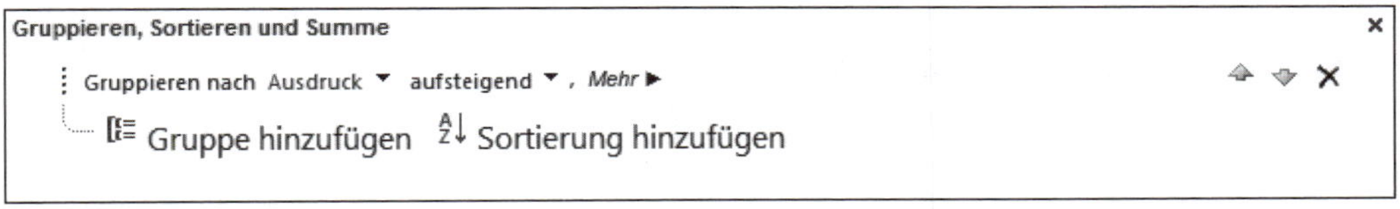

Wichtiger Hinweis

Der Ausdrucks-Generator ist ein mächtiges Instrument, mit dem Sie ohne Programmierkenntnisse einfache Ausdrücke bis hin zu komplexen Berechnungen erzeugen können. Den Ausdrucks-Generator können Sie mit der Formelbearbeitungsleiste in Excel vergleichen. Ein Ausdruck besteht aus vordefinierten Funktionen (z. B. Links, Länge), Operatoren (z. B. +, -, *, /) und Bezeichnern (z. B. Name eines Feldes).

Sie haben in den letzten Aufgaben immer wieder in ungebundene Felder Ausdrücke eingefügt, zum Beispiel *=Links$([Nachname];1)*, um den ersten Buchstaben im Feld *Nachname* auszulesen.

Bei der Gruppierung von Daten können Sie ebenfalls diese Ausdrücke erzeugen, jedoch werden Sie feststellen, dass Access bei bestimmten Ausdrücken ohne ersichtlichen Grund eine Fehlermeldung bringt und die Gruppierung nicht erlaubt. So funktioniert der Ausdruck *=Links$([Nachname];1)* nicht als Gruppierungsausdruck. Möchte man z. B. nach der letzten

Ziffer eines Wertes gruppieren, haben Sie keine Möglichkeit, mit den bisherigen Methoden eine Lösung zu finden. Dazu müssen Sie die passende Datengrundlage in Form einer Abfrage erzeugen (siehe Abschnitt 8.11.1 »Gruppieren nach dem letzten Buchstaben«).

4. Speichern Sie den Bericht *Gruppieren_und_Sortieren_Ü04* ab.

4.8 Aufgaben

4.8.1 Mitarbeiter

Erzeugen Sie einen Bericht, in dem die Lieferanten dem Alphabet nach aufgelistet werden. Für jeden Lieferanten sollen zusätzlich die Mitarbeiter gruppiert nach den Abteilungen alphabetisch aufgelistet werden. Dabei sollen die Abteilungsleiter(innen) vor den Mitarbeiter(innen) stehen.

Benutzen Sie als Datengrundlage die Abfrage *Lieferanten-Mitarbeiter*.

Sie können dazu den Berichts-Assistenten verwenden oder den Bericht manuell entwickeln. Der Bericht soll in etwa wie folgt aussehen. Speichern Sie den Bericht unter dem Namen *Bericht_A01* ab.

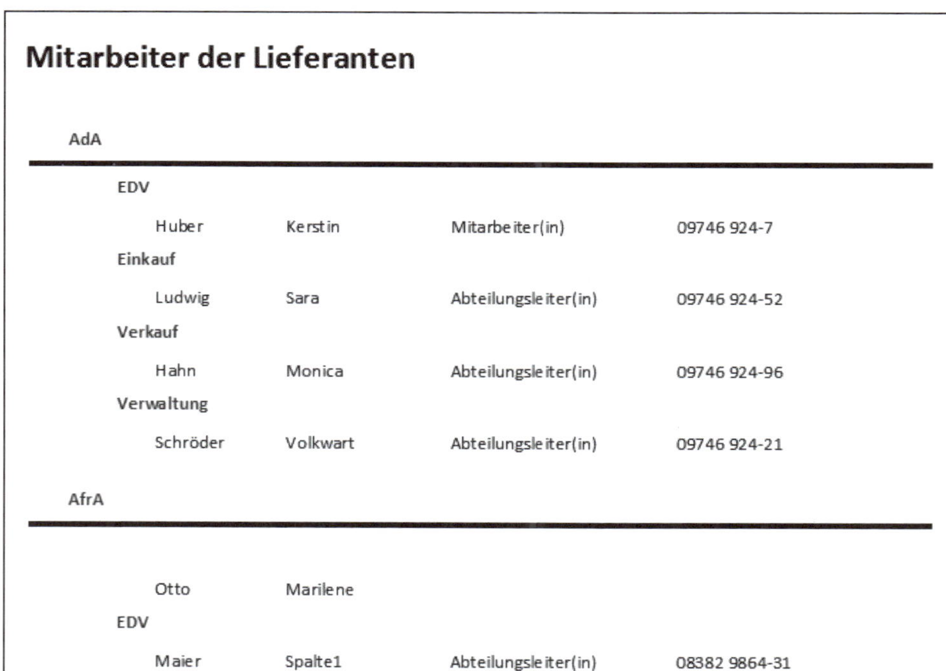

Mitarbeiter der Lieferanten

AdA					
	EDV				
		Huber	Kerstin	Mitarbeiter(in)	09746 924-7
	Einkauf				
		Ludwig	Sara	Abteilungsleiter(in)	09746 924-52
	Verkauf				
		Hahn	Monica	Abteilungsleiter(in)	09746 924-96
	Verwaltung				
		Schröder	Volkwart	Abteilungsleiter(in)	09746 924-21
AfrA					
		Otto	Marilene		
	EDV				
		Maier	Spalte1	Abteilungsleiter(in)	08382 9864-31

4.8.2 Statistiken

In der Einführung zu Berichten wurde kurz beschrieben, dass man in den Berichten auch statistische Auswertungen durchführen kann.

In der Tabelle *Bilanzen* werden die Ein- und Ausgaben des Unternehmens der letzten Jahre gespeichert. Erzeugen Sie mit dem Berichts-Assistenten einen Übersichtsbericht, der für jedes Jahr quartalsweise die Bilanz anzeigt. Dabei möchte man den Gewinn/Verlust, den größten Ausgabebetrag und den größten Einnahmebetrag pro Quartal auslesen. Jedes Kalenderjahr soll dabei auf einer Seite dargestellt werden. Die einzelnen Datensätze sollen nicht angezeigt werden. Speichern Sie den Bericht unter dem Namen *Bericht_A02* ab.

4.8.3 Geburtstagsliste

1. Öffnen Sie den Bericht *Bericht_A03*.
2. Gruppieren Sie die Datensätze der Mitarbeiter so, dass die Datensätze in Abhängigkeit des Geburtsmonats zusammengefasst werden. Des Weiteren sollen sie nach dem Tag des Monats sortiert werden. Sollten zwei Personen am selben Tag Geburtstag haben, sollen die Datensätze nach dem Alter sortiert werden – von alt nach jung.

Oberhalb jeder Zufassung sollen der Monat (Januar, Februar etc.) und die Anzahl der Personen, die in dem jeweiligen Monat Geburtstag haben, angezeigt werden.

Mitarbeiter - Geburtstage sortiert nach Monat

Nachname	Vorname	EMailAdresse	Geburtstag
#Typ!			
2 Geburtstage			
Otto	Marilene		
Maier	Bonifaz		
Januar			
42 Geburtstage			
Kühn	Nicolas	Nicolas.Kühn@JaNinaKlamotten.de	02.01.1995
Graf	Elenore	Elenore.Graf@SpedWorks.de	06.01.1992
Kuhn	Philine	Philine.Kuhn@Tmode.de	07.01.1978
Winter	Bartho	Bartho.Winter@DeltaKlammot.de	07.01.1982
Kühn	Verona	Verona.Kühn@Trans:Russia.de	08.01.1978

Hinweis

Nun könnte man sagen, dass diese Aufgabe in einer vorherigen Übung schon bearbeitet wurde. Die Antwort ist »Jein«. In der Aufgabe wurden auch alle Datensätze eines Monats zusammengefasst, jedoch nur von einem Jahrgang! Mit dieser Methode werden für *jedes Jahr* die Datensätze monatsweise zusammengefasst.

Den Monat eines Datums kann man ermitteln durch *=Monat(Datum)*.

Zusatz-Aufgabe

Personen, bei denen das Geburtsdatum nicht angegeben ist, sollen aus der Liste herausgenommen werden.

4.9 Lösungen

4.9.1 Aufgabe 1 – Mitarbeiter

Man erkennt, dass zwei Gruppierungen ineinander geschachtelt sind, nämlich:

- Gruppierung nach Firma und
- Gruppierung nach Abteilung.

Die Datensätze, die aufgelistet werden, müssen nun sortiert werden, nämlich:

- Sortierung nach Abteilung. Da Abteilungsleiter vor Mitarbeitern aufgelistet werden soll, muss die Sortierung aufsteigend sein.
- Sortierung nach dem Nachnamen.

Verwenden Sie für die Berichtserstellung den Berichts-Assistenten.

1. Schritt: Datenauswahl

1. Wählen Sie die Abfrage *Lieferanten-Mitarbeiter* aus. Diese vorhandene Abfrage verbindet die Daten der Tabelle *Lieferanten* und der Tabelle *Lieferanten_Mitarbeiter*.
2. Wählen Sie die Felder aus. Da sowohl die Tabelle *Lieferanten* als auch die Tabelle *Lieferanten_Mitarbeiter* das Feld *Telefongeschäftlich* beinhalten, muss zwischen beiden Feldern unterschieden werden. Dies geschieht durch Vorsetzen des Tabellennamens vor dem Feldnamen. In diesem Fall wird folgendermaßen unterschieden: *Lieferanten. Telefongeschäftlich* und *Lieferanten_Mitarbeiter.Telefongeschäftlich*.

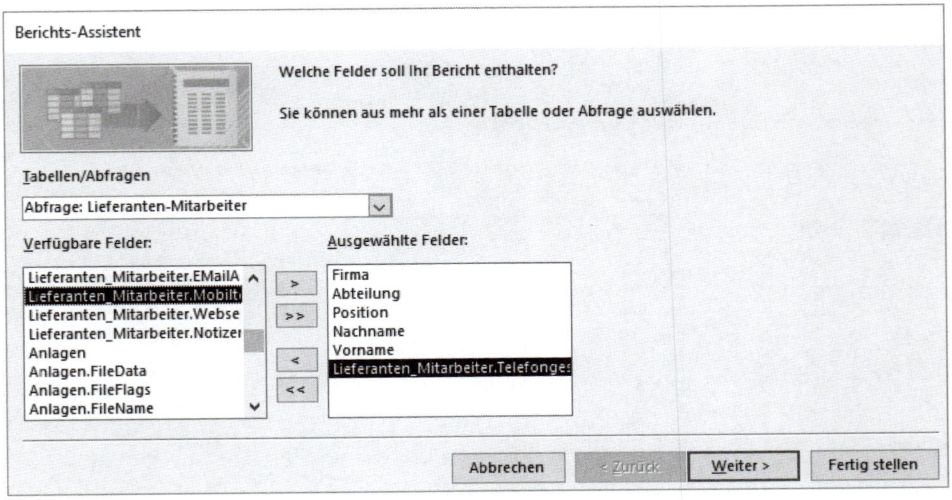

2. Schritt: Auswahl der Gruppierungsebenen

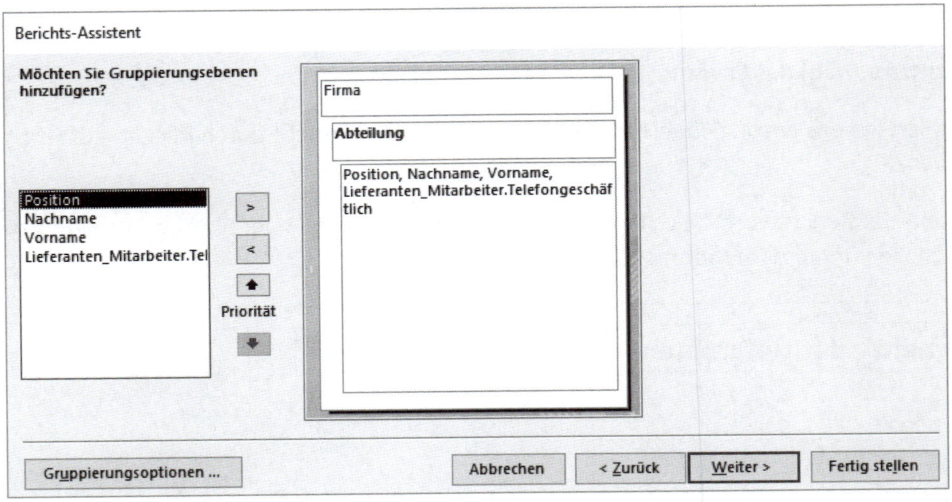

Fügen Sie das Feld *Firma* und *Abteilung* in die Vorschau ein. Schon optisch kann man erkennen, dass die Gruppierung der Datensätze nach den Firmennamen über der Gruppierung der Datensätze nach den Abteilungen steht.

3. Schritt: Auswahl der Sortierreihenfolge

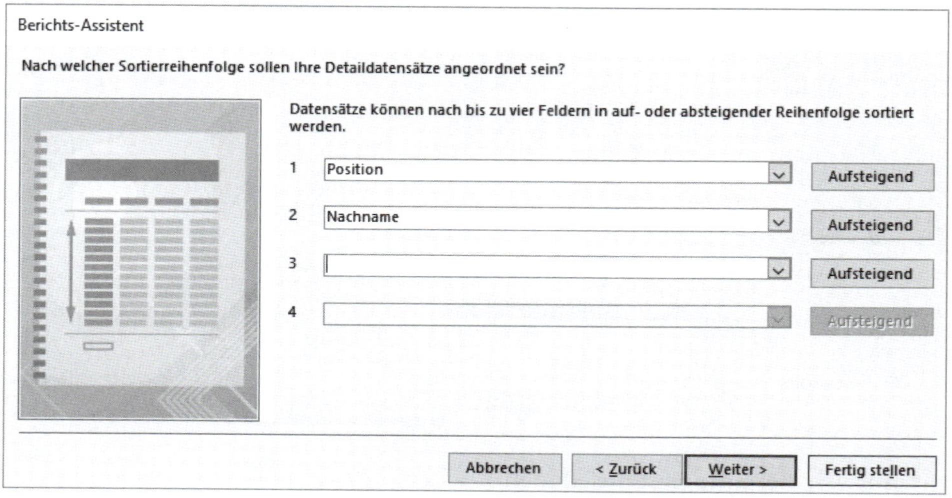

Geben Sie die Sortierung nach *Position* und *Nachname* ein.

4. Schritt: Auswahl des Layouts

1. Wählen Sie das Layout *Abgestuft* und erzeugen Sie den Bericht durch Klicken auf *Fertig stellen*.

Nun kann der Bericht vom Layout her so geändert werden, wie in der Aufgabenstellung zu sehen ist. So könnte das Ergebnis aussehen:

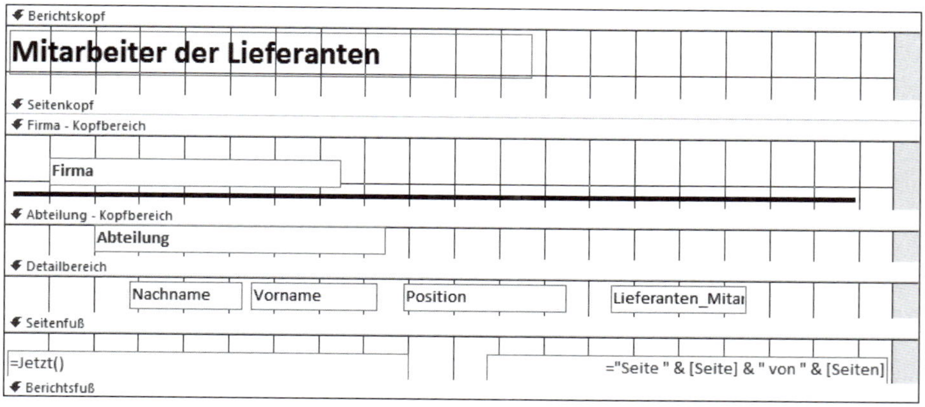

Man kann erkennen, dass in diesem Beispiel zwei Kopfbereiche angegeben werden. Dies ist verständlich, da zwei Gruppierungen durchgeführt wurden.

2. Fügen Sie in die zwei Kopfbereiche jeweils ein ungebundenes Textfeld mit dem Ausdruck *=Anzahl(*)* ein.

4.9.2 Statistiken

Erzeugen des Berichts:

1. Schritt: Auswahl der Felder

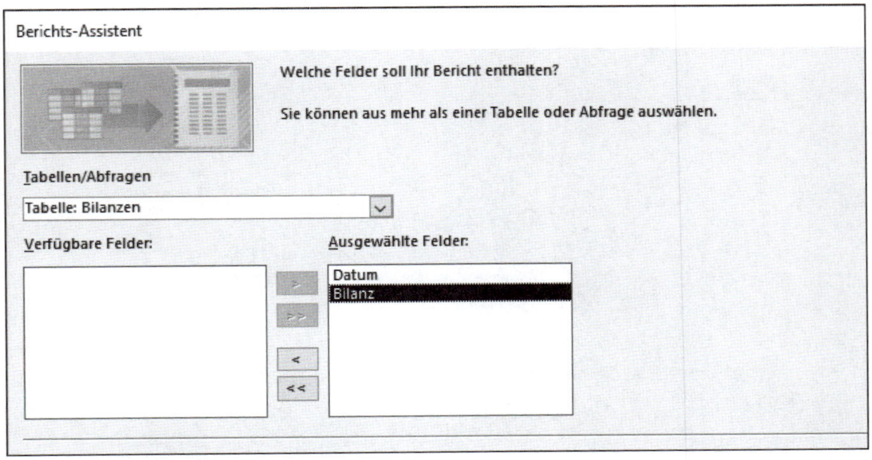

1. Entscheiden Sie sich für die Tabelle *Bilanzen*.
2. Wählen Sie alle Felder aus.

2. Schritt: Auswahl der Gruppierungsebenen

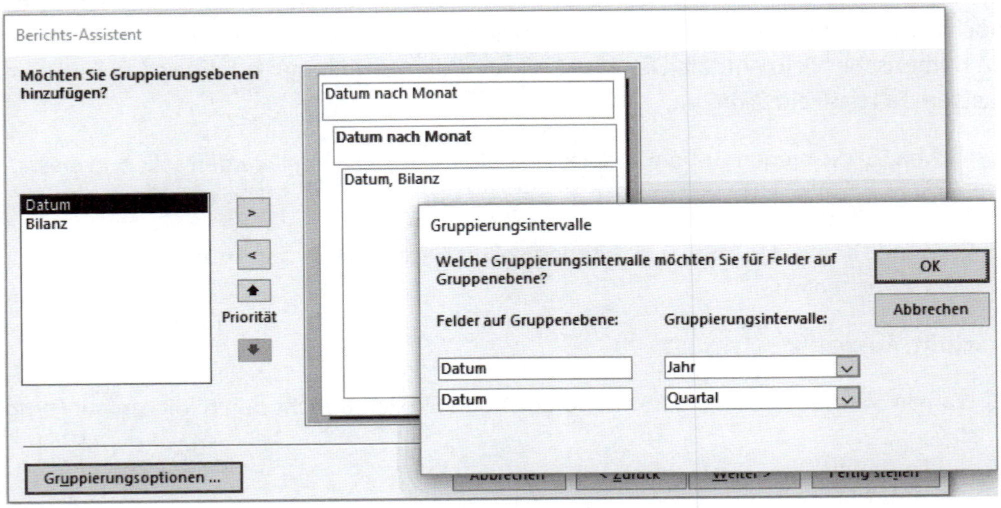

Es soll jahrweise nach den Quartalen gruppiert werden. Daher muss in der ersten Ebene nach dem Jahr und in der zweiten Ebene nach dem Quartal gruppiert werden.

3. Schritt: Auswahl der Sortierreihenfolge

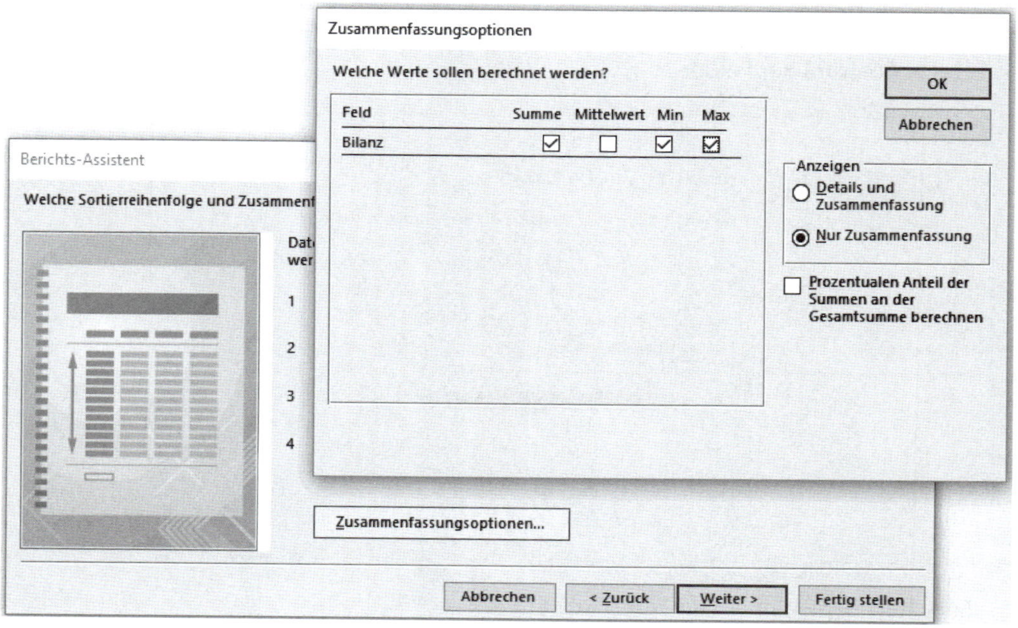

1. Da quartalsweise die Ergebnisse angegeben werden sollen, klicken Sie auf *Zusammenfassungsoptionen.*

Klicken Sie auf *Zusammenfassungsoptionen*, wenn Sie numerische Felder zusammenfassen möchten. Die Schaltfläche ist nur zu sehen, wenn der Detailbereich des Berichts *mindestens* ein numerisches Feld enthält. Der Assistent zeigt die verfügbaren numerischen Felder, in unserem Fall das Feld *Bilanz* an.

2. Klicken Sie diejenigen Optionsfelder an, für die Werte berechnet werden sollen, in diesem Fall *Summe*, *Min.* und *Max.*

3. Da keine Datensätze angezeigt werden sollen, klicken Sie in der Auswahl *Anzeigen* auf *Nur zusammenfassen.*

4. Schritt: Auswahl des Layouts

1. Wählen Sie das Layout *Abgestuft* und erzeugen Sie den Bericht durch Klicken auf *Fertig stellen.*

Man erhält folgendes Ergebnis:

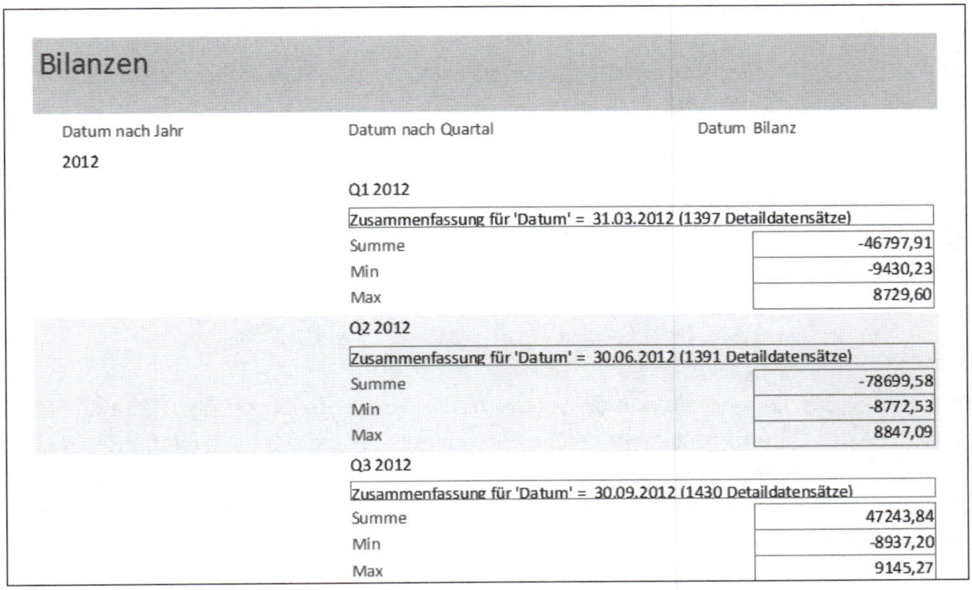

Im Entwurfsmodus können Sie den Aufbau selbst analysieren. Die einzelnen Elemente haben Sie schon im Laufe des Buches kennengelernt:

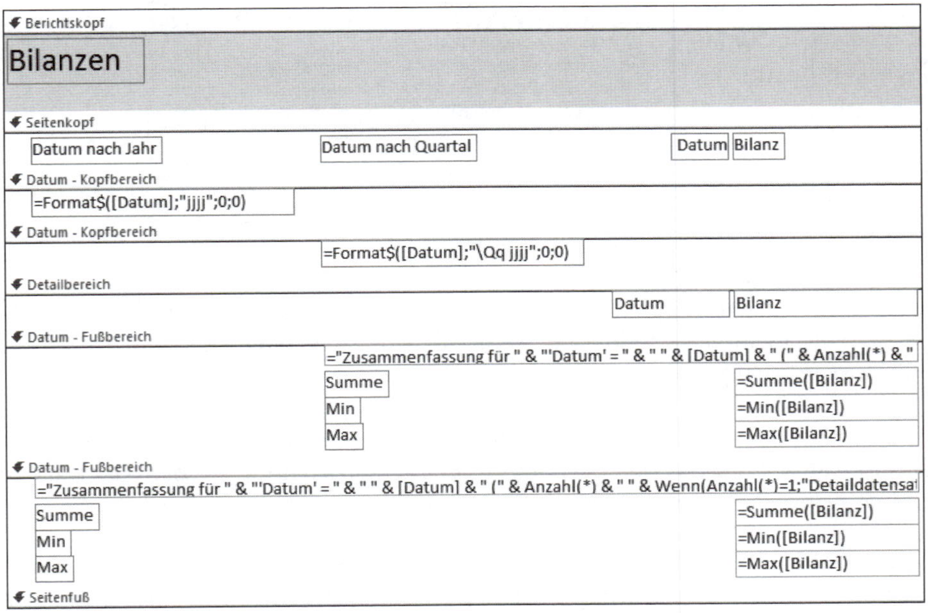

2. Speichern Sie den Bericht unter dem Namen *Bericht_A02* ab.

4.9.3 Geburtstagsliste

Gruppieren und Sortieren

1. Klicken Sie auf das Register *Berichtslayout/Entwurf* -> Gruppe *Gruppierung und Summen* -> *Gruppieren und Sortieren*.

2. Klicken Sie auf *Gruppe hinzufügen*, um das Gruppierungskriterium hinzuzufügen. Es soll nach dem Monat gruppiert werden. Daher muss im Ausdruck der Monat aus dem Geburtstag herausgelesen werden durch: *=Monat([Geburtstag])*. Die Sortierung ist dabei *aufsteigend* – Januar bis Dezember.

> **Hinweis**
>
> Mit *Format$*, das Sie schon in den obigen Aufgaben kennengelernt haben, können Sie die *Anzeige* des Datums im Bericht *definieren*. Möchten Sie jedoch nach Elementen des Datums, z. B. nach dem Monat oder Jahr gruppieren bzw. sortieren, müssen Sie dieses Element zuerst auslesen. Welche Funktionen Ihnen dazu zur Verfügung stehen, finden Sie im Ausdrucks-Generator unter *Ausdruckelemente Integrierte Funktionen* -> Ausdruckskategorie *Datum/Uhrzeit* -> Ausdruckswerte.

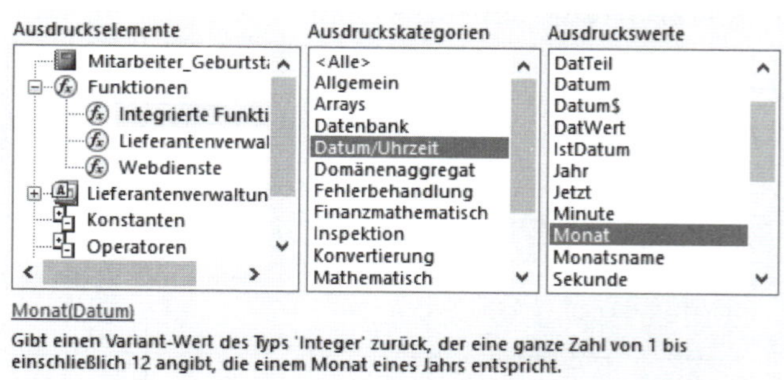

Im unteren Bereich des Dialogfensters wird kurz beschrieben, welche Funktion der jeweilige Ausdruckswert hat.

Jedoch sollte auch hier nochmals der Hinweis kommen, dass nicht alle Ausdruckswerte, die Sie bei einer Gruppierung oder Sortierung auswählen können, erlaubt sind. Access lässt alle Ausdruckswerte erst einmal zu, moniert aber beim Beenden des Dialogfensters, dass ein Fehler aufgetreten ist, ohne ihn näher zu beschreiben.

3. Fügen Sie eine Sortierung durch *Sortierung hinzufügen* hinzu. Es soll jeweils nach dem Tag des Geburtstages sortiert werden. Daher muss im Ausdruck der Tag aus dem Geburtstag herausgelesen werden durch *=Tag([Geburtstag])*.

4. Da mehrere Personen am selben Tag Geburtstag haben können, sollen diese Personen dem Alter nach sortiert werden. Fügen Sie eine Sortierung durch *Sortierung hinzufügen* hinzu. Es muss nun jeweils nach dem Jahr des Geburtstages sortiert werden. Die Sortierung ist dabei aufsteigend – *vom älteren zum jüngeren Datum*.

Beschriftung des Kopfbereichs der Gruppierung

Die Eingaben im Kopfbereich bilden die Überschriften für die jeweilige Gruppierung. Daher sollten keine Steuerelemente verwendet werden, die sich auf einzelne Datensätze beziehen. Verwenden Sie ungebundene und berechnete Steuerelemente oder verwenden Sie das Feld, das gruppiert wurde.

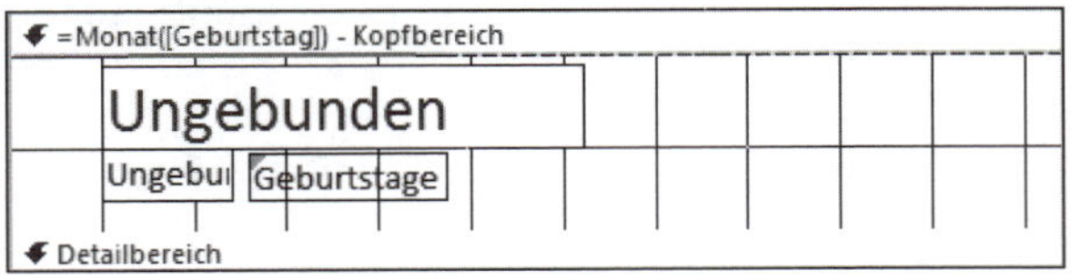

1. Erzeugen Sie im Bereich *Monat([Geburtstag]) - Kopfbereich*

   zwei ungebundene Textfelder und

   ein Bezeichnungsfeld, in dem Sie *Geburtstage* eintragen.

2. Ordnen Sie die Felder wie im Bild ersichtlich an. Die Schriftgröße im oberen Textfeld beträgt 20 pt.

Füllen der beiden Textfelder mit Ausdrücken

1. Im *Textfeld* soll der Monatsname erscheinen. Geben Sie den folgenden Ausdruck ein: *=Monatsname(Monat([Geburtstag]))*

> **Hinweis**
>
> Den Ausdruck *Monat([Geburtstag])* kennen Sie schon. Es wird die Monatszahl aus einem Datum ausgelesen. Diese Zahl wird wiederum durch den Ausdruck *Monatsname (Zahl)* in den Monatsnamen umgewandelt.

Die Ausdrücke sind ineinander geschachtelt und werden von »innen« nach »außen« abgearbeitet.

2. Im Textfeld soll die Anzahl der Datensätze einer Gruppierung angegeben werden. Geben Sie folgenden Ausdruck ein: *=Anzahl(*)*.

3. Kopieren Sie das Feld, in dem die Anzahl der Datensätze gezählt wird, in den Berichtskopf bzw. in den Seitenkopf. Was können Sie erkennen?

4.10 Unterberichte

Ähnlich wie bei Formularen können Sie auch in Berichten Unterberichte einfügen. Dabei müssen der Bericht und der Unterbericht miteinander in Beziehung stehen.

So kann die obige Aufgabe auch mit Unterberichten gelöst werden. Man benötigt:

- einen Hauptbericht, in dem die Firmen aufgelistet werden. Die zugrunde liegende Tabelle ist die Tabelle *Lieferanten*.
- einen Unterbericht, in dem die Daten der Mitarbeiter aufgelistet werden. Die zugrunde liegende Tabelle ist die Tabelle *Lieferanten_Mitarbeiter*.

Man verbindet die beiden Tabellen mithilfe eines Assistenten. Die ID-Nummer jedes Lieferanten befindet sich in der Tabelle *Lieferanten_Mitarbeiter* im Feld *ID_Lieferant*. So kann eine eindeutige Beziehung zwischen den beiden Tabellen erfolgen.

Mode for Young	www.Mode for Young.	Genestst. 50	
	07581 82765	88348	Bad Saulgau
Mitarbeiter:			
Einkauf			
Winter	Ferdinandus	Mitarbeiter(in)	07581 8276-2
Marketing			
Müller	Stephania	Mitarbeiter(in)	07581 8276-57
Verkauf			
Frank	Heideliese	Mitarbeiter(in)	07581 8276-20
Verwaltung			
Schreiber	Siegulf	Abteilungsleiter(in)	07581 8276-46
Horn	Evelore	Mitarbeiter(in)	07581 8276-61
Mode old	www.Mode old.de	Maienstr. 92	
	07503 22243	88271	Wilhelmsdorf
Mitarbeiter:			
Einkauf			
Berger	Albert	Mitarbeiter(in)	07503 2224-12
Marketing			
Lorenz	Merten	Abteilungsleiter(in)	07503 2224-26

Vorgehensweise:

1. Öffnen Sie im Navigationsbereich den Bericht *Lieferanten_Bericht* in der Entwurfsansicht.

Da die Mitarbeiter für jeden Lieferanten in einem Unterbericht aufgelistet werden sollen, muss ein Unterbericht im Detailbereich erzeugt werden.

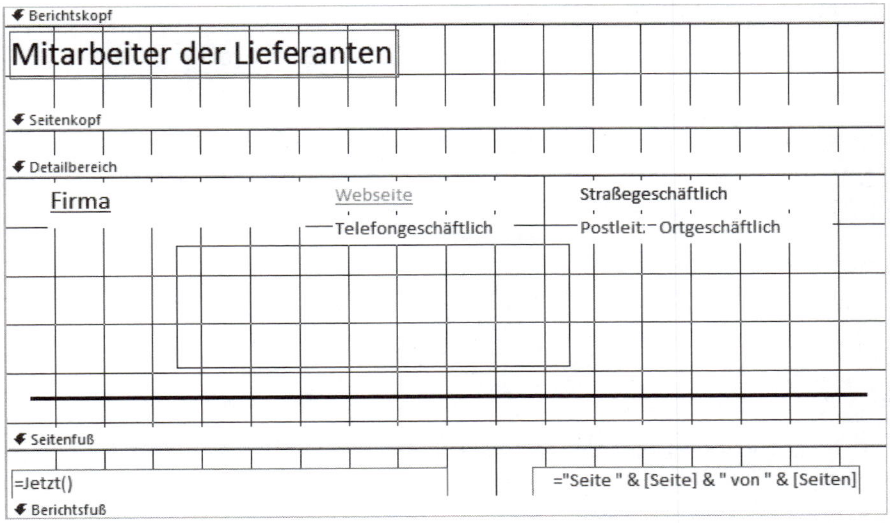

2. Wählen Sie im Register *Berichtsentwurfstools/Entwurf -> Steuerelemente* das Element *Unterformular*, und wählen Sie mit gedrückter linker Maustaste einen Bereich im Detailbereich aus.

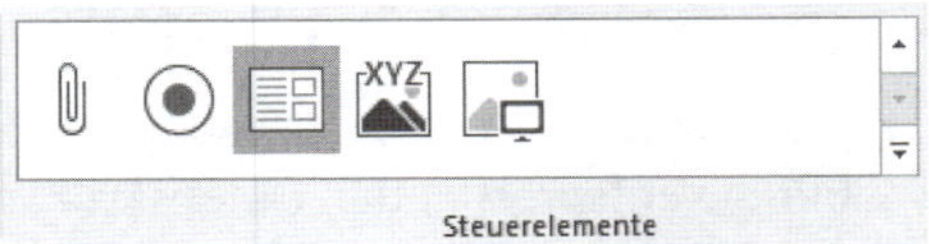

Es öffnet sich der *Unterberichts-Assistent.*

1. Schritt: Auswahl des Unterberichts

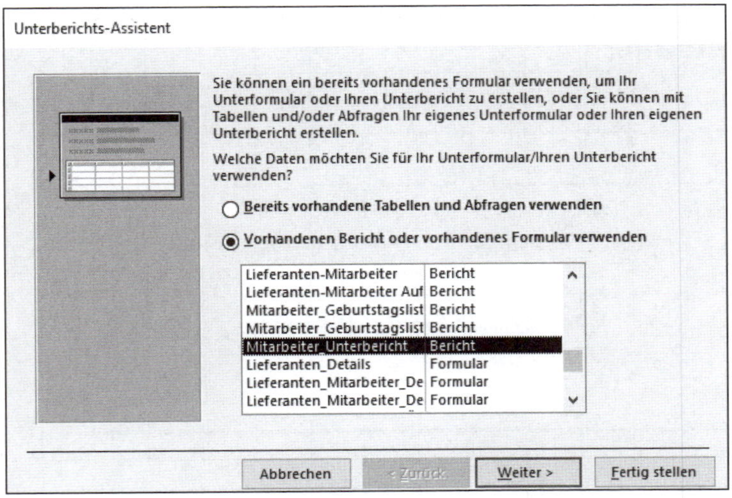

1. Wählen Sie den vorhandenen Bericht *Mitarbeiter_Unterbericht* aus.

2. Schritt: Festlegen der Verknüpfungsparameter

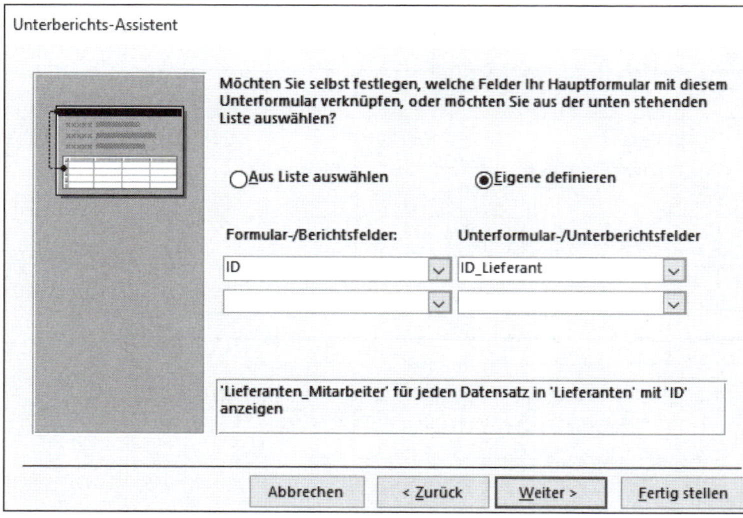

1. Der Unterbericht muss eindeutig mit dem Bericht verknüpft sein, sodass im Unterbericht nur die entsprechenden Datensätze angezeigt werden. Daher wählen Sie auf der linken Seite das Feld *ID* für den Hauptbericht und das Feld *ID_Lieferant* für den Unterbericht aus.
2. Klicken Sie auf *Fertig stellen*, um den Bericht zu erzeugen.

3. Schritt: Restliche Formatierungen

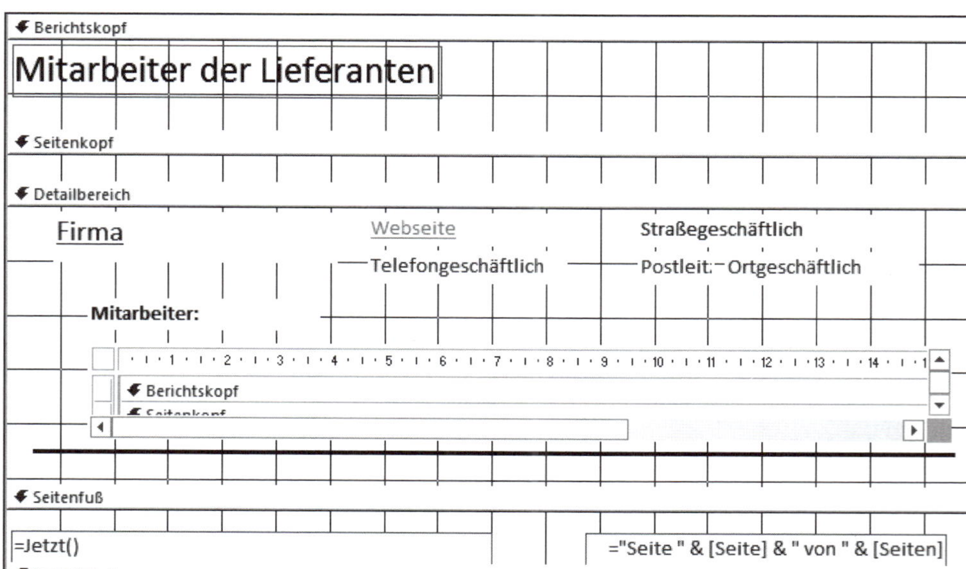

Positionieren Sie das Unterformular und das Bezeichnungsfeld *Mitarbeiter*:

Bezeichnungsfeld *Mitarbeiter*	Oben: 1,7 cm	Links: 1,5 cm
Unterformular	Breite: 16 cm	Höhe: 1,8 cm
	Oben: 2,5 cm	Links: 1,5 cm

Das Unterformular hat eine bestimmte Größe in der Entwurfsansicht, wobei die Höhe klein gehalten wurde. Der Grund ist, dass Access die Größe des Unterformulars der Menge der Datensätze, die dargestellt werden sollen, anpasst.

Ob eine Vergrößerung erlaubt sein soll oder nicht, kann man im Eigenschaftsblatt einstellen. Gehen Sie dazu im Register *Format* auf *Vergrößerbar*.

4.11 Abschließende Bemerkung

Access stellt für die Erzeugung gewünschter Listen und Berichte einen äußerst leistungsfähigen Berichtsdesigner zur Verfügung. Jedoch wird man an die Grenzen kommen, wenn mit Access z. B. Rechnungen zu erzeugen sind.

Neben den eigentlichen Daten müssen auch weitere Textpassagen eingefügt werden. Ein ordentliches Layout zu erhalten, bedeutet viel Arbeit. Daher bietet Access weitere Methoden an, um die Wünsche zu erfüllen. Access besitzt neben den schon bekannten Makros eine integrierte Entwicklungsumgebung, die speziell zum Automatisieren wiederkehrender Aufgaben innerhalb der MS-Office-Umgebung genutzt werden kann. Es handelt sich dabei um eine interpretierende Skriptsprache – Visual Basic for Applications (VBA).

Somit haben Sie auch die Möglichkeit, Daten aus Access in Word-Vorlagen einzufügen und diese auszudrucken oder zu speichern. Jedoch sind dazu Programmierkenntnisse notwendig. Mit Access und VBA sind viele Probleme lösbar, jedoch kann der Aufwand beträchtlich sein.

5 Theoretische Grundlagen zu Access 2013 und 2016

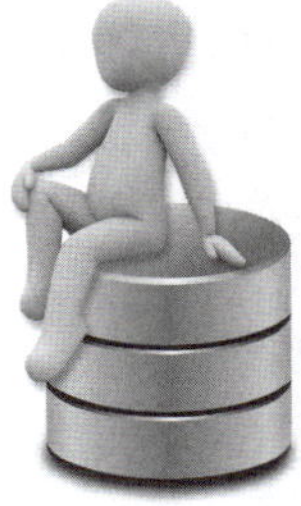

Datenbank-Managementsysteme unterschiedlichster Art – von der einfachen CD-Verwaltung bis hin zu komplexer Finanz- und Logistiksoftware – gehören neben der Textverarbeitung und der Tabellenkalkulation zu den am meisten verwendeten Computerprogrammen auf dem PC. Der Einstieg in die Textverarbeitung und in die Tabellenkalkulation fällt den meisten Anwendern relativ leicht, da man die Grundbegriffe entweder von der PC-Tastatur oder dem Taschenrechner her kennt. Für Datenbank-Managementsysteme gibt es leider nichts Ähnliches, auf das der Anfänger zurückgreifen könnte. In vielen Modellen wird dabei dann auf Karteikästen mit privaten oder geschäftlichen Adressen verwiesen. Es gibt komplexe Modelle mit ganzen Bürosystemen, auf die hier modellhaft zurückgegriffen wird. Im Hinblick auf die Komplexität eines Datenbank-Managementsystems ist dies allerdings ein schwacher Vergleich.

Deshalb bedarf es eines großen Hintergrundwissens und eines ganzen Satzes von theoretischen Grundlagen, um ein relationales Datenbank-Managementsystem zu verstehen. Oft bemerkt man erst nach Monaten der Arbeit, dass man schwerwiegende Fehler in der Erstellung von Tabellen, Beziehungen, Formularaufbau und so weiter gemacht hat. Änderungen im Datenbankdesign sind dann nötig, die meist sehr zeitaufwendig und kostenintensiv sind.

In den ersten Kapiteln haben Sie sich über die Struktur der Datenbank kaum Gedanken gemacht und Schritt für Schritt Ihre Datenbank aufgebaut. Das war auch Zweck der Übungen, um Access kennenzulernen. Diese Vorgehensweise ist jedoch nur in kleinen Datenbanken mit wenigen Datensätzen möglich! Warum dies so ist, wird Ihnen in den nächsten zwei Kapiteln sehr schnell klar.

In vielen Büchern finden Sie große Abhandlungen über das relationale Datenbanksystem. Es wird oft aufwendig beschrieben, welche Sätze zu beachten sind, damit es Ihnen gelingt, ein relationales Datenbank-Managementsystem aufzubauen. Oft hat man das Gefühl, dass man eigentlich ein Informatikstudium absolvieren müsste, um ein Datenbank-Managementsystem handhaben zu können.

Ich hoffe, dass es uns gelingt, Sie in dieser Einführung davon zu überzeugen, dass man mit relativ wenigen, dafür fundierten Kenntnissen über das theoretische Grundlagensystem von Datenbanken mit Microsoft Access zurechtkommen kann.

5.1 Datenbanken planen und entwerfen

5.1.1 Grundbegriffe des Datenbank-Managementsystems

Datenbank-Managementsysteme sinnvoll einzusetzen, von Anfang an richtig zu entwickeln, bedarf einiger Überlegungen. Meist ist es gar nicht einfach, alle Probleme, die man lösen will, geistig zu erfassen. Die Umsetzung in ein Datenbanksystem ist dann erst ein zweiter Schritt, bei dem es auch einige Fehler zu vermeiden gilt.

Ein paar Bemerkungen zum Gelingen dieses Unternehmens: Erstens vermeiden Sie redundante Datenhaltung, das heißt, Daten dürfen nur einmal in der Datenbank vorkommen. Mit

Daten meine ich jetzt **Stammdaten**, das heißt Daten, die sich relativ wenig ändern, etwa Kundendaten. Wenn man mit mehreren Kopien der gleichen Daten arbeitet, kostet das nicht nur Speicherplatz, sondern erschwert auch unnötig die Datenpflege. Es treten aber auch in gut strukturierten Datenbanken Redundanzen auf. Gegebenenfalls werden Postleitzahlen, Orte, Straßennamen immer wieder verwendet. Wie Sie noch sehen werden, gibt es eine Reihe von Grundsätzen, die es bei der notwendigen Beachtung ermöglichen, mit relativ wenigen Redundanzen (Redundanzarmut) auszukommen.

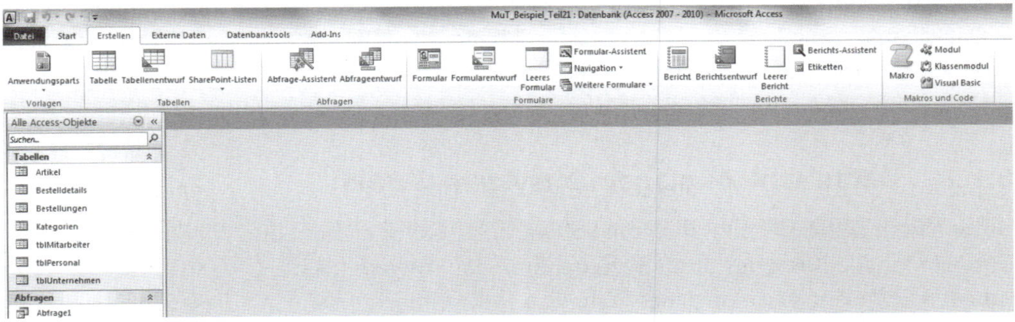

Ein zweiter Grundsatz ist die Vermeidung inkonsistenter Datenbestände. Unter inkonsistenten Datenbeständen versteht man auseinanderlaufende Datensätze. Wenn man diese dann vergleicht, ist es oft nicht möglich, zu entscheiden, welches der aktuelle, gültige Datensatz ist. Man sollte sowohl auf eine sichere Speicherung der Daten achten, wenn mehrere Anwender gleichzeitig auf die Datenbank zugreifen, als auch darauf achten, dass eine Datenbank immer aktuell gepflegt wird und alle die richtigen Zugriffsrechte auf die Datenbank besitzen.

Hinweis

Sie sollten von Anfang an bei dem Aufbau Ihrer Datenbank darauf achten, dass die richtigen Menschen die richtigen Daten sehen. Diese Sichten, wie sie in der Fachsprache heißen, sind ein zentrales Thema für unsere Datensicherheit.

Um zu verstehen, wie eine Datenbank funktioniert, möchte ich mit Ihnen ein kleines Gedankenspiel veranstalten:

- Karteikästen sind eine Datenbank.
- Der Karteikasten entspricht einer Tabelle,
- eine Karteikarte einem Datensatz,
- eine Eintragung auf einer Karteikarte einem Datenfeld.

Wir haben uns jetzt schon mit ein paar Grundbegriffen kurz auseinandergesetzt. Im nächsten Kapitel werden wir uns noch einmal darum kümmern.

Bevor wir uns weiter mit den Tätigkeiten beschäftigen, die man benötigt, um eine Datenbank zu erstellen, zu bearbeiten und auszuwerten, müssen wir uns mit der Theorie der Datenbank beschäftigen. Dazu gehört erst einmal ein Einblick in die Datenbankterminologie.

Unter einer Datenbank versteht man die Zusammenstellung von Daten, die zu einem gemeinsamen Themenbereich gehören, in einer Unternehmung beispielsweise Personaldaten, Kundendaten, Stücklisten, ja auch Materialsammlungen.

Zwischen diesen verschiedenen Daten kann es Beziehungen geben, die man dann ebenfalls in Datenbanken abbilden kann. Das heißt, es können zwischen verschiedenen Datenbanken, aber auch zwischen den einzelnen Objekten der Datenbank Beziehungen bestehen. Man spricht dann von einem Datenbank-Managementsystem.

5.1.2 Datenbank-Managementsystem (DBMS)

Unter einem DBMS versteht man die Software, die das Speichern und Wiederauffinden der Daten in Tabellenform gestattet. Dazu gehören das Entwerfen einer Datenbank in Form von Tabellen und weiterhin eine ganze Reihe von Tätigkeiten, die dann mit diesen Tabellen möglich sein sollen. Es müssen u. a. das Erfassen, Aktualisieren und Auswerten von Daten, Aktionen wie Sichern, Importieren und Exportieren von Daten möglich sein, wobei die Datenintegrität immer gewahrt sein muss. Dass dies dann alles in Form von Tabellen, aber auch durch Eingabemasken und Ausgabeberichte geschehen soll, gehört zum Wesen eines DBMS.

Unter einem relationalen Datenbankmodell versteht man ein Modell zur Strukturierung einer Datenbank: Relationale Datenbanken arbeiten mit mehreren Tabellen, die mithilfe von Schlüsselfeldern miteinander verknüpft werden. Es gibt noch andere Datenbankmodelle z. B. das hierarchische oder das objektorientierte Datenbankmodell. Auch Datenbankmodelle, die eine andere Abfragesprache als SQL verwenden, werden unter der Rubrik NO-SQL-Databases (z. B. Mongo, Coach) zusammengefasst.

5.1.3 Merkmale von Microsoft Access

Access ist ein interaktives, relationales Datenbanksystem. Das bedeutet, dass Beziehungen zwischen den Tabellen nach dem mathematischen Modell der Datenbanksystematik geschaffen werden. Diese Relationen (= Beziehungen) bewahren die Datenintegrität. Wenn ein Kunde eine Ware bestellt, bekommt er darüber eine Rechnung. Die Beziehung besteht nun zwischen dem Kunden, der Ware und der Bestellung. Hier werden aus mindestens drei unterschiedlichen Tabellen über bestimmte Felder der Datenbank Beziehungen erschaffen, die die Eindeutigkeit der Datensätze garantieren.

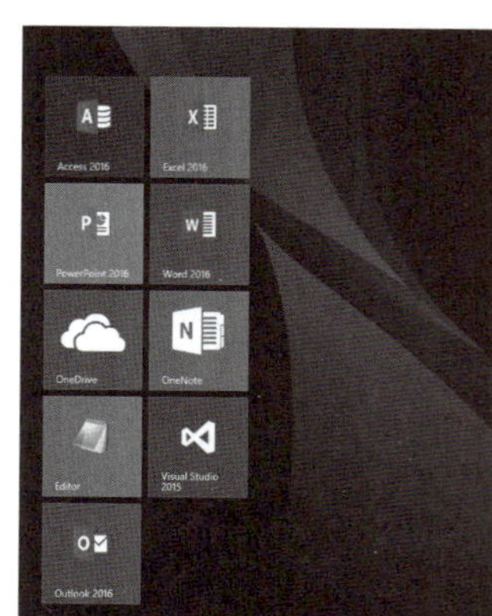

Alles Kacheln, alles Objekte, grafische Oberflächen.

Ein weiteres Merkmal von Access ist, dass es als Windows-Programm über grafische Oberflächen verfügt, die es ermöglichen, dass man sehr schnell Datenbanken erstellen kann – wie Sie es im ersten Teil des Buches gelernt haben.

Darin liegt übrigens schon eine erste Gefahr: Der Anwender lernt, wie er mit der Datenbank, sprich Access, umgehen kann. Dabei übersieht man aber, dass die eigentliche Arbeit beim Aufbau einer Datenbank nicht die Arbeit mit Access, sondern die gedankliche Auseinandersetzung mit dem Themenkreis der mit Access zu lösenden Aufgaben ist.

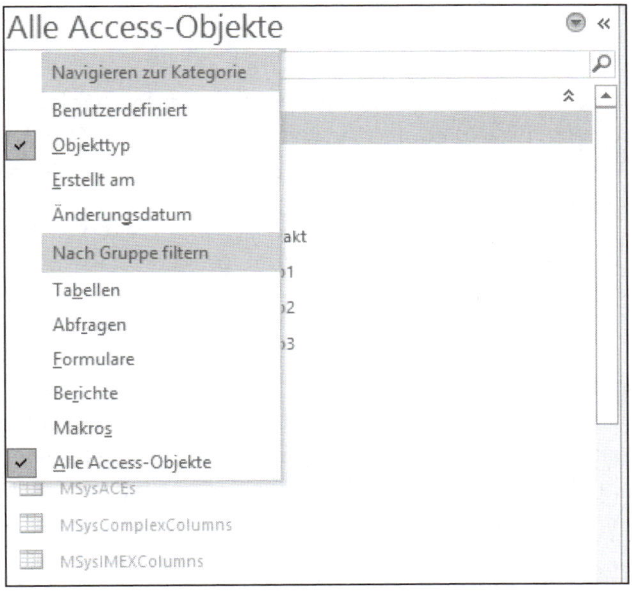

Objekte von Access.

Hinweis

Eine gute Datenbank entsteht zuerst im Kopf, dann auf dem Papier und dann erst im Computer!

Sie sollten kalkulieren: Ich brauche ungefähr 2/3 meiner Zeit für die gedankliche Auseinandersetzung, nur 1/3 für die Umsetzung mit Access. Wenn Sie für ein größeres Unternehmen arbeiten, dann kann sich dieses Verhältnis noch zuungunsten von Access verschieben. Nach unserer Erfahrung müssen Sie damit rechnen, dass die genaue Abbildung der bisherigen Tätigkeiten mittels einer Datenbank nicht möglich ist. Umorganisationen etc. sind nötig, auch bei einer simplen Access-Datenbank, nicht nur bei einer großen SAP-Lösung.

Beim Aufbau der Datenbank muss darauf geachtet werden, dass keine Datenredundanz entsteht. Darunter versteht man, dass Daten übertragen oder gespeichert werden, die keine neuen Informationen beinhalten. Es sollen also keine doppelten Daten vorhanden sein. Es dürfen aber auch keine Daten fehlen: Wenn Sie in einer Tabelle eine Kundennummer verwenden, dann sollte dazu in der Kundentabelle auch der dazugehörende Kunde vorhanden sein. Ist das nicht der Fall, dann spricht man von einer Dateninkonsistenz. Definition: Wenn ein Verweis einer Liste auf einen nicht vorhandenen Eintrag einer anderen Liste zeigt, versteht man darunter eine Inkonsistenz.

5.2 Datenbankbegriffe und was es sonst noch zu verstehen gibt

Unter Objekt versteht man bei Microsoft jedes selbstständige Element, das in Access als Einheit ausgewählt werden kann. Wichtig wird dieser Begriff dann vor allem bei Microsoft in der Programmierung. Die gedankliche Auseinandersetzung sollte aber auch hier schon erfolgen, denn Sie tun sich dann auch im Aufbau einer Datenbank leichter.

Bei Access haben Sie die Objekte schon ganz greifbar, wenn Sie Access gestartet haben.

5.2.1 Tabellen

In einer **Tabelle** kann man Texte oder Daten unterbringen, die einen inhaltlichen Zusammenhang haben. Die einzelnen Tabellenfelder heißen Zellen. Die waagrecht nebeneinanderliegenden Zellen heißen Zeilen, die untereinanderliegenden in einer Spalte Die erste Zeile einer Tabelle enthält die Spaltenüberschriften. Man nennt sie auch Kopfzeile. Wenn man auf eine Zelle verweist, dann adressiert man oder referenziert.

Meist besteht ein Zusammenhang zwischen dem Inhalt einer Zelle und Zeile bzw. Spalte und ihrer Benennung.

Bei relationalen Datenbanken steht der Ausdruck *Tabelle* für eine Sammlung ähnlich strukturierter Daten, die technisch meist zusammengehörig gespeichert sind.

5.2.2 Datensatzgruppen

Unter **Datensatzgruppe** versteht man Tabellen, Dynasets und Snapshots.

5.2.3 Dynasets

Nicht in dieser Objektsammlung vorhanden sind die **Dynasets**. Sie sind ganz ähnlich den Tabellen, existieren aber nur temporär. Es gibt sie nicht »wirklich«, sondern sie entstehen von Fall zu Fall, um auf inhaltlich zusammenhängende Daten aus verschiedenen Tabellen oder Teilergebnissen zugreifen zu können. Ein weiterer Vorteil dabei ist, dass diese temporären, auf Bedarf hin erstellten Tabellen stets aktuelle Daten – auch in Mehrbenutzersystemen – bereitstellen.

Apropos Mehrbenutzersystem – dabei gilt es, noch einen Begriff zu beachten: **Synchronisation**. Auf Synchronisation muss geachtet werden, wenn Daten von mehreren Personen gleichzeitig genutzt werden sollen. Das Problem dabei sind mehrere, gleichzeitige Änderungen am gleichen Datensatz. Wie man das löst, werden Sie am Ende des Buches sehen.

5.2.4 Snapshots

Neben »Dynaset« gibt es noch den Begriff des **Snapshots**. Beim Dynaset können Tabellen und an ihre Felder gebundene Steuerelemente im Formular bearbeitet werden. Wenn ein Dynaset über mehrere Tabellen geht, dann ist es möglich, bei 1:n-Beziehungen Daten im Verknüpfungsfeld auf der »1-Seite« zu bearbeiten.

Dagegen die Einstellung *Snapshot*: Keine Tabellen oder an ihre Felder gebundenen Steuerelemente können bearbeitet werden. Der Snapshot zeigt nur Daten an, lässt sich also für die Bearbeitung nicht verwenden. Sie werden auch den Snapshot bei der Formulargestaltung noch verwenden.

5.2.5 Abfragen

Die **Abfrage** ist ein Access-Objekt, das Daten, die bestimmte Bedingungen erfüllen, aus der Datenbank auswählt und als Abfrageergebnis zur Verfügung stellt. Es gibt eine ganze Reihe von Abfragen (Auswahl-, Parameter-, Lösch-, Tabellenerstellungsabfragen sowie Union- oder Pass-Through-Abfragen).

Oft wird der Begriff Sicht (View) auf die Tabellen einer Datenbank für die Ausführung einer Abfrage verwendet. Dabei können Einschränkungen, zum Beispiel durch das Filtern, das Sortieren oder durch die Auswahl von nur einigen Spalten der Tabelle vorgenommen werden.

Hier verweise ich jetzt auf Kapitel 8 »Fragen über Fragen und Abfragen« zu Abfragen, denn es würde hier zu weit führen, alle möglichen Abfragetypen und die Unterschiede zu erklären. Bitte gedulden Sie sich noch ein wenig!

Bei Abfragen sollten Sie sich jetzt gleich noch einen Begriff einprägen: SQL (**S**tructured **Q**uery **L**anguage). Access verwendet SQL wie fast alle relationalen Datenbanksysteme für die Ausführung von Abfragen.

SQL ist eine Datenbankabfragesprache, die in vielen Datenbanken verwendet wird. Es gibt festgelegte Definitionen, an die sich größtenteils auch Microsoft für die Abfragen von Access hält. Mit SQL kann man Daten anzeigen, bearbeiten, neue Daten einfügen und alte löschen. Mit SQL kann man sogar ganze Tabellen neu erschaffen, miteinander verbinden, ja sogar ganze Datenbanken erschaffen.

```
SELECT Bestellungen.[Bestell-Nr], Bestellungen.[Kunden-Code], Bestellungen.[Personal-Nr], Bestellungen.Bestelldatum, Bestellungen.Lieferdatum, Bestellungen.Versanddatum, Bestellungen.VersandÜber,
Bestellungen.Frachtkosten, Bestellungen.Empfänger, Bestellungen.Straße, Bestellungen.Ort, Bestellungen.Region, Bestellungen.PLZ, Bestellungen.Bestimmungsland, Kunden.Firma, Kunden.Straße, Kunden.Ort, Kunden.Region,
Kunden.PLZ, Kunden.Land
FROM Kunden INNER JOIN Bestellungen ON Kunden.[Kunden-Code] = Bestellungen.[Kunden-Code];
```

Der einfachste Weg, SQL zu erlernen, ist, eine Abfrage in Access mit der Access-Oberfläche zu erstellen, dann aber auf die SQL-Ansicht umzustellen und zu lesen, was da steht. Mit Grundkenntnissen der englischen Sprache werden Sie sehr schnell den SQL-Sprachumfang erfassen. Der erste Schritt zu professionellem Umgang mit Datenbanken ist gemacht.

5.2.6 Formulare

Das **Formular** ist der »Ausgabeort« für die Tabelleninhalte, außerdem programmierbar oder mit Makros zu bestücken. Dieses Objekt hat eine Menge von Eigenschaften, die alle einstellbar oder programmierbar sind, z. B. Farbe, Größe, Steuerelemente. Es dient zur Dateneingabe, Datenausgabe und zur reinen Ansicht.

5.2.7 Berichte

Der **Bericht** ermöglicht die komplexe Zusammenstellung von Abfrageergebnissen. Außerdem können Inhalt und Layout den Bedürfnissen des Anwenders angepasst werden. So entstehen Rechnungen, aber auch Listen mit alphabetischem Wechsel usw.

5.2.8 Steuerelemente

Auf dem Formular und auf dem Bericht können Sie *Steuerelemente* platzieren. Diese Objekte sind immer dann verfügbar, wenn Sie in der Entwurfsansicht arbeiten. Neben den von Access bereitgestellten Elementen gibt es eine ganze Reihe zusätzlicher Steuerelemente, die uns aber noch nicht tangieren. (Es sind sogenannte ActiveX-Steuerelemente, die oft von anderen Firmen bereitgestellt werden und meist programmiert werden müssen.)

5.2.9 Makros

Unter **Makro** versteht man einzelne Access-Bedienaktionen, die im Makroeditor aus Kombinationsfeldern ausgewählt werden und unter einem Makro zusammengefasst werden. Diese können per Mausklick, Tastenkombination, Menüauswahl, durch Aufruf von anderen Makros oder von Access-Basic-Prozeduren gestartet werden.

Es gibt unterschiedliche Arten von Makros, die uns dann im Einzelnen noch interessieren werden. Neu und wirklich interessant sind die Datenmakros, die wir uns genauer ansehen werden, da sie die Trigger, d. h. Auslösung für Ergebnisse, in Großdatenbanken simulieren. Damit wird Access ein ganzes Stück aufgewertet, denn gerade Aktionen wie das Protokollieren von Datenänderungen waren bisher nicht möglich, können aber nun mit den Datenmakros verwirklicht werden.

5.2.10 Module

Ein schon immer mächtiges Werkzeug ist das **Modul**. In ihm sind die mit VBA (**V**isual **B**asic for **A**pplications) geschriebenen Prozeduren und Funktionen gesammelt. VBA ist eine relativ mächtige Programmiersprache, sie ist bereits objektorientiert und ermöglicht es dem Programmierer, fast jede gewünschte Aktion zu erschaffen. Trotz der Möglichkeit, eigene Klassen und Objekte einzusetzen, und der Schnittstelle zum mächtigsten Programmierwerkzeug von Microsoft überhaupt, den .NET-Programmiersprachen, gibt es noch eine Begrenzung: Sie brauchen Access, um mit den VBA-Programmen arbeiten zu können.

Hier soll nun der erste Kontakt zu den Begriffen der Access-Umgebung enden. Ich hoffe, ich habe Sie neugierig auf die kommenden Aufgaben gemacht.

5.3 Prinzipien des Datenbankdesigns

- Wähle gute Feldnamen aus!
- Keep it short and simple!
- Kamel-Schreibweise (Camel-Schreibweise/Pascal-Schreibweise)
- Keine Leerräume!
- Konsequent bleiben!
- Keine Wiederholung der Feldnamen!
- Keine Verwendung von »Name«!

Bevor wir uns mit dem Grundsätzlichen zum Datenbankentwurf beschäftigen, möchte ich Ihnen diese Prinzipien des Datenbankdesigns kurz erklären. Nachdem Sie sprechende Feldnamen ausgewählt haben, d. h. Feldnamen, worunter sich auch ein Anwender etwas vorstellen kann, versuchen Sie, diese Tabellennamen so kurz wie möglich zu definieren. Trotzdem wird oft mehr als ein Wort notwendig sein, um dies verwirklichen zu können. Dann schreiben Sie den ersten Buchstaben eines jeden Wortes groß, das Wort sollte dann aussehen, als ob es Höcker wie ein Kamel hätte. (so z. B. MusterOhneWert).

Da man nie weiß, was mit der Datenbank passiert, ob sie nicht doch irgendwann auf eine SQL-Datenbank umgemünzt wird, sollte man keine Leerräume in den Datenbanknamen verwenden. Bleiben Sie bei der Wahl Ihrer Namen konsequent, bei der Schreibweise ebenso. Wenn Sie keine Vorsilbe verwenden, dann tun Sie das nie. Achten Sie darauf, dass gleiche Feldnamen in unterschiedlichen Tabellen nicht verwendet werden sollen. Es ist zwar möglich, Access lässt es zu, aber es gibt immer wieder richtige Probleme damit.

Eine Regel, an die sich Microsoft selbst leider oft nicht hält, ist, dass man den Begriff *Name* nicht verwenden sollte, da er auf die Eigenschaft sowohl einer Tabelle, einer Abfrage, aber auch auf Formulare anzuwenden ist. Jedes dieser von Microsoft geschaffenen Objekte hat einen Namen als Eigenschaft. Das kann zu ziemlichen Schwierigkeiten später bei der Programmierung führen.

Hinweis zum Buch

In diesem Buch verwenden wir keine konsequente Schreibweise, da wir Ihnen in den Beispielen Möglichkeiten aufzeigen wollen, wie sie die einzelnen Tabellen benennen können, ohne Probleme zu bekommen. Wir sind also bewusst inkonsequent.

5.4 Grundsätzliches zum Datenbankentwurf

Bevor man den Entwurf einer Datenbank konzipiert, sollte man sich folgende Dinge zurechtlegen:

- einen Bleistift,
- ein großes Blatt Papier,
- viel Zeit,
- viel Kaffee oder Tee,
- viele Gedanken.

Diese Aufstellung soll Ihnen zeigen, dass der Entwurf einer Datenbank nicht in erster Linie eine Sache der Access-Kenntnisse ist, sondern von Ihnen verlangt, die mit der Datenbank zu erfassende Thematik tief gedanklich zu durchdringen.

Sie beginnen am besten – und wenn möglich – von hinten, sprich, Sie gehen vom Ergebnis aus. So analysieren Sie zum Beispiel die Rechnungsformulare, die eine Firma schon verwendet, wenn Sie für diese Ergänzungen zu einer Geschäftsdatenbank entwickeln sollen. Oder Sie skizzieren ein Ausgabeblatt, wenn Sie eine Zusammenfassung Ihrer CD-Sammlung in Form einer Datenbank (DB) haben wollen. Also egal, welche Art der DB Sie entwickeln, Sie müssen immer erst alle Daten sammeln können. Je intensiver Sie sich hier mit der Materie auseinandersetzen, desto einfacher werden Sie es mit der Umsetzung in eine Datenbank haben.

Diese Einzeldaten wiederum packen Sie jetzt in logische Tabellen. (Ab 200 Tabellen spricht man von einer großen Datenbank, das habe ich zumindest mal so gelesen!) Also lassen Sie sich nicht von der Erschaffung von Tabellen abhalten. In jeder Tabelle finden bei Access 255 Datenfelder Platz.

In eine Tabelle gehören folglich alle die Dinge, die auch im realen Leben zusammengehören. Beim Aufstellen Ihrer Tabelle gehen Sie also von den real existierenden Dingen aus, überlegen, wie diese zu beschreiben sind, und packen Ihre Erkenntnis in eine Datenbank.

Bevor wir uns weiter in grauer Theorie ergehen, jetzt erst mal ein Beispiel aus der Praxis.

5.5 Tabellen erstellen

5.5.1 Die erste einfache Tabelle im Entwurf

Während Sie im ersten Teil des Buches schnell Tabellen erstellt haben, indem Sie auf die vorgegebenen Hilfsmittel von Access 2016 zugegriffen haben, wollen wir nun auf die konventionelle Art unsere Tabellen erzeugen.

Diese Art empfiehlt sich immer dann, wenn Sie damit rechnen, dass Ihre Datenbank ein bisschen größer wird. Sie werden es selbst erleben, wie schnell aus den zuerst angedachten zwei Tabellen eine Datenbank mit mehr als 20, 30 Tabellen wird. Je tiefer man in die Materie, die die Datenbank beschreibt, eindringt, desto aufwendiger wird die Gedankenarbeit, desto aufwendiger wird die Bewältigung der Datenstrukturen. Und außerdem kann nur so sichergestellt werden, dass Sie eine durchgängige Logik in Ihren Entwurf bekommen.

Unser erstes Problem ist also noch gar nicht die Datenbank in Access, sondern die Erstellung von Skizzen zur Beschreibung unserer Datenbank. Deshalb sollten wir erst einmal unser Geschäftsmodell abfragen, um dann unsere Datenbank zu zeichnen und erst dann in Access 2016 zu übertragen.

5.5.2 Beschreibung der Aufgabe

Die TotMod GmbH ist eine Großhandlung, die sich auf den Vertrieb von Kleidung spezialisiert hat. Es werden ausschließlich Kleidungsstücke vertrieben, also keine Accessoires. Das Geschäft hat zehn Mitarbeiter, es wird von Frau Beck und Frau Berger geleitet. Man führt sowohl Herren- als auch Damenmode.

Eine große Zahl von Zulieferfirmen und eine noch größere Zahl von Kunden müssen in der Datenbank gelistet werden. Sowohl Zulieferer als auch Kunden haben meist mehr als einen Ansprechpartner. Wichtig ist, dass jeder Artikel ganz speziell nur bei einem Lieferanten bezogen werden kann.

Wir sollen verhindern, dass bei einer Bestellung ein gleicher Artikel öfter gelistet werden kann. (Also Hose X an erster Stelle und Hose X wieder an der sechsten Stelle, mal mit der Stückzahl 2, mal mit Stückzahl 5, dies soll nicht möglich sein.) Nach der Bestellung sollen Lieferschein und Rechnung erstellt werden können, die Daten außerdem archiviert und an die Buchhaltung übergeben werden.

Außerdem soll das TotMod-Logo überall mitverwendet werden: also auf den Eingabe- und Ausgabemasken sichtbar sein.

Frau Beck, die als Inhaberin auch für die Finanzen zuständig ist, möchte, dass die Gehälter der Mitarbeiter in der Datenbank geführt werden. Sie möchte aber nicht, dass diese Gehälter von jedem, der mit der Datenbank arbeitet, gesehen werden können.

Frau Berger wünscht sich die Ausgabe als Word-Dokumente, um die eine oder andere Anmerkung auf den Dokumenten machen zu können. Die betriebswirtschaftliche Auswertung, die über Abfragen erfolgen soll, kann mit Access-Berichten gemacht werden. Zu weiteren intensiven Auswertungen sollen die Ergebnisse aber auch in Excel verfügbar sein.

5.6 Aufgabe zum Datenbank-Managementsystem

Versuchen Sie, die Datenbank zu skizzieren. Beachten Sie dabei alle relevanten Hinweise, die in dem oben stehenden Briefing gemacht wurden. Sie können das noch nicht in der Form, die für die Datenbank dann relevant sein wird, aber in einer Ablaufskizze!

Einen Lösungsansatz finden Sie hier.

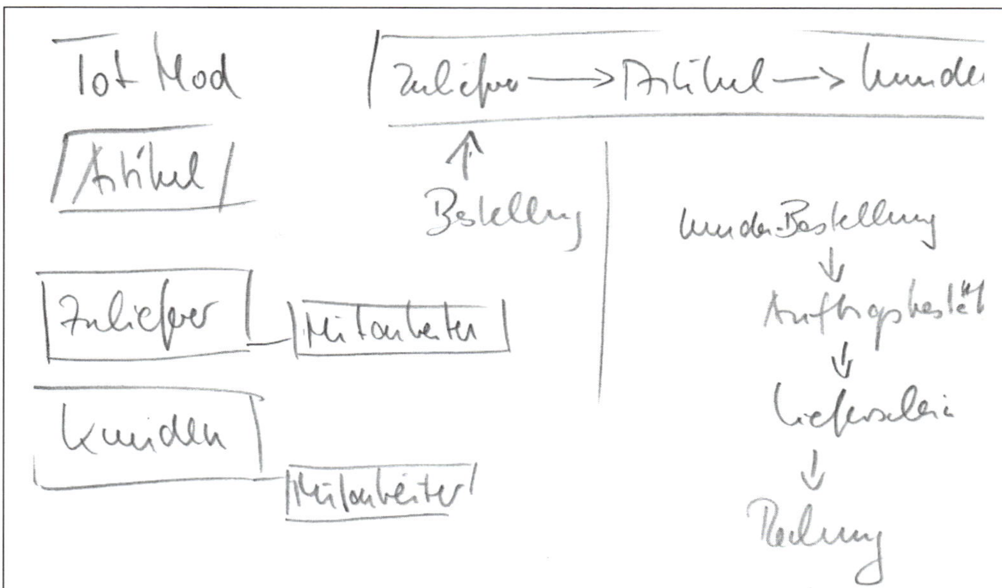

So beginnt bei uns jede Datenbank ...

6 Normalformen

So ganz ohne Theorie werden Sie es nicht schaffen, eine Datenbank aufzubauen, die auch höheren Ansprüchen genügt. Ich verspreche Ihnen aber, dass wir es in diesem Band bei einer ganz knappen und kurzen, trotzdem ausreichenden Einführung belassen.

Sie wissen ja schon, dass bei der Planung der Datenbank Bleistift und Papier recht hilfreich sind. Jetzt wollen wir uns darum kümmern, wie die einzelnen Tabellen inhaltlich aufgebaut werden sollen. Dabei ist uns allerdings auch wieder der Hinweis hilfreich, dass Access ein relationales Datenbanksystem ist, also mit vielen einzelnen zusammenhängenden Tabellen arbeiten kann.

Was bedeutet Normalisieren einer Datenbank? Es verhindert, dass doppelte, sogenannte redundante Datensätze in die Datenbank eingetragen werden. Die Datenbank-Theorie kennt eigentlich fünf Normalformen, für uns spielen aber nur die ersten drei eine Rolle.

Wenn ich schreibe, die ersten drei, dann impliziert das, dass es eine logische Abfolge der Normalformen gibt.

6.1 Die erste Normalform

Unsere erste Normalform ist schnell erklärt. Stellen Sie sich eine Tabelle vor, die den Vornamen und den Nachnamen in einer Spalte enthält, in einer zweiten die zu diesem Menschen zugehörende Anschrift:

Namen	Anschrift
Hans-Werner Kurt Meier	Austraße 123, 90429 Nürnberg
Müller Claudia	90429 Nürnberg; Erlanger Straße 145
Herr, Stefan Mustermann	Wurzenhausen 12, Meisendorf

Hier ist ja nun einiges durcheinander. Im ersten Feld ist einmal der Nachname, ein anderes Mal der Vorname an erster Stelle. Im Feld *Anschrift* habe ich PLZ, Ort, Straße, Hausnummer alles beieinander, mal mit Komma, mal mit Semikolon getrennt. Stellen Sie sich das Chaos vor, wenn Sie jetzt 100.000 Anschriften nach einer Adresse durchsuchen müssten. Ich formuliere nun die erste Normalform:

Eine Tabelle befindet sich in der ersten Normalform, wenn die Werte in jedem Feld und in jedem Datensatz atomar sind, das heißt, sich logisch nicht weiter unterteilen lassen. Wenn Sie unsere kleine Mustertabelle in Augenschein nehmen, sehen Sie, dass sich die Tabelle einfach »atomisieren« (aufteilen) lässt:

Nachname	Vorname	Strasse	Hausnummer	PLZ	Ort
Meier	Hans-Werner K.	Austraße	123	90429	Nürnberg
Müller	Claudia	Erlanger Str.	145	90429	Nürnberg

Kleine Anmerkung: Ob man die Hausnummer wirklich in einer eigenen Spalte braucht, sei infrage gestellt. Ich jedenfalls habe noch nie eine Datenbank abfragen müssen nach dem Motto: Wir wollen alle Bayern, die in Hausnummer 10 wohnen, mit unserer Marketing-Aktion beglücken!

6.2 Die zweite Normalform

»Eine Relation ist in der zweiten Normalform, wenn sie in der ersten Normalform ist und ein jedes Nicht-Schlüsselattribut von jedem Schlüsselkandidaten vollständig funktional abhängig ist.«, so die offizielle Definition. Für die meisten dürfte der Satz aber erst einmal unverständlich sein.

Ich versuche daher eine andere Erklärung anzuschließen, die das Problem einfacher und verständlicher formuliert:

Die Normalformen bauen aufeinander auf. Deshalb muss die erste Anstrengung sein, die Tabelle in die erste Normalform zu bringen. Dann folgt, dass man überprüft, ob jeder Datensatz nur Felder enthält, die sich auf das Objekt beziehen, das durch den Primärschlüssel repräsentiert wird. Ein Beispiel:

ID	Vorname	Nachname	Strasse	PLZ	Ort	KFZ1	KFZ2	Nummer1	Nummer2
1	Evi	Müller	Austraße 123	90429	Nürnberg	Mini	Opel	N-H12	M-G4
2	Ali	Baba	Austraße 145	90429	Nürnberg	VW		M-X 234	
3	Ina	Muster	Austraße 245	90429	Nürnberg	BMW	BMW	A-E 12	B-E 456

Hier beziehen sich die Autonummern nicht auf den Schlüssel! Deshalb sollte man die Tabelle auflösen und eine zweite anlegen:

ID	Vorname	Nachname	Strasse	PLZ	Ort
1	Evi	Müller	Austraße 123	90429	Nürnberg
2	Ali	Baba	Austraße 145	90429	Nürnberg
3	Ina	Muster	Austraße 245	90429	Nürnberg

ID	KFZ	Nummer
1	Mini	N-H 12
1	Opel	M-G 4
2	VW	M-X 234
3	BMW	A-E 12
3	BMW	B-E 456

Durch die Aufteilung in zwei Tabellen kann nun jede *ID* in der Mastertabelle keiner, einer oder mehreren Autonummer/n zugewiesen werden. Genau das, was wir mit der zweiten Normalform bezwecken wollen.

Was machen wir denn, wenn einer der Autobesitzer sich noch einen dritten Wagen zulegt? Ohne Normalisierung würden wir jeweils für das KFZ und die Autonummer ein drittes Feld benötigen. Durch die Normalisierung können wir aber ohne Problem beispielsweise der Nummer 1 (durch Relation auf die Tabelle mit den Besitzern: Evi Müller) ein 3. Auto zuweisen, indem wir einfach einen Datensatz einfügen: 1 – VW – Fü-M 345.

6.3 Die dritte Normalform

„Die Tabelle befindet sich in der dritten Normalform, wenn sie der zweiten Normalform entspricht und darüber hinaus alle Felder nur einmal vorkommen und alle Felder, die nicht den Primärschlüssel bilden, voneinander unabhängig sind."

Auch hier gleich ein Beispiel. Dafür kann uns die eben gefertigte Tabelle dienen:

ID	Vorname	Nachname	Strasse	PLZ	Ort
1	Evi	Müller	Austraße 123	90429	Nürberg
2	Ali	Baba	Austraße 145	90429	Nürrnberg
3	Ina	Muster	Austraße 245	90429	Nürnberg

Sie sehen, dass alle Postleitzahlen eindeutig sind, der Schreiber sich aber beim Ortsnamen schon ein paar Mal vertippt hat. Es ist deshalb viel einfacher, nur die PLZ zu verwenden! Die Spalte *Ort* kann dann gestrichen werden. Eine Tabelle mit PLZ und Ort erfüllt nun die dritte Normalform. (Übrigens: Im Internet finden sich die deutschen PLZ, man kann sie einfach einbinden!)

6.4 Nullte Normalform

Immer öfter liest man von der nullten Normalform. Damit meint man, dass **keine** Tabelle Felder enthalten sollte, die **Berechnungen** aus der Tabelle enthalten. Wieder ein Beispiel:

AutoID	Datum	Liter	Preis	Gesamt
1	12.12.15	20	1,17	23,40
2	14.12.15	40	1,19	47,60

Diese letzte Spalte *Gesamt* muss man weglassen, um die nullte Normalform zu erfüllen. Denn dies Ergebnis lässt sich sehr einfach über eine Abfrage erreichen.

Ich glaube, dass der Hinweis auf diese nullte Normalform, der früher in keinem Access-Buch explizit aufgenommen wurde, jetzt deshalb wichtig wird, weil Microsoft den neuen Felddatentyp *Berechnet* eingeführt hat. Dies verleitet geradezu zur Verletzung der nullten Normalform.

Vergleichen Sie in diesem Zusammenhang die Ansicht unserer Tabelle *Bestelldetails*. Hier gibt es einen Feldnamen *NettoGesamtpreis*, in dem ein Preis berechnet wird. Die nullte Normalform meint genau solche Felder, die bei einer größeren Datenbank immer Probleme machen werden.

Diese berechneten Felder können uns große Schwierigkeiten vor allem dann bereiten, wenn die Access-Datenbank in eine SQL-Datenbank verändert werden soll. SQL-Datenbanken wie Microsoft-SQL-Server oder das kostenlose MySQL können viel größere Datenmengen als Access verarbeiten und werden oft eingeführt, wenn Access zu langsam wird. Nun können aber SQL-Datenbanken die neuen Datentypen nicht lesen, es ist also nötig, die DB zu überarbeiten – was meist aufwendig ist.

Wir raten, auch in Zukunft auf die Verwendung dieser von Microsoft eingeführten neuen Feld-/Datentypart *Berechnet* zu verzichten. In diesem Übungsbuch wurde sie aus Gründen der Vollständigkeit gezeigt.

Hinweis

Auch wenn dies nichts mit Normalform zu tun hat, soll in diesem Zusammenhang auf den Felddatentyp **Anlagen** verwiesen werden. Mit diesem kann man Bilder, Dokumente etc. an einen Datensatz anfügen. Dies wäre auch so ein Kandidat, der die Möglichkeit eines klaren Datenbank-Aufbaus zerstört. Denn statt einer zweiten Tabelle wird einfach ein Datenbankfeld angelegt. Auch auf diesen Felddatentyp werden wir in Zukunft verzichten. (Anmerkung: Microsoft lässt natürlich im Hintergrund eine zweite Tabelle arbeiten, leider haben wir als Normal-User darauf keinen Zugriff!)

6.5 Index

Zur Beschleunigung von Suchen und Sortieren können Sie den Index verwenden.

Indizes können in der Entwurfsansicht der Tabelle jederzeit zugefügt oder gelöscht werden. Denken Sie daran, dass Primärschlüssel immer indiziert werden müssen, und zwar ohne Duplikate!

Wenn Sie auf die Schaltfläche *Indizes* klicken, öffnet sich dieses Fenster:

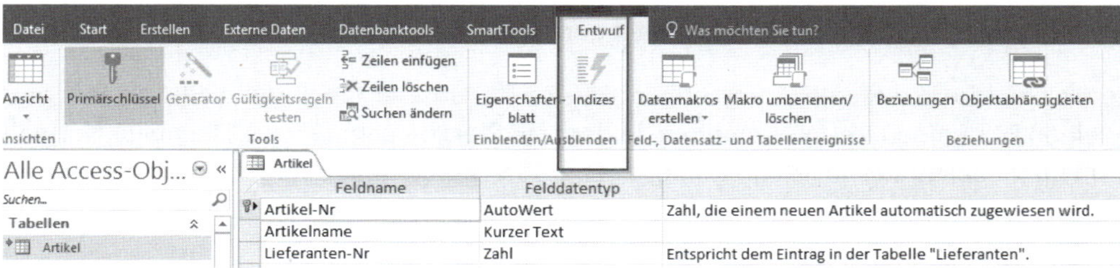

Indexerstellung.

6.5.1 So funktioniert ein Index

Der Index legt im Hintergrund, in den Systemtabellen, immer eine extra Tabelle an. In diese schreibt Access stets den neuen Datensatz, den Sie in die Tabelle eingeben. Allerdings fügt Access in der Originaltabelle einen Datensatz in der Reihenfolge ein, wie Sie ihn schreiben. In der Indextabelle dagegen wird der Datensatz geordnet, das heißt, er wird dort eingefügt, wo er der Größe nach hingehört, in unserem Verständnis z. B. von A bis Z.

Evi	**Index**
Ali	Ali
Max	Evi
	Max
Sie geben Daten ein:	
Evi	Ali (A)
Ali	Anton
Max	Evi
Isa	Isa
Anton	Max
	(Z)

Nachfolgend sehen Sie ein Beispiel, das den Index schnell verständlich macht.

Sie werden einsehen, dass hier z. B. Suchaufgaben schneller gelöst werden können. Access hat Regeln, die das Programm schnell abarbeiten kann.

6.6 Tipps und Tricks zu Tabellen

Zu Tabellen noch ein paar allgemeine, unzusammenhängende Tipps und Tricks. Einiges davon geht zwar ein wenig über das Ziel, ein reines Anfängerbuch zu schreiben, hinaus, ist aber trotzdem wirklich wichtig:

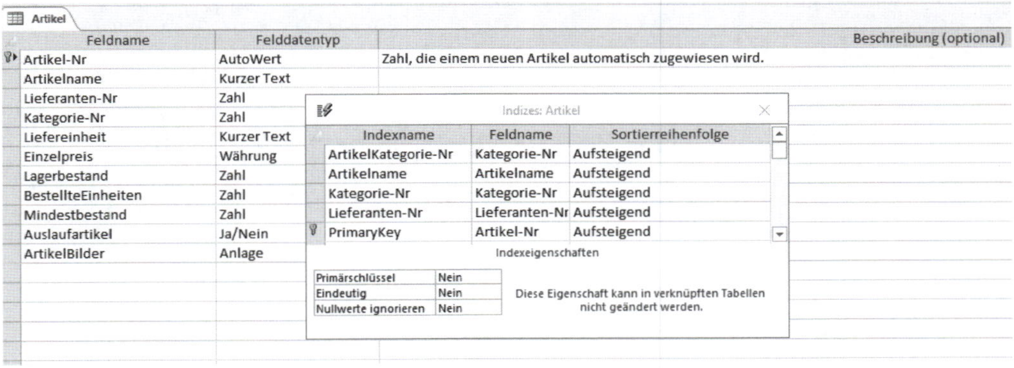

Hier wird der Index angelegt.

Der *AutoWert* ist für interne Zwecke nützlich, aber selten geeignet, um ihn dem Benutzer zu zeigen. Wenn man nämlich das Anlegen eines neuen Datensatzes abbricht oder einen Datensatz löscht, wurde dafür schon eine Nummer angelegt, die nicht ohne Weiteres wiederverwendet werden kann. Die Nummerierung ist nicht fortlaufend, es sind Lücken vorhanden, die unerfahrenere Benutzer meist sehr verwirren.

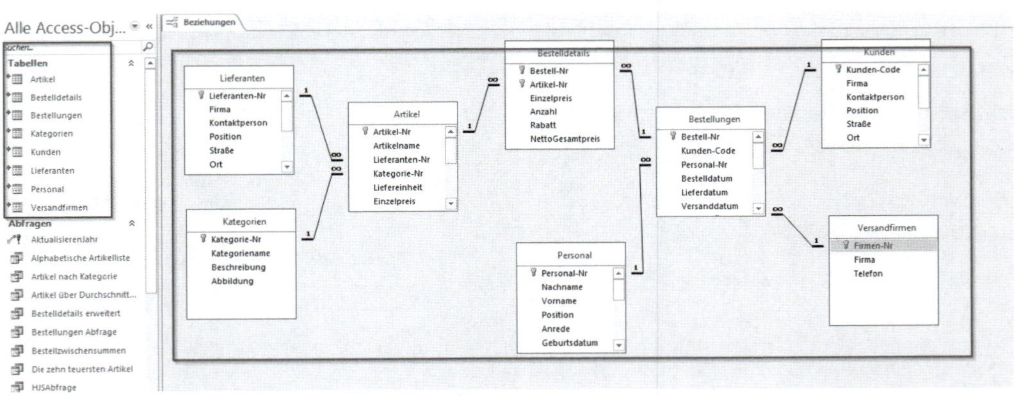

Datenbank in Frontend und Backend aufgeteilt.

Eine Microsoft-Access-Datenbank im Geschäftsleben besteht aus zwei Dateien: einer Backend-Datei mit den Tabellen und Beziehungen sowie einer Frontend-Datei mit den übrigen Objekten. Wenn man die Anwendung später einmal ändert, betrifft das (hoffentlich) nur das Frontend. Ist eine neue Anwendungsversion fertig, wird nur die Frontend-Datei ersetzt; die Daten des Backends stehen unverändert weiter zur Verfügung. In einer Mehrbenutzerumgebung bekommt jeder Benutzer eine Kopie des Frontends, dadurch wird die Verteilung sehr viel einfacher und die Anwendung schneller. Mehr dazu erfahren Sie in den Kapiteln 7.7 und 7.8.

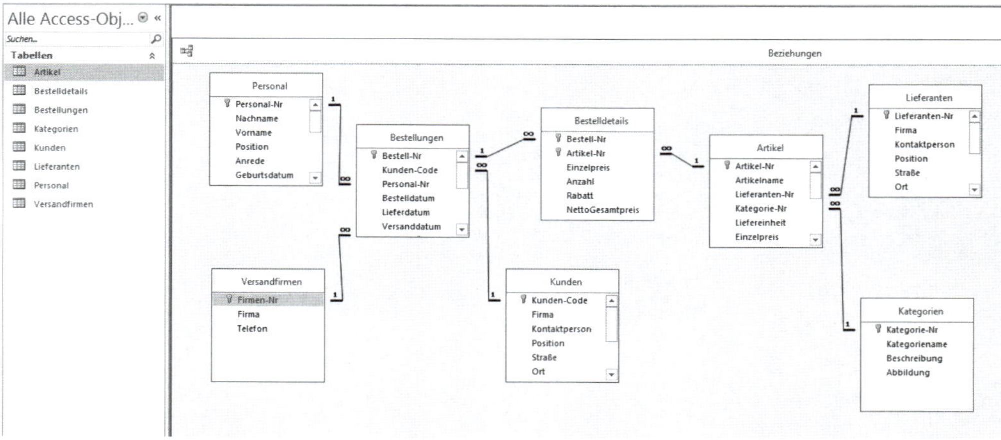

Backend der gleichen Datenbank, nur noch Tabellen.

Tabellenfelder sollte man nicht formatieren. Die Formatierung erfolgt erst später in den Formularen und Berichten. Gerade bei Werten, mit denen später noch gerechnet werden soll, kann es sonst beim Betrachten zu Verwirrung kommen.

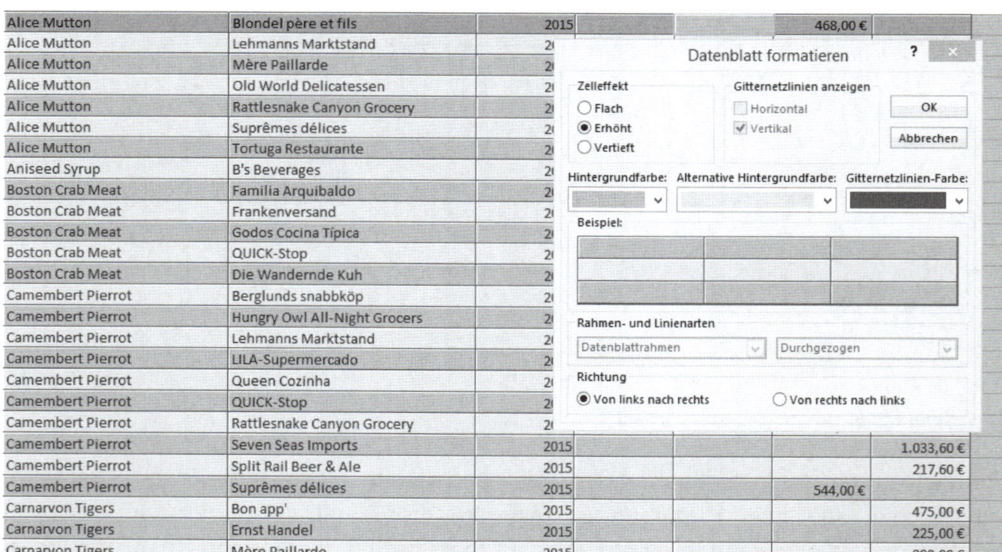

Tabellen sollten stets mindestens zwei Datumsfelder mit »Metadaten« enthalten: eines mit dem Zeitpunkt, an dem der Datensatz angelegt wurde, und eines mit dem Zeitpunkt der letzten Änderung. In Mehrbenutzerumgebungen sollte es auch dazu korrespondierende Felder geben, in denen zugleich der jeweilige User notiert wird.

In den seltensten Fällen sollten Datensätze wirklich physisch gelöscht werden. Stattdessen wird in einem Datumsfeld der Zeitpunkt der »Löschung« gespeichert. Datensätze mit einem

Wert in diesem Feld gelten als gelöscht. Achtung: Statt einer Löschabfrage verwenden wir eine Abfrage, die die Daten an eine Archivtabelle transferiert! Beim Löschen sind die Daten weg. Unwiderruflich. Sehr oft müssen aber Daten archiviert werden, deshalb lagern wir sie lieber aus. In einer Mehrbenutzerumgebung sollte es ein dazu korrespondierendes Feld geben, in dem zugleich der jeweilige User notiert wird, der diese Änderung durchgeführt hat.

Beim Anlegen einer Datenbank wird es Ihnen immer wieder passieren, dass Sie schon auf Daten zurückgreifen können, die in Form von Excel-Tabellen vorliegen. Bis zur Version 2010 war es nicht möglich, direkt auf Excel-Tabellen zuzugreifen, seitdem es aber bei Excel bestimmte Tabellen-Formatierungen gibt, können Sie auf Datenbereiche innerhalb von Excel zugreifen, ja Sie können sogar auf diese Excel-Tabellen verknüpfen. Verknüpfung bedeutet, dass die Daten in Excel verbleiben und Sie faktisch einen Zeiger auf diese Tabelle einrichten, sodass in Ihrer Datenbank immer die aktuellen Werte der Excel-Tabelle ausgegeben werden. Sie können diese Werte auch bei Excel weiterverarbeiten.

6.7 Übungen

Nehmen Sie ein Blatt Papier, skizzieren Sie auf diesem Blatt die Struktur der Tabellen für eine kleine Literaturverwaltung. Überlegen Sie alle Tätigkeiten, die dabei anfallen können. Sie werden ungefähr ein bis zwei Stunden brauchen, um die Grundlagen dieser Datenbank aufzuzeichnen.

Erfahrungsgemäß kann man mit einer kleinen Literaturverwaltung seine Bücher in einer Datenbank aufnehmen. Man braucht einen Autor, der mehrere Bücher geschrieben haben kann; es gibt aber auch Bücher, die von mehreren Autoren geschrieben wurden. Schon haben wir die erste Schwierigkeit, die wir lösen müssen. Bücher haben eine eindeutige Kennung: die ISBN-Nummer! Vielleicht haben Sie zu Hause auch mehrere Bücherregale stehen. Es wäre vielleicht interessant zu wissen, in welchem Regal, auf welchem Brett, links oder rechts, Sie nach einem bestimmten Buch suchen müssen. Das sollen nur ein paar Hinweise sein, mit deren Hilfe Sie sich an diese kleine Aufgabe herantasten können.

Diese Übung wird Ihnen helfen, die Problematik der Datenbankentwicklung zu verstehen. Sie werden die Erfahrung machen, dass Sie Ihr »Problem« in immer kleinere Einheiten zerlegen müssen und das Ergebnis auch noch in eine Tabelle, die zusammenhängende Strukturen enthält, einordnen.

Hilfestellung dazu finden Sie in den Lösungsskizzen *Literaturverwaltung_Überlegungen.zip*.

Die zweite Übung ist die Umwandlung der Skizze in Access-Tabellen. Dabei müssen Sie die einzelnen Datentypen festlegen.

Lösung

Eine Musterlösung finden Sie in der Datenbank *Literaturverwaltung.accdb*, die Sie im Download-Material zu diesem Buch auf der Webseite *www.mut.de/2007* finden. Wir möchten ausdrücklich betonen, dass dies nur eine von vielen möglichen Lösungen ist. Um die Korrektheit Ihrer Lösung zu überprüfen, versuchen Sie, ein paar Daten in Ihre DB einzugeben. Wenn es Ihnen gelingt, dann sollte die Lösung stimmen.

Außerdem sollten Sie nach Fertigstellung die Lösung einmal ganz konkret auf die Einhaltung der Normalformen überprüfen.

Wir haben die Lösung als ZIP-Datei *Literatur.zip* hinterlegt, damit Sie die Informationen zusammen haben.

7 Primärschlüssel zuweisen

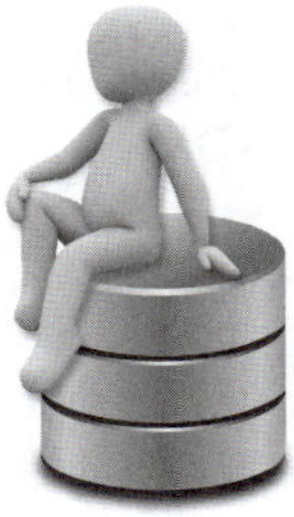

7.1 Einzelne Felder als Primärschlüssel

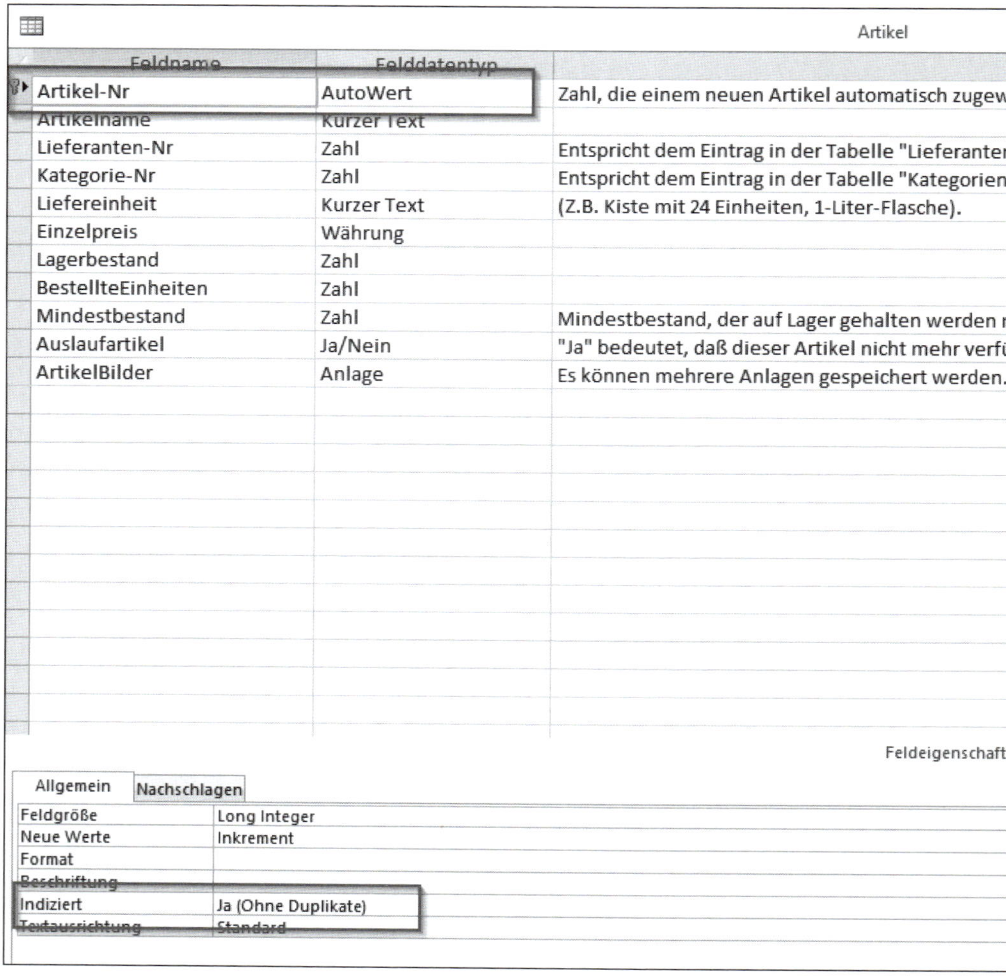

AutoWert und Index auf Ja (ohne Duplikate).

Wichtig ist, dass Sie beim Datenbankentwurf berücksichtigen, ein Feld so zu formulieren, dass darin ein eindeutiger Datensatz gespeichert werden kann. Oft verwendet man dazu ein Feld, das eine fortlaufende Nummer enthält, bei Access durch den *AutoWert* verdeutlicht. In der Realität, also in Datenbanken, die einen ernsthaften Einsatz in der Industrie etc. erhalten, sind das oft die Felder Artikelnummer, Personalnummer etc. Außerdem erhält dieses Feld dann den Primärschlüssel, der eben diese Eindeutigkeit versinnbildlicht.

Dieses Datenfeld, das den Schlüssel enthält, bekommt außerdem einen Index von Access zugewiesen. Bei den Feldeigenschaften wird das Feld *Indiziert* auf *Ja (ohne Duplikate)* gesetzt.

Damit ist klar, dass Sie selbst für dieses Feld keine Werte vergeben können, außerdem können keine Duplikate entstehen, da beim Anlegen eines neuen Datensatzes automatisch der Wert um eins erhöht wird.

Noch ein Satz zum Index: Sie können und sollen auch andere Felder als *Indiziert* anlegen. Beim Index entsteht eine Systemtabelle, in der Access geordnet Daten verwaltet. Somit ist garantiert, dass bei Suchvorgängen innerhalb dieser indizierten Felder Daten sehr schnell gefunden werden. Dann sollten Sie den Inhalt aber auf *Indiziert (Duplikate ja)* stellen.

Also verwenden Sie den Index, wenn Sie wissen, dass Sie über bestimmte Felder sortieren, filtern, sie verknüpfen oder in Abfragen verwenden werden. Sie erreichen eine deutliche Erhöhung der Geschwindigkeit Ihrer Datenbank, wenn Sie die Felder, die Sie zu diesen Aktionen einsetzen, indiziert haben.

Aber: Nicht immer ist das Indizieren sinnvoll. Dies in diesem Zusammenhang zu erklären, würde zu weit führen, deshalb der Hinweis: Experimentieren Sie, setzen Sie den Index, lassen Sie Abfragen laufen, nehmen Sie den Index wieder raus und stoppen Sie die Zeit. Das Indizieren beschleunigt z. B. das Abfrageergebnis um zwei Sekunden, verlangsamt aber jede Dateneingabe um drei Sekunden. Ist das dann sinnvoll?

Hinweis

Indiziert (ohne Duplikate) sollten Sie nur beim Schlüsselfeld verwenden.

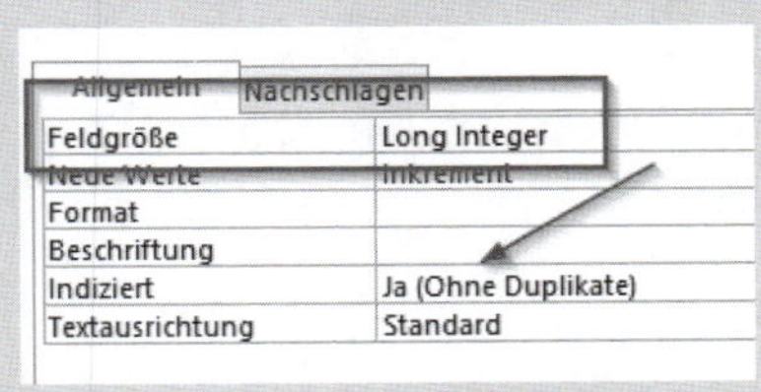

Wenn Sie eine Tabelle erstellt haben und dann speichern, werden Sie von Access gefragt, ob Sie kein Schlüsselfeld vergeben wollen. Haben Sie einen *AutoWert* gesetzt, wird das Schlüsselfeld automatisch vergeben. Ansonsten fügt Access eine Spalte *ID* ein. Bitte ändern Sie den Namen dieser Spalte, denn nichts ist verwirrender als eine Ansammlung von Tabellen, deren erster Feldname immer ID ist!

Bitte beachten Sie, dass ein Wert des Primärschlüsselfelds nicht mehrfach vorkommen darf. Machen Sie also in Ihrem Datenbankentwurf nur solche Felder zu Primärschlüsseln, die wirklich eindeutig sind. Beachten Sie weiter, dass der *AutoWert* als Datentyp eingestellt ist, die Feldgröße aber eine Zahl vom Typ *Long Integer* ist. Wenn Sie auf einen *AutoWert* später referenzieren, dann müssen Sie das über ein Feld machen, das den Datentyp *Zahl* und *Long Integer* hat.

7.2 Mehrere Felder als Primärschlüssel

Sie möchten – aus irgendwelchen Gründen – kein extra ID-Feld verwenden, haben aber auch sonst kein Feld zur Verfügung, das allein den Ansprüchen als *Schlüsselfeld* genüg. Was dann? Dann können Sie zwei oder mehrere Felder verwenden, die dann zusammen das Kriterium Schlüsselfeld erfüllen. Dieser sogenannte zusammengesetzte Schlüssel wird in der Regel dann eingesetzt, wenn in einer Bewegungstabelle zwar jedes einzelne Schlüsselfeld öfter vorkommt, aber die Kombination nur einmal erlaubt sein soll.

Beispiel: Sie haben eine Tabelle *Bestellungen*, dann eine Tabelle *Artikel* und eine Tabelle *Bestelldetails*. Dann taucht eine Bestellnummer in den Bestelldetails mehrfach auf, die Artikelnummer ebenfalls. In der gleichen Bestellung kann ich aber eine zweite gleiche Artikelnummer dann nicht mehr verwenden. Ich vermeide also, dass in einer Bestellung der Artikel mit unterschiedlichen Mengen zweimal auftaucht.

Dieses Beispiel stammt aus unserer zweiten Übungsdatenbank, die wir Ihnen ans Herz legen. Die zweite Datenbankgruppe ist die *Nordwind.accdb*. Es wird davon viele verschiedene durchnummerierte Versionen geben. Unsere Beispiele können leider nicht nur mit unterschiedlichen Tabellennamen behandelt werden. Wir haben uns entschieden, mit unterschiedlichen Datenbanken zu arbeiten. Wir hoffen, dass Sie sich durch diese Vielfalt auch einen Einblick in die Welt der Datenbanken erarbeiten können, der über die im Buch beschriebenen Beispiele hinausgeht.

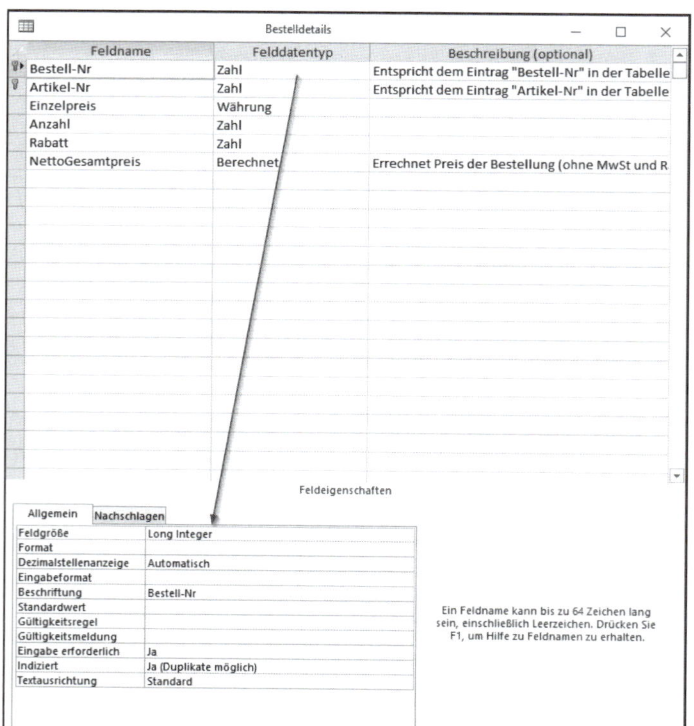

Zwei Primärschlüssel.

7.3 Beziehungen sind alles

7.3.1 Access als relationales Datenbankmodell

In den vorherigen Kapiteln haben wir schon erklärt, wie die relationale Datenbanksystematik aussieht. In diesem Abschnitt werden wir Ihnen nun die praktische Umsetzung näherbringen und versuchen, auf die Tücken dieses Systems hinweisend, Ihnen Lösungsmöglichkeiten aufzuzeigen.

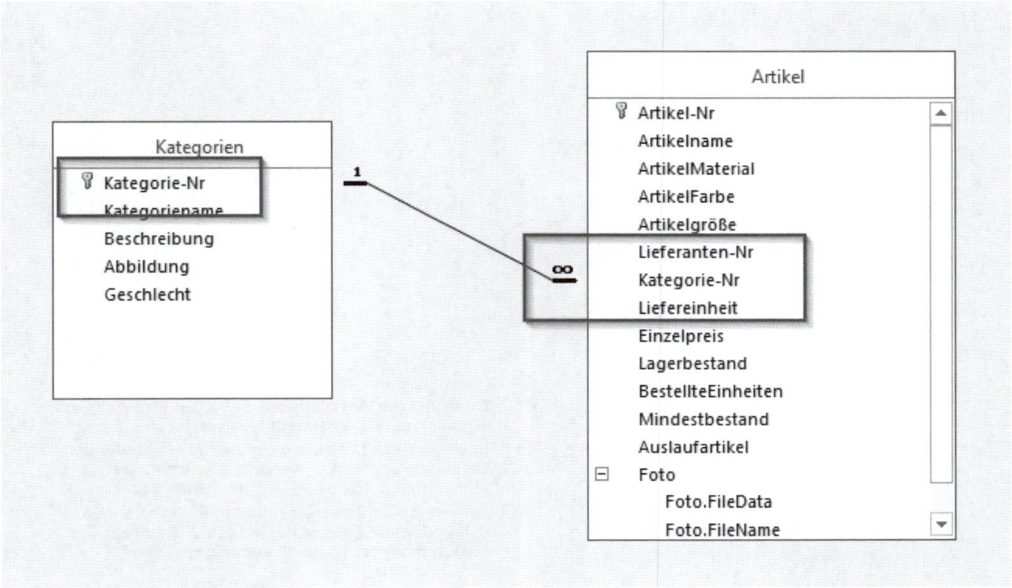

So sehen Sie, dass es Beziehungen gibt.

Wir haben uns bisher eigentlich immer nur mit dem strukturellen Aufbau einer Tabelle beschäftigt. Eine relationale Datenbank lebt aber davon, dass es Beziehungen zwischen den Tabellen gibt. Sie haben sich schon mit den Normalformen auseinandergesetzt, haben also schon verstanden, dass es zwischen den Tabellen Beziehungen geben muss. Wir kennen die 1:n-Beziehung, weiterhin die 1:1-Beziehung wie auch die sehr komplexe n:m-Beziehung. Zusätzlich sollte Ihnen klar sein, dass wir auch die Verknüpfungseigenschaften noch beachten müssen. Bevor wir uns jetzt aber weiter in der Theorie verausgaben, sollten wir uns ganz einfach ein kleines Beispiel aus der Praxis vornehmen, damit Sie auch sehen, wie einfach Beziehungen zwischen Tabellen gestaltet werden können.

1. Öffnen Sie unsere Beispiel-Datenbank *Relationen1*. Sie gehört zum Download-Material zu diesem Buch.

2. Klicken Sie im Register *Datenbanktools* auf *Beziehungen*, dann öffnet sich das Register *Entwurf*. In dem von uns vorbereiteten Bild sehen Sie, dass die Tabelle *Artikel* mit der Tabelle *Kategorien* verbunden ist: Es wird eine Eins-zu-unendlich-Verknüpfung angezeigt.

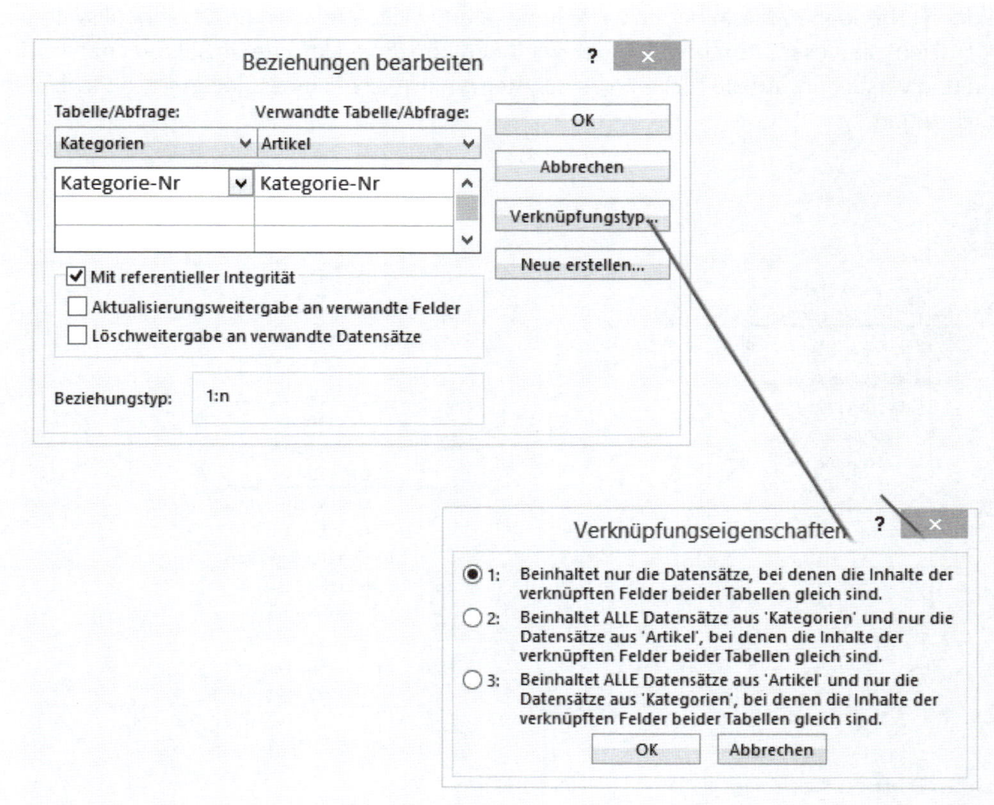

Die Eigenschaften einer Verknüpfung.

3. Klicken Sie auf die Verbindungslinie zwischen den beiden Tabellen, öffnet sich das Fenster *Beziehungen bearbeiten*. Hier sehen Sie die Namen der beiden Tabellen, dass sie *Mit referentieller Integrität* miteinander verbunden sind, und auch die Namen der Felder, über die die Verbindung läuft. Das Schlüsselfeld *Kategorie-Nr* in der Tabelle *Kategorien* ist verknüpft mit dem Sekundär-Schlüsselfeld *Kategorie-Nr* in der Tabelle *Artikel*.

4. Klicken Sie nun auf den Verknüpfungstyp, werden Ihnen weitere Verknüpfungseigenschaften angezeigt. Diese Verknüpfungseigenschaften werden uns später bei den Abfragen noch einmal begegnen, und sie werden uns dabei sehr hilfreich sein.

Drei Verknüpfungsmöglichkeiten werden hier angezeigt.

- Nummer eins beinhaltet nur die Datensätze, bei denen die Inhalte der verknüpften Felder beider Tabellen gleich sind. Diese Verknüpfungseigenschaft ist die Standardeigenschaft, das heißt mit anderen Worten, alle Artikel und alle Kategorien sind miteinander verknüpft und später bei der Abfrage werden nur die Artikel, die auch einer Kategorie zugeordnet sind, angezeigt.
- Die Nummer zwei beinhaltet alle Datensätze aus *Kategorien* und nur die Datensätze aus *Artikel*, bei denen die Inhalte der verknüpften Felder beider Tabellen gleich sind. Diese Einschränkung heißt, dass wir jetzt alle Kategorien angezeigt bekommen, auch wenn sie keine Entsprechung bei den Artikeln haben. Mit anderen Worten: Auch eine Kategorie, die keinem Artikel zugeordnet ist, wird mitverwendet.
- Die Nummer drei beinhaltet alle Datensätze aus *Artikel* und nur die Datensätze aus *Kategorien*, bei denen die Inhalte der verknüpften Felder beider Tabellen gleich sind. Diese Einschränkung heißt: Es werden alle Artikel angezeigt, auch wenn die Artikel keiner Kategorie zuordenbar sind.

Diese Grundeinstellungen bei den Tabellen spielen für die Eingabe von Datensätzen weniger eine Rolle. Hauptsächlich bei den Abfragen aber sind diese Eigenschaften sehr wesentlich.

Dies war jetzt ein kleines Beispiel für eine Eins-zu-unendlich-Verknüpfung; doch lassen Sie uns sofort weitermachen.

7.3.2 Die 1:1-Verknüpfung

Eine 1:1-Verknüpfung spielt in der Praxis eigentlich keine große Rolle. Eine Eins-zu-eins-Verknüpfung ist eigentlich nichts anderes, als dass man zwei Tabellen benutzt, wofür man eigentlich nur eine bräuchte. Warum macht man das dann aber? Stellen Sie sich folgendes Szenario vor: Sie führen eine Mitarbeiter-Datenbank, in der Tabelle ist Name, Vorname usw. gelistet, Sie wollen aber auch die Gehälter für die Mitarbeiter in dieser Tabelle pflegen.

Wenn Sie jetzt die Tabelle in ein Formular einpflegen, dann sind ja alle Tabellenfelder sichtbar. Geschickte Mitarbeiter schaffen es, zusätzlich noch die dahinterliegenden Tabellenfelder auch über Abfragen usw. für sich sichtbar zu machen. Deshalb ist es gar nicht schlecht, wenn man eine solche Tabelle aufteilt in den für alle sichtbaren Teil und den für alle außer den Mitarbeitern des Lohnbüros verborgenen zweiten Tabellenbereich.

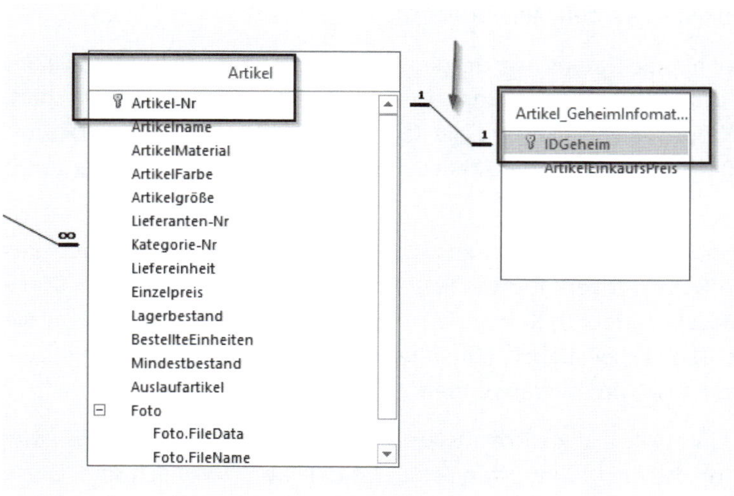

Wir verwenden für unser Beispiel nun einmal unsere Artikeltabelle und legen eine zweite ganz kleine Tabelle an, in der wir für einige Artikel wenigstens den Einkaufspreis speichern wollen. Dieser Einkaufspreis interessiert nur die Einkäufer und sollte den anderen Mitarbeitern im Unternehmen nicht bekannt werden. Deshalb teilen wir wie folgt auf:

1. Legen Sie eine neue Tabelle an, wobei das Wichtigste ist, dass Sie sich an die Spielregeln erinnern: Der gleiche Datentyp muss verwendet werden und bei einer Eins-zu-eins-Verknüpfung sollten wir auch ein Schlüsselfeld haben.

2. Schauen Sie auf *IDGeheim*: Dort ist das Schlüsselfeld zu sehen, der Felddatentyp ist *Zahl* mit der Feldgröße *Long Integer*. Sie wissen, dass in der anderen Tabelle, auf die unsere Relation zeigt, das Schlüsselfeld auch vom Felddatentyp *AutoWert* ist, was einem *Long Integer*-Wert entspricht.

In diesem Beispiel werden Sie auch sehen, wie man die neue Tabelle mit einer schon vorhandenen Tabelle verknüpft, wie man also diese Beziehungen erstellt.

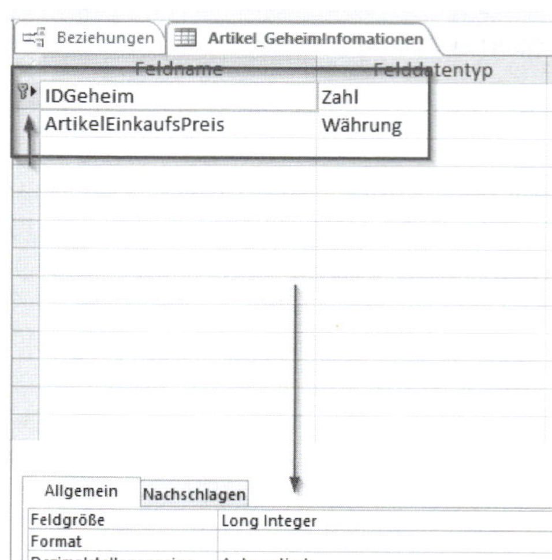

3. Wenn Sie nun Ihre Tabelle als Artikel geheim abgespeichert haben, wechseln Sie wieder in die Ansicht *Datenbanktools Beziehungen*, klicken auf die leere Fläche mit der rechten Maustaste, wählen *Tabelle anzeigen* und wählen *Artikel_GeheimInformationen* aus.

4. Danach ziehen Sie mit gedrückter linker Maustaste von dem Schlüsselfeld *Artikelnummer* in der Tabelle *Artikel* auf *IDGeheim* in der Tabelle *Artikel_GeheimInformationen*. Automatisch geht das Feld *Beziehungen bearbeiten* auf, Sie können nun kontrollieren, ob Sie die richtigen Felder getroffen haben: Auf dem Bild links sehen Sie, wie die Beziehung in Windows aussehen sollte.

Sie verwenden auch diesmal die referenzielle Integrität, das heißt, wenn Sie in der Tabelle *Artikel* einen Datensatz löschen, dann soll es auch an die untere Tabelle weitergegeben werden: Der Beziehungstyp ist hier 1:1.

5. Nach diesen Vorarbeiten können Sie jetzt Ihre geöffneten Fenster schließen, und Sie können in die Tabelle *Artikel*, nachdem Sie auf das Pluszeichen geklickt haben und eine Verknüpfung zu der Tabelle *Artikel_GeheimInformationen* aufgemacht haben, ein paar Musterdaten eingeben.

7.3.3 Die schwierigste Verknüpfung: unendlich zu unendlich

Die sogenannte n:m-Verknüpfung spielt in der Realität eine große Rolle. Leider lässt sich in keinem relationalen Datenbanksystem, das mir bekannt ist, dieser Verknüpfungstyp direkt darstellen. Man braucht dazu immer Hilfstabellen, die zwischen den beiden Tabellen, die in dieser Verknüpfungsart miteinander verbunden werden sollen, geschaltet sind.

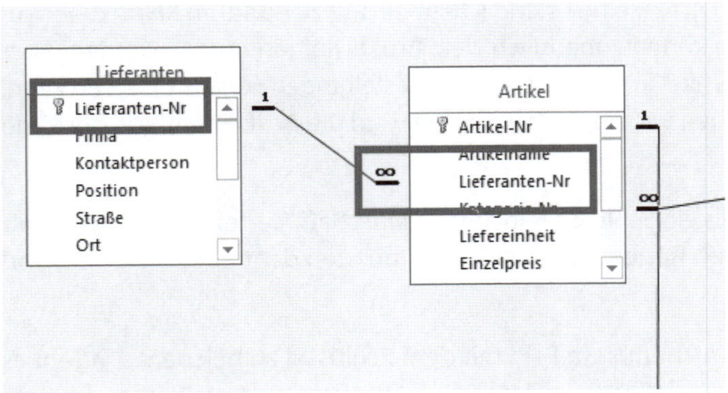

Wofür braucht man diese Unendlich-zu-unendlich-Verknüpfung?

In unserer Beispieldatenbank haben wir ein schönes Beispiel vorbereitet.

1. Öffnen Sie die Beispieldatenbank *Relationen1.accdb*, falls noch nicht geschehen, klicken Sie auf *Datenbanktools* und öffnen Sie die *Beziehungen*. Bisher haben Sie nur die Beziehung zwischen *Artikel* und *Kategorien* und Ihre gerade angelegten Geheiminformationen.

2. Im Gruppenfenster *Beziehungen* können Sie auf das Symbol mit dem grünen Kreuz *Tabelle anzeigen* klicken und bekommen wieder das schon bekannte Fenster.

3. Wählen Sie die Tabellen *Bestellungen* und *Bestelldetails* aus.

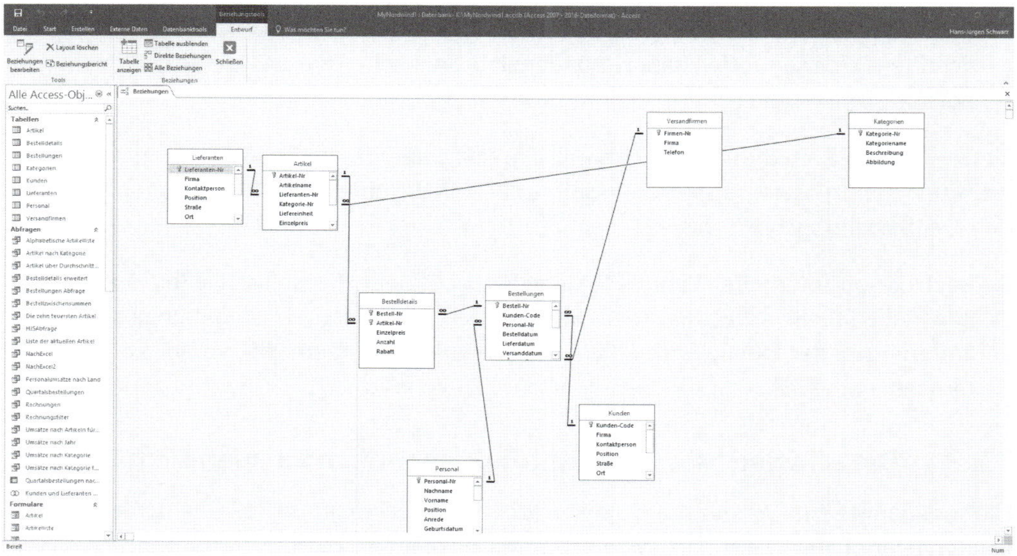

Wie von Zauberhand erscheinen nun Linien, die die Beziehungen symbolisieren. Sie sehen, dass zwischen *Bestellungen* und *Bestelldetails* eine Eins-zu-unendlich-Beziehung angelegt ist und zwischen *Bestelldetails* und *Artikel* eine Unendlich-zu-eins-Beziehung. Im Klartext bedeutet das nun: In einer Bestellung können unendlich viele Artikel aufgenommen werden. Aber es bedeutet auch, dass jeder Artikel in unendlich vielen Bestellungen verkauft werden kann. In der Tabelle *Bestelldetails* haben wir die Bestellnummer und die Artikelnummer, die diese Verknüpfungen ermöglichen.

Wir haben bei den Bestelldetails ein Schlüsselfeld *Idbestellung*. Raffinierter wäre es, wenn wir dieses *Idbestellung* weggelassen hätten. Schlüsselfelder müssten dann *Bestellnummer* und *Artikelnummer* sein.

Es ist also bei Access möglich, nicht nur ein Feld mit dem Schlüssel zu belegen, sondern es ist auch möglich, mehrere Felder als Schlüsselfelder zu definieren. Der Vorteil davon ist, dass wir pro Bestellung nur einmal den Artikel verwenden können. Es käme also nicht vor, dass wir als ersten Posten ein Kleid aufnehmen würden, das dann als Position 10 mit einer anderen Bestellmenge noch einmal verwendet würde.

Da dieses Buch für Anfänger gedacht ist, haben wir darauf verzichtet, diesen Gedankengang bei dem weiteren Verlauf der Datenbankentwicklung immer wieder einzubauen.

Damit haben wir alle bei Access einsetzbaren Relationen erklärt. Sie werden noch bemerken, dass der Aufbau eines Datenbank-Managementsystems gerade darin seine Schwierigkeiten hat. Lassen Sie sich nicht entmutigen, wenn anfänglich diese Beziehungen zueinander nicht immer hundertprozentig funktionieren wollen. Es bedarf einer längeren und größeren Übung, um die Beziehungen zwischen den Tabellen so zu gestalten, dass ein System, das in sich schlüssig ist, entwickelt werden kann. Ich hoffe für Sie, dass Sie trotzdem großen Spaß an der Entwicklung von Datenbanken haben werden.

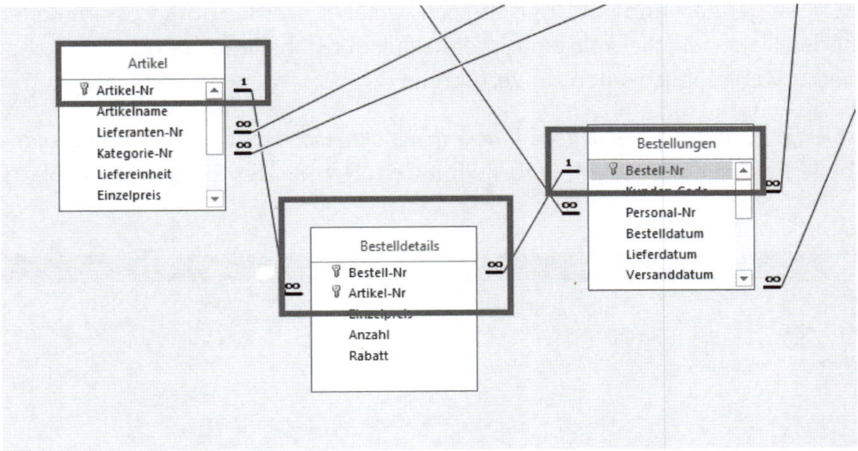

Die raffiniertere Lösung, ohne eigene ID in der n:m-Seite.

Ich werde nun mit Ihnen zusammen ein zweites Datenbank-Managementsystem einführen. Es ist das von Microsoft seit vielen Jahren propagierte *Nordwind*-Datenbanksystem, das seit der ersten Version von Access mit ausgeliefert war. Leider hatte Microsoft bei Version 2007 begonnen, *Nordwind* zu verändern, unübersichtlicher zu machen, und bei 2013 und 2016 wurde es schon gar nicht mehr mit ausgeliefert. Diese Beispieldatenbank lege ich Ihnen sehr ans Herz. In ihr sind viele Erkenntnisse, die Sie über Access gewinnen können, verwirklicht und in der Praxis dargestellt.

Wir haben uns für unsere Beispiele gerade im Bereich der Datenbankabfragen auch einige Übungsbeispiele für Sie ausgedacht, sodass Sie auch immer wieder auf dieses System zurückgreifen werden. Wir haben es als *MyNordwind* hinterlegt.

7.4 Verknüpfen einer Tabelle mit Excel

Für unser Beispiel haben wir in Excel eine kleine Tabelle angelegt. Diese Tabelle haben wir mitten in ein Tabellenblatt verschoben und als Tabelle formatiert. In frühen Access-Versionen war der Zugriff auf solche Daten nicht möglich. Dort musste immer alles in der ersten Zeile der Excel-Tabelle stehen.

Seit Excel 2010 ist es möglich, mit *Als Tabellen formatieren* zu arbeiten. Daten, auch mitten in einer Tabelle, können gefiltert und mit Überschriften versehen werden. In Access im Reiter *Externe Daten* finden Sie die Möglichkeit, eine Excel-Kalkulationstabelle zu importieren. Dabei stehen folgende Auswahlmöglichkeiten zur Verfügung:

1. *Importieren Sie die Quelldaten in eine neue Tabelle in der aktuellen Datenbank*. Falls die angegebene Tabelle noch nicht existiert, wird sie mit dem Namen des Excel-Tabellenblatts angelegt.

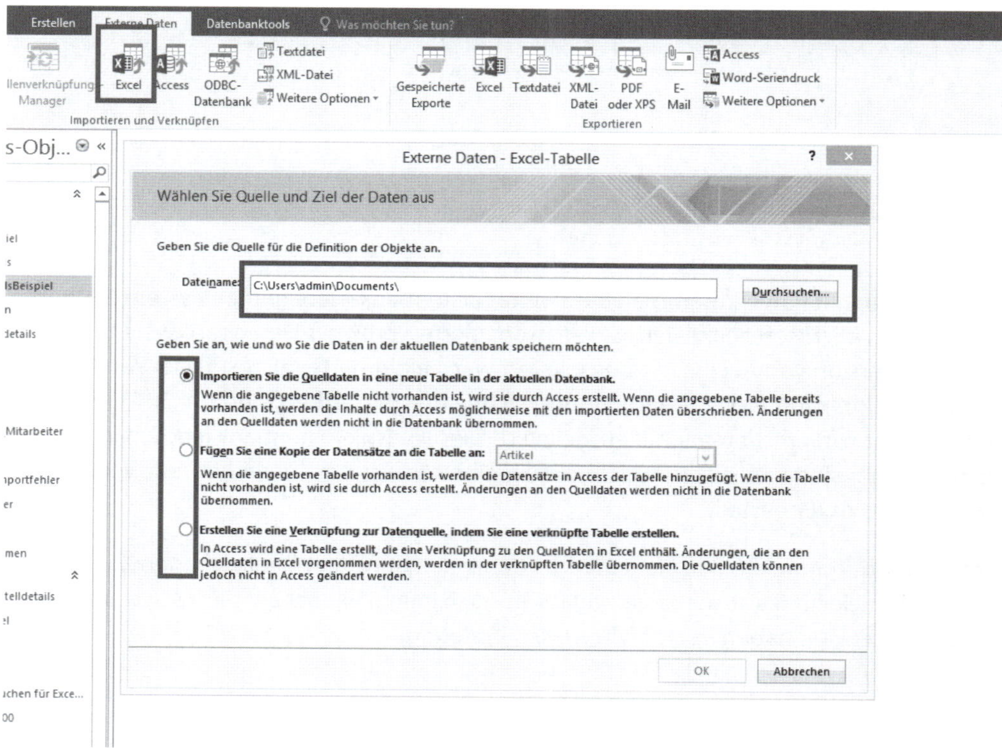

2. Eine Anfügeabfrage führen Sie aus, wenn Sie *Fügen Sie eine Kopie der Datensätze an die Tabelle an* wählen. Auch hier wird die Tabelle erstellt, wenn sie noch nicht vorhanden ist.

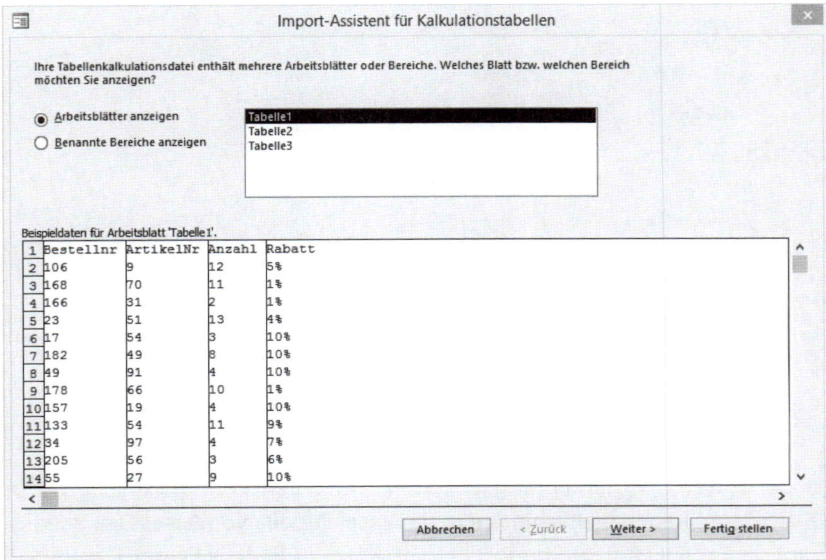

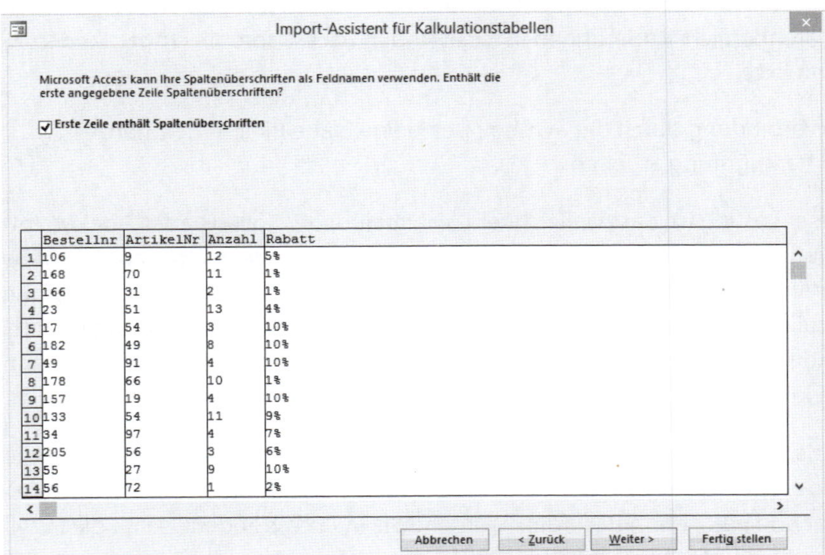

3. Bei diesen beiden Möglichkeiten werden Änderungen an den Ursprungsdaten nicht in die Access-Tabelle übernommen. Es ist also ein singulärer Vorgang, der durch die Datenübernahme stattfindet. Die Beziehung zwischen Excel und Access wird wieder gekappt, wenn der Vorgang stattgefunden hat.

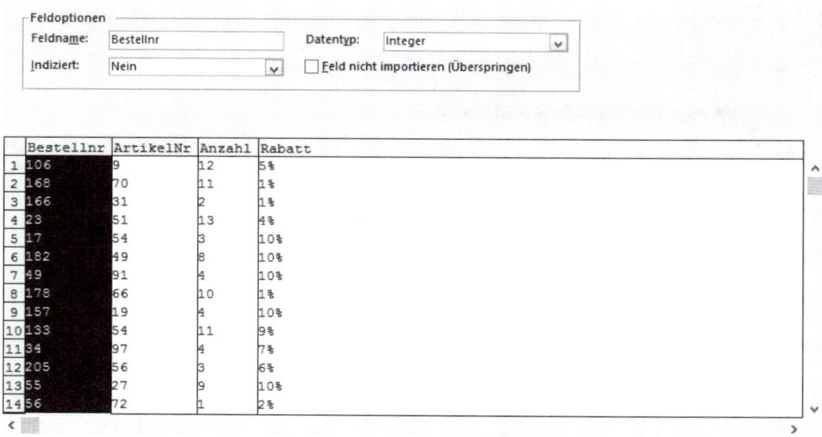
Feldoptionen
Feldname: Bestellnr
Datentyp: Integer
Indiziert: Nein
Feld nicht importieren (Überspringen)

	Bestellnr	ArtikelNr	Anzahl	Rabatt
1	106	9	12	5%
2	168	70	11	1%
3	166	31	2	1%
4	23	51	13	4%
5	17	54	3	10%
6	182	49	8	10%
7	49	91	4	10%
8	178	66	10	1%
9	157	19	4	10%
10	133	54	11	9%
11	34	97	4	7%
12	205	56	3	6%
13	55	27	9	10%
14	56	72	1	2%

4. Anders ist es bei der dritten Übernahmemöglichkeit. Hier erstellen Sie »nur« eine Verknüpfung, das heißt, die Daten liegen weiterhin nur in der Excel-Tabelle vor. Access setzt lediglich einen Link auf die Excel-Datei und importiert bei jedem Aufruf die Daten. Damit sind die Daten in Excel und Access vorhanden, Sie arbeiten folglich mit beiden Programmen im gleichen Datenbereich. Änderungen in Excel sind in Access sofort sichtbar, Änderungen in Access in Excel!

Sichtbar ist diese Verbindung durch das Symbol: Der kleine blaue Pfeil zeigt Ihnen, dass Sie mit einer Verknüpfung arbeiten.

Gefährlich bei dieser Lösung ist, dass vielleicht ein wohlmeinender Kollege oder eine ordentliche Kollegin meint, mal am Rechner aufräumen zu müssen, und dementsprechend die Datei in den nach seiner/ihrer Meinung nach richtigen Ordner verschiebt. Dann ist die Verknüpfung weg! Die Kommunikation zwischen den Programmen ist gestört und Sie müssen die Datei wieder suchen und neu verknüpfen. Schlimmer ist, wenn die Excel-Datei gelöscht wird. Dann sind die Daten verloren, denn sie liegen in Access nicht vor.

Allerdings gilt es dabei einiges zu beachten. Sie sollten nie die Excel-Datei ändern, wenn sie in Access verwendet wird. Dann werden diese Änderungen erst sichtbar, wenn beide Dateien einmal beendet und neu geöffnet werden. Während Sie in Access ändern, sollte die Excel-Tabelle von niemandem bearbeitet werden.

Es ist seit Access 2010 auch ganz schnell möglich, auf diese verknüpften Tabellen ein Formular aufzubauen.

Sie stellen den Cursor auf *Tabellen/NeuKunden*, gehen in den Reiter *Erstellen* und wählen *Formular* in der Gruppe *Formulare*.

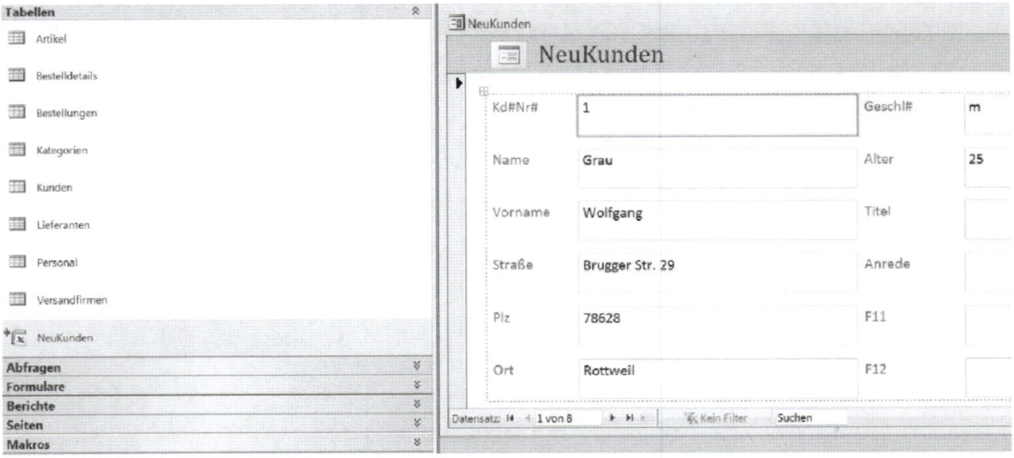

7.5 Übungen zu den Relationen

1. Öffnen Sie die Datenbank *MYNordwind_eins*. Legen Sie eine Verknüpfung zwischen der Tabelle *Lieferanten* und den Artikeln an.
2. Öffnen Sie die Datenbank *MYNordwind_zwei*. Verknüpfen Sie die Tabellenartikel und Bestelldetails. In einem nächsten Schritt legen Sie eine Verknüpfung zwischen Bestelldetails und Bestellungen an.
3. Öffnen Sie die Datenbank *MYNordwind_drei*. In dieser Datenbank sind fast alle Tabellen schon miteinander verknüpft. Eine wichtige Verknüpfung wurde allerdings vergessen. Suchen Sie diese!

Lösungen

Wir glauben, dass es diesmal ausreicht, Ihnen einfach die Bilder zu zeigen, die die Relationen in unserer Datenbank darstellen.

In der Abbildung auf dieser Seite entsteht eine 1:1-Verknüpfung, auf der folgenden Seite oben handelt es sich um eine 1:Unendlich-Beziehung.

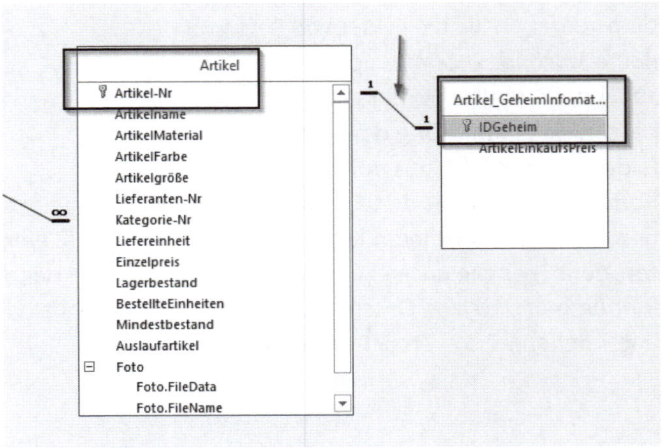

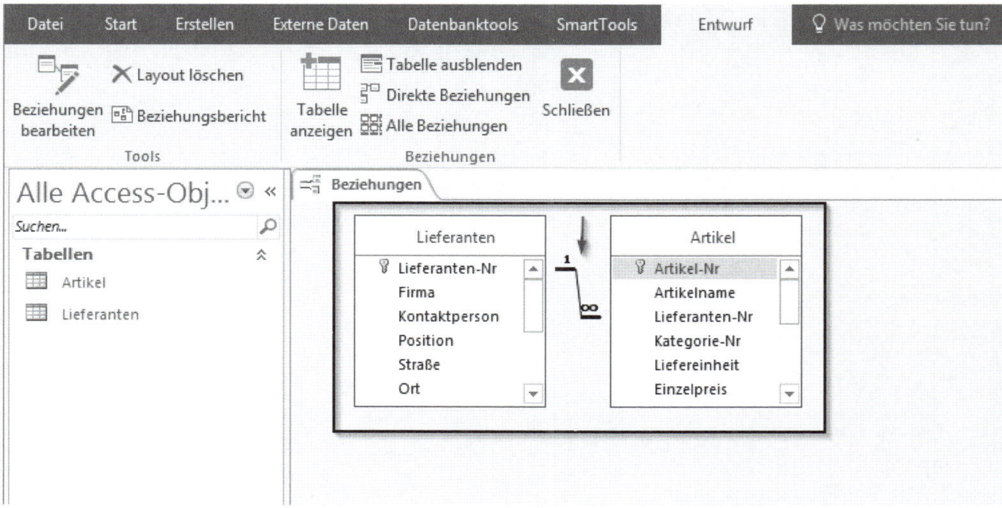

7.6 Übung mit einer kleineren, trotzdem komplexen Aufgabe

Die Übung, die wir jetzt zum Abschluss dieses ganzen Themenkomplexes Tabellen machen, klingt sehr einfach, Sie werden aber sehen, dass Sie hier doch einige Denkleistungen investieren müssen. Sie sollen eine kleine Tabelle erstellen, in der Sie alle Adressen Ihrer Freunde aufnehmen können.

Feldname	Felddatentyp
AdressID	Kurzer Text
Nachname	Kurzer Text
Vorname	Kurzer Text
Strasse	Kurzer Text
PLZ	Kurzer Text
Ort	Kurzer Text

Sie überlegen sich, dass wir für diese Tabelle folgende Felder brauchen: Zuallererst soll jeder Freund eine Identity bekommen, also legen Sie eine *ID* an. Außerdem vergeben Sie die Felder *Vorname*, *Nachname*, *Straße*, *Postleitzahl* und *Ort*. Alles Textfelder, Sie passen noch die Größe der Textfelder an. Jetzt fehlt uns noch die Kommunikation mit den Freunden mit den moderneren Kommunikationsmitteln: *Telefonnummer*, *Handy*, *E-Mail*. Sie stutzen, denn manche unserer Freunde haben schon zwei Handys, mancher hat eine private Telefonnummer und eine Geschäftsnummer. Ein anderer hat vier verschiedene E-Mail-Adressen, unter denen wir ihn erreichen können.

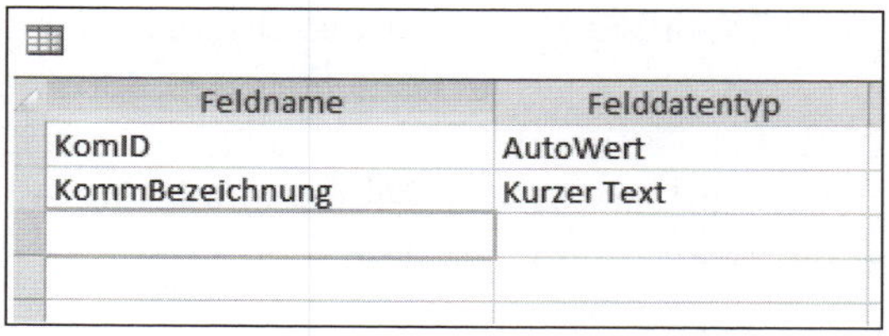

Sie müssen also ein flexibles System schaffen, mit dem Sie Ihre Adressliste vervollständigen können. Wenn Sie sich richtig erinnern, sollen Sie jetzt nicht die ursprüngliche Tabelle einfach mit den Ihnen einfallenden Kommunikationsmitteln verlängern, sondern Sie sollen eine Extratabelle erstellen, in die Sie diese Kommunikationsmittel einpflegen können. Sie legen also zuerst einmal eine Tabelle mit den Kommunikationsmitteln an. Das ist schnell passiert: Sie bekommt nur eine ID und dann die Bezeichnung des jeweiligen Kommunikationsmittels.

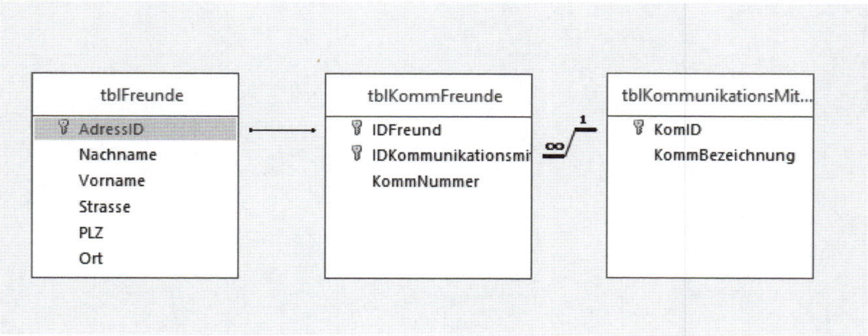

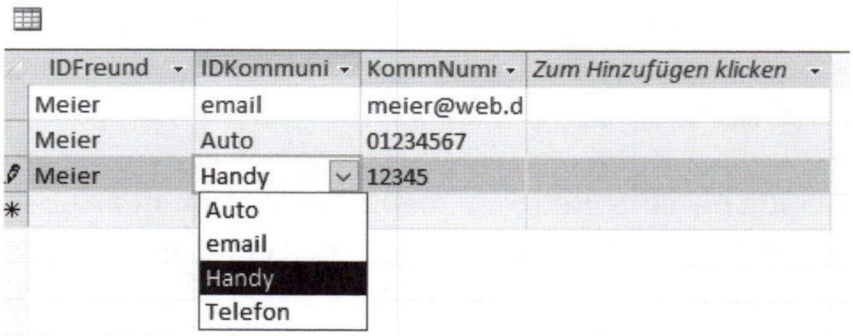

Was Sie jetzt brauchen, ist die Verknüpfung zwischen den Freunden und ihren Kommunikationsmitteln (im Augenblick haben Sie ja nur alle möglichen Kommunikationsmittel!). Sie brauchen also eine dritte Tabelle. In ihr stehen die ID des Freundes, die ID des von ihm benutzten Kommunikationsmittels und die dazugehörende Telefonnummer bzw. E-Mail-Adresse.

Dazu gibt es mal kein Bild aus der Entwurfsansicht. Das ist eine gute Übung, vielleicht sollten Sie diese einmal selbst durchführen.

Somit ist aus diesem ursprünglich kleinen Problem, nämlich, dass heutzutage jeder mehrere Telefonnummern haben kann und auch besitzt und wir mehrere Kommunikationskanäle benutzen, ein Problem geworden, das wir nur mit einer Eins-zu-unendlich-Verknüpfung lösen können. Unser ursprünglich kleines Problem hat sich also ganz schön ausgeweitet.

Diese Erfahrung, die Sie bei dieser Tabelle gemacht haben, werden Sie bei der Entwicklung einer Datenbank immer wieder machen. Sobald Sie beginnen, über den Aufbau dieser Datenbank und die Zusammengehörigkeit von bestimmten Daten und ihre Abhängigkeit zu reflektieren, wird Ihnen die gesamte Komplexität auf die Füße fallen und Sie müssen nach solch komplexen Lösungen suchen.

Die fertige Lösung finden Sie in der Datenbank *Freunde.accdb*.

7.7 Die Aufteilung der Datenbank in Frontend und Backend

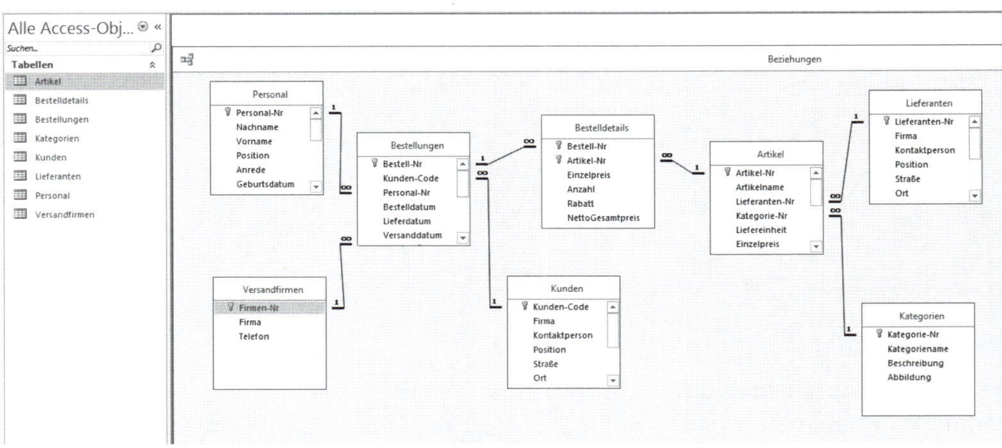

Nur die Tabellen sind in der Datenbank.

Gerade bei verteilten Systemen ist es unbedingt zu beachten, dass die Datenbank in zwei Abteilungen aufgeteilt wird. Die sogenannte **Backend-Datenbank** beinhaltet nur die Tabellen. Das **Frontend**, das bei jedem einzelnen Mitarbeiter auf dem Desktop liegt, wird mit dieser auf dem Server platzierten Backend-Datenbank verbunden. Das heißt, in den Frontend-Versionen gibt es nur verknüpfte Tabellen, keine Tabellen, die lokal auf dem Rechner gehalten werden. In der Praxis bedeutet dies, dass jeder Mitarbeiter auf einen Datenpool zugreift, auf den auch alle anderen Nutzer zur gleichen Zeit zugreifen können. Eine Änderung, die Mitarbeiter A macht, kann also auch von Mitarbeiter B sofort erkannt werden.

Access regelt die Probleme, die sich daraus ergeben können, meist selbstständig. Das heißt, wenn Mitarbeiter Schmidt den Dateneintrag des Kunden Anton verändert, der Mitarbeiter Meyer aber gerade den Datensatz Anton offen hat, gibt es keinerlei Probleme. Die Methoden, die Access dabei anwendet, sollen uns hier wenig interessieren. Access ist in der Lage, Entscheidungen selbstständig zu treffen. Falls Access aber keine Entscheidung vornehmen kann, wird die Entscheidung vom eintragenden Mitarbeiter verlangt, der dann entscheiden muss, welcher Datensatz der aktuellere oder der richtigere ist. Meist muss man das dann mit einem Kollegen klären.

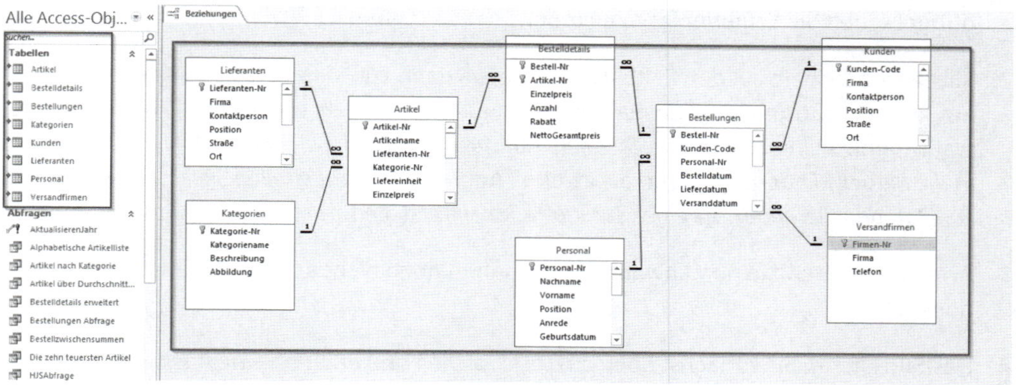

Nur noch verknüpfte Tabellen.

Für Sie ist es nur wichtig zu wissen, wie Sie diese Verknüpfung zwischen den Backend- und Frontend-Datenbanken bewerkstelligen können.

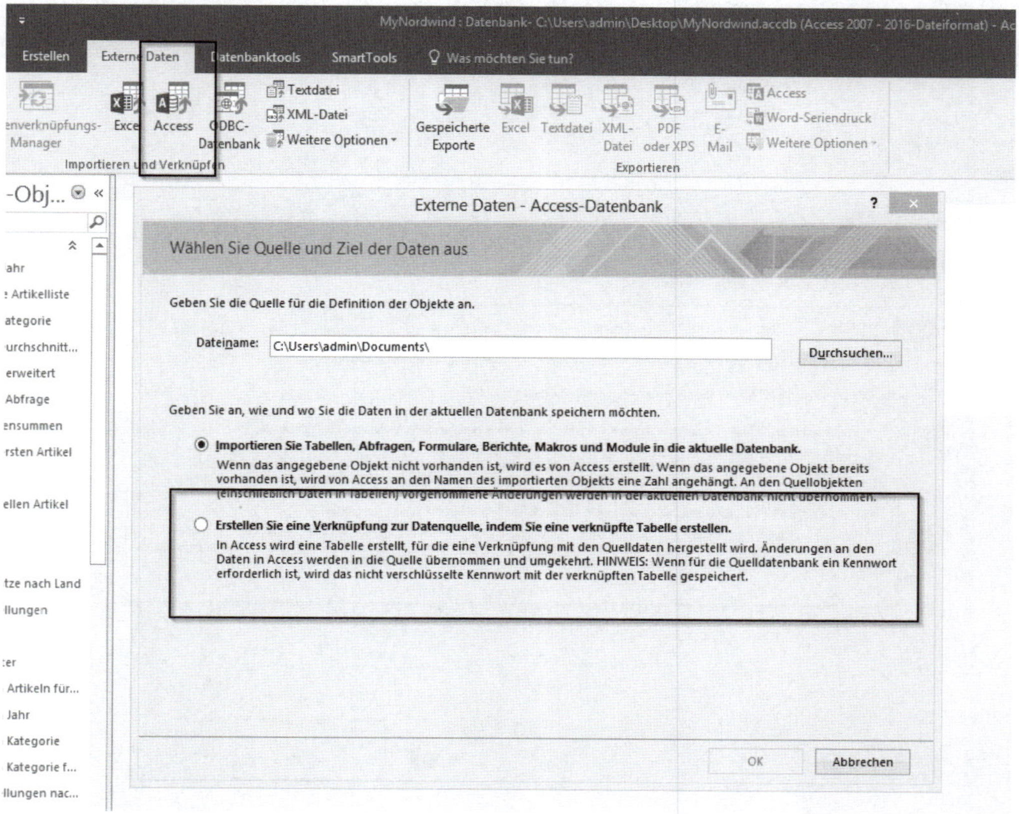

Wir haben dafür die Nordwind-Datenbank vorbereitet.

1. Öffnen Sie *MyNordwind_vier*. Dort finden Sie nur die Tabellen. Wenn Sie *MyNordwind_fünf* öffnen, sehen Sie keinerlei Tabellen mehr.

2. Klicken Sie deshalb auf den Reiter *Externe Daten*, dann auf *Importieren und Verknüpfen*, dort auf *Access*. Jetzt geht ein Fenster auf (*Externe Daten*) und da stehen zwei Felder zur Auswahl, nämlich: *Importieren Sie Tabellen, Abfragen, Formulare, Berichte, Makros und Module in die aktuelle Datenbank*. Und als zweites Auswahlfenster *Erstellen Sie eine Verknüpfung zur Datenquelle, indem Sie eine verknüpfte Tabelle erstellen*.

3. Zweiteres sollten Sie nun anwählen. Sie können noch nicht auf *OK* klicken, da die Quelle noch fehlt.

4. Deshalb klicken Sie zunächst oben auf *Durchsuchen* und erhalten eine Auswahl von Dateien.

5. Suchen Sie dort *MyNordwind_vier*. Nach dem Verknüpfen sehen Sie eine Auswahlliste der Tabellen, wählen Sie *alle auswählen* und klicken Sie auf *OK*.

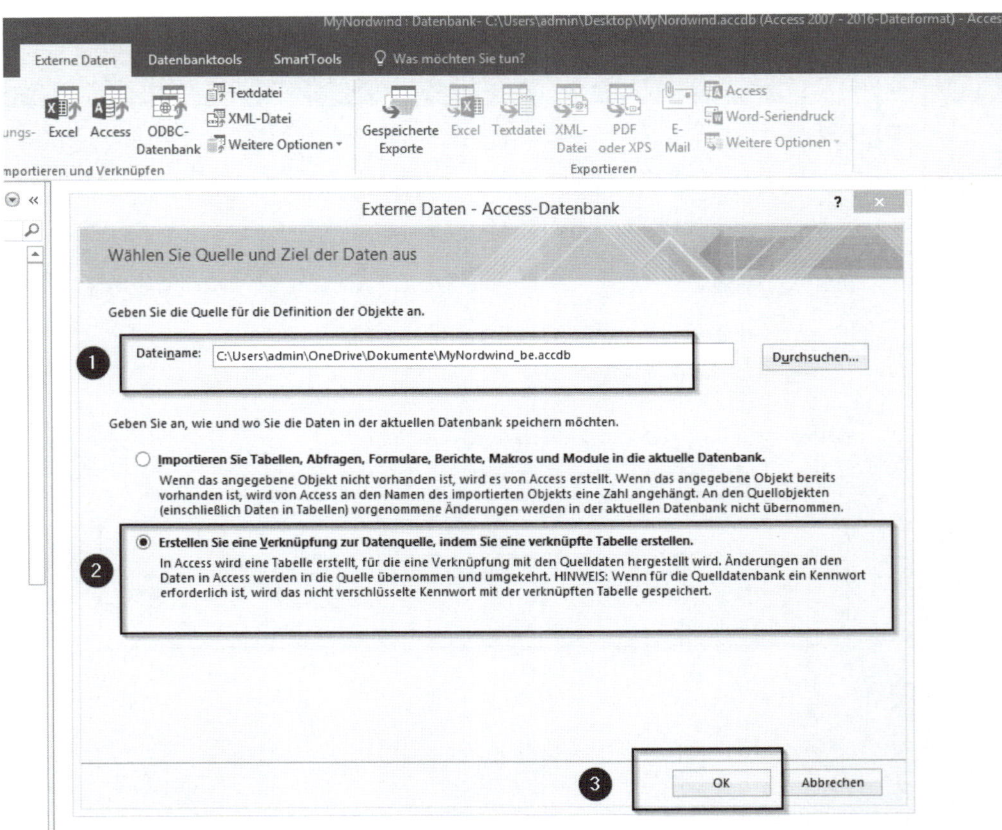

Jetzt verknüpft Access *MyNordwind_fünf* mit den Tabellen von *MyNordwind_vier*. In *MyNordwind_fünf* sind alle Tabellen mit einem neuen Symbol, nämlich einem kleinen Pfeil, versehen und – hoffentlich – merken Sie keinerlei Unterschied beim Bearbeiten der Daten, die nun von einer anderen Datenbank kommen.

Schwierigkeiten gibt es meist nur, wenn der Server streikt oder nicht richtig eingerichtet ist. In dieser Hinsicht können Sie sich auf Access verlassen. Die Verknüpfung, die hier entsteht, ist sehr stabil.

Mehr brauchen Sie sich im Augenblick über diese Thematik nicht zu merken. Wir werden in einer späteren Lektion noch einmal auf diese Verknüpfung zurückkommen und auch Abfragen über diese Verknüpfungen vornehmen. Noch ein Satz dazu: Verknüpfungen der Tabellen untereinander, also die sogenannten Relationen, werden auch bei dieser Art der Verknüpfung beachtet. Die Relationen der Backend-Datenbank werden in ihrer Gesamtheit auf die Frontend-Datenbank mit übertragen.

7.8 Assistent zur Datenaufteilung

Wir haben weiter oben schon erläutert, wie man normalerweise, vor allem bei Mehrplatzsystemen, eine Access-Datenbank in eine Backend- und eine Frontend-Datenbank aufteilen kann.

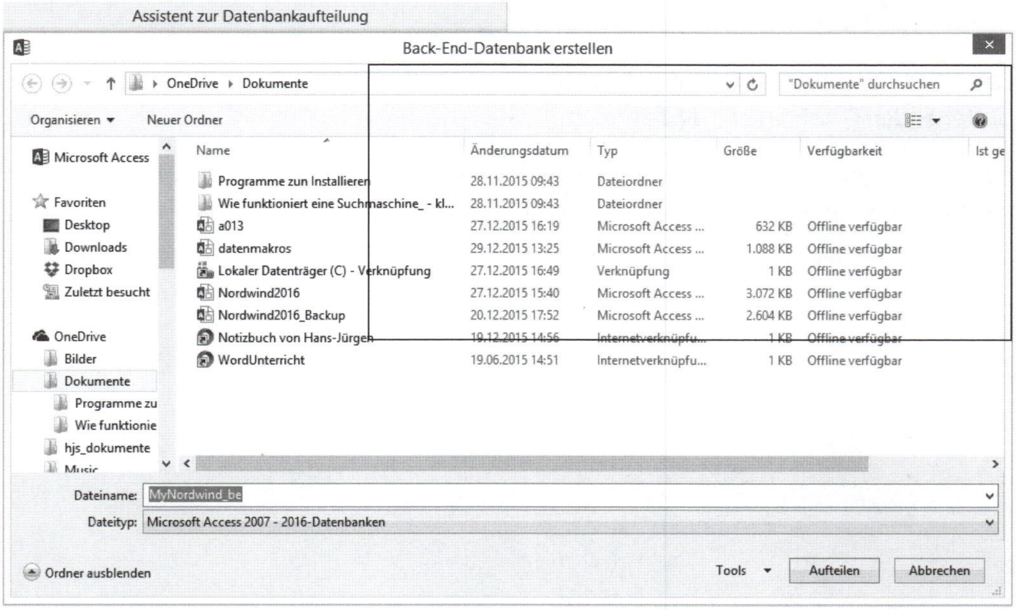

Weiter oben haben wir dies mit einem Löschen und Aufteilen der Tabellen gemacht. Jetzt möchten wir Ihnen zeigen, wie das Ganze mit dem Assistenten funktioniert.

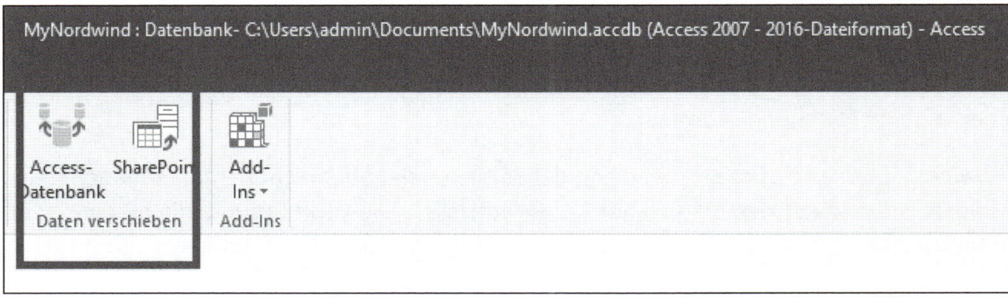

Nach dem Klicken auf *Datenbanktools* im Register, dem Auswählen des Symbols *Access-Datenbank* in der Gruppe *Daten verschieben* öffnet sich ein Hinweisfenster, das Sie (nach dem Lesen!) bei *Datenbank aufteilen* schließen können. Dann öffnet sich ein Assistent.

Der Assistent schlägt nun einen Dateinamen für die Backend-Datenbank vor, wobei er an den bestehenden Dateinamen _ *BE* hängt.

Der ursprüngliche Dateiname existiert weiter. Es ist nur eine Access-Datei ohne Tabellen. In ihr sind alle anderen Objekte enthalten, in der Backend-Datenbank nur Tabellen.

8 Fragen über Fragen und Abfragen

8.1 Abfragen, was ist denn das?

Wie der Name schon sagt, ist die Abfrage eine Möglichkeit, bestimmte Datensätze, die in der Datenbank gespeichert sind, aus den Tabellen zurückgeliefert zu bekommen. Die Abfragen sind dabei aber auch eine Basis für viele Dinge, die in Access hinterlegt sind. Sie laufen z. B. im Hintergrund von Formularen und Berichten und ermöglichen es, dass man nur die Daten angezeigt bekommt, die man im Augenblick benötigt. Dies ist allerdings eine Kernaufgabe von vielen Datenbanksystemen.

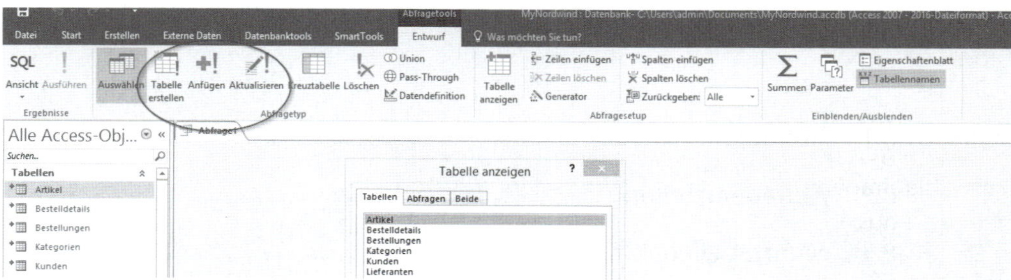

Verschiedene Abfragemöglichkeiten.

Neben diesen Abfragen gibt es außerdem auch sogenannte Aktionsabfragen – ein mächtiges Werkzeug zum Verändern von Datenbanken, mit dem wir uns im zweiten Teil des Abfragekapitels beschäftigen werden.

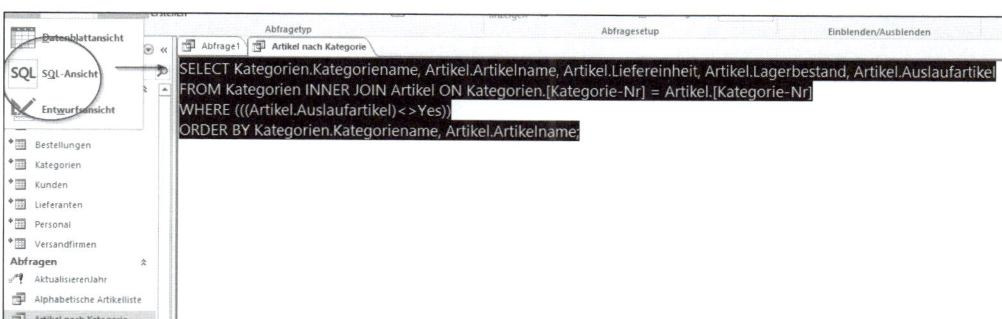

SQL – nicht immer notwendig.

In Access stehen zwei völlig unterschiedliche Systeme zur Erstellung von Abfragen zur Verfügung. In diesem Buch wollen wir uns mit der sogenannten Query-By-Example-Abfrage (QBE) beschäftigen. Abfragen nach dem Standard-Query-Language-System (SQL) werden wir nur ganz rudimentär behandeln.

Ein weiterer Vorteil von Access-Abfragen besteht darin, dass man sie nicht jedes Mal neu erstellen muss, sondern man kann sie abspeichern und immer wieder ausführen. Man bekommt dann immer die aktualisierten Daten, das heißt, eine Abfrage greift immer auf die Dateninhalte so zurück, wie sie sich im Augenblick darstellen. Demzufolge werden Sie nie veraltete Datenmengen als Ergebnis einer Abfrage erhalten.

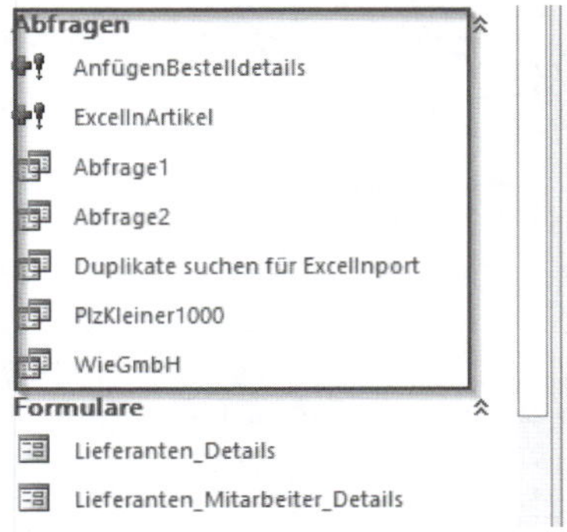

Neben den Möglichkeiten der Sortierung von A bis Z oder von Z nach A und dem Festlegen von Zusatzkriterien innerhalb einer Abfrage hat man außerdem die Wahl zwischen Auswahlabfragen und sogenannten Aktionsabfragen.

Der Unterschied zwischen Aktionsabfragen und Auswahlabfragen lässt sich am einfachsten so erklären: Auswahlabfragen greifen auf die Datenbestände zu und geben sie aus, wie sie sind. Aktionsabfragen verändern etwas, z. B. erstellen Tabellenerstellungsabfragen aus dem Abfrageergebnis eine neue Tabelle, Anfügeabfragen nehmen auch wieder das Ergebnis einer Abfrage und fügen es einer bestehenden Tabelle hinzu. Das waren zwei Beispiele für Aktionsabfragen. Wie erstellt man nun eine solche Abfrage oder wie definiert man sie?

8.2 Abfrageerstellung

Man braucht zuallererst eine Tabelle in unserer Übungsdatenbank *Abfragen_Aufgaben.accdb*. Unsere ersten Beispiele werden sich immer auf eine der Ihnen schon bekannten Tabellen beziehen, dabei begnügen wir uns vorerst mit nur einer Tabelle. Ich habe unsere Tabelle *Lieferanten* ausgewählt. Wenn Sie nun eine Abfrage starten wollen – und wir beginnen mit den einfachen Auswahlabfragen –, können Sie also in den Reitern oben auf *Erstellen* klicken.

Dann sehen Sie hier einen Abfrage-Assistenten und einen Abfrageentwurf in der Gruppe *Abfragen*. Wir beschäftigen uns zunächst mit dem Abfrageentwurf. Wenn Sie das Feld aufmachen, wird Ihnen (siehe Abbildung) ein kleines Fenster angezeigt (meist rutscht es an den unteren Bildrand). In diesem kleinen Fenster sehen Sie alle in Ihrer Datenbank vorhandenen Tabellen, allerdings auch die schon vorhandenen Abfragen.

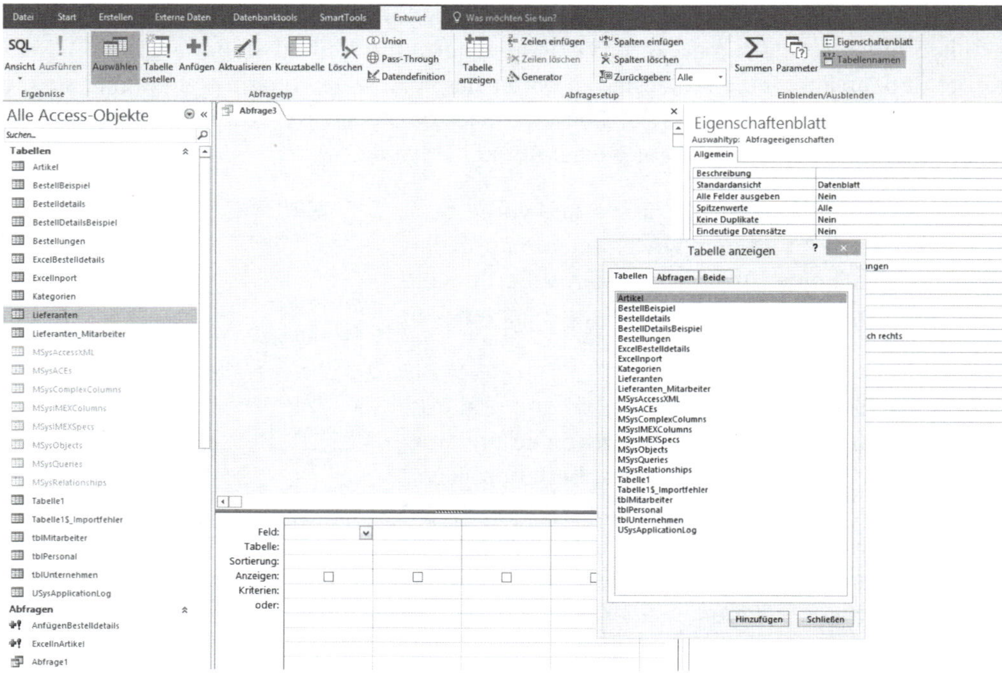

Die Abfrage im Entwurf. Links oben das Ausrufezeichen zum Ausführen.

Der weitere Reiter *Beide* ermöglicht es Ihnen, auf Tabellen und auf Abfragen zuzugreifen. Wir werden später ein weiteres Praxisbeispiel erarbeiten, bei dem wir Abfrageergebnisse noch einmal benutzen, um eine neue Abfrage darauf aufzubauen.

Wie kommt nun diese Tabelle in diesen Abfrageentwurf? Das ist ganz einfach: In unserem Beispiel klicken Sie auf die *Lieferanten*, klicken dann auf *Hinzufügen* und können dann auch dieses Fenster mit dem Schaltknopf *Schließen* wieder wegbekommen. Sie haben nun ein Fenster oben, in dem steht, welche Inhalte, welche Strukturen Ihre Tabelle *Lieferanten* hat.

Im unteren Bereich sehen Sie eine Tabellenstruktur; links stehen die Bezeichnungen *Feld, Tabelle, Sortierung, Anzeigen, Kriterien, oder*. Sie können die Felder, die Sie abfragen wollen, einfach hier nach unten durchziehen; Sie sehen, wie die Felder unten auftauchen.

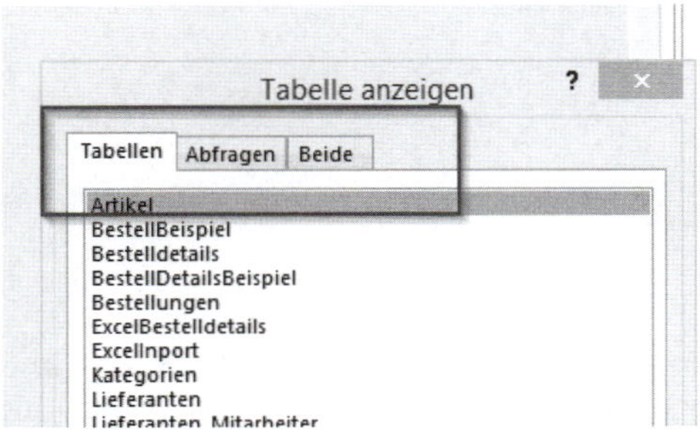

Es gibt mehrere Möglichkeiten, die Felder, die Sie abfragen wollen, in den unteren Teil des Abfragebereichs zu bringen:

- per Drag-and-drop,
- Doppelklick des Feldnamens,
- Auswahl im Drop-down-Menü *Feld*.

In den unteren Teil, den Entwurfsbereich, werden wir jetzt einige Abfragekriterien und gegebenenfalls Einschränkungen eingeben.

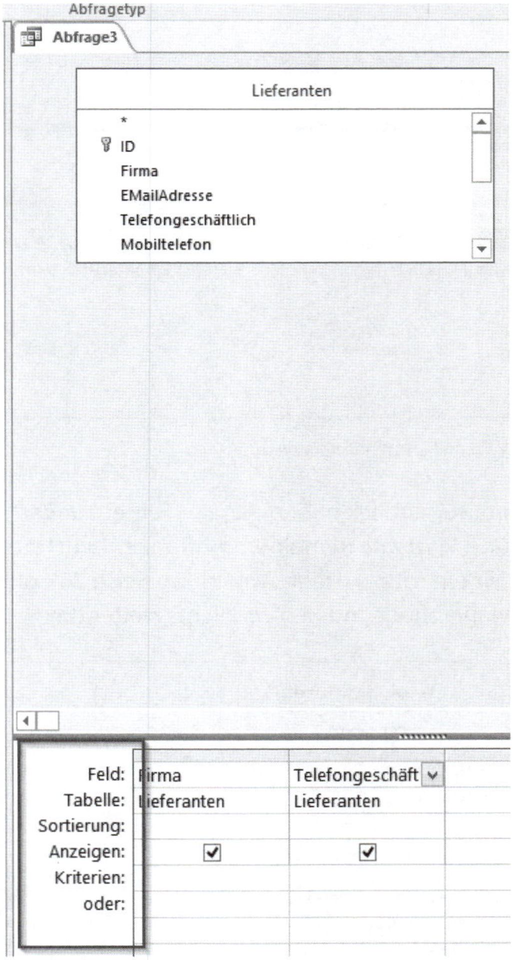

Ein kleiner Hinweis

Wenn Sie mit der Maus in den Trennungsbereich zeigen und mit gedrückter linker Maustaste nach unten bzw. nach oben ziehen, können Sie diesen Entwurfsbereich verkleinern oder vergrößern (siehe Abbildung auf der folgenden Seite oben).

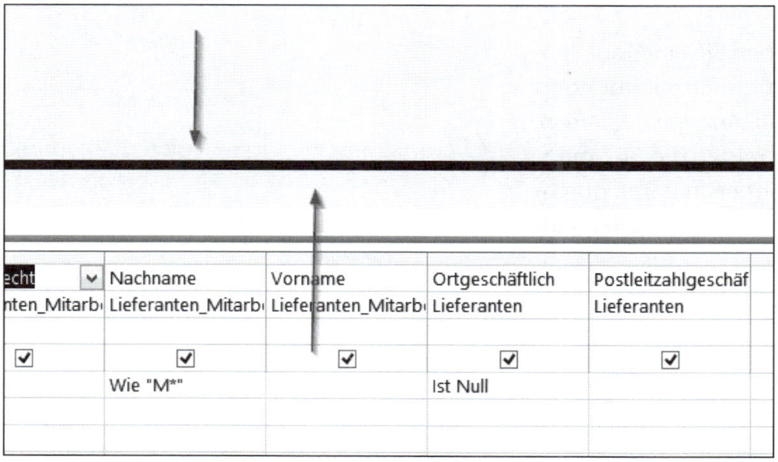

Verschieben im Abfrageentwurf.

Im Augenblick haben wir vier Felder zur Verfügung. Ich habe *Firma*, *Geschlecht*, *Nachname* und *Vorname* in meinem Abfrageentwurf stehen. Links oben neben *Entwurfsansicht* sehen wir ein rotes ! (siehe Abbildung Seite 269 oben) zur Ausführung der Abfrage. Bei der Auswahlabfrage müssen wir nichts weiter tun.

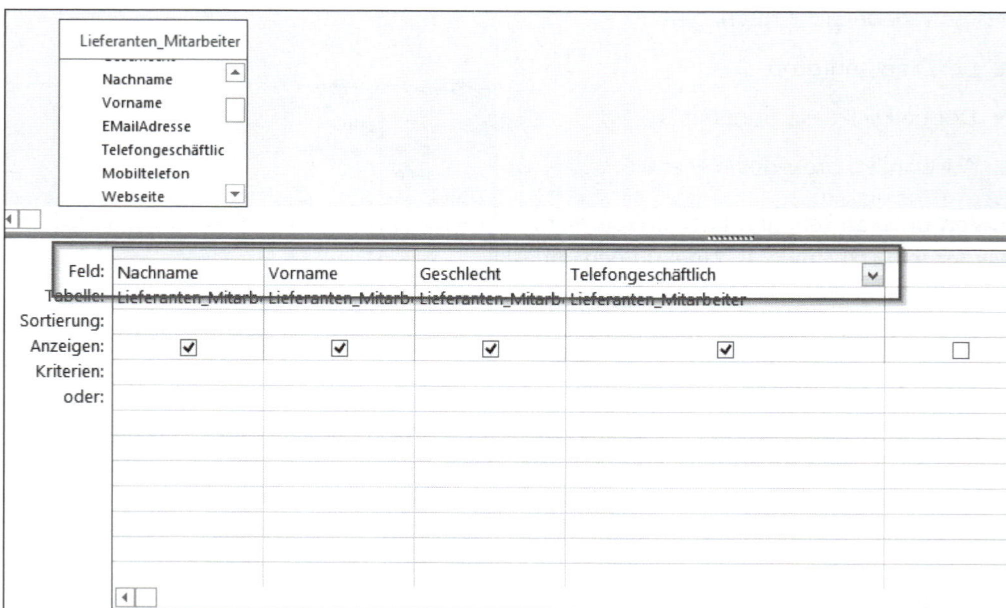

Sie können auf das rote Ausrufezeichen klicken und erhalten alle Eintragungen, die in der Tabelle sind, denn noch sind keine Kriterien festgelegt, nach denen die Datenbank hier strukturiert abgefragt werden sollte. Allerdings: Nicht alle Felder werden ausgegeben, sondern nur die Felder, die ich ausgewählt habe, z. B. *Geschlecht*, *Nachname*, *Vorname* und *Telefongeschäftlich*. Links oben sehen Sie jetzt den Reiter *Ansicht*, und wenn Sie darauf klicken, wird wieder auf die Abfrageansicht umgeschaltet.

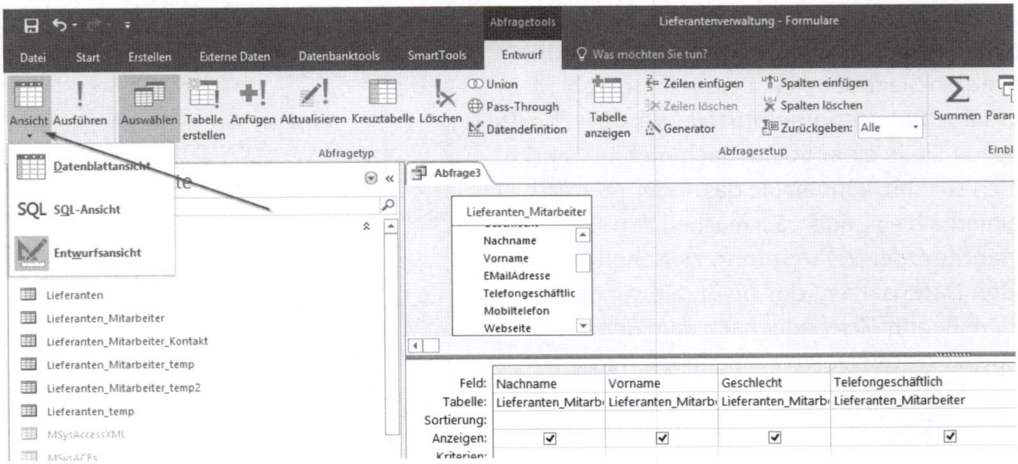

Sie haben im Abfrageentwurf in der ersten Zeile die Felder, in der zweiten Zeile steht im Augenblick überall das Wort *Lieferanten_Mitarbeiter*, weil wir nur eine Tabelle verwenden. Die jeweils aktuelle Tabelle wird hier benannt.

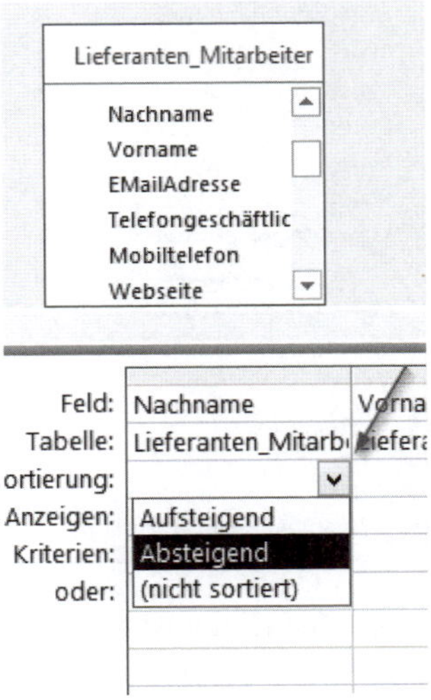

Eine Sortierung haben wir noch nicht vorgenommen, das werden wir sofort nachholen. Wenn Sie bei *Nachname* in das Feld *Sortierung* klicken, geht ein Optionsfeld auf und Sie können hier aufsteigend oder absteigend sortieren. In Klammern steht *Nicht sortiert*, das ist die Grundeinstellung und Sie könnten Ihre Sortierung wieder rückgängig machen, indem Sie *Nicht sortiert* auswählen. Wählen Sie *Aufsteigend* aus.

In der nächsten Zeile sehen Sie das Wort *Kriterien*. Bei *Kriterien* können Sie jetzt einen Nachnamen vergeben und z. B. das Wort *Meier* schreiben. Auf diese Weise bekommen Sie bei der Abfrage-Ausführung – Sie denken an das rote Ausführungszeichen – als Ergebnis in der Datenbank fünf Meier, zweimal mit dem Geschlecht männlich, Fynn und Rezzo, und dreimal mit dem Geschlecht weiblich, Dora, Gritta und Annica. Nun können Sie wieder unter dem Register *Ansichten* auf *Ansicht* gehen und es hat sich eine Kleinigkeit verändert. Der Abfrageentwurf »denkt mit«.

Meier ist ein Text, also muss man in der EDV meist mit Anführungszeichen arbeiten. Hier wird das System aktiv und das von Ihnen eingetragene Wort *Meier* hat ein einleitendes und schließendes Anführungszeichen erhalten. Access bietet den relativ großen Komfort, dass im Bereich der Abfragen manches automatisch ergänzt wird.

Wenn Sie unter das Wort *Kriterien* schauen, sehen Sie das Wort *oder*. In dieser Zeile können Sie z. B. *Maier* eintragen. Beim Ausführen werden Sie feststellen, dass jetzt sowohl *Meier* als auch *Maier* aufgeführt werden. Das heißt, wenn Sie in einer Spalte nach mehreren Kriterien suchen, können Sie das, indem Sie sie hier unterhalb eintragen. Sie machen also eine sogenannte Oder-Verknüpfung zwischen den beiden Datensätzen, das heißt, Sie suchen nach dem Begriff *Meier* oder nach dem Begriff *Maier*, sodass beide Namen ausgegeben werden.

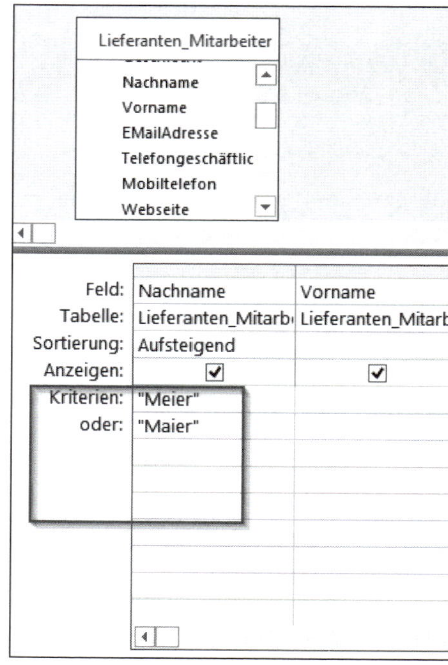

Nachname	Vorname	Geschlecht	Telefongesc
Maier	Emilie	w	07542 2384-27
Maier	Herko	m	09392 9645-20
Maier	Kruno	m	07584 4453-11
Maier	Lutz	m	09341 7301-93
Maier	Thea	w	09340 9856-59
Maier	Eustachius	m	09397 4394-63
Maier	Bonifaz	m	
Maier	Kurt	m	07541 5540-90
Maier	Sepp	m	0751 3862-34
Maier	Spalte1	w	08382 9864-31
Maier	Leo	m	07502 7087-17
Maier	Olinde	w	0751 5794-55
Maier	Luitwin	m	09172 8951-3
Maier	Ekhardt	m	09354 6987-92
Maier	[illegible]	m	09348 4223-41
Meier	[illegible]	w	0751 5794-34
Meier	Fynn	m	09340 9856-84
Meier	Gritta	w	07505 1939-11
Meier	Annica	w	0911 3921-48
Meier	Rezzo	m	0751 4095-93

Wenn Sie nun wissen wollen, welche *Meier* weiblich sind, geben Sie bitte bei den Kriterien des Feldes *Geschlecht* ein *w* ein. Das Kriterium bezieht sich immer nur auf die Zeile, in der es steht. Das heißt, für das Geschlecht haben Sie *w* nur für *Meier* kreiert, die *Maier* können als Geschlecht *männlich* und *weiblich* haben. Die Abfrage gibt also nur die Datensätze aller weiblichen *Meier* und alle *Maier* beider Geschlechter zurück.

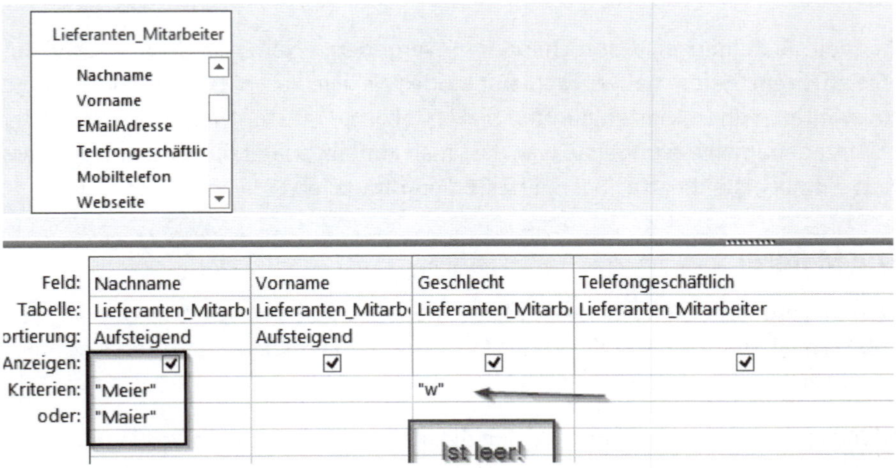

Ich erkläre das deshalb so intensiv, weil es eine große Fehlerquelle, gerade bei Anfängern, ist. Sie müssen sich darüber im Klaren sein, dass die *Kriterien immer nur für die Zeile* zutreffen, in der sie definiert sind. In einer späteren Übung werden Sie darüber auch noch einmal stolpern.

Sie haben in unseren bisherigen Abfragen jetzt schon einiges gelernt. Deshalb schließen wir unsere Abfrage erst einmal. Sie können oben rechts auf *Abfrage schließen* oder auf *Datei speichern* klicken und werden beide Male darüber informiert, dass Sie erst Ihre Abfrage speichern sollten. Wenn Sie erst auf das Speichern-Symbol klicken, können Sie Ihrer Abfrage einen Namen vergeben.

Sie sollten einen Abfragenamen eingeben, einen sprechenden Namen, und hier als Abfragenamen *Meierei* vergeben. Das wird Ihnen später dabei helfen zu erkennen, um welche Abfrage es sich handelt. Je deutlicher, je sprechender Ihr vergebener Name ist, desto mehr Freude werden Sie an Ihrem System haben. Nichts ist blöder, als eine komplexe und komplizierte Abfrage zum zweiten, dritten, vierten, fünften Mal erstellen zu müssen, nur weil man bei der Vergabe des Abfragenamens so ungenau war, dass man ein Jahr später nicht mehr weiß, dass man sie schon einmal erstellt hatte. (Bei mir heißt die Abfrage jetzt *Meierei*!)

8.2.1 Die Meierei

Wir verwenden unsere Abfrage, ich habe sie *Meierei* genannt, zum zweiten Mal. Und Sie wollen wissen, ob Sie auch die Postleitzahl und den Ort aus Ihrer Datenbank herauslesen können, Daten, die zu unseren gefundenen Meiern gehören.

1. Verwenden Sie die rechte Maustaste, gehen Sie in die Entwurfsansicht und wählen Sie *Nachname, Vorname* aus. Den gewünschten Ort und die Postleitzahl können Sie nicht auswählen. Sie fehlen, was können Sie tun?

2. In der Gruppe *Abfrage Setup* sehen Sie ein Symbol für *Tabelle anzeigen*. Klicken Sie auf dieses Symbol und das schon bekannte Fenster *Tabelle anzeigen* geht auf; hier wählen Sie die Tabelle *Lieferanten* aus. Nach dem Schließen dieses Fensters sehen Sie, dass zwischen der Tabelle *Lieferanten_Mitarbeiter* und der Tabelle *Lieferanten* eine Verknüpfung besteht.

3. Aus der Tabelle *Lieferanten* ziehen Sie nun *Ortgeschäftlich* und *Postleitzahlgeschäftlich* in den unteren Abfragebereich.

Das Kriterium ist jetzt wieder *Meier*, aber wir wollen diesmal mit einem Suchkriterium arbeiten, das oft sehr hilfreich sein kann. Sie können mit einem Sternchen * arbeiten. Ein Sternchen bei dem Kriterium, nämlich hinter dem Buchstaben *M*, wählt alles aus, was in unserer Tabelle mit **M** beginnt.

Wenn Sie die Abfrage ausführen, bekommen Sie hier alle verschiedenen *Meier/Maier*, die sich in der Datenbanktabelle befinden. Wenn Sie hinter das Sternchen *er* schreiben, also *M*er*, bekommen Sie als Ergebnis nur die *Meier*, die mit *-er* enden. Hätten Sie jetzt noch *Müller*, *Meister* usw. in Ihrer Datenbank, würden natürlich diese Namen auch mit angezeigt werden.

4. Wechseln Sie nun die Datenbank. Bitte öffnen Sie die Datenbank *Lieferantenverwaltung_Abfragen.accdb*. Mit dieser Datenbank wollen wir nun einige Abfragen üben und uns noch einige Besonderheiten ansehen.

8.2.2 > Und <

Ich möchte nun mit den Operatoren *größer* und *kleiner als* beginnen.

1. Öffnen Sie eine neue Abfrage. In der neuen Datenbank stehen einige neue Tabellen zur Verfügung.

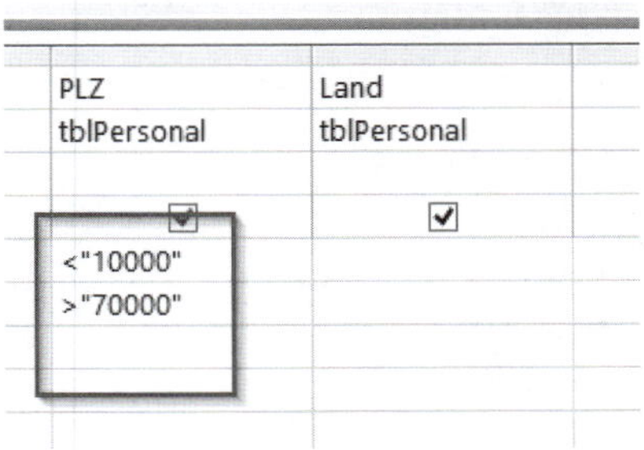

2. Wählen Sie dieses Mal die Tabelle *tblPersonal* aus. Mit einem Doppelklick können Sie den Nachnamen, den Vornamen, die Anrede, die Postleitzahl und letztendlich das Land in die Abfrage übernehmen.
3. Da wir mit den Operatoren größer und kleiner arbeiten wollen, empfiehlt es sich, in das *Kriterium* im Feld *Postleitzahl* einmal <*"10000"* einzugeben.
4. Nun können Sie die Abfrage ausführen. Als Ergebnis bekommen Sie nur einen einzigen Datensatz.
5. Wechseln Sie zurück zur Entwurfsansicht, geben Sie als zweites Kriterium, als sogenanntes Oder-Kriterium, > *"70000"* ein.
6. Nach dem Ausführen dieser Abfrage sehen Sie, dass jetzt ein Datensatz kleiner 10000 und zwei Datensätze größer 70000 vorhanden sind. Access ist also in der Lage, sowohl den einen Bereich mit kleiner als auch den anderen Bereich mit größer zur selben Zeit abzufragen.

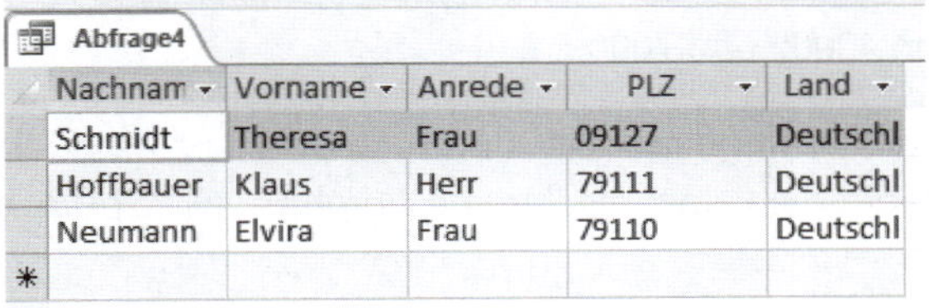

Abfrage4

Nachnam	Vorname	Anrede	PLZ	Land
Schmidt	Theresa	Frau	09127	Deutschl
Hoffbauer	Klaus	Herr	79111	Deutschl
Neumann	Elvira	Frau	79110	Deutschl
*				

Das Abfrageergebnis.

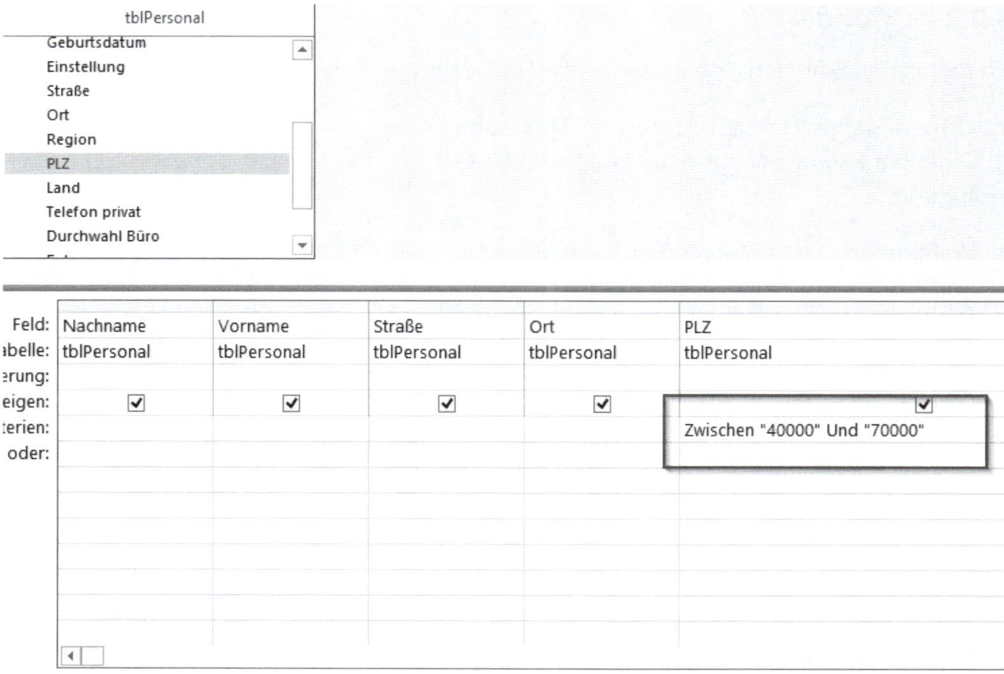

Das andere Beispiel – Wertebereiche sind aber auch möglich.

8.2.3 Wertebereiche in Abfragen

Access kann sogar Wertebereiche in einer einzigen Zeile abfragen. Dazu gibt es die Formel *zwischen Und*. Verwenden Sie wieder die gleiche Tabelle *tblPersonal*, diesmal fragen Sie nach den Postleitzahlen im Bereich zwischen 40000 und 70000.

1. Gehen Sie in die Entwurfsansicht des Abfrageentwurfs und suchen Sie sich wieder die Tabelle *tblPersonal*, wählen Sie wieder die Felder *Nachname*, *Vorname*, *Ort*, *Straße* und dann *Postleitzahl* aus.

2. Als Kriterium für das Feld *Postleitzahl* schreiben Sie *zwischen 40000 Und 70000*. Wenn Sie die Abfrage ausführen, bekommen Sie fünf Ergebnisse, alles Menschen, die im Postleitzahlenbereich zwischen 44267 und 60599 wohnen.

Bevor Sie weiterlesen, versuchen Sie doch einmal selbst, eine Abfrage zu erstellen: in unserer Tabelle *tblPersonal* finden Sie auch Menschen mit verschiedenen Geburtsdaten. Es wäre doch ganz reizvoll, herauszufinden, wer zwischen 1960 und 1970 geboren ist.

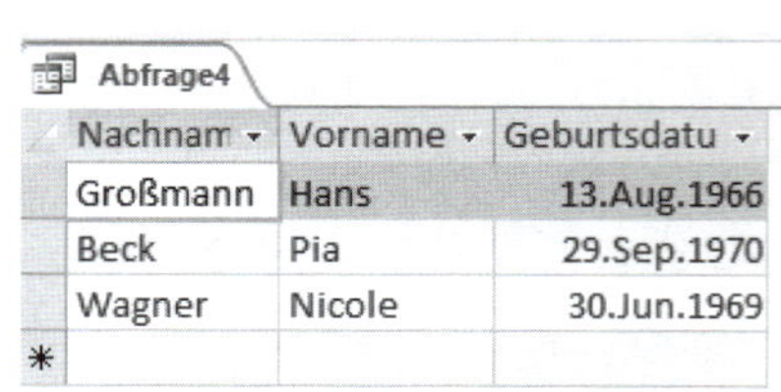

Versuchen wir es gemeinsam.

1. Sie öffnen wieder eine neue Abfrage mit der Tabelle *tblPersonal* als Grundlage.

2. Diesmal holen Sie sich die Felder *Nachname*, *Vorname* und *Geburtsdatum*.

3. In das Feld *Geburtsdatum* schreiben Sie bei *Kriterien zwischen 1960 Und 1970*, führen das aus und – erschrecken: Nichts geht. Was haben Sie falsch gemacht?

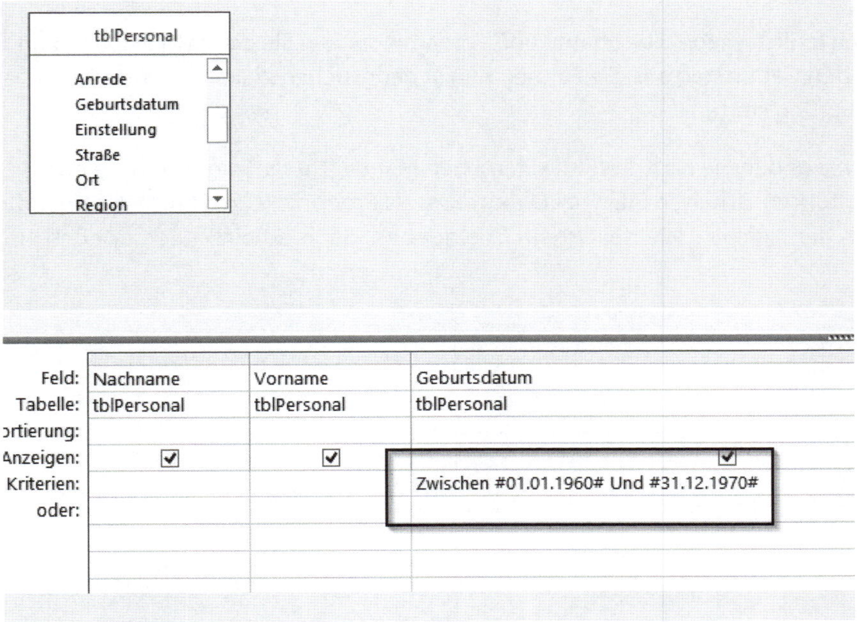

Die Erklärung ist ganz einfach: In dem Feld *Geburtsdatum* steht eine vollständige Datumsangabe. Diese besteht aus Tag, Monat, Jahr. Access kann nun nicht erkennen, was die Zahl 1960 soll. Deshalb erhalten Sie ein leeres Abfrageergebnis. Sie müssen also überlegen, wie Sie dieses Hindernis umgehen können.

Eine Möglichkeit wäre, ein vollständiges Datum zu verwenden. Sie schreiben also statt 1960 *1.1.1960* und für 1970 verwenden Sie *31.12.1970*. Damit fragen Sie das ganze Jahr 1970 noch mit ab.

Gehen Sie bitte noch einmal in die Entwurfsansicht zurück. Sie werden sehen, dass Access Ihnen auch hier unter die Arme gegriffen hat, indem es das Datum mit einem # versehen hat.

8.2.4 Und oder oder und oder

Ich bin mir sicher, dass Sie diese Überschrift verwirrt. Gleich werde ich Ihnen erklären, warum ich diese Überschrift trotzdem für gut gewählt halte.

1. Lassen Sie die Datenbank *Lieferantenverwaltung_Abfragen* geöffnet.
2. Verwenden Sie wieder die Tabelle *tblPersonal*. Sie werden dieses Mal die Tabelle ein wenig erweitern.
3. Sie brauchen freilich wieder Nachname und Vorname, suchen Sie dieses Mal den Ort und wählen Sie den Geburtstag aus. Sie können nun in der gleichen Zeile beim *Kriterium* eine Und-Verknüpfung starten.
4. Bei *Nachname* geben Sie als Kriterium »Sternchen Mann« (**mann*) ein. Wenn Sie nun die Abfrage ausführen, erhalten Sie zwei Datensätze als Ergebnis (*Grossmann, Neumann*). Wenn Sie in die gleiche Zeile bei Ort ein *E** eingeben, dann erhalten Sie nur noch ein Ergebnis.

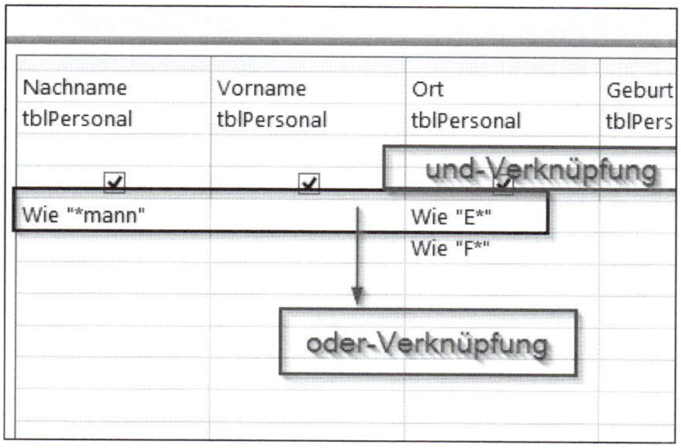

Und/Oder in einer Abfrage.

Sie wissen allerdings, dass es auch eine Frau Neumann gibt, die ist jedoch aus Freiburg. Sie könnten nun versuchen, bei *Ort* in die gleiche Spalte unterhalb des Sternchens noch ein *F** einzugeben. Machen Sie das. Zu Ihrer Überraschung werden Sie sehen, dass nun Frau Neumann und Herr Grossmann wieder angezeigt werden. Es werden zusätzlich alle Menschen ausgegeben, die in einem Ort leben, der mit F beginnt – unabhängig davon, ob deren Nachnamen mit *mann* aufhören.

Sie haben in diesem Beispiel eine Und-Verknüpfung und eine Oder-Verknüpfung vermischt. Die erste Zeile ist eine Und-Verknüpfung. Bei einer Und-Verknüpfung müssen beide Kriterien wahr sein. Bei einer Oder-Verknüpfung muss nur ein Kriterium der Wahrheit entsprechen.

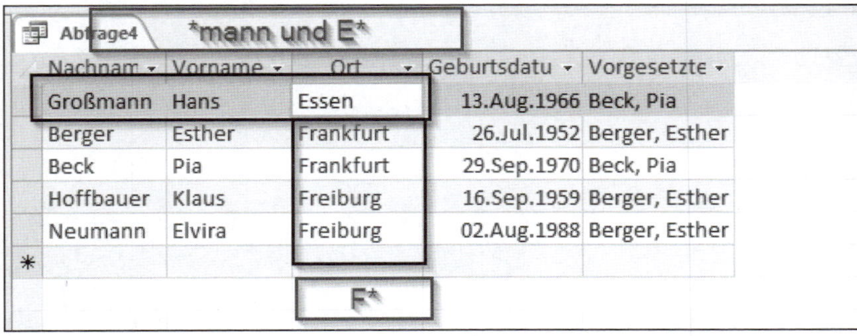

Nachnam	Vorname	Ort	Geburtsdatu	Vorgesetzte
Großmann	Hans	Essen	13.Aug.1966	Beck, Pia
Berger	Esther	Frankfurt	26.Jul.1952	Berger, Esther
Beck	Pia	Frankfurt	29.Sep.1970	Beck, Pia
Hoffbauer	Klaus	Freiburg	16.Sep.1959	Berger, Esther
Neumann	Elvira	Freiburg	02.Aug.1988	Berger, Esther

Wir können rekapitulieren: Bei Access-Abfragen ist alles, was in derselben Zeile steht, eine Und-Verknüpfung, alles, was untereinander steht, sind Oder-Verknüpfungen. Sie müssen dabei darauf achten, dass auch bei Oder-Verknüpfungen die Kriterien der Abfrage wiederholt werden müssen. Das nächste Bild soll das ein wenig verdeutlichen.

1. Dieses Mal wählen Sie die Tabelle *Lieferanten* aus.

2. Nehmen Sie *Firma* und *Ortgeschäftlich*. Bei *Ortgeschäftlich* tragen Sie *E** ein. Als Oder-Kriterium kommt *B** noch dazu.

3. Jetzt können Sie ein wenig spielen: Geben Sie bei *Firma* als Kriterium in der ersten Zeile einmal ein *J** ein. Von den vielen Orten mit E, zum Beispiel Erlangen, bleibt nicht mehr viel übrig. Aber alle Orte, wie Bad Saulgau, Burgsinn, Boxberg, Bad Schussenried, wurden durch diese Änderung nicht betroffen.

4. Löschen Sie das *J* wieder aus der Abfrage, setzen Sie es eine Zeile tiefer.

5. Führen Sie diese Abfrage wieder aus. Jetzt ist Erlangen wieder vorhanden, genau wie die anderen Städte mit E. Burgsinn und Boxberg bleiben erhalten, weil die Firmen mit B beginnen.

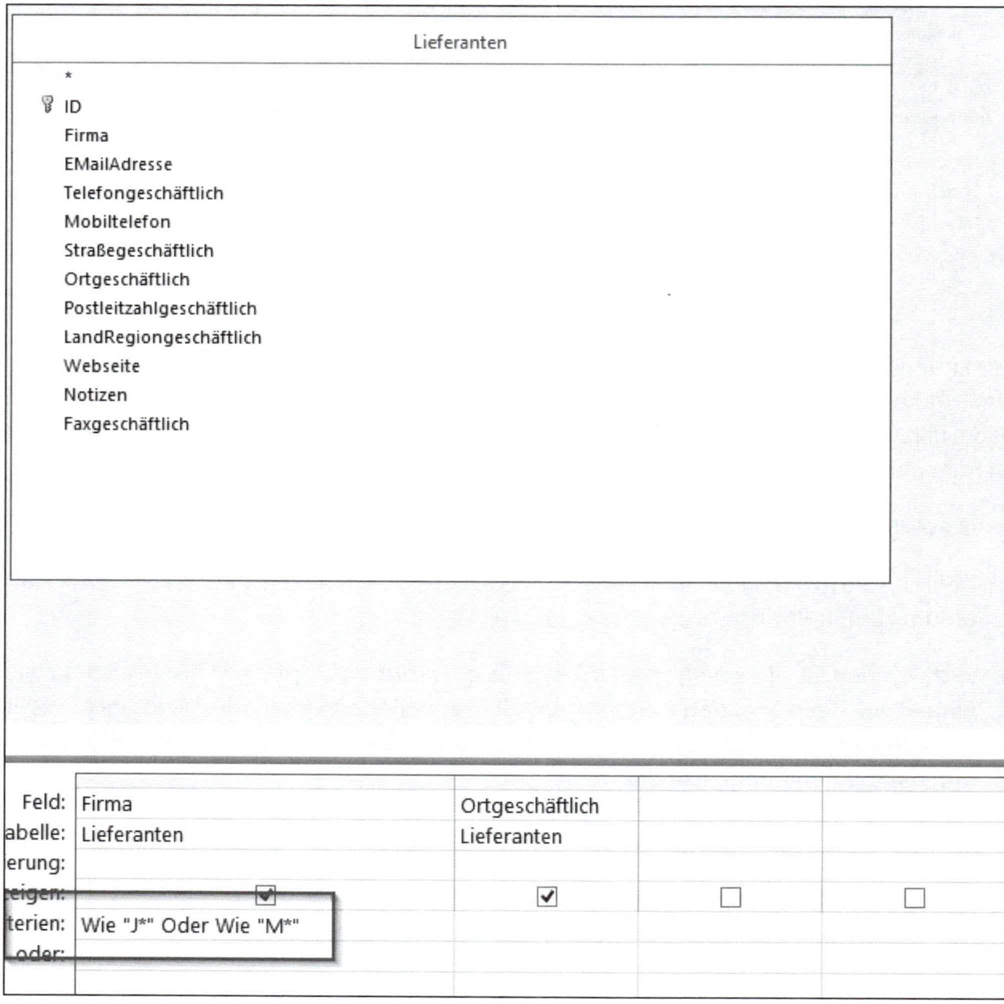

6. Wenn Sie jetzt das *J* noch eine Stufe tiefer setzen, werden alle Städte mit E, alle Städte mit B und alle Firmen mit J ausgegeben.

7. Löschen Sie alle Eintragungen aus dieser Abfrage wieder heraus und schreiben Sie bei *Firma J* und M**. Sie werden kein Ergebnis erhalten. Warum? Eigentlich ganz logisch, denn eine Firma kann als Anfangsbuchstaben nicht ein J und gleichzeitig ein M haben.

8. Wenn Sie das *und* in ein *oder* verändern, funktioniert Ihre Abfrage. Sie bekommen 25 Firmen als Ergebnis.

8.2.5 Wir sind in

Eine spezielle Abfrage können Sie mit dem In-Operator durchführen. Dieser In-Operator lässt Sie aus einer Reihe von Daten eine spezielle Auswahl treffen. Leichter als mit vielen Worten können wir dies an einem kleinen Beispiel durchexerzieren.

1. Bleiben Sie in der Datenbank *Lieferantenverwaltung_Abfragen* und suchen Sie sich dieses Mal die Tabelle *tblUnternehmen*. In dieser Tabelle gibt es eine Rubrik *NrUN*, in der die einzelnen Nummern für die jeweilige Unternehmung aufgeführt sind. Wir wollen nun drei dieser Nummern verwenden, um diese drei Firmen anzeigen zu lassen:

2. Öffnen Sie eine neue Abfrage.

3. Die Felder *NrUN*, *Firma*, *Straßegeschäftlich* und *Ortgeschäftlich* nehmen Sie in den Abfrageentwurf.

4. Im Feld *NrUN* schreiben Sie *(215;438;270)*, Klammern nicht vergessen.

5. Jetzt können Sie die Abfrage ausführen und sehen, zu unserem Erstaunen, dass es die Nummer 270 sogar zweimal gibt, einmal in Essen und einmal in Nürnberg. Ein Fehler, den wir gemacht haben.

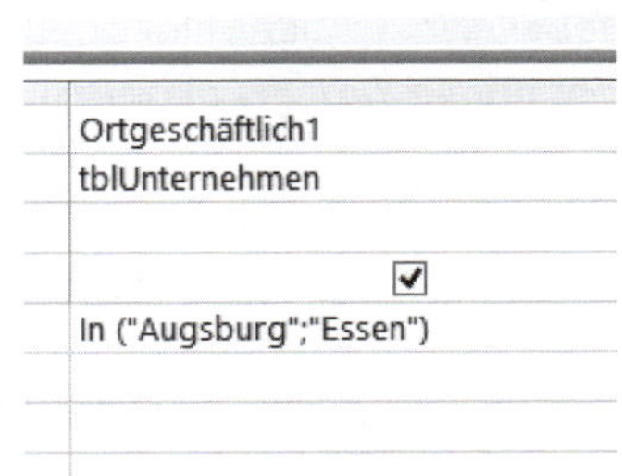

Dieser In-Operator hilft noch ein ganzes Stück weiter: Bleiben Sie in derselben Tabelle in derselben Datenbank und setzen Sie jetzt bei *Ort Augsburg* und *Essen* ein. Natürlich löschen Sie vorher die Unternehmensnummer heraus. Wenn Sie die Datenabfrage ausgeführt haben, bekommen Sie als Ergebnis lauter Firmen, die in Augsburg und Essen beheimatet sind. Sie können wieder in den Abfrageentwurf zurückgehen und sehen, dass Access auch in dieser Abfrageform die Texte *Augsburg* und *Essen* in Anführungszeichen gesetzt hat.

8.2.6 Ja, wahr und -1

Eine besondere Schwierigkeit stellen noch die Abfragen von Ja- und Nein-Feldern dar. Wir werden auch dieses an einem kleinen Beispiel erarbeiten.

In unserer Tabelle *tblUnternehmen* gibt es die Felder *Kunde* und *Lieferant*. Es sind Ja- und Nein-Felder und sie sollen zeigen, ob die jeweilige Firma bei uns Kunde, Lieferant oder sogar beides ist. Uns interessiert in dieser Abfrage nun, welche Firmen sowohl Kunden als auch Lieferanten sind.

Starten Sie also die Abfrage, indem Sie die Tabelle *tblUnternehmen* auswählen und die Felder *Firma*, *Ortgeschäftlich*, *Postleitzahlgeschäftlich* und die Felder *Kunde* und *Lieferant* aussuchen. Wenn Sie jetzt die Abfrage ausführen, sehen Sie, dass in den Feldern *Kunde* und *Lieferant* ein

Haken gesetzt wird. Diesen Haken können Sie aber nicht in der Abfrage verwenden. Was tun? Jetzt kommt es darauf an, wie dieses Feld ursprünglich definiert wurde: Es kann sein, dass man nach *wahr* oder *falsch*, nach *ja* oder *nein* oder nach *null* und *-1* abfragen muss. Versuchen wir es. Sowohl bei *Kunde* als auch bei *Lieferant* muss *wahr*, *ja* oder *-1* stehen.

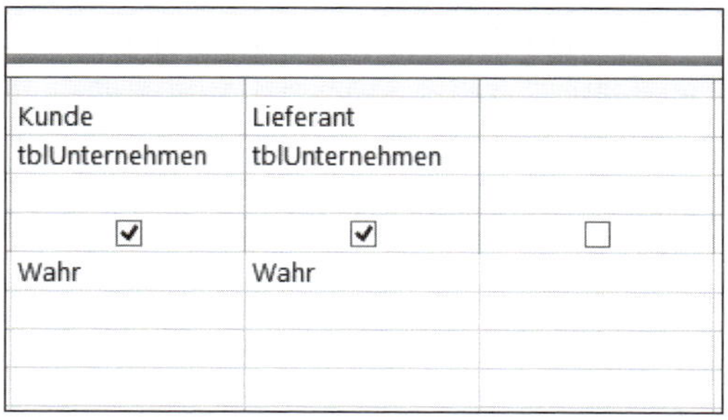

Kleiner Trick: Geben Sie *-1* ein, und Access wandelt in die Abfrageart um, die man benötigt, in unserem Fall *wahr*.

8.2.7 Wer ist hier die Null?

Nicht immer kennt derjenige, der die Daten eingibt, alle Daten. Deshalb gibt es kaum eine Tabelle, in der alle Felder gefüllt sind. Es ist deshalb wichtig, dass man auch diese leeren Felder finden kann. Wir können dies an einem kleinen Beispiel demonstrieren.

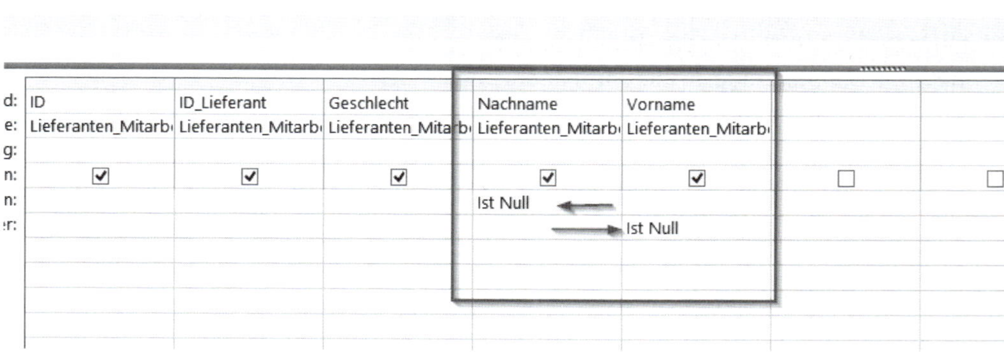

Wir verwenden dieses Mal die Datenbank *Lieferantenverwaltung - Anwendung*. Unsere abzufragende Tabelle ist *Lieferanten_Mitarbeiter_temp1*. Aufgabe ist, herauszubekommen, wer von den Lieferanten keinen Nachnamen hat.

1. Erstellen Sie deshalb eine neue Abfrage, die die ID des Lieferanten, das Geschlecht, den Nachnamen und den Vornamen des jeweiligen Mitarbeiters enthält.

2. Um Datensätze zu finden, die keinen Eintrag bei *Nachname* haben, müssen Sie in das Feld *Nachname ist null* eintragen.

> **Hinweis**
>
> In der Version Access 2016 bemühte ich mich vergebens, Werte zurückzuerhalten, wenn ich diese Formel eingetragen habe. Das richtige Ergebnis erhielt ich nur, wenn ich einfach *null* schrieb. Ich empfehle Ihnen deshalb, ein wenig zu experimentieren!
>
> Gleichwohl wandelt Access diese Eintragung *null* in *ist null* um. Wenn Sie nun diese Abfrage auch ein zweites Mal ausführen, dann funktioniert sie trotzdem. In unserem Beispiel sehen Sie nun, dass es elf Datensätze ohne Nachnamen gibt. Jetzt möchten wir gern wissen, ob dies auch bei den Vornamen der Fall ist. Gehen Sie wieder in die Entwurfsansicht und schreiben Sie bei *Vorname* auch wieder *null*; aber Achtung: nicht in dieselbe Zeile, sondern eine Zeile tiefer, denn sonst hätten Sie eine Und-Verknüpfung erschaffen. Wir möchten aber sowohl alle leeren Nachname-Felder als auch die Vornamen, die es nicht gibt.

In unserem Beispiel bleibt es bei elf Datensätzen.

8.2.8 Parameter

Als letzten Punkt in dieser Rubrik werden wir uns mit Parameterabfragen auseinandersetzen. Parameterabfragen sind Abfragen, in die keine festen Werte eingegeben werden, die das Abfragekriterium bilden. Vielmehr soll eine Inputbox aufgehen, in der dieses jeweilige Abfragekriterium hinterlegt werden kann.

Wir verwenden dieses Mal wieder unsere Tabelle *Lieferanten* aus der Datenbank *Lieferantenverwaltung_Abfragen*.

1. Erstellen Sie eine einfache Auswahlabfrage und fügen Sie *Firma* und *Ortgeschäftlich* hinzu.
2. Wenn Sie diese Abfrage ausführen, sehen Sie eine ganze Reihe von Städten, aus denen unsere Firmen stammen. Sie sollten nun eine Abfrage erstellen, in die Sie eingeben können, welche Lieferanten Sie aus welcher Stadt haben.

	Firma	Ortgeschäft
	ModeWelt	Erlangen
	NewKlam	Erlangen
	modeD	Erlangen
	SportWear	Erlangen
	Hosen Max	Erlangen
*		

3. Gehen Sie zurück zum Abfrageentwurf und geben Sie bei *Ortgeschäftlich* als *Kriterium* ein: *[Wo ist ihr Lieferant?]*.

Dieses Schreiben in eckige Klammern hat seinen Sinn darin, dass damit eine Inputbox geöffnet wird, die genau diese Frage stellt. Wenn Sie nun die Stadt eingeben, nach der Sie suchen, wird die Abfrage ausgeführt.

4. Suchen Sie z. B. nach den Lieferanten aus Erlangen!

Schalten Sie mehrere dieser Abfragen hintereinander, also bilden Sie ganze Kaskaden, dann wird von links nach rechts durchwandernd die Abfrage ausgeführt. Es sei an dieser Stelle einmal besonders betont, dass Access Abfragen grundsätzlich von links nach rechts abarbeitet, dass also die Felder, die am weitesten links stehen, die erste Auswahl sind.

8.3 Mehrtabellenabfragen

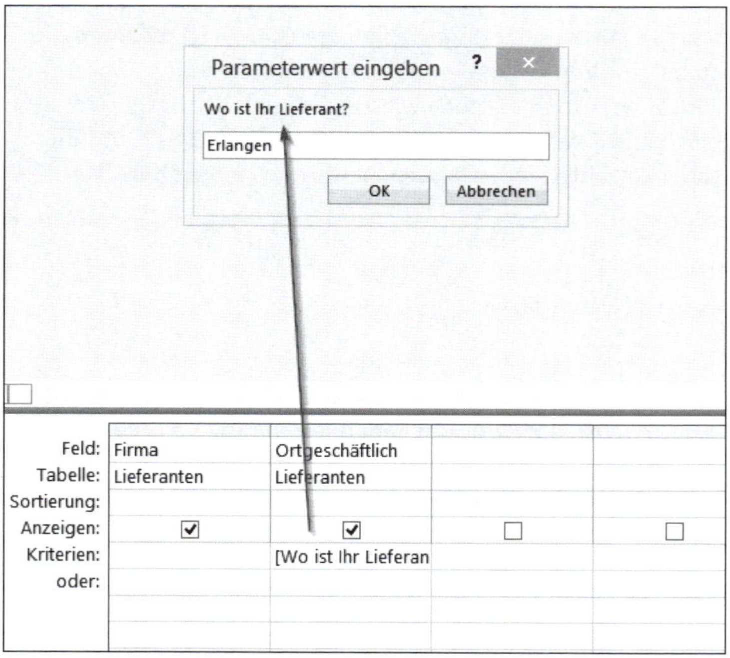

Bisher haben wir uns mit den Abfragen beschäftigt, die nur eine einzige Tabelle berührt haben. In diesem Kapitel werden wir uns nun mit Auswahlabfragen beschäftigen, die mit mehr als einer Tabelle arbeiten, wobei uns natürlich interessiert, wie die Beziehungen zwischen den Tabellen zu gestalten sind.

1. Öffnen Sie unsere Datenbank *Relationen1.accdb*.

2. Erstellen Sie eine Abfrage und wählen Sie diesmal gleich drei Tabellen aus: *Artikel*, *BestellDetailsBeispiel* und *Bestellungen*. Sie sehen, dass zwischen *Artikel* und *BestellDetailsBeispiel* eine Eins-zu-unendlich-Verknüpfung besteht, zwischen *BestellDetailsBeispiel* und *Bestellungen* gibt es allerdings noch keine Verknüpfung.

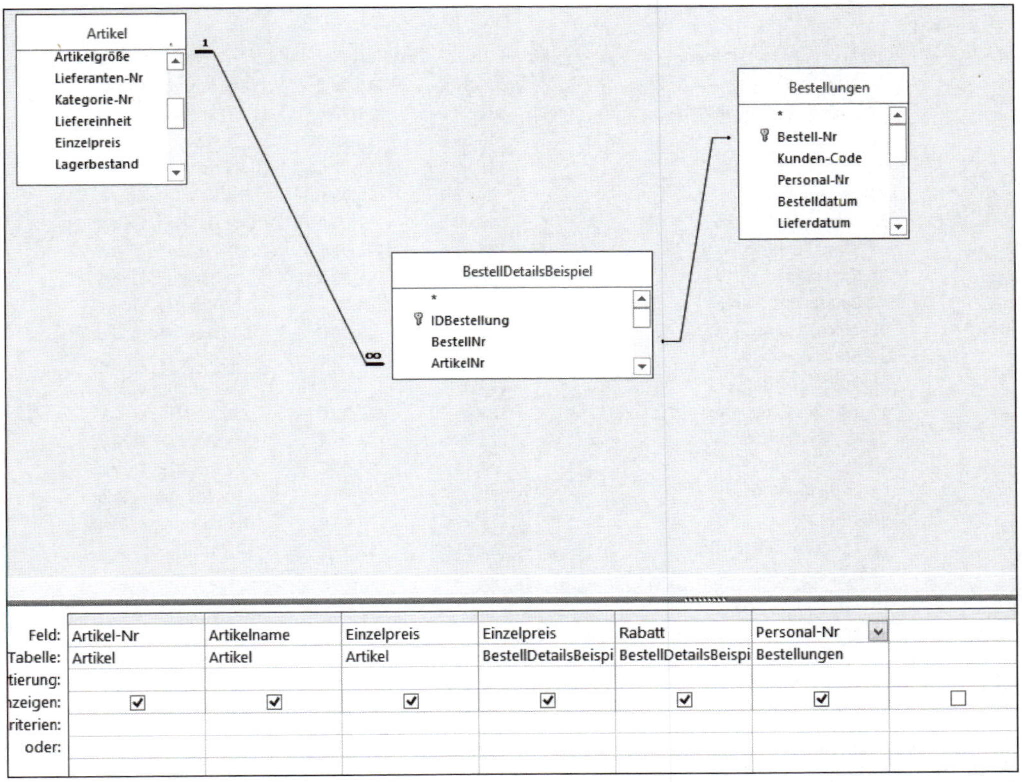

3. Klicken Sie deshalb mit der linken Maustaste auf *BestellNr* aus *BestellDetailsBeispiel* und ziehen Sie bei gedrückter linker Maustaste auf *BestellNr* in der Tabelle *Bestellungen*. Es entsteht eine kleine dünne Linie, die nicht mit der Ziffer eins oder dem Unendlich-Zeichen versehen ist. Trotzdem erkennen Sie hier eine Verknüpfung.

4. Ziehen Sie aus der Tabelle *Artikel* die *Artikel-Nr* und den *ArtikelName*. Testweise auch den *Einzelpreis*.

5. Aus *BestellDetailsBeispiel* nehmen Sie ebenfalls *Einzelpreis* und *Rabatt*, aus der Tabelle *Bestellungen* holen Sie sich die *Personalnummer*, jetzt können Sie die Abfrage ausführen.

Abfrage3

Artikel-Nr	Artikelname	Einzelpreis	Einzelpreis	Rabatt	Angestellte(r)
40	Kleid Ria	113,99 €	113,99 €	8%	Schäfer, Elvira
68	Tunika Anneliese	112,99 €	112,99 €	7%	Schäfer, Elvira
10	Top Kathi	55,99 €	55,99 €	1%	Neumann, Elvira
44	Sweatshirt Metha	114,99 €	114,99 €	4%	Schäfer, Elvira
94	Bluse Valerie	70,99 €	70,99 €	8%	Schäfer, Elvira
55	Jeans Gisela	7,00 €	7,00 €	10%	Schäfer, Elvira
7	Kleid Roselotte	128,99 €	128,99 €	6%	Neumann, Elvira
34	Sport Iris	38,99 €	38,99 €	7%	Schäfer, Elvira
42	Badeanzug Siska	84,00 €	84,00 €	10%	Schäfer, Elvira
62	Jacke Susanna	83,99 €	83,99 €	8%	Neumann, Elvira
111	Bluse Ella	16,00 €	16,00 €	9%	Schäfer, Elvira
58	Pullover Adele	134,99 €	134,99 €	1%	Neumann, Elvira
26	Wäsche Catherina	122,99 €	122,99 €	8%	Schäfer, Elvira
18	Top Margaritta	134,99 €	134,99 €	5%	Schäfer, Elvira
78	Bluse Pamela	94,99 €	94,99 €	10%	Schäfer, Elvira
7	Kleid Roselotte	128,99 €	128,99 €	6%	Neumann, Elvira
17	Sport Poldi	79,99 €	79,99 €	7%	Neumann, Elvira
92	Tunika Annekathrin	52,99 €	52,99 €	4%	Schäfer, Elvira
4	Corsage Vroni	50,99 €	50,99 €	0%	Neumann, Elvira
64	Tunika Gabriela	127,99 €	127,99 €	2%	Schäfer, Elvira
9	Sport Suse	53,99 €	53,99 €	0%	Neumann, Elvira
95	Badeanzug Luzia	90,99 €	90,99 €	0%	Schäfer, Elvira
14	Rock Trautlinde	114,99 €	114,99 €	8%	Schäfer, Elvira
79	Blazer Eugenie	73,99 €	73,99 €	8%	Schäfer, Elvira
19	Trainigsanzug Ilsetraut	0,00 €	0,00 €	10%	Schäfer, Elvira
94	Bluse Valerie	70,99 €	70,99 €	10%	Schäfer, Elvira
32	Tunika Annaliese	108,99 €	108,99 €	0%	Neumann, Elvira
91	Umstandsmode Wiltrudis	70,99 €	70,99 €	7%	Neumann, Elvira
40	Kleid Ria	113,99 €	113,99 €	8%	Schäfer, Elvira
68	Tunika Anneliese	112,99 €	112,99 €	7%	Schäfer, Elvira
10	Top Kathi	55,99 €	55,99 €	1%	Neumann, Elvira

Auszug

Sofort sehen Sie, dass Sie ein Ergebnis bekommen.

6. Gehen Sie bitte noch einmal in die Entwurfsansicht zurück, holen Sie sich die *BestellNr* aus der Tabelle *Bestellungen* und führen Sie die Abfrage noch einmal aus. Sie sind jetzt sogar in der Lage, durch das Anklicken des kleinen Pfeils bei *BestellNr* Ihre Abfrage-Ergebnisse zu sortieren. Sie sehen, dass Sie zwei Bestellungen haben. Gehen Sie zurück auf die Entwurfsansicht.

7. Ein Doppelklick auf die Verknüpfung zwischen *Artikel* und *BestellDetailsBeispiel* zeigt die Verknüpfungseigenschaften. Sie können die Nummer zwei, nämlich das Ausgeben aller Datensätze aus der Tabelle *Artikel*, einmal anklicken und sehen, dass sich die Pfeilspitze verändert.

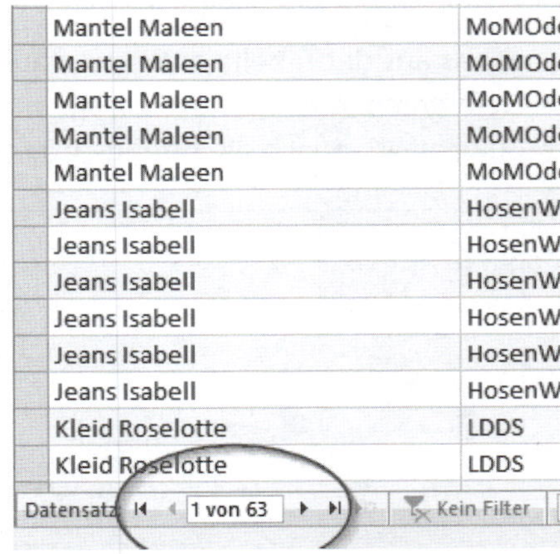

Wenn Sie nun diese Abfrage ausführen wollen, erklärt Access, dass das nicht möglich ist, weil die Tabelle mehrdeutige äußere Verknüpfungen enthalten würde. Eine äußere Verknüpfung ist ein sogenannter Outer Join, was bedeutet, dass alle Ergebnisse aus einer Tabelle angezeigt werden und aus der anderen Tabelle nur die dazu passenden. Eine weitere Verknüpfung macht dann oft Schwierigkeiten, in diesem Fall die Verknüpfung zwischen *BestellDetailsBeispiel* und *Bestellungen*. Denn diese temporäre Verknüpfung passt nicht in das Abfrageschema. Sie müssen die Verknüpfung wieder lösen, indem Sie auf die Linie klicken, dann die Entf-Taste drücken, ja sogar die Tabelle *Bestellungen* aus dem Entwurfsfenster löschen (anklicken und Entf drücken).

Jetzt können Sie die Abfrage ausführen und bekommen eine erkleckliche Anzahl an Datensätzen. (Bitte fragen Sie in diesem Fall nicht nach der Sinnhaftigkeit des Ergebnisses!)

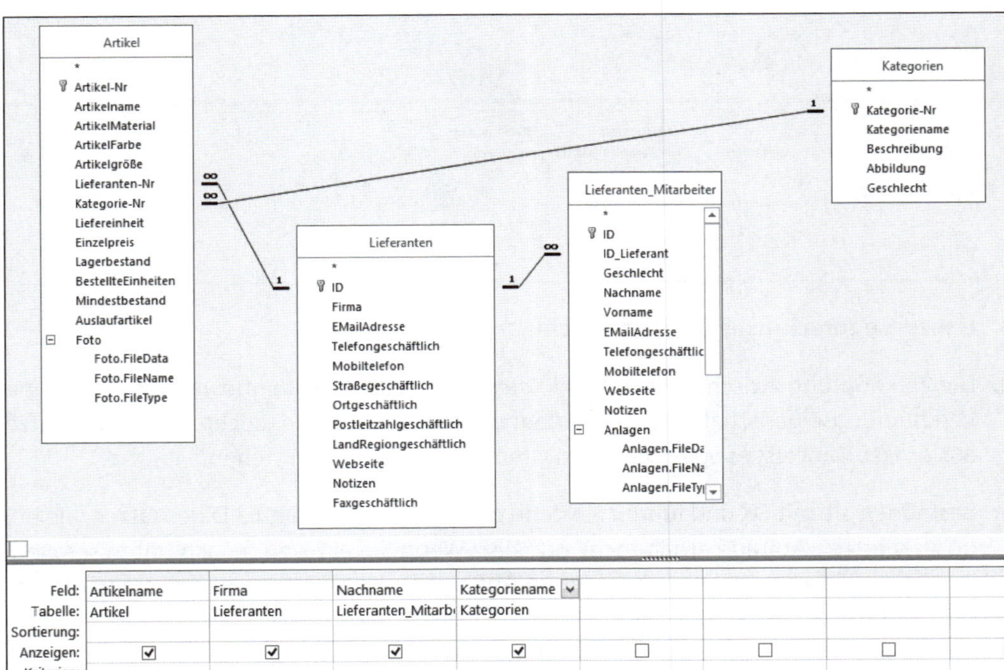

1. Erstellen Sie eine neue Abfrage, indem Sie die Tabelle *Artikel* auswählen, danach *Lieferanten,* danach *Lieferanten_Mitarbeiter*.

2. Außerdem holen Sie als vierte Tabelle noch die *Kategorien* dazu.

3. Sie können nun willkürlich einige Felder nach unten ziehen, wichtig dabei ist, dass Sie etwas aus der Tabelle *Kategorien* auswählen. Ich habe *Artikelname* aus *Artikel*, *Firma* aus *Lieferanten*, *Nachname* aus *Lieferanten-Mitarbeitern* und *Kategoriename* aus *Kategorien* gewählt. Wenn ich die Abfrage nun ausführe, bekomme ich 63 Datensätze als Ergebnis.

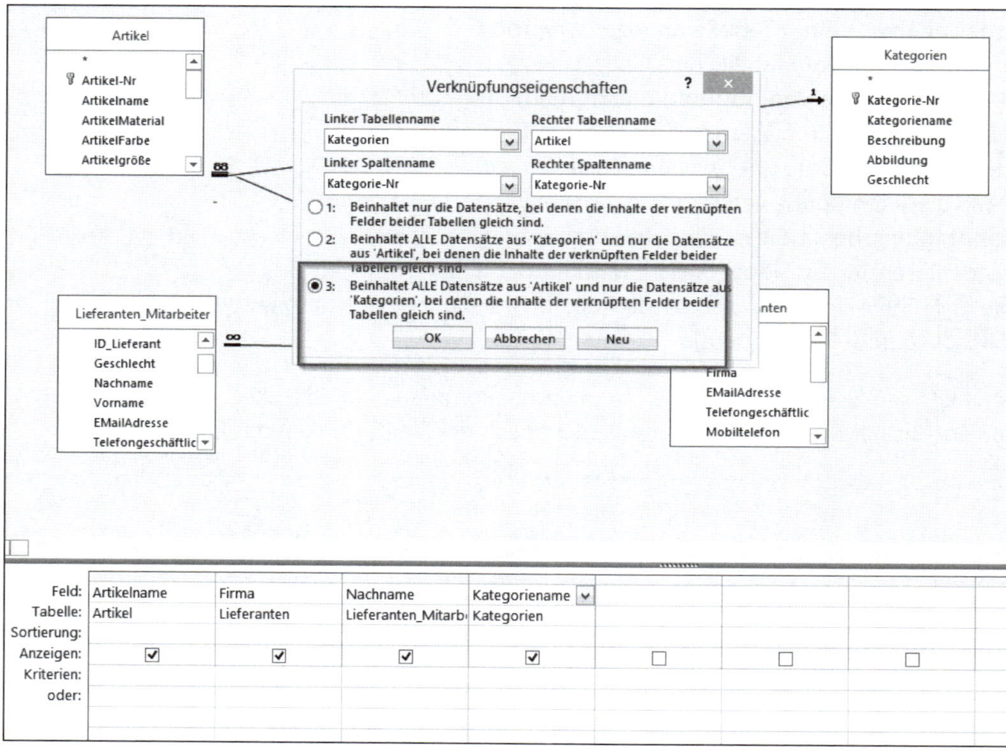

1. Gehen Sie zurück in die Entwurfsansicht.

2. Die Verknüpfung zwischen *Artikel* und *Kategorien* klicken Sie an und verändern jetzt die Verknüpfungseigenschaften auf die Nummer drei, das heißt, Sie möchten alle Datensätze aus *Artikel*. Dabei ist es egal, wie viele Datensätze in *Kategorien* stehen.

3. Bestätigen Sie mit *OK* und führen Sie dann die Abfrage aus. Statt 63 Datensätzen wie bei unserer ersten Abfrage erhalten Sie nun 488. Wenn Sie ein wenig nach unten scrollen, bemerken Sie, dass viele leere Felder im Abfrage-Ergebnis bei den *Kategorienamen* zu sehen sind.

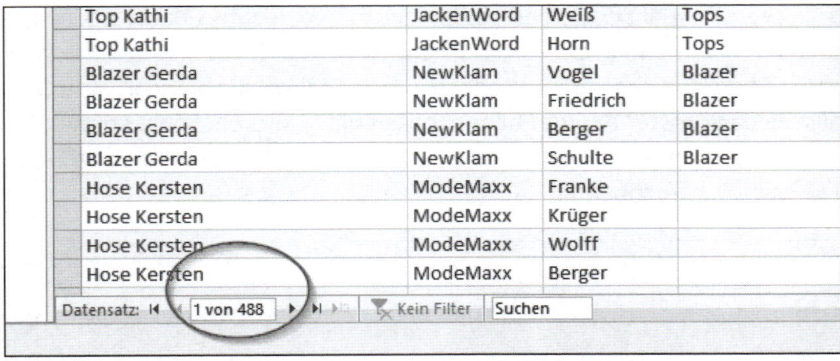

Top Kathi	JackenWord	Weiß	Tops
Top Kathi	JackenWord	Horn	Tops
Blazer Gerda	NewKlam	Vogel	Blazer
Blazer Gerda	NewKlam	Friedrich	Blazer
Blazer Gerda	NewKlam	Berger	Blazer
Blazer Gerda	NewKlam	Schulte	Blazer
Hose Kersten	ModeMaxx	Franke	
Hose Kersten	ModeMaxx	Krüger	
Hose Kersten	ModeMaxx	Wolff	
Hose Kersten	ModeMaxx	Berger	

Ich hoffe, ich habe Ihnen ausreichend deutlich gemacht, welche Auswirkungen durch eine Veränderung in den Verknüpfungseigenschaften entstehen. Der nächste Abschnitt wird ebenso spannend.

8.4 Wir lernen das Rechnen

Die Abfrage mit mehreren berechneten Feldern soll uns nun weiter beschäftigen. Sie werden zuerst einmal zwei Felder addieren und dann ein bisschen multiplizieren. Alle anderen Rechenmethoden funktionieren selbstverständlich genauso.

Wir verwenden die zwei Tabellen *BestellBeispiel* und *BestellDetailsBeispiel* aus der Datenbank *Relationen1.accdb*. Sie können die Bestellnummer und die Frachtkosten aus *BestellBeispiel*, die Anzahl, den Einzelpreis und den Rabatt aus *BestellDetailsBeispiel* nehmen. Wir wollen nun ein bisschen rechnen:

1. In ein leeres Abfragefeld schreiben Sie das Wort *Gesamt*, gefolgt von einem Doppelpunkt.
2. Danach schreiben Sie *Anzahl* in eckigen Klammern gefolgt vom Malzeichen, danach in eckigen Klammern *Einzelpreis*.

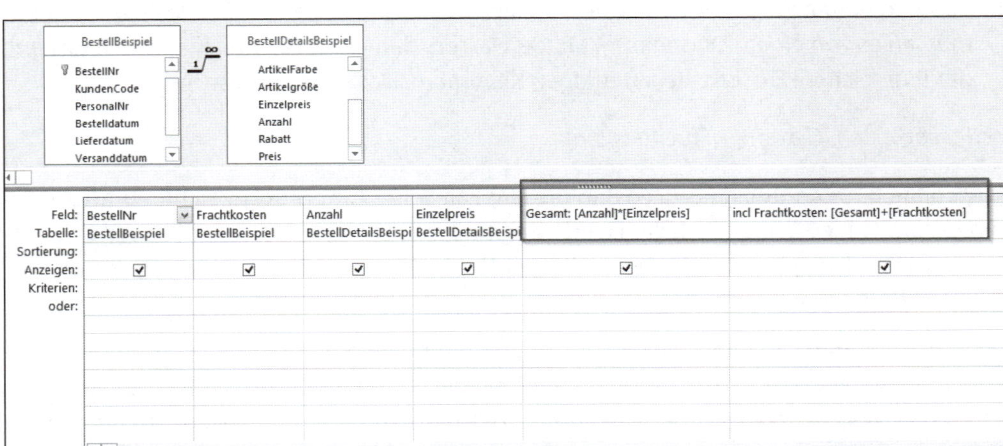

Sie können sich das Leben ein wenig erleichtern, indem Sie mit der rechten Maustaste in dieses Feld klicken, dann auf *Zoom* und in dem sich öffnenden Fenster Ihre Eingaben machen. Das Schreiben ist meist übersichtlicher als in den doch engen Spalten, die manchmal zur Verfügung stehen. Falls Sie das Fenster benutzt haben, bitte auf *OK* klicken. Sonst können Sie einfach die Abfrage ausführen und Sie werden sehen, dass eine Spalte *Gesamt* entstanden ist, die *Anzahl* mal *Einzelpreis* berechnet hat.

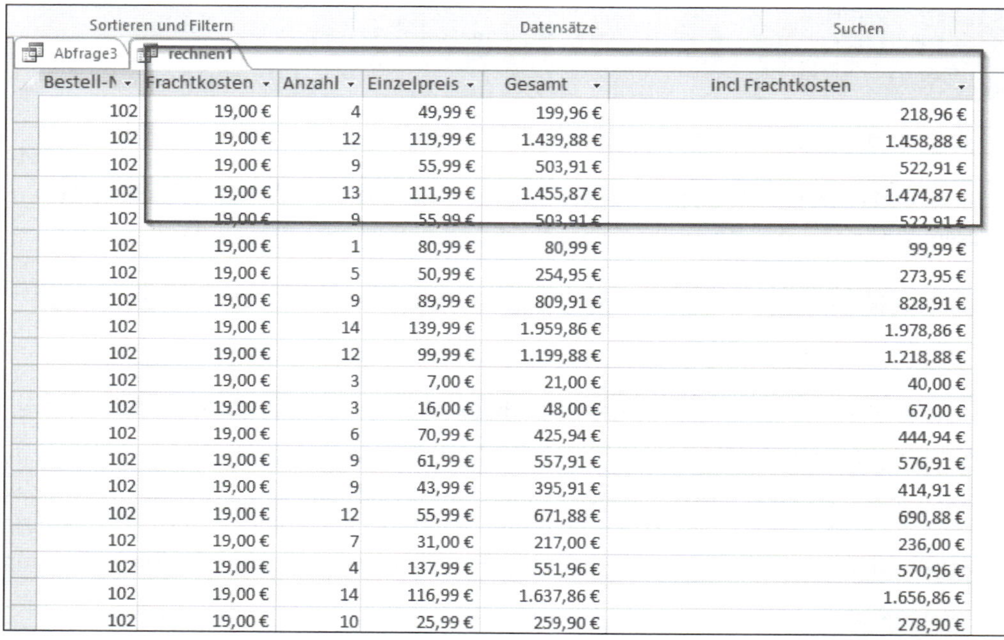

Bestell-N	Frachtkosten	Anzahl	Einzelpreis	Gesamt	incl Frachtkosten
102	19,00 €	4	49,99 €	199,96 €	218,96 €
102	19,00 €	12	119,99 €	1.439,88 €	1.458,88 €
102	19,00 €	9	55,99 €	503,91 €	522,91 €
102	19,00 €	13	111,99 €	1.455,87 €	1.474,87 €
102	19,00 €	9	55,99 €	503,91 €	522,91 €
102	19,00 €	1	80,99 €	80,99 €	99,99 €
102	19,00 €	5	50,99 €	254,95 €	273,95 €
102	19,00 €	9	89,99 €	809,91 €	828,91 €
102	19,00 €	14	139,99 €	1.959,86 €	1.978,86 €
102	19,00 €	12	99,99 €	1.199,88 €	1.218,88 €
102	19,00 €	3	7,00 €	21,00 €	40,00 €
102	19,00 €	3	16,00 €	48,00 €	67,00 €
102	19,00 €	6	70,99 €	425,94 €	444,94 €
102	19,00 €	9	61,99 €	557,91 €	576,91 €
102	19,00 €	9	43,99 €	395,91 €	414,91 €
102	19,00 €	12	55,99 €	671,88 €	690,88 €
102	19,00 €	7	31,00 €	217,00 €	236,00 €
102	19,00 €	4	137,99 €	551,96 €	570,96 €
102	19,00 €	14	116,99 €	1.637,86 €	1.656,86 €
102	19,00 €	10	25,99 €	259,90 €	278,90 €

1. Die Abfrage machen Sie nun wieder in der Entwurfsansicht auf und können ein neues Feld öffnen.

2. Das Feld nennen Sie *inclFrachtkosten*. Freilich dürfen Sie das nicht so schreiben, sondern müssen es von einem Doppelpunkt folgen lassen, danach in eckigen Klammern *Gesamt*, das Pluszeichen, *Frachtkosten* in eckigen Klammern. Das sieht dann so aus:

inclFrachtkosten:[Gesamt]+[Frachtkosten]

Achten Sie bitte darauf, dass Access in diesem Fall keine Anführungszeichen braucht. Sie haben somit eine Abfrage erstellt, die erst eine Multiplikation ausführt. Auf diese Multiplikation beziehen Sie sich dann mit Ihrer Addition. Achten Sie in diesem Fall darauf, dass Access von links nach rechts abarbeitet.

Sie haben auf diese Art über die einzelnen Spalten hinweg gerechnet. Das Ergebnis Ihrer Berechnung steht wieder in einer Spalte und hat die einzelnen Zeilen mit Werten versehen. Anders müssen Sie nun vorgehen, wenn Sie beispielsweise Summen über Spalten bilden wollen.

8.5 Abfragen mit Funktionen

Dieses Mal beginnen Sie mit der Tabelle *BestellBeispiel* aus der Datenbank *Relationen1.accdb*. In der Tabelle sehen Sie, dass für einzelne Bestellungen Frachtkosten aufgelistet werden. Sie möchten nun wissen, wie viel Frachtkosten insgesamt bezahlt wurden.

1. Erstellen Sie eine Abfrage aus dem Abfrageentwurf, wählen Sie die Tabelle *BestellBeispiel* aus der Datenbank *Relationen1.accdb* und ziehen Sie die *Frachtkosten* in den Entwurfsbereich.

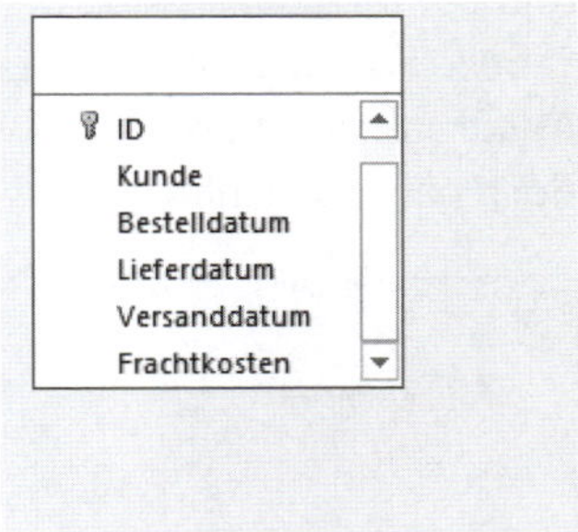

2. In *Gruppe einblenden ausblenden* sehen Sie das Summenzeichen. Wenn Sie auf das Summenzeichen klicken, entsteht im Entwurfsbereich eine neue Zeile mit dem Namen *Funktion*. Das Wort *Gruppierung* taucht auf.
3. Wenn Sie dieses Wort anklicken, haben Sie ein Listenfeld, in dem eine ganze Reihe von Berechnungsfunktionen angezeigt wird.

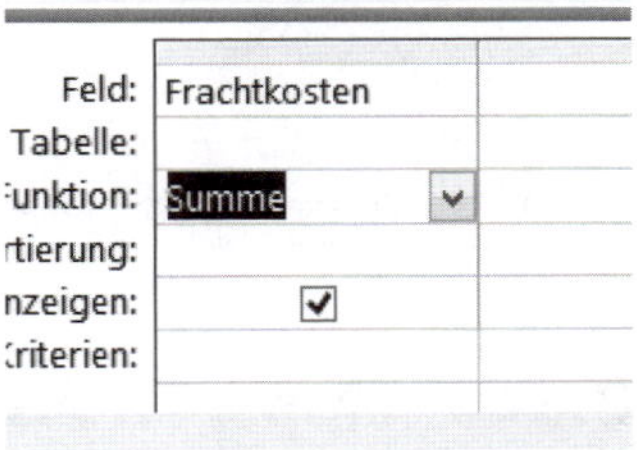

4. Sie können *Summe* auswählen, die Abfrage ausführen und bekommen sofort das Ergebnis angezeigt.

Zurück in der Entwurfsansicht können Sie statt *Summe Mittelwert* auswählen und haben somit die Durchschnittswerte für die Frachtkosten berechnet.

5. Gehen Sie zurück in die Entwurfsansicht, holen Sie noch die Tabelle *tblUnternehmen* dazu, erstellen Sie eine Verknüpfung zwischen *Kunde* von *Tabelle1* und *NummerUnternehmen* von *Unternehmen*, ziehen Sie dann *Firma* und *Kunde* nach unten. Sie sehen nun, dass bei *Funktion Gruppierung* auftaucht. Im Klartext bedeutet das, dass die Frachtkosten für jede einzelne Firma berechnet werden. Die Summe wird also über die Gruppe gebildet.

Dieser kleine Ausflug in die berechneten Felder mag erst einmal genügen. Ich verweise gern auf die vielfältigen Möglichkeiten der Auswertung von Abfragen durch Excels Pivot-Tabellen. Vieles, was man in früheren Versionen nur über Abfragen erreichen konnte, kann nun durch die bequeme Verknüpfung von Excel und Access schnell und auch für den Anfänger mühelos gestaltet werden.

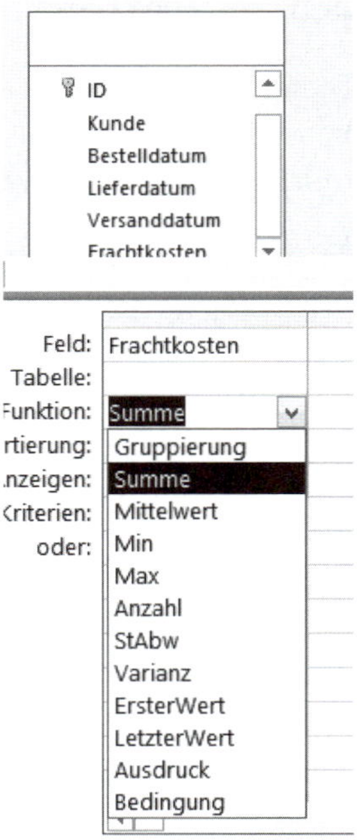

Sie sehen hier eine ganze Reihe von Möglichkeiten, Berechnungen mit Access auszuführen. *Summe, Mittelwert, Minimum, Maximum* und *Anzahl* dürften dabei die häufigsten eingesetzten Berechnungen sein. Standardabweichungen (*StAbw*) und Varianzen berechnen eigentlich nur die Statistiker. Der erste und der letzte Wert sind die in der Reihenfolge in der Access-Tabelle abgelegten Werte, die dann hier ausgegeben werden. Ausdruck und Bedingung werden wir uns in einem Beispiel noch näher anschauen.

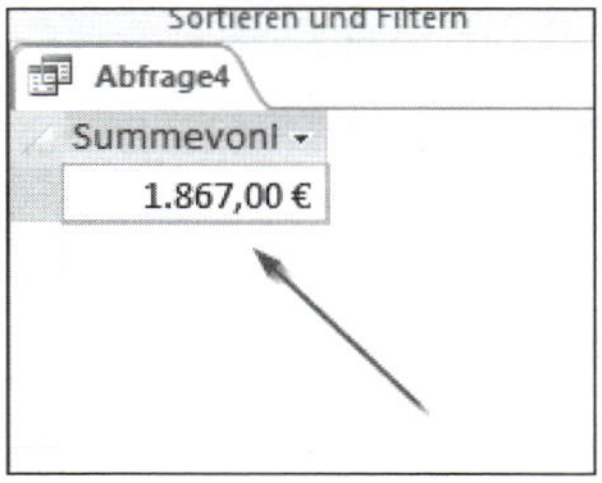

Summevon... als Ergebnis einer Spalte.

8.6 Tipps, Tricks und noch viel mehr zu Abfragen

Als Erstes vertiefen wir die Abfragen mit den Platzhaltern.

1. Dazu öffnen Sie die Tabelle *tblPersonal*. In dieser Tabelle sehen Sie, dass es Mitarbeiter gibt, die auf »mann« enden, wie zum Beispiel Grossmann und Neumann, einige enden auf »er«. Dies sei erst einmal vorausgeschickt.

2. Jetzt erstellen Sie die Abfrage. Schließen Sie die Tabelle, klicken Sie auf den Reiter *Erstellen* und dann auf *Abfrageentwurf*.

3. Es öffnet sich das Fenster *Tabelle anzeigen*. Dort können Sie die Tabelle *Personal* anklicken und mit dem Button *Hinzufügen* in den Abfrageentwurf einfügen. Alternativ bestätigen Sie *Personal* mit einem Doppelklick.

4. Diesmal machen Sie einen Doppelklick auf *Nachname*, *Vorname*, *Straße*, *Ort* und *Anrede*.

5. Bei den *Kriterien* geben Sie *Groß* ein. Als Ergebnis bekommen Sie *Beate, Brunnenstraße 96, Essen*. Die Anrede ist *Frau*.

6. Wechseln Sie wieder in die Entwurfsansicht und verändern Sie das Wort *Groß* in *wie Groß**. Jetzt bekommen Sie zwei Ergebnisse: Ergänzt wird das erste Ergebnis durch einen Herrn Großmann. Das Sternchen erlaubt also, dass nur das gesuchte Wort, aber auch alle Ergänzungen ausgegeben werden.

Warnung

Eine Warnung, die ich an dieser Stelle einflechten will, ist, dass man hier Datensätze anlegen könnte. Eine Besonderheit von Access ist, dass man hier überschreiben kann, das heißt, Sie können Ihre Daten verändern. Sie können in ein neues Feld gehen und das Wort *Meister* eintragen und den Ort. Nehmen Sie Ihren Wohnort, zum Beispiel *Nürnberg* und als Postleitzahl *90427*. Wenn Sie bestätigen und wieder auf *Ansicht* gehen, dann noch mal ausführen, sehen Sie: Jetzt rutscht *Meister* rein.

Diese Besonderheit von Access, nämlich dass Sie in das Abfrageergebnis hier etwas reinschreiben können und es dann in der Tabelle gespeichert wird, können Sie sich zunutze machen bei der Erstellung von Formularen. Hier ist es möglich, auch mit einer Abfrage als Datenquelle zu arbeiten.

Sie können Ihre Abfrage jetzt schließen und einen Abfragenamen vergeben und haben somit die Möglichkeit, auch die Tabelle selbst anzuklicken. Sie sehen, es wurde ein neuer Datensatz angelegt: Meister Johann, Nürnberg und Postleitzahl. Alle anderen Felder sind leer, denn Sie haben ja nur in die ausgewählten Felder geschrieben. Sie hätten hier auch bei *Geschlecht* etwas ergänzen, die E-Mail-Adresse, Telefonnummer und sonstige Hinweise noch füllen können.

Wenn Sie ein Feld zu viel in Ihrer Abfrage haben, dann können Sie es recht einfach wieder entfernen.

Klicken Sie in *Tabellenentwurf* oben über diesem Feld im Abfrageentwurf, dann, wenn Sie mit der Maus ganz langsam darüberfahren, sehen Sie, dass sich der Mauszeiger in einen schwarzen Pfeil nach unten verändert. Wenn Sie nun mit der linken Maustaste klicken, wird das gesamte Feld markiert. Sie können es mit der [Entf]-Taste Feld aus dem Entwurf herauskatapultieren.

Aufmerksame Leser haben bestimmt schon auch ein zweites Sternchen entdeckt, nämlich das Sternchen oben in den Anzeigen der Tabellen. Sie sehen das Schlüsselfeld, erkenntlich an dem Schlüsselchen, meist als erstes Feld dargestellt und darüber ein Sternchen *. Wenn Sie dieses Sternchen nach unten ziehen oder mit einem Doppelklick nach unten befördern, haben Sie alle Felder dieser Tabelle ausgewählt, das heißt, alle Felder in der Abfrage sind sichtbar. Es ist auf den ersten Blick ein Vorteil. Auf den zweiten, auf den kritischen Blick ist es so, dass man Auswahlkriterien für Tabellen oft auswählen will, was in dem Fall nicht möglich ist.

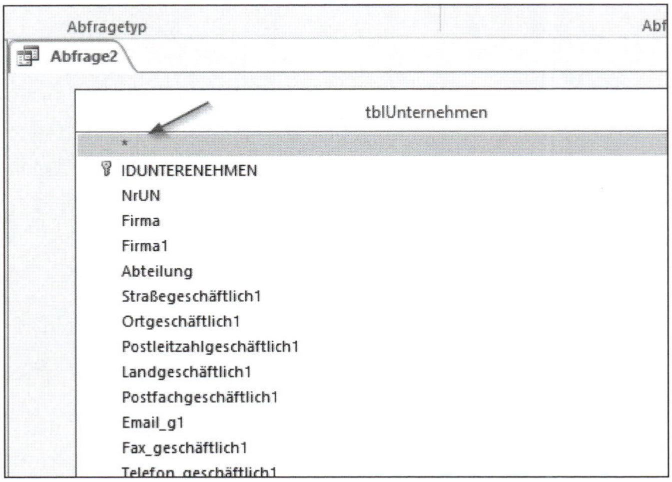

Sie können also bei diesen nach unten gebrachten Sternchen-Feldern keine Auswahlkriterien festlegen, Sie können auch nicht sortieren oder andere Aktionen veranstalten. Es ist so, dass dieses Feld, wie Sie dann später feststellen werden, recht nützlich sein kann bei Abfragen, die über mehrere Tabellen gehen, und wenn Sie die Inhalte einer kleinen Tabelle dann zusätzlich haben wollen. Was fällt Ihnen an dieser Stelle noch auf? Sie haben bisher immer einzelne Tabellenfelder nach unten in den Abfrageentwurf verschoben. Wenn Sie auf einen Feldnamen klicken, die Strg-Taste gedrückt halten und mit der linken Maustaste auf weitere Feldnamen klicken, ist es möglich, mehrere Felder zu markieren und in der Entwurfsansicht zu platzieren.

Ein kleines Beispiel.

1. Öffnen Sie die Meierei-Abfrage. Klicken Sie dazu auf die Abfrage auf der linken Seite. Sie haben mit der rechten Maustaste (immer!) die Möglichkeit, sofort auf die Entwurfsansicht umzuschalten. Sie bekommen auf diese Weise wieder die Ansicht, die Sie ja jetzt schon zur Genüge kennen. Sie sehen: In dieser Ansicht sind noch alle Ihre Eintragungen vorhanden. Sie haben hier die Möglichkeit, sofort Ergänzungen vorzunehmen oder auch Streichungen, oder Sie können diese Abfrage verändern.

2. Bringen Sie z. B. jetzt *Ort*, *Postleitzahl* usw. in diese kleine Abfrage. Sie können alle Eintragungen bei den *Kriterien* löschen und tragen dann *M??r* im Feld *Nachname* ein. Beim Ausführen bekommen Sie nur drei Datensätze als Ergebnis geliefert, nämlich *Mair Walter*, *Mair Isa* und *Mair Evi*. Das Fragezeichen hat eine ähnliche Funktion wie das Sternchen. Ähnlich deshalb, weil das * in dieser Abfrage alle Buchstaben angibt, die nach dem *M* standen, und die letzten beiden Buchstaben mussten *er* sein. Jetzt haben Sie *M??r* eingegeben: Sie können also auch einzelne Buchstaben suchen und dementsprechend diese einzelnen Buchstaben durch ein Fragezeichen ersetzen.

Zum Abschluss dieser Einführung möchte ich noch ganz kurz auf das Feld *Anzeigen* eingehen. Wir haben bereits Feld, Tabelle, Funktion, Sortierung, Kriterien *und oder* erklärt, nur noch nicht das Feld *Anzeigen*.

Der Haken in diesem Bereich bedeutet, dass Sie diese Spalte nicht nur im Entwurf sehen, sondern dass die Daten auch ausgegeben werden. Wenn Sie nun diesen Haken weglassen, werden die Daten nicht mit ausgegeben, gleichwohl werden die für dieses Feld angegebenen Abfragekriterien ausgewertet.

Damit haben Sie die Möglichkeit, z. B. bei dem Nachnamen den Haken rauszunehmen, das heißt, mit anderen Worten, Sie wollen den Nachnamen nicht mehr anzeigen, ihn gleichzeitig aber als Abfragekriterium nutzen. Wenn Sie jetzt die Abfrage ausführen, werden Sie feststellen, Sie haben nur noch *Firma*, *Geschlecht*, *Vorname*, *Ort* und *Postleitzahl* in Ihrer Abfrage. Die Nachnamen, nach denen die Abfragekriterien ausgerichtet sind, sind jedoch verschwunden.

8.7 Abfrage aus anderer Tabelle

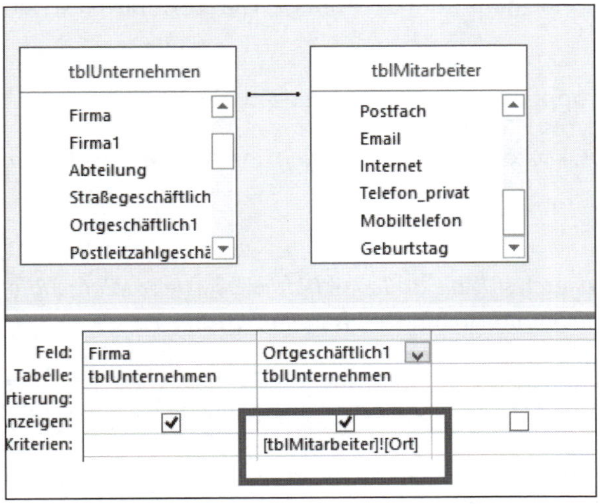

Sie können, sogar ohne große Einbuße an Geschwindigkeit, eine Tabelle durch eine andere Tabelle abfragen lassen. Eine Tatsache, die auch so manchem Profi in dieser Form nicht geläufig ist.

1. Nehmen Sie aus der Datenbank die *tblUnternehmen* und die *tblMitarbeiter*.
2. Achten Sie darauf, dass sie miteinander verknüpft sind.
3. In *tblUnternehmen* können Sie *Firma* und *Ortgeschäftlich1* auswählen.
4. Als Abfragekriterium verwenden Sie die Spalte *Ort* aus *tblMitarbeiter*.

5. Führen Sie die Abfrage aus, dann werden Ihnen aus *tblUnternehmen* alle Orte angezeigt, die auch in der Mitarbeitertabelle vorhanden sind, also nur Firmenorte, an denen auch die Mitarbeiter wohnen.

Diese kleine Demonstration zeigt, wie mächtig die Abfragen in Access sind. Nicht weiter eingehen möchte ich auf die sogenannten Unterabfragen, die nur mit SQL-Statements ausführbar sind.

8.8 Aktionsabfragen

1. Öffnen Sie die Datenbank *Lieferantenverwaltung_Abfragen.accdb.*

Sie werden dazu die Tabelle *Lieferanten* verwenden können. In dieser Tabelle gibt es folgende Datenbankfelder: *Firma, Straßegeschäftlich, Ortgeschäftlich, Postleitzahl.* Diese Felder sollen in eine Extratabelle überführt werden. Aufgabe ist es, nur die bayerischen Städte herauszusuchen.

Wie gehen Sie vor? Sie erstellen als Erstes eine ganz normale Abfrage, wie Sie es bisher schon getan haben.

2. Klicken Sie auf *Erstellen* und in der Gruppe *Abfragen* auf *Abfrageentwurf.*
3. Wählen Sie die Tabelle *Lieferanten* aus, klicken Sie auf *Hinzufügen* und dann auf *Schließen.*

8.8.1 Erstellungsabfrage

1. Ziehen Sie die Felder *ID, Firma, Telefongeschäftlich, Straßegeschäftlich, Postleitzahlgeschäftlich, Ortgeschäftlich* aus der Tabelle *Lieferanten* in Ihren Abfrageentwurf.
2. Sie haben als Vorgabe, die süddeutschen Städte herauszusuchen. Deshalb wählen Sie die Postleitzahl größer als 79999 aus.
3. Jetzt können Sie die Abfrage erst einmal ausführen. Sie sehen, dass sie erfolgreich ausgeführt wurde. Ihr Ziel, eine neue Tabelle zu erstellen, haben Sie aber noch nicht erreicht.
4. Deshalb müssen Sie wieder in die Ansicht *Entwurfsansicht* wechseln, und in die Tabellenerstellungsabfrage.

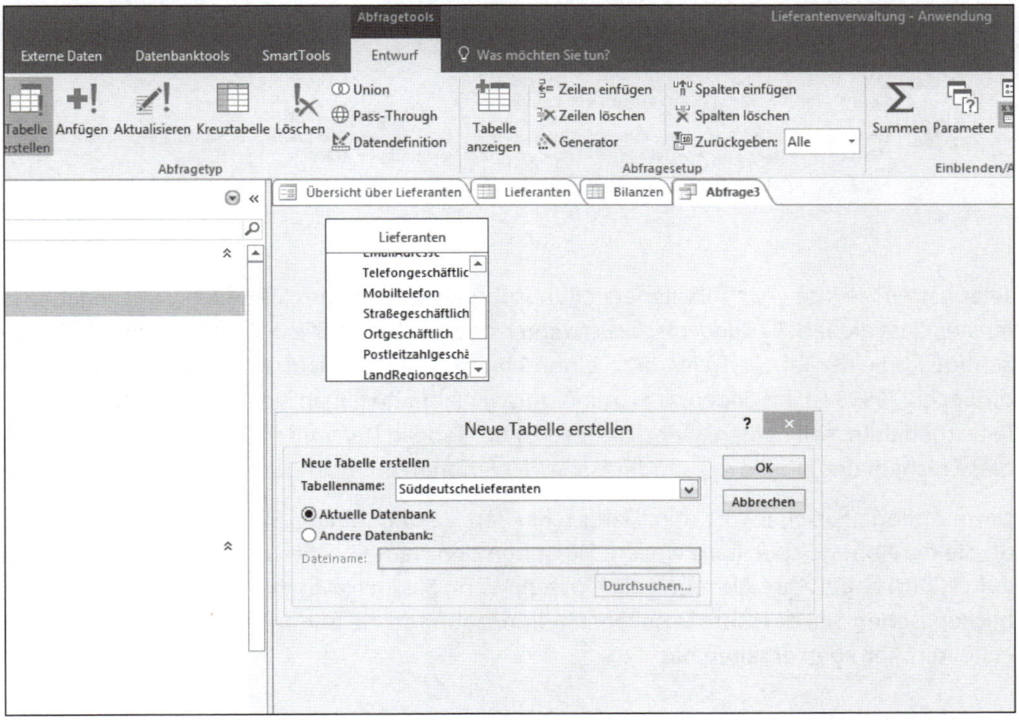

Sie vergeben einen Namen für die neue Tabelle.

Sie sehen bei den Abfrage-Tools *Entwurf* und da den Abfragetyp *Tabelle erstellen*. Wenn Sie nun auf *Tabelle erstellen* klicken, geht ein neues Fenster auf, in das Sie einen Tabellennamen eingeben können.

5. Geben Sie *SüddeutscheLieferanten* ein, lassen Sie die aktuelle Datenbank, die voreingestellt ist, stehen. (Sie könnten auch eine andere Datenbank auswählen, dann müssten Sie auf *Durchsuchen* klicken, könnten dann eine Datenbank aussuchen, und in diese die Daten exportieren.)
6. Sie können nun auf *OK* klicken, meinen, Sie seien fertig, dem ist aber leider nicht so: Wenn Sie im Navigationsfenster auf *Tabellen* schauen, dann sehen Sie, dass Ihre süddeutschen Lieferanten hier noch nicht gelistet sind.
7. Deshalb müssen Sie im Abfrageentwurf erst einmal auf den Schaltknopf *Ausführen* klicken. Jetzt erscheint ein Fenster, in dem erklärt wird, dass Sie dabei sind, in eine neue Tabelle eine bestimmte Anzahl von Datensätzen, in unserem Beispiel 87, einzufügen.
8. Auch dieses Fenster bestätigen Sie mit *Ja*.

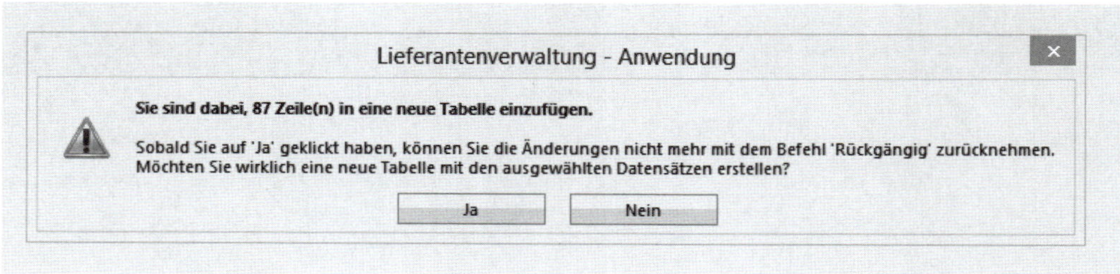

Jetzt haben Sie Ihre erste Tabellenerstellungsabfrage ausgeführt. Sie sehen im Navigationsfenster, dass die Tabelle *SüddeutscheLieferanten* entstanden ist. Diese Tabelle ist eine 100-prozentige Kopie der Tabelle *Lieferanten*, eingeschränkt aber auf Lieferanten, deren Postleitzahl größer als 79999 ist. Im Gegensatz zu einer Auswahlabfrage haben Sie den Status in der Tabelle festgehalten, soll heißen, wenn Sie jetzt in der Tabelle *Lieferanten* Daten ändern, werden diese nicht in der Tabelle der süddeutschen Lieferanten mit geändert.

Diese Abfrage speichern Sie nun. Dafür schließen Sie die Abfrage. Sie werden dann gefragt, ob Sie die Abfrage speichern wollen; Sie geben den Namen *TABerstSüdDeutsch* ein, klicken auf *OK* und haben Ihre Abfrage geschlossen. Wenn Sie im Navigationsfenster auf *Abfragen* blicken, sehen Sie, dass Ihre Tabellenerstellungsabfrage ein anderes Symbol als die bisher erstellten Abfragen erhalten hat.

8.8.2 An die erstellte Tabelle Daten anfügen

Sie werden jetzt einen nächsten Abfragetyp kennenlernen. Sie werden zunächst an Ihre Tabelle *SüddeutscheLieferanten* noch einige Lieferanten anfügen.

Dazu führen Sie eine Anfügeabfrage aus. Anfügeabfrage bedeutet, dass Sie an bestehende Daten neue Daten in einer Tabelle anfügen. Auch hier können Sie mit dem Erstellen einer ganz normalen Auswahlabfrage beginnen.

1. Sie benutzen Ihre gerade erstellte Abfrage, *TABerstSüdDeutsch*, indem Sie mit der rechten Maustaste den Namen anklicken. Mit der linken Maustaste bestätigen Sie die Entwurfsansicht. In dieser klicken Sie in der Gruppe *Abfragetyp* auf *Anfügen*.
2. Sie werden gefragt, welchen Tabellennamen Sie auswählen wollen. Sie verwenden weiterhin Ihre Tabelle *SüddeutscheLieferanten*. Sie sehen, dass im Abfragefenster ein neues Feld hinzugefügt wurde, das *Anfügen an* heißt.
3. Hier können Sie auswählen, welche Felder der Ausgangstabelle an welche Felder der Zieltabelle angefügt werden sollen. In unserem Fall können Sie eine 100-prozentige Übereinstimmung bemerken, was kein Wunder ist, denn Sie haben ja die Tabelle mit der gleichen Anfrage erstellt.
4. Sie sehen, dass *Postleitzahl* immer noch größer als 79999 ausgewählt ist. Das wollen wir jetzt ändern. Sie verringern die Zahl auf 70000.

5. Jetzt können Sie auf *Ausführen* klicken und bekommen wieder eine Meldung, dass Sie dabei sind, 87 Zeilen anzufügen.

6. Sie können dieses Fenster mit *Ja* bestätigen und haben an die bestehende Tabelle *SüddeutscheLieferanten* noch einmal 87 Datensätze angefügt.

7. Auch diese Abfrage können Sie nun speichern.

8. Schließen Sie die Abfrage.

9. Sie bekommen dann den Hinweis, dass Sie die Änderung speichern können. Klicken Sie dazu auf *Ja*. Sie haben Ihre Tabellenerstellungsabfrage mit einer Anfügeabfrage überschrieben.

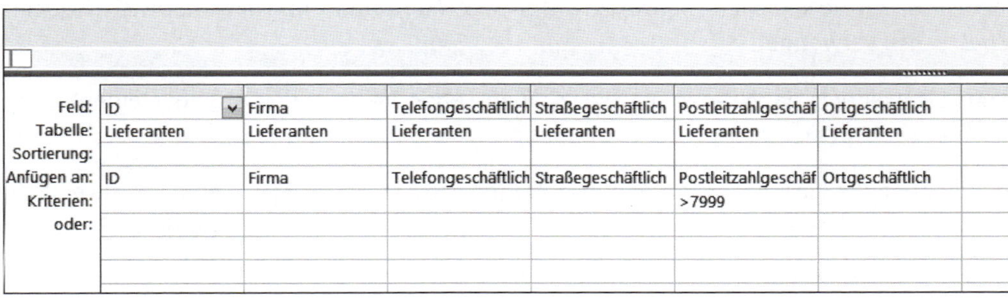

Ich empfehle Ihnen dieses Vorgehen immer, da man Tabellenerstellungsabfragen in der Regel nur einmal verwendet. Zukünftig werden Sie immer nur Daten in diese Tabelle schreiben, sprich »anfügen«, und dazu eignet sich am besten eben eine Anfügeabfrage.

Wenn Sie nun die Tabelle *SüddeutscheLieferanten* öffnen und aufsteigend sortieren, sehen Sie, dass Sie Ihre Daten verdoppelt haben. Das war nun wiederum nicht ganz im Sinne des Erfinders. Was können Sie tun?

8.8.3 Löschabfrage

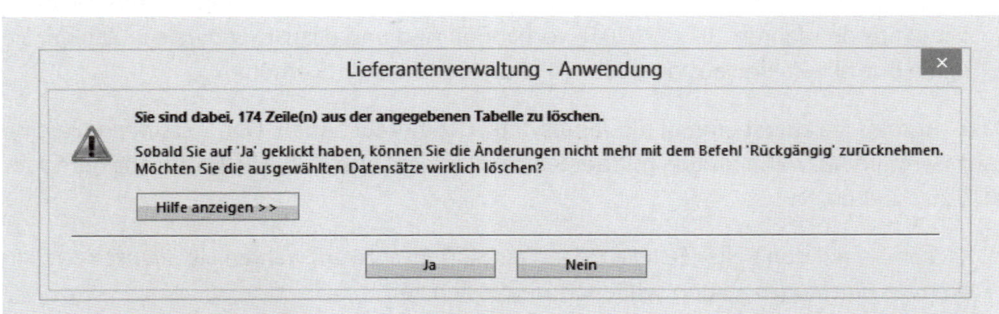

Mit einer Löschabfrage können Sie die Datenbank-Tabelle *SüddeutscheLieferanten* leeren. (Sie erinnern sich an die im ersten Teil des Buches beschriebene Möglichkeit, Duplikate zu suchen.)

1. Schließen Sie vorsichtshalber die Tabelle *SüddeutscheLieferanten*.
2. Klicken Sie auf *Erstellen*, dann auf *Abfrageentwurf*, wählen Sie *SüddeutscheLieferanten* aus, klicken Sie auf *Hinzufügen* und schließen Sie das Fenster.

Sie können nun ganz faul sein, nur das Feld *ID* runterziehen, oder Sie verwenden das Sternchen in der süddeutschen Lieferantentabelle; auch dann hätten Sie nur eine Mausbewegung: Sie lassen die Kriterien leer und klicken oben bei *Abfragetyp* auf *Löschen*. Nichts passiert; erst, wenn Sie auf *Ausführen* klicken, bekommen Sie die Meldung, dass Sie 174 Zeilen aus der angegebenen Tabelle löschen wollen. Sie bestätigen mit *Ja*, und schon ist es passiert! Auch diese Tabelle sollten Sie speichern. Schließen Sie danach die Abfrage. Als Name habe ich *SüddeutscheLöschen* verwendet.

Wenn Sie wieder in das Navigationsfeld schauen, sehen Sie unter den Abfragen einen neuen Zeichentyp: Ein Andreaskreuz mit ! symbolisiert die Löschabfrage.

Somit haben wir die wichtigsten Aktionsabfragen vorgestellt. Sie haben eine Tabelle erstellt, damit alle Felddatentypen festgelegt, dann zusätzlich Daten angefügt und diese Daten alle wieder gelöscht.

Aufgabe

Fügen Sie der bestehenden Tabelle *SüddeutscheLieferanten* die Lieferanten aus Erlangen, Fürth und Nürnberg hinzu. Löschen Sie danach die Lieferanten aus Nürnberg wieder aus der Tabelle.

8.8.4 Aktionsabfragen selbst bearbeiten

Eine relativ wichtige Aktionsabfrage haben Sie mit der Tabelle noch nicht ausgeführt: die Aktualisierungsabfrage.

1. Dazu wählen Sie die Tabelle *Bilanzen* aus. Sie sehen, dass in dieser Tabelle verschiedene Daten aus den Jahren 2012 bis 2016 vorhanden sind und dazu irgendwelche Zahlen. Sie sollen nun alle Zahlen aus dem Jahr 2016 um den Faktor 1,5 erhöhen.

Dazu müssen Sie zuerst einmal die Jahreszahl 2016 herausfinden. Dafür erstellen Sie eine ganz normale Auswahlabfrage, mit der Sie dann in der Lage sind, alle Daten aus dem Jahr 2016 zu eruieren.

2. Klicken Sie auf den Reiter *Erstellen*, dann auf *Abfrageentwurf*, wählen Sie *Bilanzen* aus, klicken Sie *Hinzufügen* an und schließen Sie das Fenster.
3. Jetzt können Sie Datum und Bilanz auswählen und in den Abfrageentwurf ziehen.

4. Bei den Kriterien im Feld *Datum* können Sie eingeben: *größer 31.12.2015*.
5. Führen Sie diese Abfrage aus, erhalten Sie immerhin noch 5.588 Datensätze.
6. Wechseln Sie wieder in die Entwurfsansicht. (Sie erinnern sich, dass ein Datum mit dem Nummernzeichen von Access automatisch mit # versehen wird.)

Jetzt sollten Sie das Feld *Bilanz* aktualisieren.

7. Klicken Sie auf *Abfragetyp aktualisieren* und geben Sie im Feld *Bilanz [Bilanz]*1,5* ein.
8. Wenn Sie jetzt die Abfrage ausführen, aktualisieren Sie 5.800 Datensätze.

Achtung!

Ganz wichtig ist, dass Sie den Feldnamen noch einmal wiederholen. Wenn Sie nur **1,5* eingeben, werden die Datensätze gelöscht!

8.8.5 Union und der Rest

Für ein Buch, das in Access einführt, sind die drei noch ausstehenden Abfragetypen (Union, SQL mit Pass Through und Datendefinition) zu spezifisch, um sie an Beispielen zeigen zu können. Alle drei Abfragetypen setzen Kenntnisse in SQL voraus.

DSie können alle nicht mit der Query-by-Example-Ansicht bearbeitet werden, also der Ansicht, die wir bisher benutzt haben, sondern müssen in der SQL-Sicht geöffnet und ausgeführt werden. Die Ihnen gewohnte Entwurfsansicht für Abfragen steht hier also nicht zur Verfügung. Sie brauchen spezielle SQL-Kenntnisse, die in diesem Buch aber nicht vermittelt werden.

Trotzdem erscheint es uns angebracht, Ihnen ein paar Informationen über diese Abfragetypen zu geben:

Die **Union-Abfrage** verwendet das Ergebnis zweier Auswahlabfragen, um ein gemeinsames Ergebnis ausgeben zu können.

Die **Pass-Through-Abfrage** ist ein Abfragetyp, der direkt auf SQL beruht, auf den Server zugreift, dort die Abfrage ausführt und nur die Ergebnisse der Abfrage an das aufrufende Datenbanksystem zurückgibt. Das hat natürlich große Vorteile, wenn große Datenmengen abgefragt werden müssen. Die Rechenleistung eines Servers ist meist sehr viel höher als die der Maschine, die beim Anwender steht.

Die dritte im Bunde ist die **Datendefinitionsabfrage**. Auch dies ist eine SQL-spezifische Abfrage, die Data-Definition-Language-Anweisungen enthält. Mit diesen Anweisungen können Objekte in der Datenbank erstellt oder verändert werden.

Standardmäßig sind in Access alle Aktionsabfragen, also Aktualisierungs-, Anfügen-, Löschen- oder auch die Tabellenerstellungsabfragen deaktiviert, solange die Datenbank nicht an einem vertrauenswürdigen Speicherort abgelegt ist oder signiert und vertrauenswürdig ist. Falls dies nicht der Fall ist, können Sie diese Art der Abfragen nur ausführen, indem Sie in der Statusleiste auf *Inhalt aktivieren* klicken.

Wir haben lange überlegt, ob wir den noch fehlenden Abfragetyp, nämlich die Kreuztabellen, mit in dieses Buch aufnehmen sollen. Ein kleines Beispiel wollen wir machen, wobei der Hinweis nicht fehlen soll, dass man mit Excel und den Pivot-Tabellen ein schöneres und schnelleres Arbeiten haben kann. Vor allem kann man die Ergebnisse auch noch schöner weiterverarbeiten. Deshalb haben wir ein kleines Kapitel über Excel und Pivot-Tabellen mit in dieses Buch integriert.

8.9 Es ist ein Kreuz

Wir werden jetzt ein kurzes Beispiel für die Kreuztabellen zusammen durchgehen.

1. Öffnen Sie die Datenbank *MyNordwind*, erstellen Sie eine Abfrage mit den Tabellen *Bestellungen*, *Bestelldetails* und *Artikel*.

2. Ziehen Sie das Feld *Artikelname* aus der Tabelle *Artikel*, den *Kunden-Code* aus *Bestellungen* und legen Sie ein neues Feld mit Namen *Bestelljahr* an, das Sie mit dem Funktionsjahr belegen sowie dem Bestelldatum.

3. Die Funktion *Quartal*, die Sie jetzt einfügen, schauen Sie sich am besten auf dem Bild gleich selbst an. Diese Funktion wird *Quartal eins*, *Quartal zwei*, *Quartal drei* und *Quartal vier* als Spaltenüberschrift ausgeben.

4. Die Artikelanzahl lassen Sie berechnen und für das Bestelldatum, das Sie aus der Tabelle *Bestellungen* holen, geben Sie zwischen dem 1.1.2016 und dem 30.12.2016 ein.

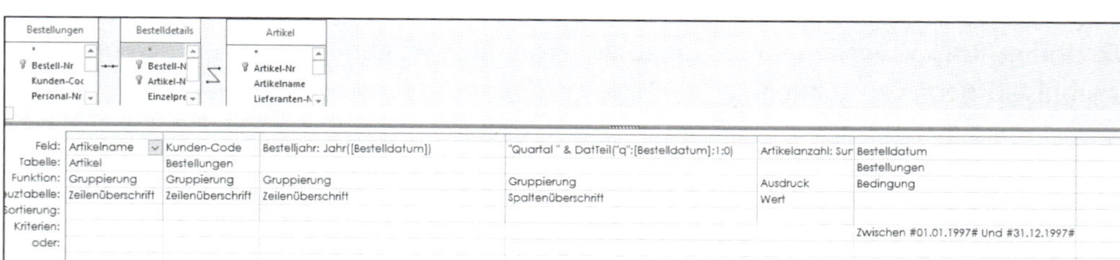

Beispiel für eine Kreuztabelle.

Sie haben jetzt eine Funktion, die die ersten drei Felder als Gruppierung ausgibt, des Weiteren auch über das Quartal gruppiert und Werte aus der Artikelanzahl berechnet. Es ist relativ schwierig, die gesamte Funktionalität dieses Beispiels, das doch simpel ist, zu erklären. In diesem Fall empfehle ich Ihnen, einfach die Lösung anzuschauen und nachzuvollziehen. Viel einfacher ist deshalb die Lösung, die wir Ihnen mit Excel und Pivot anbieten.

Abfrage1 | Quartalsbestellungen nach Artikeln

Artikelname	Kunde	Bestelljahr	Quartal 1	Quartal 2	Quartal 3	Quartal 4
Alice Mutton	Antonio Moreno Taquería	1997		351,00 €		
Alice Mutton	Berglunds snabbköp	1997	156,00 €			
Alice Mutton	Bólido Comidas preparadas	1997				585,00 €
Alice Mutton	Bottom-Dollar Markets	1997	585,00 €			
Alice Mutton	Ernst Handel	1997	561,60 €			1.303,58 €
Alice Mutton	Godos Cocina Típica	1997		140,40 €		
Alice Mutton	Hungry Coyote Import Store	1997	31,20 €			
Alice Mutton	Piccolo und mehr	1997		780,00 €	468,00 €	
Alice Mutton	Rattlesnake Canyon Grocery	1997		296,40 €		
Alice Mutton	Reggiani Caseifici	1997				370,50 €
Alice Mutton	Save-a-lot Markets	1997			1.950,00 €	394,87 €
Alice Mutton	Seven Seas Imports	1997		438,75 €		
Alice Mutton	White Clover Markets	1997				390,00 €
Aniseed Syrup	Alfreds Futterkiste	1997				30,00 €
Aniseed Syrup	Bottom-Dollar Markets	1997				100,00 €
Aniseed Syrup	Ernst Handel	1997				90,00 €
Aniseed Syrup	LINO-Delicateses	1997	272,00 €			

Die ausgeführte Abfrage.

8.10 Pivot-Tabellen und Excel

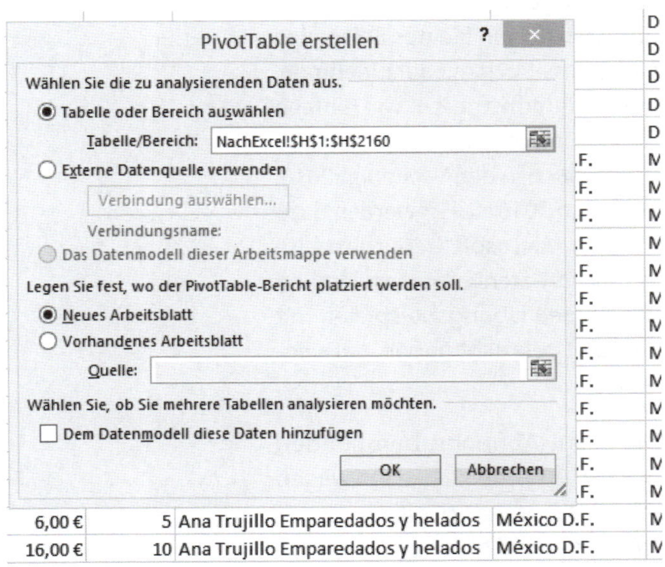

Bei Auswahlabfragen können mehrere Parameter verwendet werden. Sie können in einer Abfrage auch mehr als eine Tabelle verwenden, dazu müssen allerdings die Tabellen miteinander verknüpft sein. Diese Verknüpfung geschieht normalerweise über die Schlüsselfelder, wobei man sich klar sein muss, dass man hierzu Primär- und Fremd-Schlüsselfelder braucht. Freilich ist es möglich, auch Felder, die in einer speziellen Beziehung zueinanderstehen, nur für die Abfrage zu verknüpfen. Dazu müssen die Felder allerdings denselben Datentyp haben. In Access 2010 können Sie bis zu 64 Tabellen miteinander verknüpfen, und das innerhalb einer einzigen Abfrage. Achten Sie darauf, dass Sie die Grundsätze der Datenbanklogik eingehalten haben und somit in der Lage sind, über verschiedenste Tabellen diese Abfragen sinnvoll durchzuführen.

Abfragen benötigt man bei Datenbanksystemen auch für die Rechenoperationen. Access beherrscht die gängige Rechenregel. Es gelten dabei die üblichen Prioritäten: Prozentrechnung geht vor Punktrechnung vor Strichrechnung. Durch runde Klammern kann man den Vorrang anders regeln. Access selbst kennt eine ganze Reihe von Operatoren, die man alle einsetzen darf. Außerdem ist eine ganze Reihe von Funktionen eingebaut, deren Mächtigkeit Sie noch kennenlernen werden. Mehrere Assistenten haben Sie schon kennengelernt. Diese Assistenten zum Beispiel zur Inkonsistenz-Suche oder zum Suchen von Duplikaten helfen Ihnen, Abfragen, die sehr kompliziert werden, zu erstellen.

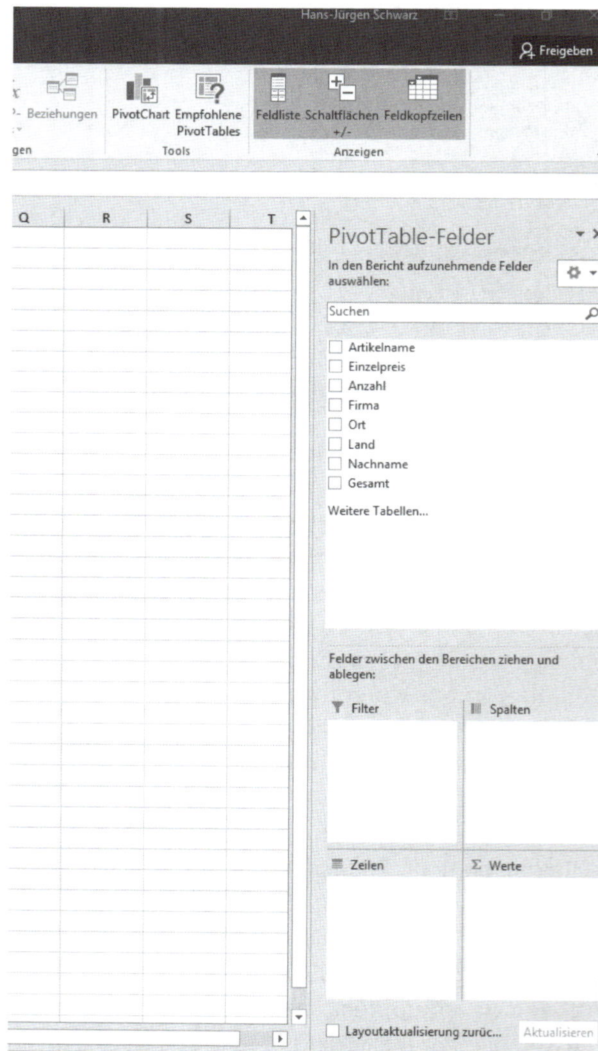

Sogar bei Access 2016 gibt es noch die Möglichkeit, mit Kreuztabellen zu arbeiten. Ich empfehle Ihnen, eine einfache Abfrage zu erstellen, diese abzuspeichern, und dann mit Excel Auswertungen über Pivot durchzuführen. Diese Pivot-Tabellen sind in Excel sehr einfach zu bedienen und entwickelten sich in den letzten Versionen zu einem der mächtigsten Auswertungswerkzeuge, die das Office-Paket zur Verfügung stellt. Wir erlauben uns deshalb, ein kleines Beispiel in das Access-Buch mit aufzunehmen, um zu demonstrieren, wie einfach die Verbindung zwischen Excel und Access auch in den Versionen 2010, 2013 und 2016 ist. Wir werden dazu die von Microsoft bereitgestellte *Nordwind*-Datenbank, die wir schon bei einigen Übungsbeispielen mit ins Spiel gebracht haben, verwenden.

Diese auf Abfragen beruhenden Auswertungsmöglichkeiten zeigen Ihnen die Mächtigkeit eines gut strukturierten Datenbanksystems.

1. Rufen Sie am besten die Datenbank *MyNordwind* auf.

2. Dort finden Sie eine Abfrage mit Namen *nach Excel*; klicken Sie auf den Reiter *externe Daten* und exportieren Sie nach Excel.

3. Es geht ein Fenster auf. Dort können Sie einen Dateinamen vergeben. Vorschlag ist der Name der Abfrage. Das Dateiformat wird Ihnen als *Excel Workbook* vorgeschlagen, was auf Deutsch bedeutet: ganz normale Excel-Datei. Sie können die Daten mit Formatierung und Layout exportieren, dann müssen Sie in diesem geöffneten Formular vor die Frage ein Kreuz setzen.

4. Wenn Sie wollen, können Sie die Zieldatei nach Abschluss des Exportvorgangs sofort öffnen, was sich in unserem Fall empfiehlt. Wenn Sie auch hier angekreuzt haben, öffnet sich Excel sofort und die Datei wird ausgegeben.

In der Tabelle sind *Artikelname, Einzelpreis, Anzahl, Firma, Ort, Land, Nachname* vorhanden.

5. Erstellen Sie nun in Excel eine Spalte *Gesamt*, multiplizieren Sie die Spalte B mit Spalte C, also *Einzelpreis* mit *Anzahl*, und Sie haben die Voraussetzung für den Start einer Pivot-Tabelle.

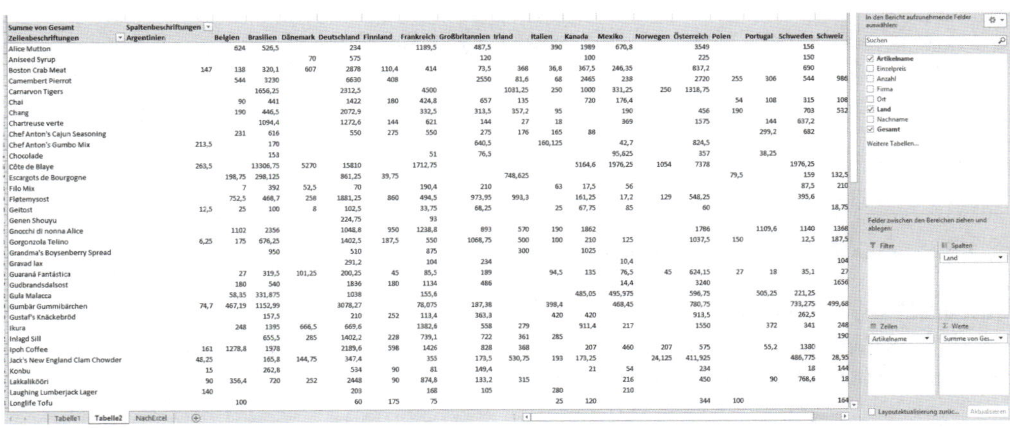

Summe von Gesamt	Spaltenbeschriftungen																	
Zeilenbeschriftungen	Argentinien	Belgien	Brasilien	Dänemark	Deutschland	Finnland	Frankreich	Großbritannien	Irland	Italien	Kanada	Mexiko	Norwegen	Österreich	Polen	Portugal	Schweden	Schweiz
Alice Mutton		624	526,5		234		1189,5	487,5		390	1989	670,8		3549			156	
Aniseed Syrup				70	575			120			100			225			150	
Boston Crab Meat	147	138	320,1	607	2878	110,4	414	73,5	368	36,8	367,5	246,35		837,2			690	
Camembert Pierrot		544	3230		6630	408		2550	81,6	68	2465	238		2720	255	306	544	986
Carnarvon Tigers			1656,25		2312,5		4500		1031,25	250	1000	331,25	250	1318,75				
Chai		90	441		1422	180	424,8	657	135		720	176,4			54	108	315	108
Chang		190	446,5		2072,9		332,5	313,5	357,2	95		190		456	190		703	532
Chartreuse verte			1094,4		1272,6	144	621	144	27	18		369		1575		144	637,2	
Chef Anton's Cajun Seasoning		231	616		550	275	550	275	176	165	88					299,2	682	
Chef Anton's Gumbo Mix	213,5		170					640,5		160,125		42,7		824,5				
Chocolade			153				51	76,5				95,625		357		38,25		
Côte de Blaye	263,5		13306,75	5270	15810		1712,75				5164,6	1976,25	1054	7378			1976,25	
Escargots de Bourgogne		198,75	298,125		861,25	39,75			748,625						79,5		159	132,5
Filo Mix		7	392	52,5	70		190,4	210		63	17,5	56					87,5	210
Fløtemysost		752,5	468,7	258	1881,25	860	494,5	973,95	993,3		161,25	17,2	129	548,25			395,6	
Geitost	12,5	25	100	8	102,5		33,75	68,25		25	67,75	85		60				18,75
Genen Shouyu					224,75		93											
Gnocchi di nonna Alice		1102	2356		1048,8	950	1238,8	893	570	190	1862			1786		1109,6	1140	1368
Gorgonzola Telino	6,25	175	676,25		1402,5	187,5	550	1068,75	500	100	210	125		1037,5	150		12,5	187,5
Grandma's Boysenberry Spread			950		510		875		300		1025							
Gravad lax					291,2		104	234				10,4						104
Guaraná Fantástica		27	319,5	101,25	200,25	45	85,5	189		94,5	135	76,5	45	624,15	27	18	35,1	27
Gudbrandsdalsost		180	540		1836	180	1134	486				14,4		3240				1656
Gula Malacca		58,35	331,875		1038		155,6				485,05	495,975		596,75		505,25	221,25	
Gumbär Gummibärchen	74,7	467,19	1152,99		3078,27		78,075	187,38		398,4		468,45		780,75			733,275	499,68
Gustaf's Knäckebröd			157,5		210	252	113,4	363,3		420	420			913,5			262,5	
Ikura		248	1395	666,5	669,6		1382,6	558	279		911,4	217		1550		372	341	248
Inlagd Sill			655,5	285	1402,2	228	739,1	722	361	285								190
Ipoh Coffee	161	1278,8	1978		2189,6	598	1426	828	368		207	460	207	575		55,2	1380	
Jack's New England Clam Chowder	48,25		165,8	144,75	347,4		355	173,5	530,75	193	173,25		24,125	411,925			486,775	28,95
Konbu	15		262,8		534	90	81	149,4			21	54		234			18	144
Lakkalikööri	90	356,4	720	252	2448	90	874,8	133,2	315			216		450		90	768,6	18
Laughing Lumberjack Lager	140				203		168	105		280		210						
Longlife Tofu		100			60	175	75			25	120			344	100			164

6. Klicken Sie auf *Einfügen*, dann ganz links auf dem Bildschirm auf *PivotTable*: Sie können nun aus dem sich öffnenden Fenster die Grundeinstellungen übernehmen. Auf einer neuen Tabelle haben Sie das Grundgerüst für das Erstellen einer Pivot-Tabelle. (Achten Sie darauf, dass Sie nur eine Zelle in der Ausgangstabelle markiert haben. Nur dann funktioniert die Übergabe.)

7. Sie haben nun die einzelnen Felder zur Auswahl. Sie können den *Artikel Name* in die Zeilenbeschriftungen ziehen, den Ländernamen in die Spaltenbeschriftungen und in die Werte, die Summe der Werte. Auf die Art und Weise haben Sie ganz schnell einen wunderbaren Überblick über die Gesamtkosten und die Grundlage für eine Pivot-Tabelle.

Sie können nun sowohl Spaltenbeschriftungen als auch Zeilenbeschriftungen für weitere Wertefilter/Beschriftungsfilter usw. auswählen. Versuchen Sie einfach, mit dieser PivotTable ein wenig zu spielen.

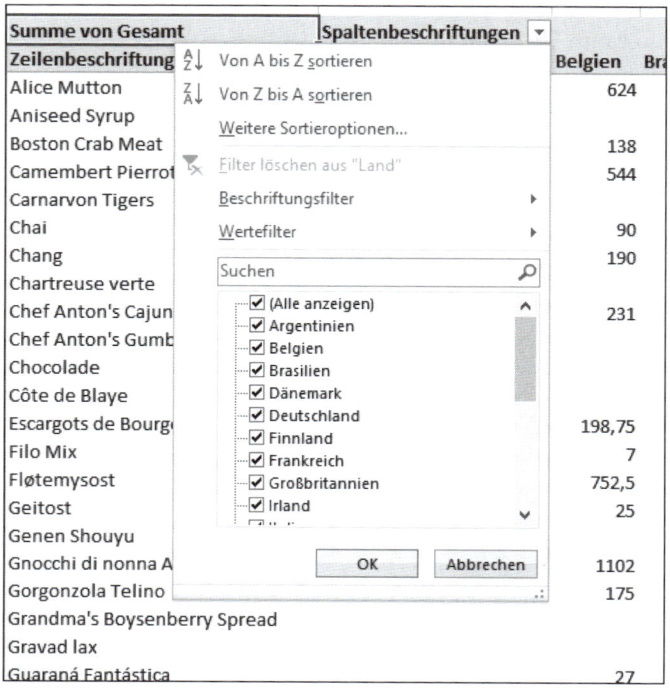

8.11 Abfragen – Aufgaben

Nun sind Sie gefordert. Versuchen Sie, die folgenden Aufgaben so weit wie möglich selbstständig zu bearbeiten. Natürlich gibt es wiederum eine ausführliche Lösung. Öffnen Sie dazu die Datenbank *Lieferantenverwaltung_Abfragen.accdb*.

8.11.1 Gruppieren nach dem letzten Buchstaben

Erzeugen Sie einen Bericht im Layout *Blocksatz*, in dem die *Nachnamen*, *Vornamen*, *E-Mail-Adresse* und *Mobiltelefonnummer* der Mitarbeiter der Lieferanten aufgelistet sind. Die Nachnamen sollen dabei nach dem letzten Buchstaben gruppiert werden. In einer Gruppe soll nach dem Nachnamen und in zweiter Instanz nach dem Vornamen sortiert werden. Verwenden Sie dazu die Tabelle *Lieferanten_Mitarbeiter* als Datengrundlage. Speichern Sie diese Abfrage unter dem Namen *Abfrage_Ü01* ab.

8.11.2 Gruppierung und Anzahl

Firma	EMailAdresse	Ortgeschäft	AnzahlvonNachname
Flocke	Flocke@eMail.de	Fürth	5
Gürtel.Maier	Gürtel.Maier@eMail.de	Fürth	3
Hosen Max	Hosen Max@eMail.de	Erlangen	5
HosenWorld	HosenWorldeMail.de	Nürnberg	6
JackenMax	JackenMax@eMail.de	Fürth	4
KFaM	KFaM@eMail.de	Nürnberg	3
modeD	modeD@eMail.de	Erlangen	1
ModeWelt	ModeWelt@eMail.de	Erlangen	4
NbgTrans	NbgTrans@eMail.de	Nürnberg	8
NewKlam	NewKlam@eMail.de	Erlangen	4
SportWear	SportWear@eMail.de	Erlangen	3
WorldKlam	WorldKlam@eMail.de	Fürth	3

Für eine Anfrage sollen alle Lieferanten, die aus Nürnberg, Fürth und Erlangen kommen, aufgelistet werden. Des Weiteren soll angegeben werden, wie viele Ansprechpartner für ein Unternehmen in der Datenbank gelistet sind.

Speichern Sie diese Abfrage unter dem Namen *Abfrage_Ü02* ab.

Hinweis

Für die Beantwortung dieser Anfrage werden zwei Tabellen benötigt: *Lieferanten* und *Lieferanten_Mitarbeiter*.

8.11.3 50. Geburtstag

Das Unternehmen hat beschlossen, dass man allen Mitarbeitern der Lieferfirmen, mit denen man sehr eng zusammenarbeitet und die somit auch in diese Datenbank aufgenommen wurden, zum 50. Geburtstag eine Glückwunschkarte schickt. Speichern Sie diese Abfrage unter dem Namen *Abfrage_Ü03* ab.

Hinweis

Für das Lösen dieser Aufgabe benötigen Sie zwei Funktionen, die Ihnen schon bekannt vorkommen sollten:

Jetzt() gibt das aktuelle Datum ein.

Jahr(Datum) gibt das Jahr des jeweiligen Datums an.

8.12 Lösungen

8.12.1 Gruppieren nach dem letzten Buchstaben

Vielleicht erinnern Sie sich noch bei der Erstellung von Berichten an die Problematik, dass nicht alle Gruppierungswünsche mithilfe des Ausdrucks-Generators erfüllt werden konnten. So konnte z. B. nicht *=Links$([Nachname];1)* nach dem ersten Buchstaben des Nachnamens gruppiert werden. Zur damaligen Zeit mussten Sie auf neue Verfahren vertröstet werden (siehe Seite 187). Mit Abfragen, die als Grundlage für einen Bericht verwendet werden können, sind nun Berichte jeglicher Art möglich.

Der erste Schritt ist das Erzeugen einer Abfrage. Zusätzlich zu den Feldern *Nachname, Vorname, E-Mail-Adresse* und *Mobiltelefonnummer* wird ein Feld eingefügt, in dem der letzte Buchstabe des Nachnamens ausgelesen und eingefügt wird. Mithilfe dieses neuen Feldes kann danach im zweiten Schritt die Gruppierung durchgeführt werden.

1. Erzeugen Sie eine Abfrage durch Klicken auf das Register *Erstellen -> Gruppe Abfragen -> Abfrageentwurf.*

2. Wählen Sie im Dialogfenster *Tabelle anzeigen* die Tabelle *Lieferanten_Mitarbeiter.*

3. Wählen Sie die Felder, die in der Abfrage angezeigt werden sollen.

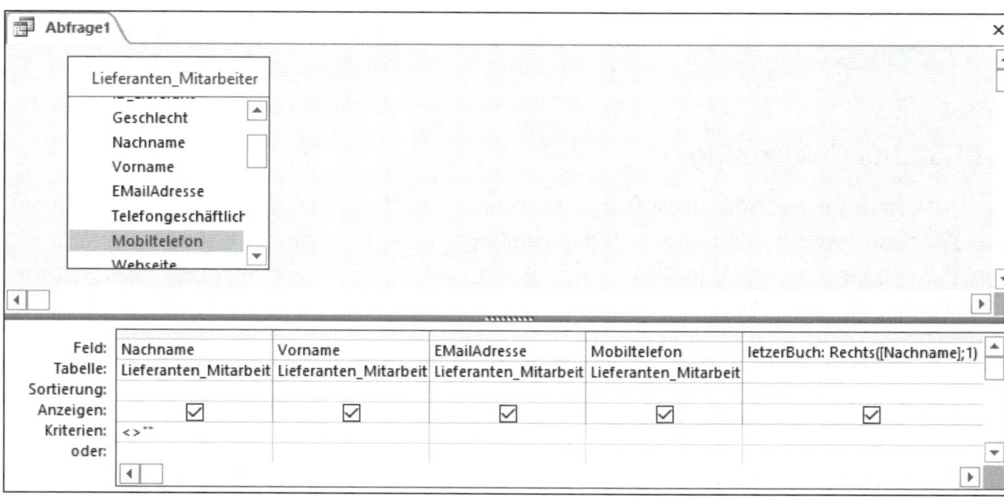

4. Wählen Sie die Felder *Nachname, Vorname, EMailAdresse* und *Mobiltelefon* aus. Doppelklicken Sie dazu in der Tabelle *Lieferanten_Mitarbeiter* auf die jeweiligen Felder.

5. Nun muss ein berechnetes Feld eingefügt werden. Klicken Sie dazu in der Spalte, in der Sie das berechnete Feld einfügen wollen, auf die Zelle *Feld*. Ein solches Feld muss einen

eindeutigen Namen besitzen. Sie können einen Namen für das Feld eingeben, gefolgt von einem Doppelpunkt, in unserem Fall *letzterBuch:*.

6. Anschließend muss der Ausdruck angegeben werden. Da in unserem Fall der letzte Buchstabe des Nachnamens angegeben werden soll, muss der Ausdruck wie folgt lauten: *Rechts([Nachname];1).*

Somit lautet der gesamte Ausdruck in der Zelle Feld: *letzterBuch: Rechts([Nachname];1).*

7. In der zugrunde liegenden Tabelle existieren jedoch auch Datensätze, die unvollständig sind. Um die Datensätze herauszufiltern, in denen keine Nachnamen angeben sind, muss in der Spalte *Nachname* im Feld *Kriterium* folgende Angabe gemacht werden: <>"".

8. Klicken Sie auf die *Datenblattansicht*. Sie können neben den bisher bekannten Spalten die Spalte *letzterBuch* erkennen, in der der letzte Buchstabe des jeweiligen Nachnamens angezeigt wird.

Nachname	Vorname	EMailAdresse	Mobiltelefon	letzterBuch
Jäger	Jenny	Jenny.Jäger@JackenWord.de	0152 89394714	r
Stein	Gretl	Gretl.Stein@JaNinaKlamotten		n
Hahn	Monica	Monica.Hahn@AdA.de	0163 16176515	n
Walter	Edgar	Edgar.Walter@Kmode.de	0151 26611553	r
Müller	Stephania	Stephania.Müller@ModeforYc	0162 60586497	r
Sauer	Daniel	Daniel.Sauer@Fashion_Europ;	0151 2058583	r
Vogel	Erich	Erich.Vogel@WorldKlam.de	0177 3211273	l
Jäger	Nordrun	Nordrun.Jäger@JackenMin.de	0178 5080359	r
Schulte	Swenja	Swenja.Schulte@ModeWelt.d	0177 1879535	e
Günther	Wernher	Wernher.Günther@StraTTa.de	0162 63114817	r
Maier	Kurt	Kurt.Maier@HemdAll.de	0177 2952694	r
Möller	Boris	Boris.Möller@JaNinaKlamotte	0163 9690040	r

9. Speichern Sie diese Abfrage unter dem Namen *Abfrage_Ü01* ab.

10. Erzeugen Sie auf Basis der Abfrage *Abfrage_Ü01* den gewünschten Bericht.

8.12.2 Gruppierung und Anzahl

Für eine Anfrage sollen alle Lieferanten, die aus Nürnberg, Fürth und Erlangen kommen, aufgelistet werden. Des Weiteren soll angegeben werden, wie viele Ansprechpartner für ein Unternehmen in der Datenbank gelistet sind.

Für die Beantwortung dieser Anfrage werden zwei Tabellen benötigt: *Lieferanten* und *Lieferanten_Mitarbeiter*. In der Tabelle *Lieferanten* befindet sich das Feld *Ortgeschäftlich*. Durch Setzen der Kriterien können die gewünschten Städte aufgelistet werden. In der Tabelle *Lieferanten_Mitarbeiter* befinden sich die zu dem Lieferanten gehörenden Mitarbeiter. Jedoch sollen nicht die Namen aufgelistet werden, sondern nur die Anzahl der Mitarbeiter soll angegeben werden.

1. Erzeugen Sie eine Abfrage durch Klicken auf das Register *Erstellen -> Gruppe Abfragen -> Abfrageentwurf*.

2. Wählen Sie im Dialogfenster *Tabelle anzeigen* die Tabellen *Lieferanten* und *Lieferanten_Mitarbeiter*.

Es besteht eine Beziehung zwischen diesen beiden Tabellen. Denn die ID eines Lieferanten wird in der Tabelle *Lieferanten_Mitarbeiter* gespeichert, sodass ein Mitarbeiter dem jeweiligen Lieferanten zugeordnet werden kann.

3. Falls keine Beziehung zwischen den beiden Tabellen existiert, erzeugen Sie die Beziehung. Klicken Sie auf das Feld *ID* in der Tabelle *Lieferant* und verschieben Sie es mit gedrückter Maustaste auf *ID_Lieferant* in der Tabelle *Lieferanten_Mitarbeiter*.

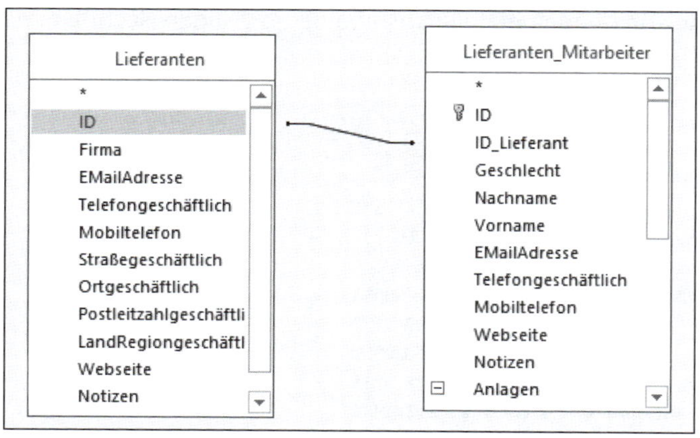

4. Nun können die gewünschten Felder ausgewählt werden.

   Aus der Tabelle *Lieferanten* benötigt man die Felder *Firma, EMailAdresse* und *Ortgeschäftlich*.

   Aus der Tabelle *Lieferanten_Mitarbeiter* benötigt man das Feld *Nachname*.

5. Nun muss der Filter gesetzt werden und die Anzahl der Mitarbeiter angegeben werden.

Feld:	Firma	EMailAdresse	Ortgeschäftlich	Nachname
Tabelle:	Lieferanten	Lieferanten	Lieferanten	Lieferanten_Mitarbeit
Funktion:	Gruppierung	Gruppierung	Gruppierung	Anzahl
Sortierung:				
Anzeigen:	☑	☑	☑	☑
Kriterien:			"Nürnberg" Oder "Erl:	
oder:				

6. Geben Sie in der Spalte *Ortgeschäftlich* in der Zelle *Kriterium* Folgendes an: *"Nürnberg" Oder "Erlangen" Oder "Fürth"*.

Somit werden nur diejenigen Datensätze ausgelesen, in denen die gewünschten Städte angegeben sind. Da eine der drei Städte angegeben sein muss, müssen die Kriterien mit *Oder* angegeben werden.

> **Hinweis**
>
> Sie können natürlich auch die Oder–Kriterien untereinander schreiben. Jedoch wird Access beim Schließen der Abfrage das Kriterium wie oben aufgeführt abspeichern und anzeigen.

Feld:	Firma	EMailAdresse	Ortgeschäftlich
Tabelle:	Lieferanten	Lieferanten	Lieferanten
Funktion:	Gruppierung	Gruppierung	Gruppierung
Sortierung:			
Anzeigen:	☑	☑	☑
Kriterien:			"Nürnberg"
oder:			"Erlangen"
			"Fürth"

Bisher werden die einzelnen Nachnamen der Mitarbeiter aufgelistet. Jedoch soll nur die Anzahl der Mitarbeiter angegeben werden.

7. Klicken Sie auf das Register *Abfragetools/Entwurf* -> Gruppe *Einblenden/Ausblenden -> Summe*

Man erkennt, dass im Entwurfsfenster eine weitere Zeile erscheint: *Funktion*. In jeder Zelle dieser Zeile steht *Gruppierung*. Die Gruppierung fasst gleiche Datensätze zusammen.

Klickt man in die Zeile *Funktion*, öffnet sich eine Auswahlliste mit verschiedenen Abfragefunktionen, z. B. *Summe, Mittelwert, Min, Max, Anzahl* etc.

8. In unserem Fall muss in der Spalte *Nachname* die Funktion auf *Anzahl* geändert werden.

9. Speichern Sie diese Abfrage unter dem Namen *Abfrage_Ü02* ab.

8.12.3 50. Geburtstag

Wir kehren nochmals zurück zu einer bekannten Aufgabe. Im Abschnitt 2.7.3 »Komplexes Filtern« wurde folgende Aufgabe gestellt: Das Unternehmen hat beschlossen, dass man allen Mitarbeitern der Lieferfirmen, mit denen man sehr eng zusammenarbeitet und die somit auch in diese Datenbank aufgenommen wurden, zum 50. Geburtstag eine Glückwunschkarte schickt.

Zum damaligen Zeitpunkt sollten Sie alle Mitarbeiter herausfiltern, die in diesem Jahr ihren 50. Geburtstag feiern. Aber es wurde auch darauf hingewiesen, dass mit einer Abfrage und dem dazugehörigen Ausdruck die Aufgabe leichter zu lösen sei.

Nachname	Vorname	Geburtstag	Differenz
Schmid	Diethard	13.01.1966	50
Scholz	Ewalda	04.02.1966	50
Krüger	Götz	11.02.1966	50
Beck	Bernold	18.02.1966	50
Keller	Evelyn	20.02.1966	50
Pohl	Steff	22.03.1966	50
Hoffmann	Rudolf	16.04.1966	50
Haas	Anuschka	17.04.1966	50
Schmitt	Klausjürgen	22.06.1966	50
Hartmann	Georg	07.07.1966	50
Becker	Alexandra	24.07.1966	50
Lang	Donat	05.08.1966	50
Möller	Mia	06.08.1966	50
Jäger	Jonas	22.09.1966	50
Maier	Olinde	11.10.1966	50

1. Erzeugen Sie eine Abfrage durch Klicken auf das Register *Erstellen -> Gruppe Abfragen -> Abfrageentwurf.*

2. Wählen Sie im Dialogfenster *Tabelle anzeigen* die Tabelle *Lieferanten_Mitarbeiter.*

3. Wählen Sie die Felder, die in der Abfrage angezeigt werden sollen.

Feld:	Nachname	Vorname	Geburtstag	Differenz: Jahr(Jetzt())-Jahr([Geburtstag])
Tabelle:	Lieferanten_Mitarbeiter	Lieferanten_Mitarbeiter	Lieferanten_Mitarbeiter	
Sortierung:			Aufsteigend	
Anzeigen:	☑	☑	☑	☑
Kriterien:	<>""			=50
oder:				

4. Wählen Sie die gewünschten Felder aus. Man benötigt die Felder *Nachname, Vorname* und *Geburtstag.*

5. Nun muss ein berechnetes Feld eingefügt werden. Es sollen die Mitarbeiter aufgeführt werden, die vor 50 Jahren geboren wurden. Dies bedeutet, dass die Differenz zwischen dem aktuellen Jahr und dem Geburtsjahr 50 Jahre betragen muss.

   Diese Bedingung wird in zwei Schritten erfüllt:

6. Es muss ein Ausdruck angegeben werden, der die Differenz zwischen aktuellem Jahr und Geburtsjahr berechnet: *Differenz: Jahr(Jetzt())-Jahr([Geburtstag]).*

7. Als Filterkriterium kann nun *=50* eingetragen werden.

8. In der zugrunde liegenden Tabelle existieren jedoch wiederum Datensätze, die unvollständig sind. Um die Datensätze herauszufiltern, in denen keine Nachnamen angeben sind, muss in der Spalte *Nachname* im Feld *Kriterium* folgende Angabe gemacht werden: <>"".

9. Speichern Sie diese Abfrage unter dem Namen *Abfrage_Ü03* ab.

Zusatz-Aufgabe

Öffnen Sie *Abfrage_Ü04*. Setzen Sie die Abfrage so, dass nur die Mitarbeiter, die in dem aktuellen Monat Geburtstag haben, angezeigt werden.

Lösung:

Geben Sie einen Ausdruck an, in dem der Geburtsmonat ausgelesen wird: *aktMonat: Monat([Geburtstag])*.

Feld:	Vorname	Geburtstag	aktMonat: Monat([Geburtstag])
Tabelle:	Lieferanten_Mitarbeit	Lieferanten_Mitarbeit	
Sortierung:		Aufsteigend	
Anzeigen:	☑	☑	☑
Kriterien:			=Monat(Jetzt())
oder:			

Als Filterkriterium muss der aktuelle Monat verwendet werden: *=Monat(Jetzt())*.

9 Formulare und ihre Eigenschaften

Formulare und Berichte wird der Normalanwender von Access wohl am häufigsten verwenden. Sie als Entwickler der Datenbank werden dafür sorgen, dass der Anwender mit diesen Objekttypen ohne große Datenbank-Kenntnisse umgehen kann und seine Ziele erreicht.

Die beiden Objekttypen verfügen über eine ganze Reihe von Gemeinsamkeiten, was man beim ersten Anblick der Oberflächen wohl nicht vermutet. Die eingesetzten Werkzeuge sind so ausgelegt – und dies schon seit der ersten Access-Version –, dass man schnell unter Anwendung der zur Verfügung gestellten Assistenten die Ergebnisse erhalten kann, die man braucht und die man sich vorgestellt hat.

Unsere Aufteilung des Buches hat Sie schon mit diesen Formularen und Berichten und ihren Assistenten vertraut gemacht. Setzen Sie diese Erfahrungen auch weiterhin ein. Auch die erfahrensten Entwickler greifen auf die Assistenten in diesen Bereich zurück, denn sie ermöglichen es, die Grundeinstellungen zu nutzen, schnell eigene Entwicklungen auf schon Vorhandenem aufzubauen. Wie schon erwähnt, greift Microsoft seit vielen Versionen immer in die gleiche Trickkiste. Trotzdem hat sich in den neuesten Versionen einiges getan und neue Möglichkeiten sind seit der Version 2010 dazugekommen. Neu sind zum Beispiel die Anwendungsparts. Dies sind Vorlagen, die bestimmte Teile der Datenbank bereits beinhalten.

Wenn Sie die Option *Formularentwurf leeres Formular* benützen, erstellt Access ein vollständig leeres Formular. Dabei gibt es auch keine Anbindung an irgendeine Tabelle. Dies können Sie leicht kontrollieren, wenn Sie die Entwurfsansicht aufmachen und sich die Eigenschaften anzeigen lassen.

Durch das Einfügen von Buttons auf Formulare haben Sie schon das Anwenden von Makros kennengelernt. Jetzt werden Sie die Makros kennenlernen, die wir in die Formulare (meist), in die Berichte (selten) mit einbauen. Die Namen dieser Makros werden uns dann im Navigationsbereich bei den Objekten angezeigt. (Also dort, wo ihnen die Tabellennamen, die Abfragenamen, die Formularnamen dargeboten werden). Außerdem können Sie mit ihnen das Verhalten der Formulare oder Berichte steuern und – was fast wichtiger ist – auch die einzelnen Steuerelemente mit Makros belegen. Eine kurze Erweiterung werden wir Ihnen auch noch zumuten, ein VBA-Makro, nein, nicht zu schreiben, sondern nur zu verstehen und auf einem der Buttons einzusetzen.

Lassen Sie uns beginnen. Formulare sind Objekte. Objekte haben Eigenschaften. Diese Eigenschaften sind zum Beispiel Größe, Länge, Breite; sie haben Rahmen (dicke, dünne, rote, grüne) und sie besitzen eine Hintergrundfarbe. Vielleicht sind sie sogar durchscheinend. Alle diese Eigenschaften können wir festlegen. Denn dadurch, dass Sie die Formulare erschaffen (Formular neu!), greifen Sie auf die grundsätzliche Eigenschaftseinstellung eines Formulars zurück und können es jetzt ändern und Ihren Wünschen anpassen.

Dies erfordert natürlich Planung. Sie sollten vorher überlegen, was Sie mit dem Formular anfangen wollen, was Sie eingeben wollen. Wenn Sie wissen, was Sie wollen, können Sie überlegen, welche Steuerelemente Sie brauchen, also wie Ihr Formular bedient werden soll.

Bei der Benutzung des Assistenten und dem Rückgriff auf Access-Tabellen steuert dieser schon die meisten Steuerelemente. Access ist in dieser Hinsicht ziemlich schlau: Aus dem Feld *Datentypen* leitet der Assistent das Steuerelement ab, das meist für diesen Feld-Datentyp vorgesehen ist. Außerdem versucht es, die Beschriftung der Eingabefelder aus den Tabellen auszulesen. Sie erinnern sich, beim Anlegen des Feldes haben Sie einen Feldnamen vergeben. Dieser wird als Label beim Steuerelement im Formular verwendet, wenn nicht bei den Feldeigenschaften unter *Allgemein* in *Beschriftung* etwas angelegt ist. Findet der Assistent beim Anlegen des Formulars in dieser Eigenschaft einen Eintrag, dann verwendet er diesen Wert. Viele, die sich mit Access beschäftigen, haben vielleicht schon mal mit Visual Basic gearbeitet. Bei Visual Basic ist dies anders. Dort muss man die Label-Eintragungen für die Steuerelemente immer selbst bestimmen!

Sie müssen jetzt überlegen, wohin und in welcher Reihenfolge Sie die Steuerelemente setzen wollen. Nach diesen Überlegungen, was soll rein und wo soll es auftauchen, könnten noch Fragen kommen, wie: Soll etwas berechnet werden, soll etwas in anderer Form ausgegeben werden oder sollen bestimmte Steuerelemente nur dann sichtbar sein, wenn in einem anderen Steuerelement ein bestimmter Wert eingegeben wird? Außerdem interessiert, ob Sie mit bestimmten Farben arbeiten müssen (Corporate Identity) oder ob Sie festlegen, dass bestimmte Farben bestimmte Tätigkeiten symbolisieren. »Wenn ich auf dem grünen Formular arbeite, dann gebe ich Daten für Angebote ein, im gelben für Lieferscheine etc.«

Sie sehen, die Vor-Überlegungen gehen nicht nur auf die Möglichkeiten der Datenbank ein, sondern müssen sich auf eine ganze Reihe anderer Gegebenheiten beziehen.

9.1 Grundsätzliches zu Formularen

Wie oben schon hinreichend beschrieben, werden Access-Formulare für die Dateneingabe verwendet. Deshalb müssen Sie Formulare auch programmieren und beispielsweise durch unverbundene Steuerelemente mit Daten füllen, die temporär erzeugt werden. Nicht nur Berechnungen einfacher Art können so durchgeführt werden, sondern ganze Kaskaden von Funktionen, die sogar im Modulbereich stecken können, also auch selbst erschaffen worden sind, sind einsetzbar.

Formulare sind also das Werkzeug neben den Modulen, mit denen der Programmierer arbeitet. Sie als Einsteiger können aber mit Formularen trotzdem arbeiten und umgehen. Auch Sie können schon viel damit anfangen. Sie können das Aussehen verändern, Sie können einfachere Berechnungen oder Textveränderungen durchführen, aber auch schöne Eingabemasken damit erzeugen.

engl.	Vorname	Nachname	E-Mail-Adresse	Telefon	Mobiltelefon
☐	Jenny	Jäger	Jenny.Jäger@JackenWord.de	07553 8486-68	0152 89394714
☐	Gretl	Stein	Gretl.Stein@JaNinaKlamotten.de	09244 445-95	
☑	Monica	Hahn	Monica.Hahn@AdA.de	09746 924-96	0163 16176515
☐	Edgar	Walter	Edgar.Walter@Kmode.de	07374 7572-81	0151 26611553
☐	Stephania	Müller	Stephania.Müller@ModeforYoun	07581 8276-57	0162 60586497
☐	Daniel	Sauer	Daniel.Sauer@Fashion_Europa.d	0751 3862-42	0151 2058583
☐	Erich	Vogel	Erich.Vogel@WorldKlam.de	0911 2015-90	0177 3211273
☐	Nordrun	Jäger	Nordrun.Jäger@JackenMin.de	07373 4925-61	0178 5080359
☐	Swenja	Schulte	Swenja.Schulte@ModeWelt.de	09131 5519-3	0177 1879535
☐	Wernher	Günther	Wernher.Günther@StraTTa.de	09355 4511-67	0162 63114817
☐	Kurt	Maier	Kurt.Maier@HemdAll.de	07541 5540-90	0177 2952694
☐	Boris	Möller	Boris.Möller@JaNinaKlamotten.c	07502 7087-22	0163 9690040
☐	Ottmar	Winter	Ottmar.Winter@AirMünchen.de	07554 6954-47	0152 15641220
☐	Elly	Groß	Elly.Groß@NbgKamotten.de	09395 4930-27	0177 3502054
☐	Dominik	Wagner	Dominik.Wagner@mod_Art.de	09145 5311-90	0162 37015699

Einfach ein schönes Formular, das eine Reihe von Datensätzen anzeigt.

9.2 Formulare selbst gestalten

1. Öffnen Sie in *Beispielformulare.accdb* das automatisch erzeugte Formular *tblUnternehmen*.
2. Mit der rechten Maustaste schalten Sie die Entwurfsansicht ein.

Ich kann mich noch an meine ersten Erfahrungen mit Access erinnern. Ich suchte fast einen Tag nach den Möglichkeiten, die Eigenschaften heranzuholen. Bei den modernen Versionen ab 2007 geht das ganz einfach: Über das Eigenschaftenblatt in der Gruppe *Tools* im Register *Entwurf* oder über die kleine, fast nicht sichtbare Schaltfläche, die am Schnittpunkt der beiden Lineale liegt und erst sichtbar wird, wenn man sie anklickt.

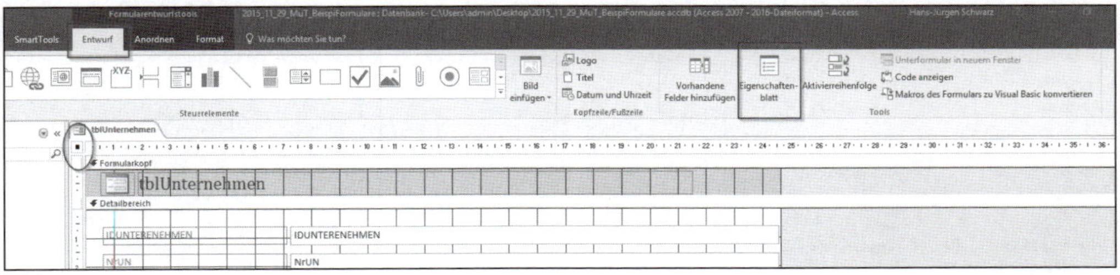

Und jetzt wird es ein wenig kompliziert. Wenn Sie Zeit haben, zählen Sie mal die Eigenschaften! Alle drei folgenden Bilder zeigen die Eigenschaften für unser Formular! Freilich brauchen Sie sich im Augenblick nicht mit allen auseinanderzusetzen. Sie können sie auf eine geringe Zahl eingrenzen. Zuerst schalten Sie von *Alle* auf *Daten* und sehen den Eintrag *tblUnternehmen* bei *Datensatzquelle*. Dies ist der wichtigste Eintrag, der das Formular mit der Tabelle verbindet.

Alle Felder der Tabelle können somit als Quelle für Steuerelemente verwendet werden. Kein Steuerelement bleibt unverbunden! Die automatische Einstellung des Formulars hat dabei sogar erkannt, welche Datentypen hinter den einzelnen Feldern stecken. Das sieht man beispielsweise daran, dass Access als Steuerelement das Textfeld bei *Firma* verwendet, bei *Kunde* aber das *Ja/Nein*-Feld.

Übrigens passiert das Gleiche, wenn Sie manuell ein Steuerelement auf das Formular ziehen, was Sie in der nächsten Übung machen werden. Unterhalb des Eintrags *Datensatzquelle* sehen Sie den Recordset-Typ *Dynaset*. Das bedeutet, dass Sie in das Formular Daten eingeben können, dass Sie also ohne weitere Änderungen mit dem Formular arbeiten können.

Bei *Format* sehen Sie eine zweite wichtige Einstellung. Ob ein Datensatz sichtbar ist, mehrere oder viele, das entscheidet die Einstellung unter *Format, Standardansicht*. Wenn hier *Einzelnes Formular* eingestellt ist, dann wird nur ein Datensatz angezeigt. Bei *Endlosformular* sehen Sie eine ganze Reihe von Datensätzen; *geteiltes Formular* zeigt in der Grundeinstellung oben einen Datensatz, unten die darauf folgenden Datensätze.

Der Datensatzmarkierer und die Navigationsschaltflächen, die Bildlaufleisten und die Systemschaltflächen ergänzen die wichtigen Einstellungen für das Formular. Sie sollten nun den Einstieg wagen. Sie bauen sich ein Formular von Anfang an auf und versuchen dabei, das Wesentliche zu begreifen.

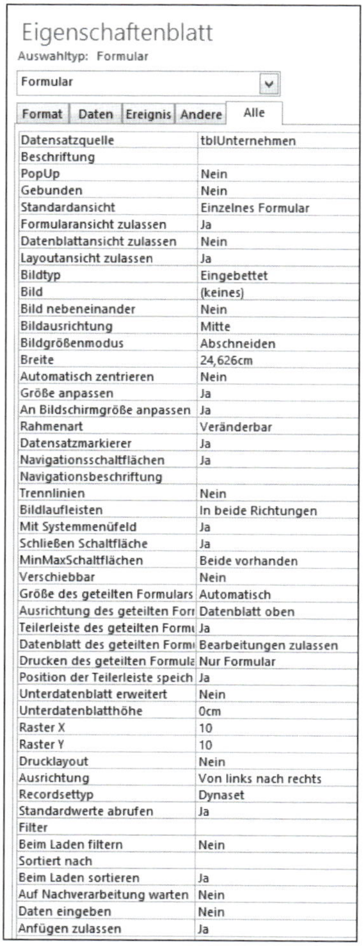

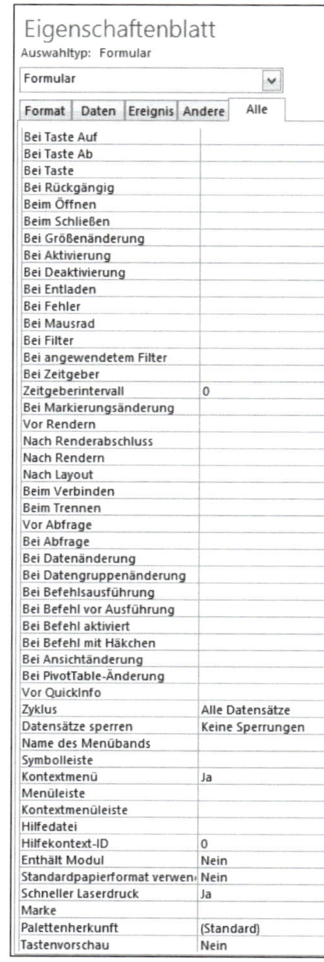

9.3 Erste Auswahl des Formulars

1. Sie rufen *Erstellen/Formulare/Leeres Formular* auf. Es entsteht ein *Formular1*.

2. In der Feldliste sind keine Felder zu sehen. Dafür wählen Sie aus der Liste *alle Tabellen anzeigen* die Lieferanten aus. Mit Klick auf das kleine + vor dem Tabellennamen können Sie die einzelnen

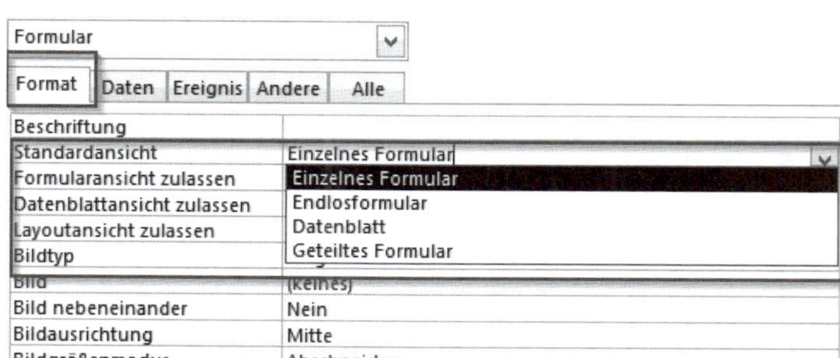

Felder anzeigen. Obwohl keine Verbindung zwischen Tabelle und Formular besteht, können Sie Felder bei gedrückter Maustaste auf die Formular-Ansicht ziehen.

Da das Formular im Layoutmodus läuft, sehen Sie, wenn Sie *Firma* hinüberziehen, *Firma Modewelt*, also den Firmennamen des ersten Datensatzes.

3. Ziehen Sie nun die *EMailAdresse*, *Telefongeschäftlich*, *Straßegeschäftlich*, *Ortgeschäftlich* und *Notizen* als Übungsbeispiel auf das Formular. Sie dürfen auch mehr ziehen!

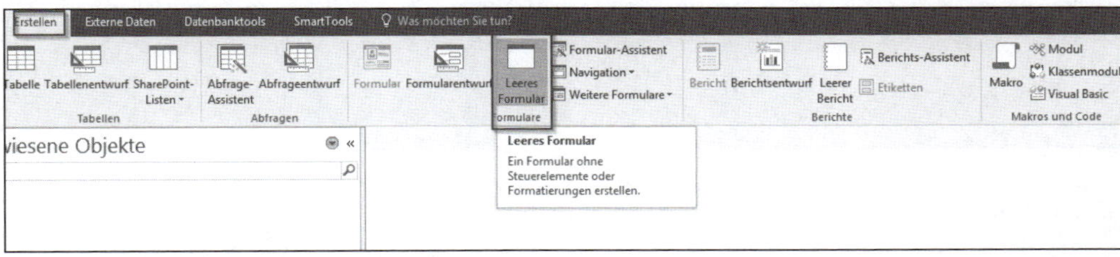

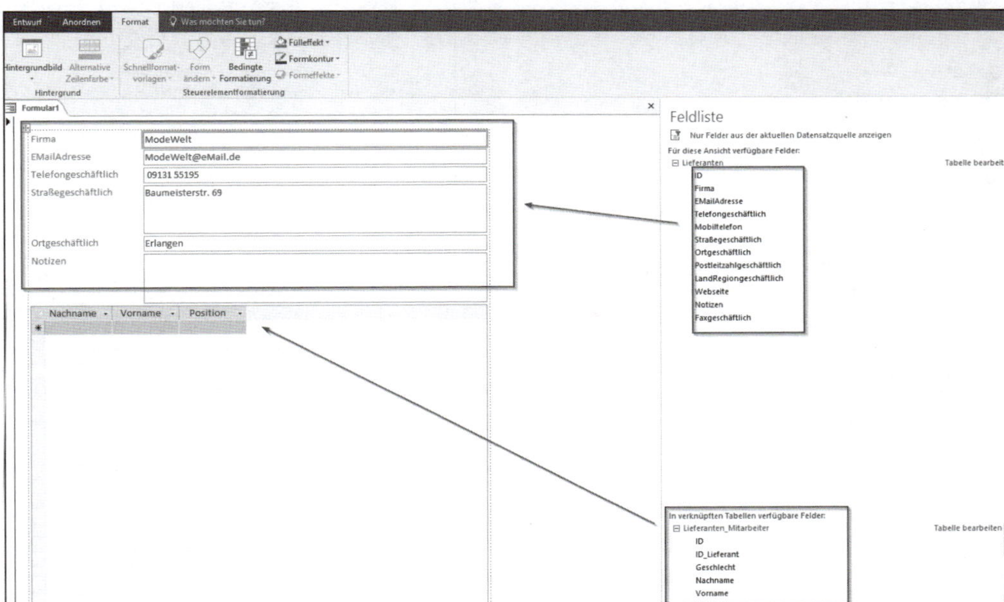

4. Im nächsten Schritt nehmen Sie aus den verknüpften Tabellen die Tabelle *Lieferanten_Mitarbeiter*, öffnen sie durch Klick auf das Pluszeichen und können nun die Felder *Name*, *Vorname* und *Position* rüberziehen. (Achtung: Es wird oft nicht auf Anhieb funktionieren. Klicken Sie im unteren Teil und versuchen Sie es weiter.)

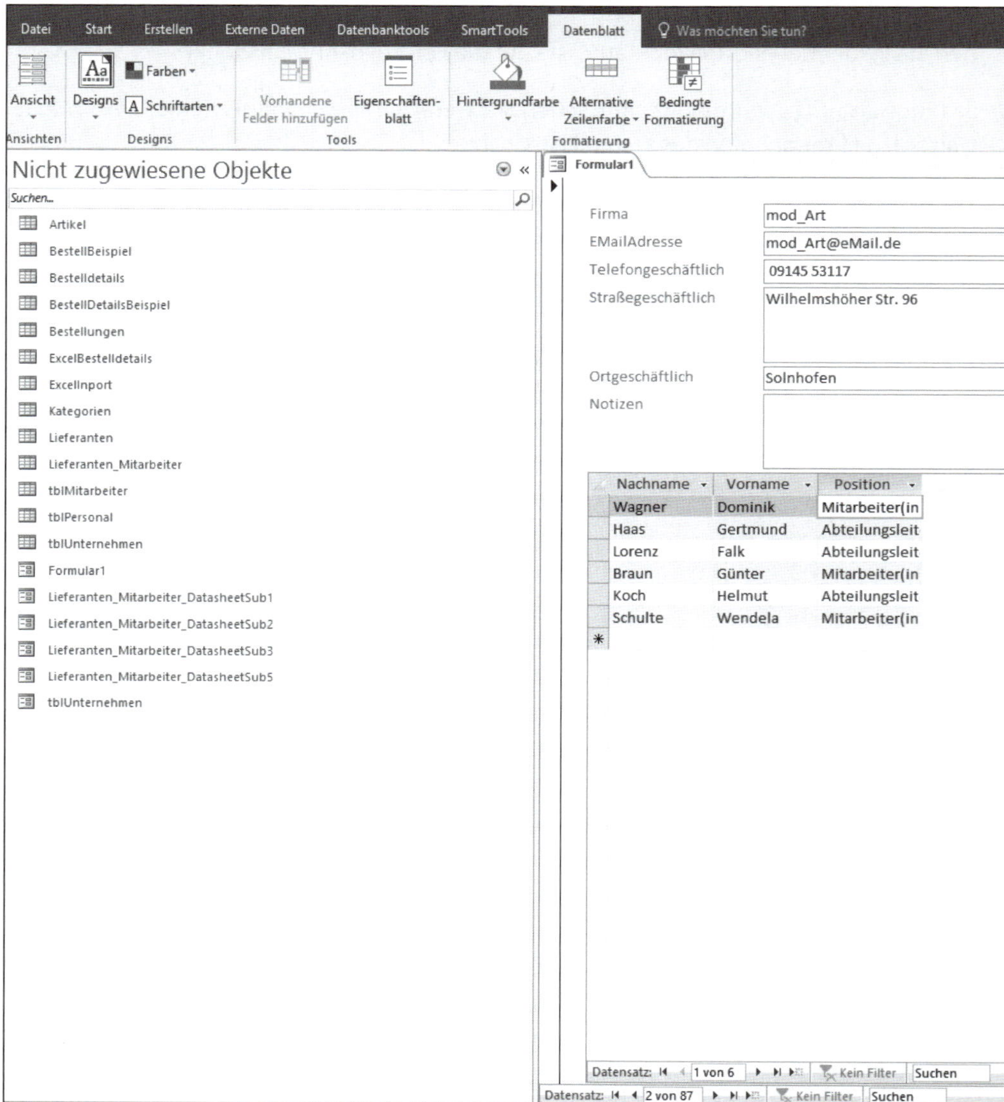

Sie können nun auf die Normalansicht umschalten, ganz unten können Sie von Datensatz 1 auf 2 weiterblättern und sehen dann die Eintragungen, wie in unserer Abbildung links. Vergessen Sie nicht zu speichern.

Jetzt können Sie wieder in die Entwurfs-, nicht Layoutansicht wechseln. Bei den Formularentwurfstools sehen Sie drei Eintragungen: *Entwurf – Anordnen – Format*. Nehmen Sie sich die Zeit, schauen Sie sich die Möglichkeiten an, die Ihnen hier geboten werden. Bei *Entwurf* sehen Sie zentral die Steuerelemente, die Designs links daneben und eine ganze Reihe kleiner Schaltflächen, die Ihnen noch unbekannt sind. Die ganzen Eintragungen bei *Anordnen* sind in den Versionen seit 2007 neu dazugekommen, denn es sind Möglichkeiten, die erst seit der Einführung von Layouts zur Verfügung stehen. Sie haben im ersten Teil des Buches damit schon Erfahrungen gemacht. Der Eintrag *Format* ermöglicht es, für einzelne Steuerelemente – oder besser – Elemente des Formulars, Formate zu vergeben. Beachten Sie, dass Einstellungen für alle Datensätze gelten (außer bedingte Formatierung).

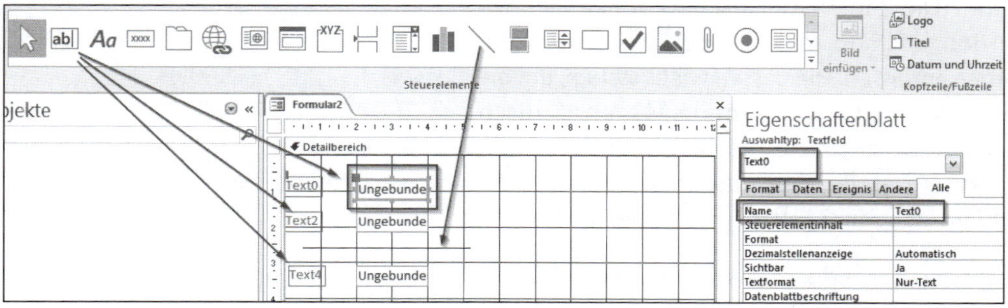

Dem aufmerksamen Beobachter ist sicher nicht entgangen, dass bereits ein sogenanntes Unterformular entstanden ist.

Unterformulare werden oft abgekürzt als UFO! Suchen Sie mal im Internet nach Access und UFO. Sie werden sich wundern, wie viele Eintragungen zu finden sind.

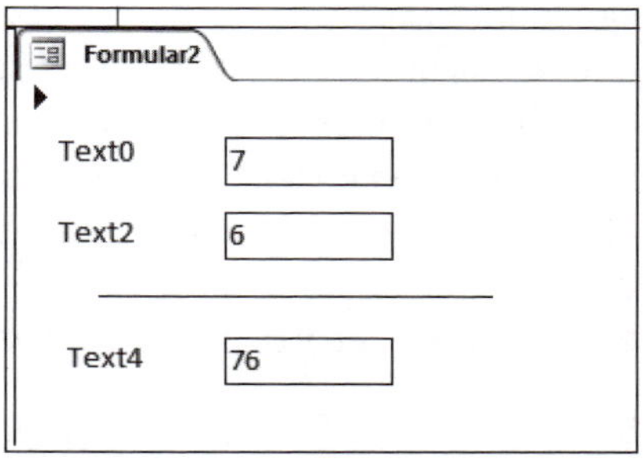

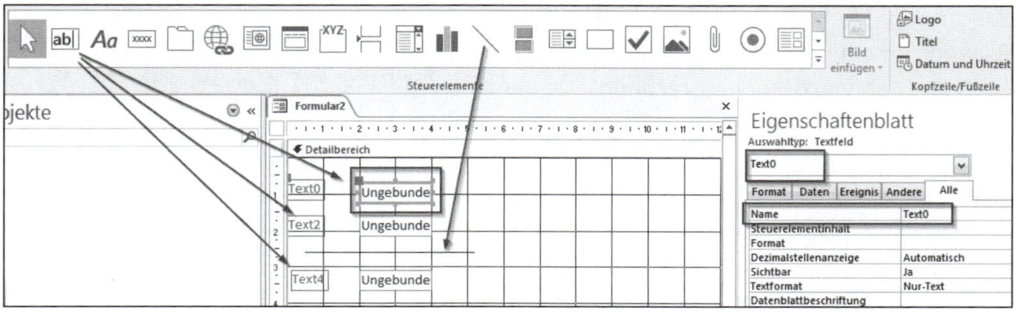

Sie werden nun ein neues Formular anlegen; dieses Formular ist erst einmal leer. Und auf dieses Formular werden Sie drei Textfelder platzieren. Diese Felder lassen Sie völlig unverbunden. Ziel soll sein, dass Sie in einer ersten Stufe in zwei Feldern Zahlen eingeben, im dritten soll die Summe ausgegeben werden. In einer zweiten Stufe werden Sie die Mehrwertsteuer dazurechnen. Sinn und Zweck der Übung ist, dass Sie sehen, dass auch unverbundene Felder sinnvoll sind. Beginnen Sie damit, in das leere Formular die drei Textfelder zu platzieren, indem Sie auf *Steuerelemente* klicken und auf dem Formular aufziehen (linke Maustaste gedrückt halten beim Ziehen).

Übrigens, wir machen die Übung in der Entwurfsansicht! Auf dem Bild sehen Sie sehr eindrucksvoll, wie die Dinge zusammenhängen: Aus dem Kasten der Steuerelemente ziehen wir die Textboxen. Diese haben Eigenschaften. Eine davon ist der Name. (Die Zählweise ist relativ willkürlich, Sie werden deshalb in künftigen Beispielen die Namen anpassen. Hier lassen wir es stehen, um die Willkürlichkeit der Namensvergabe durch Microsoft zu zeigen.) Die nächste Überraschung wartet bereits: Sie haben in *Text0* »7« stehen, in *Text2* »6«, als Ergebnis (*Text4*) bekommen wir 76. Access zählt also noch nicht zusammen, sondern stellt die Zahlen nur nebeneinander.

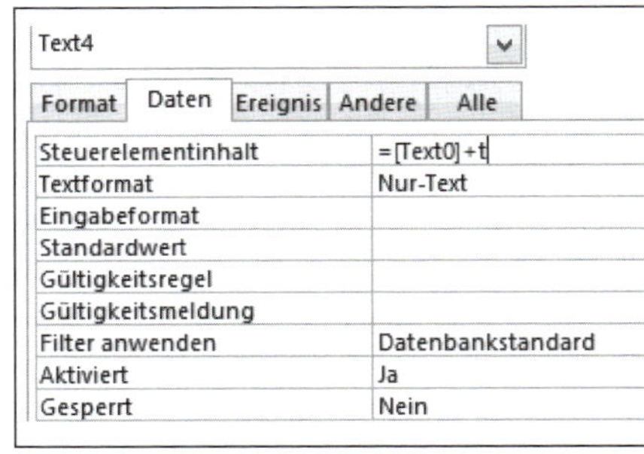

Versuchen wir es doch einmal mit Text. Geben Sie in das eine Steuerelement *Arbeits*, in das nächste Feld *zimmer* ein und drücken Sie [↵]: Das Ergebnis ist *Arbeitszimmer* und so macht das Vorgehen richtig Spaß. Obwohl Sie das + verwendet haben, können Sie nicht rechnen, wie Sie bei dem ersten Beispiel gesehen haben. Dafür muss es eine Lösung geben. Vielleicht bei den Eigenschaften? Wenn Sie alle drei Textfelder im Eigenschaftsblatt unter *Format* auf *Allgemeine Zahl* ändern und dann zwei Zahlen eingeben, dann können Sie rechnen.

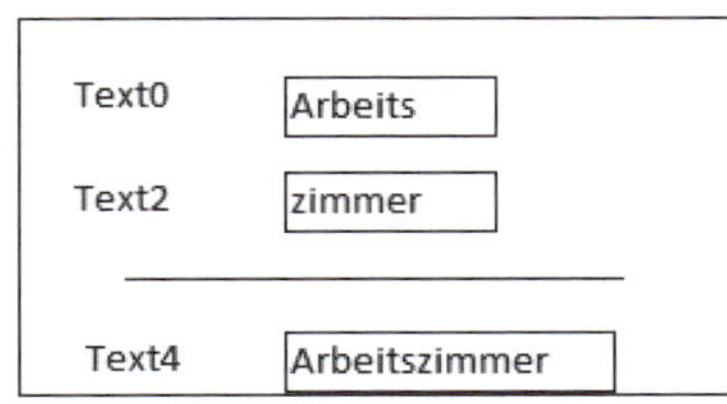

Bisher brauchten Sie nicht einmal einen Schaltknopf, um mit den Formularen etwas machen zu können. Sie könnten zum Beispiel in den Rechenformeln mit *([Text1]+[Text2])*19 %* jetzt auch die Mehrwertsteuer ausrechnen.

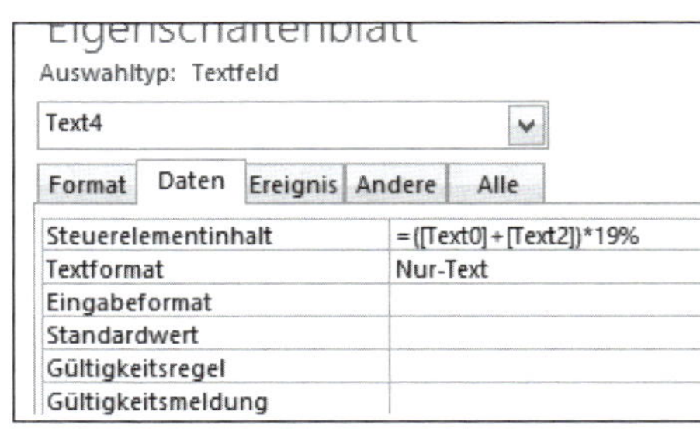

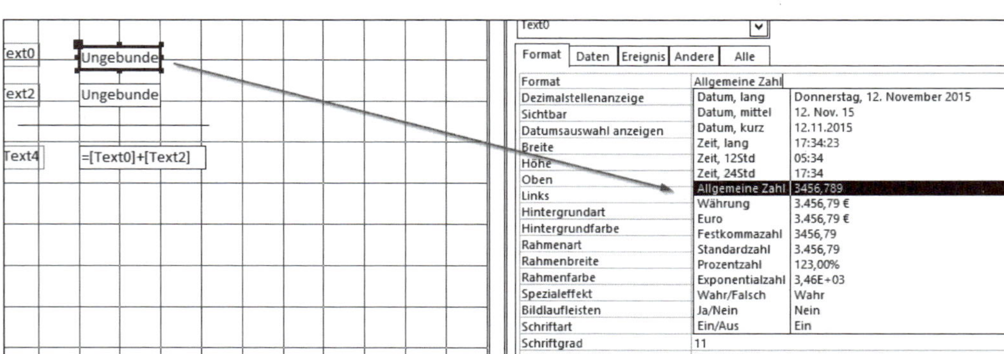

9.3.1 Schaltknöpfe, die Macht der Makros und der VBA-Programme

Nachdem Sie sich die grundsätzliche Funktionsweise von Formularen eingeprägt haben, können Sie beginnen, die restlichen Steuerelemente unter die Lupe zu nehmen. Dabei wird Sie auch wieder überraschen, dass Sie relativ viel schon machen können, ohne dass Sie die Hilfe von VBA in Anspruch nehmen müssen.

Wie das Startelement bestückt wird, haben Sie im letzten Abschnitt schon gelesen. Die Textbox, die wir »verbunden« mit einer Tabelle oder auch »unverbunden« als Rechenkünstler verwendet haben, war unser Beispiel.

Jetzt sollen Sie sich die anderen Steuerelemente, die im Access-Formular verbaut werden können, ansehen. Als Erstes – wir beginnen von links – haben wir den Pfeil, er bedeutet Auswahl. Dieses Element erleichtert die Arbeit mit den anderen Steuerelementen, wenn man andere Steuerelemente markieren, sie kleiner oder größer ziehen will, ja man kann sie sogar damit verschieben.

Das *Textfeld* kennen Sie schon. In ihm bringen Sie Text und Zeichen unter. Dabei können Sie – wie Sie gesehen haben – auch noch die Eigenschaften verändern.

Das Steuerelement *Bezeichnung*, das als Symbol ein *a* und ein *A* aufweist, können Sie auf dem Formular platzieren und in ihm Text unterbringen, der sich nicht verändern soll. Überschriften, Hinweise, Gebrauchsanleitungen für das Handling – all das sind Dinge, die Sie mit diesem Steuerelement *Bezeichnung* auf dem Formular sichtbar machen.

1. Klicken Sie das Steuerelement an.
2. Ziehen Sie es auf das Formular.
3. Schreiben Sie *Das ist dein Text*. Recht klein und unscheinbar ist das Ergebnis.
4. Im Register *Start* können Sie in der Gruppe *Textformatierung* die *Schriftgröße* auf 16 pt erhöhen.

Neu in Version 2013 und 2016 ist, dass ein Smarttag darauf hinweist, dass es keine Verbindung mit einem anderen Steuerelement gibt, dass Sie das Feld assoziieren könnten, was Sie aber nicht tun sollten.

Im Entwurf *Film* werden Sie die »Schaltfläche« auswählen. Dieser recht wichtige Button ermöglicht es, eine ganze Reihe von Befehlen über den Assistenten auszuführen. Bitte beachten Sie, dass schon durch das Aufziehen des Buttons (Schaltfläche) der Schaltflächen-Assistent aufgeht. Für jede Kategorie (links) stehen mehrere Aktionen zur Auswahl, sie sind seit vielen Versionen unverändert eingebaut. Die meisten dieser Aktionen sind selbsterklärend. In dem Datensatz-Navigations-Bereich können Sie auswählen:

- *Datensatz suchen*
- *gehe zum ersten Datensatz*

- *gehe zum letzten Datensatz*
- *gehe zum vorherigen Datensatz*
- *gehe zum nächsten Datensatz*
- *weiter suchen*

Bei den Datensatzoptionen stehen zur Auswahl:

- *Datensatz drucken*
- *Datensatz duplizieren*
- *Datensatz löschen*
- *Datensatz speichern*
- *Neuen Datensatz hinzufügen*
- *Rückgängig Datensatz*

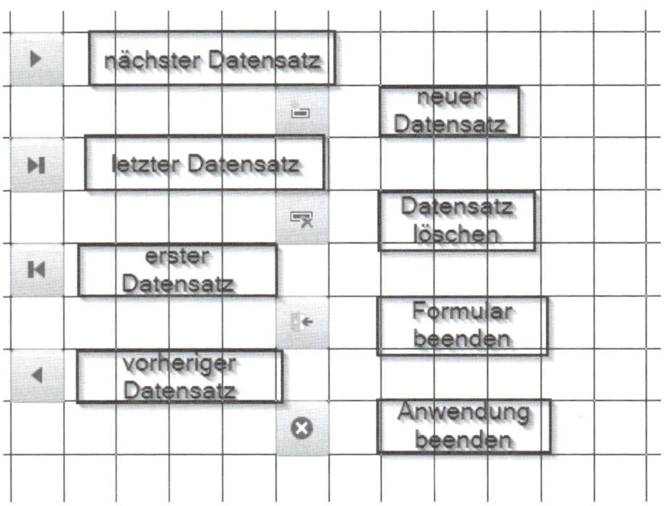

Auch hier brauchen wir nicht viel an Erklärung. *Datensatz duplizieren* hilft den Anwendern bei Datensätzen, die sich wenig unterscheiden und die oft aus vielen einzelnen Feldern bestehen. *Datensatz löschen* und *Datensatz hinzufügen* sind auf vielen Formularen hilfreich. Die Formularoperationen erklären sich alle von selbst, ebenso die Berichtsoperationen.

Bei *Anwendung beenden* gibt es nur die eine Aktion, aber Achtung: Hier wird die Access-Anwendung geschlossen, das Programm beendet, nicht nur das Formular! Bei *diverse* ist alles untergebracht, was oben keinen eigenen Platz fand. Sie können über den Schaltknopf eine Abfrage ausführen. (Achtung: nicht nur eine Auswahlabfrage, sondern sogar Aktionsabfragen!)

Der *Autowähler* ermöglicht es, eine Telefonnummer zu wählen, die in einem Textfeld untergebracht ist (falls es konfiguriert ist!).

Sie können ein Makro ausführen, ein Makro, das Sie vorher erstellt haben und das nun über den Button gesteuert wird. Übrigens, alle vom Assistenten ausgeführten Befehle sind Makros, wie Sie gleich noch sehen werden.

Der letzte Punkt ist *Tabelle drucken*. Damit können Sie den gesamten Inhalt einer Tabelle zum Druck freigeben. Sie drucken alle Datensätze, die in dieser Tabelle hinterlegt sind. Und das können viele sein!

9.4 Und jetzt in die Praxis

Zuerst wollen wir mehrere Schaltknöpfe auf das Formular legen. Vorab müssen Sie das Formular schließen:

1. Wählen Sie auf der linken Seite *Formularoperation* aus, rechts *Formular schließen*.
2. Klicken Sie auf *Weiter*; ein nächstes Fenster öffnet sich.
3. Sie können nun auswählen, ob Sie ein Bild wollen oder einen Text.
4. Sie sehen übrigens sofort, was auf dem Button erscheint. Geben Sie diesen Text ein: *Formular sofort schließen*. (Auch das Wort *sofort* können Sie lesen! Allerdings scheint der Knopf zu klein zu sein.)
5. Mit *Weiter* kommen Sie zu einem Bereich, den ich Ihnen ein wenig ans Herz legen möchte.

Tipp

Sie haben dieses Buch gekauft, weil Sie Anfänger sind. Wir möchten Ihnen helfen, das Programm zügig und schnell zu erlernen. Wir hoffen auch, dass es uns gelingt, Ihnen das Programm so näher zu bringen, dass Sie sehr schnell damit vertraut werden und sich immer mehr Kenntnisse aneignen wollen.

Wenn Sie nun aber von Anfang an bestimmte Dinge nicht beachten, dann werden Sie dies auch als Crack nicht mehr tun. Ich habe schon Profis gesehen, die diesen Namen einfach stehen lassen, keinen eigenen vergeben und später dann in ihrem 500-Seiten-Programm rätseln, welcher der Buttons von Befehl 2 bis Befehl 800 wohl der ist, der das Formular schließt.

6. Vergeben Sie also einen Namen, der sprechend ist und der über die Funktion des Schaltknopfs genau aufklärt: *Formular_schließen* könnte er zum Beispiel heißen.

9.5 Ein neues Formular

Nachdem Sie im ersten Teil unseres Buches schon sehr viel über Formulare gelernt haben, kann nun im theoretischen Teil die Formularerstellung ein wenig knapper gehalten werden. Wir werden uns deshalb auf einige Besonderheiten beschränken. Nach unserer Erfahrung liegt es an Ihnen, sich durch viele Übungen, Erfahrungen und einfach durch das Austesten von Möglichkeiten mit den Gegebenheiten von Access-Formularen vertraut zu machen.

Im unteren Bild sehen Sie die typische Erscheinung einer Access-Datenbank, nämlich miteinander verbundene Tabellen. Ein wichtiger Hinweis in diesem Zusammenhang: Oft werden Abfragen als Grundlage für die Datenquelle von Access-Formularen verwendet. Man muss dabei aufpassen, dass man sich die Fähigkeit erhält, überall Eingaben machen zu können.

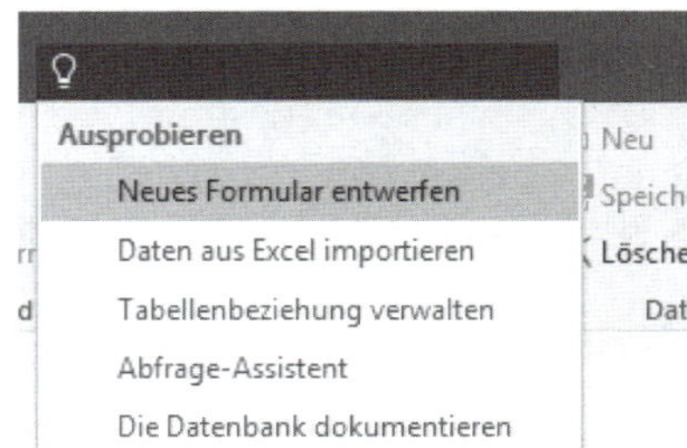

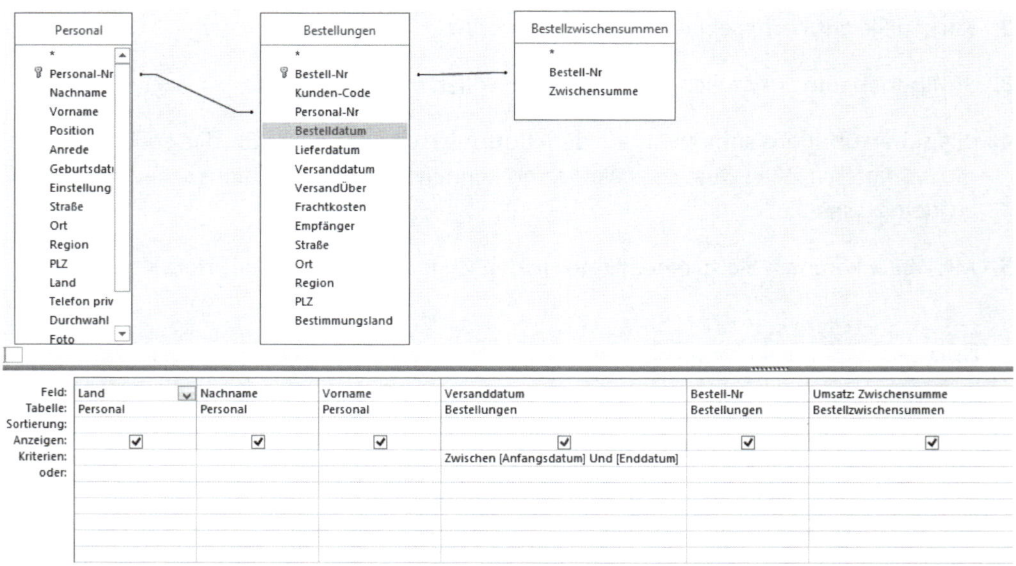

Abfrage als Grundlage für ein Formular.

Wir haben Ihnen schon auf den vorhergehenden Seiten alle Eigenschaften des Formulars bildlich dargestellt. Ich rate Ihnen, sich wirklich die Zeit zu nehmen, die einzelnen Eigenschaften einmal näher zu durchleuchten. Sie werden sehen, dass man Formulare auch insoweit sperren kann, dass man zum Beispiel nur lesen oder nur neue Datensätze hinzufügen kann, keine alten ändern kann. Das heißt mit anderen Worten, die Flexibilität, die Sie auf diesen Formularen und durch diese Formulare erhalten, macht oft den Reiz einer Anwendung aus.

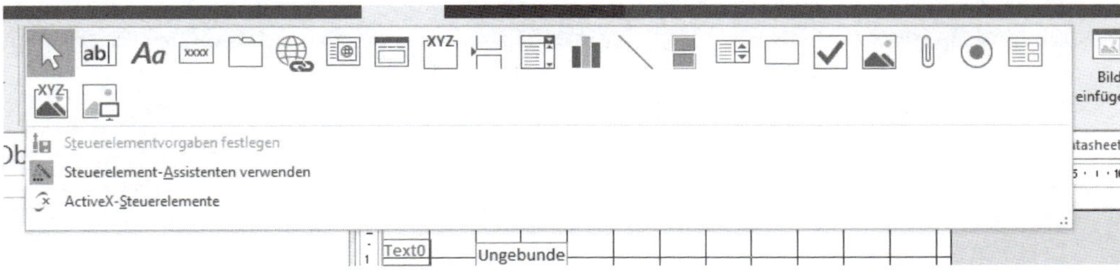

Wir befinden uns in der Entwurfsansicht. Sie drücken den Button und ziehen ihn auf Ihr Formular. Jetzt passiert eine ganze Reihe von Dingen im Hintergrund, die der Assistent ausgelöst hat. (Dass der Assistent eingeschaltet ist, erkennen Sie daran, dass der Pfeil links oben grau umrandet ist.) Die Aktionen, die im Hintergrund ablaufen, verdeutlichen die folgenden Bilder:

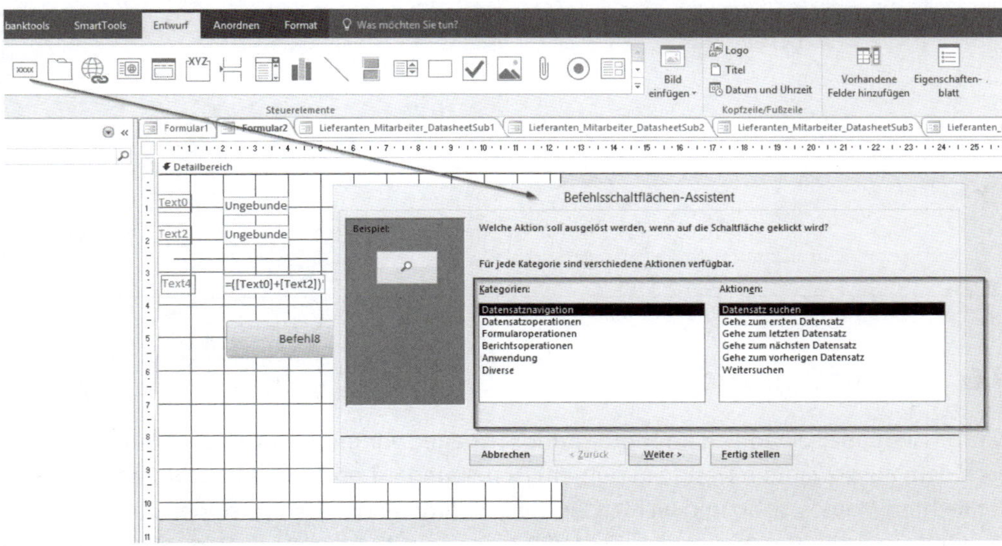

Ein Button wird erstellt.

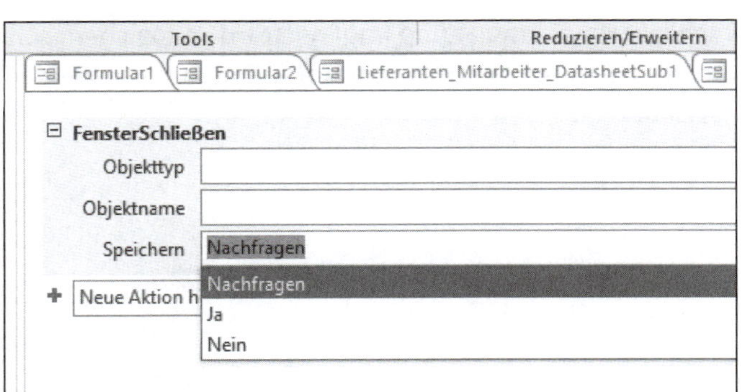

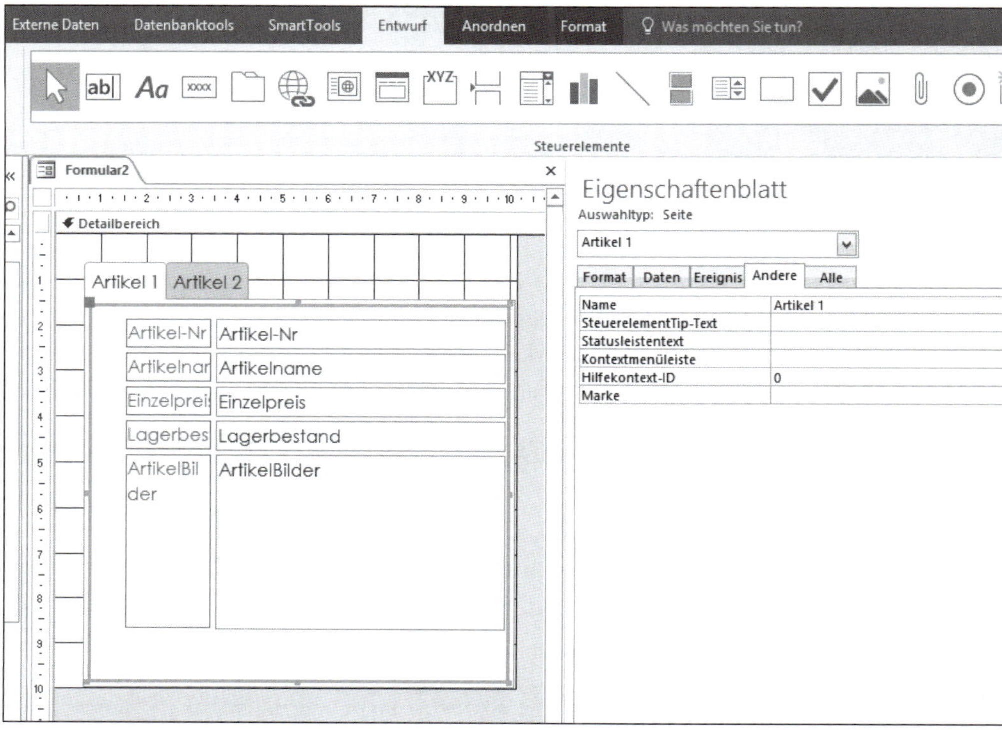

9.6 Hintergrund

Was passiert aber eigentlich im Hintergrund? Schauen wir es uns an. Unser Formular (ganz nach dem ausgewählten Design in bunter Erscheinung) ist noch markiert. Klicken Sie es mit der rechten Maustaste an und wählen Sie *Ereignis*. Während in den Versionen bis 2003 noch einstellbar war, ob das Assistenten-Tool VBA Code oder Makros produziert, gibt es nun nur noch Makros.

Das Makro ist denkbar einfach, es schließt das Formular und fragt nach, ob es speichern soll. Setzen Sie einfach auf *Ja*, dann wird immer beim Schließen gespeichert. Komplexer werden die Makros bei einigen der anderen Aktionen.

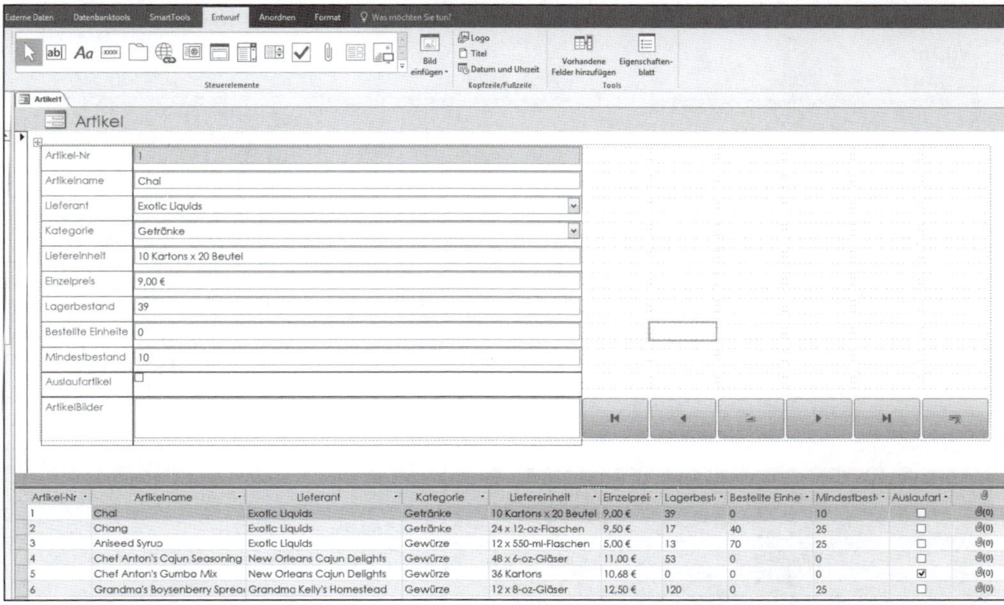

Sie werden jetzt eine Schaltfläche programmieren, die schon ein wenig anspruchsvoller ist.

Aufgabe

Öffnen Sie die Frontend-Datenbank von *MyNordwind*, erstellen Sie ein gebundenes Formular. Datengeber soll die Tabelle *Artikel* sein, das Formular soll ein geteiltes Formular sein. Als Design wählen Sie *Fetzen*, *Gitternetzlinien*, beide mit der Farbe Rot. Das Feld *Artikelnummer* ist ein *AutoWert*, formatieren Sie es gelb. Rechts neben den Daten platzieren Sie Buttons.

Diese Buttons sollen den ersten, vorherigen, neuen, nächsten, letzten Datensatz auslösen und es ganz am Ende ermöglichen, einen Datensatz zu löschen.

9.6.1 Das Registersteuerelement

1. Öffnen Sie nun ein leeres Formular.
2. Verbinden Sie es mit der Tabelle *Artikel*.
3. Auf dieses Formular platzieren Sie das *RegisterSteuerelement*.
4. Auf die Seite 1 ziehen Sie *Artikelnummer*, *Artikelname*, *Einzelpreis*, *Lagerbestand* und *Artikelbilder*. Auf der zweiten Registerseite können Sie die restlichen Felder platzieren.
5. Wenn Sie in der Entwurfsansicht dieses Steuerelement anklicken, können Sie die Eigenschaften sehen. Der Name kann, wie bei jedem anderen Steuerelement auch, geändert werden.

6. Ändern Sie den Eintrag *Seite1* in *Art.1*, *Seite2* in *Art.2* über *Eigenschaftenblatt -> Andere -> Name*.

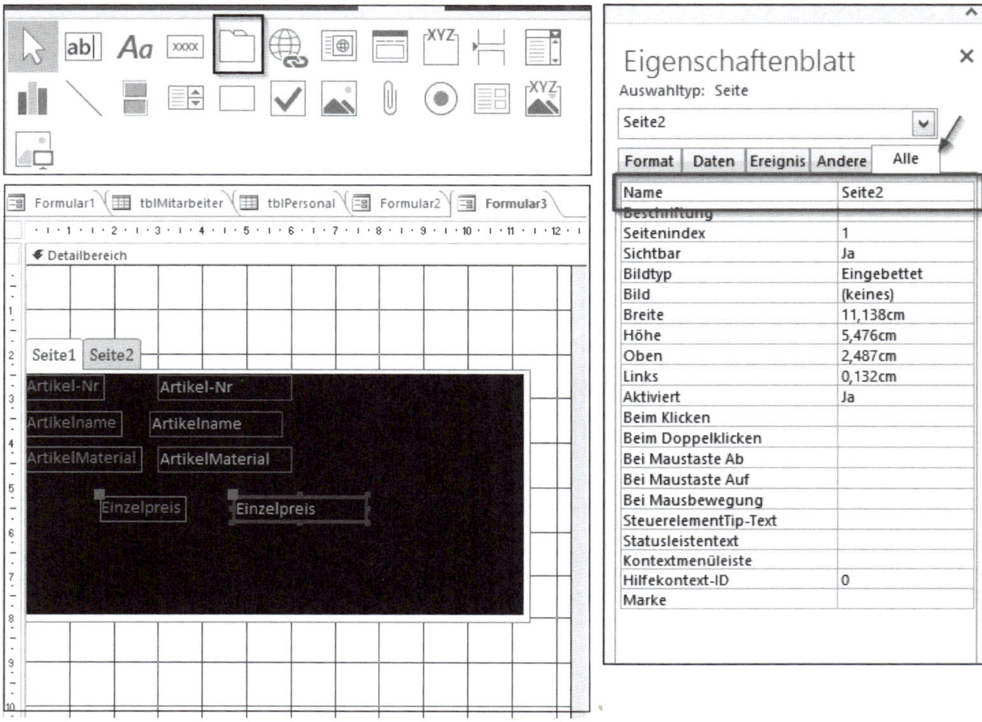

9.6.2 Die Optionsgruppe

1. Öffnen Sie das Formular in der Entwurfsansicht, in der Registerkarte *Entwurf*, in der Gruppe *Steuerelemente* sollte das Element *Zauberstab* ausgewählt werden.

2. Klicken Sie in derselben Gruppe auf *Optionsgruppe*.

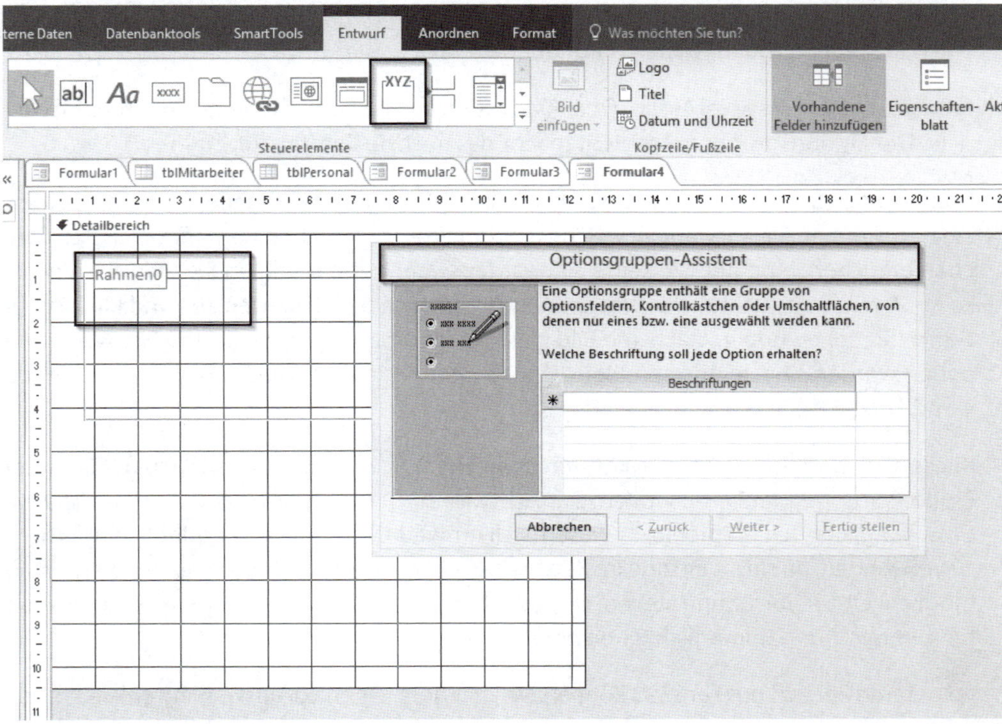

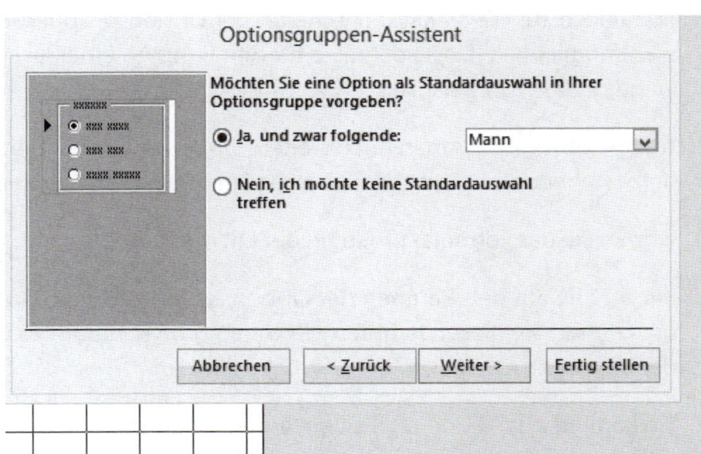

Optionsgruppen während des Entwurfs.

3. Klicken Sie an der Stelle auf das Formular, an der Sie die Optionsgruppe einfügen möchten.
4. Folgen Sie nun den Anweisungen des Assistenten. Achtung, nicht vergessen, am Schluss auf *Fertig stellen* zu klicken! Jetzt ist die Option auf dem Formular platziert. (Sie können, falls es noch nicht vorhanden ist, das Eigenschaftenblatt mit der Taste F4 aufrufen und dort im *Eigenschaftsfeldnamen* der Optionsgruppe einen neuen Namen vergeben. In der Regel

ist das nicht notwendig; wenn Sie jedoch später programmieren wollen, sollten Sie sich einen aussagekräftigen Namen dafür überlegen.)

Ich habe in meinem Beispiel *Mann, Frau, Kind, Hund* und *Katze* eingegeben, dann auf *Weiter* geklickt. Der Optionsgruppen-Assistent macht das nächste Fenster auf.

5. Dann können Sie eine Standardauswahl für die Optionsgruppe vorgeben. In einem Steuerelement können Sie auswählen, welche der vorher eingetragenen Begriffe Sie als Kennzeichen brauchen. Möchten Sie keine Standardauswahl treffen, wählen Sie *Nein, ich möchte keine Standardauswahl treffen*. In unserem Beispiel wählen Sie *Mann* aus und klicken auf *Weiter*. Sie sehen nun im nächsten Bild, dass für die Optionsgruppe bestimmte Werte vergeben worden sind. In unserem Beispiel bekommt *Mann* den Wert *1*, *Frau 2*, *Kind 3*, *Hund 4* und *Katze 5*.

6. Klicken Sie nun auf *Weiter*. Sie können auswählen, welche der Schaltflächen Sie in der Optionsgruppe platzieren wollen. Zur Auswahl stehen *Optionsfelder*, *Kontrollkästchen*, *Umschaltfläche*. Ich empfehle, in diesem Fall entweder Optionsfelder oder Schaltflächen zu verwenden, da sie als Einzige im Bewusstsein aller Anwender immer nur eine Auswahlmöglichkeit zur Verfügung stellen. Die Kontrollkästchen werden in der Praxis nämlich oft für mehrere Auswahlmöglichkeiten eingesetzt.

7. Im unteren Bereich des Fensters können Sie jetzt noch einen Stil auswählen: *graviert*, *flach*, *erhöht*, *schattiert* und *vertieft* stehen zur Auswahl. Ich empfehle Ihnen, unser Beispiel zu nehmen und die einzelnen Schaltflächen und Stile einzusetzen.

8. Sobald Sie auf *Weiter* klicken, schaltet der Optionsgruppen-Assistent auf die letzte Auswahlmöglichkeit. Dort sollen Sie für den Rahmen eine Beschriftung eingeben; wir verwenden das Wort Beispiel.

Oft fällt einem ein, dass man noch weitere Optionen haben möchte. Es ist möglich, zu einer schon bestehenden Optionsgruppe neue Steuerelemente hinzuzufügen.

1. Öffnen Sie das Formular erneut in der Entwurfsansicht.

2. Klicken Sie auf den Rahmen der Optionsgruppe, um die Optionsgruppe auszuwählen, und ziehen Sie diesen Rahmen ein wenig größer, damit Sie ein neues Steuerelement in der Registerkarte *Entwurf* unterbringen können.

3. Sie können nun ein neues Steuerelement herausziehen. Achten Sie darauf, wieder *Kontrollkästchen*, *Optionsfeld* oder *Umschaltfläche* zu wählen.

4. Jetzt können Sie den Mauszeiger innerhalb des Rahmens der Optionsgruppe ziehen. Die Rahmenfarbe des Optionsfelds verändert sich und kennzeichnet so, dass das neue Steuerelement Teil der Optionsgruppe ist.

5. Mit einem Klick platzieren Sie das Steuerelement in der Gruppe.

Es kann sein, dass das Steuerelement trotzdem nicht Element der Optionsgruppe geworden ist.

1. Schneiden Sie dann das Steuerelement aus (rechte Maustaste, *Ausschneiden*).
2. Wählen Sie die Optionsgruppe aus, indem Sie auf den Rahmen der Gruppe klicken.
3. Klicken Sie auf der Registerkarte *Start* in der Gruppenzwischenablage auf *einfügen*. Das Steuerelement wird nun der Gruppe hinzugefügt. Wahrscheinlich müssen Sie es noch ein bisschen verschieben, um an die verschiedenen Bezeichnungen und an die eigentlichen Steuerelemente heranzukommen. Wichtig ist auch, dass Sie über das Eigenschaftenblatt noch den Optionswert des neu hinzugefügten Steuerelements verändern können. Meist kann man jedoch den von Access vorgeschlagenen Optionswert beibehalten.

Sie sehen also, die Arbeit mit Optionsgruppen ist relativ schwierig zu beschreiben, noch schwieriger aber, auf Anhieb alles richtig auszuführen. Wir raten Ihnen deshalb, versuchen Sie Ihr Glück mit einigen ungebundenen Steuerelementen. Fügen Sie eine Optionsgruppe auf einem leeren Formular ein. Erstellen Sie die Optionsgruppe und lassen Sie den Rückgabewert in einem Textfeld ausgeben.

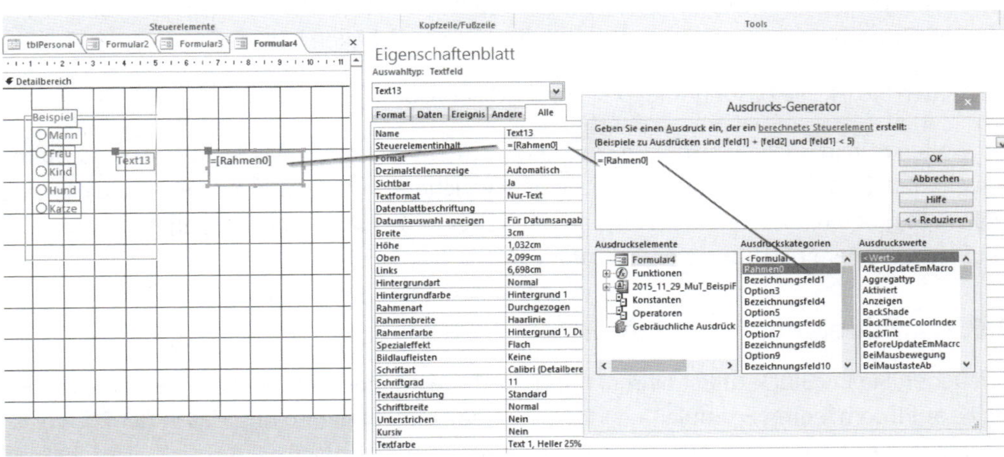

Wert aus Optionsgruppe wird in ein Textfeld übergeben.

Sie haben zwar die Beschriftung des Objektgruppen-Steuerelements verändert, nicht aber den eigentlichen Namen, mit dem man das Steuerelement ansprechen kann. Deshalb müssen Sie immer noch nach dem Namen suchen. Sie sehen im Assistenten, dass er den Rahmen null anzeigt. Mit einem Doppelklick auf *Rahmen0* können Sie den Eintrag nach oben in das Beispielfeld übertragen. Mit *OK* bestätigen, und in dem Steuerelement-Textfeld steht nun *=[Rahmen0]*.

Noch ein Hinweis

Um einen Rückgabewert zu erhalten, müssen Sie erst ein Textfeld erstellen. Gehen Sie deshalb wieder in die Entwurfsansicht und ziehen Sie ein Textfeld an dem Ort auf, an dem sie es erstellen wollen. Jetzt klicken Sie mit der rechten Maustaste auf den Rahmen des erstellten Textfelds, wählen die Eigenschaften aus, klicken auf das Register *Alle* und können bei *Steuerelementinhalt* auf die kleine Schaltfläche mit den drei Punkten klicken. Der Ausdrucks-Generator, der sich jetzt geöffnet hat, zeigt fast alle Objekte der Datenbank an. Für Anfänger ist es immer relativ schwierig, sich daraus die richtigen Elemente zu suchen. Dieser Hinweis soll nicht überheblich klingen, sondern soll Sie nur darauf vorbereiten, dass Sie ein wenig suchen müssen, um das Richtige zu treffen.

Wenn Sie auf die Normalansicht umschalten, können Sie *Mann*, *Frau*, *Kind* ,*Katze* und *Hund* auswählen und Sie sehen, dass die vorher eingetragenen Zahlen in diesem Textfeld ausgegeben werden. In der Praxis wird nun wiederum auf dieses Textfeld zurückgegriffen und mit irgendwelchen Abfragen weitergearbeitet.

Wie man Optionsfelder an Tabellen hängt, haben wir Ihnen bereits im ersten Teil des Buches gezeigt. Optionsgruppen allerdings kann man nicht an Tabellen hängen.

Versuchen Sie es. Die Lösung finden Sie unter Optionsgruppe _ *L*.

Wir wollen nun in unsere Formulare ein Steuerelement einbauen, das recht einfach ist, nämlich ein Bild. Dabei müssen Sie sich überlegen, welche Art von Steuerelement Sie einsetzen wollen. Es gibt ein Steuerelement *Bild*, das als gebundenes Objektfeld ausgegeben wird, und ein Steuerelement *Bild* ohne weitere Ergänzung.

9.6.3 Bilder, nichts als Bilder

Versuchen Sie Ihr Glück zuerst einmal mit dem Steuerelement *Bild*. Klicken Sie es an, ziehen Sie es auf Ihrem leeren Formular auf, das Sie gerade erstellt haben und das in der Entwurfsansicht vorliegt. Sie haben nun ein Bild auf Ihrem Formular platziert, das sich nicht ändern würde, wenn Sie Datensätze einbinden würden. Das wollen wir nun einmal versuchen.

Ein rechtlicher Hinweis

Fast alle Bilder, die im Internet zur Verfügung stehen, sind nicht frei verfügbar. Gerade im Bereich Mode, den wir für unsere Beispieldaten ausgesucht haben, ist es fast unmöglich, Bilder zu finden, die freigegeben sind. Wir haben uns deshalb entschieden, keine Bilder zur Verfügung zu stellen. Es bleibt also nichts anderes übrig, als Ihnen für diese folgende Übung den Rat zu geben, sich ein paar Bilder aus dem Internet zu kopieren, diese in der Übung zu verwenden und dann wieder aus Ihrem System zu löschen. Auch dieses Herunterladen der Bilder aus dem Internet dürfte rechtlich nicht ganz einwandfrei sein, deshalb raten wir Ihnen, auch hier nach freigegebenen Bildern zu suchen. Oder Sie verwenden eigene Bilder.

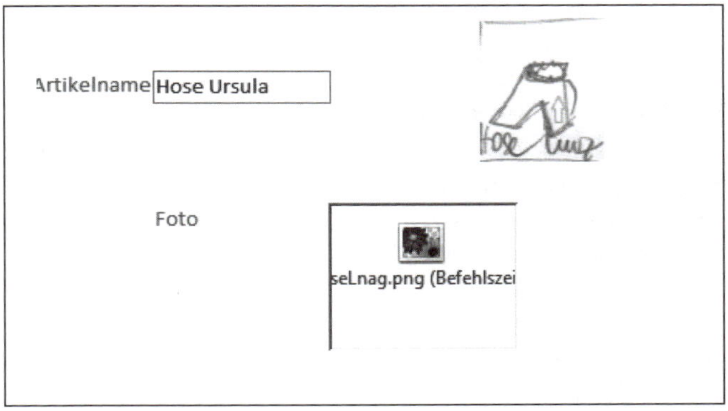

Wir jedenfalls haben uns so beholfen, dass wir einfach ein paar Bilder gezeichnet haben, die wir jetzt zur Verfügung stellen, damit Sie Ihre Datensätze gestalten können. Sie finden die Bilddateien im Downloadbereich der Webseite zu diesem Buch: *www.mut.de/2007*.

Ich habe in das Formular zwei unterschiedliche Felder eingefügt. Oben neben dem Artikelnamen ist eine »Hose kurz« zu sehen, ein Bild, das bei jedem Datensatz auch weiterhin angezeigt wird. Es ist ein Bild, das auf dem Formular fest verankert ist. Es wurde über die Schaltfläche *Bild einfügen* im Registerentwurf auf das Formular aufgebracht. Hier ist es relativ egal, mit welchem Format das Bild abgespeichert ist. *PNG* ist das Format für »Hose kurz« – das Format, das ich für alle meine Skizzen gewählt habe.

Wenn ich nun dieses Bild in das Steuerelement *Bild* einsetze, wird immer nur ein Symbol angezeigt. Ich habe deshalb ein Bild in ein Bitmap-Format umgewandelt (einfach das Bild mit dem von Microsoft bei Windows mitgelieferten Programm Paint als Bitmap abgespeichert). Dieses Bild wird nun bei wechselnden Datensätzen auch wechselnd angezeigt, das heißt, nicht nur das Symbol wird dargestellt, sondern auch das Bild.

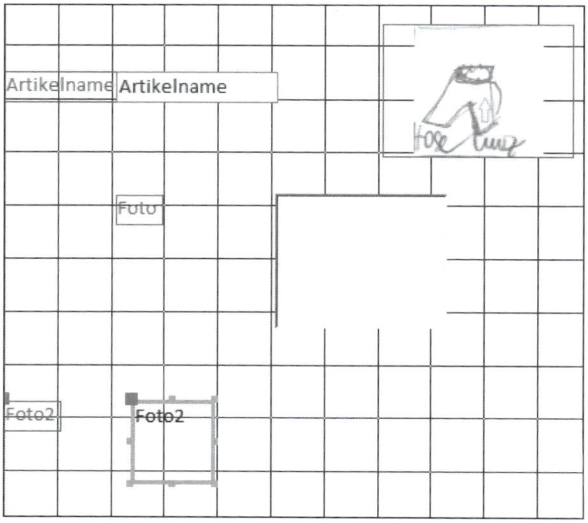

Da fast keine Bilder mehr im Bitmap-Format vorliegen, sondern in den anderen gängigen Formaten, ist dieses Objekt fast überflüssig. Wir verwenden in der Praxis fast nur noch den Felddatentyp *Anlage*, den Sie dann über die verfügbaren Felder einfach aus der Feldliste in das in der Entwurfsansicht geöffnete Fenster ziehen können. In unserem Beispiel haben wir dafür das Feld *Foto2* für Sie geschaffen.

10 Navigationsformular

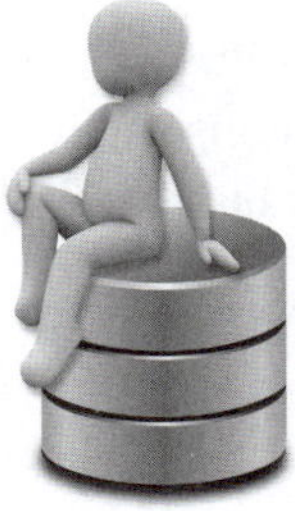

Bei den Arten der Formulare, die wir gerade behandeln, sticht seit Access 2010 das Navigationsformular hervor. Es wird in der Desktopvariante von Access eigentlich nicht unbedingt gebraucht. Hier könnten Sie aufeinanderfolgende Formulare, also Formulare, die Sie nacheinander befüllen, auch über ein eigenes Formular aufrufen.

Sie müssen aber auf die Navigationsformulare zurückgreifen, wenn Sie Webapplikationen, die nicht Bestandteil dieses Buches sind, verwenden wollen. Auch für die SharePoint-Varianten können Sie sie brauchen.

10.1 Wofür verwenden wir ein Navigationsformular?

Wie der Name sagt: für die Navigation! Da ein Navigationsformular häufig als Übersicht oder als Startseite für die Datenbank eingesetzt wird, erklärt sich der Name ganz von selbst. Sie können allerdings diese Art von Formularen auch »kaskadierend« einsetzen, das heißt, Navigationsformular ruft Navigationsformular auf.

10.1.1 Ein Navigationsformular erstellen

1. Öffnen Sie eine der bisher erstellten und verwendeten Datenbanken. Wichtig ist, dass sich im Navigationsbereich der Datenbank bereits fertige Formulare befinden, denn diese sollen aus dem Navigationsformular aufgerufen werden.

2. Klicken Sie auf *Registerkarte erstellen* (Gruppe *Formulare, Navigation*). Dort haben Sie sechs Navigationsformular-Arten zur Auswahl.

3. Jetzt können Sie (in der Layoutansicht) ein Formular aus dem Navigationsbereich auf das in der Layoutansicht geöffnete Navigationsformular ziehen.

Je nach Art des ausgewählten Formulartyps legt sich das Formular in der Navigations-Schaltfläche ab. Sie wissen, es entsteht im Reiter der Name des Formulars.

In der Normalansicht könnten Sie das Formular jetzt bereits auswählen. Sie können die Beschriftung im oberen Bereich des Navigationsformulars bearbeiten, indem Sie das Formular in der Layoutansicht öffnen, dann einmal auf die Beschriftung klicken. Nun sind Sie bereits in der Lage, den Text zu verändern. Bitte mit [↵] abschließen.

Den Formulartitel ändern Sie, indem Sie mit der rechten Maustaste auf das Formular klicken (in der Layoutansicht im Formularkopf), dann auf *Formulareigenschaften* klicken. Dort finden Sie unter der Rubrik *Alle* die Eigenschaft *Beschriftung*.

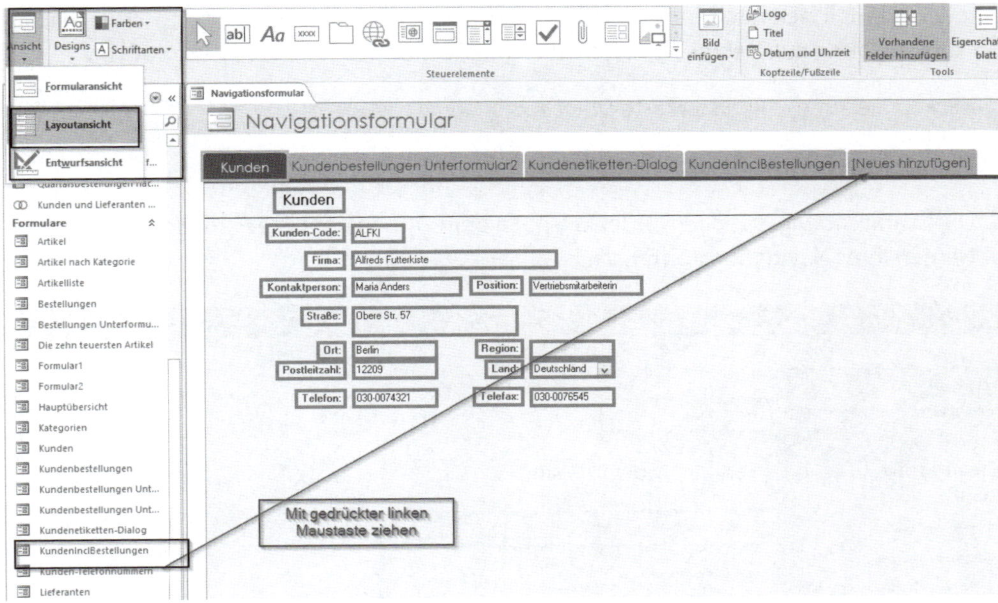

Oben sehen Sie die Navigation.

10.1.2 Das Startformular

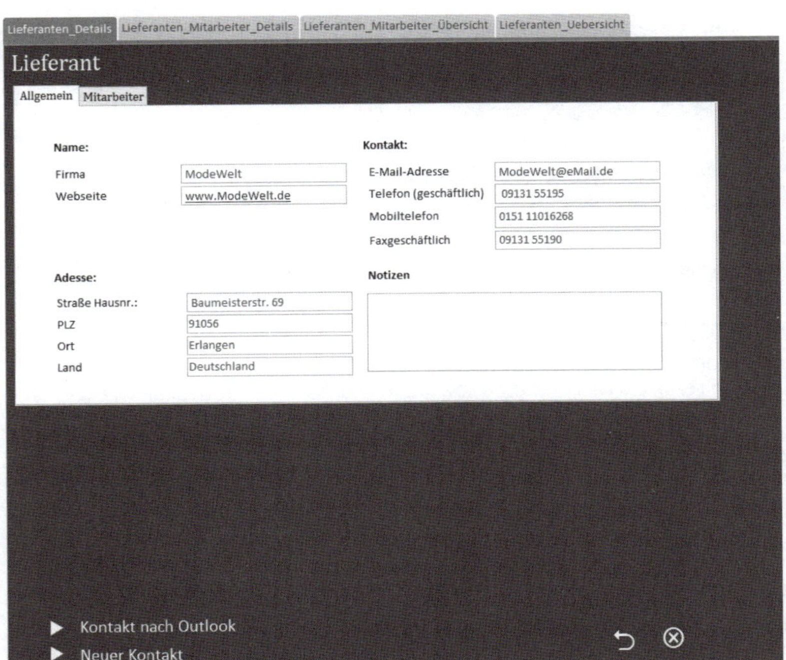

Jetzt wollen wir Ihnen noch zeigen, wie Sie das Navigationsformular als Startformular einsetzen können, ohne auf Makros ausweichen zu müssen. Dabei gehen Sie wie folgt vor:

1. Klicken Sie auf der Registerkarte *Datei* auf *Optionen*.
2. Dann klicken Sie auf *Aktuelle Datenbank*.
3. Unter *Anwendungsoptionen* finden Sie nach dem Öffnen der Liste *Formular anzeigen* den Namen Ihres Navigationsformulars.

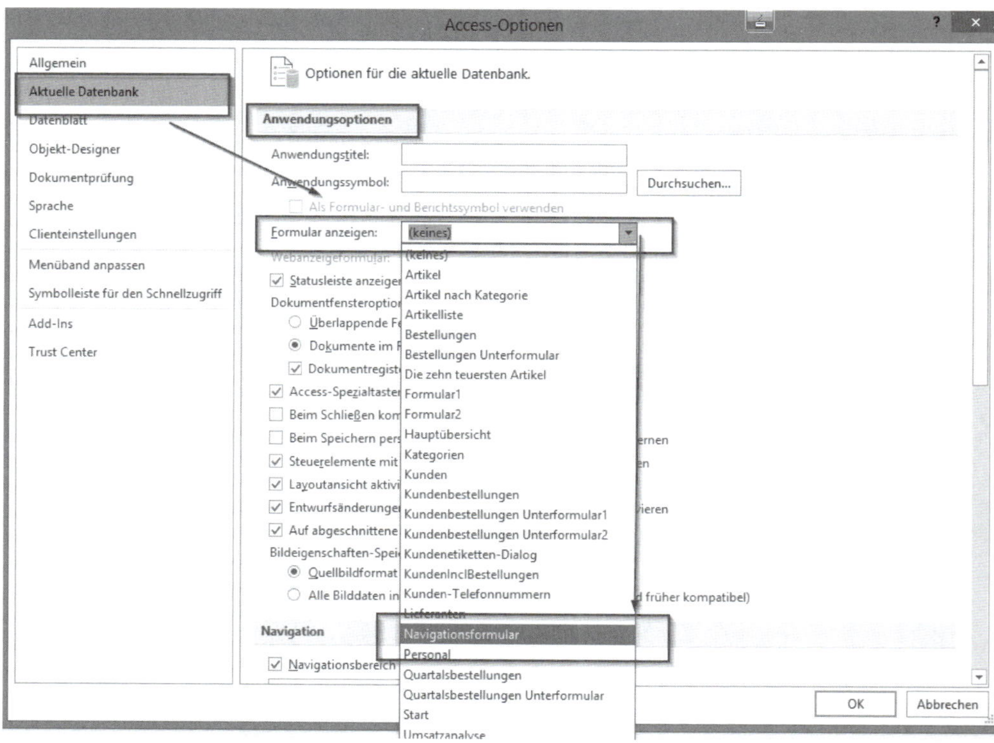

Falls Sie eine SharePoint-Version verwenden, finden Sie unter *Anwendungsoptionen* die Liste *Webanzeigeformular* und dort dann das Navigationsformular. Dies aber nur zur Ergänzung.

10.2 Bedingte Formatierung

Wie bei Excel, so gibt es auch bei Access die Möglichkeit, Zellen so zu formatieren, dass bei bestimmten Werten oder Ereignissen ein Wert farblich hervorsticht. Bei Excel können Sie das auf Tabellenebene erreichen, bei Access brauchen Sie dazu ein Formular. Bei unserem ersten Beispiel wollen wir im Formular *Übersicht über alle Lieferanten* den Lieferantenort Nürnberg rot (warum auch immer – wir wollen es so haben!) hervorheben, wie wir in unserem Bildbeispiel eine E-Mail-Adressse hervorgehoben haben.

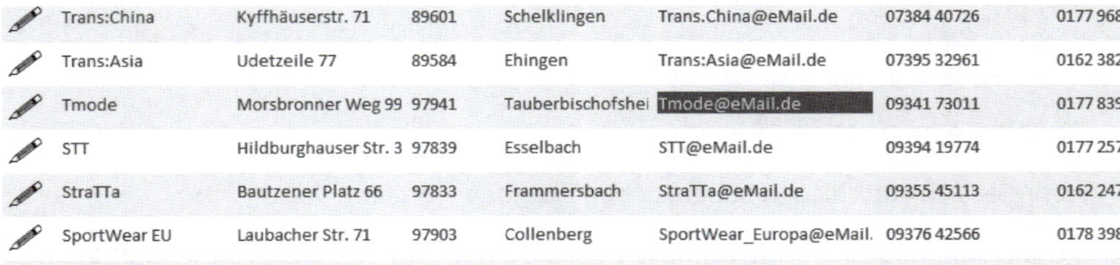

Trans:China	Kyffhäuserstr. 71	89601	Schelklingen	Trans.China@eMail.de	07384 40726	0177 9681
Trans:Asia	Udetzeile 77	89584	Ehingen	Trans:Asia@eMail.de	07395 32961	0162 3826
Tmode	Morsbronner Weg 99	97941	Tauberbischofshei	Tmode@eMail.de	09341 73011	0177 8391
STT	Hildburghauser Str. 3	97839	Esselbach	STT@eMail.de	09394 19774	0177 2571
StraTTa	Bautzener Platz 66	97833	Frammersbach	StraTTa@eMail.de	09355 45113	0162 2475
SportWear EU	Laubacher Str. 71	97903	Collenberg	SportWear_Europa@eMail.	09376 42566	0178 3985

Beispiel für bedingte Formatierung.

1. Öffnen Sie das Formular, wechseln Sie zur Entwurfsansicht.
2. Wählen Sie die *Formularentwurfstools* und dort *Bedingte Formatierung*.
3. Öffnen Sie den *Manager für Regeln zur bedingten Formatierung*.

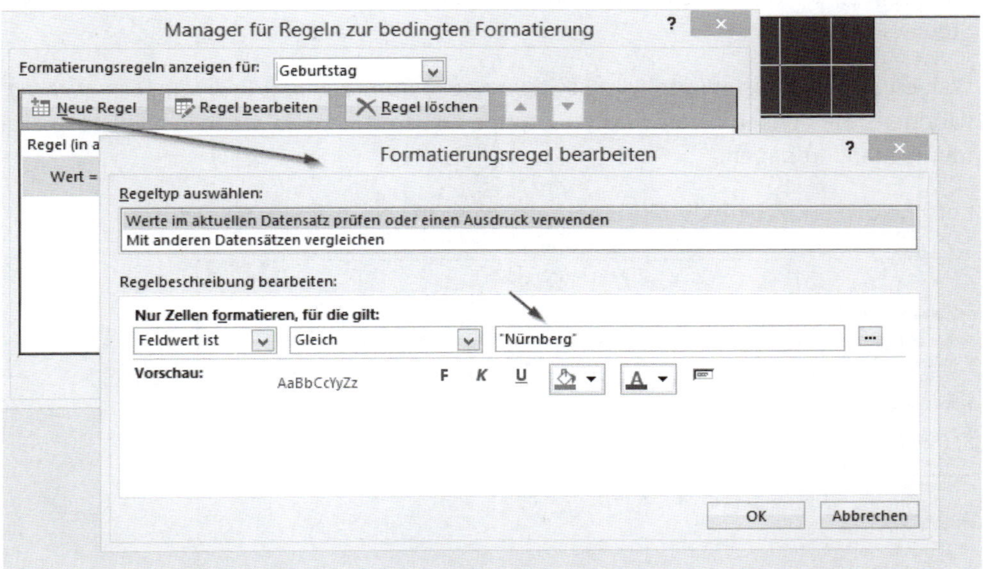

4. Klicken Sie auf *Neue Regel*. Achtung: Sie sollten vorher auf dem Feld im Tabellenlayout stehen, das Sie formatieren wollen.
5. Nun erstellen Sie eine neue Regel. Dabei können Sie auswählen zwischen:
   - *nicht zwischen,*
   - *gleich,*
   - *ungleich,*
   - *größer,*

- *kleiner,*
- *größer oder gleich,*
- *kleiner oder gleich.*

Wenn Sie sich entschieden haben, geben Sie einen Wert ein.

6. Darunter können Sie nun auswählen, welche Hervorhebung Ihr Feld haben soll. In unserem Fall nehmen wir ein »Nürnberg« – »rot«. Sie übernehmen den Wert, schalten nun auf die Normalansicht und sehen rot ...

Zweites Beispiel: Manchmal sollte man schnell erkennen können, wo sich der Cursor befindet. Auch dafür gibt uns die bedingte Formatierung eine Lösung, wieder bei unserer Formularlieferantenübersicht.

1. Wechseln Sie wieder in die Entwurfsansicht, markieren Sie mit gedrückter Strg-Taste alle Steuerelemente.
2. Wählen Sie die Registerkarte *Format/Steuerelementformatierung/Bedingte Formatierung.* (Übrigens: Sie denken daran, dass die Gruppe erst eröffnet wird, wenn Sie die Steuerelemente markiert haben.)
3. Entscheiden Sie sich für die Option *Formatierungsregeln anzeigen für mehrere.*

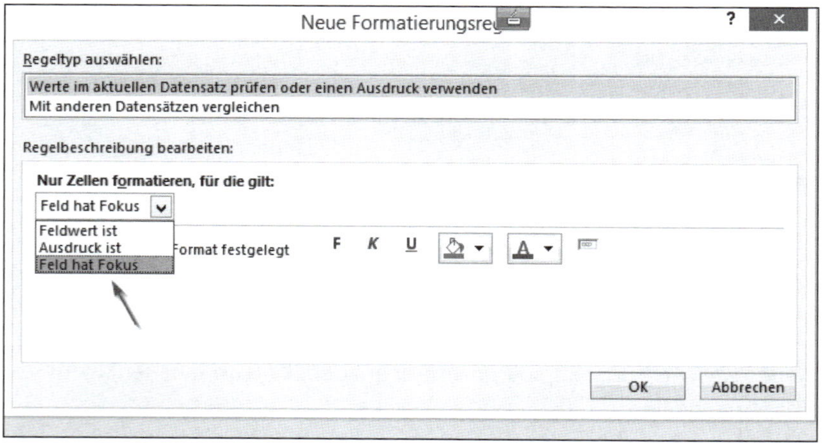

4. Danach wählen Sie *Feld hat Fokus* aus. Jetzt können Sie eine Hintergrundfarbe bzw. Schriftfarbe auswählen, die Sie für den aktiven Cursor verwenden wollen.
5. Wenn Sie gewählt haben, klicken Sie auf *OK.*

Danach – nicht vergessen – müssen Sie im *Manager für Regeln zur bedingten Formatierung* auf *Übernehmen* klicken, dann auf *OK.*

Das Ergebnis sehen Sie wieder in der Normalansicht.

Ein letztes Beispiel für den sinnvollen Einsatz von bedingter Formatierung.

In vielen Formularen müssen bestimmte Felder Werte enthalten; dies sind die sogenannten Pflichtfelder.

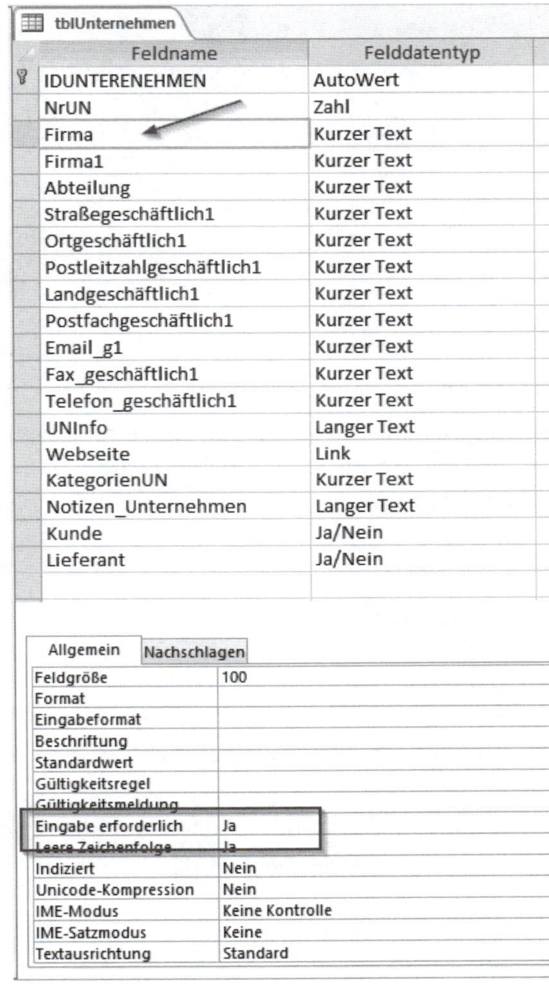
tblUnternehmen

Feldname	Felddatentyp
IDUNTERENEHMEN	AutoWert
NrUN	Zahl
Firma	Kurzer Text
Firma1	Kurzer Text
Abteilung	Kurzer Text
Straßegeschäftlich1	Kurzer Text
Ortgeschäftlich1	Kurzer Text
Postleitzahlgeschäftlich1	Kurzer Text
Landgeschäftlich1	Kurzer Text
Postfachgeschäftlich1	Kurzer Text
Email_g1	Kurzer Text
Fax_geschäftlich1	Kurzer Text
Telefon_geschäftlich1	Kurzer Text
UNInfo	Langer Text
Webseite	Link
KategorienUN	Kurzer Text
Notizen_Unternehmen	Langer Text
Kunde	Ja/Nein
Lieferant	Ja/Nein

Allgemein | Nachschlagen

Feldgröße	100
Format	
Eingabeformat	
Beschriftung	
Standardwert	
Gültigkeitsregel	
Gültigkeitsmeldung	
Eingabe erforderlich	Ja
Leere Zeichenfolge	Ja
Indiziert	Nein
Unicode-Kompression	Nein
IME-Modus	Keine Kontrolle
IME-Satzmodus	Keine
Textausrichtung	Standard

Ein Hinweis aus der Praxis

Bitte tragen Sie diese Pflichtfelder erst ganz am Schluss Ihrer Arbeiten am Datenbankentwurf ein. Sie ärgern sich permanent, wenn Sie in der Testphase immer sinnlos Daten eingeben müssen, wenn Sie schnell etwas austesten wollen. Das Ergebnis ist: Sie schmeißen die Pflichtfelder wieder raus und vergessen sie dann am Ende ganz. Also: Aufheben bis zum Schluss, bevor die Datenbank in den realen Einsatz geht!

Diese Pflichtfelder sollen nun ganz besonders eingefärbt werden.

1. Öffnen Sie die Tabelle *TblUnternehmen* in der Entwurfsansicht und wählen Sie das Feld *Firma* aus.
2. *Eingabe erforderlich* setzen Sie auf *Ja*.
3. Speichern Sie jetzt ab.

Bei *Erstellen* lassen wir uns ein Formular erstellen.

1. Gehen Sie in den Formularentwurf und wählen Sie das Feld *Firma* aus.
2. Danach klicken Sie auf das Register *Format*, Gruppe *Steuerelementformatierung*, Symbol *Bedingte Formatierung*.
3. Neue Regel auswählen: Werte im *Aktuellen Datensatz* prüfen oder einen Ausdruck verwenden: *IstNull ([Firma])*.

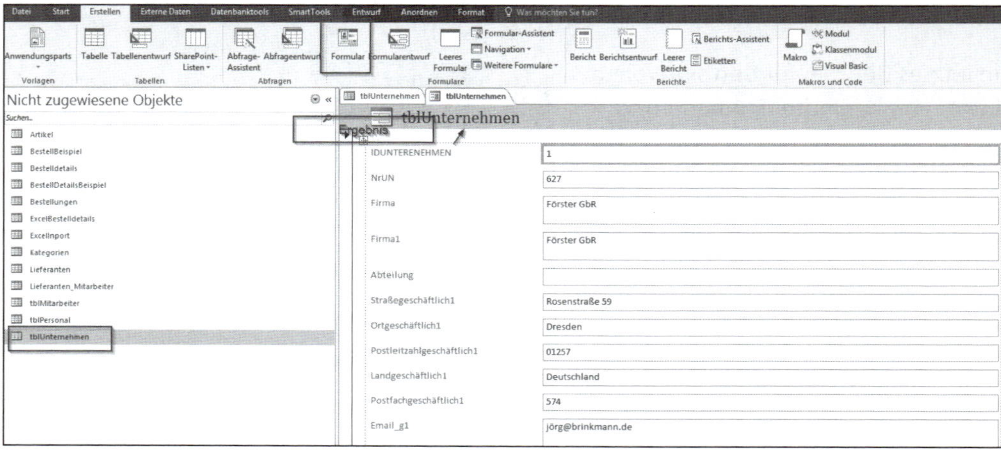

Achtung: Ich musste die Formel immer mithilfe des Assistenten eintragen. Mit der Tastatur geschrieben wollte es nicht funktionieren. Dabei nicht vergessen, *OK* anzuklicken, um zu übernehmen.

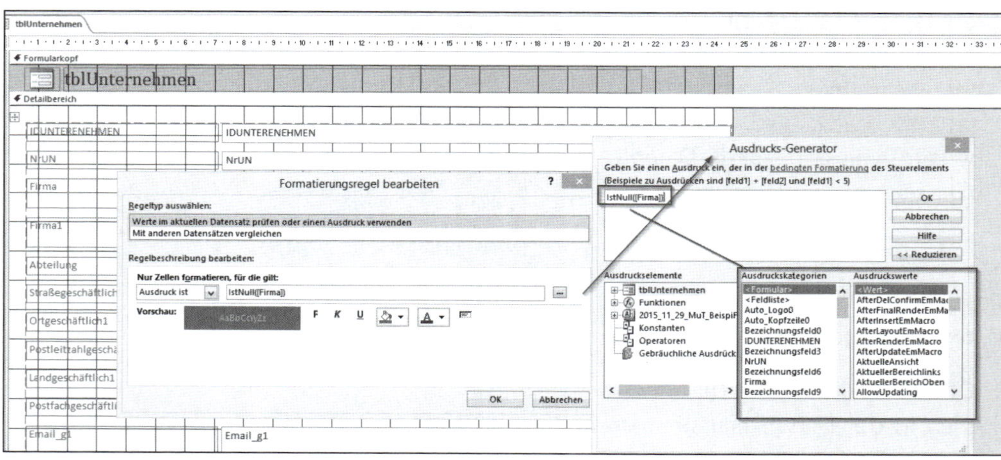

Wenn Sie auf die Normalansicht wechseln und einen neuen Datensatz anlegen, sehen Sie, wie das Feld *Firma* formatiert wird.

11 Makros

Viele professionelle Entwickler raten vom Verwenden von Makros ab. Wir selbst benutzen sie auch äußerst selten, erledigen das, was zu tun ist, meist mit VBA-Programmierung. Wir werden aber unsere Haltung überprüfen!

Denn jetzt ist besonders hervorzuheben, dass Microsoft in den letzten Versionen durch die Einführung von Datenmakros, die die gleiche Grammatik wie alle anderen Makros haben und für die es keine Alternative gibt, eine starke Aufwertung für Makros geschaffen hat. Und wenn man die Makros schon mal kennt ... Außerdem werden Makros auch im Internetbereich von Access verwendet und sind dort im Gegensatz zu VBA durchführbar.

11.1 Makros in den Versionen 2010–2016

Wie in fast allen Fachartikeln über Access-Makros, die die Makros der Versionen 2010–2016 betreffen, zu lesen ist, hat Microsoft diese stark aufgewertet. Vor allem die Tatsache, Makros als einzige Programmiermöglichkeiten in den Webversionen der Access-Datenbanken einzusetzen, macht es notwendig, sich mit Makros auseinanderzusetzen.

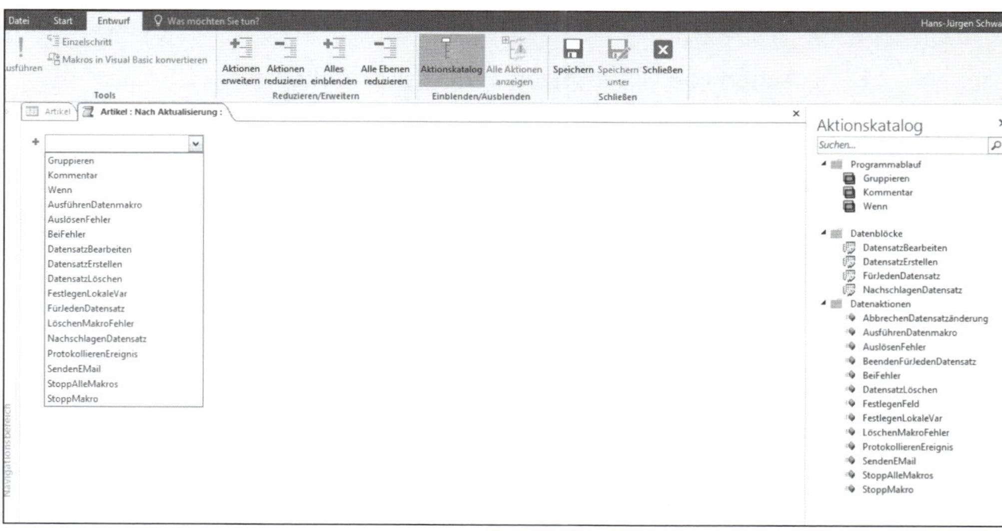

Gut ist, dass wir keine SharePoint-Anbindung und keinen Webserver brauchen, um die Makros und all ihre Möglichkeiten aufzuzeigen. Sie lassen sich auch in der Desktopversion verwenden.

> **Hinweis**
>
> Makros bezeichnen in Access etwas gänzlich anderes als in Excel und Word oder PowerPoint. Dort wird der Begriff verwendet, wenn man ähnlich wie bei einer Tonband- oder MP3-Aufnahme jeden Tastendruck mitschneidet. Der Editor erstellt eine VBA-Prozedur, die Sie einfach verwenden oder gar weiterbearbeiten können.
>
> Bei Access versteht man unter Makro eine völlig andere Art der Programmierung. Hier reihen Sie vorgefertigte Befehle aneinander. Die Befehle sind von Microsoft in verschiedene Gruppen aufgeteilt, sodass Sie sie schnell finden und in einem seit Access 2007 völlig überarbeiteten Editor anwenden können.

Im Navigationsbereich (Fenster ganz links) sehen Sie *Makro1*. Hier können Sie die Aktionen hinzufügen. Der Aktionskatalog rechts zeigt die gruppierten Befehle an, die sich über das Pluszeichen erweitern lassen.

> **Hinweis**
>
> Die standardmäßig angezeigten und die zusätzlichen Aktionen unterscheiden sich dergestalt, dass die standardmäßigen überall, die zusätzlichen nur dann ausführbar sind, wenn die Datenbank sich an einem vertrauenswürdigen Speicherort befindet. (Bitte Datenbank dorthin kopieren.) Übrigens zeigt auch das Kombinationsfeld *Neue Aktionen hinzufügen* nur Einträge an, die auch im Fenster *Aktionskatalog* dargestellt werden.

Welche Arten von Makros gibt es?

- Normale Makros
- Eingebettete Makros
- Datenmakros
- Benannte Datenmakros
- Ereignisgesteuerte Datenmakros
- Speziell: Autoexec-Makro

Normale Makros sind schon seit ewigen Zeiten in Access vorhanden. Sie werden gespeichert, befinden sich im Navigationsbereich der Datenbanksicht und sind aufrufbar.

Ein Makro besteht aus einer oder mehreren Aktionen, die man vielleicht auch als Befehle bezeichnen könnte. Sie legen in jeder Zeile fest, welche Aktionen ausgeführt werden sollen. Die folgende kleine Tabelle listet einen Teil der möglichen Aktionen auf.

Aktion	Auswirkung
Abbrechen Ereignis	Das Ereignis, in dem diese Aktion stattfindet, wird beendet.
Aktualisieren Daten	Access fragt Daten erneut ab. Das Steuerelement wird damit aktualisiert.
Anwenden Filter	Man kann einen Filter auswählen oder einen definieren, der dann angewendet wird.
Anzeigen alle Datensätze	Alle Filter werden ausgeschaltet.
Ausführen Code	Eine in VBA programmierte Subroutine oder Funktion wird ausgeführt.
Ausführen Makro	Ein definiertes Makro wird ausgeführt.
Ausgabe in	Ein definiertes Makro wird ausgeführt.
Auswählen Objekt	Sie können ein Datenbank-Objekt auswählen: Tabelle, Formular, Abfrage ...
Drucken	Einstellen der Druckparameter nicht vergessen!
Gehe zu Datensatz	Gilt sowohl für Tabellen, Abfragen wie auch für Formulare.
Gehe zu Steuerelement	Es wird zum angegebenen Steuerelement gewechselt. Der Name des Steuerelements wird verwendet.
Maximieren	Setzt das aktuelle Fenster auf Vollbilddarstellung.
Meldung	Anmeldefenster wird angezeigt, das eine Warnung, Information und einen Meldetext enthält.
Minimieren	Das aktuelle Fenster wird zum Symbol verkleinert.
Öffnen Abfrage	Öffnet eine festgelegte Abfrage. Man kann dabei auch die Form der Ansicht auswählen.
Öffnen Formular	Öffnet ein festgelegtes Formular. Sowohl die Ansicht als auch die beinhalteten Daten können festgelegt werden.
Öffnen Tabelle	Öffnet eine bestimmte Tabelle.
Schließen	Es wird der ausgewählte Objekttyp, den Sie mit Namen ansprechen, geschlossen.
Speichern	Speichert ein bestimmtes oder aktives Objekt.
Tastaturbefehle	Ermöglicht es, eine bestimmte Reihenfolge von Tastendruckabfolgen weiterzugeben.
Transferdatenbank	Daten einer Datenbank werden importiert bzw. exportiert. Es können auch Tabellen miteinander verknüpft werden.
Transfertext	Import oder Export von Textdaten
Warnmeldungen	Hiermit lassen sich Systemmeldungen ein- und ausschalten.

In dieser kleinen Tabelle haben wir die nach unserer Meinung wichtigsten Befehle zusammengeführt. Wenn Sie den Aktionskatalog, den Sie in der obigen Abbildung auf der rechten Seite sehen, aufklappen, werden Sie noch eine ganze Reihe zusätzlicher Befehle entdecken, die Sie einsetzen können. Die meisten dieser Namen sind aber ebenso selbsterklärend wie die, die wir in unserer Übersichtsstabelle aufgeführt haben. Wir wünschen Ihnen viel Spaß und Geduld beim Ausprobieren der vielfältigen Möglichkeiten.

Wie oben schon angemerkt, sollten Sie sich dabei auf die vertrauenswürdigen Aktionen beschränken.

Hilfe bei der Auswahl soll Ihnen die Schaltfläche *Aktionskatalog* bieten. Hier sind die Aktionen sinnvoll gruppiert. (Sinnvoll nach den Kriterien der Microsoft-Entwickler: Also finden Sie beispielsweise *Bericht öffnen* nicht unter dem Stichwort *Bericht*, sondern unter der Gruppe *Datenbank-Objekte*, da der Bericht zu den Datenbank-Objekten gehört!)

Wenn Sie fertig sind und Ihr Makro ausprobieren wollen, müssen Sie es erst speichern. Es erscheint dann in der Liste der Datenbank-Objekte. (Mit der rechten Maustaste können Sie es schnell unter *Entwurfsansicht* öffnen und weiterbearbeiten – das Speichern ist dann auch wieder nötig!)

Sie können Makros auch unter dem Aspekt der Ähnlichkeit oder der regelmäßigen nacheinander ablaufenden Anwendbarkeit zusammenschließen. Dann spricht man von Makrogruppen. Eine solche Makrogruppe enthält also immer mehrere Makros, die nacheinander ablaufen.

Ähnlich funktionieren Untermakros. Auch diese laufen dann ab, allerdings verwendet man ein Untermakro oft als allein ablaufendes Makro. Beim Aufruf muss das Hauptmakro genannt und mit einem Punkt vom Untermakro getrennt werden. Am Beispiel werden Sie sehen, wie das funktioniert.

Sie können Makros über mehrere Methoden ausführen, nämlich indem Sie sie über das Makrofenster aufrufen (Navigationsbereich) oder über das Register oder über eine Schaltfläche. Das Makro lässt sich auch programmgesteuert ausführen. Dabei starten Sie das Makro entweder aus einem anderen Makro oder Sie verwenden dazu eine VBA-Prozedur. Eine andere Möglichkeit ist, dass Sie das Makro an bestimmte Ereignisse knüpfen. So können Sie in einem Formular einen Schaltknopf einrichten und die Ausführung des Makros an das Klicken auf den Schaltknopf koppeln. Die letzte Möglichkeit ist, ein Makro auf eine Tastenkombination zu legen. Der Name muss *Autokeys* sein.

Bei den im ersten Teil bereits erwähnten Formular-Aktivitäten haben Sie schon Makros kennengelernt. In die Tiefe sind wir dabei aber noch nicht gegangen.

Makros sind Abfolgen von Befehlen, die in Access schon integriert sind. Meist werden sie verwendet, um auf Ereignisse in Berichten oder Formularen reagieren zu können oder auf ganz bestimmte Ereignisse zu reagieren.

Die Vorteile von Makros bestehen darin, dass sie leicht zusammenzustellen sind, und wenn man ihren grundsätzlichen Aufbau verstanden hat, sind sie schnell zu erstellen. Wir haben schon größere Datenbanken gesehen, die von ihren Entwicklern nur mit Makros, ohne eine einzige Zeile VBA zu erstellen, »programmiert« wurden und die dabei sehr stabil und fehlerfrei liefen.

Das Problem bei Makros ist, dass man Fehler sehr schwer finden kann und man oft nicht sieht, ob bestimmte Aktionen bei ganzen Gruppen von Makros schon stattgefunden haben. Ein weiterer Nachteil: Alle Makros, egal wo sie ausgeführt werden, werden im Datenbankfenster unter *Makros* gespeichert. Ausnahme sind die schon erwähnten Datenmakros, die direkt an die Tabelle anknüpfen, oder Makros, die innerhalb von Formularen oder Berichten an den Schaltknöpfen verwendet werden.

11.2 Datenmakros

Seit Access 2010 gibt es Datenmakros. Ereignisse wie Löschen, Ändern, Hinzufügen können Sie jetzt durchführen. Access bietet Ihnen hiermit fast die Möglichkeit, die Sie bei Großdatenbanken wie dem SQL-Server mit dem Trigger haben. Damit lässt sich die Anwendung wesentlich optimieren. Eine Datenänderung zu protokollieren, vor allem in abhängigen Tabellen, war so gut wie unmöglich. Wir haben eine Lösung für Access 2003 programmiert. Die Entwicklungszeit betrug für ein gesamtes Datenbanksystem fast ein Jahr. Jetzt ist es einfach, das über die Datenmakros zu bewerkstelligen. Wir brauchen in Formularen derzeit keinerlei Änderungen zu machen, da die Datenmakros auf Tabellenbasis arbeiten.

Da die Datenmakros nur auf Makroebene funktionieren, also nicht mit VBA korrespondieren, ist es unbedingt nötig, sich mit ihnen auseinanderzusetzen. Datenmakros werden – wie Sie ja schon wissen – nicht im Navigationsmenü angezeigt, sondern sie werden in Access selbst verwaltet.

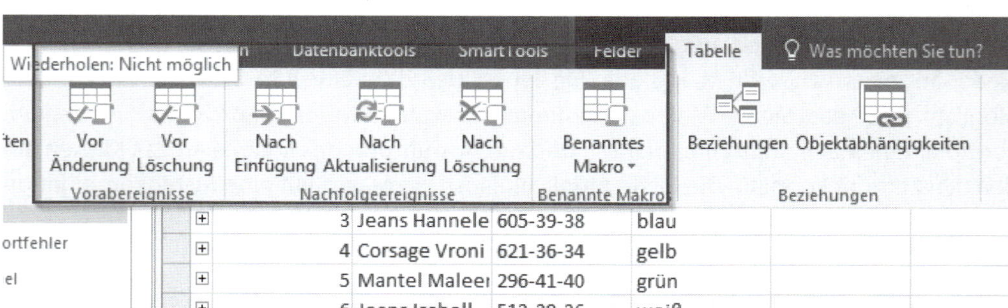

Zwei Haupttypen von Datenmakros sind vorhanden:

- ereignisgesteuerte Datenmakros (direkt von Tabellen aufgerufen) und
- benannte Datenmakros, die von verschiedenen Stellen aufgerufen werden können.

Sie legen die Makros im selben Editor wie die von uns genannten »normalen Makros« an, allerdings können Sie auf unterschiedliche Aktionen zugreifen. Wo können Sie die Datenmakros denn nun hinzufügen? Datenmakros können sowohl in der Entwurfsansicht der Tabelle als auch in der Datenblattansicht hinzugefügt werden. Datenmakros umbenennen und löschen können Sie über den Befehl *Makro umbenennen/löschen*. Ändern können Sie das Makro dort nicht, dazu müssen Sie den Befehl *Datenmakro erstellen* verwenden.

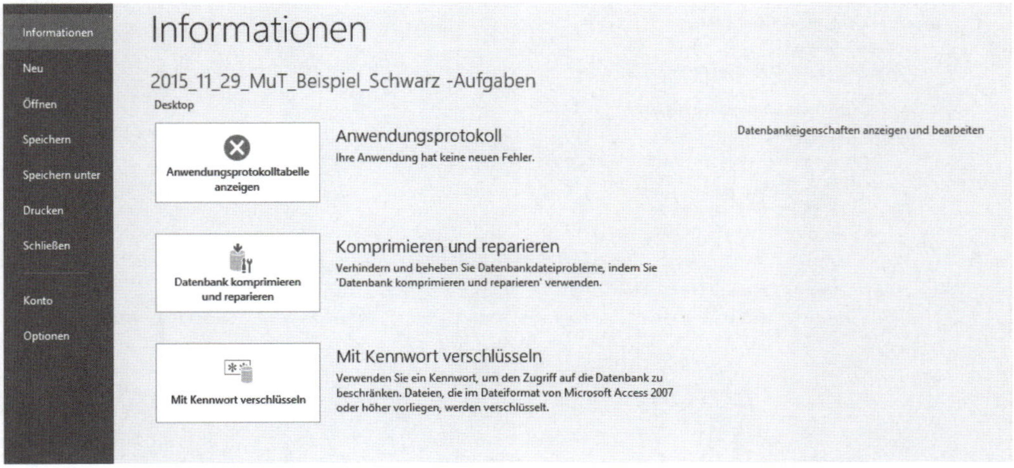

Systemtabellen einschalten ist relativ kompliziert.

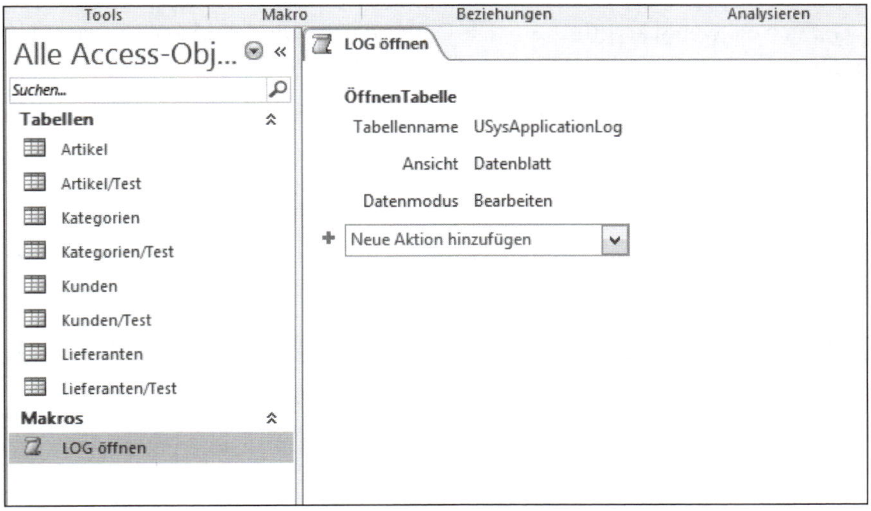

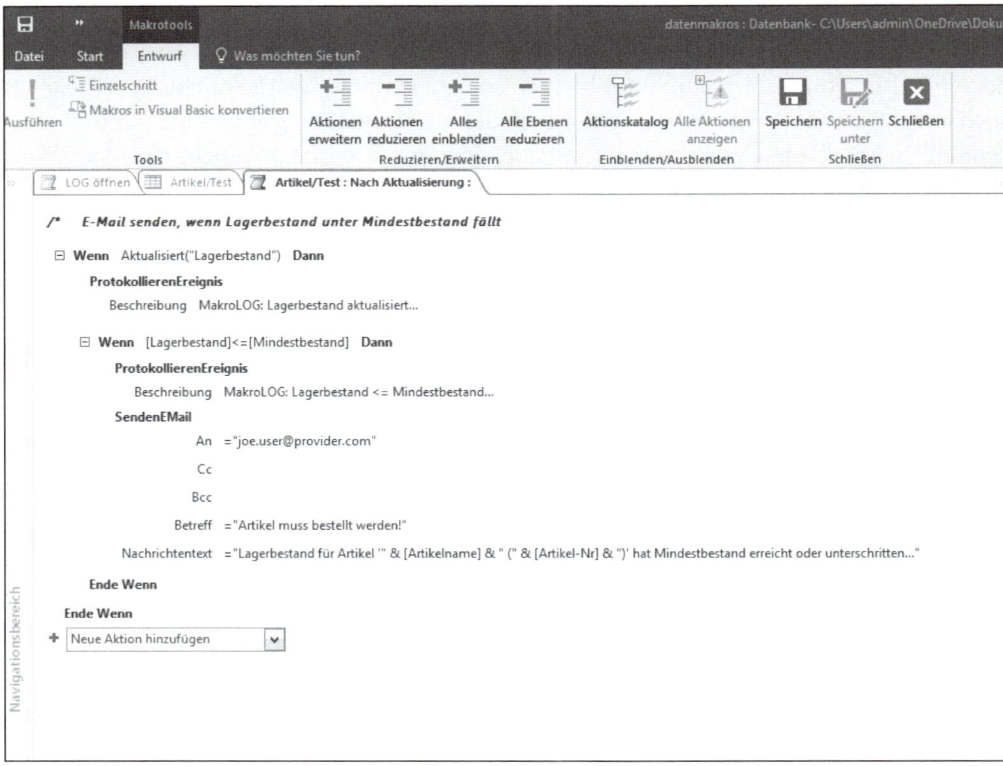

Oben drückte ich mich ein wenig kryptisch aus: Die Datenmakros werden in Access verwaltet, so meine Formulierung. Genauer soll das nun an dieser Stelle untersucht werden.

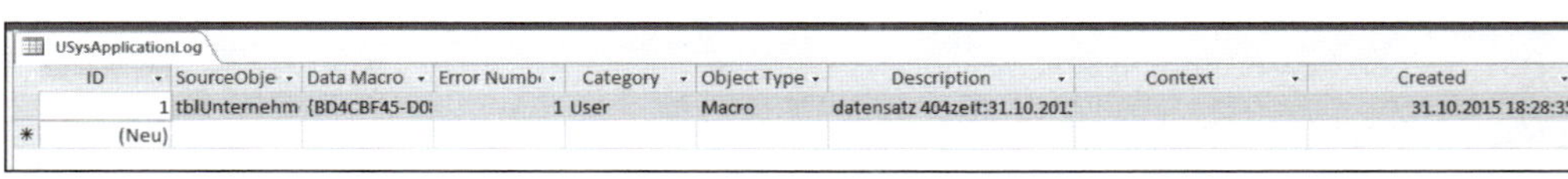

Access hat eine ganze Reihe von sogenannten Systemtabellen unter der Haube. Sie können sie normalerweise nur sehen, wenn Sie die Option *Systemtabellen anzeigen* einschalten.

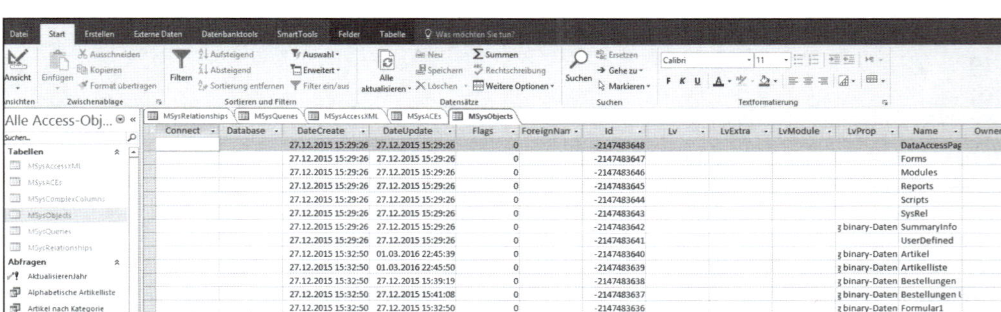

Den Button im Register *Datei*, Schaltfläche *Optionen* finden Sie erst, wenn Sie ein Datenmakro angelegt haben. In die Tabelle *USysApplicationLog* speichert Access nun die Änderungen, die an den Datensätzen vorgenommen werden, vorausgesetzt, Sie haben ein entsprechendes Makro angelegt!

Wenn Sie schon öfter Makros programmiert haben, werden Sie feststellen, dass viel weniger Ereignisse zur Verfügung stehen als bei den normalen Makros. Wir können die Ereignisse in zwei Blöcke aufteilen, die Vor-Ereignisse und die Nach-Ereignisse: Die Ereignisse vor Änderung, vor Löschung sind dazu gedacht, die alten und die neuen Werte des jeweils aktuellen Datensatzes auszuwerten.

Außerdem können Sie Daten festlegen. Die Nach-Ereignisse können dagegen auch Interaktionen durchführen, wobei die geänderten oder die originalen Werte zur Verfügung stehen.

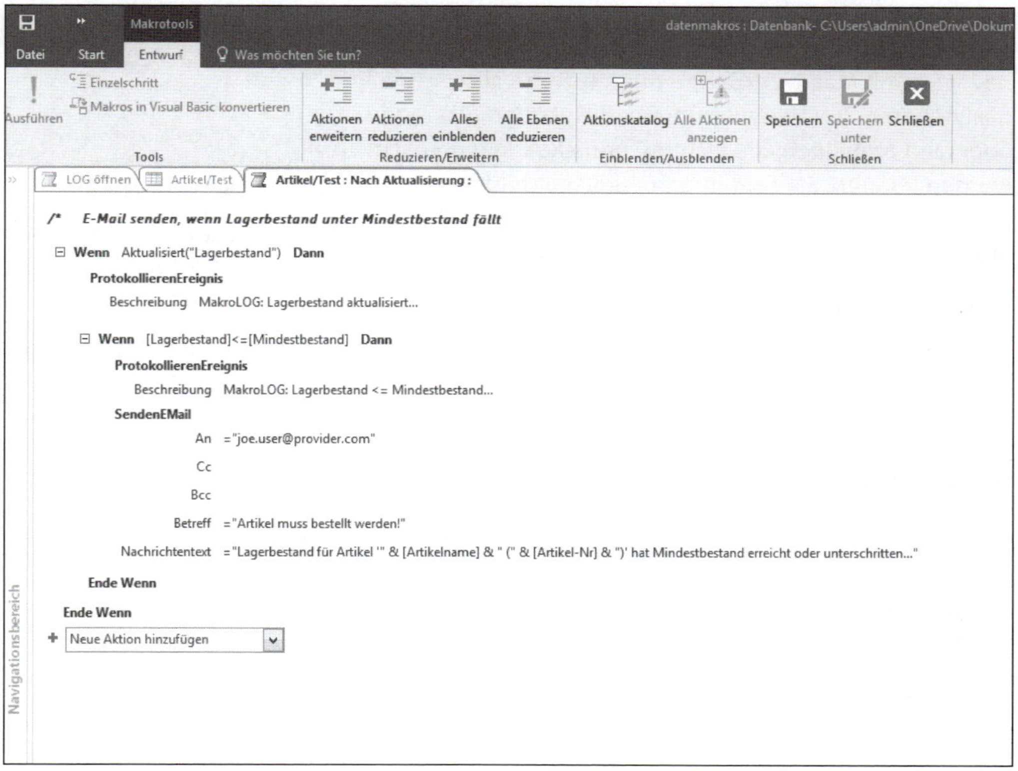

Das Datenmakro zu USysApplicationLog.

Wichtige Datenmakros sind hier *DatensatzErstellen-*, *DatensatzBearbeiten-* und *DatensatzLöschen*-Ereignisse. Bei den Datenmakros gibt es eine Reihe von Einschränkungen, die beachtet werden sollten. Datenmakros können keine Felder bearbeiten, die aus Multivalue-Feldern kommen.

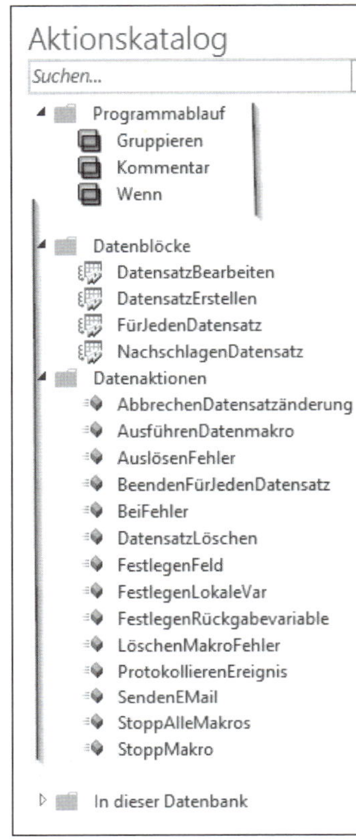

11.3 Mit benannten Makros arbeiten

Ein benanntes Makro ist zwar auch einer bestimmten Tabelle zugeordnet, aber keinem bestimmten Ereignis. Sie müssen es erst selbst programmieren. Wir wollen in einem Beispiel die Möglichkeit solcher Werkzeuge darstellen. Für Anfänger ein Tipp: Kopieren Sie immer Ihre Datenbank, bevor Sie mit Makros experimentieren. Denn allzu schnell geschehen dabei Veränderungen an Tabellen, Abfragen oder gar Formularen, die nicht mehr rückgängig gemacht werden können. Sie sollten dann einfach mit Ihrer Kopie weiterarbeiten können, wenn etwas schiefgelaufen ist. (Aber vor einem neuen Experiment bitte wieder kopieren!)

Nun wollen wir Ihnen einige Beispiele präsentieren, die das oben Erwähnte verdeutlichen.

11.4 Die Beispiele

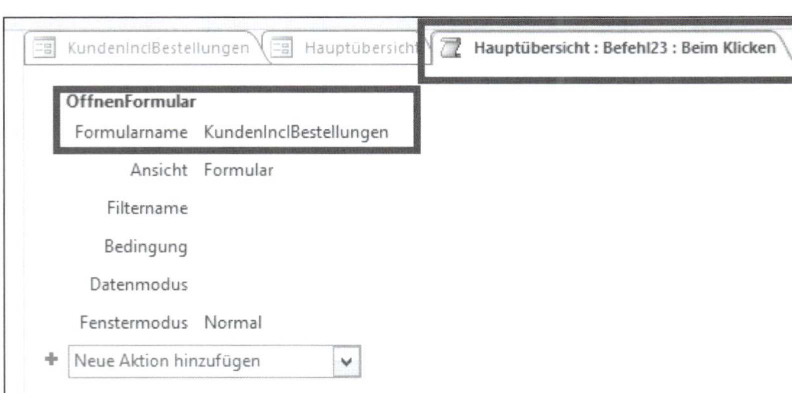

11.4.1 Ein Kommentar

Sehr oft benötigt man eine Erinnerung, welchen Zweck ein Makro hatte, vor allem dann, wenn man später die Funktionalität eines Makros überarbeiten will. Deshalb empfiehlt es sich, ähnlich auch wie in der VBA-Programmierung, mit Kommentaren zu arbeiten. Nur dann sind Sie in der Lage, Ihre Gedanken, die sie beispielsweise vor fünf Jahren hatten, wieder nachzuvollziehen. Somit sollte es eigentlich kein Makro geben, das nicht kommentiert ist.

Sie erstellen ein Makro und klicken dann im Aktionskatalog auf *Kommentar*. Es geht eine rechteckige Fläche auf, in die Sie einfach Ihren Text schreiben. Das war's dann schon. Wenn Sie auf eine neue Aktion klicken, wird der typische Kommentar angezeigt, nämlich ein Slash (Schrägstrich) mit Sternchen und in kursiver, fetter, grüner Schrift die Ausgabe des Kommentars, den Sie in diesem Makro geschrieben haben.

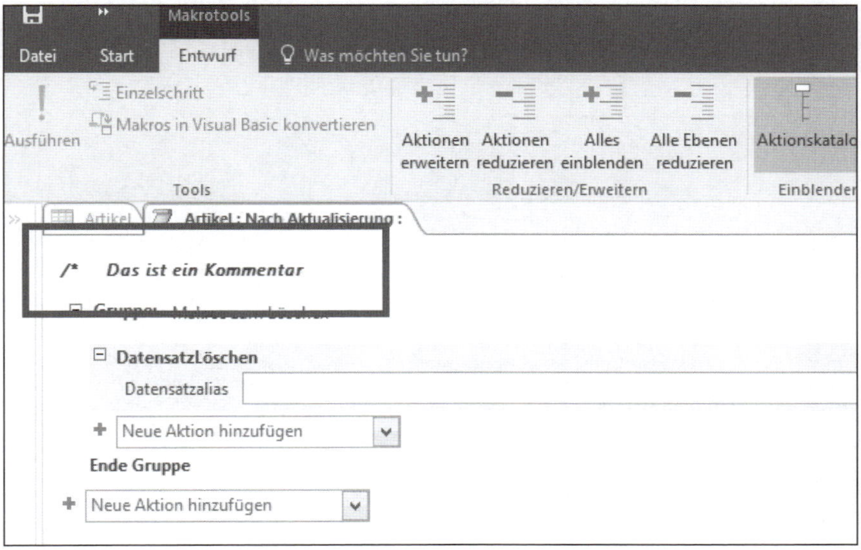

11.4.2 Ein eingebettetes Makro

Jetzt wollen wir ein eingebettetes Makro erstellen. Dazu benötigen Sie zuerst einen Formularentwurf.

Bevor wir hier weitermachen, sollten Sie sich vergewissern, dass die Abfrage *Alphabetische Artikelliste* vorhanden ist.

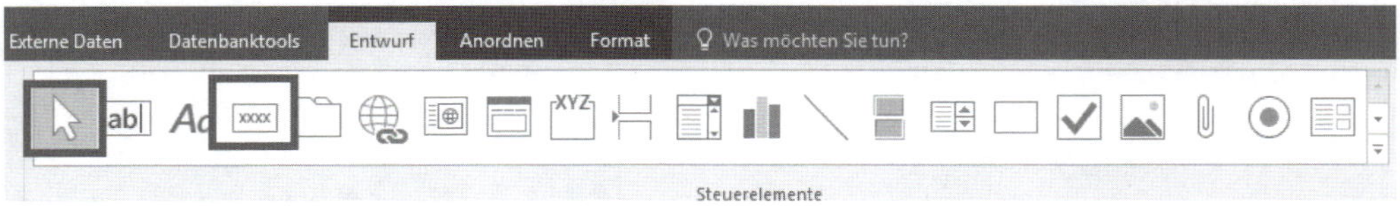

Verwenden Sie dieses Mal die Datenbank *MyNordwind*. Die Formularfläche, die Sie mit einem neuen Schaltknopf versehen werden, ist das Formular *Hauptübersicht*. Ziehen Sie aus dem Entwurfsreiter einen Button auf. Bei den Eigenschaften können Sie jetzt ein Makro einsetzen.

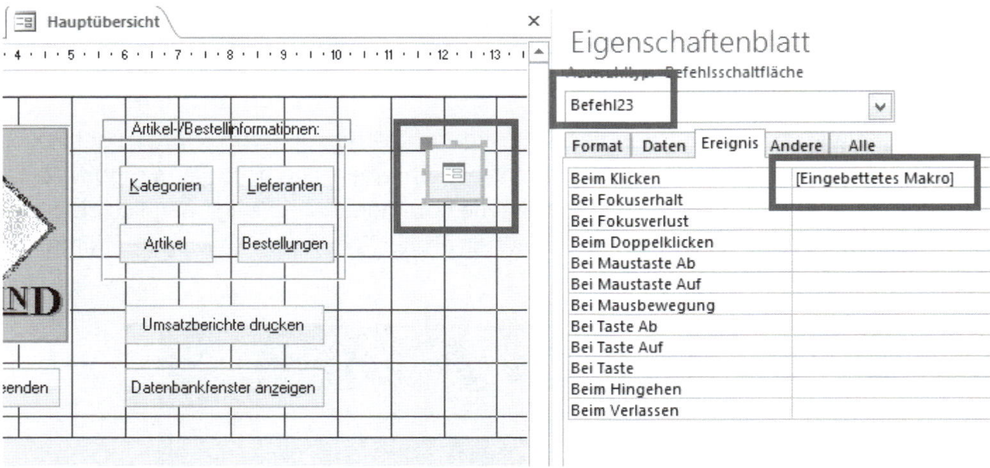

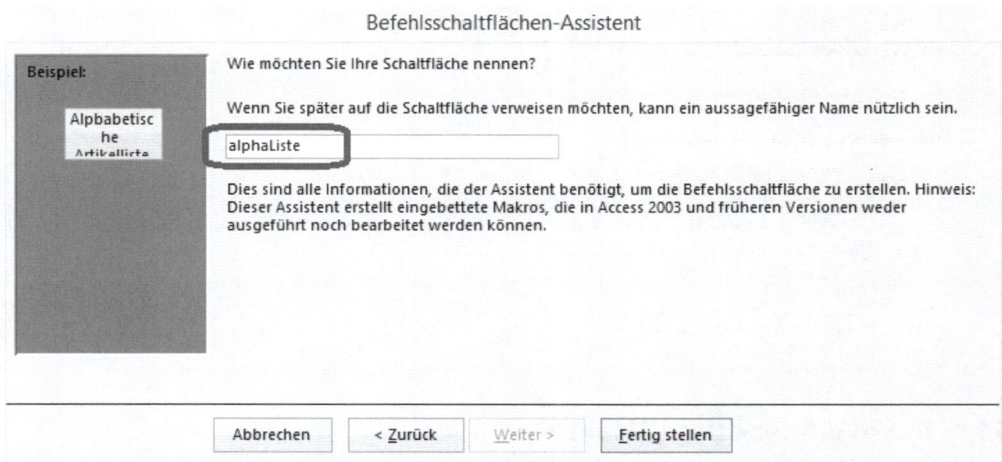

Wenn Sie den Assistenten verwenden, können Sie auch hier einen aussagekräftigen Namen für den Schaltknopf verwenden und ihm gleichzeitig eine Aktion mitgeben. Die Aktion, die Sie ihm mitgeben wollen, ist der Aufruf des Makros für eine alphabetische Artikelliste: *alphaListe*.

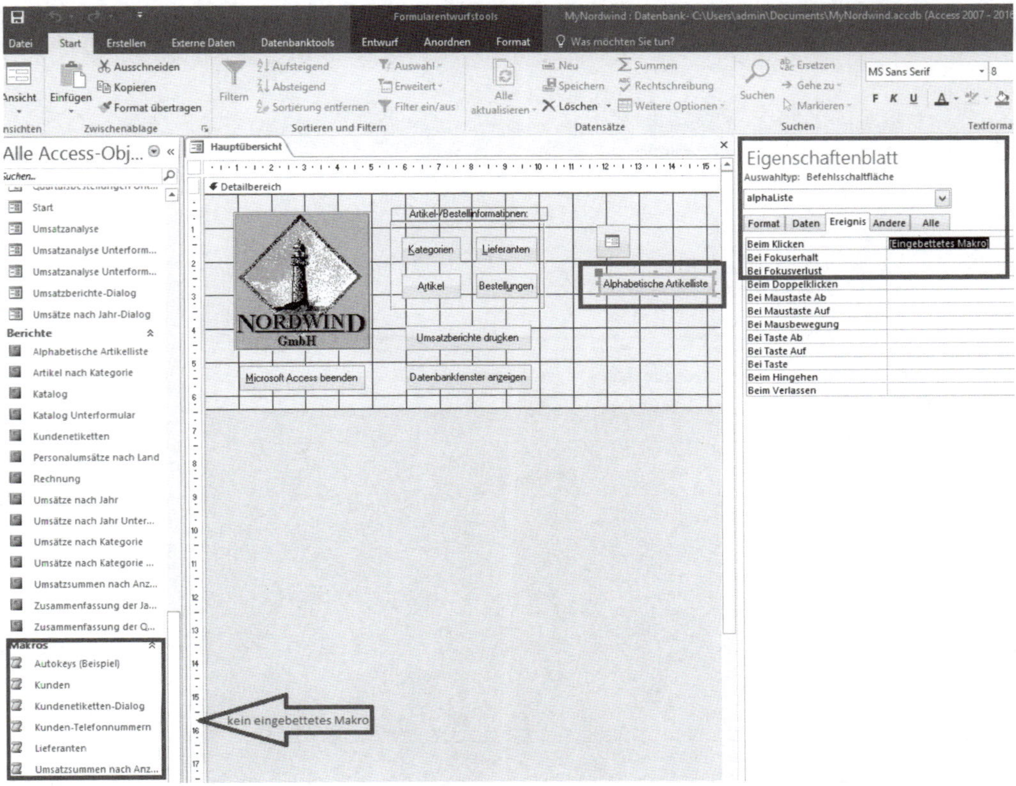
Formularentwurfstools
Datei
Start
Erstellen
Externe Daten
Datenbanktools
Entwurf
Anordnen
Format
Was möchten Sie tun?
Ausschneiden
Kopieren
Format übertragen
Einfügen
Zwischenablage
Filtern
Aufsteigend
Absteigend
Sortierung entfernen
Auswahl
Erweitert
Filter ein/aus
Sortieren und Filtern
Alle aktualisieren
Neu
Speichern
Löschen
Summen
Rechtschreibung
Weitere Optionen
Datensätze
Suchen
Ersetzen
Gehe zu
Markieren
MS Sans Serif
Alle Access-Obj...
Hauptübersicht
Detailbereich
Start
Umsatzanalyse
Umsatzanalyse Unterform...
Umsatzanalyse Unterform...
Umsatzberichte-Dialog
Umsätze nach Jahr-Dialog
Berichte
Alphabetische Artikelliste
Artikel nach Kategorie
Katalog
Katalog Unterformular
Kundenetiketten
Personalumsätze nach Land
Rechnung
Umsätze nach Jahr
Umsätze nach Jahr Unter...
Umsätze nach Kategorie
Umsätze nach Kategorie ...
Umsatzsummen nach Anz...
Zusammenfassung der Ja...
Zusammenfassung der Q...
Makros
Autokeys (Beispiel)
Kunden
Kundenetiketten-Dialog
Kunden-Telefonnummern
Lieferanten
Umsatzsummen nach Anz...
NORDWIND GmbH
Artikel-/Bestellinformationen:
Kategorien
Lieferanten
Artikel
Bestellungen
Alphabetische Artikelliste
Umsatzberichte drucken
Microsoft Access beenden
Datenbankfenster anzeigen
kein eingebettetes Makro
Eigenschaftenblatt
Auswahltyp: Befehlsschaltfläche
alphaListe
Format
Daten
Ereignis
Andere
Alle
Beim Klicken
[Eingebettetes Makro]
Bei Fokuserhalt
Bei Fokusverlust
Beim Doppelklicken
Bei Maustaste Ab
Bei Maustaste Auf
Bei Mausbewegung
Bei Taste Ab
Bei Taste Auf
Bei Taste
Beim Hingehen
Beim Verlassen

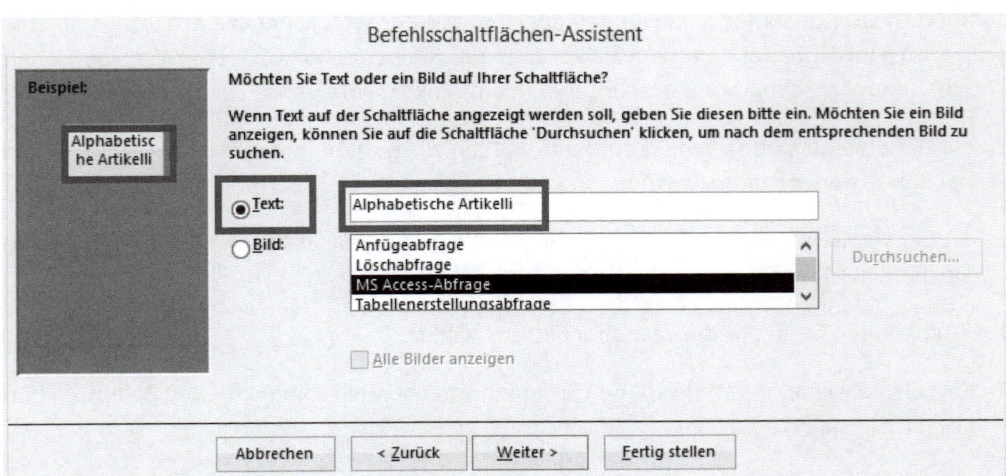
Befehlsschaltflächen-Assistent
Beispiel:
Alphabetische Artikelli
Möchten Sie Text oder ein Bild auf Ihrer Schaltfläche?
Wenn Text auf der Schaltfläche angezeigt werden soll, geben Sie diesen bitte ein. Möchten Sie ein Bild anzeigen, können Sie auf die Schaltfläche 'Durchsuchen' klicken, um nach dem entsprechenden Bild zu suchen.
Text:
Alphabetische Artikelli
Bild:
Anfügeabfrage
Löschabfrage
MS Access-Abfrage
Tabellenerstellungsabfrage
Durchsuchen...
Alle Bilder anzeigen
Abbrechen
< Zurück
Weiter >
Fertig stellen

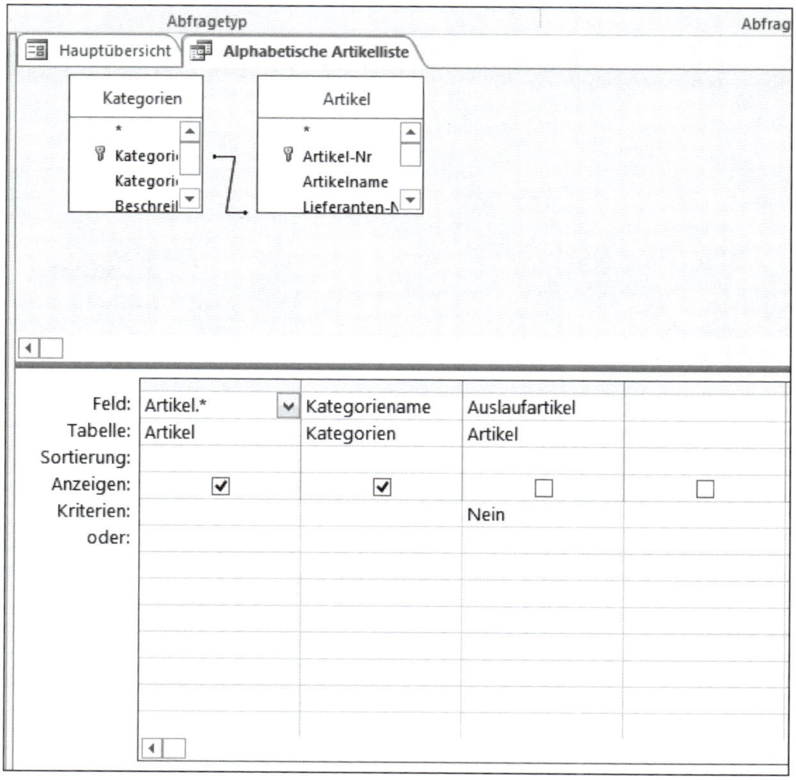

Diese Abfrage finden Sie schon fertig im Navigationsfenster. Sie sollten sie als Grundlage nehmen, allerdings sollten Sie im Makro noch einen Filter setzen, der alle Artikel ausgibt, die nach dem S im Alphabet kommen. Sie könnten dies freilich schon über die Filtereigenschaft im Schaltknopf machen, wir wollen es aber in das Makro schreiben.

1. Sie ziehen einfach den Schaltknopf auf, wählen wie gehabt in der Kategorie *Diverse* und bei den *Aktionen Abfrage ausführen*.
2. An der zweiten Stelle finden Sie die *Alphabetische Artikelliste*. Klicken Sie darauf, klicken Sie dann auf *Weiter*.
3. Jetzt können Sie entweder *Text* oder *Bild* auswählen.
4. Klicken Sie wieder auf *Weiter*, geben Sie einen sprechenden Namen für den Befehl ein und klicken Sie auf *Fertig stellen*.
5. Mit der rechten Maustaste klicken Sie nun auf den Button, wählen dann das Ereignis aus und sind in der Makroansicht angelangt. Hier sehen Sie nun *ÖffnenAbfrage* und unser Bild zeigt uns, was vom Assistenten vorbereitet wurde und was Sie jetzt auch noch selbst erstellen sollen.

Damit haben Sie einen Filter angelegt, der alle Artikel, deren Anfangsbuchstaben nach S kommen, ausgibt. Sobald Sie auf diesen Schaltknopf klicken, sehen Sie das Ergebnis.

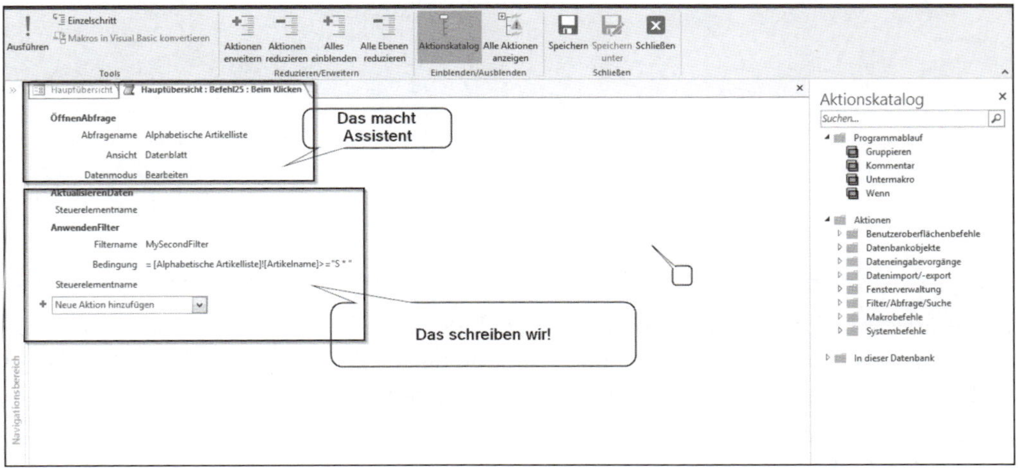

11.4.3 Excel- oder Outlook-Ausgabe?

Diesmal sollen Sie ein Makro erstellen, das den Inhalt einer Tabelle nach Wunsch entweder in eine Excel-Datei speichert oder als E-Mail-Anhang im PDF-Format nach Outlook schiebt. Den Text der E-Mail können Sie noch selbst verfassen, da die E-Mail nicht automatisch verschickt wird.

1. Klicken Sie auf *Erstellen*, dann auf *Makro*.

2. Sie sollten als Erstes eine *Message-Box*, auf Deutsch Anmeldefenster, erzeugen, in der Sie auswählen können, ob Sie das Excel-Dokument oder das PDF anhängen wollen. Das Anmeldefenster bietet aber nur *Ja* oder *Nein* als Auswahl an. Also sollten Sie sich eine Formulierung überlegen, die den Anwender fragt, was er machen möchte, etwa: *Was wollen Sie haben? Den Export nach Excel? Dann klicken Sie auf Ja. Sonst erhalten Sie die Tabelle tblPersonal als Outlook-Anhang.*

Jetzt ist klar, dass der Anwender weiß, was er anklicken soll. Er entscheidet für Sie, das heißt, dass Sie auf die *Wenn*-Funktion des Makro-Fensters zugreifen müssen.

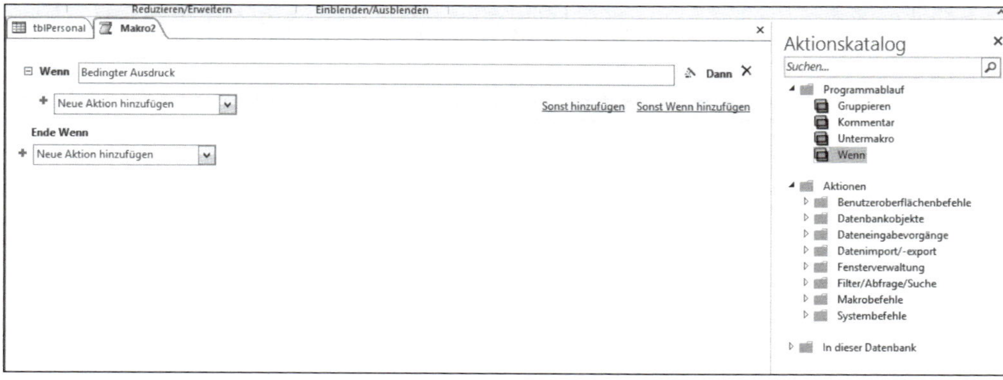

3. Bei *Bedingter Ausdruck* schreiben Sie die Meldung. Ähnlich wie Sie es vielleicht von Excel-Funktionen kennen, wird Ihnen nach Angabe des Funktionsnamens eine Meldung in Smarttags angezeigt, die angibt, wo Sie sich befinden.

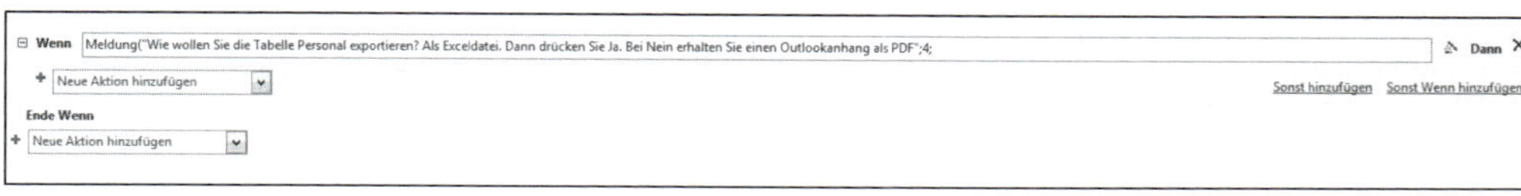

4. Jetzt klicken Sie auf *Neue Aktion hinzufügen* und wählen aus der sich öffnenden Liste *ExportierenMitFormatierung*.

5. Sofort verändert sich fast der ganze Bildschirm. Sie haben nun eine Menge zur Auswahl; bei *Objekttyp* wählen Sie *Tabelle*, obwohl auch Abfragen zur Verfügung stehen.

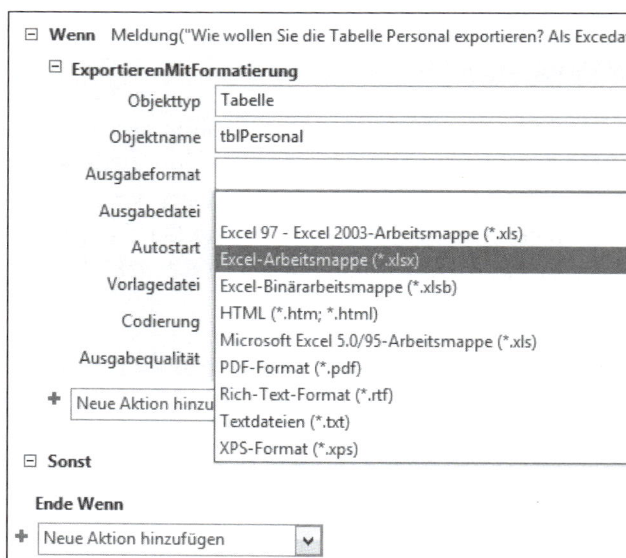

6. Als *Objektname* suchen Sie *tblPersonal* aus: nur aufklappen und auswählen!

7. Bei *Ausgabeformat* klicken Sie *Excel-Arbeitsmappe (*.xls)* an.

8. Den Namen der Datei müssen Sie hinterlegen, also eintippen. Und zwar mit Verzeichnis und so weiter. Ich lege sie in *D:\Teststrecke\tblPersonal.xlsx*

9. Bei der *Ausgabequalität* können Sie zwischen *Bildschirm* und *Druckqualität* wählen. Ich wähle *Bildschirm* aus.

10. Jetzt können Sie auf *Sonst* klicken.

11. Auch hier gibt es wieder das Feld *Neue Aktion hinzufügen*. Sie wählen *emaildatenbankobjekt* aus.

12. *Objekttyp* bleibt *Tabelle*.

13. *Objektname* bleibt *tblPersonal*.

14. Das *Ausgabeformat* ist *PDF*.

15. Jetzt können Sie die Adresse vorbelegen. Nehmen Sie eine Fantasie-Adresse. Sie wissen, dass die Abkürzung *An* die eigentliche Empfänger-Adresse ist, *Cc* eine Adresse, an die eine Kopie geschickt wird, und *Bcc* (**B**lind **c**arbon **c**opy) bedeutet eine verdeckte Adresse. Achtung: Bei manchen Firmen sperren die Administratoren diesen Adresstyp.

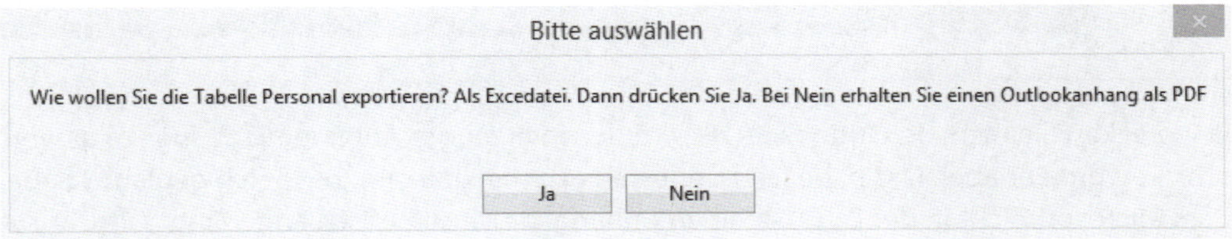

16. *Betreff* ist die Personalliste, und schon sind Sie fertig. Sie können testen.

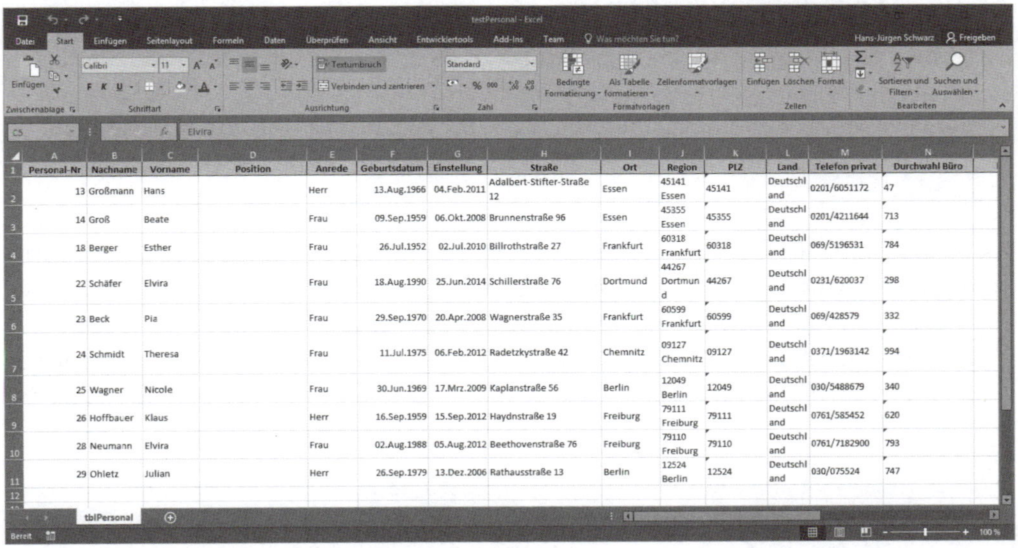

Personal-Nr	Nachname	Vorname	Position	Anrede	Geburtsdatum	Einstellung	Straße	Ort	Region	PLZ	Land	Telefon privat	Durchwahl Büro
13	Großmann	Hans		Herr	13.Aug.1966	04.Feb.2011	Adalbert-Stifter-Straße 12	Essen	45141 Essen	45141	Deutschland	0201/6051172	47
14	Groß	Beate		Frau	09.Sep.1959	06.Okt.2008	Brunnenstraße 96	Essen	45355 Essen	45355	Deutschland	0201/4211644	713
18	Berger	Esther		Frau	26.Jul.1952	02.Jul.2010	Billrothstraße 27	Frankfurt	60318 Frankfurt	60318	Deutschland	069/5196531	784
22	Schäfer	Elvira		Frau	18.Aug.1990	25.Jun.2014	Schillerstraße 76	Dortmund	44267 Dortmund	44267	Deutschland	0231/620037	298
23	Beck	Pia		Frau	29.Sep.1970	20.Apr.2008	Wagnerstraße 35	Frankfurt	60599 Frankfurt	60599	Deutschland	069/428579	332
24	Schmidt	Theresa		Frau	11.Jul.1975	06.Feb.2012	Radetzkystraße 42	Chemnitz	09127 Chemnitz	09127	Deutschland	0371/1963142	994
25	Wagner	Nicole		Frau	30.Jun.1969	17.Mrz.2009	Kaplanstraße 56	Berlin	12049 Berlin	12049	Deutschland	030/5488679	340
26	Hoffbauer	Klaus		Herr	16.Sep.1959	15.Sep.2012	Haydnstraße 19	Freiburg	79111 Freiburg	79111	Deutschland	0761/585452	620
28	Neumann	Elvira		Frau	02.Aug.1988	05.Aug.2012	Beethovenstraße 76	Freiburg	79110 Freiburg	79110	Deutschland	0761/7182900	793
29	Ohletz	Julian		Herr	26.Sep.1979	13.Dez.2006	Rathausstraße 13	Berlin	12524 Berlin	12524	Deutschland	030/075524	747

Klicken Sie auf *Ausführen*; bei mir dauert es beim ersten Mal ein wenig länger, also bitte Geduld. Sie können jetzt das Makro unter einem beliebigen Namen speichern. Es öffnet sich ein Fenster, das Sie programmiert haben.

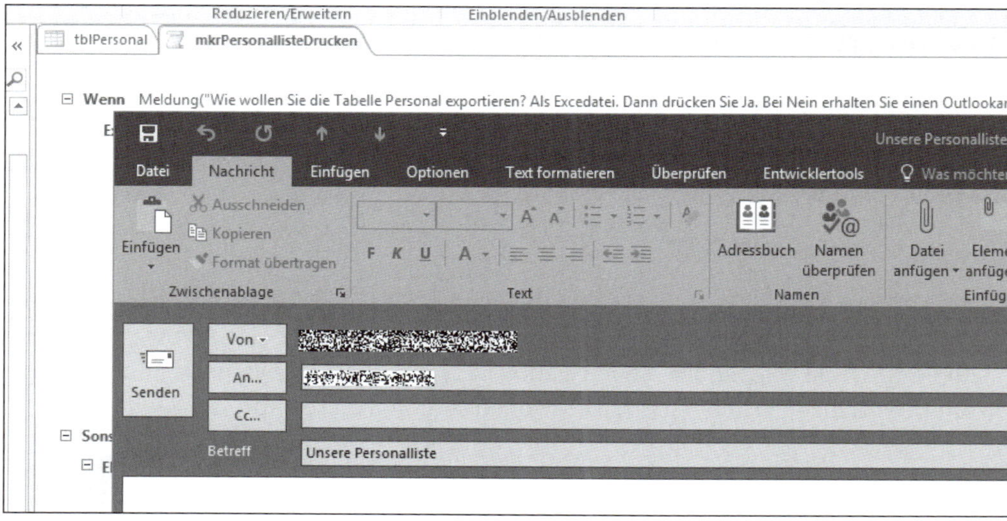

Erschrecken Sie nicht: In Outlook 2010 wird der so erzeugte Anhang nicht angezeigt, verschickt würde er aber. Das habe ich mindestens 10-mal getestet, bevor ich geglaubt habe, dass Microsoft nicht in der Lage ist, einen Anhang, der automatisch angehängt wird, anzuzeigen.

11.4.4 Die alphabetische Liste

Ein letztes Beispiel für ein Makro mit Untermakros möchte ich Ihnen nun zeigen. Diesmal ist aber recht viel zu schreiben. Der Aufwand lohnt sich allerdings, weil Sie dieses Beispiel immer wieder in anderen Programmen aufrufen können. Ausgangspunkt ist diesmal eine Tabelle, nämlich unsere Kundentabelle *tblKunde*. Wir legen ein Formular an, das mehrere Elemente enthält.

Wir nehmen nur die Felder *Firma*, *Kontaktperson*, *Telefon* und *Telefax*. Die in unserer Musterlösung vorhandene Formel im Seitenfuß zeigt die Seitenzahl an. Im Formularfuß haben wir eine ganze Reihe von Buttons eingefügt, die alle ein alphabetisches Verzeichnis angeben. Es gibt also den Schaltknopf A, B, C usw. Ich möchte Sie nur auf den letzten Schaltknopf hinweisen: Er ist mit *Alle* beschriftet. Was soll nun passieren, wenn auf einen dieser Schaltknöpfe geklickt wird?

In unserem Beispiel sind alle Firmen in diesem Verzeichnis zu sehen. Durch das Betätigen des Schaltknopfes *M* möchten wir aber erreichen, dass nur die Firmen mit dem Anfangsbuchstaben M angezeigt werden. Wir müssten also einen Filter setzen. Dieser muss wieder gelöscht werden, bevor ein anderer Schaltknopf betätigt wird und dessen Filter gesetzt wird. Beim Klick auf *Speichern* müssen alle Filter gelöscht werden. Wie können Sie das erreichen?

Dieses Mal sollen Sie ein Makro im Makrobereich anlegen. Deshalb müssen Sie für jeden Schaltknopf (in der Entwurfsansicht) einen Optionswert setzen. Wir beginnen bei A mit 1, machen weiter bei B mit 2 usw. Somit sind wir bei Z bei 26. Den Button *Alle* belegen wir mit der Zahl 27.

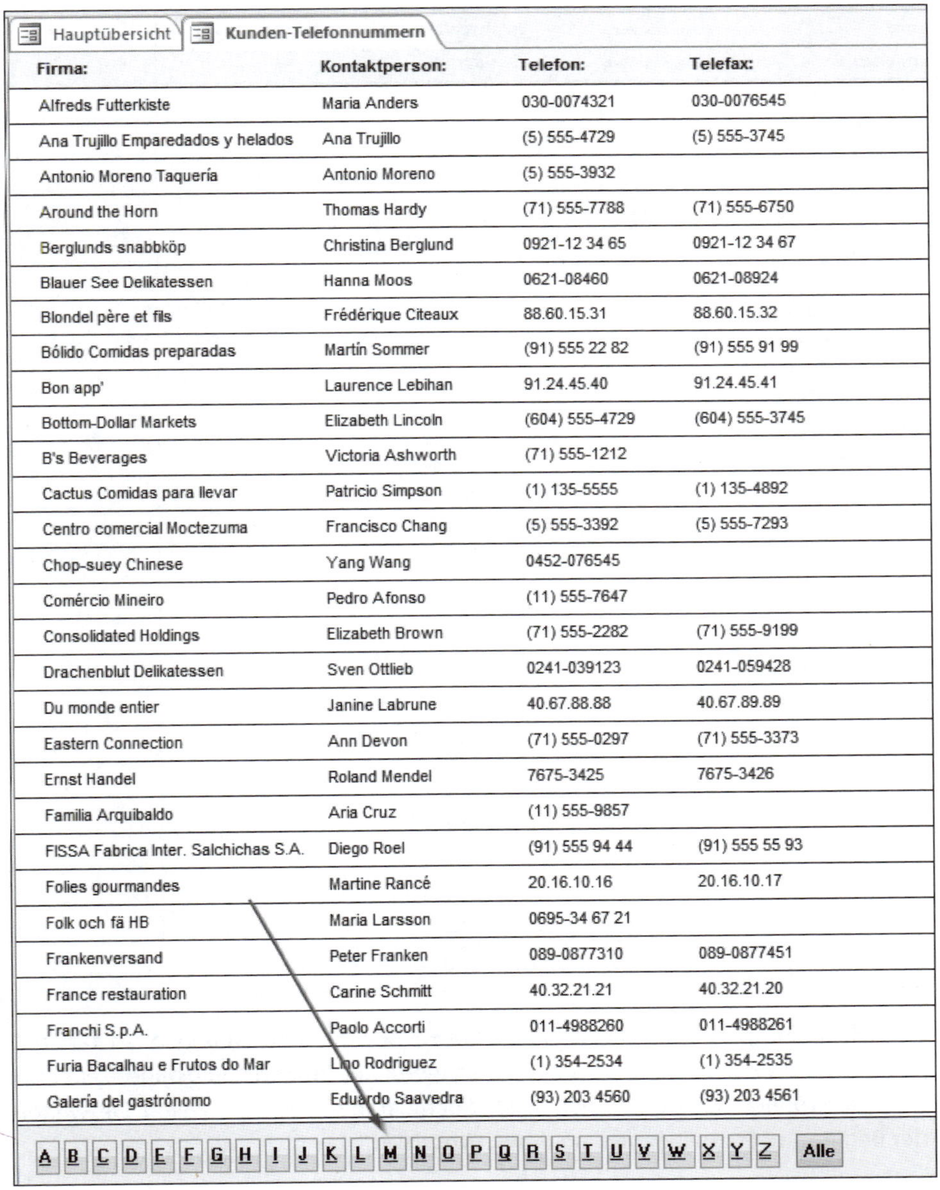

Firma:	Kontaktperson:	Telefon:	Telefax:
Alfreds Futterkiste	Maria Anders	030-0074321	030-0076545
Ana Trujillo Emparedados y helados	Ana Trujillo	(5) 555-4729	(5) 555-3745
Antonio Moreno Taquería	Antonio Moreno	(5) 555-3932	
Around the Horn	Thomas Hardy	(71) 555-7788	(71) 555-6750
Berglunds snabbköp	Christina Berglund	0921-12 34 65	0921-12 34 67
Blauer See Delikatessen	Hanna Moos	0621-08460	0621-08924
Blondel père et fils	Frédérique Citeaux	88.60.15.31	88.60.15.32
Bólido Comidas preparadas	Martín Sommer	(91) 555 22 82	(91) 555 91 99
Bon app'	Laurence Lebihan	91.24.45.40	91.24.45.41
Bottom-Dollar Markets	Elizabeth Lincoln	(604) 555-4729	(604) 555-3745
B's Beverages	Victoria Ashworth	(71) 555-1212	
Cactus Comidas para llevar	Patricio Simpson	(1) 135-5555	(1) 135-4892
Centro comercial Moctezuma	Francisco Chang	(5) 555-3392	(5) 555-7293
Chop-suey Chinese	Yang Wang	0452-076545	
Comércio Mineiro	Pedro Afonso	(11) 555-7647	
Consolidated Holdings	Elizabeth Brown	(71) 555-2282	(71) 555-9199
Drachenblut Delikatessen	Sven Ottlieb	0241-039123	0241-059428
Du monde entier	Janine Labrune	40.67.88.88	40.67.89.89
Eastern Connection	Ann Devon	(71) 555-0297	(71) 555-3373
Ernst Handel	Roland Mendel	7675-3425	7675-3426
Familia Arquibaldo	Aria Cruz	(11) 555-9857	
FISSA Fabrica Inter. Salchichas S.A.	Diego Roel	(91) 555 94 44	(91) 555 55 93
Folies gourmandes	Martine Rancé	20.16.10.16	20.16.10.17
Folk och fä HB	Maria Larsson	0695-34 67 21	
Frankenversand	Peter Franken	089-0877310	089-0877451
France restauration	Carine Schmitt	40.32.21.21	40.32.21.20
Franchi S.p.A.	Paolo Accorti	011-4988260	011-4988261
Furia Bacalhau e Frutos do Mar	Lino Rodriguez	(1) 354-2534	(1) 354-2535
Galería del gastrónomo	Eduardo Saavedra	(93) 203 4560	(93) 203 4561

Jetzt können Sie ein Makro erstellen. Sie werden mit Untermakros arbeiten, außerdem mit der *Wenn*-Funktion.

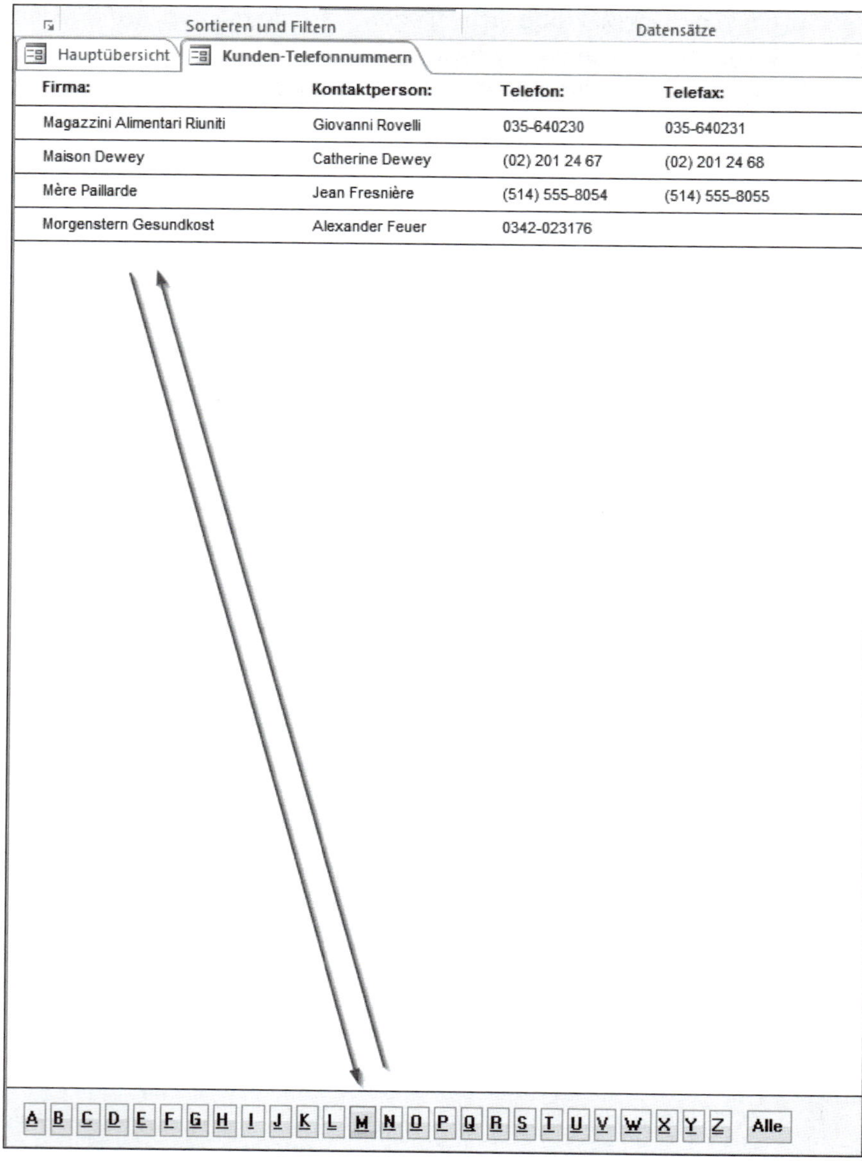

Wenn auf den Schaltknopf *A* geklickt wird, sollen alle Firmen mit dem Anfangsbuchstaben A angezeigt werden. So viel ist klar. Was passiert aber, wenn der Anfangsbuchstabe *A* ein norwegisches A oder irgendein anderes Zeichen ist? Auch daran sollten Sie denken. Deswegen wird bei der Bedingung festgelegt: *Bedingung = [Firma] wie "[AÄ]*"*

Die Buchstaben zwischen den eckigen Klammern bedeuten, dass alle diese Buchstaben zu der Suchroutine gehören.

```
Kunden-Telefonnummern    Kunden-Telefonnummern

/*   Dem Formular "Kunden-Telefonnummern" zugeordet.
/*   Dem Ereignis "NachAktualisierung" der Optionsgruppe "FirmenFilter" zugeordnet.

⊟ Untermakro:  Buchstabenschaltflächen

   ⊟ Wenn  [FirmenFilter]=1  Dann
      /*   Filter für Firmennamen, die mit A, À, Á, Â, Ã oder Ä beginnen.
        AnwendenFilter
                    Filtername
                    Bedingung  = [Firma] Wie "[AÀÁÂÃÄ]*"
            Steuerelementname
     Ende Wenn

   ⊟ Wenn  [FirmenFilter]=2  Dann
      /*   B
        AnwendenFilter
                    Filtername
                    Bedingung  = [Firma] Wie "B*"
            Steuerelementname
     Ende Wenn

   ⊟ Wenn  [FirmenFilter]=3  Dann
      /*   C oder Ç
        AnwendenFilter
                    Filtername
                    Bedingung  = [Firma] Wie "[CÇ]*"
            Steuerelementname
     Ende Wenn

   ⊟ Wenn  [FirmenFilter]=4  Dann
      /*   D
        AnwendenFilter
```

Hier ist ersichtlich, dass mit Untermakros gearbeitet wurde. Es erzwingt eine Tipparbeit, die sich allerdings lohnt, da Sie auch Makros exportieren können. Sie brauchen dann nur den Feldnamen zu verändern, was relativ einfach zu machen ist.

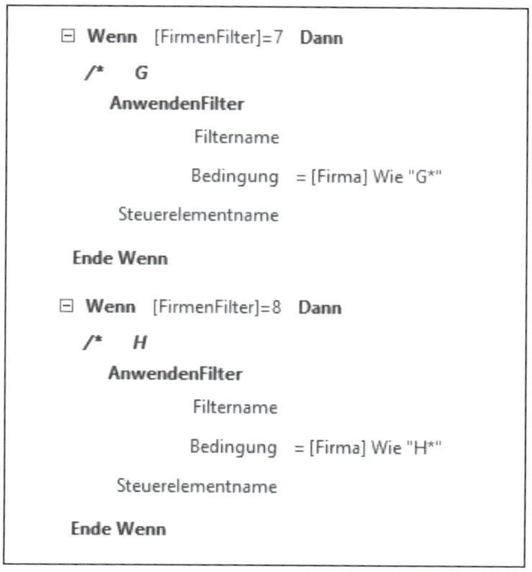

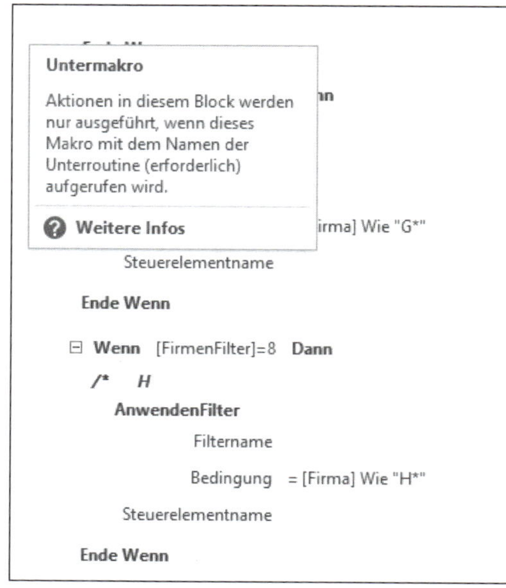

Eine Sonderrolle nimmt noch der Filter in dem Makro bei *Alle* ein. Hier sind zwei Aktionen erforderlich. Sie können als Bedingung *Einfügen, AnzeigenAlle Datensätze* angeben, müssen aber dann noch einige Besonderheiten berücksichtigen.

Wenn zum Beispiel gar keine Datensätze angezeigt werden können, weil keine vorhanden sind, dann sollte ein Meldungsfenster ausgegeben werden, das darauf hinweist. Ferner sollten Sie auch das Anzeigen aller Datensätze einschalten. Bei diesem Fenster ist auch eine *SetzenWert*-Aktion einzubauen. Wenn der Button *Alle* angeklickt wird, setzt das Makro den Wert hier auf den Ausdruck gleich 27. Wir haben Ihnen dieses Vorgehen in einem Bild zusammengefasst.

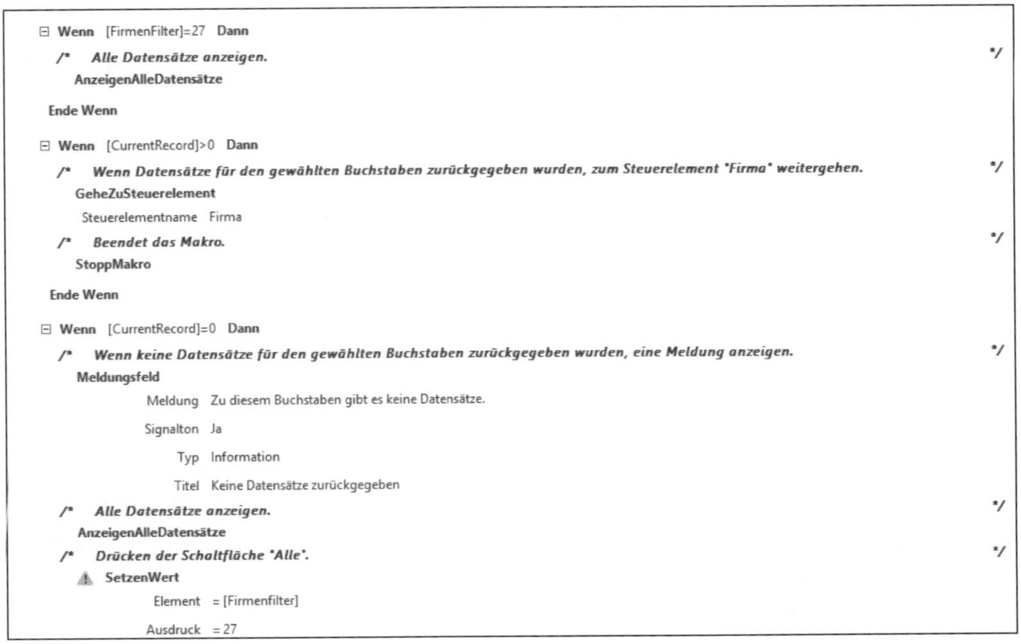

Zusammenfassende Aktionen für das Makro.

11.5 Löschen von Datensätzen in Access protokollieren

In Access-Datenbanken ist es oft wertvoll, das Löschen von Datensätzen aus bestimmten Tabellen zu protokollieren, unabhängig davon, an welcher Stelle in der Datenbank oder über welche Aktion diese Löschung erfolgt. Sie können seit Access 2010 Datenmakros starten, um die Löschung von Datensätzen zu protokollieren.

Beispiel

Wenn ein Datensatz aus der Kundentabelle gelöscht wird, soll automatisch ein Datensatz in der Protokolltabelle hinzugefügt werden, der im Gedächtnis behält, welcher Kunde wann gelöscht worden ist.

Unser Übungsbeispiel greift auf die Datenbank *DatenMakroLöschProtokoll.accdb* zurück.

Die *tblKunde* weist u. a. folgende Felder auf:

Feldname	Typ	Länge
KuNr	Long Integer	
KuName	Text	80
KuOrt	Text	40

Die Tabelle mit den Protokolldaten heißt *tblp11*und hat folgenden Aufbau:

Feldname	Typ	Länge
P11ID	AutoWert	
P11KuNr	Long Integer	
P11KuName	Text	80
P11KuOrt	Text	40
P11KuOrt	Datum/Uhrzeit	

Anmerkung zu P11

Nach dem amerikanischen Gesetz Guidance for Industry1, Part 11, Electronic Records; Electronic Signatures, Scope and Application ist die Protokollierung bestimmter Datenbankänderungen in bestimmten Bereichen der Industrie, zum Beispiel der Pharmaindustrie, zwingend erforderlich. Wenn Sie also als Partner, Kunde oder Auftraggeber eine amerikanische Firma haben, sollten Sie dieses Makro einbauen!

Die Datenmakros haben den Vorteil, dass sie beim Eintreten von bestimmten Tabellenereignissen wie Hinzufügen, Ändern oder Löschen von Datensätzen bestimmte Aktionen ausführen können.

Datenmakros werden glücklicherweise immer gestartet, unabhängig davon, ob das Tabellenereignis in der Datenblattansicht einer Tabelle, einer aktualisierbaren Abfrage, in einem Formular oder durch VBA-Befehle ausgelöst wird.

Um ein Datenmakro anzulegen, das beim Löschen eines Datensatzes aus der Tabelle *tblKunde* gestartet wird, gehen Sie folgendermaßen vor:

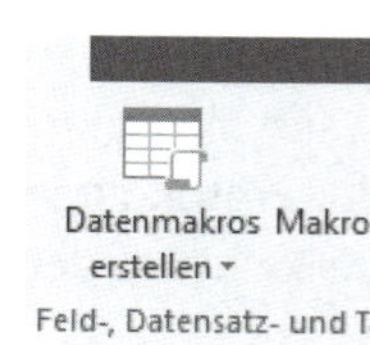

1. Öffnen Sie die Tabelle *tblKunde* in der Datenblattansicht.
2. Klicken Sie im Menü *Tabellentools* auf der Registerkarte *Tabelle* in der Gruppe *Nachfolgeereignisse* auf die Schaltfläche *Nach Löschung*. Der Makro-Editor wird gestartet:

Der Aktionskatalog auf der rechten Seite zeigt alle Möglichkeiten auf, die sich Ihnen in diesem Moment bieten.

3. Einen Kommentar (und wir empfehlen Ihnen, immer einen Kommentar einzufügen, damit Sie auch in fünf Jahren noch wissen, was hier passiert!) können Sie einfügen, indem Sie die Aktion *Kommentar* in das Fenster ziehen. Sie geben einen Text ein. Dieser wird innerhalb der Kommentarzeichen /* kursiv und grün angezeigt.

4. Klicken Sie nun auf den Pfeil im Kombinationsfeld *Neue Aktion hinzufügen* und wählen Sie den Eintrag *DatensatzErstellen* aus. Es wird ein neuer Datenblock eingefügt.

5. Geben Sie im Kombinationsfeld *DatensatzErstellen* (es ist als *erforderlich* gekennzeichnet) den Tabellennamen *tblP11* ein.

6. Jetzt müssen Sie sich die einzelnen Felder vornehmen: Deshalb klicken Sie im Datenblock *Neue Aktion hinzufügen* den Eintrag *FestlegenFeld* an.

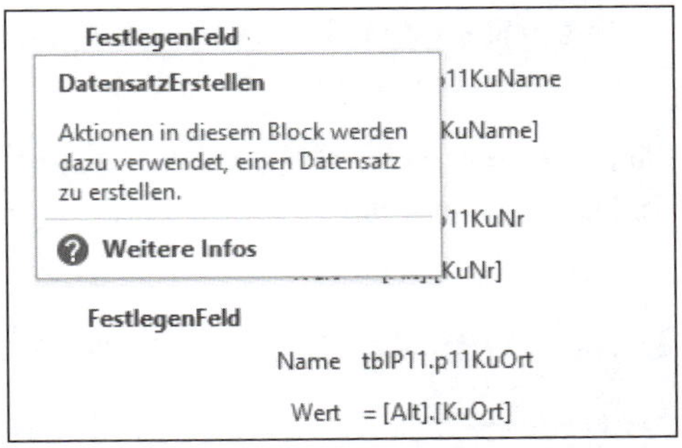

7. Geben Sie im Feld *Name* den Ausdruck *tblp11.p11KuNr* und im Feld *Wert* den Ausdruck *[ALT].[KuNr]* ein. Sie legen fest, dass die alte Kundennummer aus dem Datensatz der Tabelle *tblKunde* in das analoge Feld der Archivtabelle kopiert wird. Sie werden übrigens beim Eintrag der Felder durch IntelliSense-Funktionen unterstützt.

8. Das Gleiche führen Sie jetzt mit den übrigen Feldern der Tabelle durch, indem Sie jedes Mal mit *FestlegenFeld* weiterverfahren.

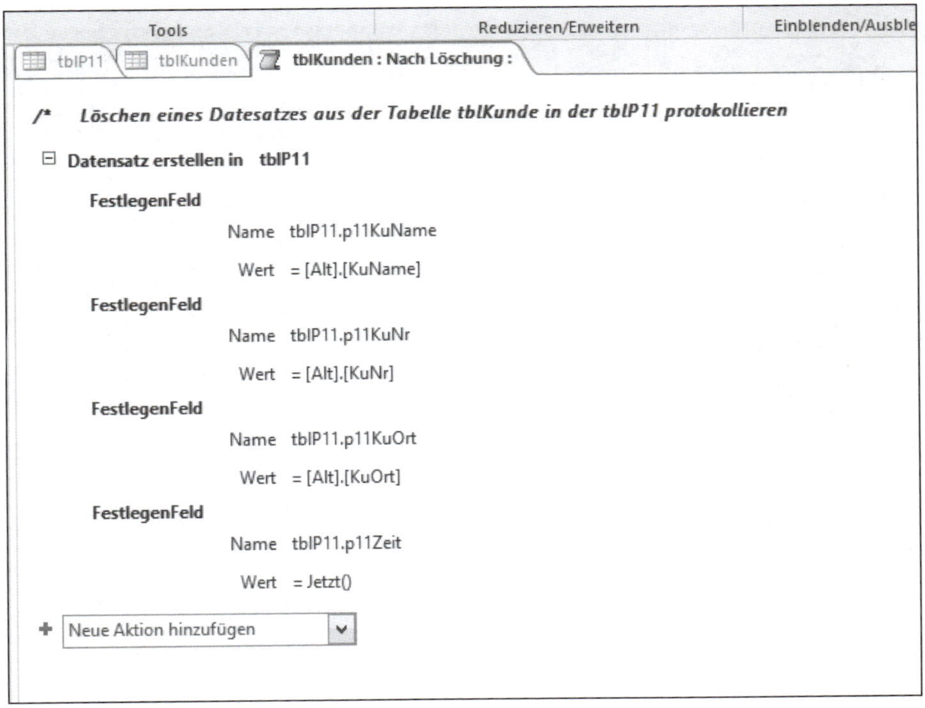

9. Jetzt soll noch protokolliert werden, wann der Datensatz gelöscht wurde. Klicken Sie deshalb im Datenblock *Aktion hinzufügen* erneut den Eintrag *FestlegenFeld* an.

10. Geben Sie im Feld *Name* den Ausdruck *p11.logZeit* ein und schreiben Sie in das Feld *Wert* die Funktion *JETZT()*. Das Datenmakro zum Protokollieren ist fertig und sieht jetzt so aus:

11. Testen Sie, indem Sie aus *tblKunden* einige Datensätze oder sogar mit einer Löschabfrage mehrere auf einen Streich löschen.

Wir haben beispielsweise die Kunden aus Nürnberg mit einer Löschabfrage entfernt. Jedoch sind sie alle in der *tblP11* wieder vorhanden: Das Makro funktioniert.

11.6 Das Autoexec-Makro in einer Desktopdatenbank

Das Autoexec-Makro wird als Erstes von allen Makros oder Modulen in einer Datenbank beim Startvorgang ausgeführt. Zwingend dabei ist, dass das Makro *Autoexec* heißt, denn nur dann erkennt Access, dass es diese Befehle vor dem Start vor allen anderen Dingen, Objekten, ausführen soll.

1. Sie klicken auf *Erstellen/Makro*. In dem sich nun darstellenden Fenster erstellen Sie ein Makro so, wie Sie glauben, es für den Start Ihrer Access-Anwendung zu benötigen.

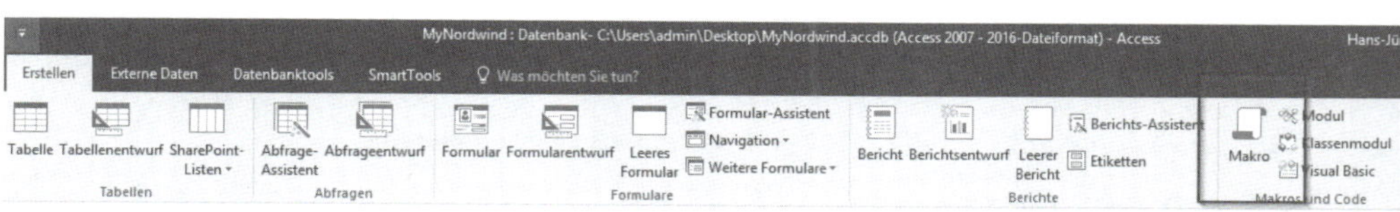

2. Legen Sie zunächst ein einfaches Startformular fest. Da diese Version für die Personalabteilung sein soll, starten Sie mit dem Formular *Personal*. Sie müssen jetzt eigentlich nichts anderes tun, als ein normales Makro zu erstellen.

3. Legen Sie *ÖffnenFormular* fest, geben Sie den Formularnamen *Personal* an.

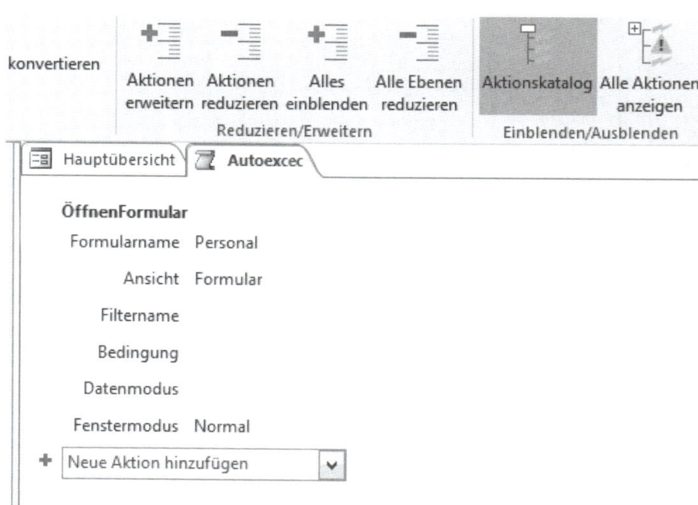

4. Sie brauchen keinen Filter, keine Bedingung und können Ihr Makro bereits abspeichern, indem Sie es schließen. Beim Makronamen müssen Sie *Autoexec* eingeben.

Wichtiger Hinweis

Oft werden Formulare, die bestimmte Eingaben benötigen, damit die Anwendung verwendet werden kann, auf diese Startformulare gelegt. Nachdem man mit Access 2016 keine Möglichkeit mehr hat, ein eigenes Login-System zu erstellen, werden wahrscheinlich sehr oft eigenkonstruierte Formulare verwendet, die bestimmte Passwörter abfragen. Diese sind allerdings mit der Autoexec nicht zu starten, weil Sie sehr einfach das System aushebeln können. Sie müssen nur die ⇧-Taste beim Start von Access gedrückt halten, dann wird das Autoexec-Makro nicht ausgeführt und Sie würden somit in das System eindringen können.

11.7 Makros – Aufgaben

Im Abschnitt 3.5.4 »Ungebundene Steuerelemente« wurden Ihnen Makros zur Verfügung gestellt, mit denen Sie einen neuen Lieferanten bzw. einen neuen Mitarbeiter eines Lieferanten in die Datenbank einfügen konnten. Das jeweilige Makro wurde durch Klicken auf eine Schaltfläche aktiviert und hat die Aufgabe, unter Berücksichtigung von Rahmenbedingungen ein leeres Formular zu öffnen.

Öffnen Sie dazu die Datenbank *Lieferantenverwaltung - Makros.accdb*.

Versuchen Sie die folgenden Aufgaben, so weit wie möglich, selbstständig zu bearbeiten.

11.7.1 Formular mit leerem Datensatz (Teil 1)

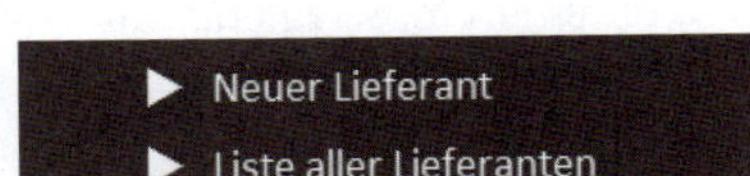

Öffnen Sie das Formular *Lieferanten_Uebersicht*. Durch Klicken auf *Neuer Lieferant* soll das Formular *Lieferanten_Details* geöffnet und ein leerer Datensatz angezeigt werden. Erzeugen Sie das dazugehörige Makro und speichern Sie es unter dem Namen *Neuer_Lieferant* ab.

Hinweis

Eine so einfache Aufgabe kann auch mit dem *Befehlsschaltflächen-Assistenten* gelöst werden. (Beachten Sie dazu die Aufgabe auf Seite 118.) Jedoch sollen in diesem Kapitel die Makros eigenständig entwickelt werden.

11.7.2 Formular mit Bedingung

Durch Klicken auf das Stiftsymbol im Formular *Lieferanten_Uebersicht* soll sich das Dialogfenster *Lieferanten_Details* mit den Detailinformationen über den jeweiligen Lieferanten öffnen. Erzeugen Sie das dazugehörige Makro und speichern Sie es unter dem Namen *Lieferant_bearbeiten* ab.

Übersicht über alle Lieferanten

Firma	Straße	PLZ	Ort	E-Mail-Adresse	Telefon	Mobiltelefon
INJeans	Herbertstr. 77	88361	Altshausen	INJeans@eMail.de	07584 44536	0152 40870894
mom	Badensche Str. 83	88326	Aulendorf	mom@eMail.de	07525 55399	0177 34606638
DeltaKlammot	Augsburger Platz 81	88422	Bad	DeltaKlammot@eMail.de	07582 16842	0152 72789335
Mode for Young	Geneststr. 50	88348	Bad Saulgau	Mode for Young@eMail.de	07581 82765	0163 46420715
Trans:USA	Helmstr. 56	88427	Bad Schussenried	TransUSA@eMail.de	07583 64184	0178 39934034
JS-Discount	Geiserichstr. 8	97944	Boxberg	JS-Discount@eMail.de	07930 80874	0163 2152814
JaNi	Gustav-Freytag-Str. 1	97775	Burgsinn	JaNi@eMail.de	09356 91032	0151 60233543
SportWear EU	Laubacher Str. 71	97903	Collenberg		09376 42566	0178 39856362
Neue Mode	Rohrbeckstr. 90	88693	Deggenhausertal	Neue Mode@eMail.de	07555 75557	0163 2543329
Trans:Asia	Udetzeile 77	89584	Ehingen	Trans:Asia@eMail.de	07395 32961	0162 38269390
HemdAll	Sperenberger Str. 49	88097	Eriskirch	HemdAll@eMail.de	07541 55401	0177 91396981
SportWear	Königsteinstr. 32	91052	Erlangen	SportWear@eMail.de	09131 25129	0177 5482764
modeD	Ringelnatzstr. 44	91054	Erlangen	modeD@eMail.de	09131 12485	0163 4278149

▶ Neuer Lieferant

▶ Liste aller Lieferanten

11.7.3 Formular mit leerem Datensatz (Teil 2)

Erzeugen Sie ein Makro, mit dem ein *Neuer Mitarbeiter* eines Unternehmens in die Datenbank aufgenommen werden kann. Die Schaltfläche befindet sich im Unterformular des Formulars *Lieferanten_Details*. Welche Daten müssen übergeben werden? Speichern Sie das Makro unter dem Namen *Neuer_Kontakt* ab.

11.7.4 Schließen und aktualisieren

Ändern Sie die Daten eines Mitarbeiters und schließen Sie das Dialogfenster. Sie können erkennen, dass in der Auflistung der Mitarbeiter des Lieferanten im Fenster *Lieferanten_Details* die Änderung nicht aktualisiert wurde. Entwickeln Sie ein erweitertes Makro mit Nutzung der Aktion *AktualisierenDaten* und speichern Sie das Makro unter dem Namen *Formular_schliessen* ab.

11.7.5 Änderung von Datensätzen

In der Tabelle *Kunden_temp* befinden sich alle Kunden, die bisher Ware bestellt haben. Zusätzlich wird angegeben, wann der Kunde zum letzten Mal einen Auftrag erteilt hat. Kunden, die zwei Jahre lang keine Ware bezogen haben und deren Bestellvolumen (Feld *Bestellungen*) unter 1.000.000 Euro liegt, sollen als inaktiv deklariert werden. Das heißt, im Jahr 2016 sollen alle Kunden gelöscht werden, die ihre letzte Bestellung bis 31.12.2013 aufgegeben haben. Erzeugen Sie dazu eine allgemeingültige Abfrage. Zudem sollen alle Änderungen, die in der Tabelle *Kunden_temp* durchgeführt werden, in der Tabelle *Kunden_alt* gespeichert werden mit folgender Bemerkung, z. B. »Firma wurde geändert von abc zu xyz«.

Werden mehrere Felder geändert, müssen mehrere Bemerkungen eingetragen werden!

Die Datenstruktur der beiden Tabellen sieht wie folgt aus:

Kunden_temp	*Kunden_alt*
IDUNTERNEHMEN (Zahl)	*IDUNTERNEHMEN* (Zahl)
Firma (Text)	*Firma* (Text)
Bestellungen (Währung)	*Bestellungen* (Währung)
letzte_Bestellung (Datum)	*letzte_Bestellung* (Datum)
Inaktiv (Ja/Nein)	*Inaktiv* (Ja/Nein)
	Änderungsdatum (Datum)
	Bemerkung (Langer Text)

Speichern Sie die Abfrage unter dem Namen *Kunden_alt_löschen* ab.

11.8 Lösungen

11.8.1 Formular mit leerem Datensatz (Teil 1)

1. Erzeugen Sie ein Makro durch Klicken auf das Register *Erstellen* -> Gruppe *Makros und Code* -> *Makro*.

2. Es öffnet sich der Makro-Generator.

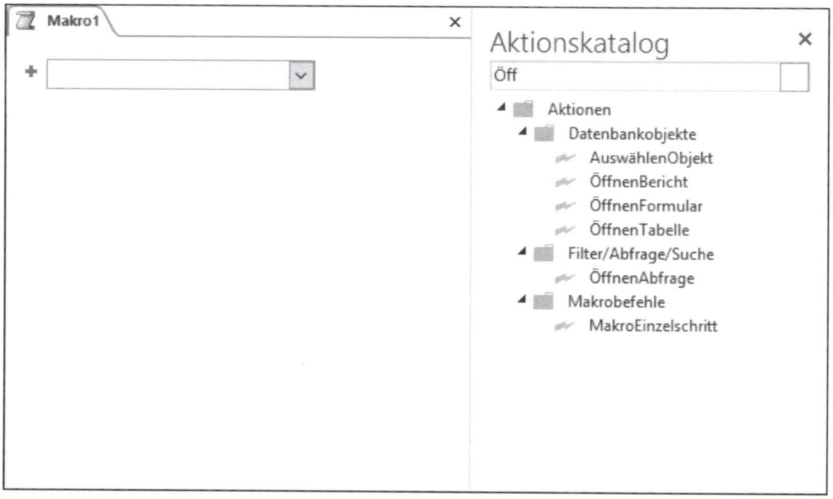

3. Geben Sie in das Suchfeld ein Stichwort ein. Während Sie das Wort eintragen, sucht Access nach der gewünschten Aktion – in unserem Fall: *ÖffnenFormular*.
4. Doppelklicken Sie auf das Stichwort *ÖffnenFormular*.

Im Generator erscheint die Aktion *ÖffnenFormular*, die nun ausgeführt werden muss.

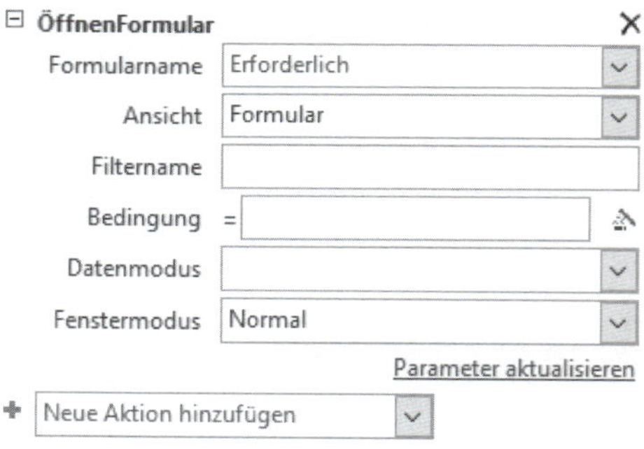

5. Sie müssen angeben, welches Formular geöffnet werden soll. Sie können den *Formularnamen* mithilfe eines Drop-down-Feldes auswählen. In unserem Fall handelt es sich um das Formular *Lieferanten_Details*.
6. Hier kann der Ansichtsmodus bestimmt werden. Sie können entscheiden, ob das Formular in der Entwurfsansicht, Formularansicht, Seitenansicht oder Datenblattansicht angezeigt werden soll. In diesem Fall soll das Formular in der Formularansicht geöffnet werden.
7. Mithilfe eines Filters kann die Anzahl der angezeigten Datensätze eingeschränkt werden. In diesem Fall kann das Feld leer bleiben.
8. Mithilfe von *Bedingungen* kann definiert werden, welche Datensätze geöffnet werden sollen. In der nächsten Übung wird darauf näher eingegangen.
9. Im *Datenmodus* kann zwischen *Hinzufügen*, *Bearbeiten* oder *Nur lesen* gewählt werden. In unserem Fall soll ein neuer Datensatz hinzugefügt werden, daher muss der *Datenmodus Hinzufügen* ausgewählt werden. Wählt man den Modus *Bearbeiten*, können bestehende Datensätze verändert werden.

10. Im *Fenstermodus* kann entschieden werden, wie das Formular angezeigt werden soll. Meist wählt man den *Fenstermodus Normal*. Man hätte durch Setzen auf *Ausgeblendet* auch die Möglichkeit, ein unsichtbares Formular zu öffnen.

Sie erhalten somit folgende Aktion:

11. Speichern Sie das Makro unter dem Namen *Neuer_Lieferant* ab.

12. Öffnen Sie das Formular *Lieferanten_Uebersicht*.

13. Verknüpfen Sie das erzeugte Makro *Neuer Lieferant* mit der Schaltfläche ▶ vor *Neuer Lieferant*.

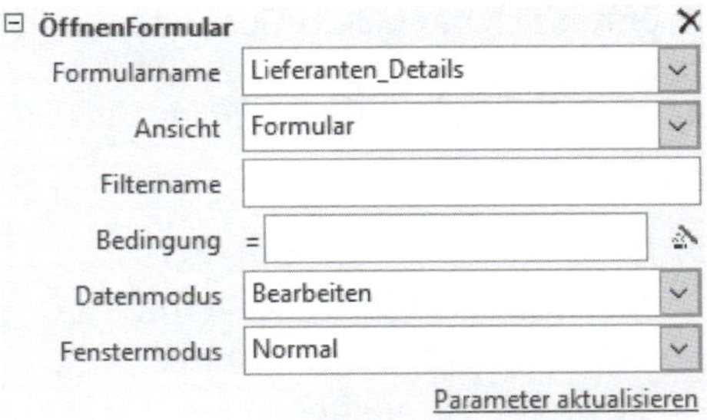

14. Erzeugen Sie ein Makro, mit dem der Bericht *Lieferanten* geöffnet wird.

15. Verknüpfen Sie das eben erzeugte Makro mit der Schaltfläche vor *Liste aller Lieferanten*.

11.8.2 Formular mit Bedingung

Durch Klicken auf das Stiftsymbol soll sich das Dialogfenster *Lieferanten_Details* mit den Detailinformationen über den jeweiligen Lieferanten öffnen. Somit muss eine Bedingung deutlich definieren, welcher Datensatz aufgerufen werden soll.

Übersicht über alle Lieferanten

Firma	Straße	PLZ	Ort	E-Mail-Adresse	Telefon	Mobiltelefon
INJeans	Herbertstr. 77	88361	Altshausen	INJeans@eMail.de	07584 44536	0152 40870894
mom	Badensche Str. 83	88326	Aulendorf	mom@eMail.de	07525 55399	0177 34606638
DeltaKlammot	Augsburger Platz 81	88422	Bad	DeltaKlammot@eMail.de	07582 16842	0152 72789335
Mode for Young	Genesstr. 50	88348	Bad Saulgau	Mode for Young@eMail.de	07581 82765	0163 46420715
Trans:USA	Helmstr. 56	88427	Bad Schussenried	TransUSA@eMail.de	07583 64184	0178 39934034
JS-Discount	Geiserichstr. 8	97944	Boxberg	JS-Discount@eMail.de	07930 80874	0163 2152814
JaNi	Gustav-Freytag-Str. 1	97775	Burgsinn	JaNi@eMail.de	09356 91032	0151 60233543
SportWear EU	Laubacher Str. 71	97903	Collenberg		09376 42566	0178 39856362
Neue Mode	Rohrbeckstr. 90	88693	Deggenhausertal	Neue Mode@eMail.de	07555 75557	0163 2543329
Trans:Asia	Udetzeile 77	89584	Ehingen	Trans:Asia@eMail.de	07395 32961	0162 38269390
HemdAll	Sperenberger Str. 49	88097	Eriskirch	HemdAll@eMail.de	07541 55401	0177 91396981
SportWear	Königsteinstr. 32	91052	Erlangen	SportWear@eMail.de	09131 25129	0177 5482764
modeD	Ringelnatzstr. 44	91054	Erlangen	modeD@eMail.de	09131 12485	0163 4278149

Neuer Lieferant
Liste aller Lieferanten

Jeder Datensatz hat eine eindeutige ID-Nummer. Mithilfe dieser ID kann somit genau der Datensatz in dem Dialogfenster aufgerufen werden.

1. Erzeugen Sie ein Makro durch Klicken auf das Register *Erstellen* -> Gruppe *Makros und Code* -> *Makro*.

Es öffnet sich der Makro-Generator

2. Wählen Sie die Aktion *ÖffnenFormular*.

3. Soll der Datensatz mit der ID-Nummer 80 aufgerufen werden, müsste man in die Bedingung schreiben:

   ="[ID]=80".

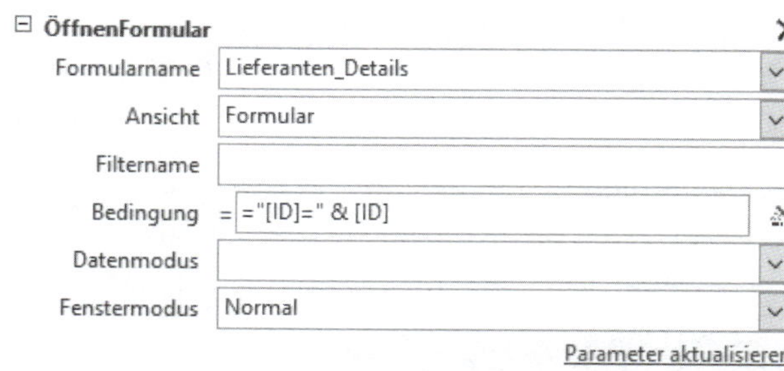

Sie können erkennen, dass die Eigenschaft der Bedingung in " " gesetzt wird.

In unserem Fall muss die aktuelle ID im Formular *Lieferanten_Übersicht* ausgelesen und in das neu geöffnete Formular übernommen werden:

="[ID]= "&ID

Bei einem Ausdruck wird der Operator & verwendet, um Textzeichenfolgen miteinander zu kombinieren. In diesem Fall handelt es sich um eine Textzeichenfolge und den Wert der ID, z. B. 80.

4. Der *Datenmodus* kann leer bleiben oder man wählt den Modus *Bearbeiten*.

5. Speichern Sie das Makro unter dem Namen *Lieferant_bearbeiten* ab.

6. Öffnen Sie das Formular *Lieferanten_Uebersicht* und verknüpfen Sie das erzeugte Makro mit dem Stiftsymbol.

11.8.3 Formular mit leerem Datensatz (Teil 2)

Die beiden obigen Aufgaben konnten Sie auch mit dem Befehlsschaltflächen-Assistenten erzeugen. Er unterstützt jedoch nur bei einfachen Anforderungen. Bei komplexeren Aktionen müssen Sie immer die Makros verwenden.

Für das Einfügen eines neuen Mitarbeiters eines Unternehmens stand Ihnen damals ein Makro zur Verfügung.

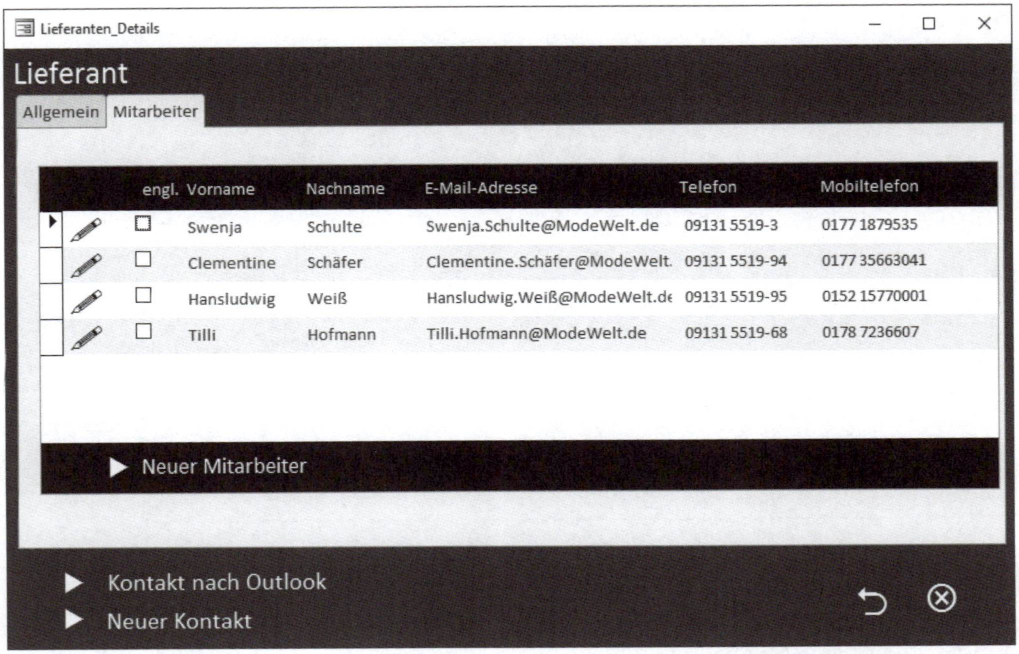

Der Grund liegt darin, dass zwei Aktionen benötigt wurden. Zum einen sollte das Dialogfenster *Lieferanten_Mitarbeiter_Details* mit einer leeren Eingabemaske geöffnet werden und zum zweiten müssen Daten aus dem ursprünglichen Formular in das Dialogfenster übertragen werden.

Daten mussten bisher noch nie übertragen werden. Warum in diesem Fall? Ein Mitarbeiter muss dem jeweiligen Lieferanten zugeordnet werden. Daher befindet sich in der zugrunde liegenden Tabelle *Lieferanten_Mitarbeiter* das Feld *ID_Lieferant*, in der die ID des Lieferanten abgespeichert wird.

Dies bedeutet, dass beim Anlegen eines neuen Mitarbeiters die *ID* des aktuell geöffneten Lieferanten ausgelesen und in dem Dialogfenster in das Feld *ID_Lieferant* eingetragen werden muss.

1. Erzeugen Sie ein Makro durch Klicken auf das Register *Erstellen* -> Gruppe *Makros und Code* -> *Makro*. Es öffnet sich der Makro-Generator.

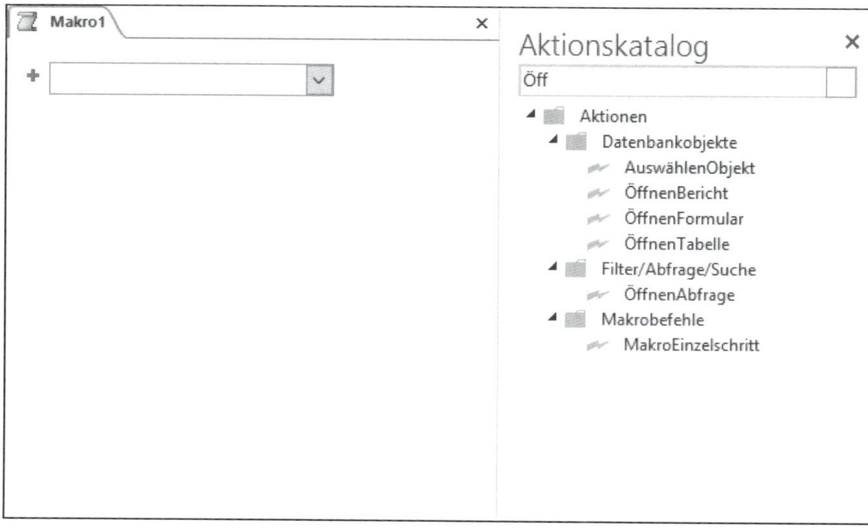

2. Wählen Sie die Aktion *ÖffnenFormular*.

3. Wählen Sie das Formular *Lieferanten_Mitarbeiter_Details*.

4. Wählen Sie den Datenmodus *Hinzufügen*.

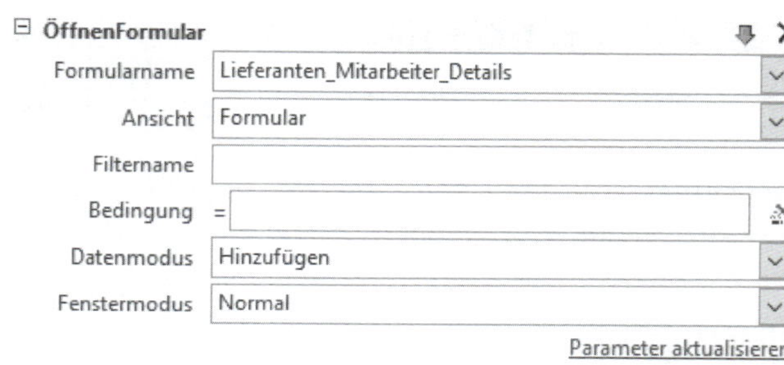

Nun muss der Inhalt des Feldes *ID* des Lieferanten übertragen werden:

5. Wählen Sie die Aktion *SetzenWert*.

Suchen Sie diese Aktion im Aktionskatalog. Wahrscheinlich werden Sie sie nicht finden.

6. Wählen Sie im Register *Makrotools/Entwurf* -> Gruppe *Einblenden/Ausblenden* -> *Alle Aktionen anzeigen*.

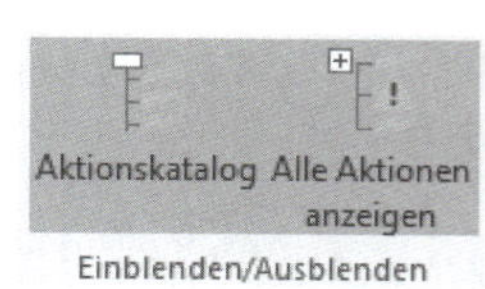

Zusätzlich zu den bisher angegebenen Aktionen werden weitere Aktionen zur Verfügung gestellt.

Diese erweiterten Aktionen sind deaktiviert, solange eine Datenbank nicht vertrauenswürdig ist. Somit wird vermieden, dass eine Datenbank, die Sie zum Beispiel aus dem Internet downloaden, Schaden auf dem PC verursachen kann.

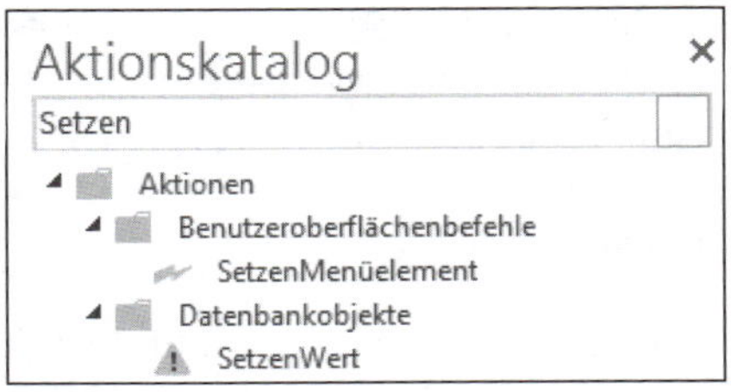

Beim erneuten Suchen im Aktionskatalog erscheint nun auch die Aktion *SetzenWert*, die mit dem Ausrufezeichen gekennzeichnet ist. Wählen Sie diese Aktion aus. Es müssen zwei Felder gefüllt werden: *Element* und *Ausdruck*.

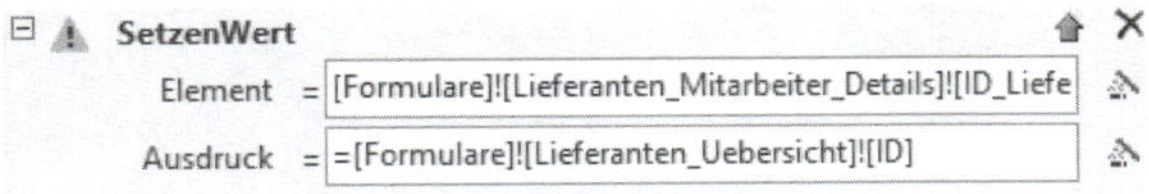

7. Wohin? Es muss in das Feld *Element* der Name des Feldes eingetragen werden, in das der Wert, in unserem Fall die ID des Lieferanten, eingefügt werden soll:

   =[Formulare]![Lieferanten_Mitarbeiter_Details]![ID_Lieferant]

Das Feld ist folgendermaßen definiert:

[Formulare]!	Definiert, um welche Art von Access-Objekt es sich handelt, hier: um ein Formular.
[Lieferanten_Mitarbeiter_Details]!	Definiert, um welches Formular es sich handelt.
[ID_Lieferant]	Definiert, um welches Feld es sich in dem Formular handelt.

Dabei benötigen Sie in dem Formular entweder das Feld *ID_Lieferant* oder ein Textfeld, das mit dem Datenfeld *ID_Lieferant* verknüpft ist, sodass Access darauf zugreifen kann. Objektnamen, wie z. B. Formularname oder Feldname, werden immer in eckigen Klammern gesetzt. = (Gleichheitszeichen) darf am Anfang nicht vergessen werden!

8. Woher bzw. welcher Inhalt? Geben Sie im Feld *Ausdruck* den Inhalt des Wertes an, der in das Feld geschrieben werden soll. Dies kann wiederum ein Ausdruck sein oder der Inhalt eines Feldes. In unserem Fall wird die ID des aktuellen Lieferanten benötigt, die im Formular *Lieferanten_Details* ausgelesen wird: *=[Formulare]![Lieferanten_Details]![ID]*.

9. Speichern Sie das Makro unter dem Namen *Neuer_Kontakt* ab.

10. Öffnen Sie das Formular *Lieferanten_Mitarbeiter_Übersicht* und verknüpfen Sie das erzeugte Makro mit der Schaltfläche ▶ vor *Neuer Mitarbeiter*.

11.8.4 Schließen und aktualisieren

Sie haben bei der Entwicklung von Formularen, insbesondere beim Einfügen von Schaltflächen gelernt, wie man ein Formularfenster mithilfe des Befehlsschaltflächen-Assistenten schließen kann. Mit dem Dialogfenster *Lieferanten_Mitarbeiter_Details* konnten Sie einen neuen Mitarbeiter anlegen oder Daten bestehender Mitarbeiter ändern. Beim Schließen des Dialogfensters konnten Sie jedoch erkennen, dass in der Auflistung der Mitarbeiter des Lieferanten im Fenster *Lieferanten_Details* die Änderungen nicht aktualisiert wurden. Sie wurden zum damaligen Zeitpunkt (siehe Seite 124) gebeten, die Übersicht über alle Mitarbeiter per Hand zu aktualisieren. Dies ist natürlich auch kein Zustand, der so akzeptiert werden kann. Daher benötigt man auch wiederum ein erweitertes Makro.

Lösung:

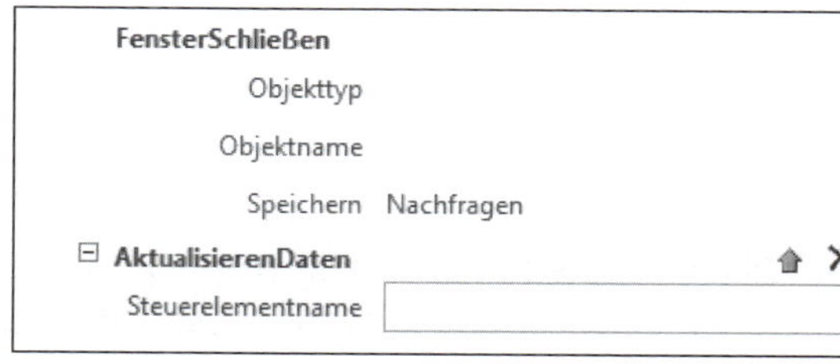

1. Erzeugen Sie ein Makro durch Klicken auf das Register *Erstellen* -> Gruppe *Makros und Code* -> *Makro*.
2. Wählen Sie die Aktion *FensterSchließen*. Somit wird das aktive Formular *Lieferanten_Mitarbeiter_Details* geschlossen. Wurden Daten eingetragen bzw. verändert, werden die Daten automatisch gespeichert. Nun ist das Dialogfenster *Lieferanten_Details* das aktuelle Formular.
3. Wählen Sie die Aktion *AktualisierenDaten*. Somit werden die Daten in einem angegebenen Steuerelement des aktiven Datenbank-Objekts durch erneutes Abfragen der Steuerelementquelle aktualisiert. Es müssen keine weiteren Daten eingetragen werden.
4. Speichern Sie das Makro unter dem Namen *Formular_schliessen* ab und verknüpfen Sie die jeweiligen Formulare mit diesem Makro.

11.8.5 Änderung von Datensätzen

Das Ändern von Datensätzen ist eine endgültige Aktion, die nicht mehr rückgängig gemacht werden kann. Daher sollte man beim Ändern von Datensätzen immer vorsichtig sein und auch im Vorfeld überlegen, was der Nutzer der Datenbank ändern darf bzw. ob eine Änderung sogar untersagt werden soll.

Die Datenstruktur der beiden Tabellen sieht wie folgt aus:

Kunden_temp	*Kunden_alt*
IDUNTERNEHMEN (Zahl)	*IDUNTERNEHMEN* (Zahl)
Firma (Text)	*Firma* (Text)
Bestellungen (Währung)	*Bestellungen* (Währung)
letzte_Bestellung (Datum)	*letzte_Bestellung* (Datum)
Inaktiv (Ja/Nein)	*Inaktiv* (Ja/Nein)
	Änderungsdatum (Datum)
	Bemerkung (Langer Text)

Beginnen Sie zuerst mit dem Entwickeln des Datenmakros. Der Vorteil eines Datenmakros besteht darin, dass egal in welchem Formular oder in welcher Abfrage Sie sich befinden, beim

Löschen eines Datensatzes immer ohne Ihr Zutun der Datensatz in die Protokoll-Tabelle eingefügt wird!

1. Öffnen Sie die Tabelle *Kunden_temp* in der Entwurfsansicht.
2. Wählen Sie im Register *Tabellentools/Entwurf* -> Gruppe *Feld-, Datensatz- und Tabellenereignisse -> Datenmakros erstellen -> Nach Aktualisierung*.

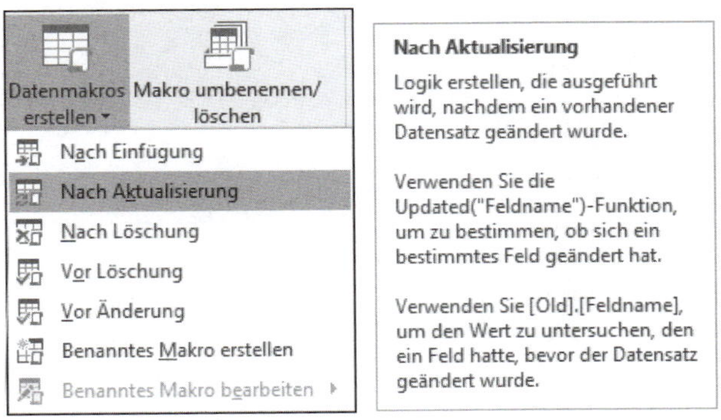

Achten Sie auf das Hinweisfenster, das beim Überfahren von *Nach Löschung* erscheint. Der Inhalt eines Feldes des geänderten Datensatzes kann durch *[Old].[Feldname]* bzw. *[Alt].[Feldname]* ausgelesen werden, solange kein weiterer Datensatz geändert wurde.

Sie gehen ähnlich vor wie im Abschnitt 11.5 »Löschen von Datensätzen in Access protokollieren«. Die Felder des Datensatzes in der Tabelle *Kunden_alt* werden durch die Aktionen *Datensatz erstellen* und *FestlegenFeld* beschrieben.

3. Wählen Sie die Aktion *Datensatzerstellen*.
4. Wählen Sie *Kunden_alt*, in dem der Datensatz erstellt werden soll.

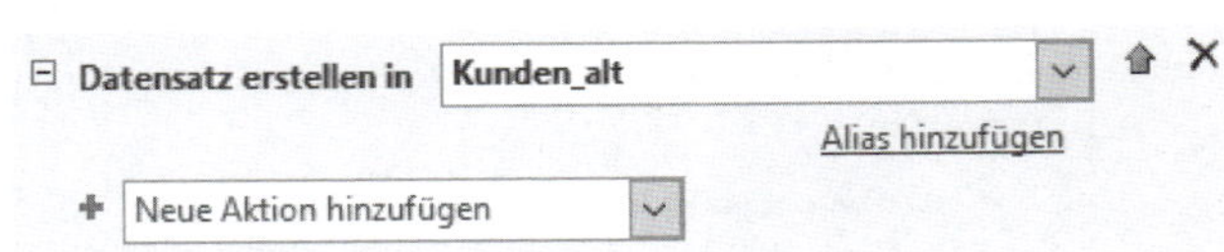

5. Fügen Sie eine neue Aktion hinzu: *FestlegenFeld*. Mit dieser Aktion wird der Inhalt der jeweiligen Felder definiert.
6. Geben Sie für jedes Feld in der Tabelle *Kunden_alt* den einzutragenden Wert an, z. B. für den Namen des Kunden. Der Feldname lautet: *Kunden_alt.Firma*.

Der Wert, der eingetragen wird, stammt aus dem Feld *Firma* des gelöschten Datensatzes, daher lautet der Wert: *[Alt].[Firma]*.

7. In das Feld *Kunden_alt.Löschdatum* wird das aktuelle Datum eingetragen: *Jetzt()*.

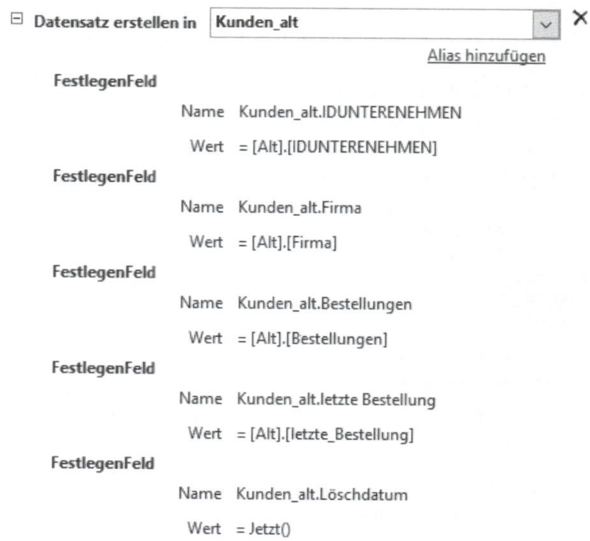

Nun fehlt nur noch der Text, der in die Bemerkung eingefügt wird. Es wurde der Datentyp *Langer Text* verwendet, sodass quasi keine Einschränkungen hinsichtlich der Länge des Textes berücksichtigt werden müssen. Natürlich ist die Länge eines langen Textes begrenzt, aber die Grenze liegt bei 65.535 Zeichen.

In die Bemerkung sollen alle Änderungen des Datensatzes eingetragen werden. Dabei muss in jedem Feld überprüft werden, ob eine Änderung durchgeführt wurde. Dies geschieht durch einen Vergleich des Inhalts eines Feldes vor und nach der Änderung des Datensatzes.

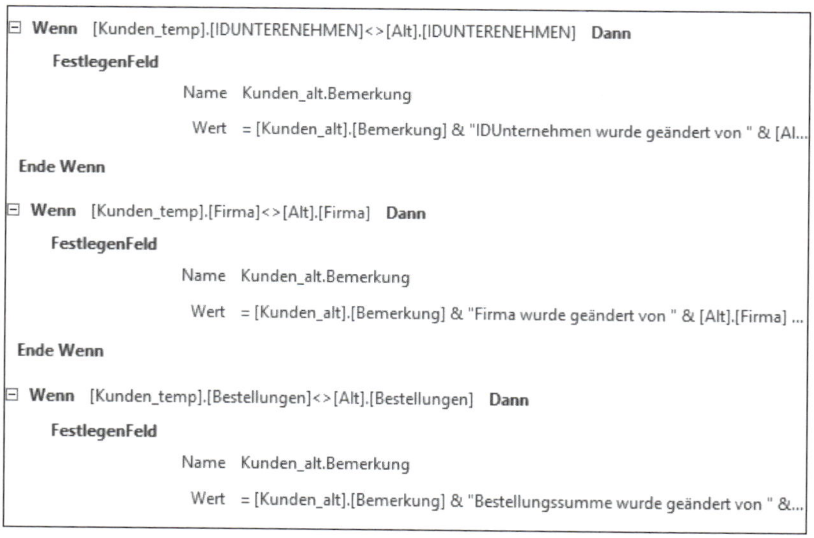

Wenn der Vergleich einen Unterschied ermittelt, dann muss in die Bemerkung der Text eingefügt werden.

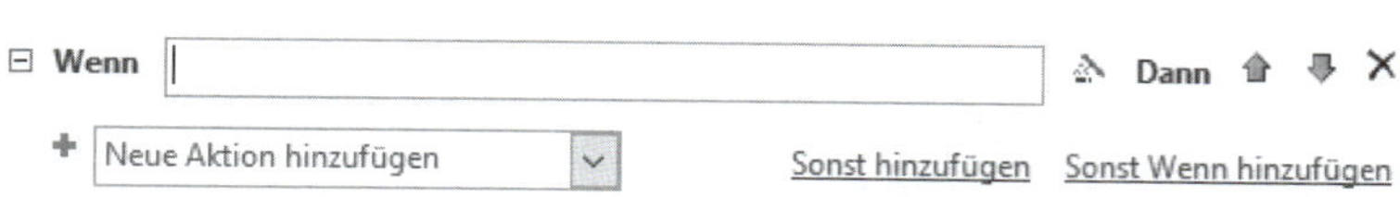

8. Fügen Sie eine neue Aktion hinzu: *Wenn*.

- Als Bedingung für einen Eintrag in die Bemerkung muss für das Feld *IDUNTERNEHMEN* gelten: *[Kunden_temp].[IDUNTERNEHMEN]<>[Alt].[IDUNTERNEHMEN]*
- Falls der Vergleich einen Unterschied erkannt hat, wird in der Tabelle *Kunden_alt* das Feld *Bemerkung* beschrieben. Fügen Sie eine neue Aktion hinzu: *FestlegenFeld*. Geben Sie für den *Namen* jeweils an: *Kunden_alt.Bemerkung*.

  Für den *Wert* müssen Sie Folgendes eingeben:
  [Kunden_alt].[Bemerkung] & "IDUnternehmen wurde geändert von " & [Alt].[IDUNTERNEHMEN] & " zu " & [Kunden_temp].[IDUNTERNEHMEN] & "." & Zchn(13)

Was passiert dabei im Einzelnen? Dazu wird der Wert in die einzelnen Abschnitte zerlegt.

[Kunden_alt].[Bemerkung]	Bestehender Text im Feld *Bemerkung* wird ausgelesen und dem neuen Text vorangestellt.
& "IDUnternehmen wurde geändert von " &	Hinzufügen eines Textes. Dieser wird in " " angegeben und durch & mit den restlichen Teilen des Ausdrucks verknüpft.
[Alt].[IDUNTERNEHMEN]	Auslesen des Inhalts des Feldes vor der Änderung
& " zu " &	Hinzufügen eines Textes
[Kunden_temp].[IDUNTERNEHMEN]	Auslesen des Inhalts des Feldes nach der Änderung
& "." & Zchn(13)	Hinzufügen eines Textes und einer neuen Zeile

So erhält man z. B.: *IDUnternehmen wurde geändert von 936 zu 652.*

Die Aktion *Wenn* muss für alle Felder der Tabelle *Kunden_temp* durchgeführt werden. Somit können mehrere Sätze in der Bemerkung stehen.

9. Beenden Sie den Makro-Generator und speichern Sie die Tabelle *Kunden_temp* ab.

Im zweiten Schritt kann nun die Abfrage erzeugt werden:

10. Erzeugen Sie eine Abfrage durch Klicken auf das Register *Erstellen* -> Gruppe *Abfragen* -> *Abfrageentwurf*.

11. Wählen Sie im Dialogfenster *Tabelle anzeigen* die Tabelle *Kunden_temp*.

12. Wählen Sie die Felder aus, die in der Abfrage angezeigt werden sollen.

Feld:	ID	IDUNTERENEHMEN	Firma	Bestellungen	letzte_Bestellung	Bestelljahr: Jahr(Jetzt(
Tabelle:	Kunden_temp	Kunden_temp	Kunden_temp	Kunden_temp	Kunden_temp	
Sortierung:						
Anzeigen:	☑	☑	☑	☑	☑	☑
Kriterien:				<1000000		>2
oder:						

13. Das Bestellvolumen des Kunden liegt unter 1.000.000 €. Daher muss im Feld *Bestellungen* das Filterkriterium *<1000000* eingetragen werden.

14. Kunden, die über zwei Jahre lang keine Ware bezogen haben, sollen angezeigt werden. Daher muss ein Ausdruck erzeugt werden, der die Differenz zwischen dem aktuellen Jahr und dem Jahr der letzten Bestellung berechnet: *Bestelljahr: Jahr(Jetzt())-Jahr([letzte_Bestellung]).* Das Filterkriterium muss *>2* lauten.

Da beide Kriterien zugleich gelten müssen und es sich somit um einen UND-Filter handelt, müssen beide Kriterien in einer Zeile stehen.

Hinweis

Möchten Sie alle Kunden auflisten, die *genau* auf den Tag mehr als zwei Jahre keine Bestellung aufgegeben haben, lautet der Ausdruck: *Bestelljahr: Datum()-[letzte_Bestellung]* Das Filterkriterium muss *>730* lauten.

15. Speichern Sie die Abfrage unter dem Namen *Kunden_alt_löschen* ab.

12 Visual Basic for Applications

Wir haben in den vorherigen Kapiteln schon öfter auf Visual Basic verwiesen. Wir haben auch erwähnt, dass uns dies leider nicht beschäftigen kann. Gleichwohl möchten wir Ihnen wenigstens ein ganz kleines Beispiel zeigen, damit Sie verstehen, was Visual Basic ist, und sich vielleicht – und auch das hoffen wir! – mit diesem Hilfsmittel auseinandersetzen werden.

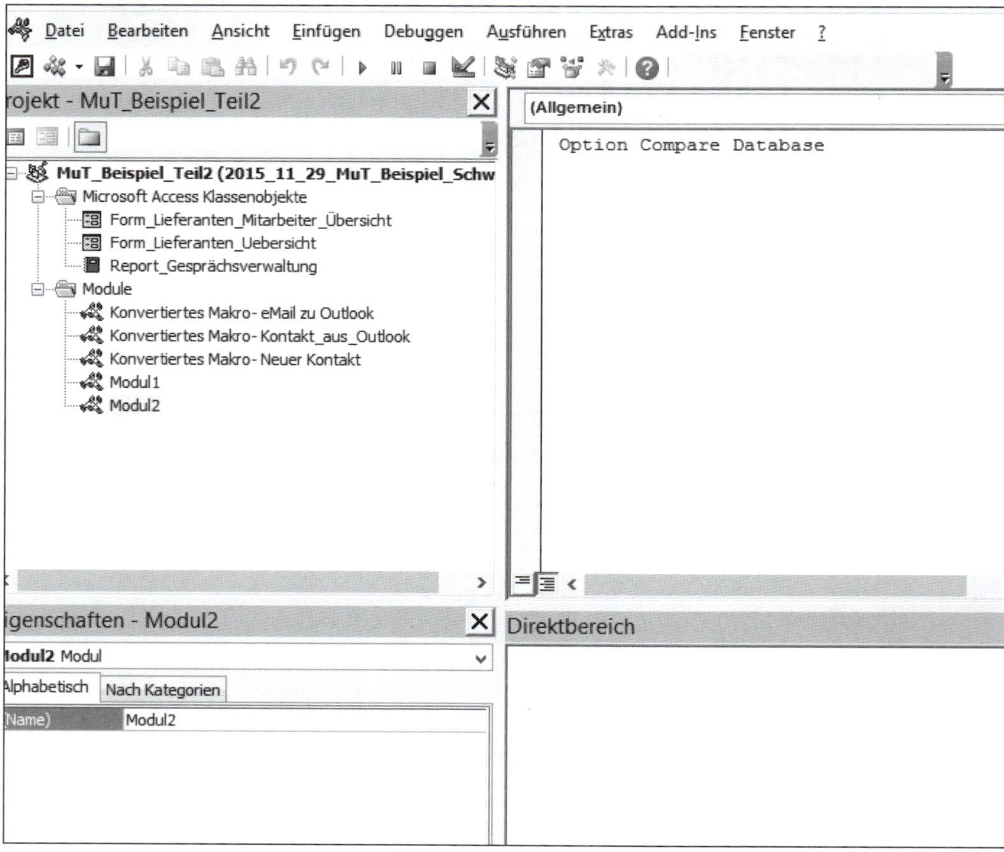

Makros kann man bei Access nicht für Abfragen und Tabellen verwenden, gleichwohl kann man Formulare und Berichte mit VBA-Prozeduren und Funktionen belegen. Ich habe hier zwei Begriffe verwendet, die schon grundlegend für diese Art der Programmierung sind: Prozeduren sind in sich abgeschlossene Programmteile, die die dort untergebrachten Befehle ausführen. Funktionen dagegen sind Programmteile, die meist Berechnungen durchführen und das Ergebnis dem Programm wieder zur Verfügung stellen. Funktionen kennen Sie ja mit ziemlicher Sicherheit von Excel.

Man kann Visual Basic for Applications im gesamten Office-Paket einsetzen, außerdem in Vision und in MS Project. VBA, so die Abkürzung, gibt es noch in zahllosen anderen Programmen, die auf Windows-Ebene verwendet werden. So manches CAD-Programm oder auch GIS-Programm läuft mit Visual Basic und lässt sich damit jederzeit erweitern. Wir haben damit schon erklärt, dass Visual Basic keine eigenständigen Programme erschaffen kann, sondern das jeweilige Mutterprogramm zur Ausführung benötigt. VBA ist objektorientiert, objektorientiert insofern, als dass es mit vorgefertigten Objekten arbeiten kann. Man selbst kann auch Objekte erschaffen, deren Eigenschaften sind aber nicht vererbbar. Damit haben wir eine Schwäche von Visual Basic benannt.

Wir haben Ihnen jetzt einige Begriffe um die Ohren geworfen, die Ihnen wahrscheinlich – wenn Sie wirklich Anfänger sind – völlig unverständlich sind. Fahren wir mit dem Begriff der Lauffähigkeit fort. Lauffähig ist ein Programm dann, wenn es aus sich selbst heraus ausführbar ist, es also eine EXE-Datei besitzt, die man anklicken kann, und dadurch das Programm startet. VBA kennt so etwas nicht. VBA braucht immer Word, Excel, Access, PowerPoint oder MS Project, worin dann eine Datei zum Laufen gebracht wird, die dann mit einem Programm behaftet ist.

Schwieriger zu erklären ist der Begriff des Objekts. Bei Microsoft sind alles Objekte, der Bildschirm, der Drucker, aber auch der Schaltknopf auf einem Formular, wobei das Formular selbst wieder ein Objekt ist. Das heißt, man kann mit dieser Programmiersprache diese vorgefertigten Objekte verändern, aufrufen, gestalten, ja überhaupt erst zum Leben erwecken. Jedes dieser Objekte hat nun Eigenschaften, Farbe, Größe, Lautstärke oder was Ihnen sonst noch einfällt, was so ein Objekt wohl haben könnte.

Ein nächster Begriff ist jetzt die Methode. Mit dieser sind Sie in der Lage, Eigenschaften zu verändern, andere Methoden aufzurufen, Objekte auch mit anderen Programmen zu verwenden. Sie können deshalb beispielsweise aus Access heraus Word aufrufen, Inhalte von Wörtern von Access-Formularen in Word ausgeben.

VBA wurde in den Versionen ab Office 97 von Microsoft konsequent zu einer vollen Programmiersprache ausgebaut. Viele Jahre lief es parallel zu Visual Basic, der von Microsoft entwickelten Programmiersprache, die – von vielen belächelt, von noch mehr Menschen aber eingesetzt – auch den einen Nachteil hatte, nämlich nicht voll objektfähig zu sein. Was sowohl VBA als auch VB fehlte und fehlt, ist die Vererbbarkeit. Diese Vererbbarkeit bedeutet, dass man ein Objekt erschaffen kann, diesem Objekt Methoden und Eigenschaften zuordnen kann. Nun wird ein zweites Objekt erschaffen und kann die Methoden und Eigenschaften des ersten Objekts weiterverwenden. Man braucht also nicht immer alles neu zu programmieren; wenn man ein Objekt schon einmal geschaffen hat, kann man dieses weiterentwickeln. Bei VBA erscheint mir dies nicht von großem Nachteil, da es wirklich nur bei größeren Programmen Sinn macht, diese Vererbbarkeit einzusetzen. Die meisten Programmierer arbeiten bei Access, Excel, Word sowieso nicht mit eigenen Objekten, sondern verwenden nur die, die von Microsoft vorgegeben sind – und das sind viele.

Allerdings ist es, wenn man einmal die Vorteile des objektorientierten Programmierens erfahren hat, ein schöner Weg, auch komplexe und komplizierte Programme auf relativ einfache Weise zu gestalten.

In den von uns behandelten Versionen von Access, also 2010–2016, aber auch schon in der Version 2007, wurde VBA nicht mehr entscheidend weiterentwickelt. Microsoft setzt auf seine DOT-NET-Technologie (.NET-Technologie), stellt uns diese auch zum Teil kostenlos zur Verfügung und hofft, dass Excel- und Word-Entwickler auf diese Technologie sehr schnell umsteigen. Access habe ich herausgelassen, weil Microsoft zu unserem Erstaunen kein extra Tool in seiner Programmieroberfläche zur Verfügung stellt, um Access-VB.NET-Programme oder gar C#-Programme zu entwickeln.

VB.NET hat mit VBA leider nichts zu tun. Sie müssen praktisch eine andere Sprache lernen, wenn sie von VBA ausgehend VB.NET lernen wollen. Das war früher einfacher! VBA und VB hatten fast 90 Prozent Übereinstimmung sowohl in der Programmiersprache als auch in der Konzeption.

Nachdem wir Ihnen jetzt einige grundlegende Gedanken zu Visual Basic vermittelt haben, wollen wir doch ein kleines Programm erstellen, das dann in einer Abfrage verwendet werden kann. Wir haben Ihnen bereits erklärt, dass man nicht innerhalb von Abfragen programmieren kann; allerdings können Sie in dem Bereich Module, erschaffene Prozeduren und Funktionen verwenden, um sie dann auch in Abfragen, Formularen, Berichten usw. aufzurufen. Wo Sie VBA nie einsetzen und auch nie verwenden können, ist in Tabellen.

12.1 Ein Praxisbeispiel

Wir werden nun ein Modul anlegen. Sie finden unter *Erstellen* in der Gruppe *Makros und Code* das Symbol *Modul*. Wenn Sie auf diesen Schaltknopf klicken, verändert sich das Aussehen von Access vollständig. Microsoft hat die Oberfläche noch nicht den neuen Gegebenheiten angepasst. Sie haben jetzt plötzlich wieder Menü- und Symbolleiste vor sich.

Fügen wir nun ein kleines Beispiel ein; Sie werden eine Mehrwertsteuerfunktion programmieren, die Sie dann in einer Abfrage einsetzen werden. Dieses Beispiel soll Ihnen dazu verhelfen, die Scheu vor Programmierung ein wenig abzulegen, und Ihnen die Gelegenheit geben, aus dem Internet Beispiele in Ihre Anwendungen zu ziehen und doch zu wissen, was Sie tun.

Ich erkläre kurz diese Funktion: Sie beginnen mit dem Wort *Public*, was bedeutet, dass Sie diese Funktion überall aufrufen können. Dann, mit dem Wort *Function*, teilt Access mit, dass hier eine Funktion ausgeführt wird, keine Prozedur. Der Name der Funktion heißt *mwst*. Dieser Name ist frei wählbar: Sie hätten auch Katzenklo schreiben können. Danach folgt immer eine Klammer. Innerhalb dieser Klammer steht nun, dass Sie eine Zahl eingeben können, dass in dieser Funktion eine Mehrwertsteuer gerechnet wird. Die Funktion legen Sie so an, dass nicht nur die Mehrwertsteuer ausgegeben wird, sondern dass auch der Mehrwertsteuer-Betrag der übergebenen Zahl berechnet wird. (Also statt Netto- der Bruttobetrag.) Der *nenner*, der dahinter steht – auch dieser Begriff ist genau wie die Zahl frei wählbar –, muss eine Ganzzahl sein. Wenn Sie weiter nach unten blicken, steht hier *nenner = 1*. Demzufolge, wenn wir hier in die Funktion *nenner 1* eintragen, wird die Mehrwertsteuer mit 19 % berechnet, für jede andere

Zahl wird der verminderte Mehrwertsteuersatz mit 7 % ausgegeben. Im unteren Bereich, der mit *Direktbereich* überschrieben ist, haben wir schon ein Beispiel ausgeführt. Dieser *Direktbereich* ist dazu gedacht, programmierte Funktionen vor Ort gleich ausprobieren zu können und so dem Programmierer zu helfen, Fehler zu vermeiden.

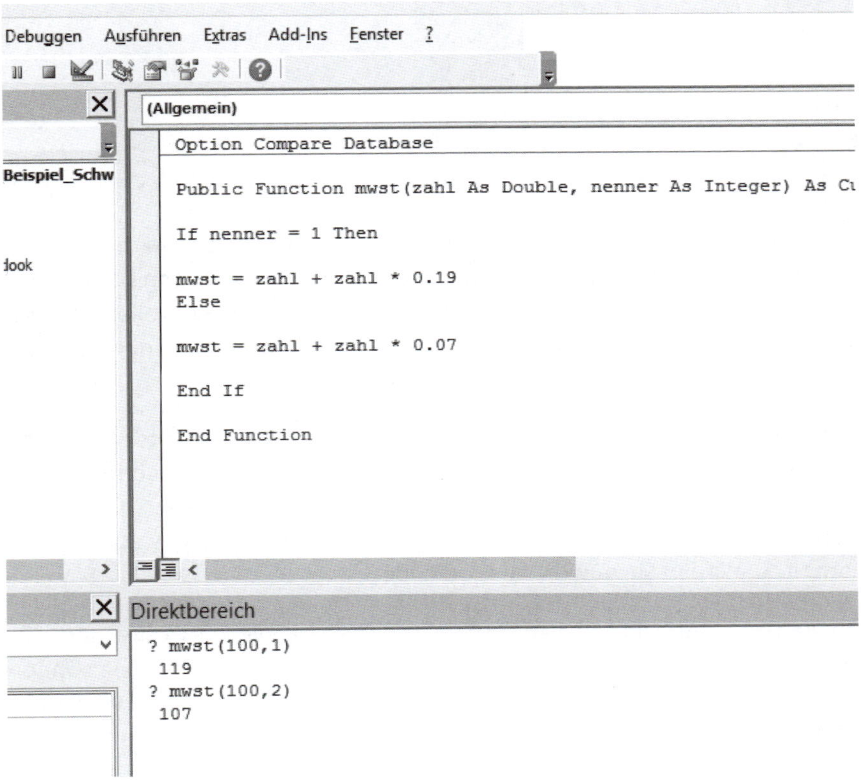

Der Quellcode mit dem Beispiel.

Das *?* zu Beginn bedeutet, dass die Funktion ausgeführt werden soll. Dann folgt der Funktionsname *mwst* und in Klammern, in unserem Beispiel, die Zahl *100*. Der *nenner* ist im ersten Fall die *1*, sodass der Mehrwertsteuer-Betrag mit 19 % berechnet wird; der Rückgabewert ist folglich 119.

Das zweite Beispiel beginnt wieder mit dem *?* gefolgt vom Funktionsnamen *mwst* und der Klammer. Wieder geben Sie z. B. *101*, dann als *nenner 2* ein und schließen mit einer Klammer. Jetzt wird der verminderte Mehrwertsteuersatz mit 7 % berechnet.

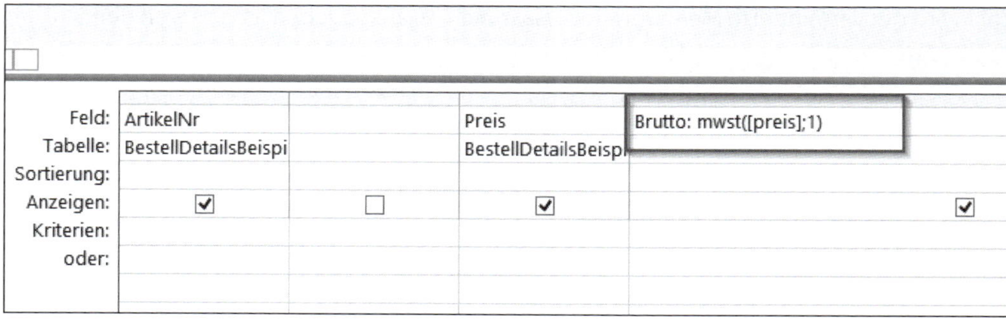

Die Funktion eingesetzt in einer Abfrage.

Verwenden Sie noch ein paar andere Zahlen, die leicht überprüfbar sind. Sie werden feststellen, dass unsere Funktion immer den richtigen Betrag zurückliefert. Sie haben bisher noch keine Fehlerroutine eingebaut. Wenn Sie dieses Beispiel wirklich einsetzen wollen, müssen Sie einen sogenannten Error-Handler konstruieren, der Falscheingaben durch den Benutzer abfängt und mitteilt, was nicht berechnet werden kann.

Das Programm würde abstürzen, wenn Sie diesen Error-Handler rauslassen würden. Sie merken, dass VBA relativ logisch aufgebaut ist und Ihnen ein schönes Stück Arbeit bei Access abverlangen wird. Trotzdem empfehlen wir Ihnen, sich mit dieser Programmiersprache auseinanderzusetzen, denn es gibt kaum ein Access-Programm, eine Access-Anwendung, die ohne VBA auskommt. Speichern Sie nun dieses Modul ab.

Sie können dazu auf die in der Symbolleiste vorhandene Diskette klicken: Access fragt Sie, ob Sie das Modul speichern wollen; Sie können einen Modulnamen vergeben, Sie können aber einfach auch in unserem Fall *Modul1* bestätigen. Am roten Andreaskreuz können Sie das Modul verlassen, sind dann wieder in der ganz normalen Access-Oberfläche, die Sie schon seit Langem kennen.

12.2 Die neue Funktion wird eingesetzt

Sie erstellen eine neue Abfrage, gehen dafür in den Abfrageentwurf. Wählen Sie *BestellDetails-Beispiel* als Tabelle aus und ziehen Sie die Artikelnummer und den Preis nach unten; legen Sie ein neues Feld namens *brutto* an und schreiben Sie *Brutto: MWST([Preis];1])*.

Badeanzug Gretlies	0,00 €	0,00 €
Sport Suse	615,49 €	732,43 €
Jeans Käthchen	773,08 €	919,97 €
Shirt Marie	154,42 €	183,76 €
Kleid Sandy	698,88 €	831,67 €
Kleid Marietheres	159,27 €	189,53 €
Wäsche Albertine	619,13 €	736,76 €
Umstandsmode Wiltrudis	255,56 €	304,12 €
Mantel Berta	1.108,70 €	1.319,35 €
Trainigsanzug Ilsetraut	0,00 €	0,00 €
Kleid Marietheres	590,49 €	702,68 €
Trainigsanzug Elisabetha	26,04 €	30,99 €
Wäsche Ursl	149,43 €	177,82 €
Shirt Waltraud	1.142,02 €	1.359,00 €
Bluse Katherina	87,21 €	103,78 €
Pullover Gislind	91,07 €	108,37 €
Top Margaritta	1.603,68 €	1.908,38 €
Top Reny	263,85 €	313,99 €
Sport Poldi	595,13 €	708,20 €
Hose Katie	696,50 €	828,84 €
Jacke Wiltrud	505,90 €	602,02 €
Blazer Viktoria	1.015,14 €	1.208,02 €
Overall Sylvelin	275,97 €	328,41 €
Bluse Pamela	777,97 €	925,78 €
Pullover Röschen	49,67 €	59,11 €
Jeans Gisela	53,76 €	63,97 €
Pullover Adele	1.455,19 €	1.731,68 €
Jeans Gisela	13,72 €	16,33 €
Rock Trautlinde	1.481,07 €	1.762,47 €
Badeanzug Siska	162,96 €	193,92 €
Badeanzug Nancy	598,98 €	712,79 €
Bodies Trinchen	228,72 €	272,18 €
Tunika Sigrid	521,58 €	620,68 €

Die ausgeführte Abfrage mit berechneter Mehrwertsteuer.

Zwei Sachen sind zu beachten: Obwohl Sie in der Funktion ein Komma verwendet haben, um Zahl und Nenner zu trennen, müssen Sie jetzt ein Semikolon verwenden, da in der deutschen Version von Access definiert ist, dass die einzelnen Teile einer Funktion nicht durch Komma, sondern durch Semikolon voneinander getrennt werden. Wenn Sie nun diese Funktion ausführen, indem Sie die Abfrage ausführen, dann sehen Sie, dass in der Abfrage ein Bruttopreis steht. Glauben Sie uns, die Werte, die berechnet werden, stimmen auch! Speichern Sie die Abfrage als *brutto* ab.

13 Anhang

13.1 Datei-Optionen

Durch Klicken auf das Register *Datei* gelangt man in ein Dialogfenster, in dem man die Eigenschaften der Access-Datenbank verändern kann. Der Dialog ist unterteilt in zwei Bereiche. Im linken Bereich kann man die verschiedenen Themen aufrufen, im rechten Bereich erscheinen die dazugehörigen Informations- und Änderungsseiten.

Direkt auf der Startseite befinden sich normalerweise zwei Schaltflächen:

- *Datenbank komprimieren und reparieren:* Wenn Sie Daten – auch ganze Datensätze – löschen, können Sie erleben, dass *NV* (**no value**) stehen bleibt. Denn bei Access werden diese Datensätze nicht sofort entfernt, sondern bleiben rudimentär in der Datenbank vorhanden. Erst durch das Komprimieren und Reparieren werden diese Lücken in der Tabelle bzw. Datei wieder geschlossen.
- *Mit Kennwort verschlüsseln:* Wenn Sie auf *Verschlüsselung* klicken, meldet Access meist eine Fehlermeldung, dass Sie die Datei im Exklusivmodus öffnen müssen, damit Sie ein Kennwort der Datenbankdatei festlegen können.

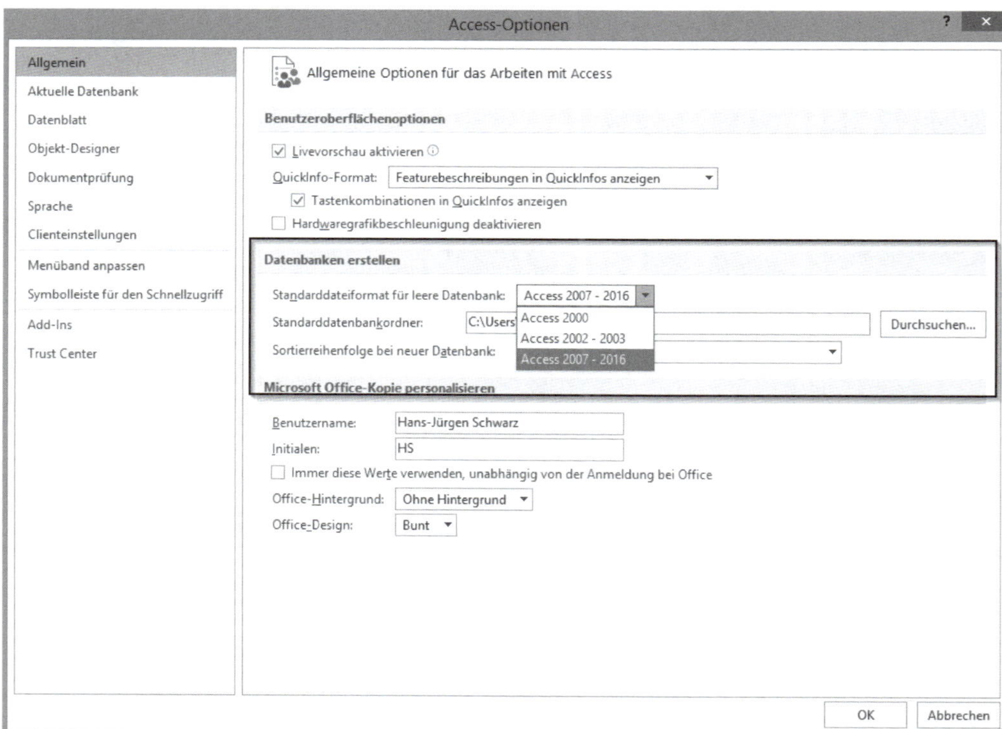

Nach dem Klick auf »Datei-Optionen« öffnet sich dieses Bild. Hier können Sie eine ganze Reihe von Einstellungen vornehmen.

Vorgehensweise: Sie müssen daher die Datei schließen, Access normal starten und auf der linken Seite unten auf *Weitere Dateien öffnen* klicken. Es öffnet sich die Oberfläche *Öffnen*, auf der Sie auf *Durchsuchen* klicken, sodass sich das Dialogfenster *Öffnen* öffnet. Wählen Sie die gewünschte Datei aus und klicken Sie anschließend auf den nach unten zeigenden Pfeil neben der Schaltfläche *Öffnen*. In dem erscheinenden Auswahlfenster wählen Sie *Exklusiv öffnen* aus. Es öffnet sich nun wiederum die Access-Datei, in der Sie nun die Verschlüsselung durchführen können.

Durch Klicken auf *Optionen* öffnet sich das Dialogfenster *Access-Optionen*, in dem Sie weitreichende Änderungen durchführen können. Unter anderem können Sie im Bereich *Allgemeine Optionen für das Arbeiten mit Access* den Standarddatenbankordner, in dem immer eine neue Datenbank abgespeichert wird, ändern.

13.2 Vollständiges Ausblenden des Navigationsbereichs und der Registerkarten

Als Entwickler einer umfangreichen Datenbank müssen Sie darauf achten, welche Rechte der Nutzer hat.

- Sollte der Nutzer durch unachtsames Verhalten der Datenbank einen Schaden zufügen, kann es sehr lange dauern, bis Sie die Datenbank wieder zum Laufen bekommen. Stellen Sie sich vor, der Nutzer löscht eine Abfrage, auf die die Formulare zugreifen wollen, oder er löscht ein Formular, das als Unterformular in einem anderen Formular genutzt werden soll. Daher sollte der *Navigationsbereich* für den Nutzer permanent ausgeblendet werden.
- Eingegebene Daten werden erst beim Verlassen des Datensatzes dauerhaft in der dazugehörigen Tabelle abgespeichert. Während Sie in dem Datensatz Daten einfügen oder ändern, werden die Änderungen nur temporär im Speicher gehalten. Stellen Sie sich nun vor, der Nutzer hat gerade einen neuen Lieferantendatensatz angelegt, ohne den Datensatz zu verlassen. Nun möchte er die Mitarbeiter des neu angelegten Lieferanten anlegen und wundert sich, dass dieser Lieferant in keiner Ansicht erscheint. Für Sie ist es klar, der Nutzer hätte zuerst den Anlegevorgang des neuen Lieferanten-Datensatzes abschließen müssen und danach erst die Mitarbeiter anlegen dürfen. Dies ist ein typischer Fehler, der manchen Nutzer zur Verzweiflung bringt. Daher muss man ihn dazu zwingen, verschiedene Aktionen nacheinander abzuarbeiten. Dies gelingt, wenn zusätzlich die *Registerkarten* deaktiviert sind, und der Nutzer nur nach und nach ein Formular bearbeiten kann.

1. Klicken Sie auf das Register *Datei*.
2. Es öffnet sich der Backstage-Bereich. Klicken Sie im linken, rot hinterlegten Bereich auf *Optionen*.
3. Es öffnet sich das Dialogfenster *Access-Optionen*. Wählen Sie auf der linken Seite den Menüpunkt *Aktuelle Datenbank*.

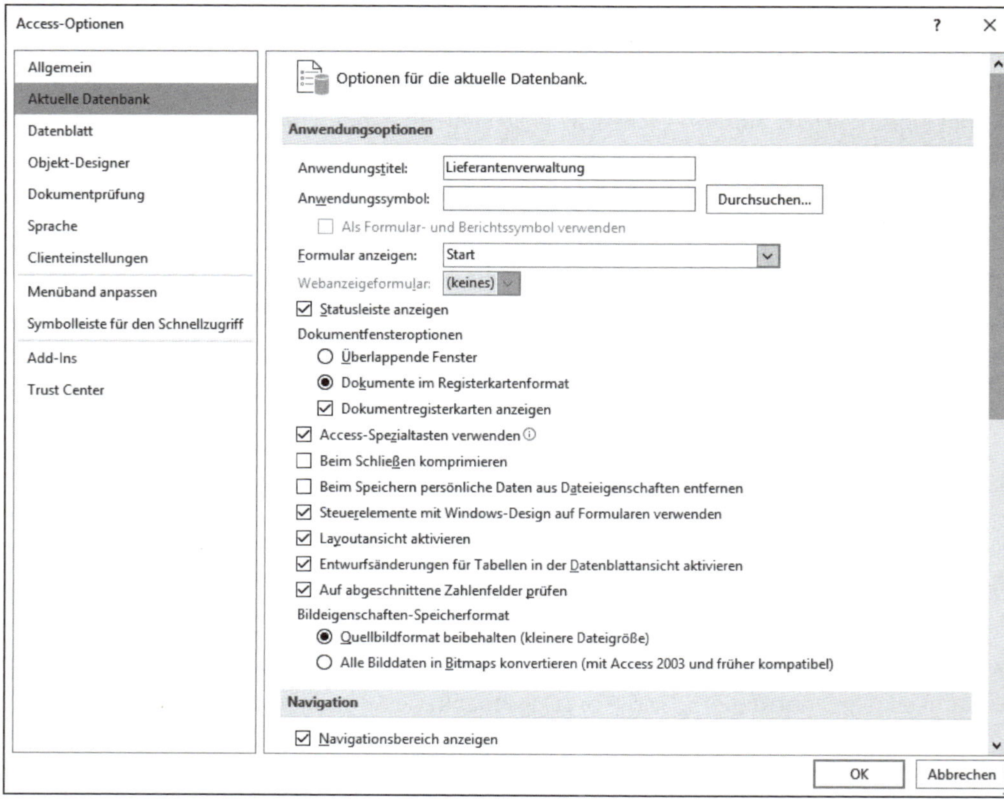

Diese Einstellungen nehmen Sie vor, um die aktuelle Datenbank zu bearbeiten.

4. Um die Registerkarten auszublenden, entfernen Sie das Häkchen vor *Dokumentregisterkarten anzeigen*.

5. Um den Navigationsbereich auszublenden, entfernen Sie das Häkchen vor *Navigationsbereich anzeigen*.

6. Im Feld *Anwendungstitel* können Sie der Datenbank einen eigenen Namen geben, der in der Titelleiste angezeigt wird. Ist das Feld leer, werden der Pfad und der Dateiname der geöffneten Access-Datei angegeben. Im Feld *Anwendungssymbol* kann eine Bilddatei angegeben werden, das Bild wird dann in der Titelleiste angezeigt. Ist das Feld leer, wird das Standardsymbol von Access angezeigt.

7. Sie können mithilfe einer Drop-down-Liste ein vorhandenes Formular auswählen, das mit Öffnen der Access-Datei aufgerufen wird. Ist das Feld leer, wird ein leerer Arbeitsbereich angezeigt.

13.3 Warum sortiert Access so merkwürdig?

In dem einen Formular werden die Zahlen wie in Sortierung A sortiert. In einem anderen Formular kann es passieren, dass die Zahlen wie in Sortierung B sortiert werden.

Der Grund dafür ist, dass Access Zahlen entweder als Datentyp *Text* oder als Datentyp *Zahl* behandeln kann.

Sortierung A – Datentyp Text:

So werden z. B. Telefonnummern, die neben der Zahl auch einen Bindestrich oder andere Zeichen beinhalten können, wie ein Text behandelt. Dabei sortiert Access nach der ersten Ziffer, darauf aufbauend nach der zweiten Ziffer usw.

Sortierung B – Datentyp Zahl:

Wenn Access Zahlenwerte als Zahlen sortieren soll, dann betrachtet es den gesamten Feldinhalt als einen Wert und sortiert die Datensätze basierend auf diesem Wert.

Hinweis

Ob eine Zahl als Zahl oder Text sortiert wird, hängt von den Einstellungen der zugrunde liegenden Tabelle ab. Möchte man jedoch erreichen, dass auch Zahlen mit dem Datentyp *Text* numerisch sortiert werden, müssen Sie die Zahlen mit führenden Nullen auffüllen, sodass alle Einträge dieselbe Länge haben. So werden die Textwerte 002, 012, 001, 035, 003, 124 korrekt sortiert.

13.4 Datentypen

Beim Entwurf einer Tabelle sollte schon im Vorfeld sorgfältig überlegt werden, welche Datentypen die Felder haben sollen. Solange keine Daten eingegeben wurden, kann der Datentyp ohne Problem geändert werden. Mit Daten kann es passieren, das Access eine Konvertierung gar nicht mehr zulässt oder es zu einem Datenverlust kommt.

DAHER: Überlegen Sie zuerst, wie die Tabelle aussehen soll.

Nachdem ein Nutzer Daten eingegeben hat, sollten diese auf ihre Richtigkeit überprüft werden. So muss z. B. nach dem Eintragen einer E-Mail-Adresse, einer ISBN-Nummer oder eines Kfz-Kennzeichens der korrekte Aufbau kontrolliert werden.

DAHER: Diese Prüfung kann schon beim Einrichten der Tabelle definiert werden. Der Vorteil besteht darin, dass Sie sich danach zu keinem weiteren Zeitpunkt um die Korrektheit der Daten kümmern müssen. Gibt der Nutzer eine falsche Zeichenfolge ein, wird sofort eine Fehlermeldung gebracht.

Deswegen auch sollen die Datentypen, die ausgewählt werden können, detailliert betrachtet werden. Es wird dabei auf die wesentlichen Eigenschaften, die für den jeweiligen Datentyp wichtig sind, eingegangen.

13.4.1 Kurzer Text

Dieser Datentyp wird bei der Eingabe von beliebigen Zeichen verwendet. Dabei können *maximal 255 Zeichen* eingetragen werden. Beachten Sie dabei, dass auch Zahlen als Textwerte betrachtet werden und sie somit auch wie Texte sortiert werden (siehe Abschnitt 13.2 »Warum sortiert Access so merkwürdig«).

Format	Man benötigt diese Einstellung, falls man den eingegebenen Text in einem bestimmten Format darstellen möchte. Für die Formatierung kann man verschiedene Platzhalter verwenden: *&* Ein Textzeichen muss angegeben werden. *@* Ein Textzeichen kann angegeben werden. *" "* Die in den Anführungszeichen stehenden Textzeichen werden immer angezeigt, ohne dass sie geändert werden können. *<* Alle Zeichen werden in Kleinbuchstaben umgewandelt. *>* Alle Zeichen werden in Großbuchstaben umgewandelt. *!* Änderung der Eingaberichtung von links nach rechts. Dabei muss das *!* am Anfang der Formatzeichenfolge stehen.

Formatierungsbeispiele:

Format	Eingabe	Anzeige
>	*Test*	*TEST*
	tesT	*TEST*
@@-@@@	*12345*	*12-345*
	1234	*1-234*
		Das Feld wird von rechts nach links mit Werten belegt. Beim zweiten Beispiel fehlt ein Wert, es kann für den linken Platzhalter kein Zeichen eingefügt werden!
!@@-@@@	*12345*	*12-345*
	1234	*12-34*

Format	Eingabe	Anzeige
@@ " - Test - " @@@	*12345*	*12 - Test - 345*
	123456	*123 - Test - 456*
		Werden mehr Zeichen, als Platzhalter vorhanden sind, angegeben, werden die Platzhalter weiterhin von rechts nach links gefüllt. Übrig bleibende Zeichen vom Eingabewert werden jedoch weiterhin angegeben.

Hinweis

Durch die Eigenschaft *Format* wird nur die Anzeige definiert, jedoch bleibt der Eingabewert in dem Feld erhalten.

Aufgabe

Eine ISBN besteht aus fünf Blöcken, z. B. ISBN 978-3-86680-192-9. Geben Sie das Format so ein, dass der Nutzer nur die Zahlen eingeben muss.

Lösung:

"ISBN "@@@-@-@@@@@-@@@-@

Problem: Es wird nicht überprüft, ob alle Werte eingegeben wurden. Es wird nicht überprüft, ob nur Zahlen eingegeben wurden. Sie können auch Buchstaben eingeben!

Sie können genau definieren, welche Eingaben erlaubt sind. Sind an einer bestimmten Stelle nur Zahlenwerte erlaubt, werden alle weiteren Tasten deaktiviert. Nachdem der Nutzer das Feld verlässt, wird noch mal als Gesamtes die Richtigkeit der Eingabe überprüft und gegebenenfalls moniert.

0	Ziffern (0 bis 9) müssen eingegeben werden.
9	Ziffern oder Leerzeichen können eingegeben werden.
#	Ziffern oder Leerzeichen können eingegeben werden, wobei auch Plus- und Minuszeichen erlaubt sind.
L	Buchstabe (A bis Z) muss eingegeben werden.
?	Buchstabe (A bis Z) oder Leerzeichen können eingegeben werden.
A	Buchstabe oder Ziffer muss eingegeben werden.
a	Buchstabe oder Ziffer kann eingegeben werden.
&	Beliebiges Zeichen muss eingegeben werden.
C	Beliebiges Zeichen kann eingegeben werden.

<	Alle Buchstaben werden in Kleinbuchstaben umgewandelt.
>	Alle Buchstaben werden in Großbuchstaben umgewandelt.
" "	Die in den Anführungszeichen stehenden Textzeichen werden immer angezeigt, ohne dass sie geändert werden können.
\	Das unmittelbar folgende Zeichen wird literal angezeigt.

Eingabeformat-Beispiele:

Format	Eingabe	Anzeige
@@-@@@	12345	12-345
	1234	Fehler, da alle 5 Platzhalter gefüllt werden müssen
99-999	123	12-3
	1	1-
>LL" - Test - "<AA	ABCD	AB - Test - cd
	AB12	AB - Test - 12
	12AB	Fehler, da die ersten beiden Zeichen Buchstaben sein müssen

Aufgabe

Eine ISBN besteht aus 5 Blöcken, z. B. ISBN 978-3-86680-192-9. Geben Sie das Format so ein, dass der Nutzer nur die Zahlen eingeben muss.

LÖSUNG:

Die Formatierung lautet *"ISBN "000\-0\-00000\-000\-0*.

IDEE:

"ISBN "	Wird als Wort vorangestellt (mit Leerzeichen am Ende).
\-	Trennt die einzelnen Blöcke voneinander.
0	Muss jeweils als Platzhalter verwendet werden, da alle Platzhalter mit einer Zahl gefüllt werden müssen.

Hinweis

Die letzte Ziffer der ISBN ist die Kontrollziffer, die sich durch die restlichen Ziffern errechnet. Bei der Eingabe wird nur die formale, jedoch nicht die inhaltliche Korrektheit überprüft, das heißt, es können auch falsche Zahlen eingegeben werden, ohne dass dies bemerkt wird. Daher müsste man auf anderem Wege zusätzlich die Zahlenwerte auf ihre Richtigkeit überprüfen.

Aufgabe

Eine Telefonnummer besteht aus einer Vorwahl mit bis zu fünf Ziffern und einer Nummer mit bis zu sieben Ziffern, wobei immer drei Ziffern angegeben werden müssen.

LÖSUNG:

Die Formatierung lautet: *00099" - "0009999*

PROBLEM:

Man möchte die Telefonnummer 0911 - 46663 eingeben.

Gibt man hinter 0911 ein Leerzeichen ein und danach 46663, wird die Telefonnummer richtig angezeigt.

Geht man jedoch mit dem Cursor nach *0911* hinter den Bindestrich und gibt dann *46663* ein, erhält man *09114-6663*.

GEGENMASSNAME:

Die Formatierung lautet: *00099" - "0009999;0;*

Dadurch wird beim Verwenden des Cursors die Telefonnummer dennoch richtig angezeigt.

Aufgabe

Das Kfz-Kennzeichen besteht aus drei Blöcken – dem Ortskennzeichen mit bis zu drei Buchstaben und der Erkennungsnummer mit bis zu zwei Buchstaben und vier Ziffern. Außerdem sollen die Buchstaben großgeschrieben werden, z. B. LAU DC 6

LÖSUNG:

Die Formatierung lautet *>L&&" "L&" "0&&&*

LÖSUNG MITHILFE DES FORMATS:

>	Alle Buchstaben werden großgeschrieben.
L&&	Der erste Buchstabe muss angegeben werden, an den beiden nachfolgenden Positionen kann ein Buchstabe angegeben werden, jedoch muss stattdessen ein Leerzeichen eingetragen werden.
" "	Bindestrich zwischen dem Unterscheidungskennzeichen und der Kennnummer mit jeweils einem Leerzeichen vor und hinter dem Bindestrich
L&	Der erste Buchstabe der Erkennungsnummer muss angegeben werden, der zweite Buchstabe kann angegeben werden, jedoch muss stattdessen ein Leerzeichen angegeben werden.
" "	Leerzeichen zwischen dem Buchstaben- und dem Zahlenblock
0&&&	Eine erste Ziffer muss angegeben werden, an den drei nachfolgenden Positionen kann eine Ziffer angegeben werden, jedoch muss stattdessen ein Leerzeichen eingetragen werden.

ALTERNATIVE LÖSUNG MITHILFE DES EINGABEFORMATS:

Die Formatierung lautet *>L??" "L?" "0999;0;*

?	Man kann einen Buchstaben eingeben, muss dies aber nicht tun. Daher kann es wiederum passieren, dass durch Verwenden des Cursors alle Zeichen um die Anzahl der übersprungenen Platzhalter nach links rutschen (z. B. anstelle von B DC 124 steht BDC 12 4). Daher muss wieder *;0;* angehängt werden.

Beschriftung	Legt fest, welcher Text im Formular oder Bericht in dem dazugehörigen Bezeichnungsfeld angegeben wird. Lässt man das Feld frei, wird in das Bezeichnungsfeld der Feldname eingegeben.
Standardwert	Man kann definieren, welcher Wert bei einem neuen Datensatz automatisch in das Feld eingetragen wird.
Gültigkeitsregel	Man kann definieren, welche Werte eingetragen werden dürfen. Ähnlich wie bei Abfragen und Filtern können für Texte folgende Parameter gesetzt werden: ** Platzhalter für ein oder mehrere Zeichen *?* Platzhalter für ein Zeichen *Wie "A*"* Das Wort beginnt mit *A*. *Nicht Wie "A*"* Das Wort beginnt nicht mit *A*. *Wie "*a*"* Das Wort enthält das Zeichen *a*. *Nicht Wie "*a*"* Das Wort enthält nicht das Zeichen *a*. *Wie "?a*"* Das Wort enthält an zweiter Position den Buchstaben *a*. *Wie "*a"* Das Wort endet mit dem Zeichen *a*. *Wie "[A-C]*"* Das Wort beginnt mit *A*, *B* oder *C*. *Und* Sowohl ... als auch ... *Oder* Entweder ... oder ...

Beispiel:

Man könnte definieren, dass im Kfz-Kennzeichen nur die Buchstaben A, B oder C verwendet werden dürfen. Somit müsste man Folgendes in die Gültigkeitsregel eingeben:
>="A" Und <="C*"*.

Access verbietet Ihnen nicht, auch andere Buchstaben einzutragen, jedoch wird eine Fehlermeldung erzeugt, sobald Sie das Feld verlassen wollen und die Buchstaben noch nicht berichtigt haben.

Gültigkeitsmeldung	Sollte es zu einer Fehlermeldung kommen, wird – falls dieses Feld leer ist – eine Access-eigene Fehlermeldung erzeugt, die nicht unbedingt zum besseren Verstehen des Fehlers führt. Daher können Sie eine eigene, auf diesen Fall bezogene Fehlermeldung eintragen und dem User klar definieren, welche Werte eingetragen werden dürfen.
Eingabe erforderlich	Diese Eigenschaft legt fest, ob Sie einen Datensatz im Formular verlassen dürfen, obwohl das Feld noch nicht beschrieben ist. Bei *Ja* ist eine Eingabe erforderlich.
Leere Zeichenfolge	Diese Eigenschaft legt fest, ob Sie bei der Dateneingabe auch leere Zeichenfolgen eintragen dürfen.
Indiziert	Diese Funktion hat den Vorteil, dass in diesem Feld schneller gesucht werden kann bzw. dieses Feld schneller sortiert werden kann. Der Nachteil besteht darin, dass für das Aktualisieren des Feldes mehr Zeit benötigt wird.
Unicode-Kompression	Jeder Buchstabe besteht aus zwei Bytes. Will man Speicherplatz sparen, kann die Unicode-Kompression eingeschaltet werden. Dadurch wird bei Zeichen, die nur ein Byte benötigen (wenn das erste Byte somit auf null stünde), das erste Byte nicht gespeichert.
IME-Modus	Diese Eigenschaft steuert die Konvertierung von Zeichen in ostasiatische Versionen von Windows. *Für uns uninteressant!*
IME-Satzmodus	Diese Eigenschaft steuert die Konvertierung von Sätzen in ostasiatische Versionen von Windows. *Für uns uninteressant!*
Smarttags	Diese Eigenschaft fügt ein Smarttag an das Feld an.
Textausrichtung	Diese Eigenschaft steuert die standardmäßige Ausrichtung des Textes in einem Feld.

13.4.2 Langer Text

Dieser Datentyp kann für die Eingabe von langen Texten (mehr als 255 Zeichen) genutzt werden. Sie können bis zu 65.535 Zeichen nutzen. Der Vorteil dieses Datentyps besteht darin, dass Sie auch Texte formatieren können.

Die Eigenschaften sind ähnlich wie beim kurzen Text, jedoch wird man in den wenigsten Fällen Gültigkeitsregeln oder Formate definieren. Jedoch sollte folgende Eigenschaft explizit erwähnt werden:

Textformat	Sie können entscheiden, ob der Text in einem Feld des Datentyps *Langer Text* als reiner Text dargestellt wird oder formatiert werden kann. Wählen Sie den Eintrag *Nur-Text*, wird der Text unformatiert dargestellt. Wählen Sie den Eintrag *Rich-Text*, werden alle Textformatierungsmöglichkeiten aktiviert. Achten Sie dabei auch auf das Register *Start* -> Gruppe *Formatierung*.

Hinweis

Man sollte sich jedoch überlegen, ob man lange Texte, z. B. Betriebsanleitungen, tatsächlich in einem *Langen Text* schreibt oder ob es besser ist, externe Dokumente anzufertigen und diese mit der Datenbank zu verknüpfen. Eine Datenbank kann maximal eine Größe von 2 GByte besitzen. Man kann zwar Tabellen auslagern und mit der Datenbank verknüpfen, jedoch kann es passieren, dass die Memofelder durch die Texte zu viel Speicherplatz benötigen. Bei kleineren Projekten kann man entspannt über den Platzbedarf hinwegsehen, bei größeren Projekten hingegen sollte man platzsparend arbeiten, denn je kleiner die Datenbank, desto höher ist auch die Performance dieser Datenbank.

13.4.3 Zahl

Zahlen können in Feldern des Datentyps *Text* eingetragen werden, jedoch können Sie keine mathematischen Berechnungen durchführen. Daher gilt: Benötigen Sie Zahlen als Werte, mit denen Sie arithmetische oder statistische Berechnungen durchführen können, müssen Sie den *Datentyp Zahl* verwenden.

Feldgröße:	*Feldgröße*	*Zahlenbereich*	*Dezimalstellen*	*Speicherplatz*
	Byte	0 – 255	keine	1 Byte
	Integer	-32768 bis 32767	keine	2 Byte
	Long Integer	-2 147 483 648 bis 2 147 483 647	keine	4 Byte
	Single	-3,402823E38 bis -1,401298E-45 für negative Werte; 1,401298E-45 bis 3,402823E38 für positive Werte	7	4 Byte
	Double	-1,79769313486232E308 bis -4,94065645841247E-324 für negative Werte; 4,94065645841247E-324 bis 1,79769313486232E308 für positive Werte	15	8 Byte

Format	Access bietet vordefinierte und benutzerdefinierte Formate an. Wichtig ist wiederum, dass hier nur das Aussehen und nicht der eigentliche Inhalt des Feldes verändert werden kann. *Vordefinierte Formate*, die ausgewählt werden können: Allgemeine Zahl: Die Zahl wird angezeigt, wie sie eingegeben wird. *Hinweis:* Sollten Sie als Datentyp *Byte*, *Integer* oder *Long Integer* gewählt haben und in das Feld eine Dezimalzahl eingeben, wird der Wert mathematisch gerundet. Diese drei Datentypen können keine Dezimalzahlen darstellen. Daher muss in diesem Fall der Datentyp geändert werden. Währung: Access übernimmt die regionalen Einstellungen von Windows für die Darstellung von negativen Beträgen, beim Setzen von Tausender-Trennzeichen und Ähnlichem. In unserem Fall wird das €-Zeichen angegeben. Euro: Hier kann man explizit das Euro-Zeichen als Währung angeben. Festkommazahl: Hier kann man einstellen, wie viele Nachkommastellen die Zahl haben soll. Standardzahl: Die Zahl wird so angezeigt, wie sie angegeben wurde. Prozentzahl: Der Wert wird in % angegeben. Exponentialzahl: Access verwendet die wissenschaftliche Standardschreibweise. Benutzerdefinierte Formate: *0* Es wird eine Ziffer oder 0 angezeigt. *#* Es wird eine Ziffer oder nichts angezeigt. *€* Es wird die Währung Euro angezeigt. *%* Es wird der Wert in Prozentschreibweise dargestellt. *" "* Texte in doppelten Anführungszeichen werden wiederum literal angezeigt.
Dezimalstellenanzeige	Es wird die Anzahl der Stellen angegeben, die rechts vom Dezimaltrennzeichen angezeigt werden.

Gültigkeits- regel	Sie können mit den gleichen Operatoren arbeiten wie bei dem Datentyp *Kurzer Text*. Zusätzlich können Sie weitere Vergleichsoperatoren verwenden: *=100* Die Zahl ist genau 100. *>=100* Die Zahl ist größer oder gleich 100. *=<100* Die Zahl ist kleiner oder gleich 100. *<>100* Die Zahl ist nicht 100. *Zwischen 100 Und 200* Die Zahl liegt zwischen 100 und 200.

Formatierungsbeispiele:

Format	Eingabe	Anzeige
000,00	*12,3*	*012,30*
	123,456	*123,46* Da nur zwei Stellen angezeigt werden sollen, rundet Access auf die zweite Stelle nach dem Komma. Stellen, die nicht gefüllt sind, werden mit *0* beschrieben. Achtung: Das Feld zeigt 123,46 an, tatsächlich steht jedoch weiterhin 123,456 darin. Hinweis: Sollte der Wert tatsächlich nur zwei Nachkommastellen haben, muss die Dezimalstellenanzeige auf *2* eingestellt werden.
#,##	*1*	*1,*
	0,34	*,34*
	0,345	*,35*
	1234,456	
#,##0,00 €	*1,234*	*1,23 €*
	0,3	*0,30 €*

13.4.4 Datum/Uhrzeit

In einem Feld mit diesem Datentyp als Grundlage kann ein Datum und/oder eine Uhrzeit eingetragen werden, solange dies nicht durch das Eingabeformat eingeschränkt wird, so z. B.: 01.12.2016; 21:45 oder auch zusammen 01.12.2016 21:45.

Mithilfe der Einstellungen des Formats kann die Darstellung des Feldinhalts definiert werden, jedoch bleibt der Inhalt weiterhin erhalten.

Hinweis

Wurde in das Datenfeld nur eine Uhrzeit eingegeben und formatiert man das Feld so, dass das Datum angezeigt werden soll, wird automatisch, da kein Datum gefunden wurde, das Datum 30.12.1899 angegeben.

Wurde in das Datenfeld nur ein Datum eingegeben und formatiert man das Feld so, dass die Uhrzeit angezeigt werden soll, wird die Uhrzeit 00:00:00 angegeben.

Format	Access bietet einige vordefinierte Formate an. *Vordefinierte Formate*, die ausgewählt werden können: Standardformat Gibt eine Kombination aus *Datum, lang* und *Zeit, kurz* an, z. B. 01.12.2016 21:45. *Datum, lang* Das Format kann in Windows im Systemsteuerelement *Region und Sprache* eingestellt werden. Die Voreinstellung lautet z. B.: Montag, 01. Dezember 2016. *Datum, mittel* z. B. 01 Dez. 2016 *Datum, kurz* Das Format kann in Windows im Systemsteuerelement *Region und Sprache* eingestellt werden. Die Voreinstellung lautet z. B.: 01.12.2016. *Zeit, lang* Das Format kann in Windows im Systemsteuerelement *Region und Sprache* eingestellt werden. Die Voreinstellung lautet z. B.: 21:45:00. *Zeit, 12 Std* Uhrzeit wird im 12-Stunden-Format dargestellt. *Zeit, 24 Std* Uhrzeit wird im 24-Stunden-Format dargestellt. Benutzerdefinierte Formate: *t* Gibt den Tag des Monats als Zahl an (*1, 2, 3* ...). *tt* Gibt den Tag des Monats als Zahl mit führender Null an (*01, 02, 03* ...). *ttt* Gibt die ersten drei Buchstaben des Wochentags an (*Mon* bis *Son*). *tttt* Gibt den Wochentag an (*Montag* bis *Sonntag*).

Format	*w* Gibt den Wochentag an (*1* bis *7*). *ww* Gibt die Woche im Jahr an (*1* bis *53*). *m* Gibt den Monat als Zahl an (*1* bis *12*). *mm* Gibt den Monat als Zahl mit führender Null an (*01* bis *12*). *mmm* Gibt die ersten drei Buchstaben des Monats an (*Jan* bis *Dez*). *mmmm* Gibt den Monat an (*Januar* bis *Dezember*). *q* Gibt das Quartal an (*1* bis *4*). *j* Gibt den Tag im Jahr als Zahl an (*1* bis *366*). *jj* Gibt die Jahreszahl 2-stellig an (z. B. 16). *jjjj* Gibt die Jahreszahl 4-stellig an (z. B. 2016). *h* Gibt die Stundenzahl an (*0* bis *23*). *hh* Gibt die Stundenzahl mit führender Null an (*00* bis *23*). *n* Gibt die Minutenzahl an (*0* bis *59*). *nn* Gibt die Minutenzahl mit führender Null an (*00* bis *59*). *s* Gibt die Sekundenzahl an (*0* bis *59*). *ss* Gibt die Sekundenzahl mit führender Null an (*00* bis *59*). *" "* Texte in doppelten Anführungszeichen werden literal angezeigt.

Formatierungsbeispiele:

Format	**Eingabe**	**Anzeige**
jjjj.mm.tt	*16.06.2016*	*2016.06.16*
q ". Quartal"	*16.06.2016*	*2. Quartal*
tt.m.jj	*16.06.2016*	*16.6.16*
"Es ist " hh:nn " Uhr"	*21:45*	*Es ist 21:45 Uhr*

Eingabeformat	Möchten Sie, dass der Nutzer nur ein Datum oder nur eine Uhrzeit angeben darf, können Sie wiederum mit den Eingabeformaten arbeiten. Von den Platzhaltern, über die Sie im Abschnitt über kurze Texte sehr ausführlich informiert wurden, sind hier nur die Platzhalter für Zahlen notwendig: *0* Ziffern (0 bis 9) müssen eingegeben werden. *9* Ziffern oder Leerzeichen können eingegeben werden.
Gültigkeitsregel	Es gelten die gleichen Operatoren wie bei den Datentypen *Kurzer Text* und *Zahl*. Ein Datum bzw. Uhrzeit wird in # # gesetzt. *=#01.01.2016#* Es darf nur der 01.01.2016 eingetragen werden. *>=#01.01.2016#* Es darf nur ein Datum eingeben werden, das nach dem 31.12.2015 liegt. *Zwischen #12:00:00# Und #14:00:00#* Es wird nur eine Uhrzeit akzeptiert, die zwischen 12 Uhr und 14 Uhr liegt.

Eingabeformat – Bespiele:

Zeit	*99:99*	Angabe von Stunden und Minuten
Datum	*99.99.99*	Angabe von Tag, Monat und Jahr (2-stellig)
Datum	*99.99*	Angabe von Tag und Monat

Hinweis für Interessierte

Alle vordefinierten Formate für Datum und Uhrzeit liest Access aus der Windows-Systemeinstellung aus. Während der Installation von Windows konnten Sie Standardsprache und Gebietsschema festlegen, wodurch auch die Formate gebietsspezifisch festgelegt werden. Gehen Sie dazu folgendermaßen in die Systemsteuerung:

Klicken Sie zugleich auf die Tasten [Win]+[R]. Es öffnet sich das Dialogfenster *Ausführen*.

Geben Sie *intl.cpl* ein und klicken Sie auf *OK*. Es öffnet sich das Dialogfenster *Region und Sprache,* in dem die Formate festgelegt sind.

13.4.5 Währung

In einem Feld mit diesem Datentyp können Geldbeträge eingegeben werden. Jedoch ist der Datentyp *Währung* kein neuer Datentyp, da er ebenso mit dem Datentyp *Zahl* erzeugt werden kann.

13.4.6 AutoWert

Um eine Eindeutigkeit der Datensätze zu erhalten, sollte ein Feld mit dem Datentyp *AutoWert* eingefügt werden. Für jeden Datensatz wird automatisch eine Zahl generiert, die eindeutig und einmalig ist. Am häufigsten wird ein *AutoWert*-Feld als Primärschlüssel verwendet, sodass jeder Datensatz eine eindeutige ID besitzt.

Hinweis

Verändern Sie in den Feldeigenschaften keine Einstellungen.

Feldgröße	Ändern Sie die Feldgröße nicht! Für den *AutoWert* werden ganzzahlige Zahlen im Zahlenbereich *Long Integer* verwendet: -2.147.483.648 ... 2.147.783.647. HINWEIS: Die Option *Replikations-ID* wird von Access mit dem üblichen Dateiformat *.accdb* nicht mehr unterstützt!
Neue Werte	Beim Erzeugen eines Datensatzes wird ein neuer Wert eingefügt. Dabei gibt es folgende Optionen: *Inkrement* Hier wird ein Wert erzeugt, der jeweils um 1 größer als der Vorgängerwert ist. HINWEIS: Löschen Sie einen Datensatz, wird der nun fehlende Wert nicht mehr ersetzt. *Zufall* Es wird ein Zufallswert erzeugt, der im gesamten Zahlenbereich liegen kann.

Indiziert	Ändern Sie *Indiziert* nicht! Es muss *Ja (ohne Duplikate)* angegeben sein, da ansonsten die Möglichkeit besteht, dass ein Wert doppelt angegeben werden kann und die Eindeutigkeit der Datensätze nicht mehr gewährleistet ist.

Hinweis

Beim Erzeugen einer neuen Tabelle wird automatisch das Feld *ID* mit dem Datentyp *AutoWert* eingefügt.

In einer Tabelle kann *nur ein Feld* den Datentyp *AutoWert* besitzen.

13.4.7 Ja/Nein

Dieser Datentyp besteht darin, einen booleschen Wert zu speichern, das heißt 0 oder 1. Im Formular wird ein Kontrollkästchen angezeigt.

Beschriftung	Beschriften Sie knapp und deutlich, welche Bedeutung ein gesetztes Häkchen hat.
Standardwert	Geben Sie an, ob beim Erzeugen eines neuen Datensatzes das Häkchen gesetzt oder nicht gesetzt ist. Dazu gibt es folgende Optionen: *0* Häkchen ist nicht gesetzt. *1* Häkchen ist gesetzt.
Format	Geben Sie an, wie das Feld angezeigt werden soll. Dabei gibt es folgende Optionen: Wahr/Falsch Ja/Nein Ein/Aus HINWEIS: Beim Verwenden eines Kontrollkästchen-Steuerelements werden alle Einstellungen ignoriert. Es wird ein Kontrollkästchen angezeigt, in dem durch Klicken ein Häkchen erzeugt oder weggenommen wird. Das Format wird nur dann verwendet, wenn Sie ein ungebundenes Textfeld mit dem Steuerelementinhalt des Feldes erzeugen.

13.4.8 OLE-Objekt

Mit diesem Datentyp können Sie ein OLE-Objekt, z. B. ein Word-Dokument oder eine Excel-Tabelle, an den Datensatz anfügen.

> **Hinweis**
>
> Selbst Microsoft weist darauf hin, dass in den meisten Fällen diese Funktion nicht optimal ist, da nur ein Dokument unkomprimiert angehängt werden kann. Daher sollte man für das Anhängen von Dateien eher den Datentyp *Anhang* verwenden.

13.4.9 Hyperlink

Dieser Datentyp kann für das Speichern von E-Mail-Adressen oder Webseiten-URLs, aber auch von lokalen Speicherorten verwendet werden.

Nur anfügen	Diese Funktion eignet sich dafür, dass geänderte Werte in einer Art History abgespeichert werden und man die Vorgängerdaten angezeigt bekommt. Dazu gibt es folgende Optionen: *Ja* Verlauf wird aufgezeichnet. *Nein* Verlauf wird nicht aufgezeichnet.

Beispiele für die Eingabe in das Feld:

www.mut.de	Es öffnet sich im Browser die angegebene Seite.
nahlig@mut.de	Es öffnet sich, falls vorhanden, ein E-Mail-Programm, z. B. Outlook, wobei als Empfänger der Dateninhalt übernommen wird.
C:\Test	Es öffnet sich der Explorer mit dem vorgegebenen Verzeichnis.
C:\Test\Test.docx	Es öffnet sich, falls vorhanden, Word mit dem Inhalt dieser Datei. Man kann einen Link auf Dateien jeglicher Art setzen. Falls das Format bekannt ist, wird die Datei geöffnet. Dabei kommt es häufig vor, dass nachgefragt wird, ob Sie sich wirklich sicher sind, dass die Datei geöffnet werden soll. Hinweis: Sollte die Datei in ein anderes Verzeichnis verschoben werden, kann man durch den Link nicht mehr auf die Datei zugreifen.

13.4.10 Anlage

Mit diesem Datentyp können Sie eine beliebige Anzahl von Dateien an den Datensatz anfügen.

Vorteil: Daten werden in die Datenbank aufgenommen. Somit kann das Problem des Datentyps *Hyperlink* umgangen werden, dass man auf eine Datei verweist, die jedoch von der Datenbank unbemerkt verschoben worden ist.

Nachteil: Dadurch, dass alle Dateien in der Datenbank gespeichert werden, bläht sich die Datenbank langsam, aber stetig auf.

Bei der Verwaltung von vielen Dateien, z. B. Word-Dokumenten, sollte man sich selbst die Frage stellen, ob man lieber mit dem Datentyp *Anhang* oder dem Datentyp *Hypertext* verwalten möchte.

Hinweise

Im Gegensatz zu OLE-Objekten werden die Inhalte von *Anlage*-Feldern komprimiert, um Speicherplatz zu sparen. Jedoch kostet auch das Packen und Entpacken von Dateien eine gewisse Zeit, was sich bei großen Datenbanken auf die Performance auswirken kann.

Einige Dateien können nicht in die Anlage aufgenommen werden. Es handelt sich dabei um unsichere Dateiformate, die auch Viren beinhalten können. Daher wird der Vorgang nach Auswahl einer solchen Datei abgebrochen, z. B. Dateien mit der Endung *.exe*, *.com*, *.msi*.

13.4.11 Berechnet

In diesem Feld können Berechnungen unter Zuhilfenahme der restlichen Felder durchgeführt werden.

Ausdruck	Mithilfe des Ausdrucks-Generators kann eine Formel erzeugt werden, die die Grundlage des angegebenen Wertes im Feld darstellt. HINWEIS: Ein Wert in einem Feld mit Datentyp *Berechnet* kann nicht geändert werden.
Ergebnistyp	Die Eigenschaft *Ergebnistyp* ist von dem Ausdruck abhängig. Access erkennt meist selbst, von welchem Datentyp das Ergebnis ist.

Beispiel:

=1,19[Betrag]*	Falls das Feld *Betrag* existiert und darin der Wert 100 € angegeben ist, gibt das Feld *Berechnet* 119 € an.
Runden([Wert];2)	Bei dem Datentyp *Zahl* kann man erreichen, dass eine Zahl mit zwei Nachkommastellen angezeigt wird. Im Feld *Berechnet* können Sie nun den tatsächlichen Wert des Feldes *[Wert]* auf zwei Nachkommastellen runden, sodass Sie mit diesem gerundeten Wert weiterarbeiten können.

> **Hinweis**
>
> Ob man das Feld *Berechnet* wirklich benötigt, ist schwer zu sagen, denn es kostet Speicher. Ein berechnetes Feld kann ebenso in einer Abfrage erzeugt werden.

13.4.12 Nachschlage-Assistent

Bei diesem »Datentyp« handelt es sich nicht um einen Datentyp im eigentlichen Sinn. Es handelt sich vielmehr um die Möglichkeit, eine Auswahlliste zu erzeugen.

- Erzeugt man eine Liste, deren Daten aus einer Abfrage oder Tabelle stammen, wird der Datentyp übernommen.
- Erstellt man eine eigene Liste, besitzt das Feld den Datentyp *Kurzer Text*.

Hierzu bietet Access einen Assistenten an, der Sie unterstützt. Geben Sie den Feldnamentyp *Nachschlage-Assistent* an. Es öffnet sich das Dialogfenster *Nachschlage-Assistent*.

1. Schritt: Auswahl der Werte

Die Daten können aus einer Tabelle ausgelesen oder selbst eingetragen werden.

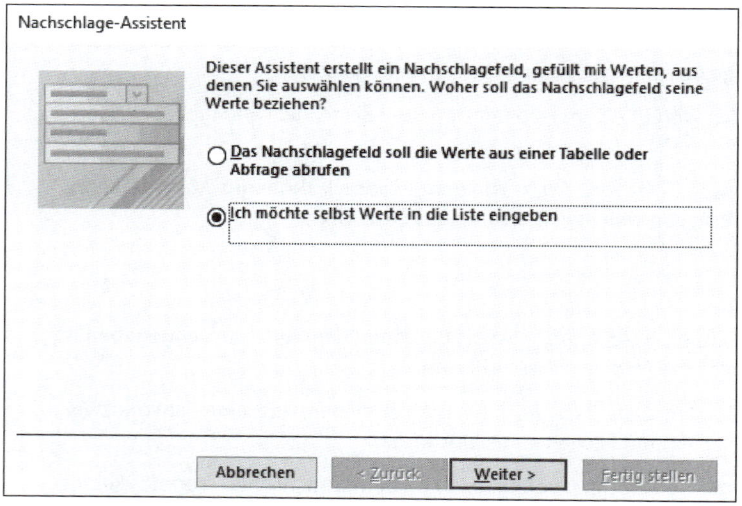

Falls Sie die Option *Ich möchte selbst Werte in die Liste eingeben* ausgewählt haben, machen Sie den nächsten Schritt:

2. Schritt: Eintragen der Werte

Sie können nun die Werte eintragen, die in der Auswahlliste erscheinen sollen. Zusätzlich kann man weitere Spalten einfügen, die zwar ebenso in der Auswahlliste erscheinen, jedoch nur Information anzeigen.

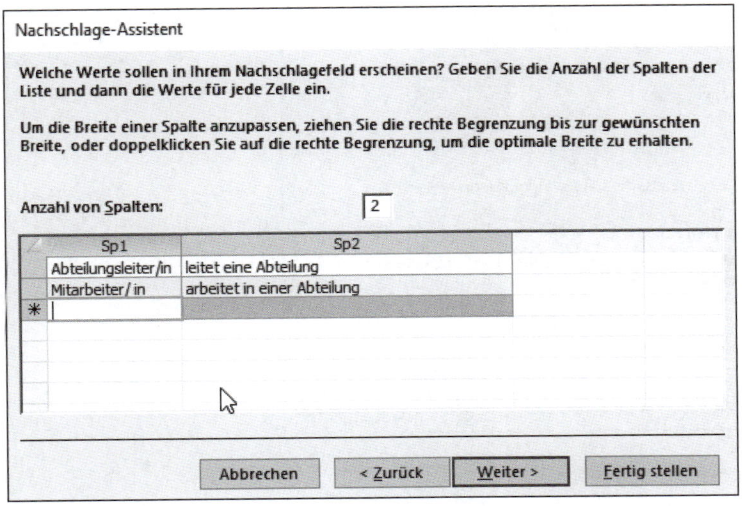

3. Schritt: Auswahl der Spalte

Haben Sie mehrere Spalten angelegt, können Sie hier auswählen, aus welcher Spalte die Werte in der Datentabelle abgespeichert werden.

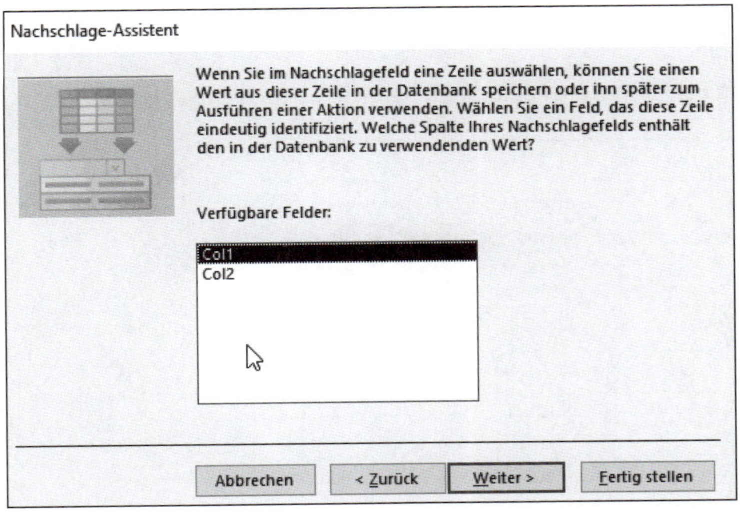

4. Schritt: Letzte Einstellungen

Hier können noch einige abschließende Einstellungen durchgeführt werden.

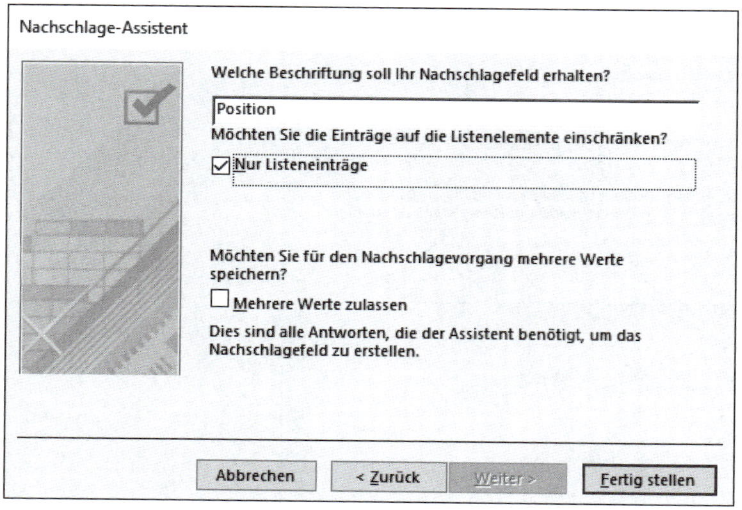

1. Legen Sie den Namen des Feldes fest.
2. Haken Sie an, ob im Formular weitere Listenelemente hinzugefügt werden dürfen.
3. Durch Aktivieren von *Mehrere Werte zulassen* können mehrere Werte ausgewählt werden.

Sie erhalten nun das Feld mit dem Felddatentyp *Kurzer Text*.

Position	Kurzer Text

Die Listenwerte werden im Feld *Datensatzherkunft* im Bereich *Nachschlagen* verwaltet.

Allgemein | Nachschlagen

Steuerelement anzeigen	Kombinationsfeld
Herkunftstyp	Wertliste
Datensatzherkunft	"Abteilungsleiter/in";"leitet eine Abteilung";"Mitarbeiter/in";"arbeitet i
Gebundene Spalte	1
Spaltenanzahl	2
Spaltenüberschriften	Nein
Spaltenbreiten	2,54cm;4,948cm
Zeilenanzahl	16
Listenbreite	7,487cm
Nur Listeneinträge	Ja
Mehrere Werte zulassen	Nein
Wertlistenbearbeitung zu	Ja
Bearbeitungsformular fü	
Nur Datensatzherkunftsw	Nein

Falls Sie die Option *Das Nachschlagefeld soll die Werte aus einer Tabelle oder Abfrage abrufen* gewählt haben, machen Sie folgendermaßen weiter:

2. Schritt: Datengrundlage

Es kann die Tabelle oder Abfrage ausgewählt werden, die als Datengrundlage für die Listenwerte dient.

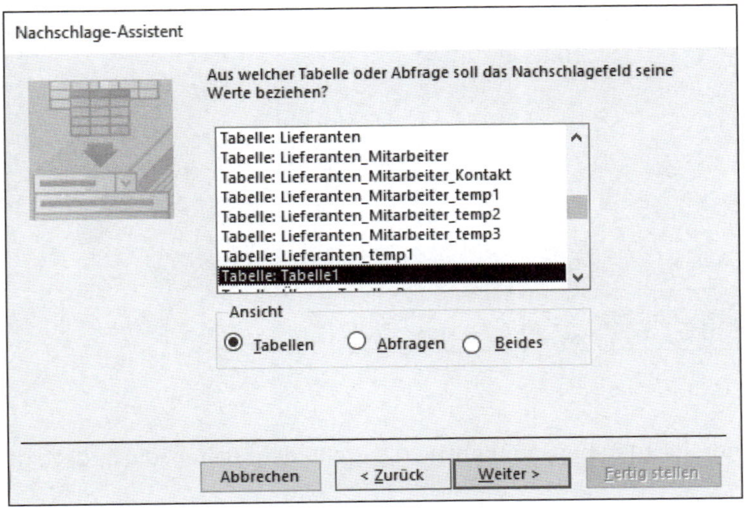

3. Schritt: Auswahl des Feldes

Es muss nun explizit das Feld ausgewählt werden, das als Datengrundlage für die Listenwerte dient. Es können auch mehrere Felder ausgewählt werden.

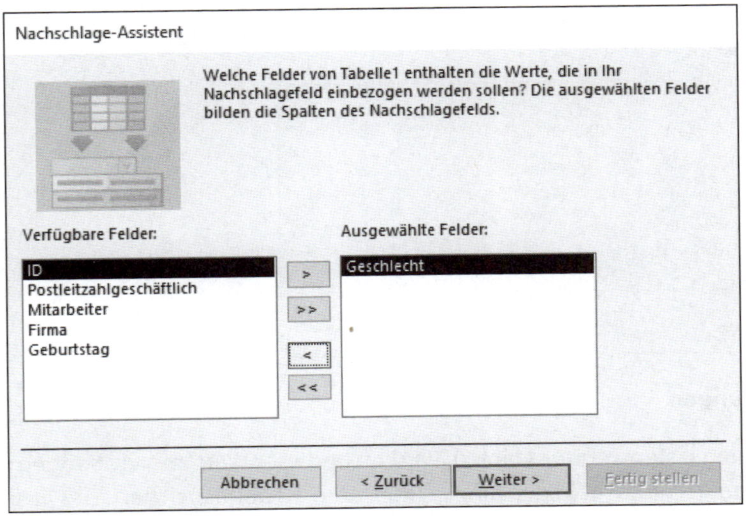

4. Schritt: Sortieren

Nun können die Listenwerte sortiert werden.

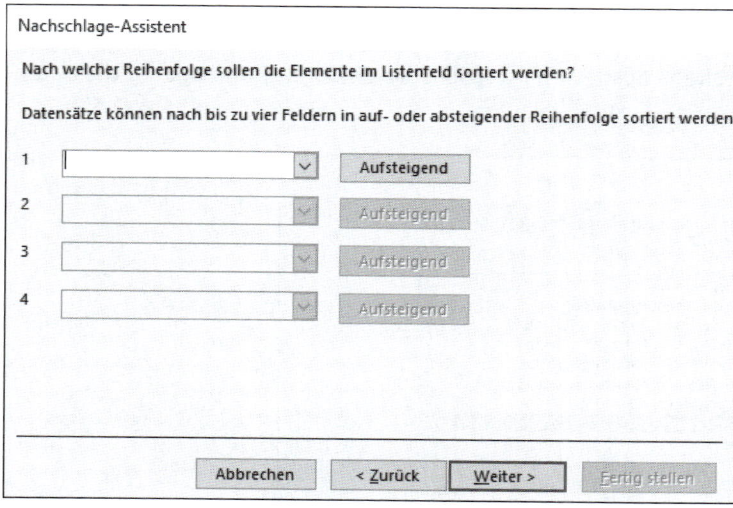

5. Schritt: Spaltenbreite

Um eine optimale Spaltenbreite zu haben, können Sie die Breite der Spalten, die angezeigt werden, verändern.

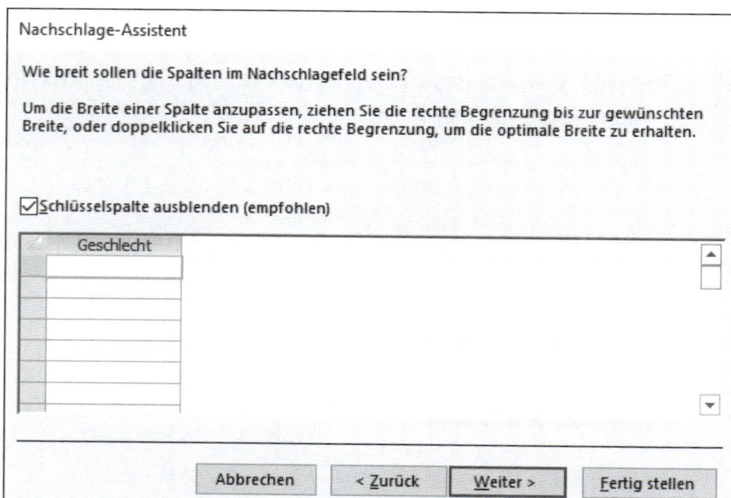

6. Schritt: Letzte Einstellungen

Wenn Sie im Formular einen Listenwert auswählen, wird nicht dieser Wert an sich, sondern nur das dazugehörige Primärschlüsselfeld der Tabelle (meist die ID) abgespeichert. Der ausgewählte Wert wird somit durch eine Verknüpfung des Feldes mit einer weiteren Datentabelle angezeigt.

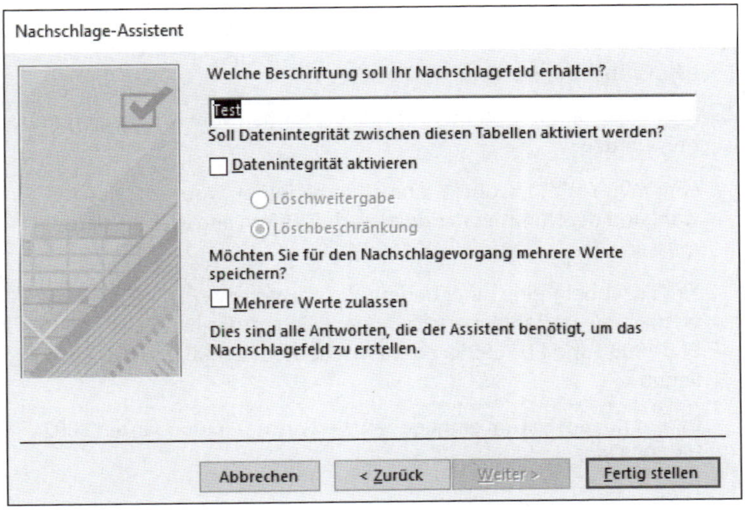

1. Durch Aktivieren von *Datenintegrität aktivieren* wird verhindert, dass ein Datensatz aus der zugrunde liegenden Wertetabelle gelöscht werden kann, wenn der dazugehörige Listenwert mindestens einmal ausgewählt wurde. Ansonsten würde bei einer Löschung des Datensatzes ein Verweis auf einen nicht mehr vorhandenen Datensatz zu einem Fehler führen. Sie erhalten nun das Feld mit dem Felddatentyp *Zahl*.

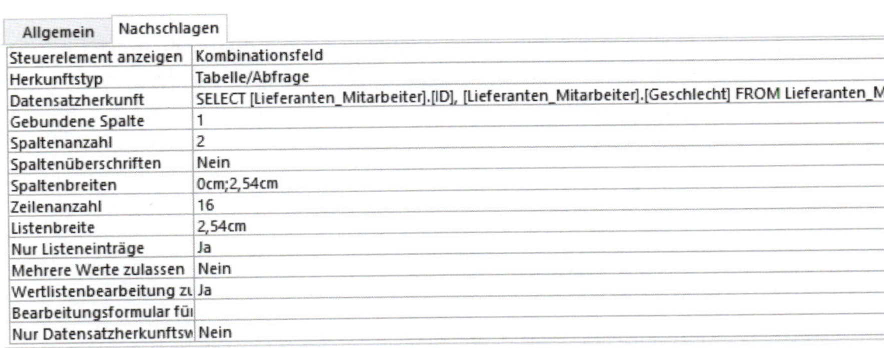

Allgemein | Nachschlagen

Steuerelement anzeigen	Kombinationsfeld
Herkunftstyp	Tabelle/Abfrage
Datensatzherkunft	SELECT [Lieferanten_Mitarbeiter].[ID], [Lieferanten_Mitarbeiter].[Geschlecht] FROM Lieferanten_M
Gebundene Spalte	1
Spaltenanzahl	2
Spaltenüberschriften	Nein
Spaltenbreiten	0cm;2,54cm
Zeilenanzahl	16
Listenbreite	2,54cm
Nur Listeneinträge	Ja
Mehrere Werte zulassen	Nein
Wertlistenbearbeitung zu	Ja
Bearbeitungsformular fü	
Nur Datensatzherkunftsw	Nein

2. Im Feld *Datensatzherkunft* im Bereich *Nachschlagen* wird die Verknüpfung zu der zugrunde liegenden Tabelle oder Abfrage verwaltet.

13.4.13 Abschlussaufgabe

Erzeugen Sie eine neue Tabelle mit folgenden Feldern und Bedingungen:

Kennung	XXX-XX-Y, wobei X ein Großbuchstabe und Y eine Ziffer bedeutet
Gründungsjahr	YYYY, wobei Y eine Ziffer bedeutet. Das Gründungsjahr muss vor dem Jahr 2005 liegen. Der Datentyp des Feldes ist *Zahl*.

Unternehmensrechtsform	Als Auswahlmöglichkeiten sollen zur Verfügung stehen: e.K., GmbH, eG, AG, GmbH & Co. KG Es dürfen weitere Unternehmensrechtsformen vom Nutzer eingetragen werden.
Telefonnummer	(YYYYY) YYYYYYY, wobei Y eine Ziffer bedeutet, wobei bei der Vorwahl und der Nummer mindestens drei Ziffern angegeben werden müssen.
PLZ	YYYYY, wobei Y eine Ziffer bedeutet. Es dürfen nur PLZ verwendet werden, die im Zahlenbereich 6 oder 8 liegen, das heißt zwischen PLZ 60000 und PLZ 69999 oder zwischen PLZ 80000 und PLZ 89999 liegen.
Datum	Es darf nur ein Datum eingegeben werden, das in den Jahren 2002 bis 2008 lag.

Lösung:

Kennung	XXX-XX-Y, wobei X einen Großbuchstaben und Y eine Ziffer bedeutet Datentyp: *Text* Eingabeformat: *>LLL"-"LL"-"0*
Gründungsjahr	YYYY, wobei Y eine Ziffer bedeutet. Das Gründungsjahr muss vor dem Jahr 2005 liegen. Der Datentyp des Feldes ist *Zahl*. Datentyp: *Zahl* Eingabeformat: *0000* Gültigkeitsregel: *<2005*
Unternehmensrechtsform	Als Auswahlmöglichkeiten sollen zur Verfügung stehen: e.K., GmbH, eG, AG, GmbH & Co. KG Es dürfen weitere Unternehmensrechtsformen vom Nutzer eingetragen werden. Datentyp: *Text* Datensatzherkunft: *"e.K.";"GmbH";"eG";"AG";"GmbH & Co. KG"* Nur Listeneinträge: *Nein*

Telefonnummer	(YYYYY) YYYYYYY, wobei Y eine Ziffer bedeutet, wobei bei der Vorwahl und der Nummer mindestens 3 Ziffern angegeben werden müssen. Datentyp: Text Eingabeformat: "("00099") "0009999;0
PLZ	YYYYY, wobei Y eine Ziffer bedeutet. Es dürfen nur PLZ verwendet werden, die im Zahlenbereich 6 oder 8 liegen, das heißt zwischen PLZ 60000 und PLZ 69999 oder zwischen PLZ 80000 und PLZ 89999 liegen. Datentyp: *Zahl* Eingabeformat: *0000* Gültigkeitsregel: *Zwischen 60000 Und 69999 Oder Zwischen 80000 Und 89999*
Datum	Es darf nur ein Datum eingegeben werden, das in den Jahren 2002 bis 2008 lag. Datentyp: *Datum/Uhrzeit* Format: *Datum, kurz* Gültigkeitsregel: *>=#01.01.2002# Und <=#31.12.2008#*

Index

E

F

G

H

I

J

K

L

M

N

O

P